COMENTARIO EXEGÉTICO AL
TEXTO GRIEGO DEL NUEVO TESTAMENTO

1ª y 2ª
TESALONICENSES

COMENTARIO EXEGÉTICO AL
TEXTO GRIEGO DEL NUEVO TESTAMENTO

1ª y 2ª
TESALONICENSES

editorial clie

M.Th. Samuel Pérez Millos

EDITORIAL CLIE
C/ Ferrocarril, 8
08232 VILADECAVALLS (Barcelona) ESPAÑA
E-mail: libros@clie.es
Internet: http://www.clie.es

COMENTARIO EXEGÉTICO AL TEXTO GRIEGO
DEL NUEVO TESTAMENTO

1ª Y 2ª TESALONICENSES

ISBN: 978-84-8267-865-8

ISBN obra completa: 978-84-8267-547-3

Printed in U.S.A.

Déposito Legal: B. 20920-2014

Clasifíquese:
REL006070.
Comentarios bíblicos.
Nuevo Testamento
Referencia: 224868

DEDICATORIA

Dedico este libro a quienes seguros del inminente regreso de Jesucristo, le sirven cada día apoyados en la gracia, mientras aguardan de los cielos Su venida que nos librará de la ira venidera.

INDICE

I TESALONICENSES

II TESALONICENSES

I TESALONICENSES

PRÓLOGO.

El apóstol Pablo anima al joven Timoteo con estas palabras: *"Procura con diligencia presentarte a Dios aprobado, como obrero que no tiene de qué avergonzarse, que usa bien la palabra de verdad"* (II Timoteo 2:15). Este pasaje resuena hasta nuestro días enseñándonos la importancia de tener una comunión con Dios, y de utilizar Su Palabra correctamente, con el fin de estar "*siempre preparados para presentar defensa con mansedumbre y reverencia ante todo el que os demande razón de la esperanza que hay en vosotros*" (I Pedro 3:15).

La gran oportunidad que tenemos de inquirir, profundizar, meditar y aprender de la Palabra de Dios a través de estos comentarios exegéticos tan completos anima al alma a amar al Creador y Dios de la Palabra. La posibilidad de llegar a la palabras originales y entenderlas de una forma simple nos permiten ampliar nuestro conocimiento y la transformación que éste debe traer a nuestras vidas cotidianas.

Las dos cartas a los Tesalonicenses tienen mucho material afectivo, práctico, teológico y lleno de esperanza. Saber que seremos arrebatados cuando Cristo venga, entender cómo reconocer a los falsos maestros y de qué manera vivir una vida santa son algunos de los temas que el apóstol Pablo desarrolla para mantener nuestra fe y mirada en *las cosas de arriba*.

Samuel, el autor de este comentario, cumple las palabras de Nehemías 8:8 "*Y leían en el libro de la ley de Dios claramente, y ponían el sentido, de modo que entendiesen la lectura*"**.** Nos lleva de la mano, página a página, descubriendo las maravillas del texto sagrado; la sencillez con la que aprendemos es simplemente fantástica.

Para un joven pastor que está comenzando su carrera pastoral, es imprescindible tener un buen material. Sin duda esto hace honor al que escribe y, sobre todo, a Aquel que lo capacitó para llegar a esta calidad de comentario.

Joel Daut

Pastor de l'Église Protestante Évangélique Vannes-Séné, Francia.

CAPÍTULO I

LA IGLESIA EN TESALÓNICA.

Introducción.

Las dos *Epístolas a los Tesalonicenses* son los escritos más antiguos de la Iglesia y, como mínimo se trata de los dos primeros escritos por el apóstol Pablo. Ambos fueron redactados durante el segundo viaje misionero, muy al principio de la extensión del evangelio fuera del entorno de Judea y de Asia. Están dirigidos a una de las primeras iglesias establecidas en Europa, luego de haber recibido el apóstol la visión del varón macedonio, tras haberle sido impedido predicar el evangelio en Asia.

El escrito de la *Primera Epístola a los Tesalonicenses*, abre de par en par las puertas que nos permite adentrarnos en las circunstancias que rodearon el establecimiento de las primeras iglesias. El apóstol Pablo descubre las dificultades a que estaban sometidas las primeras comunidades cristianas, que eran objeto de las intrigas y persecuciones promovidas por quienes no estaban dispuestos a permitir que el cristianismo progresara, especialmente iniciadas por el sector judío establecido en las poblaciones donde nacían las iglesias. Pero también se aprecia el corazón de los misioneros, especialmente el del apóstol Pablo, sometido a las tensiones de los enemigos por un lado y a las preocupaciones sobre lo que podría ocurrir con creyentes nuevos en la fe. En esa misma forma se considera el modo en que se establecía y precisaba la doctrina bíblica atendiendo a cierta falta de conocimiento en algunas verdades de la fe cristiana, como era lo relacionado a la muerte de los creyentes y al traslado de la iglesia.

También se aprecia la continua campaña levantada contra el apóstol Pablo, no sólo en lo que tiene que ver con persecuciones y violencia contra su persona, sino la maledicencia y continuas calumnias acusándolo de intereses espurios que celosamente ocultaba cuando fundaba las iglesias buscando su beneficio personal.

Las dos *Epístolas* dan una excelente panorámica de la ética cristiana en relación con las costumbres corruptas de la sociedad en que se habían establecido, marcando profundas diferencias en cuanto a formas de vida. Pero también se descubre que ya en las iglesias nacientes y a pesar del ministerio de los apóstoles, se manifestaban algunos problemas de relación y de moral que tenían que ser resueltos.

La ciudad de Tesalónica.

Fue fundada en el año 315 a. C., como consecuencia de un movimiento de unión de poblaciones antes separadas que se integran para mayor seguridad, formando una ciudad estado. Este movimiento de integración fue organizado por Casandro de Macedonia, quien dio nombre a la ciudad llamándola Θεσσαλονίκε, *Tesalónica*, en honor de su esposa, hija de Filipo II de Macedonia. Situada en un núcleo de comunicaciones donde concurrían y se cruzaban distintas vías, la ciudad adquirió pronto un destacado renombre convirtiéndose en un centro comercial importante. Conquistada por roma hacia el 168 a. C. la hicieron capital de Macedonia. El desarrollo de la ciudad siguió durante el tiempo de la dominación romana, a pesar del saqueo ocurrido en la batalla de *Pidna*, donde fue derrotado Perseo de Macedonia. Por Tesalónica pasaba la célebre carretera llamada *Via Egnatia*, una importante ruta que atravesaba los Balcanes por su parte meridional. En la ciudad se asentaron principalmente tres comunidades: la judía, la romana y la italiana. Era una localidad con grandes avenidas e importantes edificaciones, si bien, apenas se conservan algunos elementos debido a que la actual fue edificada sobre los restos de la antigua Tesalónica.

Como toda ciudad del entorno greco-romano, la religión rendía culto a todo el Partenón de dioses que constituían su extensa mitología. Esto daba ocasión a prácticas licenciosas y a una moral libertina, donde el ejercicio de rituales pecaminosos era común. La comunidad judía realiza su culto en la sinagoga dedicando a ello especialmente el día del sábado, sagrado para los judíos. En cierta medida eran el contrapunto de moralidad frente al desenfreno propio de los idólatras gentiles. Como en la mayor parte de las ciudades importantes de Grecia, la presencia de otros grupos con prácticas religiosas propias de sus pueblos, era una realidad social, aportando sus conceptos y formas propias del culto que se rendía a las divinidades de los lugares de procedencia. Toda esta amalgama de manifestaciones religiosas formaba un abigarrado conjunto sumamente heterogéneo que se disputaban sus principios entre ellos procurando alcanzar a otros conciudadanos a sus valores y cultos.

Tesalónica era una ciudad con autonomía propia. Mientras que Filipos era una copia de Roma y su cultura, Tesalónica seguía fielmente la cultura griega. Como era propio del estilo de ciudades de influencia griega, tenía un gobierno democrático establecido. Todos los años elegía sus gobernadores a los que se les daba el nombre de *politarcas*. Sin embargo, para mantener la ciudad bajo el dominio romano, estaba establecido en ella un gobernador y con él los correspondientes lictores. Los tesalonicenses se consideraban como poco honrados para el comercio, dispuestos siempre a defraudar, holgazaneando cuanto podían y deambulando por las calles y las plazas, viviendo del apoyo extranjero mucho más que del trabajo propio. Las más bajas pasiones afectaban a toda la sociedad creando una gran inestabilidad familiar y, sobre todo, matrimonial. La prostitución estaba asentada como algo natural en la ciudad. En sus comercios se vendían toda clase de artesanía local, junto con telas orientales de la más alta calidad. La población estaba formada, además de por los grupos étnicos antes mencionados, por una mezcla de distintos pueblos, macedonios y griegos, sirios y gentes de toda el Asia Menor. Por otro lado, las distintas religiones estaban también presentes en la ciudad, tanto del entorno pagano greco-romano, como egipcios y también judíos. En el extracto social, estaban presentes comerciantes, soldados romanos, esclavos y, como siempre, funcionarios al servicio del gobierno local y de Roma.

La fundación de la iglesia.

La iglesia en Tesalónica fue establecida por el ministerio de evangelización llevado a cabo en el segundo viaje misionero del apóstol Pablo, al que acompañaban Silas y Timoteo (Hch. 15:40, 16:1-3).

Lucas relata el viaje después de describir la obra en Filipos y el gran incidente ocasionado por la acusación de los propietarios de una mujer adivina que daba gran ganancia a sus amos y a quien el apóstol Pablo liberó de la posesión diabólica a que estaba sometida (Hch. 16:18). Por esta causa Pablo y Silas fueron azotados, como era costumbre entonces, y puestos en la cárcel de donde salieron libres por la acción divina que sacudió la cárcel por medio de un terremoto. Ese hecho trajo como resultado la conversión del carcelero y los suyos, quedando junto con Lidia de Tiatira como el grupo primero de cristianos en esa ciudad.

Cuando salieron de la ciudad de Filipos, los dos misioneros se dirigieron, siguiendo la calzada militar empedrada de la *Vía Egnacia*, en dirección hacia occidente hacia la ciudad de Anfípolis. Debía ser la primavera del año 50. No se sabe como hicieron el viaje, pudiera ser que cabalgando o, lo más seguro, caminando. Teniendo en cuenta que la situación física de los dos, no era la más apropiada debido a que sus espaldas estaban todavía con las heridas de la paliza recibida, debieron hacer el camino entre las dos ciudades, que habitualmente se cubría en diez horas, en dos etapas de cinco horas cada día. El camino que seguían era muy hermoso, atravesando por un valle lleno de campos en que se cultivaba el lino, y en donde había muchas plantaciones de árboles frutales. Caminar en primavera por aquella carretera era muy agradable porque el viento fresco de las cimas nevadas del Pangeo mitiga el calor del mediodía en aquellas latitudes. Los arroyos del deshielo corrían por las montañas y atravesaban los valles en dirección al golfo Estrimónico. Fuentes de agua cristalina cercanas a la carretera permitían a los viajeros apagar su sed. Posiblemente en la tarde del segundo día de viaje, si lo hicieron a pie, llegaron al valle del río Estrimón. En una península formada por un recodo del río estaba la ciudad de Anfípolis, en la orilla sudeste del lago Taquino, rodeada de montes y con una magnífica vista al mar Egeo. Muy probablemente, se hospedaron en alguna posada para pasar la noche. Es posible que caminasen por la ciudad a la mañana siguiente, dándose cuenta que la población no tenía gran importancia y, además, no debía haber en ella sinagoga judía, lugar por donde Pablo comenzaba la evangelización en las ciudades adonde llegaba.

Así que dejando Anfípolis, tal vez en el cuarto día de viaje, se dirigieron hacia el golfo Estrimónico y los montes costeros. El camino iba discurriendo en momentos bajo la espesura de los árboles y otras recorría serpenteante los valles que atravesaba, teniendo siempre a la vista el mar. En la carretera que seguían había lugares de gran belleza para descansar. Posiblemente hicieron las diez horas que había entre Anfípolis y Apolonia en una sola jornada, de manera que atravesando bosques de castaños, los viajeros llegaron a Apolonia. La ciudad estaba situada sobre una altura a la orilla sur de un lago. Una escarpada montaña la separaba de la península de Athos. Como ocurrió con Anfípolis, los misioneros no se detuvieron en la ciudad, sino que atravesándola siguieron camino hacia Tesalónica.

Luego de una marcha larga por la zona de los lagos de Migdonia, alcanzaron el último sistema montañoso situado a la orilla este del golfo de Tesalónica. Bajo los montes se extendía el mar, intensamente azul. En la lejanía se perfilaban los montes del Olimpo. A los pies de Pablo y Silas se extendía la ciudad de Tesalónica, la ciudad más importante de Macedonia, con uno de los mejores puertos comerciales del Egeo. Estaba unida con Roma por la famosa carretera llamada *Via Egnacia*, prolongación de la *Via Apia*, que iba hasta Bizancio. Siguiendo la carretera entraron en la primera gran ciudad de Europa. Los edificios se elevaban como si quisieran formar un gran anfiteatro, escalonados desde el mar. Numerosas calles y avenidas ajardinadas formaban parte del entramado de la urbe. En ella había numerosas termas, teatros, lugares de esparcimiento. Las líneas de navegación establecidas en su puerto, eran también motivo de atracción de muchos que se asentaban en la ciudad. Aquel era un lugar ideal para establecer una iglesia que tuviese alcance, no sólo para el entorno, sino para extenderse a muchas partes del mundo romano. Esa orientación en el modo de trabajar de Pablo, daría el resultado esperado, como él mismo recuerda en el escrito: *"Porque partiendo de vosotros ha sido divulgada la palabra del Señor, no sólo en Macedonia y Acaya, sino que también en todo lugar vuestra fe en Dios se ha extendido"* (1:8).

En la ciudad localizaron la sinagoga. En ella había también un barrio ocupado mayoritariamente por judíos. No sabemos como, pero los viajeros se hospedaron en casa de uno de ellos que tenía por nombre Jasón (Hch. 17:7). Pablo encontró trabajo en la ciudad, de modo que se podía mantener, tanto él como sus compañeros, aunque esto suponía un esfuerzo fatigoso, como recordaría a los tesalonicenses: *"Porque os acordáis, hermanos, de nuestro trabajo y fatiga; cómo trabajando de noche y de día, para no ser gravosos a ninguno de vosotros, os predicamos el evangelio de Dios"* (2:9). La sinagoga judía era grande, con una rica decoración, resultado de las ofrendas de los ricos mercaderes y de los banqueros judíos establecidos en la ciudad. Como siempre la reunión en la sinagoga estaba formada por judíos, prosélitos y gente interesada en la religión judía, entre los que se encontraba un grupo numeroso de mujeres.

Pablo siguió su inveterada costumbre de concurrir el sábado a la sinagoga. Era el mejor modo de comenzar la evangelización al predicar a quienes eran conocedores de la Escritura. Generalmente a los visitantes, sobre todo si eran maestros procedentes de Jerusalén, se les pedía que comentasen la lectura bíblica o que exhortasen a la congregación. Esto ocurrió durante los tres sábados consecutivos en que el apóstol y su compañero Silas, visitaron la sinagoga. No quiere decir que estuvieron sólo durante tres semanas en Tesalónica, por los escritos apostólicos se evidencia que Pablo estuvo con la iglesia bastante tiempo, trabajando para no serles carga, cosa que no hubiera sido necesaria si el tiempo fuese sólo de tres semanas.

El mensaje de Pablo sobre la condición de Jesús como Mesías y Salvador, ocasionaba siempre tensión y discusión con los líderes y los judíos más tradicionales de la sinagoga. El término griego *discutió*, no significa necesariamente que fuese una discusión en los términos que habitualmente entendemos nosotros, la palabra expresa la idea de un diálogo en contraste de opiniones. Esta discusión tenía como base la

Escritura y la interpretación de ella que ponía de manifiesto que Jesús era el Mesías esperado. No argumentaba Pablo, era Dios, por medio de su Palabra quien hablaba a los oyentes. El apóstol demostró con la Palabra que Jesús era el Cristo y que, como la Escritura había anunciado, debía padecer y resucitar de entre los muertos. No sabemos cual fueron los textos que sirvieron de base a la predicación, pero, posiblemente tomó alguno de los pasajes mesiánicos del Antiguo Testamento y sobre él, apoyándose en otros muchos, demostró que Jesús era el Cristo y que conforme a la Escrituras debía morir y resucitar. Eso fue lo que el mismo Señor hizo con los discípulos de Emaús (Lc. 24:26-27). La teología judía había distorsionado la interpretación de la Escritura ante la dificultad de reconciliar sufrimientos y muerte del Mesías, con su reinado de esplendor y gloria. Para ellos, el Mesías prometido, el Cristo de Dios, no podía padecer y morir, sólo reinar. El apóstol expuso claramente la Palabra haciéndoles ver que ambas cosas estaban ya anunciadas de antemano. Sin duda demostró que el Mesías sufriente, el coronado de espinas, el desechado entre los hombres, el varón de dolores experimentado en quebrantos, era el que había venido para salvar a su pueblo de sus pecados. Esa era la piedra de toque, la cuestión polémica, el determinante de la aceptación o del rechazo, el tropiezo para muchos de los judíos. La Persona y obra de Jesucristo fueron expuestos ante aquel auditorio durante tres sábados. La Cruz fue presentada no como una forma de maldición definitiva, sino como el medio por el cual, considerando Dios a su Hijo Jesús como el reo del pecado, lo hacía maldición para que los malditos por el pecado pudiesen, por fe en Su nombre, encontrar la bendición de la salvación. Con determinación Pablo decía que a ese Jesús, que es el Cristo es al que estaba anunciando.

Lucas dice que como consecuencia de la predicación del evangelio *"y algunos de ellos creyeron, y se juntaron con Pablo y con Silas; y de los griegos piadosos gran número, y mujeres nobles no pocas"* (Hch. 17:4). Era un grupo, posiblemente no demasiado numeroso, *algunos* de ellos, es decir, algunos de los judíos que se congregaban en la sinagoga. Siempre fueron pocos los que se convertían a Cristo de los judíos. Su religión y las enseñanzas recibidas por tantos años, condicionaban grandemente su posición respecto a Jesús, de modo que sólo los que habían sido persuadidos, es decir, convencidos por la Palabra que el apóstol exponía, creyeron en Cristo. Estos se unieron a Pablo y Silas, como correspondía a quienes tenían la misma fe y creían en el mismo Señor. El núcleo de la iglesia en Tesalónica se había formado después de tres semanas de predicación en la ciudad.

Sin embargo, aunque no eran muchos los judíos que creyeron, una gran multitud de gentiles que se reunían también en la sinagoga y que creían en el Dios de Israel, como el único y verdadero Dios, aceptaron a Jesús como Mesías y Salvador. Estos gentiles, creyentes no habían sido circuncidados, por consiguiente no se consideraban prosélitos, pero eran tenidos como *piadosos*. Una gran congregación de cristianos surgía en la ciudad. Todavía algo más que Lucas enfatiza es que de entre todos aquellos gentiles *piadosos*, había también un alto número de mujeres principales, o prominentes en la sociedad tesalonicense. Estas mujeres o bien ocupaban posiciones destacadas en la ciudad o, tal vez, eran esposas de autoridades locales. Más bien debiera ser lo primero, es decir, mujeres que estaban en la alta sociedad de Tesalónica.

La salida de tantos cristianos de la sinagoga de los judíos generó celos en los que permanecieron fieles al judaísmo, probablemente más intensos en los líderes de la sinagoga. Además, en el resto de los días de la semana, y en el tiempo sucesivo, Pablo seguía predicando el evangelio por las casas. Lo hacía en el poder del Espíritu (1:5), de modo que, bendiciendo Dios el ministerio, muchos más se convertían y se agregaban a la iglesia. Los misioneros estaban hospedados en casa de Jasón. El nombre es griego, aunque bien pudiera tratarse de un judío convertido. Esa era una traducción del nombre hebreo *Josué* o *Jesús*. No tenemos evidencia bíblica para situarlo en el ámbito del judaísmo o de los gentiles, pero, lo más probable es que se tratase de un judío. En la casa de Jasón, convertido a Cristo, se reunía también la iglesia, como era habitual en los primeros tiempos del cristianismo. Teniendo también convertidas entre las mujeres principales de la ciudad, no era de extraño que en los salones de las casas de aquellas personas de la alta sociedad, se predicase también el evangelio e incluso, se reuniese algún grupo de la iglesia. El ministerio de Pablo y Silas, calaba en el espíritu de los oyentes, basado siempre en la Escritura y complementándolo con el respaldo de una vida de dedicación y entrega personal al servicio. Pablo se hacía todo a todos para ganar al mayor número posible (1 Co. 9:20). El evangelio irrumpió en Tesalónica no desde la teología fría de la fe, sino desde el poder admirable del Espíritu Santo, operando milagros y repartiendo dones a los creyentes (1:5). Por otro lado, la instrucción doctrinal para la iglesia, superados los principios elementales de la fe, proseguía a un cada vez mayor conocimiento. Posiblemente el énfasis que se hizo, motivado por las circunstancias sociopolíticas en aquel tiempo, tenía que ver con la segunda venida de Cristo. El conflicto político entonces ponía en discusión quien sería el próximo emperador romano, si Británico, el hijo de Mesalina, o Nerón, el hijo de Agripina. Es probable que a los cristianos se les enseñara a no poner su atención en cosas temporales, sino a proclamar que sobre todos los emperadores y reyes del mundo estaba el Rey de reyes y Señor de señores, Jesucristo, que había prometido venir al mundo y establecer su reino sobre las naciones. Estas enseñanzas pudieron muy bien haber llegado al conocimiento de los judíos. Ellos temían que como había ocurrido en Roma, con el decreto de expulsión, pudieran ser expulsados de las provincias romanas, por consiguiente debían utilizar cuanto les fuera posible para congraciarse con los romanos. Esta bien podía ser un arma a utilizar contra los cristianos, que tenían un Rey que no era Cesar.

La acción dirigida contra Pablo y Silas, comenzó por formar una banda de hombres ociosos, dice Lucas que eran *frecuentadores de la plaza*, gentes que deambulaban por los lugares de esparcimiento. De alguna manera consiguieron reunir un buen número de estas personas y con ellas se dedicaron a perturbar en la ciudad. Siempre los alborotadores arrastraban consigo a otras personas que, sin saber de que se trataba, los acompañaban y se integraban en el alboroto. Todos estos fueron conducidos a la casa de Jasón, con el propósito de sacar a Pablo y a Silas y entregarlos al populacho, para llevarlos a la asamblea del pueblo, acusarlos y juzgarlos (Hch. 17:5).

Aprovechando la situación socio-política dentro del imperio, como se ha considerado antes, intentaban amotinar las gentes contra Pablo y Silas, presentándolos como quienes trataban de subvertir el orden establecido. En casa de Jasón no fueron encontrados. No se dice la razón, pudiera ser que estuviesen en otra casa de la ciudad con creyentes, o que viendo como se presentaban las cosas los hubiesen escondido en algún lugar. Sintiéndose burlados se ensañaron con los que encontraron en la casa, Jasón y un grupo de hermanos que fueron arrastrados fuera y conducidos a los *politarcas*, nombre que los griegos daban a las autoridades de la ciudad, especialmente en el entorno macedonio, quiere decir que se trataba de las autoridades macedonias y no de las romanas. Puestos delante de las autoridades lanzaron a grandes gritos la acusación contra ellos, presentándolos como los que generaban disturbios por todo el mundo, tratando de subvertir el orden establecido. El término que Lucas utiliza para referirse a *mundo*, οἰκουμένην, literalmente *tierra habitada*, es una expresión que hace referencia al Imperio Romano. Estos hombres eran peligrosos porque generaban conflictos revolucionando en todas los lugares del Imperio, a donde podían llegar. Es probable que una acusación semejante les pareciese excesiva a las autoridades de la ciudad (Hch. 17:6). A Jasón, presente delante de las autoridades, lo acusan de hospedar a sediciosos. La segunda acusación tenía que ver con lo que todos aquellos, esto es,

Pablo, Silas y los cristianos se oponían a las leyes del Cesar y a él mismo, presentando a Jesús como otro rey. Los acusadores habían tomado enseñanzas del cristianismo para distorsionarlas y servirse de ellas contra los cristianos. Los judíos eran especialistas en cómo manipular las cosas y la gente. Así habían hecho con Jesús en la acusación ante Pilato. Sublevando las masas, pueden presentar ante las autoridades evidencias de que las acusaciones son ciertas, presionando con multitudes enardecidas para que dicten la sentencia condenatoria que están buscando (Hch. 17:7-8).

Pablo y Silas tuvieron que salir precipitadamente de Tesalónica. Los enemigos suponían una seria amenaza para ellos y sus vidas peligraban. Una vez más los mensajeros salen perseguidos por quienes no son capaces de asimilar las verdades bíblicas, pero la iglesia quedaba establecida en la ciudad. Un lugar más de Grecia tenía un testimonio permanente del evangelio que se extendería a todo su entorno alcanzando a muchos para Cristo.

Autenticidad de la epístola.

La autenticidad paulina de estos dos escritos, no puede dudarse. Documentos antiguos de la Iglesia contienen referencias a ellos. En cuanto a la *Primera Epístola* hay referencias en la patrística, como es el caso de Ignacio y Pastor de Hermas. Ireneo la cita como escrito de San Pablo, atribuyéndola a él el *Fragmento de Muratori*, Marción, Tertuliano, Clemente de Alejandría y Orígenes. Incluso la crítica moderna reconoce el estilo y la doctrina de esta *Epístola*, con las otras cuatro grandes del apóstol Pablo, Romanos, Gálatas y la Primera y Segunda a Corintios.

Tan solo un grupo de *liberales*, especialmente de la escuela Holandesa, niegan la autoría de Pablo, basándose en que –según ellos- no hay enseñanzas dogmáticas en el escrito. Estos olvidan el párrafo de la *doctrina del traslado o arrebatamiento de la Iglesia*. Aseveran que no puede ser de Pablo porque las exhortaciones son tan simples que no corresponden con el carácter y estilo del apóstol. Tratan de hacer ver que la *escatología* está tomada de la *Primera a Corintios*, 15 y, por tanto, tiene que ser un escrito posterior.

La evidencia paulina de la *Epístola* es clara. El vocabulario que el autor utiliza cuando se refiere a los judíos es comparativamente igual al que el apóstol usa en otros de sus escritos (cf. 2:14-16). Tratado de este modo el vocabulario general es también semejante al que usa el apóstol, especialmente en cuanto a estructura de las oraciones y forma de las declaraciones. Los nombres de personas que se mencionan en el escrito coinciden con aquellas a las que Lucas cita en *Hechos* (1:1; 3:2, 6, comp. Hch. 15:40; 16:1-3, 19; 17:4, 10, 14; 18:5). El autor se identifica con Pablo, que no puede ser otro que el apóstol, a quien acompañan dos colaboradores, Silvano y Timoteo, con quienes realizaba su segundo viaje misionero, luego de la separación de Bernabé. Finalmente la teología de la carta armoniza plenamente con el pensamiento paulino.

La autenticidad de la *Epístola* como paulina es aceptada hoy por la mayoría de eruditos de todos los sectores, desde el mundo liberal hasta el más conservador. Sin embargo, hay discrepantes, especialmente desde el sector liberal más crítico que presentan argumentos buscando demostrar la no autoría del escrito como de Pablo, llegando a considerar este escrito como *seudoepígrafo*, esto es como firmado por el apóstol pero siendo obra de otro, lo que colocaría la *Epístola* como una falsificación. Los liberales señalan también como una evidencia de autoría que el orden de los dos escritos es inverso a como aparecen, es decir, que la segunda carta debió haberse escrito antes que la primera, presentando como principales argumentos los siguientes: a) La segunda carta es más breve que la primera, lo que hace suponer que en el corto espacio que separan ambas, se haya escrito primero una carta más corta sin los temas que aparecen como resultado del tiempo de la presencia de la iglesia y que se tratan en la primera. b) Es evidente que en la *Primera Epístola* se hace referencia a creyentes de la iglesia que ya habían muerto, lo que permite entender que este escrito debiera ser el segundo, puesto que desde la fundación de la iglesia es más lógico que creyentes hubiesen muerto antes del segundo escrito. c) La organización eclesial que se supone mencionada en 1 Ts. 5:12, 13, no es propia de una iglesia recién fundada, y supone un tiempo desde el establecimiento de la congregación, lo que se adaptaría mejor si la *Primera Epístola* fuese realmente la segunda. Estos argumentos no tienen fundamento firme para invertir el orden de las cartas. No hay razón alguna para pensar que el primer escrito debe ser más corto que el segundo, lo que también sería argumento para invertir el de la *correspondencia corintia*. Tampoco es válido y definitivo el argumento de la muerte de creyentes que se produce en cualquier momento y que en un entorno de persecución pudieron haber ocurrido inmediatamente después de la fundación de la iglesia. En cuanto al tiempo necesario para que la iglesia presente una organización, es ignorar que el apóstol Pablo no dejaba ninguna congregación establecida sin los correspondientes ancianos, enviando en ocasiones urgentes a sus colaboradores directos para que lo hiciesen en todas las iglesias (Tit. 1:5).

En contra de la autenticidad se han pronunciado algunos liberales como F. C. Baur[1]. Este crítico convenció a algunos con sus argumentos. Sin embargo, las afirmaciones de Baur están condicionadas y viciadas por la filosofía parcial hegeliana sobre la que descansa. Para él la base distintiva está relacionada con la *necesaria* confrontación antijudía, de manera que todo el pensamiento del apóstol Pablo queda bajo una misma óptica distintiva, lo que es deshonesto. Por otro lado, argumentan también que cuanto contenga un pensamiento escatológico, considerado como apocalíptico, no puede ser de Pablo. Afirman que la salvación en el pensamiento del apóstol es siempre un acto de fe, identificándola con la muerte y resurrección de Cristo. Por tanto, se exige rechazar como de Pablo pasajes tales como 1:10; 2:14-16; 4:13-18; 5:1-10. Sin embargo, en una lectura si prejuicio se aprecia que en el pensamiento paulino están presentes conceptos escatológicos. Como rabino instruido en las Escrituras, tenía un conocimiento amplio de la profecía, de manera que conocía bien la de Daniel, de donde se marcan pensamientos de desarrollo en los escritos del apóstol, que sigue líneas de enseñanza concordantes con otros escritos del Antiguo Testamento. No podría ser de otro modo puesto que él mismo afirma que *"toda la Escritura es inspirada por Dios"* (2 Ti. 3:16).

La argumentación contraria a la autoría del apóstol Pablo, se puede sintetizar de este modo: a) No hay enseñanza directa sobre la justificación por fe, ni nada en contra de la justificación por las obras de la ley. Pero no siempre se requería la controversia, ya que las iglesias tienen un contexto diferente y lo que era preciso abordar entre los gálatas, no lo era entre los tesalonicenses. b) Es un escrito con un contenido doctrinal muy limitado, contra lo que

[1] F. C. Baur, *Paulus*, Stuttgart, 1845, pag. 480 ss.

es habitual en el apóstol Pablo. Con todo, no siempre los escritos han de ser un compendio de doctrina, de modo que a situaciones puntuales corresponden tratamientos concretos, en este caso más bien se trata de aclarar algún concepto doctrinal. c) No es posible que en un corto período de tiempo una iglesia hubiese podido alcanzar con el evangelio un territorio tan grande (1:8). Pero la lectura del relato histórico de Hechos (Hch. 17:6) pone de manifiesto que la obra de los misioneros era tan eficaz que se les acusa de *trastornar el mundo entero*. d) El autor emplea palabras muy fuertes contra los judíos, mientras que habla de ellos con un afecto entrañable en otros escritos: *"Porque deseara yo mismo ser anatema, separado de Cristo, por amor a mis hermanos, los que son mis parientes según la carne"* (Ro. 9:3). Esta argumentación deja de tener sentido con la simple lectura de la *Epístola a los Gálatas*. e) El escrito tiene una forma excesivamente paulina, con pasajes similares a otros del apóstol, lo que pone de manifiesto un trabajo *seudoepígrafo*. Esto contradice abiertamente las proposiciones anteriores por las que se consideraba el escrito lejano a la autoría de Pablo. Mas bien este es un argumento favorable a la autoría paulina, puesto que el mismo autor usa los mismos argumentos y formas en sus escritos.

Dejando las críticas contrarias a la autoría consideremos las evidencias internas y externas que señalan al apóstol Pablo como autor de la *Epístola*:

a) El proemio presenta al autor como *Pablo* (1:1), confirmándolo de nuevo más adelante cuando justifica las razones por las que no ha visitado la iglesia (2:18). Nadie que no fuese el apóstol utilizaría simplemente su nombre sin añadir ningún otro título, es decir, sólo había para los creyentes de la iglesia primitiva un hombre que pudiera escribir a una iglesia fundada por él con la autoridad apostólica y este era Saulo de Tarso, el apóstol Pablo.

b) Las personas que se mencionan tanto en el primer versículo como más adelante (3:2, 6), Silvano y Timoteo, se identifican por medio del libro de *Hechos*, como compañeros de ministerio del apóstol en su segundo viaje misionero (Hch. 15:40; 16:1-3, 19; 17:4, 10, 14; 18:5).

c) La forma epistolar es típica de Pablo, como se aprecia comparándola con otros de sus escritos, tales como Romanos, 1 Corintios, 2 Corintios, Gálatas, etc. que son consideradas por la Alta Crítica que niega la autoría de *1 Tesalonicenses*, como del apóstol Pablo. Es cierto que el escrito, como los anteriores, lleva la forma propia de la correspondencia epistolar de aquel tiempo, introduciéndolos con la identificación del autor, a la que generalmente añade su condición de *apóstol de Jesucristo*, seguida de unas palabras de salutación en las que se identifica a los destinatarios, para proseguir después con el cuerpo de la carta que siempre contiene partes doctrinales y aplicativas, cerrándola con una salutación final.

d) Comparando el vocabulario con otros escritos de Pablo se detecta una notable identidad. Según Hendriksen: *"mas de 4/5 de las palabras usadas en 1 Tesalonicenses se encuentran en las, así llamadas, epístolas paulinas mayores (Romanos, 1 Corintios, 2 Corintios, y Gálatas). Si a éstas añadimos las epístolas carcelarias (Efesios, Filipenses, Colosenses, y Filemón), entre las que deben ser consideradas como genuinamente paulinas, hallamos que casi 9/10 de las palabras que el autor emplea en 1 Tesalonicenses ocurren también en estas ocho epístolas (las cuatro mayores y las cuatro carcelarias). Y si a éstas, también agregamos las pastorales (1 Timoteo, 2 Timoteo, Tito), el porcentaje resulta aún más alto"*. Hendriksen mismo dice como llegó a estas conclusiones: *"Con el fin de llegar a estos porcentajes anoté cuidadosamente en tarjetas, y por orden alfabético, cada palabra que encontré en 1 Tesalonicenses (hice lo mismo con 2 Tesalonicenses) y, usando Moulton and Geden's Concordance (Concordancia de Moulton y Genden) para el Nuevo Testamento, cotejé el uso de estas palabras en las epístolas mayores de Pablo, en las carcelarias y en las pastorales. Sobre esta base fue que llegué a mis conclusiones. Como estas conclusiones concuerdan en lo principal con aquellas obtenidas por J. E. Frame, A Critical and Exegetical Commentary on the Epistles of St. Paul to the Thessalonians (en The International Critical Commentary) (Comentario crítico y exegético de las epístolas de San Pablo a los Tesalonicenses –en el comentario crítico internacional). Creo que la referencia a las páginas de la mencionada obra prueba ser suficiente"*[2].

e) Lo que ocurre con las palabras sucede también con frases. Hendriksen hizo el siguiente trabajo comparativo[3]:

1:2 en nuestras oraciones	Ro. 1:10.
1:3; 3:11, 13 nuestro Dios y Padre	Gá. 1:10.
1:5, 6; 2:2, 17 en mucho (ἐν πολλῇ)	Ro. 9:22.
2:4, 15 agradando a Dios	Ro. 8:8.
2:5, 10 Dios es testigo	Ro. 1:9.
2:12; 5:24 quien les llama	Gá. 5:8.
2:12 a fin de que vivan vidas dignas de Dios	Col. 1:10.
2:18 una y otra vez	Fil. 4:16.
3:2 colaborador de Dios	1 Co. 3:9.
3:2 el evangelio de Cristo	Ro. 15:19.
3:5 en vano (εἰς κενόν)	2 Co. 6:1.
3:8 vosotros estad firmes en el Señor	Fil. 4:1.
4:1 en el Señor Jesús	Ro. 14:14.
4:11 trabajando con sus manos	1 Co. 4:12.
4:13 no queremos que ignoréis	Ro. 1:13.
4:15, 17 nosotros que estamos vivos	2 Co. 4:11.
4:17 estar con el Señor	Fil. 1:23.
5:9 por medio de nuestro Señor Jesucristo	Ro. 5:1.
5:10 vivir juntamente con Él	2 Co. 13:4.
5:18 en todo (ἐν παντί)	1 Co. 1:5.
5:24 que os llamó	Gá. 5:8.
5:26 ósculo santo	Ro. 16:16.

Es también cierto que algunas frases o expresiones sólo aparecen en las dos *Epístolas*, sin que esto suponga como los críticos pretenden, que no son escritos de Pablo. Sin embargo, las comparaciones anteriores ponen de manifiesto que sólo el mismo autor puede repetir las mismas frases y palabras en otros escritos atribuidos a él. Las frases que no aparecen en otros lugares es propio y natural de la ocasión y tema del escrito.

---

[2] W. Hendriksen. *1 y 2 Tesalonicenses*. Subcomisión literatura cristiana de la Iglesia Cristiana Reformada, Grand Rapids 1980, pág. 29.

[3] W. Hendriksen. o.c., pag. 30.

f) El escrito es propio del carácter del apóstol Pablo. Se expresa en ella como es habitual, dando gracias a Dios por los destinatarios, a quienes tiene en alta estima y está interesado en todo cuanto tenga que ver con ellos. Como en otras de sus epístolas dice que les recuerda constantemente en todas sus oraciones (1:2; cf. Ro. 1:8, 9). Revela también aquí el deseo de volver a verles, que es común en otros de sus escritos (2:17, 18; Ro. 1:11; Fil. 2:24). Como hizo en otras ocasiones envía a uno de sus colaboradores para que visite la iglesia, cuando no le es posible a él ir en persona (3:2; Fil. 2:19-23). A pesar de los problemas que siempre existen entre los creyentes, les dedica elogios, además de alentarlos (1:3, 6-10; 2 Co. 8:7; Fil. 4:15-17). Como es habitual en los escritos de Pablo, todas las perfecciones que puedan manifestar los creyentes son atribuidos a la gracia de Dios, tomándolo como manifestación de la elección y del poder del Espíritu (1:4, 5; Ro. 8:23, 28-30; Gá. 5:22-25; Fil. 1:6). Hace defensa de su ministerio y expone las razones que le motivan para predicar el evangelio y establecer iglesias, ante la maledicencia de sus enemigos que le acusan de motivos ocultos en todo ello, para lo que les recuerda como entró en contacto con quienes son ahora miembros de la iglesia (2:1-12; 1 Co. 2:1-5; 3:1, 2). En su condición de apóstol hace referencia a su autoridad (5:27; 1 Co. 16:1). En todo esto se aprecia que la identidad del escritor con la forma habitual de escribir del apóstol Pablo, es idéntica, por lo que tiene que ser la misma persona.

g) La doctrina de la *Epístola* es concordante con la expresada por Pablo en sus otros escritos. Como prueba basta una mínima comparación con otros escritos en algunos puntos doctrinales. Así ocurre en cuanto al concepto caído del hombre que por su condición pecaminosa y la práctica del pecado está bajo la ira de Dios (1:10; 5:9; Ro. 1:18; 2:8; 9:22). El pecador está en tinieblas, en cuyo ámbito está esclavizado (5:5; Ro. 2:19; 13:12; 2 Co. 6:14). La elección eterna de los creyentes es también una nota común (1:4; Ro. 9:11; 11:5, 7). Dios ha determinado la santificación del creyente, junto con la seguridad de salvación, que glorifica a Dios (1:3-5; 3:13; 4:3, 7; 5;23; Ro. 6:1, 22; 11:36; 1 Co. 1:30; 10:31). Para que pueda producirse la santificación como experiencia de vida, Cristo murió por los creyentes (5:10; Gá. 2:20). Satanás actúa continuamente contra del cristianos a fin de apartarlos del camino de Dios (3:5; Ro. 16:20; 1 Co. 7:5; 2 Co. 2:11; 12:7). El cristiano está preservado por

Dios hasta ser recogido por Cristo para estar a Su lado perpetuamente (1:10; 2:19; 3:13, 17; 4:17; 5:23; Ro. 8:18, 19; 1 Co. 15:50-58; 16:22).

En cuanto a evidencias externas, están las muchas referencias a las dos *Epístolas a los Tesalonicenses* en los escritos de los *padres de la Iglesia*. Clemente de Alejandría cita las palabras de 2:4, 5-7; 4:3-9, 17; 5:5-8, 13-15; 19:22. Clemente de Alejandría (a. 190-200) hace referencia en sus escritos a las dos *Epístolas a los Tesalonicenses*, considerándolas como escritos de Pablo. Ireneo, contemporáneo de Clemente asevera que las dos cartas fueron escritas por Pablo, mereciendo mención especial su obra *Contra las herejías*, en donde cita directamente 1 Ts. 5:23, diciendo que es un escrito del apóstol Pablo. Tertuliano en su obra *contra Marción*, se refiere a los escritos apostólicos paulinos incluyendo en ellos a *1 Tesalonicenses*, con continuas referencias tanto a la primera como a la segunda. Orígenes (a. 210-250), hace continuas referencias a los dos escritos considerándolos como del apóstol. El *Fragmento Muratorio*, lista incompleta de los libros del Nuevo Testamento, que se data entre el 180-200, dice: *"Ahora, en cuanto a las epístolas de Pablo, lo que son, cuando y por qué fueron escritas y por qué razón fueron enviadas, ellas hablan por sí mismas a quien quiera entenderlas. En primer lugar escribió en extenso a los corintios para prohibir cismas provenientes de herejías, luego a los gálatas contra la circuncisión, y a los romanos sobre el orden en las Escrituras, intimando también que Cristo es el tema central en ellas –cada una de las cuales es necesaria para nuestra discusión, viendo que el bendito apóstol Pablo mismo, siguiendo el ejemplo de su predecesor Juan, escribe a no más de siete iglesias por nombre en el siguiente orden: A los corintios (primera), a los efesios (segunda), a los filipenses (tercera), a los colosenses (cuarta), a los gálatas (quinta), a los tesalonicenses (sexta), a los romanos (séptima). Pero... escribe una segunda, con el fin correctivo a los corintios y a los tesalonicenses"*[4]. También Eusebio afirma que Pablo escribió catorce cartas, si bien dice que algunos no consideran como del apóstol la *Epístola a los Hebreos*, este escrito del s. IV, ni siquiera menciona ninguna oposición a la autoría de *1 Tesalonicenses*[5]. Es

[4] Párrafo citado por Hendriksen, o.c., pág. 33.
[5] Eusebio. *Historia Eclesiastica* III. iii. 4, 5.

evidente que en ningún escrito de la literatura cristiana de la iglesia primitiva se pone en duda o se cuestiona la autoría de las dos *Epístolas* como del apóstol Pablo.

Autor.

Luego de lo considerado en los párrafos anteriores sobre *autenticidad*, no es necesario más que afirmar lo que aparece en la introducción. El autor se identifica con *Pablo*, que en el contexto de la iglesia primitiva sólo podía referirse al apóstol de los gentiles. Como se ha dicho antes la Iglesia ha considerado el escrito como de Pablo, sin cuestionarlo a lo largo de los siglos.

Unos pocos datos sirven para recordar quien fue el escritor. Era de la tribu de Benjamín, y dentro del contexto religioso de su tiempo miembro del grupo de los fariseos (Hch. 23:6; Ro. 11:1; Fil. 3:5). Nacido en Tarso tenía por esa razón la ciudadanía romana (Hch. 16:37; 21:39; 22:25 ss.), lo que lleva consigo que sus padres habían residido en aquella ciudad por bastante tiempo antes del nacimiento de su hijo. Tarso era una ciudad con un alto nivel cultural, por lo que Pablo llegó a conocer bien la filosofía y cultura del mundo greco-romano. Es muy probable que fuese trasladado por sus padres profundamente religiosos a Jerusalén cuando era muy joven para que estudiase las Escrituras con los más cualificados maestros de entonces. Él mismo testifica de haber aprendido con el Rabí Gamaliel (Hch. 22:3). Por el relato general de Hechos se aprecia que Saulo había llegado a ser miembro del Sanedrín con voz y voto en las decisiones de aquel tribunal, posiblemente uno de los miembros más jóvenes, llegando a dar su voto a favor de la muerte de Esteban, y liderando la persecución y muerte de los cristianos (Hch. 26:10). Según ciertas apreciaciones deducidas de sus escritos, su aspecto físico no era destacable, siendo además un orador de discurso pesado (2 Co. 10:10).

No hay ninguna evidencia bíblica por la que se pueda afirmar que Pablo hubiese conocido personalmente a Jesús, a pesar de sus palabras en el escrito a los corintios (2 Co. 5:16), que deben entenderse como una consideración de Jesús desde el punto de vista humano. Tal vez Saulo tuvo parientes cristianos (Ro. 16:7), pero, a pesar de ello, su condición anticristiana era evidente. La muerte por lapidación de Esteban, su discurso ante el sanedrín y su aspecto personal en aquella ocasión debieron haber impactado profundamente a Pablo (Hch. 8:1). Sin embargo fue el decisivo encuentro con el Señor resucitado, lo que le llevó a la conversión (Hch. 26:14). Después de esa experiencia pasó un tiempo en algún lugar al este del río Jordán, donde recibió revelaciones directas de Jesús y recicló su teología preparándose para el apostolado al que había sido llamado por elección divina. De ahí pasó al área de Damasco predicando el evangelio (Hch. 9:19 ss; Gá. 1:18). Ante las dificultades de entrar en los grupos cristianos en Jerusalén por su anterior relación como enemigo de la Iglesia, tuvo necesidad de que Bernabé le introdujera levantando toda prevención contra él. Su ministerio en Jerusalén debió ser por poco tiempo, debido a que los judíos helenistas procuraban matarle, por lo que regresó a su ciudad natal de Tarso. También fue Bernabé el que fue a buscarle a ese lugar para que le ayudase en la enseñanza a los creyentes recién convertidos de la iglesia en Antioquía (Hch. 11:25-26).

Tiempo después fue llamado por el Espíritu y encomendado por la iglesia antioquena para la obra misionera (Hch. 13:1-3). Su estrategia se convirtió en modelo para las misiones lideradas por él, consistente en predicar en la sinagoga a los judíos para establecer un núcleo de creyentes que fuesen también conocedores de la Escritura. Cada vez que la oposición contra él alcanzó un alto nivel, se volvía directamente a la evangelización de los gentiles (Hch. 13:46 ss.). Los judaizantes fueron sus más firmes enemigos en el ámbito de las iglesias que establecía, visitando las congregaciones para hacer que los cristianos fuesen una extensión del judaísmo, conminándolos a circuncidarse y guardar la ley ceremonial, especialmente la referida a las limitaciones establecidas en ella. Los continuos enfrentamientos con los judaizantes ocasionaron la necesidad de una consulta con los líderes de la iglesia en Jerusalén, en lo que se llamó el *primer concilio de la Iglesia.* En esa reunión dialogaron con los apóstoles y ancianos sobre el problema, alcanzando un consenso que se hizo extensivo a toda la Iglesia mediante carta circular, en la que las propuestas judaizantes quedaron sin respaldo, afirmándose la libertad de los creyentes con unos limitados mandatos que eran necesarios para mantener la comunión y unidad entre los creyentes de procedencia judía y los de ascendencia gentil (Hch. 15:28-29).

En el segundo viaje misionero, Pablo acompañado por Silas y Timoteo recorrió un amplio territorio visitando las principales poblaciones de la zona de Grecia, atendiendo el llamamiento hecho en visión por un varón macedonio que le solicitaba ayuda, por lo que pasaron a Macedonia iniciando la evangelización de Grecia y estableciendo iglesias, entre las cuales estaba la de Tesalónica.

Más adelante el apóstol llevó una ofrenda para los pobres de Jerusalén, llegado a la ciudad en Pentecostés (Hch. 21:14 s.). Con mucho tacto observó los ritos del templo. En ese lugar los judíos procedentes de Éfeso lo acusaron de violar la ley que prohibía el acceso al santuario de los gentiles, suponiendo que había introducido en el lugar a compañeros que no eran judíos, incitando a la multitud para que le diesen muerte. Para evitarlo intervinieron los soldados romanos, rescatándolo del gentío, llevándolo a Cesarea donde Félix, el gobernador romano, lo mantuvo en prisión durante dos años (Hch. 23:26). Dada la situación en que se encontraba y las demandas que los judíos hacían al gobernador para que lo llevase a Jerusalén y fuese juzgado allá de lo que le acusaban, Pablo apeló, en su condición de ciudadano romano el tribunal del César, siendo conducido prisionero a Roma, donde estuvo en una casa alquilada con la custodia de un soldado romano (Hch. 28:1, 30). Lo más probable es que en el juicio no compareciesen los acusadores por lo que sería puesto en libertad, sobre el año 63. Muy probablemente, según su deseo, visitó España y la región del Egeo antes de ser encarcelado nuevamente por orden de Nerón, quien lo sentenció a muerte, siendo ejecutado en Roma.

Destinatarios.

El primer versículo los define claramente. La *Epístola* fue dirigida a la *"iglesia de los tesalonicenses"*. Los creyentes alcanzados por el mensaje del evangelio en la ciudad de Tesalónica y que quedaron allí cuando Pablo tuvo que salir precipitadamente de la ciudad. A estos cristianos residentes en la ciudad de Tesalónica, se dirige el escrito.

Motivo.

Cuando el grupo misionero liderado por Pablo abandonó la ciudad de Tesalónica, estuvo un tiempo corto en Berea y Atenas, lugar a donde se le unieron nuevamente sus dos colaboradores directos en el segundo viaje misionero, que eran Timoteo y Silas. Sin embargo, ambos fueron enviados por el apóstol para cumplir misiones de consolidación de las iglesias fundadas y afirmación en la fe de los creyentes que habían sido convertidos. Sabemos que Timoteo fue a Tesalónica (3:2), y Silas debió haber sido enviado a Filipos. El informe de Timoteo era positivo, la iglesia en Tesalónica se mantenía firme en la fe a pesar de las dificultades y el testimonio del evangelio había alcanzado lugares en el área de influencia. Pero, como iglesia recién fundada, los cristianos necesitaban consejos para orientar la marcha de la congregación, afirmar el testimonio personal de los creyentes y solventar algunas verdades que no estaban claramente asentadas. Además la persecución contra los cristianos había comenzado y cualquier palabra de aliento sería buena. Ante esta situación el apóstol escribe para dar ánimo a los cristianos en Tesalónica (2:14; 3:1-4). Los enemigos de Pablo, tanto los judíos rebeldes al mensaje del evangelio, como los judaizantes procedentes de Jerusalén, visitaban las iglesias recién fundadas para hablar mal del apóstol, procurando despertar sospechas sobre las razones que le motivaban para la fundación de las iglesias, todas ellas, conforme a sus enemigos, de interés personal para conseguir beneficiarse de los convertidos a Cristo. Ante esto Pablo sale en defensa de su ministerio y conducta (2:1-12). Los cristianos en Tesalónica, como en otros lugares del mundo greco-romano, vivían en un entorno de licencia moral y de prácticas pecaminosas propias del mundo idolátrico de entonces, de manera que las recomendaciones y exhortaciones a una santidad real en medio de una sociedad impía, eran necesarias (4:1-8). En el tiempo desde la partida de Pablo hasta el informe de Timoteo, algunos cristianos habían muerto. Los creyentes tenían ciertas dificultades en la comprensión de lo que ocurre a los que parten para estar con Cristo y a lo que la *parusía* del Señor producirá en relación con éstos que han muerto y los que estén vivos entonces. Otra de las razones de la *Epístola* es recordar y reiterar la enseñanza sobre la situación de los muertos en Cristo y de los vivos en el tiempo en que venga a recoger a la Iglesia (4:14-18). La inminencia enseñada sobre el retorno de Jesús había despertado en algunos un estilo de vida impropio, viviendo sin trabajar y entrometiéndose en la vida de otros hermanos, lo que requería también una advertencia del apóstol (4:11-12). Finalmente además de instrucciones sobre la ética cristiana y las relaciones entre hermanos en Cristo (5:1-6, 24), se hacía necesaria alguna precisión sobre la Persona y obra del Espíritu Santo, que incluía la importancia de los dones espirituales, cuya falta de comprensión producía que se reprimiesen y se *apagase el Espíritu* (5:19).

A la vista del escrito se nota que la intención del apóstol no es la exposición doctrinal de algunas verdades de la fe, como ocurre con la *Epístola a los Romanos* y la *Epístola a los Gálatas*, sino más bien es un escrito pastoral, para animar a los creyentes en medio de las dificultades y conducirlos a una vida de testimonio entre el mundo corrompido de aquellos días. El cuerpo doctrinal más extenso en la carta tiene que ver con la *parusía*, la presencia, la manifestación, la venida de Cristo a recoger a su Iglesia (4:13-18). Aparte de recordarles la enseñanza sobre esto sirve al apóstol para alentar a quienes habían visto partir a los suyos, y en general a toda la iglesia.

Lugar de redacción.

Por el relato de Hechos y los detalles de la *Epístola*, Pablo envió a Timoteo para que visitase la iglesia en Tesalónica y le informase de la situación en que se encontraba. El apóstol partió para Atenas (Hch. 17) donde estuvo por poco tiempo, siguiendo luego a Corinto (Hch. 18:1). Allí se encontró con Timoteo y Silas que regresaron de las misiones que le habían sido encomendadas y dieron sus informes al apóstol (Hch. 18:1, 5). Por la salutación de la *Epístola* (1:1) se aprecia que tanto Silas como Timoteo, estaban con Pablo. Luego, con toda probabilidad, la carta fue escrita desde Corinto.

Fecha.

Determinar la fecha aproximada de la redacción del escrito requiere atender a alguna situación histórica, especialmente a un descubrimiento arqueológico. Según el relato de *Hechos*, la presencia de Pablo en Corinto tuvo lugar durante el tiempo del gobierno de Galio, el procónsul romano de Acaya. Desenterrando restos de Delfos, apareció una lápida que reproduce una carta a la ciudad escrita por el emperador Claudio, en la que se cita a Galio y su proconsulado. El emperador se refiere a él mismo como investido con el poder tribunicio por duodécima vez y aclamado como emperador veintiséis veces. Este reconocimiento le fue concedido veintisiete veces, por tanto, la carta desenterrada debe proceder del tiempo final de su reinado. La aclamación vigésimo séptima tuvo ocasión en el año 52 d.C. De modo que la presencia de Galio tiene que ser en ese año, aunque no se pueda precisar el año de su llegada a Acaya. Posiblemente Galio remitía a Roma el asunto de que trata la carta en piedra desenterrada, en el tiempo inicial de su presencia lo que supondría el año 51 d.C. Por *Hechos* sabemos que el apóstol fue llevado ante el gobernador poco después de su llegada, que estaría cercana al fin de la estancia de Pablo en Corinto. Como el ministerio allí duró unos dieciocho meses (Hch. 18:11), es posible que el escrito tuviese lugar en el año 50, aunque generalmente se prefiere datarlo en el año 51.

En base a esta datación, muy confiable, la *Primera Epístola a los Tesalonicenses* es, sino el primero, uno de los primeros escritos del apóstol Pablo. El único que podría ser anterior sería la *Epístola a los Gálatas*. Se trata, de cualquier modo, no sólo de primeros escritos de Pablo, sino de primeros escritos del Nuevo Testamento, de ahí la importancia que debe darse a las dos *Epístolas* como referente al pensamiento circulante en la iglesia del tiempo de los apóstoles.

Cuerpo doctrinal.

A pesar de las críticas liberales en el sentido de que el contenido doctrinal de la *Epístola* es pequeño, e incluso pobre comparado con los escritos de Pablo, el objeto de ella no era enseñar doctrina, sino alentar y aclarar algunos asuntos necesarios. Con todo la doctrina está presente en el escrito, pudiendo destacarse:

Teología propia. Dios el Padre es el Padre personal de cada creyente (1:1, 3). Los que no han creído y se han vuelto a Dios viven oponiéndose a Él en un servicio voluntario a los ídolos (1:9; 4:5). De Dios parte el llamamiento a salvación, que supone un llamamiento a ser cristianos (1:1). Dios es el que guarda al creyente para la venida de Jesucristo, por tanto quien garantiza la seguridad de salvación (5:23). Es también el testigo y juez de nuestra conducta (2:4; 3:13; 4:1; 5:10). El mismo Dios es el remunerador de los actos humanos (2:16; 4:6).

Cristología. La Iglesia se sustenta y descansa en Cristo (1:1). La esperanza cristiana es Jesucristo mismo (1:3). Jesús es el ejemplo de vida cristiana (1:6). El Señor es esperado en su manifestación por todos los creyentes (1:10; 2:19; 3:13). Nuestro Señor es el que *hace crecer* la Iglesia (3:12). Jesús es el Señor en igualdad con el Padre (3:11-12), por tanto, principio de gracia y de paz al igual que el Padre (1:1). Es el juez sobre el comportamiento del cristiano (4:6).

Pneumatología. Se aprecia una clara distinción entre el Espíritu, el Padre y el Hijo. Es la Persona Divina que comunica poder a los creyentes (1:5). Es el principio de vida nueva que permanece en todo aquel que ha creído, como don divino (4:8). El Espíritu fortalece y comunica gozo a los fieles (1:6).

Soteriología. Jesucristo es el único medio de salvación (5:9, 10). Fue muerto por los judíos (2:15), pero resucitó (4:14).

Eclesiología. La Iglesia se sustenta en Dios Padre y en el Señor Jesucristo (1:1). La autoridad de la Iglesia descansa en Dios y procede de Él (2:2-4).

Escatología. El retorno de Cristo para buscar a la Iglesia forma parte de la esperanza cristiana (1:10). Los creyentes esperamos Su venida (2:19). Los creyentes que parten de esta vida *duermen en Cristo* y serán traídos con Él cuando venga a buscar a la Iglesia (4:14). El encuentro entre la Iglesia y el Señor tendrá lugar en el aire (4:17). Ese acontecimiento estará rodeado de una serie de manifestaciones gloriosas (4:16, 17). Todos los creyentes seremos arrebatados de la tierra al encuentro con Cristo, los muertos mediante resurrección y los vivos mediante transformación (4:16, 17). El traslado de la Iglesia podrá ocurrir en cualquier momento (4:17). La Segunda Venida del Señor a la tierra ocurrirá después de un tiempo de conflictos y dificultades (5:1-3). El creyente no será afligido por la ira de Dios sobre el mundo perdido (1:10; 5:9).

El texto griego.

La *Epístola* está escrita en un griego de un buen nivel. Con un estilo brillante y con expresiones bien construidas y concretas, muy aptas para expresar la enseñanza y para reforzar las exhortaciones con precisión. Las formas podían captar fácilmente la atención del lector y hacen del escrito un cuerpo armónico y atractivo. Hay, como en todos los escritos del apóstol Pablo, algunos rasgos del entorno semítico de donde procede.

Principales referencias de textos griegos para la Epístola.

Para la *Primera a Tesalonicenses*, se utilizan los siguientes mss y códices: $\mathfrak{P}^{30}$, $\mathfrak{P}^{46}$, $\mathfrak{P}^{61}$, $\mathfrak{P}^{65}$, א, A, B, c, D, F, G, H, I, K, L, P, Ψ, 048, 0183, 0208, 1226, 0278, 33, 81, 104, 365, 630, 1175, 1241, 1505, 1739, 1881, 2464, *l* 249, *l* 846.

El griego koiné.

La Primera Epístola a los Tesalonicenses está escrita en un griego culto. No obstante, la utilización de formas propias de la koiné, están presentes, dando a entender que el autor conocía bien la lengua, y le llevaba a adoptar las expresiones propias del griego común en el lugar al que dirige la carta.

El idioma en que fue escrito es el griego común, conocido como *koiné*. Como del resto de los escritos del Nuevo Testamento, no existe tampoco aquí el original, esto es, el primer escrito salido directamente del autor. Las copias existentes son varias y entre ellas se aprecian diferencias. Debe tenerse en cuenta que para el Nuevo Testamento hay no menos de 5200 manuscritos y entre ellos existen más de doscientas cincuenta mil variantes, acumuladas a lo largo de los catorce siglos en que se han estado produciendo copias del texto griego. A los errores propios de un sistema de copiado, se añadieron variantes consecuentes con correcciones y adaptaciones producidas para determinados lugares geográficos, como era el caso de Alejandría, Antioquia, Constantinopla, Cartago, Roma, etc. en copias que se adaptaron en ocasiones idiomáticamente para las grandes ciudades, dando origen a lecturas especiales.

El texto Alejandrino, el más antiguo para los escritos del Nuevo Testamento, es considerado como uno de los más fiables y fieles en cuanto a la conservación y preservación del texto original. Los dos testimonios derivados del Alejandrino son el *Códice Vaticano* y el *Códice Sinaítico*, manuscritos en pergamino de mediados del s. IV. Con la aparición de importantes papiros a lo largo del s. XX, se puede afirmar que el *Alejandrino* alcanza a épocas con mayor antigüedad, llegando a considerarse como del s. II, más o menos hacia el 125 d. C. El texto *Bizantino*, es el más reciente de los del Nuevo Testamento. En éste se ha intentado pulir lo que pudiera representar alguna forma ruda en el lenguaje, cambiando las lecturas discrepantes o divergentes por otra expandida, armonizando los paralelos.

El *Textus Receptus*, que ha servido de base a las traducciones de la *Epístola* en el mundo *Protestante* está tomado mayoritariamente del *Texto Bizantino*. Este texto fue editado en 1517 por Desiderio Erasmo de Rótterdam. Fue el más expandido y llegó a ser aceptado como el normativo de la Iglesia Reformada, o Iglesia Protestante. De este texto se hicieron muchas ediciones, varias de ellas no autorizadas, produciéndose a lo largo del tiempo una importante serie de alteraciones. Por otro lado, está demostrado que en algunos lugares donde Erasmo no dispuso de textos griegos, invirtió la traducción trasladando al griego desde la Vulgata. A este texto se le otorgó una importancia de tal dimensión que fue considerado como *normativo* del Nuevo Testamento en el mundo protestante, asumiéndose como incuestionable por sectores conservadores y pietistas extremos, llegándose a considerar como *cuasi impío* cuestionarlo, a pesar del gran número de manuscritos que se poseen en la actualidad y que ponen de manifiesto los errores del *Receptus*. Como si se quisiera mantenerlo, a pesar de todo, como el mejor de los compilatorios del texto griego del Nuevo Testamento, se ha cambiado el nombre de *Textus Receptus* por el de *Texto Mayoritario*, con el que se procura hacerlo retornar a su antigua supremacía, con lo que se pretende obstaculizar todo esfuerzo en el terreno de la *Crítica Textual*, para alcanzar una precisión mayor de lectura de lo que son los originales de los escritos del Nuevo Testamento.

De los sinceros y honestos esfuerzos de la Crítica Textual, en un trabajo excelente en el campo de los manuscritos que se poseen y que van apareciendo, se tomó la decisión de apartarse del *Receptus* en todo aquello que evidentemente es más seguro, dando origen al texto griego conocido como *Novum Testamentum Groece*, sobre cuyo texto se basa el que se utiliza en el presente comentario.

El texto griego utilizado para la exégesis y análisis de la *Epístola* es el de Nestle-Aland en la vigésimo octava edición de la Deutsche Biblegesellschaft, D-Stuttgart, recientemente editado.

En el aparato crítico se ha procurado tener en cuenta la valoración de los estudios de *Crítica Textual*, para sugerir la mayor seguridad o certeza del texto griego. Para interpretar las referencias del aparato crítico, se hacen las siguientes indicaciones:

El aparato crítico, que en el comentario se denomina como *Crítica Textual. Lecturas alternativas*, se sitúa luego del análisis gramatical del texto griego, de modo que el lector pueda tener, si le interesan las alternativas de lectura que aparezcan en los versículos de la *Epístola.*

Los papiros se designan mediante la letra 𝔭. Los *manuscritos unciales*, se designan por letras mayúsculas o por un 0 inicial. Los unciales del texto bizantino se identifican por las letras *Biz* y los unciales bizantinos más importantes se reflejan mediante letras mayúsculas entre corchetes [ ] los principales unciales en los escritos de Pablo se señalan por K, L, P. En este escrito se abandona el uso de la identificación de los textos unciales bizantinos, colocándolos como los demás códices salvo en ocasiones en que se requiera por alguna razón.

Los manuscritos minúsculos quedan reflejados mediante números arábigos, y los minúsculos de texto bizantino van precedidos de la identificación *Biz*. La relación de unciales, debe ser consultada en textos especializados ya que la extensión para relacionarlos excede a los límites de esta referencia al aparato crítico.

En relación con los manuscritos griegos aparecen conexionados los siguientes signos:

f^{1} se refiere a la familia 1 de manuscritos.

f^{13} se refiere a la familia 13 de manuscritos.

Biz referencia al testimonios *Bizantinos*, textos de manuscritos griegos, especialmente del segundo milenio.

Biz[pt] cuando se trata de solo *una parte* de la tradición *Bizantina* cada vez que el testimonio está dividido.

* este signo indica que un manuscrito ha sido corregido.

[c] aparece cuando se trata de la lectura del *corrector* de un manuscrito.

[1,2,3,c] indica los sucesivos correctores de un manuscrito en orden cronológico.

( ) indican que el manuscrito contiene la lectura apuntada, pero con *ligeras diferencias* respecto de ella.

[ ] incluyen *manuscritos Bizantinos* selectos inmediatamente después de la referencia *Biz*.

[txt] indica que se trata del *texto del Nuevo Testamento* en un manuscrito cuando difiere de su cita en el comentario de un Padre de la Iglesia ([comm]), una variante en el margen ([mg]) o una variante ([v.r.]).

[com (m)] se refiere a citas en el curso del *comentario* a un texto cuando se aparta del texto manuscrito.

[mg] indicación textual contenida en el *margen* de un manuscrito.

[v.r.] *Variante* indicada como alternativa por el mismo manuscrito.

[vid] indica la lectura más probable de un manuscrito cuando su estado de conservación no permite una verificación.

[supp] texto suplido por faltar en el original.

𝔐 contiene los textos mayoritarios incluido el Bizantino. Indica la lectura apoyada por la mayoría de los manuscritos, incluyendo siempre manuscritos de koiné en el sentido estricto, representando el testimonio del texto griego koiné. En consecuencia, en los casos de un aparato negativo, donde no se le da apoyo al texto, la indicación 𝔐, no aparece.

Los *Leccionarios* son textos de lectura de la Iglesia Griega, que contienen manuscritos del texto griego y se identifican con las letras *Lect* que representa la concordancia de la mayoría de los Leccionarios seleccionados con el texto de *Apostoliki Diakonia*. Los que se apartan de este contexto son citados individualmente con sus respectivas variantes. Si las variantes aparecen en más de diez Leccionarios, se identifica cada grupo con las siglas ^{pt}. Si un pasaje aparece varias veces en un mismo Leccionario y su testimonio no es coincidente, se indica por el número índice superior establecido en forma de fracción, para indicar la frecuencia de la variante, por ejemplo *l* $866^{1/2}$. En relación con los Leccionarios se utilizan las siguientes abreviaturas:

Lect para referirse al texto seguido por la *mayoría de los leccionarios.*

l 43 indica el leccionario que se aparta de la lectura de la mayoría.

Lect^{pt} referencia al texto seguido por una parte de la tradición manuscrita de los Leccionarios que aparece, por lo menos, en diez de ellos.

l $593^{1/2}$ referencia a la frecuencia de una variante en el mismo manuscrito.

Las referencias a la Vetus Latina, se identifica por las siglas it (Itala), con superíndices que indican el manuscrito.

La Vulgata se identifica por vg para la Vulgata, vg^{cl} para la Vulgata Clementina, vg^{ww} para la Vulgata Wordsworth-White, y vg^{st} para la Vulgata de Stuttgart.

Las siglas lat representa el soporte de la Vugata y parte del Latín Antiguo.

Las versiones Siríacas se identifican por las siguientes siglas: Sir^{s} para la Sinaítica. sir^{c}, para la Curetoniana. sir^{p}, identifica a la Peshita. sir^{ph} son las siglas para referirse a la Filoxeniana.

La Harclense tiene aparato crítico propio con los siguientes signos: sir^{h} (White; Bensly, Wöóbus, Aland, Aland/Juckel); $sir^{h\ with*}$, lectura siríaca incluida en el texto entre un asterisco y un metóbelos; sir^{hmg}, para referirse a una variante siríaca en el margenV sir^{hgr} hace referencia a una anotación griega en el margen de una variante Siríaca. Las siglas sir^{pal} son el identificador de la Siríaca Palestina.

Las referencias a la Copta son las siguientes:

cop^{sa} Sahídico.

cop^{bo} Boháirico.

cop^{pbo} Proto-Boháirico.

cop^{meg} Medio-Egipto.

cop^{fay} Fayúmico.

cop^{ach} Ajmínico.

cop^{ach2} Sub-Ajmínico.

Para la Armenia, se usan las siglas arm.

La georgiana se identifica:

geo identifica a la georgiana usando la más antigua revisión A^1

geo^1/geo^2 identifica a dos revisiones de la tradición Georgina de los Evangelios, Hechos y Cartas Paulinas.

La etiópica se identifica de la siguiente manera:

eti cuando hay acuerdo entre las distintas ediciones.

eti^{ro} para la edición romana de 1548-49.

eti^{pp} para la Pell Plat, basada en la anterior.

etiTH para Takla Häymänot

eti^{ms} referencia para la de París.

Eslava Antigua, se identifica con esl.

Igualmente se integra en el aparato crítico el testimonio de los Padres de la Iglesia. Estos quedan identificados con su nombre. Cuando el testimonio de un Padre de la Iglesia se conoce por el de otro, se indica el nombre del Padre seguido de una anotación en superíndice que dice *según* y el nombre del Padre que lo atestigua. Los Padres mencionados son tanto los griegos como los latinos, procurando introducirlos en ese mismo orden. En relación con las citas de los Padres, se utilizan las siguientes abreviaturas:

( ) Indican que el Padre apoya la variante pero con ligeras diferencias.

vid probable apoyo de un Padre a la lectura citada.

lem cita a partir de un *lema*, esto es, el texto del Nuevo Testamento que precede a un comentario.

comm cita a partir de la parte de un comentario, cuando el texto difiere del lema que lo acompaña.

supp porción del texto *suplido* posteriormente, porque faltaba en el original.

ms, mss referencia a manuscrito o manuscritos patrísticos cuyo texto se aparta del que está editado.

mss según Padre identifica una variante de algún manuscrito según testimonio patrístico.

1/2, 2/3 variantes citadas de un mismo texto en el mismo pasaje.

pap lectura a partir de la *etapa papirológica* cuando difiere de una edición de aquel Padre.

ed lectura a partir de la *edición* de un texto patrístico cuando se aparta de la *tradición papirológica.*

gr cita a partir de un fragmento griego de la obra de un Padre Griego cuyo texto se conserva sólo en traducción.

lat, sir, armn, slav, arab traducción latina, siríaca, armenia, eslava o araba de un Padre Griego cuando no se conserva en su forma original.

dub se usa cuando la obra atribuida a cierto Padre es dudosa.

Con estas notas el lector podrá interpretar fácilmente las referencias a las distintas alternativas de lectura que el aparato crítico introduce en los versículos que las tienen.

Análisis del texto griego.

Como elemento de ayuda al lector que no tenga un conocimiento alto del griego koiné, se hace el análisis morfológico de cada una de las palabras del texto griego en cada uno de los versículos que se comenta, añadiendo en el comentario las referencias al análisis sintáctico e idiomático cuando se requiera.

En el análisis se procura identificar las palabras con el sentido que tienen en castellano, así, se traducen las conjunciones por *copulativa, disyuntiva, causales,* etc. que aunque no correspondan exactamente con la calificación griega, permite al lector castellano identificarlas con el sentido que tienen en este idioma.

Se ha tenido en cuenta hacer la distinción en el aoristo de los verbos, entre el primero o el segundo. Si bien a efectos de análisis textual no es importante, se precisan las formas para facilitar la identificación al lector del texto.

Aparato crítico del texto griego.

La cantidad de alternativas de lectura del texto griego es cada vez mayor, a medida que se encuentran nuevos mss. Incorporar todas las posibles excede a la capacidad y razón de ser de un comentario. En este caso se dan las más importantes, siguiendo la crítica textual comprendida en el *Novum Testamentum Graece*, Nestle-Alan vigésimo octava edición de Deutsche Bibelgesellschaft.

De la misma manera se consulta también el aparato crítico del Texto Griego del Nuevo Testamento Trilingüe de la Biblioteca de Autores Cristianos.

Para ayudar al lector se traduce al castellano la mayor parte de las alternativas de lectura, salvo cuando sean de relativa importancia o excesivamente numerosas, en cuyo caso se traslada simplemente la correspondiente referencia.

Otras precisiones sobre el texto griego.

Es sabido que algunos nombres que en castellano se escriben con mayúsculas, como Dios, al referirse al verdadero, Espíritu Santo, en relación con la Tercera persona de la Deidad, en griego algunos de estos nombres o adjetivos vinculados a un nombre se escriben con minúscula. Sin embargo, por respeto especial, cuando se trate de alguno de estos nombres de Dios, se escribirán con mayúscula. De igual manera y por la misma razón en el análisis textual cuando se refiera a Dios no se definirá como *nombre común*, sino como *nombre divino*. Entendemos claramente que en el marco de la gramática, estas distinciones no corresponden a la realidad del griego.

Bosquejo

Para desarrollar el comentario se seguirá el curso del siguiente *Bosquejo Analítico*:

I. Pablo y los tesalonicenses (1:1-10).
1. Saludos (1:1).
2. Acción de gracias (1:2-10).
    2.1. Gratitud por las virtudes de la iglesia (1:2-3).
    2.2. Gratitud por el ejemplo de la iglesia (1:4-7).
    2.3. Gratitud por el compromiso de la iglesia (1:8-10).

II. La conducta del apóstol (2:1-3:13).
1. La honestidad del apóstol (2:1-4).
2. El trabajo del apóstol (2:5-8).
3. El ejemplo del apóstol (2:9-12).
4. La preocupación del apóstol (2:13-3:13).
    4.1. Preocupación por los conflictos de los creyentes (2:13-20).
    4.2. Preocupación por la firmeza de la fe (3:1-8).
        A. El envío de Timoteo (3:1-5).
        B. El informe de Timoteo (3:6-10).
    4.3. Preocupación por el desarrollo de los creyentes (3:11-13).

III. Parte exhortativa (4:1-5:22).
1. La santidad de vida (4:1-8).
2. El amor cristiano (4:9-10).
3. La vida ordenada (4:11-12).
4. La esperanza cristiana (4:13-18).
    4.1. La certeza cristiana (4:13-14).
    4.2. El traslado de la Iglesia (4:15-17).
    4.3. El aliento de la esperanza (4:18).
5. El día del Señor (5:1-11).
    5.1. La manifestación (5:1-3).

5.2. La amonestación (5:4-8).
5.3. La seguridad y el aliento (5:9-11).
6. La ética cristiana (5:12-22).
6.1. Reconocimiento del liderazgo (5:12-13).
6.2. Ayuda fraternal (5:14-15).
6.3. Deberes espirituales (5:16-22).

IV. Deseo, peticiones y despedida (5:23-28).

1. Deseo (5:23-24).
2. Peticiones (5:25-27).
3. Despedida (5:28).

EXÉGESIS DE LA EPÍSTOLA.

Pablo y los tesalonicenses (1:1-10).

Saludos (1:1).

1. Pablo, Silvano y Timoteo, a la iglesia de los tesalonicenses en Dios Padre y en el Señor Jesucristo: Gracia y paz sean a vosotros, de Dios nuestro Padre y del Señor Jesucristo.

Παῦλος καὶ Σιλουανὸς καὶ Τιμόθεος τῇ ἐκκλησίᾳ
Pablo, y Silvano y Timoteo a la iglesia
Θεσσαλονικέων ἐν Θεῷ Πατρὶ[1] καὶ Κυρίῳ ʼΙησοῦ Χριστῷ[2],
de tesalonicenses en Dios Padre y Señor Jesús Cristo;
χάρις ὑμῖν καὶ εἰρήνη.
gracia a vosotros y paz.

Notas y análisis del texto griego.

Inciando la carta, escribe: Παῦλος, caso nominativo masculino singular del nombre propio *Pablo*; καὶ, conjunción copulativa *y*; Σιλουανὸς, caso nominativo masculino singular del nombre propio *Silvano*; καὶ, conjunción copulativa *y*; Τιμόθεος, caso nominativo masculino singular del nombre propio *Timoteo*; τῇ, caso dativo femenino singular del artículo determinado declinado *a la*; ἐκκλησίᾳ, caso dativo femenino singular del nombre común *iglesia*; Θεσσαλονικέων, caso genitivo masculino plural del nombre propio declinado *de tesalonicenses*; ἐν, preposición propia de dativo *en*; Θεῷ, caso dativo masculino singular del nombre divino *Dios*; Πατρὶ, caso dativo masculino singular del nombre divino *Padre*; καὶ, conjunción copulativa *y*; Κυρίῳ, caso dativo masculino singular del nombre divino *Señor*; ʼΙησοῦ, caso dativo masculino singular del nombre propio *Jesús*; Χριστῷ, caso dativo masculino singular del nombre propio *Cristo*; χάρις, caso nominativo

femenino singular del nombre común *gracia*; ὑμῖν, caso dativo de la segunda persona plural del pronombre personal *vosotros*; καὶ, conjunción copulativa *y*; εἰρήνη, caso nominativo femenino singular del nombre común *paz*.
Crítica Textual. Lecturas alternativas.

[1]ἐν Θεῷ Πατρι, *en Dios Padre*, lectura atestiguada en B, F, G, Ψ, 0278, 629, 1739, 1881, lat, sir, sa.

ἐν Θεῷ ημων Πατρὶ, *en Dios nuestro Padre*, según lectura en A, 81, (629) ar, r, vg, sa.

[2] καὶ Κυρίῳ 'Ιησοῦ Χριστῷ, *y en Señor Jesús Cristo*, lectura atestiguada en B, F, G, Ψ, 0278, 629, 1739, 1881, lat, sir, sa.

καὶ Κυρίου 'Ιησοῦ Χριστοῦ, *y del Señor Jesús Cristo*, según lectura en א, A, D, I, K, L, P, 33, 81, 104, 630, 1175, 1241, 1505, 2464, vg, sir, bo.

Παῦλος καὶ Σιλουανὸς καὶ Τιμόθεος. Como era habitual en la correspondencia del primer siglo, el escrito se iniciaba con la identificación del remitente. Como autor del escrito aparece en primer lugar el nombre de Pablo, los otros dos nombres que figuran en el encabezado son colaboradores del apóstol, pero no autores de la *Epístola*. Sobre él se ha escrito una extensa nota en el apartado de la introducción cuando se trató del *autor*, a donde se remite al lector.

El segundo nombre mencionado aquí era el de *Silas*, forma abreviada de *Silvano*; algunos consideran que era una forma arameizada del nombre hebreo *Saúl*. Era un miembro destacado en la iglesia en Jerusalén, debiendo ser identificado con Silvano, cuyo nombre aparece varias veces en las epístolas de Pablo (2 Co. 1:19; 2 Ts. 1:1). Más tarde serviría de amanuense a Pedro en la redacción de su primera epístola (1 P. 5:12). Estará presente en la historia misionera de Pablo como compañero suyo en el segundo viaje luego del problema entre el apóstol y Bernabé (Hch. 15:36-41). Silas tenía la ciudadanía romana (Hch. 16:36-41). El papel de Silas en relación con el viaje de Pablo, no fue tanto el de reemplazar a Bernabé como a Juan Marcos. Es interesante apreciar que en ningún lugar se le da el calificativo de *apóstol*, como ocurrió con Bernabé. Después de la visita a Antioquía, se quedó en la iglesia (Hch. 15:34), hasta el segundo viaje misionero de Pablo, acompañándole hasta Corinto (Hch. 18:5; 2 Co. 1:19). Compañero del apóstol, comisionado por él para servicios de relación con las iglesias, está a su lado, posiblemente en Corinto, cuando escribe la *Epístola*. Su nombre está en el proemio de la carta.

Un tercer nombre aparece a continuación y es el de Timoteo. Se trata de un hombre joven cristiano cuya edad no es posible determinar, pero que cuando catorce o quince años más tarde le escribe el apóstol hace referencia a su juventud (cf. 1 Ti. 4:12; 2 Ti. 2:22). Su madre Eunice, era una mujer de fe, posiblemente convertida al evangelio, junto con su abuela Loida y él mismo, como consecuencia de la predicación del apóstol en la visita anterior. Las dos mujeres se destacan por su fe (cf. 2 Ti. 1:5; 3:14-15). No se dice nada de su padre, salvo la advertencia de que era griego. Aunque el término se utiliza en *Hechos*, para referirse a judeo-cristianos procedentes de la dispersión, el contexto inmediato exige que se entienda que era un gentil. Por esta causa el matrimonio no era bien visto por los judíos más ortodoxos. Es probable que el padre hubiera muerto, porque no se dice nada de él en relación con la familia. Timoteo va a convertirse en uno de los hombres más destacados del Nuevo Testamento, por lo que requiere esta introducción sobre su persona. Desde su conversión trabajó en la obra del Señor no solo en su iglesia en Derbe, sino también las de Listra e Iconio. De él daban buen testimonio todos los hermanos. Timoteo había dado pruebas de madurez y compromiso con la obra, por tanto, era una persona digna de confianza para estar en el equipo misionero del apóstol. Estas condiciones hacen que Pablo lo elija para estar entre sus colaboradores. Mientras que todos los hermanos daban buen testimonio de él, con toda seguridad no ocurría lo mismo con los judíos, porque no se había circuncidado y estaba, por ello, fuera del pacto de Abraham. El padre de Timoteo, como se dice antes, era griego y posiblemente por esa causa, aunque de madre judía, no había sido circuncidado. Esta era una seria dificultad con la que Pablo podía encontrarse y que podría generar confrontaciones con los judíos de aquellos lugares, ya que todos sabían de esta situación. Según la ley hebrea el niño debía seguir la religión de su madre, debiendo comenzar por la circuncisión como debía hacerse con todo hijo varón en Israel. Aunque la visión del apóstol era alcanzar especialmente a los gentiles, no suponía que no tuviese interés en la salvación de los judíos. Una situación semejante supondría, en muchos casos, una barrera insalvable, sobre todo cuando procurase utilizar las sinagogas como lugar para iniciar la evangelización en un determinado lugar. Pablo no hubiese permitido que se circuncidase a ningún cristiano de origen gentil, como hizo con Tito (Gá. 2:3-5), pero estaba seguro que debía hacerse con los judíos y concretamente con Timoteo, para evitar herir susceptibilidades entre ellos. Según la ley era un judío, por ser de madre judía, pero incircunciso era considerado como un apóstata. Para el apóstol, la circuncisión en sí misma, como una marca establecida en la carne, era algo indiferente (Gá. 5:6; 6:15), es más, cuando se consideraba como requisito para la salvación, era un *caer* de la gracia, que obligaba a guardar toda la ley (Gá. 5:3ss). La circuncisión de Timoteo no era requisito alguno para su vida espiritual, pero le permitía que llevase a cabo el ministerio sin confrontaciones con los judíos. Pablo supeditaba cualquier interés personal a los del evangelio (1 Co. 9:23). Aquel hermano fue enviado con Pablo con el beneplácito de la iglesia de donde procedía. Los ancianos de aquella congregación pusieron las manos sobre él, en señal de identificación plena con el ministerio al que era encomendado (1 Ti. 4:14), llamamiento divino atestiguado por los profetas de la iglesia. Timoteo y Pablo van a estar ligados de ahí en adelante en la obra del Señor. Le acompañaría a Corinto, Éfeso, Jerusalén y Roma. Era un colaborador infatigable. Pablo daría testimonio de Timoteo desde su primer encarcelamiento en Roma: *"Espero en el Señor Jesús enviaros pronto a Timoteo, para que yo también esté de buen ánimo al saber de vuestro estado; pues a ninguno tengo del mismo ánimo, y que tan sinceramente se interese por vosotros. Porque todos buscan lo suyo propio, no lo que es de Cristo Jesús. Pero ya conocéis los méritos de él, que como hijo a padre ha servido conmigo en el evangelio"* (Fil. 2:19-22). Con verdadero orgullo de padre le llama su *hijo genuino en la fe* (1 Ti. 1:2). Este hermano, tan vinculado al apóstol está a su lado cuando escribe la *Epístola*, sin embargo no es uno de los escritores de ella, simplemente es colaborador con Pablo lo mismo que Silas.

τῇ ἐκκλησίᾳ Θεσσαλονικέων Luego de la referencia al remitente que es Pablo y a los dos colaboradores suyos, sigue, como es natural en la correspondencia de entonces, el nombre de los destinatarios. En este caso concreto el escrito está dirigido a *la iglesia en Tesalónica*, o a la iglesia de *tesalonicenses*. Es decir, a la iglesia que estaba en la ciudad de Tesalónica.

Será bueno recordar algunos principios básicos de lo que se entiende por Iglesia en el Nuevo Testamento. El término *iglesia* es una palabra tomada del griego para darle un sentido propio. Se usa en distintas acepciones, incluso para hablar de una convocatoria a una multitud no cristiana, como es el caso de los efesios congregados en el estadio para gritar a favor de la diosa Diana (Hch. 19:32, 39, 40). Cuando se hablaba de concurrencia de personas, de una asamblea o de un concurso, los griegos usaban muchas veces la palabra ἐκκλησία, *iglesia*. Esa misma palabra se usa para referirse a la congregación de Israel en el desierto (Hch. 7:38). En los evangelios solo aparece dos veces (Mt. 16:18; 18:17). La palabra se aplica fundamentalmente en el Nuevo Testamento para designar al conjunto de creyentes elegidos por

Dios, llamados por Él, salvos por Cristo, regenerados por el Espíritu Santo, que bautizada por Éste en Cristo, queda vitalmente unida por el mismo Espíritu, para formar una unidad espiritual que se conoce también como *cuerpo de Cristo.* En sentido total se le conoce como Iglesia universal o trascendente; en el sentido temporal, se le denomina iglesia local. En este sentido se encuentra ciento diez veces, de las ciento catorce que aparece la palabra en el Nuevo Testamento. La iglesia local no es una parte de un todo superior que la engloba a todas ellas, sino células locales completas en las que la Iglesia se manifiesta y expresa. Etimológicamente la palabra ἐκκλησία, *iglesia*, esta formada por el prefijo con la preposición ἐκ, que expresa la idea de *sacar afuera,* y el verbo, *llamar*, unidas ambas adquieren el sentido de *llamar afuera.* La Iglesia, por tanto son los *llamados* o *convocados fuera.* Ese es el concepto del apóstol Pedro: *"Mas vosotros sois linaje escogido, real sacerdocio, nación santa, pueblo adquirido por Dios, para que anunciéis las virtudes de aquél que os llamó de las tinieblas a su luz admirable"* (1 P. 2:9). La enseñanza es clara, la iglesia está formada por el pueblo que Dios ha redimido y que Él mismo llamó *de las tinieblas*, para congregarlo en una nueva situación que se llama *su luz admirable.* Sin ninguna diferencia el concepto del apóstol Pablo es el mismo: *"El cual nos ha librado de la potestad de las tinieblas, y trasladado al reino de su amado Hijo"* (Col. 1:13).

Aunque la Biblia no es un libro de *definiciones* podemos encontrar en ella los elementos necesarios para dar una definición de *iglesia.* En primer lugar es un pueblo *de formación divina*: *"Simón ha contado cómo Dios visitó por primera vez a los gentiles, para tomar de ellos pueblo para su nombre"* (Hch. 15:14). En este pueblo de Dios no hay limitación alguna de raza o condición: *"Porque Él es nuestra paz, que de ambos pueblos hizo uno, derribando la pared intermedia de separación, aboliendo en su carne las enemistades, la ley de los mandamientos expresados en ordenanzas, para crear en sí mismo de los dos un solo y nuevo hombre, haciendo la paz, y mediante la cruz reconciliar con Dios a ambos en un solo cuerpo, matando en ella las enemistades"* (Ef. 2:14-16). Es también un pueblo de condición celestial, porque la ciudadanía de cada creyente está en los cielos (Fil. 3:20). La iglesia es de propiedad divina; Jesús dijo que Él edificaría *Su* iglesia (Mt. 16:18). Este cuerpo y pueblo es un don que el Padre dio a su Hijo (Jn. 6:37, 39; 17:6, 9, 11, 12). Además, la Iglesia es un cuerpo espiritual del que Cristo es la cabeza (Ef. 1:22-23).

La iglesia es un pueblo adquirido por Dios. El precio del rescate de la iglesia ha sido la vida del Hijo de Dios (1 P. 1:18-20). Dios pagó un precio infinito por cada creyente que puesto en Cristo forma parte de la iglesia. La vida del Señor fue entregada en sacrificio, que hace posible que la penalidad del pecado de cada salvo quede resuelta en Él, que muere, no sólo a favor de los salvos, sino en sustitución, es decir, ocupando el lugar de cada uno. No hizo Dios el pago del precio de redención con cosas corruptibles, sino con la sangre preciosa de su Hijo. Su sangre vertida, expresión equivalente a Su vida entregada, hace expiación por el pecado (Hch. 20:28; Ro. 3:24; 5:9; Ef. 1:7; 2:13; Col. 1:20; He. 13:12; 1 Jn. 17; Ap. 1:5; 5:9).

La iglesia es un cuerpo de fundación divina. El Padre elige en Cristo, llama y sella a los creyentes según su voluntad (Ro. 8:29, 30; Ef. 1:5). El Hijo salva y redime a todo aquel que llamado por el Padre acude a Él reconociéndolo como Salvador y aceptando Su obra por fe. Jesucristo salva y compra a la Iglesia (Jn. 10:11; Hch. 20:28; Ro. 5:8-10; Gá. 2:20; Col. 1:13, 14; 1 P. 1:18-20). Cristo es la única puerta de acceso a la salvación y por tanto a la Iglesia (Jn. 10:7-9). El Espíritu Santo regenera a quien cree comunicándole una nueva vida, al darle la vida eterna (Jn. 3:3, 5-8; Ef. 2:1) haciéndole participante de la divina naturaleza (2 P. 1:4). El nacimiento de la Iglesia tuvo lugar en Pentecostés (Hch. 2:1-4). No fue en la vida de Cristo, ya que Él la menciona en tiempo futuro (Mt. 16:18). En los evangelios no se usa más que dos veces el término Iglesia, en la acepción doctrinal del Nuevo Testamento. En Pentecostés comienza un oficio distintivo del Espíritu en la presente dispensación, que es el *bautismo*, por el cual cada creyente es *sumergido* en Cristo para la formación del cuerpo que es la Iglesia (1 Co. 12:13). La Iglesia es ahora el nuevo *santuario* de Dios, en donde las tres Personas Divinas se manifiestan, siendo la Persona Residente en ella el Espíritu Santo, de quien la Iglesia es su templo (Jn. 14:17; 1 Co. 3:16-17; Ef. 2:22). La Iglesia está formada por todos los salvos. En la formación de la Iglesia se aprecia la actuación de las tres Personas Divinas. En un solo texto se precisa esta actividad divina: *"Y a los que predestinó, a éstos también llamó; y a los que llamó, a éstos también justificó; y a los que justificó, a éstos también glorificó"* (Ro. 8:30). En el plan de salvación, a quienes Dios conoce y para los que fija un destino eterno, también llama. Aquello que se produce en la eternidad, conocimiento y predestinación, se ejecuta en el tiempo de los hombres, comenzando por el llamamiento a salvación. Quien llama a los pecadores es el mismo que los conoció y predestinó, el Padre. En la salvación intervienen siempre las tres Personas Divinas: El Padre que llama, el Hijo que redime y el Espíritu que regenera. De otro modo, el Padre convoca en el tiempo a los que salva. El llamamiento se hace por medio del evangelio: *"a lo cual os llamó mediante nuestro evangelio, para alcanzar la gloria de nuestro*

Señor Jesucristo" (2 Ts. 2:14). Sin el llamamiento del Padre la obra de salvación no alcanzaría a los hombres con el propósito para el que fue hecha, ya que nadie puede ir a Cristo si el Padre que lo envió no lo llamase. Así dice Jesús: *"Ninguno puede venir a mí, si el Padre que me envió no le trajere"* (Jn. 6:44). El verbo que se traduce en el versículo del evangelio como *trajere*[6], es un verbo fuerte que se traduce en otros lugares como *arrastrar*. Indica no solo un llamamiento sino una acción impulsiva comprendida en él. El llamamiento del Padre es la manifestación de la gracia que implica también en él la obra del Espíritu (1 P. 1:2). Comprende la iluminación espiritual del pecador entenebrecido (He. 6:4); la convicción de pecado (Jn. 16:7-11); la dotación de fe salvífica, que se convertirá en una actividad humana cuando la ejerza depositándola, en una acción de entrega, en el Salvador (Ef. 2:8-9). A este llamamiento responde el hombre por medio de la fe. Con todo, esta operación del Padre, no es una *coacción*, sino una *atracción*. Aquel que envió a Cristo para salvar a los pecadores, envía luego a los pecadores para que sean salvos por Cristo. Este llamamiento de Dios es eficaz siempre en aquellos que Dios ha escogido en Su soberanía, como el mismo apóstol testifica: *"Pero cuando agradó a Dios que me apartó desde el vientre de mi madre, y me llamó por su gracia"* (Gá. 1:15). No significa esto que el evangelio no tenga un llamamiento universal a todos los hombres, llamándolos a salvación. El llamado del Padre, que *atrae* a los hombres a Cristo es algo cuestionado por muchos hombres, que no alcanzan a entender claramente lo que tiene que ver con la soberanía divina y con la responsabilidad humana. Es necesario entender claramente que todo cuanto es de salvación, es de Dios, y todo lo que tiene que ver con condenación es de responsabilidad del hombre. Al llamado del Padre que atrae a los pecadores al Salvador, corresponde la justificación como consecuencia de la fe. Dios justifica a quienes reciben el llamamiento. El futuro de la Iglesia está bien definido. A quienes el Padre llama y son justificados, se establece para ellos la glorificación. Nótese que aunque se trate de un hecho futuro, aunque aquí sea una referencia a la salvación escatológica, se utiliza el verbo en aoristo que indica una acción concluida. La glorificación corresponde al futuro, pero la seguridad de la salvación la da como un hecho ocurrido. Es la forma habitual de expresar el futuro profético, mediante un pasado perfecto como hecho ocurrido. El propósito de Dios para los salvos es que sean conformados a la imagen de su Hijo y esto sólo ocurrirá definitivamente en la glorificación, por tanto, a los que llama y justifica, también glorificará, pudiendo darlo como un hecho que inexorablemente se va a producir. En este mismo capítulo el apóstol

---

[6] Griego: ἕλκω.

hizo mención a la herencia de los cristianos como herederos de Dios y coherederos con Cristo. Es una herencia que está reservada en los cielos (1 P. 1:4), por tanto, el disfrute sempiterno de ella pasará por la glorificación de los salvos. Dios, que guarda la herencia, guarda también a los herederos para ese fin (1 P. 1:5). El Padre encomendó la custodia de los suyos a Cristo, poniéndolos en Su mano para que los resucite a todos en el día postrero (Jn. 6:40). Por estar en Cristo, la glorificación es ya un hecho *potencial* y *posicional* (Ef. 2:6). Un día recibirán también cuerpos gloriosos transformados a la semejanza del resucitado Señor (Ro. 8:11, 23; 1 Co. 15:43-53; Fil. 3:21; 1 Jn. 3:2). El poder de Dios está comprometido en la presentación de todos los suyos delante de Él en Su gloria (Ef. 5:27; Jud. 24, 25; Ap. 19:7-8).

La distinción general de los que han sido incorporados a la Iglesia es la común fe en Jesucristo. En esto se manifiesta de forma distintiva la obra del Espíritu Santo. La fe es el elemento para entrar en la experiencia de salvación (Ro. 5:1). Esta fe salvadora es un don de Dios (Ef. 2:8-9). El texto habla de salvación en su aspecto general, por tanto, tiene que comprender también los elementos particulares. Todo el proceso de salvación desde su génesis es una operación de la gracia (Sal. 3:8; Jon. 2:9). Toda obra humana queda excluida y no puede ser aceptada por Dios en el orden salvífico. La gracia facilita el medio para salvarse, que es la fe (Ef. 2:8). La fe es el *medio* pero nunca la *causa* de la salvación. Es evidente que Dios da cuanto sea necesario para ser salvo: El Salvador (Jn. 3:16; Gá. 4:4; 1 P. 4:1). La obra salvadora realizada por Cristo en la Cruz (Ro. 4:21). La gracia como vehículo de salvación y esperanza segura para el salvo, recurso y apoyo para la vida de santificación mientras se espera a Jesucristo (Jn. 1:14, 17; Ef. 2:5; 1 P. 1:13). El instrumento para salvación que es la fe (Ro. 5:1); mediante ella se recibe la justicia de Cristo que Dios otorga, de modo que el pecador que cree es declarado justificado delante de Él.

Otro distintivo de los creyentes que son miembros de la Iglesia, es su condición de *regenerados*. Esta es una obra de renovación plena y de dotación de un corazón nuevo, operación efectuada por el Espíritu Santo en todo aquel que cree (Ti. 3:5). Antes que un caído pueda entrar al Reino de Dios y pasar a ser un habitante del cielo, Dios tiene que obrar una transformación en él. La magnitud de esa obra es tal que sólo puede compararse con un *nuevo nacimiento*. La regeneración es necesaria por la propia condición del hombre natural ya que *"lo que es nacido de la carne, carne es; y lo que es nacido del Espíritu, espíritu es"* (Jn. 3:6). Las palabras de Cristo fueron dirigidas a un líder del pueblo de Israel, no a alguien de baja condición moral. Es evidente que para estar en la presencia de un Dios santísimo se requiere una condición santa (Sal. 24:3-4). El hombre natural es incapaz de vivir conforme a la voluntad de Dios en obediencia a Él, porque su naturaleza es de desobediencia. Todos los hombres están muertos en *delitos y pecados* (Ef. 2:1), por lo que necesitan una auténtica resurrección espiritual que se produce en el momento de creer, cuando el Espíritu Santo une vitalmente al pecador salvo con el Salvador (Ef. 2:6); de otro modo, el muerto espiritual viene a la vida por la acción vinculante del pecador que ha creído, con Cristo. Solo por la regeneración se alcanza la condición requerida para ser templo de Dios en Espíritu (1 Co. 3:16). La vida que cada uno de los miembros del cuerpo de Cristo tiene, es la *vida eterna*, que no es otra que la comunicada por Cristo resucitado (Jn. 10:10; 14:6; Ro. 6:23; Col. 1:27). La regeneración dota de una nueva experiencia de vida, al hacer la *vida eterna* el modo natural de la vida cristiana, mediante la participación del pecador regenerado en la naturaleza divina (2 P. 1:4).

El creyente bautizado en Cristo entra en una nueva posición. Antes de eso tuvo que producirse la liberación del pecado mediante la identificación con el Salvador. Al poner al creyente en una relación personal con la muerte de Cristo, la relación de esclavitud del pecado fue cortada y recibe poder para una vida fuera de esa esfera. Todavía más, la identificación con la muerte de Cristo produce poder liberador sobre el *yo* (Gá. 2:20), sobre el mundo (Gá. 6:14), y sobre la carne (Gá. 5:24). La liberación sobre el poder del pecado se produce para todo creyente, por tanto, ya no hay excusa para vivir en él. La identificación con Cristo es también en su sepultura y resurrección, para novedad de vida, quien comunica vida a la nueva humanidad en Él (1 Co. 15:45). El que ha sido puesto en Cristo es una nueva creación (2 Co. 5:17). El mundo de la regeneración es un mundo nuevo.

Finalmente la Iglesia es un pueblo santificado para salvación (1 P. 1:2), que se produce por la intervención de las tres Personas Divinas. La obra del Padre en la elección de los creyentes desde la eternidad (Ef. 1:4), que obedece no solo al *preconocimiento*, sino a la *presciencia* de Dios, expresión de un movimiento afectivo y una determinación divina (Ro. 8:29; 11:2; Ef. 1:5). La obra del Espíritu conduce a la obediencia del pecador salvo, de modo que lo que era imposible al hombre no regenerado lo hace posible la acción del Espíritu (Ef. 2:1-3). Además la obra redentora del Hijo purifica al creyente, capacitándole para servir al Dios vivo (He. 9:14). Esta operación de la gracia dispone al cristiano para vivir la experiencia de la santificación, el modo propio de la vida del salvo. De manera que la Iglesia ha de mostrar la santidad de los creyentes en una vida en donde el pecado no tiene razón de ser. La limpieza del pecado conduce a la santidad de vida, en un estado definitivo de posición en Cristo (1 Co. 1:30). Separados para Dios como un pueblo santo (1 P. 2:9). La ocupación de los tales ya no es el pecado, sino la santificación (Fil. 2:12).

La Iglesia es también un cuerpo de creyentes que descansan en esperanza. La grandeza de esa esperanza es común a todos, puesto que no se trata de cosas que vendrán, sino de una Persona: *"Cristo es en vosotros, la esperanza de gloria"* (Col. 1:27). La gloria de la Iglesia es Cristo, la seguridad de la Iglesia el poder de Cristo (Fil. 4:13). Lo que a los ojos de los hombres es de poco interés y de menor importancia, es a los de Dios, un cuerpo de hombres y mujeres llevados siempre en victoria (2 Co. 2:14).

Es a la iglesia local en Tesalónica a quien el apóstol dirige las palabras de esta *Epístola*. Es interesante apreciar que dirige las palabras a la iglesia Θεσσαλονικέων, *de tesalonicenses*, usando no un adjetivo sino el nombre propio. Habitualmente cuando se habla de una iglesia local se menciona como *la iglesia en Tesalónica*. Pero, si se refiere a los de origen tesalonicense, la expresión usada equivale a lo mismo. El apóstol se dirige a una iglesia que se fundó en Tesalónica y que mayoritariamente estaba integrada por ciudadanos de aquella ciudad.

ἐν Θεῷ Πατρὶ καὶ Κυρίῳ Ἰησοῦ Χριστῷ, Esta iglesia está fundada y sustentada en *"Dios Padre y en el Señor Jesucristo"*. La fundación de la Iglesia tiene que ver con el cumplimiento del propósito eterno de Dios para salvación, establecido desde antes de la creación. Los creyentes son llamados conforme al propósito del Padre (Ro. 8:28). La salvación es la expresión de la soberanía de Dios. El propósito del llamamiento celestial es para salvación de los que son llamados. El llamamiento divino a salvación implica mucho más que una simple invitación (1 Co. 1:2). Estos que son llamados disciernen, en razón de la obra del Espíritu, lo que es la salvación que Dios otorga a todo aquel que cree (1 Co. 1:24). El propósito de Dios subordina todo para el fin que Él mismo se propone, que es la salvación de todo el que cree (Jn. 3:16). Esto siempre sin renunciar a la responsabilidad del hombre. A estos a quienes Dios salva les ha determinado, literalmente *los ha predestinado* para una posición definitiva, que sean hechos conforme a la imagen de su Hijo (Ro. 8:29). Es necesario entender que cada vez que aparece el verbo predestinar, en el Nuevo Testamento, ocurre en relación con creyentes y no con inconversos (cf. Ro. 8:29, 30; 1 Co. 2:7; Ef. 1:5, 11). Dios no fijó de antemano la condenación para algunos, esa doctrina no aparece en la Escritura. La bendición está en saber que los salvos tienen un destino establecido por Dios que inexorablemente se cumplirá. En el cumplimiento del propósito eterno está llevando a cabo la tarea de conformación de cada creyente a Cristo (2 Co. 3:18). La imagen de Dios deteriorada por el pecado es restaurada en Cristo, imagen perfecta y absoluta de Dios (2 Co. 4:4; Col. 1:15). La transformación es progresiva en cada creyente (Ro. 12:2; Ef. 4:32-5:2; Fil. 3:10; Col. 3:10). El propósito se cumplirá definitivamente en la glorificación de los santos (Fil. 3:21). La causa por la que el Padre hace esta obra está bien concretada: "*...para que él* (Cristo) *sea el primogénito entre muchos hermanos*" (Ro. 8:29). Quiere decir que los creyentes venimos a ser miembros de la familia de Dios, de la que Jesús es el primogénito entre todos, para lo cual llevará a cabo la adopción (Gá. 4:5). El Padre actúa en la fundación y sostenimiento de la Iglesia para que esos hijos, adoptados en el Hijo, sean conforme a la condición del Padre (1 P. 1:15-16). El Padre llama a los pecadores por medio de la predicación del evangelio (Gá. 1:16; 2 Ts. 2:14). Nadie puede ir a Cristo sin el llamamiento del Padre (Jn. 6:44). A este llamamiento responde el hombre por medio de la fe, que se convierte en una actividad humana cuando es ejercitada. A los que aceptando el llamamiento celestial acuden a Cristo por fe, son justificados. El hecho de la justificación garantiza la salvación hasta el punto de que sus nombre están en el libro de la vida desde antes de la creación del mundo (Ap. 13:8; 17:8). A estos destina Dios para la gloria. Sin duda será algo futuro para el creyente, pero la seguridad de que se llevará a cabo lo da como algo ocurrido para Dios (Ro. 8:30). Dios reservó a los suyos para una herencia incorruptible, guardándolos para ese fin (1 P. 1:4-5). A estos que salva los pone en la mano de Jesucristo para custodia hasta la resurrección y glorificación de todos (Jn. 6:40). Por estar en Cristo, la glorificación es ya un hecho *potencial* y *posicional* (Ef. 2:6). Un día recibirán también cuerpos gloriosos transformados a la semejanza del Señor resucitado (Ro. 8:11, 23; 1 Co. 15:43-53; Fil. 3:21; 1 Jn. 3:2). El poder del Padre está comprometido en la presentación de todos los suyos ante Su gloria (Ef. 5:27; Jud. 24-25; Ap. 19:7-8).

La Iglesia descansa y se sustenta también en y sobre *Jesucristo*. Al usar el título Κυρίῳ, está dando a entender Su deidad, ya que el nombre se usa habitualmente para traducir el título *Yahwe*, generalmente *Jehová*. Tanto la fundación como el fundamento de la Iglesia están necesariamente vinculados con Jesucristo. El Señor es una Persona Divino-humana. Es Dios en eterna unidad con el Padre y el Espíritu (Jn. 1:1); y es asimismo hombre perfecto (Jn. 1:14). Los elementos propios de toda humanidad concurren en Él. Esta humanidad subsiste en la inmanencia de la deidad. La suprema manifestación de la deidad en Jesucristo consiste en que *"en Él estaba la vida"* (Jn. 1:4). La vida absoluta es aquella que no es dada, la vida en sí misma. Esta vida es vida eterna y en ella quiere Jesús que sea la operativa vital de cada creyente y de su Iglesia (Jn. 17:3). Por esa razón se promete vida eterna a todo aquel que cree (Jn. 3:16). La vida eterna, infinita e ilimitada que hace del Ser divino la fuente, causa y razón de vida, radica como propia también en la Segunda Persona Divina. Jesucristo es la *luz de la vida*, de modo que va unida a la vida, como las tinieblas a la muerte. El Señor es el Verbo preexistente, vida eterna en Dios para los hombres (Jn. 1:4). Juan le llama *Verbo de vida* (1 Jn. 1:1-2). Equivale a la capacidad divina vivificadora, tanto de la antigua como de la nueva creación. El Verbo de Dios hecho hombre aporta con Su palabra la vida eterna (Jn. 6:68). El Hijo de Dios da, otorga y comunica la vida eterna, una vida que no tuvo principio ni tendrá fin. Es la vida propia de la Deidad. El apóstol Juan dice que Él es la verdadera vida (1 Jn. 5:20). Quien es vida es también el pan de vida, para sustento espiritual (Jn. 6:35, 48) y luz de la vida, para orientación (Jn. 8:12). Como esfera de vivencia, Él es la resurrección y la vida (Jn. 11:25). Como forma propia de vida, se hace para los creyentes camino, verdad y vida (Jn. 14:6). El Verbo eterno fue enviado al mundo para dar vida al hombre con Su palabra y Su persona (Jn. 6:33; 10:10; 1 Jn. 4:9). Además Jesucristo es administrador de la vida, teniendo en Sí mismo la facultad divina de dar vida (Jn. 5:21). El Padre tiene vida en Sí mismo, el Hijo, lo mismo que el Padre, es principio de vida sobrenatural y eterna. Jesucristo, como Hijo eterno del Padre, tiene vida en Sí mismo por comunicación eterna del Padre (1 Jn. 1:1-2). La posición de Cristo como Mediador y comunicador de la vida eterna, se debe a la posición original y eterna del Hijo. El uso de los apelativos unigénito y primogénito, nunca pueden referirse a comienzo de existencia, sino que indican una existencia que antecede a toda creación. Igualmente ocurre con el apelativo Logos, que expresa la íntima relación que la Segunda Persona guarda con la Primera, relación semejante a la que existe entre la palabra y el que la pronuncia. El Hijo en que se sustenta y vive la Iglesia es eternamente engendrado del Padre, lo que se llama filiación, y participa con el Padre en la espiración del Espíritu. Esta relación no solo se expresa en los términos Padre e Hijo, sino también en el de unigénito (Jn. 1:14, 18; 3:16, 18; He. 11:17; 1 Jn. 4:9). La generación del Hijo es un acto necesario y eterno de Dios, es decir, no pertenece al tiempo y, por tanto, no tiene principio. La eterna generación del Hijo se trata de una generación de subsistencia personal y no de la esencia divina del Hijo. Es aquel acto necesario y eterno de la Primera Persona de la Trinidad, por medio del cual, dentro del Ser divino está la base para una segunda subsistencia personal semejante a la misma del Padre, y pone a esta Segunda Persona en posesión de la completa esencia divina, sin ninguna división, enajenación o cambio. Jesús manifestó la capacidad personal para dar vida. Por tanto, si la Iglesia es el conjunto de salvos por gracia que han recibido del Mediador la vida eterna, tiene necesariamente que estar vinculada y unida tanto al Padre como al Hijo. El Resucitado puede comunicar vida conforme a Su promesa (Jn. 11:25-26). Todas las cosas son por el Padre, y todas son por medio del Hijo (1 Co. 8:6). De ahí que estén unidas en la introducción de la *Epístola*, tanto para la subsistencia de la Iglesia, como para la bendición de cada creyente. Ambas están unidas en acción y propósito. La Primera Persona es la causa absoluta de todo y la Segunda es la causa mediática (Jn. 1:3, 10; He. 1:2, 3). Jesús en la condición de Mediador único entre Dios y los hombres (1 Ti. 2:5), es también el comunicador de la vida. El propósito de Dios para que los que creen reciban la vida eterna se hace posible mediante la fe en el Hijo (Jn. 3:36; 1 Jn. 5:12). La vida que Jesús comunica a los creyentes y por tanto a la Iglesia es vida eterna definitiva. El creyente no verá ya la muerte (Jn. 8:51). La muerte física para el creyente no es entrar en *la muerte segunda*, sino acceder al disfrute de la vida sin muerte, de un futuro ilimitado. El modo de la comunicación de vida es por unión vital con Cristo, por la obra del Espíritu (1 Co. 12:13). Es en esa comunicación de vida que se produce una auténtica resurrección espiritual de los que creen (Ef. 2:6). En esta unión con Cristo, la vida eterna que se comunica consiste en la participación de la naturaleza divina (2 P. 1:4). Para ello Jesucristo es espíritu vivificante (1 Co. 15:45), esto es en el sentido de capacidad vivificante para los que están en Él. Por la unión vital vienen a ser uno con Él. Dios el Viviente, se hace vivificante en Jesucristo. Siendo poseedor de la vida que tiene en Sí mismo (Jn. 1:4), comunica la vida a quien quiere (Jn. 5:21, 26; 6:57; 11:25, 26). De esta vida continuada Él es, no solo causa, sino también razón (Fil. 1:21). Es, por tanto, la consecuencia vivificadora en la fundación de la Iglesia. La vida de los cristianos no es su propia vida, sino la de Cristo. De otro modo, el Señor vive en ellos Su propia vida (Gá. 2:20). Por esta comunicación de vida la fundación de la Iglesia en Cristo y por Él, hacen posible que sea un santuario vivo (1 P. 2:4-5), piedras vivas por comunicación de la vida en Cristo.

χάρις ὑμῖν καὶ εἰρήνη. Luego de la presentación y destinatarios, aparece el saludo, diferente según la alternativa de lectura que se use. Del Padre y del Señor Jesucristo llegan las bendiciones celestiales. Ambos anteceden al deseo de bendición en el versículo. Este es el saludo habitual del apóstol en sus escritos y una prueba más de la autoría de la *Espístola*.

El primer deseo de bendición descansa en la *gracia.* Es generalmente considerada como el favor inmerecido y espontáneo de Dios, la causa y base de la salvación (Ef. 2:8). Todo lo alcanzado en la experiencia de salvación y la salvación misma es solamente por la gracia de Dios. La gracia se anuncia como causa de la salvación en el mismo plan de redención, como el apóstol Pablo enseña: *"Quien nos salvó y llamó con llamamiento santo, no conforme a nuestras obras, sino según el propósito suyo y la gracia que nos fue dada en Cristo Jesús antes de los tiempos de los siglos"* (2 Ti. 1:9). Es necesario enfatizar que todo cuanto tiene que ver con salvación procede absolutamente de Dios, como la Biblia enseña claramente: *"La salvación es de Jehová"* (Sal. 3:8; Jon. 2:9). El apóstol vincula la salvación con la gracia en todo el proceso desde la dotación del Salvador, el tiempo determinado para realizarla (Jn. 3:16; Gá. 4:4; 1 P. 1:18-20), pasando por la ejecución del sacrificio expiatorio por el pecado en la Cruz, luego el llamamiento a salvación, la regeneración espiritual y la glorificación final de los redimidos, está comprendido en un todo procedente de la gracia (Ro. 8:28-30). Cada paso en este proceso se debe enteramente a la gracia. Incluso la capacitación divina para salvación hace posible que el pecador desobediente por condición e hijo de ira por transgresión, incapaz de obedecer a cualquier demanda de Dios y mucho menos de entregarse personalmente en un acto de obediencia incondicional en el llamamiento divino a salvación, pueda llevarlo a cabo mediante la capacitación del Espíritu Santo (1 P. 1:2). El apóstol Pedro, en el versículo anterior, sitúa todo el proceso de salvación bajo la administración y ejecución de Dios, en un acto de amor benevolente que no es sino una manifestación expresiva de la gracia. Los sufrimientos del Salvador son también la consecuencia de la gracia (He. 2:9). La irrupción de Dios en Cristo, en la historia humana, tiene un propósito de gracia: *"Para que por la gracia de Dios gustase la muerte por todos"* (He. 2:9). No hay duda que el escritor se está refiriendo a la obra sustitutoria de Cristo en la Cruz. La Cruz da expresión al eterno programa salvífico de Dios. En ella, el Cordero de Dios fue cargado con el pecado del mundo conforme a ese propósito eterno de redención (1 P. 1:18-20). Cuando subió a la Cruz lo hizo llevando sobre Sí el pecado del mundo (1 P. 2:24). En el texto griego se lee *"gustase la muerte por todo"*, lo que abre la dimensión no sólo de la redención del hombre, sino de la restauración de todas las cosas a Dios. La obra de Jesucristo es una manifestación de la gracia. Gracia es una de las expresiones del amor de Dios. Se ha procurado dar varias acepciones al término, pero, tal vez, la más gráfica sea definir la gracia como el *amor en descenso.* Cada vez que se habla de gracia hay un entorno de descenso de Dios al encuentro del hombre en sus necesidades. Con el Verbo vino la gracia en plenitud (Jn. 1:17), y con ella el descenso del Hijo a la experiencia de limitación en la carne (Jn. 1:14). En otro lugar y como ejemplo, el apóstol Pablo habla de gracia con estas palabras: *"Ya conocéis la gracia de nuestro Señor Jesucristo, que por amor a vosotros se hizo pobre, siendo rico"* (2 Co. 8:9). La idea de descenso, de anonadamiento, de desprendimiento, rodea a la palabra gracia y no cabe duda que la gracia, como único medio de salvación, procede de Dios mismo y surge del corazón divino hacia el pecador, en el momento de establecer el plan de redención (2 Ti. 1:9). En razón de la gracia, Dios se hace encuentro con el hombre en Cristo, para que los hombres, sin derecho a ser amados, lo sean por la benevolencia de Dios, con un amor incondicional y de entrega. Dios en Cristo se entrega a la muerte por todos nosotros, para que nosotros, esclavos y herederos de muerte eterna, a causa de nuestro pecado, podamos alcanzar en Él la vida eterna por medio de la fe, siendo justificados por la obra de la Cruz (Ro. 5:1). La gracia en la esfera de la salvación adquiere tres momentos: Primero en el génesis de la gracia, que se produce en la eternidad, antes de la creación del mundo. En ese fluir de la gracia, que es amor orientado al desposeído y perdido, no está presente el destinatario de ella, que es el hombre, por lo que en espera del tiempo de los hombres, Dios deposita todo el infinito recurso de la gracia para salvación, en la Persona del Salvador, que, como Mediador entre Dios y los hombres (1 Ti. 2:5), manifiesta y otorga la gracia salvadora en la historia de los hombres, desde la caída en el pecado de nuestros primeros padres. Esa gracia se manifiesta en la Persona del Salvador cuando encarnándose viene al mundo con misión salvadora. El mismo hecho de la encarnación es la primera consecuencia operativa de la gracia para salvación. La revelación de Dios a la humanidad tiene lugar mediante la manifestación de Dios en humanidad. El Verbo de Dios crea, como Creador absoluto de cuanto existe, una naturaleza humana, en unidad de acción con el Padre, que le apropia de cuerpo (He. 10:5) y con el Espíritu que lleva a cabo la operación de concepción de esa naturaleza (Lc. 1:35), y esa naturaleza creada es asumida por el mismo Creador, que es el Verbo, que también la personaliza, para que pueda producirse con ella y en ella, el definitivo encuentro de Dios con el hombre y del hombre con Dios. El hombre Jesús, que es Hijo consustancial con el Padre, se hace para siempre lugar de encuentro y de disfrute de la vida de Dios por el hombre. Eternamente la visión de Dios se llevará a cabo en la visión del Hijo de Dios encarnado, que hace visible al Invisible. El hombre creyente queda definitivamente establecido en el Hijo y, por tanto, afincado en Dios para disfrutar de la vida eterna que es la divina naturaleza (2 P. 1:4). Esa gracia salvadora se hace realidad y expresión en el hecho de que por ella, el Hijo *"gustase la muerte por todos"*. En segundo lugar la gracia salvadora es también la *gracia santificadora*. El hombre se salva sólo por gracia mediante la fe (Ef. 2:8-9), quiere decir esto, que solo la gracia y la instrumentalidad de la fe, hacen posibles la vida cristiana en la esfera de la salvación experimental en el tiempo presente, que es la santificación. Hay cristianos que se salvan por gracia, pero quieren santificarse por obras personales en su propio esfuerzo. Solo la gracia, operando en el creyente hace posible el cumplimiento de las demandas de la vida de santificación. Es Dios, mediante Su gracia, quien opera el querer y el hacer por su buena voluntad (Fil. 2:13). La gracia en salvación es una manifestación temporal del fluir eterno desde Dios mismo, antes de toda creación (2 Ti. 1:9). Esa misma gracia es, como se indica antes, la razón del sacrificio de Jesús (2 Co. 8:9). La esfera del servicio y vida del cristiano procede de la gracia y se sustenta en ella (1 Co. 15:10).

El segundo elemento de la salutación que es un marcado deseo de bendición, es εἰρήνη, *paz*. La gracia es la causa y razón suprema de todo bien, de la que también mana la paz para el disfrute y experiencia de la vida cristiana. De otro modo: la gracia es la fuente y la paz el resultado de los dones y bendiciones que manan de ella.

Como escribe el Dr. Hendriksen:

"Esta paz es la sonrisa de Dios que se refleja en el corazón de los redimidos, la seguridad de la reconciliación mediante la sangre de Cristo, y la auténtica integridad y prosperidad espiritual. Es la gran bendición que Cristo otorga a la iglesia mediante su sacrificio expiatorio (Jn. 14:27), y que sobrepasa a todo entendimiento (Fil. 4:7)"[7].

La paz fue el admirable regalo que Jesús dejó a los suyos y, por extensión, a todos los salvos, durante la última cena (Jn. 14:27). La paz allí adquiere dos sentidos: 1) El de *relación*, en el cual Jesús asegura que ha dejado *hecha* la paz con Dios; aquel estado de enemistad propio del pecado, quedó cancelado en la obra de reconciliación. 2) El de *experiencia*, ya que el Señor llama a vivir *su propia paz*, la que como hombre experimentaba en medio del conflicto de la última noche. La paz de Dios inunda el corazón del salvo mediante la acción del Espíritu que la produce en él (Gá. 5:22; Fil. 4:7). De ahí que se demande solemnemente que cada cristiano se aplique a la conservación de la

---

[7] G. Hendriksen. *Efesios* Editorial Subcomisión Literatura Cristiana de la Iglesia Reformada. Grand Rapids, 1984, pág. 75.

unidad corporativa en Cristo *"en el vínculo de la paz"* (Ef. 4:3). La salvación, por medio de la regeneración, convierte a los creyentes en *pacificadores*, que los hace bienaventurados y les permite manifestar la condición de hijos de Dios: *"Bienaventurados los pacificadores, porque ellos serán llamados hijos de Dios"* (Mt. 5:9). En el mundo podrán encontrarse los que excepcionalmente son personas pacíficas. Esto es, los que huyen de los conflictos, los que nunca entablarían un pleito con nadie, los enemigos de las guerras y de las disputas. Este es el concepto que la sociedad suele tener de lo que es ser un *pacificador*. Sin embargo, el pacificador es aquel que *vive la paz* y, por tanto, la busca insistentemente. Es el que procura y promueve la paz. Paz en el concepto bíblico tiene que ver con una correcta relación con Dios. El que ha sido justificado por medio de la fe, está en plena armonía con Dios y siente la realidad de una paz perfecta que sustituye a la relación de enemistad anterior a causa del pecado (Ro. 5:1). El Señor vino al mundo con el propósito de *matar las enemistades* y anunciar las *buenas nuevas de paz* (Ef. 2:16-17). La demanda para el creyente en una vida de vinculación con Jesús, no puede ser otra que su mismo sentir (Fil. 2:5). Por tanto, la paz es una consecuencia y una experiencia de la unión vital con Cristo. La identificación con Él convierte al creyente en algo más que un pacífico, lo hace un *pacificador*. Esto es la forma natural de quien vive la vida que procede del Dios de paz (1 Co. 14:33). El desarrollo visible de su testimonio discurre por una senda de paz, por cuanto sus pies han sido calzados con el apresto del evangelio de paz (Ef. 6:15). La santificación adquiere la dimensión de la vida de paz, por cuanto es una operación del Dios de paz (5:23). No se trata de aspectos religiosos o de teología intelectual, sino de una experiencia vivencial y cotidiana, que se expresa en muchas formas y hace visible en ellas esa realidad. El pacificador manifiesta esa condición porque anhela la paz con todos los hombres. Hace todo cuanto le sea posible por estar en paz con todos (Ro. 12:18); siente la profunda necesidad de *seguir* la paz (He. 12:14). El *pacificador* anhela predicar a todos el Evangelio de la paz (Ef. 6:15); siente que Dios le ha encomendado anunciar a todos la paz que Él hizo en la Cruz, y procura llevarlo a cabo (2 Co. 5:20). Modela su vida conforme al Príncipe de paz que busca a los perdidos (Lc. 19:10); y restaura al que ha caído, ensuciando parcialmente su vida espiritual (Jn. 13:12). Eso los hace *"bienaventurados"* porque solo ellos pueden ser *"llamados hijos de Dios"*. Un título de honor superior a cualquier otro. Dios reconoce a todo el que cree en el Hijo, como hijo suyo (Jn. 1:12). Pero, a estos a quienes Dios reconoce como sus hijos, el mundo debe *conocerlos*, por su conducta pacificadora que expresa la participación en la divina naturaleza, como hijos del Dios de paz (2 P. 1:4). Quienes los observan deben descubrir en ellos el carácter del Dios de paz (1 Jn. 4:17b). Éstos, que experimentan en ellos la nueva vida de que fueron dotados en la regeneración, buscan y viven lo que Dios hizo en ellos, esto es, la verdadera paz. Son creyentes que tal vez hablan poco de paz, pero viven esa experiencia. No son conflictivos, buscando agradarse a ellos mismos, sino que son capaces de renunciar a sus derechos con tal de mantener la paz. No transigen con el pecado, pero buscan al que ha caído para restaurarlo a la comunión con el Príncipe de paz. La paz de Dios se ha hecho vida en ellos, gozándose en esa admirable experiencia. No hay dificultad ni problema que logre inquietarlos en su vida cristiana, por tanto, al no estar ellos inquietos, no son medio para inquietar a otros, sino todo lo contrario. El que ha experimentado la realidad de la paz de Dios en su vida es un *pacificador*. Si no procura la paz y la sigue, debe preguntarse si ha tenido alguna experiencia personal con el Dios de paz. La diferencia entre un cristiano normal y un pacificador es que el primero suele hablar de Dios y su obra de paz, el segundo vive al Dios de paz de tal modo que no necesita palabras para hablar de ella.

El deseo tanto de la *gracia* como de la *paz*, son orientados hacia los creyentes: *"gracia a vosotros y paz"*. Significa esto que el deseo de bendición es para cada uno de los creyentes de la iglesia en Tesalónica. Sin duda, aunque el versículo no termine en los mejores textos griegos reiterando los nombres del Padre y del Señor Jesucristo, es evidente que siendo las dos Personas Divinas, la razón, causa y sustentación de la iglesia, es también de los dos el origen de cada bendición, de las que son objeto todos los creyentes. Es cierto que individualmente cada cristiano es objeto de ciertas bendiciones conforme al conocimiento de Dios, pero, no es menos cierto que es la Iglesia en general el objeto de las bendiciones divinas, de otro modo, Dios bendice a la Iglesia bendiciendo a los creyentes. El apóstol no hace distinción entre unos y otros, él desea que la gracia y la paz sean *a vosotros*, es decir, a cada uno sin excepción.

Acción de gracias (1:2-10).

Gratitud por las virtudes de la iglesia (1:2-3).

2. Damos siempre gracias a Dios por todos vosotros, haciendo memoria de vosotros en nuestras oraciones.

Εὐχαριστοῦμεν τῷ Θεῷ πάντοτε περὶ πάντων ὑμῶν μνείαν[1]
Damos gracias - a Dios siempre por todos vosotros mención
ποιούμενοι ἐπὶ τῶν προσευχῶν ἡμῶν, ἀδιαλείπτως
haciendo en las oraciones de nosotros sin cesar.

Notas y análisis del texto griego.

Introduciendo el primer párrafo, escribe: Εὐχαριστοῦμεν, primera persona plural del presente de indicativo en voz activa del verbo εὐχαριστέω, *dar gracias*, aquí *damos gracias*; τῷ, caso dativo masculino singular del artículo determinado *el*; Θεῷ, caso dativo masculino singular del nombre divino declinado *a Dios*; πάντοτε, adverbio de tiempo *siempre*; περὶ, preposición propia de genitivo *acerca de, por*; πάντων, caso genitivo masculino plural del adjetivo indefinido *todos*; ὑμῶν, caso genitivo de la tercera persona plural del pronombre personal *vosotros*; μνείαν, caso acusativo masculino singular del nombre común *mención, recuerdo*; ποιούμενοι, caso nominativo masculino plural del participio de presente en voz media del verbo ποιέω, *hacer, producir*, aquí *haciendo*; ἐπὶ, preposición propia de genitivo *en*; τῶν, caso genitivo femenino plural del artículo determinado *las*; προσευχῶν, caso genitivo femenino plural del nombre común *ruegos, oraciones*; ἡμῶν, caso genitivo de la primera persona plural del pronombre personal declinado *de nosotros*; ἀδιαλείπτως, adverbio de modo *continuamente, sin cesar.*

Crítica Textual. Lecturas alternativas.

[1] μνείαν ποιούμενοι, *mención haciendo*, lectura atestiguada en ℵ*, A, B, I, 0278, 6, 33, 81, 323, 1739, 1881, m, vgst.

μνείαν ὑμῶν ποιούμενοι, *mención de vosotros haciendo*, según ℵ^{2}, C, D, F, G, K, L, P, Ψ, 104, 365, 630, 1175, 1241, 1505, 2464, 𝔐, it, vg$^{cl, ww}$, sir, Ambrosiaster.

Εὐχαριστοῦμεν τῷ Θεῷ πάντοτε. La entrada a la temática de la *Epístola* se hace por medio de una referencia a la oración de intercesión que el apóstol y sus colaboradores hacen a favor de los creyentes en Tesalónica. El equipo misionero practicaba la oración. No cabe duda que cada uno de los componentes lo hacía en forma individual, pero el versículo hace referencia más bien a una oración conjunta. En ellas se hacía mención de los creyentes para expresar gratitud por ellos delante de Dios. Aquella iglesia establecida en Tesalónica era el resultado, no tanto del esfuerzo personal de los que predicaron el evangelio, sino de la gracia de Dios en la salvación de muchos en aquel lugar. El verbo εὐχαριστέω, *dar gracias, agradecer*, está en tiempo presente lo que indica una acción continuada. Los que aparecen en la presentación oraban *siempre*, como algo habitual por los creyentes en Tesalónica, como si dijese: *estamos dando gracias continuamente*. Es notable observar la práctica de la oración del apóstol y sus colaboradores, como se hace notar en sus escritos y en Hechos. Lo primordial para el apóstol era glorificar, *dar gracias*, a Dios de quien es la obra de establecimiento de la iglesia, que es también el objeto de confianza del apóstol.

περὶ πάντων ὑμῶν μνείαν ποιούμενοι. La oración se hacia *por todos*, la preposición permite entender que la oración era *a favor*, o *en pro* de todos, y también *por todos*. En el primer sentido el apóstol y sus colaboradores agradecían a Dios e intercedían por todos los creyentes. ¿Mencionarían el nombre de cada uno de ellos?, pudiera ser, pero no es necesario que así fuese, sin embargo en ese sentido se manifiesta una expresión de gratitud por todos. El apóstol enseña que *debemos ser agradecidos*, en el sentido de *haced acciones de gracias*. La acción de gracias es la expresión de reconocimiento por las bendiciones recibidas. Allí en la distancia estaba la iglesia en Tesalónica que manifestaba una bendición de Dios en la salvación de los pecadores. Aquello procedía benéficamente de Dios, y todas estas manifestaciones de la gracia superan cualquier dimensión que pudiera desearse. Esa acción de gracias no se detenía, como se aprecia en el anterior adverbio de tiempo *siempre*. La expresión μνείαν ποιούμενοι, *mención haciendo*, indica que la oración no era genérica, sino específica. Delante de Dios se daban gracias por motivos concretos, especialmente por los hermanos, por el establecimiento de la iglesia, por la firmeza de los creyentes. Era una oración intercesora que llevaba la carga espiritual que el grupo sentía por los hermanos en Tesalónica, expresando primero gratitud por ellos y luego intercediendo ante el trono de gracia por sus necesidades.

ἐπὶ τῶν προσευχῶν ἡμῶν, ἀδιαλείπτως. La oración era continua, es decir, era la práctica habitual de todos ellos, de otro modo, la intercesión por los creyentes era constante. Cada vez que oraban se acordaban de ellos. Intercedían por todos los creyentes que formaban la iglesia en Tesalónica. Los cristianos estamos enfrentados en la lucha contra las fuerzas de maldad, y los recursos para la victoria están en la oración. Las fuerzas provienen de Dios y el creyente busca el recurso de poder mediante la oración de dependencia. Es Dios que, no solo da fuerzas, sino que esfuerza el creyente: *"Él da esfuerzo al cansado, y multiplica las fuerzas al que no tiene ningunas"* (Is. 40:29). La fortaleza nace del poder de Dios que actúa en el creyente, porque *"Dios es el que en vosotros produce así el querer como el hacer, por su buena voluntad"* (Fil. 2:13). La matemática divina es asombrosamente contraria a la humana; en la humana cualquier cantidad multiplicada por cero se convierte en cero, pero Dios multiplica el *cero* del hombre, de las fuerzas propias del creyente poniendo la suya en donde no hay ya ningunas para conducirnos a la victoria. Ésta se alcanza mediante el recurso de la oración de fe. Ante las fuerzas espirituales que luchan contra el creyente, las individuales y propias de cada uno son un fracaso, a no ser que actúe en todo la fuerza de Dios (Zac. 4:6). El apóstol y los suyos no abandonan la oración intercesora para que Dios sostenga a los fieles en donde se encuentren y les de firmeza en el conflicto en que puedan estar. La oración continua debe ser una oración de súplica. Cualquier asunto de la vida cristiana puede y debe tratarse en oración, mucho más cuando se busque la protección y bendición divinas sobre la iglesia. Para algunos la oración es el recurso al que hay que acudir en momentos de grandes dificultades, para el apóstol es asunto de intercesión continuada, pidiendo por asuntos concretos. El que se llama a sí mismo *imitador* de Cristo, lo está haciendo también en el tema de la oración intercesora por los creyentes. Jesús intercedía al Padre pidiendo asuntos concretos para ellos: *"yo ruego por ellos"... "guárdalos en tu nombre, para que sean uno"... "guárdalos del mal"... santifícalos en tu verdad"* (Jn. 17:9, 11, 15, 17). La oración de Cristo se extendía a todos los creyentes: *"No solo por estos, sino por los que han de creer en mí por la palabra de ellos"* (Jn. 17:20). El mismo Señor usó una parábola para enseñar a los suyos sobre la necesidad de orar siempre sin desmayar (Lc. 18:1). El ejemplo de Pablo, siguiendo las pisadas del Maestro, es también un ejemplo de oración, abriendo la mayor parte de sus escritos recordando su compromiso de orar a favor de los destinatarios (cf. 1 Co. 1:4; Ef. 1:16; Fil. 1:3-4; Col. 1:3; 2 Ts. 1:3; Flm. 4). El creyente debe orar porque Dios mismo lo demanda (Jer. 33:3), siendo un mandamiento con promesa (Jer. 29:12). La oración debe hacerse continuamente ἀδιαλείπτως, *sin cesar*, esto exige que el creyente mantenga una relación de comunión con el Padre que le permita estar en contacto dialogante con Él en cada momento y en todo lugar. No es preciso buscar un determinado lugar y adoptar una forma concreta para orar, porque se trata de la conversación propia y natural que un hijo mantiene con su Padre. Pablo oraba siempre, como el mismo dice *de día y de noche* por los santos (3:10). La noche en la cárcel cuando él y su compañero Silas habían sido arrestados, aprovechaban el tiempo para orar (Hch. 16:25). Esta oración intercesora *por todos vosotros*, es necesariamente una oración de dependencia. No es una exigencia sino un ruego ante Dios, buscando el oportuno socorro para el tiempo de necesidad y los conflictos que los tesalonicenses podrían estar afrontando y los que afrontarían más adelante. El apóstol conocía el compromiso divino: *"Clama a mí, y yo te responderé"* (Jer. 33:3). Las oraciones que se hacen en forma ritual, acomodadas a las formas y costumbres de quienes oran, o a las instrucciones recibidas para orar, pocas veces tendrán respuesta. La oración que *intercede* y *clama*, la que vierte el alma delante del Señor, la que va acompañada del reconocimiento de la inutilidad personal para alcanzar la victoria por sí mismo, la que levanta manos limpias pero vacías de poder pidiendo la ayuda divina, es la que recibe la respuesta poderosa de Dios. Entrar al trono de gracia para hallar el socorro oportuno requiere revestirse de humildad, aunque siempre se debe hacer con confianza: *"Acerquémonos, pues, confiadamente al torno de la gracia, para alcanzar misericordia y hallar gracia para el oportuno socorro"* (He. 4:16). Los recursos que los creyentes necesitamos no están lejos de nosotros, es suficiente para obtenerlos acercarse al trono de gracia. Esta aproximación a la fuente de la provisión divina debe hacerse con *confianza*, ya que no hay impedimento alguno para que el creyente acceda a esa posición. Antes el trono de Dios era un trono de ira a causa del pecado, pero, cargado éste sobre Jesús, nuestro Sumo Sacerdote, y extinguida la responsabilidad penal del pecado, se convierte para nosotros en un trono de gracia, de modo que no existe ya razón de temor porque *"no hay condenación para los que estamos en Cristo Jesús"* (Ro. 8:1). El resultado para el creyente que se acerca al trono de Dios es *"alcanzar misericordia y hallar gracia para el oportuno socorro"* (He. 4:16). Desde ese trono se manifiesta el amor en misericordia, como expresión compasiva hacia la limitación humana y sus miserias. De otro modo, el auxilio de Dios es poderoso porque en él está empeñada la gracia, y es oportuno porque llega en el momento necesario.

3. Acordándonos sin cesar delante del Dios y Padre nuestro de la obra de vuestra fe, del trabajo de vuestro amor y de vuestra constancia en la esperanza en nuestro Señor Jesucristo.

μνημονεύοντες ὑμῶν τοῦ ἔργου τῆς πίστεως καὶ τοῦ κόπου
Acordándonos de vosotros de las obras de la fe y del trabajo
τῆς ἀγάπης καὶ τῆς ὑπομονῆς τῆς ἐλπίδος τοῦ Κυρίου ἡμῶν
del amor y de la paciencia de la esperanza del Señor de nosotros
Ἰησοῦ Χριστοῦ ἔμπροσθεν τοῦ Θεοῦ καὶ Πατρὸς ἡμῶν,
Jesucristo delante de el Dios y Padre de nosotros.

Notas y análisis del texto griego.

Siguiendo con la introducción, escribe: μνημονεύοντες, caso nominativo masculino plural del participio de presente en voz activa del verbo νμημονεύω, *acordarse, rememorar*, aquí *acordándonos*; ὑμῶν, caso genitivo de la segunda persona plural del pronombre personal declinado *de vosotros*; τοῦ, caso genitivo neutro plural del artículo determinado declinado *de los*; ἔργου, caso genitivo neutro plural del nombre común *acción, ocupación, trabajo, actividad*; τῆς, caso genitivo femenino singular del artículo determinado declinado *de la*; πίστεως, caso genitivo femenino singular del nombre común *fe*; καὶ, conjunción copulativa *y*; τοῦ, caso genitivo masculino singular del artículo determinado declinado *del*; κόπου, caso genitivo masculino singular del nombre común *trabajo, labor, fatiga, molestia*; τῆς, caso genitivo femenino singular del artículo determinado declinado *de la*; ἀγάπης, caso genitivo femenino singular del nombre común *amor*; καὶ, conjunción copulativa *y*; τῆς, caso genitivo femenino singular del artículo determinado declinado *de la*; ὑπομονῆς, caso genitivo femenino singular del nombre común *paciencia*; τῆς, caso genitivo femenino singular del artículo determinado declinado *de la*; ἐλπίδος, caso genitivo femenino singular del nombre común *esperanza*; τοῦ, caso genitivo masculino singular del artículo determinado declinado *del*; Κυρίου, caso genitivo masculino singular del nombre divino *Señor*; ἡμῶν, caso genitivo de la primera persona plural del pronombre personal declinado *de nosotros*; Ἰησοῦ, caso genitivo masculino singular del nombre propio *Jesús*; Χριστοῦ, caso genitivo masculino singular del nombre propio *Cristo*; ἔμπροσθεν, preposición formada por las preposición ἐν y πρός, reforzadas por la partícula de dirección θεν, *delante de, adelante, al frente de*; τοῦ, caso genitivo masculino singular del artículo determinado *el*; Θεοῦ, caso genitivo masculino singular del nombre divino *Dios*; καὶ, conjunción copulativa *y*; Πατρὸς, caso genitivo masculino singular del título divino *Padre*; ἡμῶν, caso genitivo de la primera persona plural del pronombre personal declinado *de nosotros*.

μνημονεύοντες ὑμῶν. Las oraciones del apóstol y de sus colaboradores se elevan con el recuerdo de lo que es la vida cristiana de los creyentes en Tesalónica. Las tres *virtudes teologales*, fe, esperanza y amor, están presentes en el recuerdo que quienes habían trabajado entre los creyentes tesalonicenses. Eran personas en quienes se manifestaban la fe, la esperanza y el amor. Esa es una de las razones por las que la gratitud hacia Dios se manifestaba en la oración. Al utilizar el pronombre personal *vosotros*, está incluyendo a todos los creyentes de la iglesia en Tesalónica.

τοῦ ἔργου τῆς πίστεως. La primera manifestación clara del nuevo nacimiento es *el trabajo de fe*. Debe entenderse que la fe estaba haciéndose visible mediante el trabajo, es decir, la fe estaba orientando las vidas de aquellos cristianos a acciones que la evidenciaban. Santiago enseña que *"la fe, si no tiene obras, es muerta en sí misma"* (Stg. 2:17). Es decir, que la fe que no está produciendo obras propias de quien ha sido regenerado por el Espíritu, no es una fe viva, sino que está muerta en sí misma. La fe intelectual o mental es una fe vacía de contenido operante, que se disfraza para dar la apariencia de una verdadera fe. Los tesalonicenses no hablaban de fe, vivían la fe que se hacía visible en el trabajo que llevaban a cabo. El término ἔργου, *trabajo*, define una acción determinada, una ocupación personal. La fe que no tiene obras, que no fructifica no es más que una fe muerta. La obra de la fe no es otra cosa que la manifestación visible de la vida de Cristo en el cristiano. Ser cristiano no es hablar de Cristo, ni defender las verdades sobre Cristo, aunque sin duda lo contiene, sino *vivir a Cristo* (Fil. 1:21). Por medio de la fe que vincula la vida cristiana con el Señor en plena dependencia, el creyente, bajo el poder del Espíritu que reproduce a Cristo en él, puede hacer obras conforme a la voluntad de Dios. Esas obras estaban ya destinadas de antemano para que fuesen el estilo de vida cristiana. El nuevo nacimiento lleva consigo la dotación de una nueva forma de vida que se produce en Cristo Jesús. Es creación porque el hombre no puede hacer nada para conseguirlo como tampoco pudo hacer personalmente nada para el nacimiento natural. Esta nueva creación dotada de nueva vida, que es vida eterna, se opera por Dios en Cristo Jesús, de quien toma vida ya que en Él estaba la vida (Jn. 1:4). La vida recibida es la vida eterna, la participación en la divina naturaleza (2 P. 1:4). Por tanto esa nueva vida tiene una nueva manifestación en un obrar distinto. El creyente es *hechura suya*, esto es obra de Dios. De ahí que el objetivo para el tiempo actual sea *vivir en buenas obras*, es decir, el *buen obrar* es el estilo de vida que surge al caminar en las pisadas de Jesús, que *"anduvo haciendo bienes"* (Hch. 10:38). Es claro que la salvación no es por obras, pero no es menos cierto que es *para obras*. De manera que los tesalonicenses como salvos por gracia mediante la instrumentalidad de la fe, estaban en el camino de la vinculación con Cristo, por tanto, en el camino de la ejecución de obras, que surgen de la dinámica de la verdadera fe. El buen obrar es una forma visible de manifestar la santidad del llamamiento celestial a que los cristianos son llamados. La fe que impulsa el correcto obrar, en tantos aspectos y dimensiones, hace visible la grandeza de la gracia que por el Espíritu transforma al hombre. Este *trabajo* de fe ha sido establecido de antemano por Dios, no tanto para *hacer*, sino para *andar*, esto es, para que sea el estilo de vida propio del que ha nacido de nuevo. El apóstol Pablo y sus compañeros de ministerio, dedican tiempo a la oración y cuando lo hacen, acordándose de los tesalonicenses, dan gracias y glorifican a Dios por esta primera manifestación de realidad de vida en Cristo: *"el trabajo de vuestra fe"*.

καὶ τοῦ κόπου τῆς ἀγάπης. Vivir en la fe exige también *vivir en el amor*. Pablo utiliza aquí para referirse al *trabajo*, el término κόπου, que se usa para referirse a un trabajo *fatigoso* o *molesto*. Dando la impresión de que el trabajo hecho con amor no fue algo fácil, sino una actividad dura, cansadora y difícil. No cabe duda que por los versículos que siguen (vv. 8-10), la tarea de amor fue especialmente la proclamación del evangelio por todo el entorno de la ciudad, alcanzando a muchos y extendiéndose a distintos lugares. El amor es el motor de toda acción dirigida a otros. El mismo apóstol enseñará a los corintios que si alguien tiene dones e incluso generosidad para entregar todo cuanto tiene y aún el mismo, pero no tiene amor *"viene a ser como metal que resuena, o címbalo que retiñe"* (1 Co. 13:1). El amor es el distintivo natural de la

Iglesia, como hace notar el Señor: *"Un mandamiento nuevo os doy: Que os améis unos a otros; como yo os he amado, que también os améis unos a otros. En esto conocerán todos que sois mis discípulos, si tuviereis amor los unos con los otros"* (Jn. 13:34-35). Generalmente un trabajo arduo produce cansancio y con él llega el desaliento, pero la presencia del Espíritu de Dios en el creyente satura de amor el corazón para darle el estímulo que necesita para seguir adelante. El amor del creyente tiene dos direcciones, la primera hacia Dios, amándole como dador de todo bien, como Salvador, como esperanza, como ayudador; pero también dirigido hacia quienes son objetos de Su amor, la iglesia y el mundo que se pierde. Es claro que el amor que genera el *trabajo*, y que soporta en medio de las dificultades, no es el humano, por elevado que sea, sino el divino derramado en el corazón del cristiano por el Espíritu Santo que le ha sido dado (Ro. 5:5). *"Dios es amor"*, dice el apóstol Juan (1 Jn. 4:8, 16). El amor es uno de los atributos comunicables de la deidad. El Ser divino en las tres Personas, es amor, por tanto, el amor de Dios está en la vida comunicable de la tercera Persona de la Deidad, que con Su presencia en el cristiano, le satura del amor divino, a fin de que pueda vivir el distintivo esencial que lo caracteriza como cristiano, que es el amor. La provisión de amor no es pobre, sino abundantísima, para satisfacer sobradamente al creyente. El amor es lo que da sentido a la obra que el creyente hace. Muchas veces el cristiano considera que ha sido puesto en el mundo para *testificar* de Cristo, *predicar* el evangelio, *enseñar* la Palabra y *defender* la fe. Sin duda todo esto es necesario, pero esencialmente el cristiano no puede ser de *testimonio*, ni puede proclamar un evangelio *eficaz*, ni enseñar la Palabra para *edificar*, ni defender la verdad si no ama entrañablemente, puesto que todo cuanto tiene que ver con vida cristiana tiene que ver con amor. En el tribunal de Cristo, cuando comparezcamos para dar cuenta de lo que hicimos con el cuerpo, la pregunta no será *¿cuánto hiciste?* sino esencialmente *¿cuánto amaste?* Porque todo cuanto sea hecho sin amor será eliminado y no servirá para glorificar a Dios. Muchos levantan un altar a la doctrina y queman en ese altar el amor. El amor es el cumplimiento de la ley (Ro. 13:10). Los objetivos del amor divino son el mundo entero (Jn. 3:16), de modo que quien está lleno del amor de Dios sentirá el celo misionero e interés por los perdidos para llevarles el mensaje de salvación como había hecho Jesús. Un segundo grupo de destinatarios del amor es la Iglesia de Cristo (Ef. 5:25); de ahí que el creyente pueda amar a sus hermanos sin distinción alguna (1 Jn. 3:16-17); el amor es la evidencia del nuevo nacimiento (1 Jn. 3:14). El amor cristiano hace persistente el amar en toda circunstancia (1 Co. 13:4). Es un amor *sufrido*, paciente, magnánimo, capaz de soportar con paciencia las injusticias y los males que recibe (Pr. 10:12), incapaz de albergar resentimiento alguno, soporta la provocación, no exige derechos, sabe aguantar una ofensa sin resentirse por ello. El amor es también *benigno*, que significa usar de gentileza o amabilidad. Podría definirse como el *amor servicial*, de ahí que el apóstol diga que los tesalonicenses trabajaron arduamente por amor. El creyente actuará así al impulso del amor divino (Gá. 6:9-10; 2 Ts. 3:13; He. 13:16). Un amor desinteresado es aquel que *no tiene envidia*, que no siente celos por el progreso del otro, que se goza en que otros lleguen a tener los mejores dones y las mayores capacidades. Es la posición que hace sentir con gozo el bien de los hermanos (1 Co. 12:26). Ese amor que impulsa al trabajo es también humilde, *no jactancioso*. Es lo que permite expresar la mansedumbre y la humildad de corazón, como era el carácter del Señor (Mt. 11:29). Un trabajo arduo, difícil, pudiera llevar al orgullo luego de ver el alcance del mismo, pero el *amor no se envanece*. El engreído es propenso a alabarse a sí mismo y a buscar la alabanza que puedan darle otros (Lc. 18:11). El envanecimiento es contrario al amor porque deja de amar a otros para amarse a sí mismo. Ningún trabajo podrá prosperar en un amor interesado y arrogante, porque *Dios resiste a los soberbios* (Stg. 4:6). Nadie que viva movido por el amor divino *buscará lo suyo*, sino que piensa en el interés de los otros (1 Co. 10:24; Fil. 2:21). El ejemplo supremo del amor que obra en esa dirección es el Señor mismo, quien teniendo todos los derechos renunció a lo que le correspondía para entregarse a Él mismo en sacrificio por nuestros pecados (Fil. 2:5-8). Los tesalonicenses estaban sujetos a dificultades e incluso a persecuciones por extender el evangelio, en esas circunstancias en el corazón humano se genera un sentimiento contra el ofensor que genera rencor. El verdadero amor no tiene en cuenta el mal recibido. Esto es lo que movió a Dios a llevar a cabo la reconciliación (2 Co. 5:19). Aquella iglesia no tenía en cuenta el sufrimiento, porque el verdadero amor *todo lo sufre*, o tal vez mejor, *todo lo excusa*. Está siempre dispuesto a disculpar las faltas ajenas. Además *todo lo espera*, en el sentido de que confía en que las personas serán alcanzadas para Cristo y se producirá en ellas el nuevo nacimiento, por tanto, en razón a esa esperanza, *todo lo soporta*, en una manifestación perseverante el amor divino. Es más que un estado paciente, es la paciencia activa que lleva a compartir la carga, ayudando a otros. Pone el hombro bajo la carga aún en las circunstancias más difíciles y adversas. Pablo da gracias a Dios por un amor que impulsa a una vida activa de trabajo arduo, difícil y penoso, siguiendo el ejemplo de Jesús.

καὶ τῆς ὑπομονῆς τῆς ἐλπίδος τοῦ Κυρίου ἡμῶν ᾿Ιησοῦ Χριστοῦ. La tercera virtud es la *esperanza*, vinculada también como las otras dos a una expresión determinada: *constancia en la esperanza*. El término ὑπομονῆς, tiene que ver con *ánimo largo*, esto es, no solo quiere decir la capacidad de aguantar en medio de una prueba, sino de hacerlo positivamente, viviendo la fortaleza cristiana de quien sigue al Señor y cumple el ministerio de su carrera a pesar de los obstáculos que surjan en ella. El escritor a los Hebreos exhorta, no a la pasividad, sino a correr con paciencia la carrera que tenemos por delante, puestos los ojos en Jesús, el autor y consumador de la fe (He. 12:1-2). La constancia de los tesalonicenses era impulsada por la razón de la misma que es literalmente *nuestro Señor Jesucristo*. Esta es la verdadera esperanza cristiana y es la misma en cada uno de los creyentes. Es cierto que está vinculada con promesas y acontecimientos escatológicos. No cabe duda que uno de los elementos de la esperanza, que contaría mucho con la experiencia de los tesalonicenses en medio de las dificultades con que eran confrontados, es el *recogimiento de la Iglesia* para estar siempre con el Señor (4:17). El cristiano está llamado a esperar al Señor que vendrá a buscar a los suyos para llevarlos al lugar que prepara para nosotros (Jn. 14:1-4). Por otro lado, la esperanza descansa también en la herencia eterna de Dios que corresponde a Cristo y que está reservada para nosotros (1 P. 1:4) y la esperanza segura del disfrute eterno de esa herencia descansa en que también los herederos somos guardados por el poder de Dios (1 P. 1:5). Sin embargo, el Señor no vinculó la esperanza con cosas que vendrán, sino con su propia Persona: *"os tomaré a mí mismo"* (Jn. 14:3). Eso traerá como consecuencia las glorias del lugar que Él prepara y la bendición del disfrute de la herencia eterna. La realidad de la dimensión verdadera de la esperanza es que el creyente no vive esperando *cosas*, sino esperando al Señor. Él se convierte en esperanza para cada uno de los cristianos, por tanto, el mismo apóstol dice: *"Cristo es, en vosotros, esperanza de gloria"* (Col. 1:27). El gran misterio de la esperanza es Cristo mismo habitando en el creyente. El hecho mismo de que los fieles sean miembros del cuerpo de Cristo, hace que la vida ya gloriosa de Cristo, circule por ese cuerpo y por cada uno de los miembros, de manera que lo que ya es la Cabeza, como realidad consumada, lo será un día en cada uno de los miembros (comp. con Ef. 4:13; 1 Ti. 1:1). La presencia de Cristo y su promesa es ya esperanza de gloria. La seguridad de la esperanza está vinculada con Jesús, de modo que como Él es la resurrección y la vida, el que cree, porque vive en Él y en Él ha resucitado ya espiritualmente de los muertos, vivirá eternamente con Él en la resurrección futura (Jn. 11:25-26). Hay esperanza firme porque quien tiene al Hijo tiene la vida (1 Jn. 5:12). De ahí que el apóstol vincule la esperanza al Señor Jesucristo: *"vuestra constancia en la esperanza en nuestro Señor Jesucristo"*, o si se prefiere mejor, *de nuestro Señor Jesucristo*. La esperanza contempla la firme seguridad de la presentación ante su gloria (Col. 1:22, 28), por tanto, la esperanza es Cristo mismo y la esperanza de gloria está unida a Él (Ro. 5:2; 8:18-23; 1 Co. 15:12 ss.; Fil. 3:20, 21; Col. 3:4, 24; 1 Ts. 2:19; 3:13; 4:13-17; 2 Ts. 1:10; 2 Ti. 1:12; 4:8; Tit. 2:13). Esta es la tercera de las virtudes que Pablo destaca en los tesalonicenses y por la que da gracias al Señor haciendo mención de ellos en sus oraciones.

ἔμπροσθεν τοῦ Θεοῦ καὶ Πατρὸς ἡμῶν. Por todo lo que hace notar en el versículo el apóstol lleva en su oración a todos los creyentes en Tesalónica. Todas las bendiciones proceden de Dios, que es nuestro Padre. Así lo enseña la Palabra: *"Toda buena dádiva y todo don perfecto desciende de lo alto, del Padre de las luces, en el cual no hay mudanza, ni sombra de variación"* (Stg. 1:17). Si el origen de todo don perfecto y de toda buena dádiva es Dios, quiere decir que su procedencia es celestial. Todo bien para el creyente, aunque procede del Padre, se otorga por mediación del Hijo, de ahí que en pocos versículos se mencione a las dos Personas Divinas actuando juntas en la bendición del creyente (vv. 1, 3). Las virtudes de los creyentes son motivo de gratitud del apóstol delante de Dios, de quien procede la salvación y la santificación de los cristianos.

Gratitud por el ejemplo de la iglesia (1:4-7).

4. Porque conocemos, hermanos amados de Dios, vuestra elección.

εἰδότες,	ἀδελφοὶ	ἠγαπημένοι	ὑπὸ	[τοῦ][1]	Θεοῦ,	τὴν	ἐκλογὴν
Sabiendo,	hermanos	amados	de	-	Dios,	la	elección
ὑμῶν,							
de vosotros.							

Notas y análisis del texto griego.

Luego de la gratitud, la seguridad en relación con los creyentes: εἰδότες, caso nominativo masculino singular del participio de perfecto en voz activa del verbo οἶδα, *conocer, saber, entender, percibir*, aquí *hemos sabido, sabiendo*; ἀδελφοὶ, caso vocativo masculino plural del nombre común *hermanos*; ἠγαπημένοι, caso vocativo masculino plural del participio de perfecto en voz pasiva del verbo ἀγαπάω, *amar*, aquí *amados*; ὑπὸ, preposición propia de genitivo *de, por*; τοῦ, caso genitivo masculino singular del artículo determinado *el*; Θεοῦ, caso genitivo masculino singular del nombre divino *Dios*; τὴν, caso acusativo femenino singular del artículo determinado *la*; ἐκλογὴν, caso acusativo femenino singular del nombre común *elección*; ὑμῶν, caso genitivo de la segunda persona plural del pronombre personal declinado *de vosotros.*

εἰδότες, La afirmación que sigue parte de un conocimiento evidente. Ellos *saben*, no por referencias sino por evidencias, esto es por la operativa de vida de los creyentes, que lo que va a afirmar el apóstol es cierto. No necesitaban testimonios personales o declaraciones, la vida de los cristianos en Tesalónica evidenciaba un cambio radical de una situación anterior a una nueva.

ἀδελφοὶ ἠγαπημένοι ὑπὸ [τοῦ] Θεοῦ. La primera realidad que conocen es que los creyentes son *amados de Dios*, o también *amados por Dios*. Este es el calificativo que corresponde de modo común a todos los cristianos. Dios los ama demostrándolo en la entrega de su Hijo por ellos, para salvación (Ro. 5:8; 8:32, 37, 39). No se trata de un amor puntual o circunstancial, sino eterno, que se manifiesta en la gloriosa realidad de haber sido escogidos en Cristo desde antes de la fundación del mundo (Ef. 1:4, 5). El amor es la motivación divina para la salvación del pecador que cree, porque Dios es amor (1 Jn. 4:8). Toda decisión eterna que Dios ha establecido o adoptado descansa en el amor divino, de manera que la salvación no sólo se planifica, sino que se ejecuta en amor (Ef. 2:4-7). Por ese mismo amor el Salvador se entregó a sí mismo voluntariamente para salvarnos (Ef. 5:2). La obra redentora que incluye el sacrificio sustitutorio en la Cruz, descansa y se realiza por amor (Ef. 5:25). El amor, que se manifiesta en la operación salvadora, es eterno, por cuanto el *Plan de Redención*, se había determinado y establecido desde antes de la creación (Ro. 5:8). Si el amor determinó la salvación del pecador, ese mismo amor se establece como una relación eterna e inseparable entre el creyente y Dios (Ro. 8:39). Tanto lo que somos como lo que seremos está establecido por Dios en amor hacia nosotros. Por esa razón el apóstol califica a los cristianos como *amados de Dios*. El amor de Dios operó para salvación, liberando a quienes son Sus amados de los poderes opresores y de esclavitud en los que antes vivían (Ro. 6:6, 17, 22). El motivo para llevar a cabo la obra de redención que incluía necesariamente la entrega del Hijo en ofrenda expiatoria por el pecado, se asienta en el amor, de ahí que el apóstol Pablo diga que *"Dios muestra su amor para con nosotros, en que siendo aún pecadores, Cristo murió por nosotros"* (Ro. 5:8). El amor manifestado en gracia es el punto de partida para la transformación de la historia humana. El amor divino hace posible que el pecador creyente quede libre de la ira y de los lazos del pecado. Esa obra de amor *"nos ha librado de la potestad de las tinieblas, y trasladado al reino de su amado Hijo"* (Col. 1:13). La entrega del Hijo de su amor hace posible que los que no éramos hijos, lo seamos ahora por adopción en el Hijo, para ser también en Él *"amados de Dios"*. Estar en Cristo es pertenecer al grupo de quienes por serlo, pueden ser llamados *"amados de Dios"*. Quienes están en esa condición reciben la provisión del amor divino, como se ha considerado antes, que motiva la acción de la vida cristiana (v. 3). De otro modo, los que son *"amados de Dios"* aman como corresponde a la nueva relación paterno-filial, en la que Dios es el Padre de todos y cada uno hijo suyo por adopción (Gá. 4:4-5). El amor divino impulsa la acción de los *"amados de Dios"*, como el mismo apóstol enseña cuando escribe: *"Porque el amor de Cristo nos constriñe, pensando esto: que si uno murió por todos, luego todos murieron; y por todos murió, para que los que viven, ya no vivan para sí, sino para aquel que murió y resucitó por ellos"* (2 Co. 5:14-15).

A los creyentes les llama *hermanos*, como corresponde a la relación común de todos con el Padre por medio y en el Hijo en que son adoptados. El propósito de Dios al salvar a los perdidos es hacerlos miembros de su familia, adoptándolos como hijos (Gá. 4:5). *La adopción*, es un término sinónimo al latino *adoptio*, tomado del derecho romano. Recibir la adopción era alcanzar la condición de hijo adoptivo. El término υἱός, *hijo*, se usa para referirse a un hijo en general pero no tanto a un recién nacido, sino al que tiene ya los derechos propios de esa condición. La mayoría de edad con pleno derecho para acceder a las bendiciones propias de un hijo se producen por la liberación de la maldición de la ley y ser aceptado por Dios como hijo suyo. El creyente es libre al estar unido al Padre en una relación filial, como corresponde a un derecho concedido. Es el Padre que en libre acción adopta a los salvos por fe en Cristo. Esto implica también una realidad ontológica nueva que se considera en el versículo siguiente. La conclusión a que se llega es sencilla a la luz del texto. El fin de la encarnación es doble: rescatar a los esclavos y darles la filiación divina. En el versículo el apóstol dice que los creyentes en Tesalónica son *hermanos*, tanto entre ellos, como suyos, en razón a que todos, los gálatas convertidos a Cristo, y el apóstol y sus compañeros son hijos del Padre celestial, hermanos del Primogénito entre muchos hermanos que es Jesucristo, y hermanos entre ellos. Todos son hijos de Dios puesto que han creído en Cristo y por esa causa les es concedida esa condición (Jn. 1:12). Los hombres no son hijos de Dios por naturaleza, solo recibiendo a Cristo obtienen el derecho de *llegar a ser* hijos de Dios. Esto es un derecho adquirido en la adopción de hijos. Los creyentes se convierten en hijos de Dios en Cristo Jesús (Ef. 1:5).

τὴν ἐκλογὴν ὑμῶν. Estos que son *"amados de Dios"*, son también *elegidos*. Este es uno de los motivos de gratitud que el apóstol expresa delante de Dios. Los tesalonicenses vivían de la manera mencionada antes, no porque ellos hubiesen elegido a Dios, sino porque Él, en su libre y soberana voluntad, los eligió a ellos. Esta misma verdad se asevera en la *Segunda Epístola*, donde se lee: *"Pero nosotros debemos dar siempre gracias a Dios respecto a vosotros, hermanos amados por el Señor, de que Dios os haya escogido desde el principio para salvación, mediante la santificación por el Espíritu y la fe en la verdad"* (2 Ts. 2:13). No hay duda que la doctrina de la elección es difícil de entender y también difícil de explicar, de ahí que haya generado conflictos entre creyentes y posiciones radicalizadas que han traído serios disgustos e incluso divisiones entre grupos de hermanos. Sin embargo, como escribe el Dr. Emilio Antonio Núñez:

"Pablo mismo se declara incapaz de desentrañar ese misterio, que no por ser misterio deja de ser realidad (Ro. 11:25-36).

No debemos hacer a un lado esta doctrina pensando que su dificultad nos excusa de conocerla, estudiarla y aplicarla a nuestra vida. La elección divina se enseña en las Escrituras; es parte del cuerpo doctrinal inspirado por el Espíritu Santo (Ef. 1:3-14; Ro. 8:28-30, etc.). Que algunos hayan enseñado esta verdad sin el equilibrio que caracteriza a la revelación escrita, tampoco nos exonera de recibirla como parte muy importante de la Palabra de Dios"[8].

Para el apóstol el verbo *elegir*[9], desde el mismo trasfondo judío de su teología, tiene un sentido más teológico que semántico, que adquiere la condición de una verdad que expresa también un *concepto bíblico* y que significa *escoger, elegir, seleccionar*. En el Nuevo Testamento la *elección* revela el acto divino que se hace en los hombres, tanto judíos como gentiles, para el llamamiento de Dios a salvación y alcanzarla por gracia mediante la fe. El término lleva implícito el sentido de un afecto positivo, es decir *Dios elige*, no simplemente como un *pre-conocimiento*, sino a causa de Su *presciencia*. En la doctrina de la *elección*, debe prestarse atención a la enseñanza bíblica sobre asuntos concretos y puntuales de ella. En primer lugar la Biblia, por medio del apóstol Pablo, enseña que la elección se realizó *"antes de la fundación del mundo"* (Ef. 1:4), hebraísmo que se refiere a lo que antecede a la creación. Según lo que enseña el apóstol Pedro, la elección divina descansa en la *presciencia* del Padre (1 P. 1:2), que no significa un mero *conocer* de las cosas, sino el previo *designio* de Dios para llevarlo a cabo. En segundo lugar la elección efectuada en la eternidad, tuvo lugar *"en Cristo"*, ya que todas las bendiciones de Dios se alcanzan por una posición personal del creyente en Cristo, así también la elección. El hecho de que la elección se hizo *en Cristo*, no tiene el mero sentido de una persona que representa a otra, lo que, en cierta medida, permitiría hablar de una elección universal de todos los hombres en Cristo, sino que lo que expresan esas palabras en el contexto de la enseñanza del apóstol en el texto de Efesios que se cita antes, es que los salvos, en la

---

[8] Emilio Antonio Nuñez. *Constantes en la esperanza.* Guatemala, 1976.

[9] Griego ἐκλέγομαι.

elección divina, estaban ya en Cristo. Este sentido se afirma en la utilización de la fórmula en otros muchos pasajes paulinos, lo que no se establece para entender el sentido pleno de la elección sino para enseñar que, desde el punto de vista de esa elección divina, los creyentes están incluidos ya en Cristo desde la eternidad. La bendición de la salvación es la realización en el tiempo histórico de la presciencia divina en donde se manifiesta la eterna elección y se abraza en ella al creyente. Esto da un concepto más amplio al sentido de las bendiciones de los creyentes y la vida comprometida de los cristianos en Tesalónica, ya que como bendecidos por Dios en Cristo, son ahora lo que han sido siempre por elección, establecida antes del tiempo. El verdadero *ser* del creyente, supera en todo el concepto de *ser* del mundo, que resulta simplemente en la expresión de la criatura, por el contrario, el *ser* del cristiano es la expresión de una anticipación eterna. Ese es el fundamento que el apóstol Juan tiene para decir que los nombres de los creyentes están escritos en el libro de la vida del Cordero inmolado, desde la fundación del mundo (Ap. 13:8; 21:27). El libro de la vida es una expresión metafórica para referirse al conocimiento que Dios tiene del nombre de cada uno de los salvos. Este término aparece con relativa frecuencia en la Escritura (Ex. 32:32; Sal. 69:28; Lc. 10:20; Fil. 4:3; He. 12:23; Ap. 13:8; 17:8; 20:12, 15; 21:27). Los que no están en el *libro de la vida*, no tendrán otro destino que la eterna condenación. Estos nombres están registrados desde antes de la fundación del mundo, lo que indica un pre-conocimiento divino de los salvos. El apóstol enseña que la salvación de aquellos que *aman a Dios* y *son amados por Él*, son los que *"conforme a su propósito son llamados"* (Ro. 8:28). El apóstol conoce *la elección* de los tesalonicenses y sabe que procede de Dios. Esa es también la enseñanza general de la doctrina, conforme a la enseñanza del apóstol: *"Bendito el Dios y Padre de nuestro Señor Jesucristo que... nos escogió"* (Ef. 1:3-4). No es posible entender las razones de la elección que como acción y pensamiento divinos exceden en todo a la comprensión humana. La única acción posible ante una bendición de tal naturaleza es alabar a Dios por ello. El sujeto de la acción de Dios aquí se expresa en el pronombre personal *vosotros*, esto es, los creyentes de la iglesia en Tesalónica a quienes el apóstol escribe.

La elección fue, es, y será una doctrina cuestionada. Por un lado la cuestionan quienes niegan la acción divina en salvación y dejan todo al arbitrio humano, convirtiendo a Dios en un mero adivino de quienes serán salvos. Pero, por otro lado, la desvirtúan quienes, en un afán de negar toda responsabilidad humana excluyendo al pecador de toda acción antes de la regeneración, enseñan que los salvos han sido elegidos desde la eternidad y que solo estos se salvan, mientras que la elección para *reprobación* se estableció también con aquellos que eternamente, antes de ser creados, fueron destinados a eterna condenación. La doctrina bíblica de la elección ha sido mal entendida por *niños espirituales*, que son los creyentes que no han alcanzado la madurez por falta del conocimiento de la Palabra, pero debe ser estudiada por creyentes maduros para provecho espiritual (1 Co. 2:6; 3:1, 2). Por esta razón traslado aquí unos párrafos del comentario a Efesios, que sirvan para reflexión sobre la *elección*[10].

Hay cinco posiciones frente a la doctrina de la elección. 1) La posición arminiana. Jaime Armiño fue un teólogo holandés, que asumió un semipelagianismo, negando todo tipo de elección divina en la esfera de la salvación. Afirmaba que el hombre se salva por fe, aparte de la gracia, ya que, según él, la gracia se da a todos los hombres incondicionalmente. Enseñaba que la salvación del creyente descansa en su fe personal, por tanto puede perderse si se llega a perder la fe. 2) Posición wesleyana-arminiana. Hace una modificación de la perspectiva arminiana en cuanto a la gracia, pero mantiene la fe como base de la salvación. La perseverancia del creyente es condición para salvarse. Afirman que ningún hombre peca por su condición pecadora, sino porque no usa la gracia que es dada a cada uno. Enseñan también que si no se persevera en la fe, se pierde la salvación. 3) Posición calvinista extrema o hipercalvinista. Entienden que la redención no es *ilimitada*, esto es *para todos*, sino *limitada*, es decir solo para los escogidos. Establece una deducción filosófica frente a la elección, llegando a la conclusión de que si Dios ha elegido a algunos para salvación, luego ha ordenado al resto para eterna condenación. Esta posición es rebatida por muchos pasajes bíblicos como, por ejemplo (1 Ti. 2:3, 4). 4) Posición calvinista moderada. Acepta la elección divina para salvación, pero cree en la *redención ilimitada*, por tanto, si Cristo murió por todos, Dios ha hecho posible que todo pecador que crea en Cristo, sea salvo. Cree que el hombre se salva solo por gracia mediante la fe. Cree que esa obra es en todo un don de Dios, y que se otorga al hombre sin razón a ningún mérito suyo. Cree que los que se salvan, se salvan eternamente y que la salvación no puede perderse jamás. 5) Posición ecléctica. Es la posición de la *indefinición teológica*, por la que se toma lo más conveniente de cada sistema y se traza una vía intermedia de interpretación. Pretenden solucionar el problema de la elección para salvación enseñando que Dios escogió para ministerio pero no para salvación. Afirman que la elección para salvación es universal y hecha en Cristo para toda la humanidad de modo que el hombre que no cree se excluye de ella voluntaria y personalmente. Asumen la seguridad de salvación para todos los que creen y afirman que el hombre se salva por gracia, pero la

[10] S. Pérez Millos. *Efesios*. Editorial Clie, Terrassa, 2010, pág. 66 ss.

fe -como medio de salvación- es algo propio del hombre, generada y nacida por él mismo, y no es un don divino.

¿Cuál es la verdadera posición? Ningún sistema teológico es inerrante, sólo la Escritura lo es (2 Ti. 3:16), por tanto, sólo la Biblia tiene la verdadera posición. Ningún sistema teológico humano puede reconciliar cosas que en nuestra propia razón no se concilia y que aparentemente se contradicen. La Biblia presenta dos líneas paralelas de pensamiento y revelación: 1) El acto soberano de la elección. 2) La gracia libre y general para todos. Cuando el creyente llega a un asunto imposible de superar para el pensamiento humano, ha de orar sobre él, seguir estudiando y no olvidarse que hay cosas que entenderemos sólo cuando estemos en la presencia de Dios. El estudio de las doctrinas no debe separarnos y generar divisiones entre cristianos, sino aproximarnos al darnos cuenta de que todos tenemos una mente limitada, frente a la mente infinita de Dios. Cuando el creyente viene a la presencia de Dios para ponerse delante de su Santa Palabra, debe hacerlo con un corazón desprovisto de *prejuicios*. Hay algunas verdades fundamentales que preparan el camino para el estudio de la elección: 1) El amor de Dios es por igual para todos los hombres (Jn. 3:16). 2) Cristo murió por todos y no sólo por algunos (2 Co. 5:14, 15; 1 Ti. 2:6). 3) Dios cargó sobre Cristo el pecado, en singular, de todos los hombres, para hacer *potencialmente* salvables a todos los mortales (Is. 53:6). 4) Dios hace una invitación general para todo pecador (Mt. 11:28; Ap. 22:17). 5) Cualquiera que crea con fe verdadera y se vuelva a Cristo, será salvo (Jn. 3:16; 5:24; Hch. 16:31; Ro. 1:16). 6) La invitación general de la gracia puede ser rechazada y es la causa de eterna perdición para el pecador rebelde (Jn. 3:36). 7) Las promesas de Dios no pueden ser quebrantadas. La elección es una doctrina bíblica que alcanza tres aspectos: 1) la elección para privilegios y servicios específicos, tal como ocurrió con Abraham (Gn. 12:1), o con Jacob, el menor entre dos hermanos (Ro. 9:10-13). 2) Elección para oficios: Dios escogió dentro del pueblo de Israel a los levitas para el ministerio sacerdotal, a Moisés para conducir y liberar al pueblo, a reyes como David, y también Jesús escogió a los discípulos. 3) Elección de individuos para salvación, ser hechos hijos de Dios y herederos de la gloria eterna (Ro. 11:5; 1 Co. 1:26-29; 1 Ts. 1:4; 1 P. 1:2; 2 P. 1:10). Hay algunas características de la elección: 1) Es *incondicional*, ya que se produce antes de la constitución del mundo, por tanto no obedece a ningún mérito ni demérito personal, ni es causada por acción humana alguna, puesto que el hombre no había sido creado (2 Ti. 1:9). 2) Tiene una meta definida, *"para que fuésemos"*. En ese sentido Dios no elige porque preveía que algunos querrían ser santos, sino que los escogió para que fuesen santos.

Enseñar que Dios escogió porque veía en el futuro que habían de creer, es colocar al Eterno en la posición de un mero vidente que, desde la eternidad, elegía a aquellos que por decisión propia llegarían a ser santos. El propósito está bien marcado en el acto de la elección *para salvación*. Pablo expresa esa verdad de otro modo refiriéndose a que Dios *conoció* (Ro. 8:29). Conocer es un acto de prefamiliaridad en el ejercicio de Su absoluta soberanía y voluntad, lo que se puede ilustrar con la relación con Israel (Am. 3:2). 3) Ocurre en un determinado tiempo: *"antes de la fundación del mundo"*, esto es, desde la eternidad. La elección confirma la inmutabilidad del plan eterno de redención. Esta enseñanza no es novedosa y elaborada o propuesta por Pablo, sino algo enseñado también por Cristo mismo, quien al referirse a los creyentes dice que *"le fueron dados"* (Jn. 6:39; 17:2, 9, 11, 24), estos son los que vienen a Él porque los trae el Padre (Jn. 6:44). Estos elegidos para salvación estaban ya en la mente de Dios desde antes de la creación, por tanto, la gloria de la salvación pertenece sólo a Dios.

A la doctrina de la elección se le han presentado objeciones que conviene aclarar: 1) La elección es hecha *en Cristo*, por tanto, tiene un alcance universal: todos los hombres son elegidos. Esta posición hace que el propósito divino de la elección: *"para que fuésemos santos y sin mancha"* quede reducido a un mero deseo y esté sujeto al arbitrio humano, haciendo fracasar el designio de Dios por los que no deseen serlo. 2) La elección anula la responsabilidad humana: A esto se responde que Dios no obliga al hombre para que crea, ni Él cree por el hombre. La responsabilidad del hombre es personal y consiste en aceptar o rechazar el don de Dios (Jn. 3:36). Todo aquel que quiera acudir a Cristo por fe, será salvo, creyendo en el evangelio (Ro. 1:16). 3) La elección quita el interés por la evangelización. Es necesario entender que Dios ha establecido el mandamiento de predicar el evangelio en todas las naciones para hacer discípulos (Mt. 28:19ss). El hombre se salva por gracia mediante la fe, creyendo al mensaje del evangelio (Ro. 10:14-15). El evangelista debe saber que todo aquel que crea será salvo. 4) La elección es una acepción de personas impropia de un Dios justo. Eso sería tal vez así si Dios no hubiera dispuesto una oferta de salvación para todos (Mt. 11:28). Pablo responde rotundamente a esta objeción al referirse a los vasos de salvación que Dios preparó y a los vasos de ira que se prepararon a sí mismos para condenación (Ro. 9:19-21). 5) Esta doctrina contradice y no concuerda con la invitación general del evangelio. Es un argumento de la mente humana, que como mente limitada, no puede entender el pensamiento ilimitado de Dios. Está ahí expresada para aceptarla por fe, como parte de la doctrina bíblica.

El propósito de la elección está también definido: *"para que fuésemos santos y sin mancha delante de Él"*. El sentido de *ser santo* es el mismo que se ha considerado ya antes (v. 1). Dios ha escogido a los creyentes para formar de ellos un pueblo *santo*, es decir, *apartado* o *separado* de entre todos los pueblos para ser el pueblo de Dios en esta dispensación. No se trata de una elección porque el Padre sabía *que iban a ser* santos, sino *para* que lo fuesen. No es una elección condicionada a méritos personales, y tampoco a la fe conocida de antemano, sino que determina la operación divina *para* salvación. Esa es la razón por la que los creyentes son impelidos hacia Cristo y no *compelidos* a Él. La acción divina en el corazón de los tales los conduce a Cristo para salvación (1 P. 1:2). La calidad de la santidad determinada para el salvo es plena por el segundo adjetivo que aparece en la frase: *"sin mancha"*[11], literalmente *"sin ley, sin norma"*, en el sentido de no tener ninguna tara que pueda ser denunciada por la ley como falta o transgresión. Es el calificativo que se usa para referirse al animal apropiado para el sacrificio y se utiliza en el sentido general de *irreprochable, sin tacha.* Una santidad inmaculada es lo que Dios establece para los elegidos. Tal santidad es visible, no sólo a los hombres, sino a Dios, ya que son santos y sin mancha *delante de Él.* Esta expresión puede conducir a considerar que se trata de una referencia al tiempo en que los creyentes han de comparecer ante el tribunal de Cristo, para dar cuenta de sus actos (1 Co. 3:11-15; 2 Co. 5:10). Esto coincidiría con la enseñanza de la presentación de la Iglesia delante de Dios después de ser trasladada a Su presencia, en que aparece como vestida de vestidos limpios y resplandecientes, sin mancha ni arruga, ni cosa semejante (5:27). Sin duda lo comprende, pero, la interpretación del versículo exige que sea considerada en la experiencia de vida de los creyentes. Dios demanda que los creyentes sean santos e irreprochables por cuanto viven una nueva vida, que es la vida de la naturaleza divina de Dios mismo, al haber sido hechos participantes de ella en la regeneración (2 P. 1:4). La santidad de vida no es una opción, sino la forma natural y propia del existir terrenal del creyente.

La expresión final del versículo *"en amor"* como cláusula de término vinculada a la elección y sus consecuencias, descubre la motivación divina para ello. Dios es amor (1 Jn. 4:8) y todos los actos divinos están relacionados con ese amor. Se discute sobre si *"en amor"* es término de la cláusula actual o principio de la siguiente, es decir, si el amor es la causa de la *elección* o la razón de la *predestinación* (v. 5). La discusión idiomática podría sustentarse según el pensamiento del

---

[11] Griego ἀμώμους.

intérprete, pero, ambas posiciones son correctas, ya que todo cuanto Dios hace lo hace en amor. Tanto la elección para salvación, como la predestinación de los salvos ocurren en el infinito amor de Dios. La elección en Cristo fue un acto de amor. La expresión se repite en otros lugares de la epístola relacionándola con el amor de los creyentes hacia Dios (3:17; 4:2; 5:2), pero aparece una vez más relacionada con el amor de Dios hacia el creyente (2:4). La elección en Cristo es hecha como un acto sustentado e impulsado en el amór de Dios. Porque Dios es amor, adopta todas sus decisiones eternas en amor, de modo que la salvación no solo se planifica sino que se ejecuta en amor (2:4-7). Es en ese mismo amor que elige que el Salvador se entregara a Sí mismo para salvarnos (5:2). El sacrificio exigió una absoluta entrega que descansa en el amor (5:25). El amor de Dios se manifiesta en esa acción salvadora, determinada ya en la eternidad (Ro. 5:8). Si el amor determinó la elección, determina también la comunión eterna entre los creyentes y Dios en esa misma esfera, de la cual nada ni nadie podrá separarnos (Ro. 8:39). La elección eterna es el amor en anticipación a todo en relación con los salvos. Lo que somos y seremos está absolutamente definido y establecido por el amor de Dios.

Podemos hacer un sencillo resumen de la doctrina de la elección en los escritos del apóstol Pablo: a) Es una determinación eterna (Ef. 1:4, 5); b) Es un acto soberano e incondicional (1 Co. 1:27, 28; Ef. 1:4); c) Es una acción que como todas las divinas está basada en el eterno amor de Dios (Ef. 1:5); d) Es una determinación inmutable y efectiva (Ro. 8:28-30; 11:5); e) Se relaciona individualmente con cada creyente (Ro. 16:13; Gá. 1:15); f) Es una acción justa porque proviene de un Dios justo (Ro. 9:14, 15); g) Tiene como consecuencia la glorificación de Dios (Ef. 1:6).

El apóstol glorifica a Dios por *conocer* que aquellos hermanos amados que son la iglesia en Tesalónica han sido *elegidos por Dios* para salvación. Esto sin eliminar nunca la responsabilidad del hombre en cuanto a salvación, aceptando por fe lo que Dios da, y a condenación para todo aquel que no cree. Debe entenderse claramente que todo lo que tiene que ver con salvación es de Dios, todo lo que es asunto de responsabilidad corresponde al hombre.

5. Pues nuestro evangelio no llegó a vosotros en palabra solamente, sino también en poder, en el Espíritu Santo y en plena certidumbre, como bien sabéis cuáles fuimos entre vosotros por amor de vosotros.

ὅτι τὸ εὐαγγέλιον ἡμῶν[1] οὐκ ἐγενήθη εἰς ὑμᾶς[2] ἐν λόγῳ
Porque el evangelio de nosotros no llegó a vosotros en palabra
μόνον ἀλλα καὶ ἐν δυνάμει καὶ ἐν Πνεύματι Ἁγίῳ καὶ [ἐν][3]
solamente sino también en poder y en Espíritu Santo y en
πληροφορίᾳ πολλῇ, καθὼς οἴδατε οἷοι ἐγενήθημεν [ἐν][4]
certidumbre mucha, como habeis sabido cuales hemos sido entre
ὑμῖν δι' ὑμᾶς.
vosotros por causa de vosotros.

Notas y análisis del texto griego.

Afirmando las causas de la seguridad expresada en el versículo anterior, escribe: ὅτι, conjunción causal *porque*; τὸ, caso nominativo neutro singular del artículo determinado *el*; εὐαγγέλιον, caso nominativo neutro singular del nombre común *evangelio*; ἡμῶν, caso genitivo de la primera persona plural del pronombre personal declinado *de nosotros*; οὐκ, forma escrita del adverbio de negación *no*, con el grafismo propio ante una vocal con espíritu suave o una enclítica; ἐγενήθη, tercera persona singular del aoristo primero de indicativo en voz pasiva del verbo γίνομαι, *suceder, venir, llegar, quedar, estar*, aquí *llegó*; εἰς, preposición propia de acusativo *a*; ὑμᾶς, caso acusativo de la segunda persona plural del pronombre personal *vosotros*; ἐν, preposición propia de dativo, *en*; λόγῳ, caso dativo masculino singular del nombre común *palabra*; μόνον, adverbio de modo *solamente, sólo*; ἀλλὰ, conjunción adversativa *sino*; καὶ, adverbio de modo *también*; ἐν, preposición propia de dativo *en*; δυνάμει, caso dativo femenino singular del nombre común *poder*; καὶ, conjunción copulativa *y*; ἐν, preposición propia de dativo *en*; Πνεύματι, caso dativo neutro singular del nombre divino *Espíritu*; Ἁγίῳ, caso dativo neutro singular del adjetivo *Santo*; καὶ, conjunción copulativa *y*; ἐν, preposición propia de dativo *en*; πληροφορίᾳ, caso dativo femenino singular del nombre común *certidumbre*; πολλῇ, caso dativo femenino singular del adjetivo *grande, mucha, numerosa*; καθὼς, conjunción condicional *como, según*; οἴδατε, segunda persona plural del perfecto de indicativo en voz activa del verbo οἶδα, *saber, conocer, comprender, entender*, aquí *habéis sabido*; οἷοι, caso nominativo masculino plural del pronombre relativo *cuáles*; ἐγενήθημεν, primera persona plural del aoristo primero de indicativo en voz pasiva del verbo γίνομαι, *suceder, venir, llegar, quedar, estar, ser*, aquí *hemos sido*; ἐν, preposición propia de dativo *entre*; ὑμῖν, caso dativo de la segunda persona plural del pronombre personal *vosotros*; δι', forma contracta de la preposición propia de acusativo διά, *por medio de, a causa de*; ὑμᾶς, caso acusativo de la segunda persona plural del pronombre personal *vosotros*.

Crítica Textual. Lecturas alternativas.

[1] ἡμῶν, *de nosotros*, lectura atestiguada en ℵ, B, C, K, L, Ψ, 33, 81, 104, 365, 630, 1175, 1241, 1505, 1739, 1881, 2464, *Lect*, it$^{ar, b, d, f, g, mon, o, r}$, vg, sir$^{p, h, pal}$, cop$^{sa, bo, fay}$, arm, eti, geo, esl, Orígenes, Gregorio de Nisa, Crisóstomo, Teodoro^{lat}, Ambrosiaster, Pelagio.

τοῦ Θεοῦ, *de Dios*, según lectura en ℵ^{c}, C.

τοῦ Θεοῦ ἡμῶν, *del Dios de nosotros*, conforme a ℵ*.

[2] εἰς ὑμᾶς, *a vosotros*, lectura atestiguada en ℵ, B, C, K, L, Ψ, 33, 81, 104, 365, 630, 1175, 1241, 1505, 1739, 1881, 2464, *Lect*, it$^{ar, b, d, f, g, mon, o, r}$, vg, sir$^{p, h, pal}$, cop$^{sa, bo, fay}$, arm, eti, geo, esl, Orígenes, Gregorio de Nisa, Crisóstomo, Teodoro^{lat}, Ambrosiaster, Pelagio.

προς ὑμᾶς, *por vosotros*, según lectura en A, C, D, F, G, 0278.

[3] ἐν, *en*, como se lee en A, C, D, F, G, K, L, P, Ψ, 0278, 81, 104, 365, 630, 1175, 1241, 1505, 1739, 1881, 2464, 𝔐, lat.

No aparece en ℵ, B, 33, vg^{mss}.

[4] ἐν, *entre*, según lectura en B, D, F, G, K, L, Ψ, 0278, 326, 365, 630, 1175, 1241, 1505, 2464, 𝔐, it, vg, sir.

Se omite en ℵ, A, C, P, 048, 33, 81, 104, 326, 945, 1739, 1881, vg.

ὅτι τὸ εὐαγγέλιον ἡμῶν. Mediante el uso de la conjunción ὅτι, vincula las palabras que siguen con las que anteceden. El apóstol les recuerda el evangelio que les había sido anunciado y quienes lo habían hecho. Es importante apreciar el calificativo que da al término evangelio, *de nosotros*. Esta es una expresión típicamente paulina para referirse al mensaje que predicaba. Le llama *nuestro evangelio*, o *evangelio de nosotros*, porque era el único evangelio que podía predicar, un mensaje procedente de Dios, que hacía suyo en el sentido de ser el único que predicaba. Al evangelio le da otros calificativos en la *Epístola*, habla de él como *"el evangelio de Dios"* (2:2, 9), y le llama también *"el evangelio de Cristo"* (3:2). En el mensaje del único evangelio está el llamamiento a salvación invitando al pecador a acudir a Cristo. Aquellos tesalonicenses fueron salvos en respuesta al mensaje del evangelio. En la salvación intervienen siempre las tres Personas Divinas: El Padre que llama, el Hijo que redime y el Espíritu que regenera. De otro modo, el Padre convoca en el tiempo a los que salva. El llamamiento se hace por medio del evangelio, como escribirá el apóstol un tiempo después: *"a lo cual os llamó mediante nuestro evangelio, para alcanzar la gloria de nuestro Señor Jesucristo"* (2 Ts. 2:14). Sin el llamamiento del Padre la obra de salvación no alcanzaría a los hombres con el propósito para el que fue hecha, ya que nadie puede ir a Cristo si el Padre que lo envió no lo llamase. Así dice Jesús: *"Ninguno puede venir a mí, si el Padre que me envió no le trajere"* (Jn. 6:44). El verbo que se traduce en el versículo del evangelio como *trajere*[12], es un verbo fuerte que se vierte en otros lugares como *arrastrar*. Indica no solo un llamamiento sino una acción impulsiva comprendida en él. A este llamamiento responde el hombre por medio de la fe. Con todo, esta operación del Padre, no es una *coacción*, sino una *atracción*. Aquel que envió a Cristo para salvar a los pecadores, envía luego a los pecadores para que sean salvos por Cristo. Este llamamiento de Dios es eficaz siempre en aquellos que Dios ha escogido en su soberanía (v. 4), o como el mismo apóstol testifica: *"Pero cuando agradó a Dios, que me apartó desde el vientre de mi madre, y me llamó por su gracia"* (Ga. 1:15). No significa esto que el evangelio no tenga un llamamiento universal a todos los hombres, llamándolos a salvación. El llamado del Padre, que *atrae* a los hombres a Cristo es algo cuestionado por muchos, que no alcanzan a entender claramente lo que tiene que ver con la soberanía divina y con la responsabilidad humana. Es necesario entender claramente que todo cuanto es de salvación, es de Dios, y todo lo que tiene que ver con condenación es de responsabilidad del hombre. No cabe duda que Pablo entiende que los tesalonicenses, verdaderos creyentes recibieron, por la predicación del evangelio, ese llamado del Padre a salvación y ejerciendo fe en el Salvador habían sido salvos.

El evangelio que el apóstol y sus compañeros anunciaron en Tesalónica es el *único evangelio*. Con toda determinación lo afirma cuando escribe a los gálatas: *"no que haya otro"* (Gá. 1:7). Puede haber distintos enfoques, diferente presentación, diferente énfasis, pero sólo hay un evangelio. La Escritura lo llama el *"evangelio eterno"* (Ap. 14:6). Otro mensaje aunque lleve el nombre de *evangelio*, no lo es. El grave problema es que nadie puede ser llamado a salvación por otra vía que no sea el evangelio genuino, que es el que Pablo predicaba. Este mensaje no procedía de los hombres, sino que le fue encomendado directamente por Cristo mismo (Gá. 1:11-12).

Ese mensaje de salvación lo llama un poco más adelante *el evangelio de Dios*, y *el evangelio de Cristo*, como se ha indicado antes.

---

[12] Griego: ἕλκω.

Es decir, en cuanto a procedencia es *de Dios*, en cuanto a orientación es *de Cristo*, porque es Él el núcleo del evangelio. De otro modo era el *evangelio de Dios acerca de Cristo*. La obra, el contenido, la esperanza y la proyección eterna de la salvación encuentran sustento sólo en Cristo. Pablo predicaba el evangelio que es sinónimo de predicar a Cristo y a éste crucificado (1 Co. 1:23). El mensaje de salvación es la expresión de las *inescrutables riquezas* de Dios en Cristo (Ef. 3:8). Al tratarse de la infinita dimensión de la gracia de Dios y Sus recursos, no puede proceder del hombre porque exceden a toda comprensión humana. Cualquier investigación humana queda limitada ante la dimensión infinita de la gracia divina y sus consecuencias. En un acto de inimaginable gracia Cristo *"se hizo pobre siendo rico"* con el propósito de *enriquecer* a los creyentes (2 Co. 8:9). Todo cuanto procede de Dios viene a la experiencia vital del hombre por medio del único Mediador entre Dios y los hombres que es Jesucristo hombre (1 Ti. 2:5). El evangelio anuncia la paz con Dios que sólo es posible en Cristo y por Cristo, como dice escribiendo a los efesios: *"Y vino y anunció las buenas nuevas de paz a vosotros que estabais lejos, y a los que estaban cerca"* (Ef. 2:17). Evidentemente, el apóstol contempla todo el desarrollo de la vida terrenal de Jesús involucrado en un programa salvífico y de apertura de una nueva relación del hombre con Dios, hasta proyectarla a la entrada del creyente a Su presencia sin restricción alguna, como resucitado en Él. El evangelio puntualiza dos aspectos: la obra redentora y la exaltación del Redentor, sin cuyo hecho no sería posible proclamar ni directamente con Él, ni hecha por los apóstoles y luego por los creyentes en Su nombre, las *buenas nuevas de paz*, porque no bastaría con que muriese por nuestros pecados, sino que era necesario también que resucitase para nuestra justificación (Ro. 4:25) y que ascendiese a los cielos para Su oficio de intercesión perpetua (He. 7:25). Sólo la ascensión a los cielos y la entronización a la diestra del Padre dejan el camino libre para que todos los creyentes puedan acceder a la presencia de Dios. El Resucitado habló con los discípulos de autoridad recibida en base a la obra redentora, autoridad que le ha sido dada para ejercerla cósmicamente en cielos y tierra, por cuya autoridad les envía a predicar el evangelio y se compromete con ellos en comunicarles poder para llevar a cabo la evangelización del mundo, estando presente al lado de los suyos en la misión, hasta el fin (Mt. 28:18-20). La ascensión de Cristo a los cielos hace posible la proclamación del evangelio tanto a los que están cerca como a los que están lejos porque el Salvador resucitado y entronizado es el mismo núcleo de esa proclamación. No se trata de anunciar algo posible, sino de manifestar descriptivamente una realidad que tuvo lugar: el que murió también resucitó y está entronizado a la diestra de Dios con toda la autoridad que a esa dignidad corresponde. No es posible otro evangelio sino el evangelio de Cristo, o si se prefiere mejor el *evangelio de Dios por medio de Cristo*, que lo hace único y, por tanto, excluyente y exclusivo.

En el evangelio predicado a los tesalonicenses se ponía de manifiesto la justicia de Dios que se recibe por medio de la fe (Ro. 1:17). Es lo que se llama *justicia imputada*, que es la justicia que Dios otorga a quienes creen y que le permite declararlos justificados. Por esta causa los salvos son hechos justicia de Dios en Cristo (1 Co. 1:30; 2 Co. 5:21). Esta justicia para salvación se manifiesta en la obra de Cristo y se otorga en base a ella. En la Cruz, Cristo murió por el pecador sustituyéndolo al ocupar su lugar (1 P. 3:18). Por esa obra canceló la pena del pecado y las demandas divinas que gravitaban sobre el pecador, ofreciéndose a Dios como sacrificio expiatorio por el pecado. Por la resurrección se hace base de justificación para el pecador que cree (Ro. 4:25). El evangelio es el mensaje que proclama la buena noticia de salvación procedente de Dios. El evangelio es el mensaje de salvación porque en él se pone de manifiesto la justicia de Dios que salva. Este mensaje conduce a la salvación en el ejercicio de la fe. Sólo la fe es necesaria para ser salvo, que ha sido generada o establecida en el corazón del hombre por medio del Espíritu Santo (Ef. 2:8-9); es el elemento instrumental por el que se alcanza la salvación, mientras que la gracia, como ya se ha dicho, es la razón y la causa eficiente de la misma. La fe exigida al hombre para salvación no es una operación humana que hace que la salvación sea parte divina y parte humana, de otro modo, no es que la fe sea lo que da poder al evangelio, sino todo lo contrario: el poder del evangelio es lo que hace posible que el hombre tenga fe. La fe acepta como única la justicia de Dios, esto es, la justicia que proviene de Dios. Ninguna otra justicia humana puede conducir a la salvación. Así lo entendía el apóstol cuando escribía: *"Y ser hallado en Él, no teniendo mi propia justicia, que es por la ley, sino la que es por la fe de Cristo, la justicia que es de Dios por la fe"* (Fil. 3:9). Esto no significa en modo alguno que Dios obliga a creer, sino que es activar, poner en practica la fe recibida y generada por el Espíritu en el corazón del pecador, aceptando la justicia que es de Dios. El ejercicio de la fe es una acción voluntaria del hombre que la deposita en el Salvador (Jn. 3:16; Fil. 2:12; 2 Ts. 2:12). Pero, el don de la fe como la capacidad operativa para ejercerla, proviene de Dios. La justicia de Dios no puede ser alcanzada en base a mérito alguno, ni se debe a esfuerzo humano, sino por el ejercicio de la fe. El evangelio llama al hombre a creer.

οὐκ ἐγενήθη εἰς ὑμᾶς ἐν λόγῳ μόνον ἀλλὰ καὶ ἐν δυνάμει καὶ ἐν Πνεύματι ῾Αγίῳ. El apóstol Pablo les recuerda que el evangelio no llegó a ellos como un mero discurso o una propuesta religiosa. Es necesario entender que la efectividad del evangelio es contraria a toda lógica humana. El mensaje que se proclama en las *buenas nuevas*, se llama *la palabra de la Cruz*, y el mismo apóstol dice que es *locura* para el hombre natural (1 Co. 1:18). Sin embargo, este mensaje dicho en palabras, era acompañado por el poder y por la acción del Espíritu Santo. Escribiendo a los romanos dice que el *"evangelio es poder de Dios"* (Ro. 1:16), es decir, Dios mismo habla en el mensaje, ya que es el *evangelio de Dios*. La palabra que usa aquí en el texto griego para referirse al *poder*, es el sustantivo δυνάμις, de ella proceden dos palabras castellanas: *dinamita* y *dinamo*. Mejor es vincular el poder de Dios a la segunda ya que la primera implica un poder momentáneo, como ocurre con una explosión producida por la dinamita, pero una dinamo es una maquina que produce poder continuamente. El evangelio, aunque es la manifestación de un poder actuante procedente de Dios, lo es continua y no solo puntualmente. En el contexto greco-romano, los dioses ponían de manifiesto su poder en acciones puntuales y en determinados actos prodigiosos, en el evangelio el poder de Dios está orientado a una salvación continua, completa y constante. El evangelio es poder de Dios, que no es otra cosa que la proclamación del Crucificado como expresión suprema del poder y de la sabiduría de Dios (1 Co. 1:24), que opera la salvación de todo aquel que cree (1 Co. 1:28, 31). De otro modo, el evangelio es un poder *dinámico* de Dios que produce o genera energía salvadora. Es un mensaje que proclama la obra de Cristo como único medio de salvación. Esa salvación procede y es únicamente de Dios (Sal. 3:8; Jon. 2:9). En Él nace el propósito y la eterna determinación de salvar (2 Ti. 1:9). Es también de Él la ejecución en el tiempo que había determinado (Gá. 4:4). Así de Él procede el llamado a salvación (Ro. 8:30). Es de Dios la garantía de la eterna seguridad de salvación para todo aquel que cree (Ro. 8:32-39). Es en el evangelio que se revela la fuerza divina que salva al pecador. No puede haber otras buenas noticias para el perdido que el hilo conductor de la obra de Cristo. El evangelio es la fuerza creadora de Dios, que resucita a los muertos y llama a ser a quienes no son (Ro. 4:17). Es el mensaje que anuncia a Quien es en sí mismo *"espíritu vivificante"*, que puede y comunica vida eterna al creyente (1 Co. 15:45). El mensaje del evangelio es la expresión de la suprema sabiduría de Dios, que confunde la sabiduría humana (1 Co. 2:7-8). Es un mensaje que manifiesta la esperanza que está guardada en los cielos (Col. 1:5). El evangelio no llegaba a las gentes en palabras, sino rodeado del poder del Espíritu Santo (1:5). Es el gran mensaje de la fuerza operativa de Dios que, por ser de Él, nunca puede volver vacío, sin producir los resultados para el que fue enviado (Is. 55:11). No se mencionan milagros o acciones prodigiosas hechas por el apóstol en la evangelización de los tesalonicenses, pero, es muy probable que así ocurriese como en tantos otros lugares, sin embargo el poder del Espíritu se pone de manifiesto en que aplicó poderosamente el mensaje de la Cruz de convicción de *pecado, de justicia y de juicio* (Jn. 16:8-11). Además el Espíritu Santo *abrió el corazón* de los que creyeron en Tesalónica como hizo también en Filipos con Lidia de Tiatira (Hch. 16:14), para que estuviesen atentos a lo que Pablo predicaba. Dios intervino en el momento preciso no sólo para que comprendieran el mensaje, sino para que se convirtieran a Cristo. El corazón de los tesalonicenses fue abierto por Dios para que por esa abertura penetrara, no sólo el evangelio, sino el mismo Salvador. No fueron ellos quienes hicieron aquello, ni fue Pablo con su mensaje, fue el Espíritu Santo, para que la gloria de la salvación pertenezca sólo al único que salva que es Dios mismo. Aquellos creyentes habían creído verdaderamente porque lo hicieron *de corazón*, con el que se cree para justicia (Ro. 10:10). El Espíritu manifestó Su poder para salvación, en un mensaje que es poder de Dios (1 Co. 2:4). Los hombres lo predicaban, pero el Espíritu Santo lo hacía eficaz.

καὶ [ἐν] πληροφορίᾳ πολλῇ, Además, junto con el poder del Espíritu, el evangelio llegó a ellos *"en plena certidumbre"*. El término πληροφορία, traducido en RV como *certidumbre*, tiene que ver con *convicción*. Esta palabra aparece en otros lugares del Nuevo Testamento (cf. Col. 2:2; He. 6:11; 10:22). El mensaje era anunciado con *convicción* por quienes lo hacían. Pablo dice que era un mensaje que no *avergonzaba* (Ro. 1:16). Es decir, se predicaba el evangelio sabiendo que no se trataba de un sistema filosófico o religioso, sino de la manifestación del poder divino para salvación. Porque se trata de un mensaje procedente de Dios mismo, el apóstol evangelizaba en *plena certidumbre*, con *total convicción*. Según se puede apreciar en algunas manifestaciones de Pablo, no debía ser un orador dinámico o elocuente, al estilo de los filósofos griegos, pero hablaba con profunda convicción porque sabía que lo que predicaba procedía de Dios, que lo hacía eficaz en tantos convertidos a Cristo.

καθὼς οἴδατε οἷοι ἐγενήθημεν [ἐν] ὑμῖν δι' ὑμᾶς. Al poder del Espíritu y a la convicción del apóstol, se une también el testimonio personal del que los tesalonicenses eran testigos. Muchos otros predicadores buscaban su beneficio personal, pero esto no ocurría con Pablo, Silas y Timoteo, que llevaban a cabo la difícil tarea de predicar a

Cristo, con total desinterés buscando sólo el bien de los hombres. La versión RV, añade aquí *por amor* de vosotros. Esa expresión no está en el texto griego. Lo que está diciendo a los tesalonicenses es que sabían como había sido el comportamiento de ellos durante el tiempo de la evangelización y fundación de la iglesia. La predicación del evangelio estuvo rodeada de dificultades, conflictos, persecuciones y acusaciones de alborotadores, hechas por los judíos celosos del progreso del evangelio, hasta el punto de haber tenido que salir de la ciudad por peligro de sus vidas (Hch. 17:1-8).

Esta referencia al comportamiento de apóstol y sus colaboradores, va a servirle desarrollado más adelante, para la defensa de su trabajo y apostolado. No sólo venían contra él judíos incrédulos, sino que los judaizantes lo acusaban de buscar en la fundación de las iglesias su beneficio personal. La mejor recomendación que podían hacer de ellos mismos era apelar al testimonio de los creyentes *"vosotros sabéis"*. No eran precisas cartas de recomendación o testimonio de otros, aquellos habían sido testigos de cómo predicaron sin buscar ningún beneficio personal, manteniendo una conducta ejemplar que podía y debía ser imitada. En esto se manifiesta también la acción del Espíritu Santo. En relación con los inconversos operando para salvación; en relación con la vida de los predicadores, haciéndola ejemplar. Es necesario recordar que la salvación en todos los aspectos, que comprende también la santificación, es el resultado de una obra divina, como el apóstol dirá cuando escribe: *"Porque Dios es el que en vosotros produce así el querer como el hacer, por su buena voluntad"* (Fil. 2:13). Lo importante no es predicar el evangelio, sino hacerlo en el poder del Espíritu, no en milagros y acciones prodigiosas, sino en el respaldo de una vida que no puede ser acusada de nada incorrecto. En nuestros días hay líderes que buscan impresionar al auditorio con supuestas manifestaciones de poder, lenguas, milagros, etc. etc., pero lamentablemente, no concuerda su testimonio con el poder del Espíritu que se atribuyen. Muchos de estos viven en una hipócrita apariencia de piedad, que les permite obtener recursos para sus fines a costa de la ingenuidad de sus oyentes. Ninguno de ellos puede decir como Pablo: *"conocéis como fuimos entre vosotros"*.

6. Y vosotros vinisteis a ser imitadores de nosotros y del Señor, recibiendo la palabra en medio de gran tribulación, con gozo del Espíritu Santo.

Καὶ ὑμεῖς μιμηταὶ ἡμῶν ἐγενήθητε καὶ τοῦ Κυρίου,
Y vosotros imitadores de nosotros llegasteis a ser y del Señor
δεξάμενοι τὸν λόγον ἐν θλίψει πολλῇ μετὰ χαρᾶς[1] Πνεύματος
recibiendo la palabra en aflicción grande con gozo de Espíritu
Ἁγίου,
Santo.

Notas y análisis del texto griego.

Siguiendo con el párrafo, añade: Καὶ, conjunción copulativa *y*; ὑμεῖς, caso nominativo de la segunda persona plural del pronombre personal *vosotros*; μιμηταὶ, caso nominativo masculino singular del nombre común *imitadores*, en castellano adjetivo; ἡμῶν, caso genitivo de la primera persona plural del pronombre personal declinado *de nosotros*; ἐγενήθητε, segunda persona plural del aoristo primero de indicativo en voz pasiva del verbo γίνομαι, *llegar a ser, empezar a existir*, aquí *llegasteis a ser*; καὶ, conjunción copulativa *y*; τοῦ, caso genitivo masculino singular del artículo determinado declinado *del*; Κυρίου, caso genitivo masculino singular del nombre divino *Señor*; δεξάμενοι, caso nominativo masculino plural del participio del aoristo primero en voz media del verbo δέχομαι, *recibir, aceptar, acoger*, aquí *recibiendo*; τὸν, caso acusativo masculino singular del artículo determinado *el*; λόγον, caso acusativo masculino singular del nombre común *palabra, discurso*; ἐν, preposición propia de dativo *en, entre*; θλίψει, caso dativo femenino singular del nombre común *tribulación, sufrimiento*; πολλῇ, caso dativo femenino singular del adjetivo *grande*; μετὰ, preposición propia de genitivo *con*; χαρᾶς, caso genitivo femenino singular del nombre común *gozo*; Πνεύματος, caso genitivo neutro singular del nombre divino declinado *de Espíritu*, Ἁγίου, caso genitivo neutro singular del adjetivo *Santo*.

Crítica Textual. Lecturas alternativas.

[1]Se añade καὶ, *y*, en B, vg[ms].

Καὶ ὑμεῖς μιμηταὶ ἡμῶν ἐγενήθητε καὶ τοῦ Κυρίου. Una segunda evidencia de la realidad de ser verdaderamente cristianos los tesalonicenses era que en sus vidas se manifestaba una identidad con las del apóstol y sus compañeros de ministerio. Los creyentes eran *miméticos*, reproducían en ellos la vida de los misioneros. Sin embargo, la consecuencia final es que eran *imitadores del Señor*. Pablo pidió a los corintios que le imitasen a él (1 Co.11:1), porque él imitaba a Cristo, por eso podía decir *"os ruego que me imitéis"* (1 Co. 4:16). La verdadera vida cristiana tiene que ver con *mimetizarse* con Cristo, es decir, *reproducir* a Cristo en la vida; de otro modo, el Señor se convierte en principio de vida, de modo que quien realmente está identificado con Él mostrará las condiciones propias de Su vida, reproducida por el Espíritu Santo. Ser imitador de Cristo es ser imitador de Dios y el ser imitador de Dios es la consecuencia de ser *hijo de Dios*, lo que a su vez es evidencia de nuevo nacimiento puesto que *"a todos los que le recibieron, a los que creen en su nombre, les dio potestad de ser hechos hijos de Dios"* (Jn. 1:12). De la misma manera el apóstol Pablo exhorta a los efesios a ser *"imitadores de Dios como hijos amados"*. Manifestar los principios de vida de Dios es la evidencia más notoria de ser verdaderamente cristianos. El apóstol Juan dirá que *"como Él es, así somos nosotros en este mundo"* (1 Jn. 4:17). Sólo el que verdaderamente *permanece* en Dios, es decir, el que está en comunión con Él por vinculación de vida, *"el que dice que permanece en él, debe andar como el anduvo"* (1 Jn. 2:6). Pablo y sus colaboradores no habían alcanzado la perfección, pero eran ejemplos imitables para los creyentes. La vida cristiana no consiste en ser imitador de Dios en algún momento, sino permanentemente. La imitación requerida es la de Dios, y especialmente en relación con la dinámica del amor, virtud que se apreciaba claramente en los tesalonicenses (v. 3). Quienes aman manifiestan que el amor de Dios se ha derramado en sus corazones por el Espíritu Santo (Ro. 5:5). Es necesario entender bien lo que realmente somos, pequeños, muy pequeños delante de Dios, pero eso no es obstáculo para que seamos *imitadores de Él*. Eso es imposible en el poder del hombre, pero es posible para el cristiano, específicamente porque el Espíritu que nos fue dado cuando creímos, nos capacita a ello y porque la *imitación* no tiene que ver con acciones sobrenaturales y mucho menos con la reproducción de las perfecciones incomunicables de Dios, sino de imitarle especialmente en la esfera del amor. Es interesante que las citas antes mencionadas del apóstol Juan están tomadas del contexto del amor en su escrito. Ser imitadores del Señor, es seguir su camino de amor amando incluso a los enemigos (Mt. 5:44), Jesús entendía que eso era una manifestación clara de ser hijo de Dios (Mt. 5:45), para enseñar que un creyente tiene que ser *"perfecto, como vuestro Padre que está en los cielos es perfecto"* (Mt. 5:48). Esta demanda está plenamente relacionada con la vida de santidad, forma natural de vida cristiana. Cuando se habla de *perfecto*, no se está estableciendo el sinónimo de *impecable*, cosa imposible para los hombres, incluso para quienes son hijos de Dios y están en Su reino. Se trata de aquellos que ya no andan conforme a la carne, sino conforme al Espíritu (Ro. 8:4; Gá. 5:16). La razón para una vida de esa condición obedece al ejemplo supremo del Padre celestial, manifestado plenamente en Jesucristo su Hijo (Jn. 1:18;

14:9b). El Señor es perfecto porque es capaz de amar sin condiciones, generosamente, sin limitación alguna a todos los hombres, tanto a los que son una escoria social, como a quienes llevan una vida digna entre los hombres. El Padre del cielo es capaz de perdonar generosamente, teniendo compasión de cada uno, como expresaba el profeta Daniel: *"De Jehová nuestro Dios es tener misericordia y el perdonar, aunque contra Él nos hemos rebelado"* (Dn. 9:9). El Dios del cielo es bueno para con todos (Sal. 145:9). Por esa causa, quienes están en comunión plena e identidad con el Señor manifiestan amor hacia todos. No cabe duda que esta era una de las condiciones visibles de los cristianos en Tesalónica, en medio de conflictos y persecuciones que, humanamente hablando, harían a los perseguidores indignos de ser amados, ellos, al estilo también del apóstol amaban a todos llevándoles sin reserva el mensaje del evangelio. El sentido de la palabra *imitadores*, no debe entenderse como un *copiar* algo, sino como *emular*, que es intentar igualar en algo a una persona imitando sus acciones, comportamientos, etc. *copiar* es simplemente imitar o remedar a una persona. Los tesalonicenses no estaban *copiando* al Señor, sino que estaban en un proceso moral, reproduciendo Su vida por la acción del Espíritu.

δεξάμενοι τὸν λόγον ἐν θλίψει πολλῇ μετὰ χαρᾶς Πνεύματος Ἁγίου. Lo más importante, y es la gran medida de la evidencia, es como puede realizarse esa *imitación* del Señor. Según el pensamiento del apóstol consiste en integrarse en el *tipo* o *modelo* expresado y contenido en la Palabra. Los tesalonicenses recibieron la Palabra anunciada por el apóstol y sus compañeros, en medio de grandes tribulaciones. La historia de la fundación de la iglesia lo pone de manifiesto. Los judíos habían promovido una persecución contra los creyentes acusándoles de revoltosos sociales. El conflicto debió haber sido intenso, pero los creyentes recibían la Palabra y se guiaban por ella. La Escritura establece la norma de vida y la ética cristiana. Ellos tenían delante el ejemplo del apóstol y sus colaboradores que se habían conducido conforme a la enseñanza de la Palabra (v. 5). El ejemplo de imitación correspondía al seguimiento a Cristo y la entrega incondicional al Señor a pesar de las dificultades, persecuciones y sufrimientos que atravesaban.

El secreto de este comportamiento y de esta *imitación*, estaba en la obra del Espíritu Santo. El gozo interno en medio de la persecución externa ponía de manifiesto la acción del Espíritu que producía en ellos el fruto (Gá. 5:22). Esto hace visible la condición de *hijos de Dios*. No se trata del resultado del esfuerzo personal del creyente, sino de la obra del Espíritu Santo. Son los efectos íntimos del Espíritu, que lleva a cabo en el cristiano el proyecto divino de producir fruto agradable a Dios. Se trata del *fruto*, en singular y no de los frutos, por tanto, el Espíritu produce como fruto todas las perfecciones que se detallan por el apóstol. Quiere decir que el creyente que vive en el Espíritu expresa en su vida todas las virtudes del fruto y no solo algunas de ellas. Con esta exteriorización de vida, se pone de manifiesto ante el mundo la realidad de la identificación con Cristo. El gozo, como el resto de las perfecciones señaladas en el *fruto del Espíritu*, no son humanas sino divinas, llevadas a cabo por el Espíritu en el creyente. Son las obras preparadas de antemano para que *anduviésemos en ellas* (Ef. 2:10). El objetivo del Espíritu en el tiempo actual es que el creyente reproduzca al Hijo en su vida, esto es, la imagen moral de Jesús sea reproducida como identificativo de vida en el creyente. Esto es el fin de la predestinación que el Padre determinó para cada creyente, que sea conformado a la imagen de su Hijo (Ro. 8:29). El Espíritu produce virtudes que hacen notoria la identidad del cristiano con Cristo. Estas virtudes expresan la realidad del llamamiento celestial. Las virtudes que comportan el fruto del Espíritu determinan no el obrar, sino el andar, es decir, el estilo de vida del creyente. El propósito de Dios es que el cristiano lleve fruto, más fruto, mucho fruto, vinculados a la vid verdadera que es Cristo (Jn. 15:1, 2, 5). Las manifestaciones del fruto del Espíritu son cualidades sobrehumanas del carácter. Ninguna de ellas puede producirse por habilidad o recursos del hombre natural. El carácter cristiano no se alcanza por esfuerzo tenaz del creyente, sino por dependencia absoluta y entrega incondicional al Espíritu de Dios. El fruto es la consecuencia de una acción divina que no puede alcanzarse ni tan siquiera como resultado de un penoso esfuerzo propio, y se hace experiencia personal en el creyente cuando la relación correcta con el Espíritu Santo no es estorbada. Las perfecciones del fruto del Espíritu tomadas en su conjunto, son la manifestación del carácter moral de Jesús. Tal acción divina permite la realidad de vivir a Cristo, único modo de vida en poder y libertad (Ga. 2:20; Fil. 1:21). De ahí que el apóstol diga a los tesalonicenses que eran *imitadores del Señor*. La voluntad de Dios en el creyente nunca podrá ser lograda dependiendo de la capacidad humana (Ro. 7:15-25), porque depende de que los creyentes ya no anden conforme a la carne, sino conforme al Espíritu (Ro. 8:4).

De todas las perfecciones que es el *fruto del Espíritu*, el apóstol se refiere aquí a una de ellas: *el gozo*. El perfecto gozo es el gozo en Dios, como fuente y objeto del mismo. La Biblia enseña que Dios es el Dios del gozo (Neh. 8:10; Sal. 16:11). El término que usa Pablo χαρὰ, se refiere a la alegría íntima del corazón. Este gozo llegó a los tesalonicenses en la proclamación del mensaje del evangelio que anunciaba la salvación de Dios por fe en Cristo. El poder de Dios para salvación produce necesariamente gozo en el que ha sido salvo. Sin embargo, debemos entender bien que éste no es otro que el gozo de Jesús aplicado a la vida cristiana por el Espíritu Santo, algo que el mundo es incapaz de dar (Jn. 14:27; 16:33). El gozo que se hace experiencia en el creyente es el mismo que sentía Jesús, por eso, lo que se revela por la acción del Espíritu, es Su gozo en el cristiano (Jn. 15:11), que se manifiesta en cualquier circunstancia o situación externa. El mundo no puede aceptar la separación de los creyentes de su control, amenazándolos con odio y persecución (Jn. 15:19; 16:2). Sin embargo el gozo no disminuye en el conflicto porque Jesús ha vencido al mundo (Jn. 16:33; 1 Jn. 1:4), de modo que nada puede hacer ya el mundo con quienes no solo no son de él, sino que lo han vencido en Cristo. Este es el gran contraste del versículo, los tesalonicenses estaban sufriendo una tribulación grande, pero sentían gozo en medio de ella. El gozo de la condición cristiana sólo se puede poseer en paradójica alternancia con la tristeza, la tribulación y la inquietud, porque es ahí cuando se manifiesta con toda la intensidad y la fuerza. La alegría por la salvación permanece en tensión con la tribulación, de manera que en medio de situaciones que el hombre considera como desalentadoras e incluso escarnecedoras, está el consuelo divino en la tribulación, descansando en el Dios del gozo y de la bendición. El gozo divino es operado en el creyente (Neh. 8:10). El del Espíritu es el mismo gozo de Jesús en el cristiano (Jn. 15:11). Es también el resultado en la vida cristiana como consecuencia del conocimiento íntimo de Jesús (1 P. 1:8). En medio del conflicto, persecución o prueba, el gozo debe ser manifestado como resultado de la acción del Espíritu en la vida del cristiano (Hch. 5:40-41; 16:22-25). Nada puede impedir que el Espíritu opere en el cristiano que está entregado totalmente a Él. Esa es la razón por la que el apóstol puede decir: *"regocijaos en el Señor siempre. Otra vez digo: ¡Regocijaos!"* (Fil. 4:4), y establecer el mandamiento: *"Estad siempre gozosos"* (5:16). El gozo se expresa exteriormente en alegría, de ahí que esa filosofía de un creyente serio, distante, alejado de las sanas distracciones, ausente de un correcto esparcimiento, que disfruta de la vida y saborea lo que Dios da, no es un buen testimonio, sino todo lo contrario. Un creyente con rostro triste, es un triste creyente.

7. De tal manera que habéis sido ejemplo a todos los de Macedonia y de Acaya que han creído.

ὥστε	γενέσθαι	ὑμᾶς	τύπον[1]	πᾶσιν	τοῖς	πιστεύουσιν
De modo que	llegasteis a ser	vosotros	modelo	a todos	los	que creen

ἐν	τῇ	Μακεδονίᾳ	καὶ	ἐν	τῇ	᾿Αχαΐᾳ.
en	-	Macedonia	y	en	-	Acaya.

Notas y análisis del texto griego.

El ejemplo de los tesalonicenses se pone de manifiesto, escribiendo: ὥστε, conjunción consecutiva *así, de modo que*; γενέσθαι, aoristo segundo de infinitivo en voz media del verbo γίνομαι, *llegar a ser, empezar a existir, ser*, aquí *llegasteis a ser*; ὑμᾶς, caso acusativo de la segunda persona plural del pronombre personal *vosotros*; τύπον, caso acusativo masculino singular del nombre común *tipo, ejemplo, muestra, modelo*; πᾶσιν, caso dativo masculino plural del adjetivo indefinido *a todos, para todos*; τοῖς, caso dativo masculino plural del artículo determinado *los*; πιστεύουσιν, caso dativo masculino plural del participio de presente en voz activa del verbo πιστεύω, *creer*, aquí *que creen*; ἐν, preposición propia de dativo *en*; τῇ, caso dativo femenino singular del artículo determinado *la*; Μακεδονίᾳ, caso dativo femenino singular del nombre propio *Macedonia*; καὶ, conjunción copulativa *y*; ἐν, preposición propia de dativo *en*; τῇ, caso dativo femenino singular del artículo determinado *la*; 'Αχαΐᾳ, caso dativo femenino singular del nombre propio *Acaya*.

Crítica Textual. Lecturas alternativas.

[1] τύπον, *tipo*, lectura atestiguada en B, D*, c, 6, 33, 81, 104, 1739, 1881, lat, sy[p].

τύπος, *tipos*, según lectura en a, A, C, D^2, F, G, K, L, P, Ψ, 0278, 365, 630, 1175, 1241, 1505, 2464, 𝔐, sy[h].

ὥστε γενέσθαι ὑμᾶς τύπον πᾶσιν τοῖς πιστεύουσιν Todo aquel que es *imitador de Cristo*, viene a constituirse como ejemplo para sus hermanos. Esa es la razón comentada en el versículo anterior por la que Pablo podía decir que los tesalonicenses les habían *imitado* a ellos, puesto que eran ejemplo visible de lo que predicaban. Los imitadores llegan a ser ejemplos a imitar. La iglesia en Tesalónica era ejemplo vivo de la condición de verdaderos creyentes.

El apóstol emplea aquí τύπον, *ejemplo, señal*. La palabra inicialmente se usó para referirse a la marca dejada en algo por un golpe. El significado fundamental de esta palabra en el griego se deriva del proceso de golpear para estampar y dar forma: lo estampado y lo que estampa, ya sea un molde hueco en su impresión, o bien una forma realzada como un relieve. En este caso lo que el apóstol está diciendo a los creyentes tesalonicenses es que el Espíritu Santo estampó en ellos de manera impresionante el ejemplo de vida para todos los demás creyentes. Ellos eran *tipo*, de cómo vivir la vida cristiana.

ἐν τῇ Μακεδονίᾳ καὶ ἐν τῇ ᾿Αχαΐᾳ. Por esta razón los tesalonicenses eran ejemplo a todos los demás creyentes e iglesias que estaban en el área de Macedonia y Acaya. Aquellos hermanos mostraban la forma a seguir para todos los otros creyentes. Pablo utiliza el participio de presente πιστεύουσιν, que expresa la idea de continuidad, es decir, eran ejemplo para todos *los que estaban creyendo*. El apóstol cita al territorio de las dos provincias romanas en que se dividía Grecia. Macedonia correspondía al territorio de la península Balcánica al norte. A esta provincia se dirigió el apóstol en su segundo viaje misionero como consecuencia de la visión del varón macedonio (Hch. 16:9-10), donde evangelizó en Neápolis, Filipos, Amfípolis, Tesalónica y Berea (Hch. 16:9-17:14). La provincia de Acaya, era originalmente un estado griego al norte del Peloponeso, que incluía a Corinto en su istmo. En esta provincia estaban establecidas las iglesias en Atenas y Corinto. Luego, lo que se aprecia es que la condición de ejemplaridad de la iglesia en Tesalónica había trascendido a la totalidad de las iglesias en Grecia.

Gratitud por el compromiso de la iglesia (1:8-10).

8. Porque partiendo de vosotros ha sido divulgada la palabra del Señor, no sólo en Macedonia y Acaya, sino que también en todo lugar vuestra fe en Dios se ha extendido, de modo que nosotros no tenemos necesidad de hablar nada.

ἀφ' ὑμῶν γὰρ ἐξήχηται ὁ λόγος τοῦ Κυρίου οὐ μόνον
Porque a partir de vosotros ha sido expuesta la palabra del Señor no sólo
ἐν τῇ Μακεδονίᾳ καὶ [ἐν τῇ][1] ᾿Αχαΐᾳ, ἀλλ' ἐν παντὶ[2] τόπῳ ἡ
en - Macedonia y en - Acaya, sino en todo lugar la
πίστις ὑμῶν ἡ πρὸς τὸν Θεὸν ἐξελήλυθεν, ὥστε μὴ
fe de vosotros - en - Dios ha salido, de modo que no
χρείαν ἔχειν ἡμᾶς λαλεῖν τι.
necesidad tener nosotros de hablar algo.

Notas y análisis del texto griego.

Haciendo referencia al compromiso de los cristianos, escribe: ἀφ', forma que adopta la preposición propia de genitivo ἀπό, por elisión de la ι final y asimilación de la π ante vocal o diptongo con aspiración, y que significa *de, desde, lejos de, proceder de, por causa de, por medio de, con, contra*; ὑμῶν, caso genitivo de la segunda persona plural del pronombre personal *vosotros*; γὰρ, conjunción causal *porque*; ἐξήχηται, tercera persona plural del perfecto de indicativo en voz pasiva del verbo ἐξηχέομαι, *contar, relatar, informar, exponer* aquí *ha sido expuesta*; ὁ, caso nominativo masculino singular del artículo determinado *el*; λόγος, caso nominativo masculino singular del nombre común *palabra, discurso, mensaje*; τοῦ, caso genitivo masculino singular del artículo determinado declinado *del*; Κυρίου, caso genitivo masculino singular del nombre divino *Señor*; οὐ, adverbio de negación *no*; μόνον, adverbio de modo *solamente, sólo*; ἐν, preposición propia de dativo *en*; τῇ, caso dativo femenino singular del artículo determinado *la*; Μακεδονίᾳ, caso dativo femenino singular del nombre propio *Macedonia*; καὶ, conjunción copulativa *y*; ἐν, preposición propia de dativo *en*; τῇ, caso dativo femenino singular del artículo determinado *la*; ᾿Αχαΐᾳ, caso dativo femenino singular del nombre propio *Acaya*; ἀλλ', forma escrita ante vocal de la conjunción adversativa ἀλλά que significa *pero, sino*; ἐν, preposición propia de dativo *en*; παντὶ, caso dativo masculino singular del adjetivo indefinico *todo*; τόπῳ, caso dativo masculino singular del nombre común *lugar*; ἡ, caso nominativo femenino singular del artículo determinado *la*; πίστις, caso nominativo femenino singular del nombre común *fe*; ὑμῶν, caso genitivo de la segunda persona plural del pronombre personal declinado *de vosotros*; ἡ, caso nominativo femenino singular del artículo determinado *la*; πρὸς, preposición propia de acusativo *a, en, hacia*; τὸν, caso acusativo masculino singular del artículo determinado *el*; Θεὸν, caso acusativo masculino singular del nombre divino *Dios*; ἐξελήλυθεν, tercera persona singular del perfecto de indicativo en voz activa del verbo ἐξέρχομαι, *salir*, aquí *ha salido*; ὥστε, conjunción *de modo que*; μὴ, partícula que hace funciones de adverbio de negación *no*; χρείαν, caso acusativo femenino singular del nombre común *necesidad*; ἔχειν, presente de infinitivo en voz activa del verbo ἔχω, *tener*; ἡμᾶς, caso acusativo de la primera persona plural del pronombre personal *nosotros*; λαλεῖν, presente de infinitivo en voz activa del verbo λαλέω, *hablar, decir*; τι, caso acusativo neutro singular del pronombre indefinido *algo*.

[1] ἐν τῇ, *en la*, lectura atestiguada en ℵ. C. D. F. G. L. P. Ψ. 0278. 81. 104. 1175. 1241. 2464. 𝔐, lat.

τῇ, *la*, según lectura en 1881. B. K. 6. 33. 365. 614. 629. 630. 1505. 1739. r. vg

[2] ἀλλ' ἐν παντὶ ℵ. A. B. X. Δ. Φ. Γ. Π. Ψ. 33. 81. 1739. 1881. 2464. it $vg^{st.ww}$. sy

ἀλλ' καὶ ἐν παντι, *sino también en todo*, según Δ. K. Λ. 0278. 104. 365. 630. 1175. 1241. 1505 𝔐. m. vg^{cl}. Ambrosiaster.

ἀφ' ὑμῶν γὰρ ἐξήχηται ὁ λόγος τοῦ Κυρίου. La iglesia estaba comprometida con la evangelización. No podía ser de otro modo ya que el amor de Dios se había manifestado en ellos y les impulsaba a un trabajo consecuente (v. 3). Ese trabajo de amor orienta la tarea a la proclamación del evangelio por amor de los que se están perdiendo. No se trataba sólo de una proclamación para ser oída, sino de un mensaje personal visible en la conducta de los cristianos. Es lo que podría llamarse el *evangelio silencioso*, como el caso de la cristiana que llevó a Cristo a su marido incrédulo por su propia conducta (1 P. 3:1). Aunque algunos comentaristas entienden que el verbo ἐξηχέομαι, pudiera identificarse con producir un sonido, como sería el caso de un trueno que se hace oír en una gran extensión, el sentido del verbo equivale a *contar, relatar o informar*, de ahí la forma *ha sido expuesta* en equivalencia a una predicación del evangelio. Esa proclamación se extendió a todos los lugares adonde los creyentes de Tesalónica pudieron llegar. Esa es la causa por la que RV traduce como *ha sido divulgada*. Tesalónica era un núcleo importante en las comunicaciones de aquellos territorios, de modo que desde allí se difundió el evangelio en todas las direcciones.

No cabe duda cuál era el mensaje que proclamaban: *la palabra del Señor*. No podía ser de otro modo por quienes habían sido enseñados por el apóstol Pablo. Lo único que se puede usar en la predicación, sea de enseñanza o de evangelización, es la Palabra. Ellos conocían por experiencia que esa palabra tenía poder para actuar y salvar. Es el único mensaje que puede ser bendecido porque es palabra de Dios (Is. 55:11). Solo lo que descansa en la Palabra tiene garantía de bendición. Dios no bendice nuestra palabra, sólo la Suya. Además, todo mensaje que descanse en la Escritura tiene la eficacia de ella, que por inspiración divina, es *"viva, eficaz, cortante y penetrante"* (He. 4:12). Al soplo de Dios el escrito bíblico original adquiere vida, la comunicada por Dios, con lo que le da capacidad operativa. De la misma manera que el Espíritu al soplar sobre los elementos inanimados en la creación del hombre les comunicó vida, para que llegasen a ser un *ser viviente*, así también comunica vida eficaz a la Palabra, por medio de la que Dios habla. Ese es el sustento del mensaje del evangelio que ha sido anunciado (1 P. 1:23-25). La palabra se siembra en el corazón y porque es viva conduce al hombre a salvación (Stg. 1:21). No cabe duda que quien salva es Jesucristo, único Salvador (Hch. 4:12), pero Dios usa la Palabra como instrumento para llevar al hombre al Salvador, en el mensaje de salvación escrito en ella. La Palabra que inicialmente conduce a salvación, prosigue luego su acción en la vida de santificación, de ahí que los tesalonicenses siguiesen apegados a la Palabra y la proclamasen en la predicación del evangelio. Además de viva, es también *eficaz*, con capacidad operativa. Es también autoritativa para regular todo lo que tiene que ver con la vida de aquellos que creen. Lamentablemente la evangelización ha declinado de un mensaje bíblico y Cristo-céntrico a un mensaje con apariencia bíblica pero centrado en la experiencia del hombre, en su voluntad y determinación, de modo que muchas veces se proclama la salvación en la que Dios ha hecho una parte y el hombre debe hacer otra. Esto convence pero no redarguye, de otro modo, sólo la Palabra aplicada en el poder del Espíritu entra al interior del corazón humano poniendo de manifiesto en el que la escucha los pensamientos y las intenciones del corazón. Lo que los hombres no pueden juzgar por desconocido, lo hace la Palabra de Dios. De ahí que la obra del compromiso evangelizador de los tesalonicenses se haya extendido, consolidando lugares donde nacen iglesias y muchos de convierten de los ídolos a Dios.

οὐ μόνον ἐν τῇ Μακεδονίᾳ καὶ [ἐν τῇ] 'Αχαΐᾳ, ἀλλ' ἐν παντὶ τόπῳ. El apóstol testifica que la misión de proclamación del evangelio, lo que aquí llama la *palabra del Señor*, se extendió por toda Grecia, tanto Macedonia como Acaya, pero alcanzó también otros puntos fuera de esas dos provincias. ¿Qué quiere decir el apóstol con la expresión *en todo lugar*? Posiblemente sea una frase genérica que equivalga a cualquier lugar adonde los creyentes en Tesalónica pudieron llegar. No era necesario que los tesalonicenses hubieran recorrido largas distancias, tan sólo era preciso que hablasen de Cristo a tantas personas que convergían en la ciudad como centro neurálgico de comunicaciones, de modo que el evangelio pudo haber llegado a lugares muy lejanos, de donde procedían quienes pasaban por la ciudad.

ἡ πίστις ὑμῶν ἡ πρὸς τὸν Θεὸν ἐξελήλυθεν, Un punto importante en el versículo ligado a la evangelización como proclamación del mensaje de salvación, era el testimonio de fe que acompañaba al mensaje, literalmente: *"la fe de vosotros en Dios, se ha extendido"*. La preposición πρὸς, exige aquí la idea de dirección *hacia*, pero, si se utiliza de este modo, la frase tiene dificultad para ser entendida. No cabe duda que la fe de ellos estaba *en* Dios, pero la realidad, consonante con el versículo siguiente, es que había *orientado hacia* Dios. La conversión de ellos era evidente. La vida antes corrupta que llevaban en el servicio esclavizante de los ídolos, había cambiado en la libertad gloriosa de los hijos de Dios. Aquella fe viva era también dinámica. No quedaba en el secreto personal del creyente, sino que se difundía saliendo de él y haciéndose visible a todos. No es suficiente con *predicar* a Cristo, es preciso *vivir* a Cristo. El evangelio que no va respaldado por la vida del que lo predica no es un mensaje aceptable y poderoso para los oyentes. No hay peor daño que hablar de una vida transformada por el poder de Dios, que descansa en la fe y se orienta hacia Él, mientras el testimonio personal es de una vinculación con el pecado. Si no estamos dispuestos a vivir la fe, mejor es que no hablemos de ella; si no estamos dispuestos a una identificación con Cristo, cueste lo que cueste, mejor será que no hablemos de Cristo.

La consecuencia de un compromiso con Dios a la manera que Pablo describe de los tesalonicenses, trae un resultado: *La fe de ellos se extendía*, de modo que cuando Pablo llegaba, ya se habían anticipado los de Tesalónica, en su celo por llevar la Palabra y por vivir ejemplarmente a Cristo en una sociedad corrompida. Es posible que el apóstol contase a los oyentes en lugares a los que quería alcanzar con el evangelio, el ejemplo de los tesalonicenses, pero cuando los mencionaba, los oyentes ya conocían el testimonio de ellos. De este modo el apóstol no tenía necesidad de decir nada sobre este asunto.

9. Porque ellos mismos cuentan de nosotros la manera en que nos recibisteis, y como os convertisteis de los ídolos a Dios, para servir al Dios vivo y verdadero.

αὐτοὶ γὰρ περὶ ἡμῶν ἀπαγγέλλουσιν ὁποίαν εἴσοδον
Porque ellos mismos acerca de vosotros refieren que clase de entrada
ἔσχομεν πρὸς ὑμᾶς, καὶ πῶς ἐπεστρέψατε πρὸς τὸν Θεὸν ἀπὸ
tuvimos a vosotros, y como os volvisteis a - Dios desde
τῶν εἰδώλων δουλεύειν Θεῷ ζῶντι καὶ ἀληθινῷ
los ídolos para servir a Dios viviente y verdadero.

Notas y análisis del texto griego.

Trasladando el testimonio sobre los tesalonicenses dice: αὐτοὶ, caso nominativo masculino plural del pronombre intensivo *ellos mismos*; γὰρ, conjunción causal *porque*; περὶ, preposición propia de genitivo *acerca de, de*; ἡμῶν, caso genitivo de la segunda persona plural del pronombre personal *vosotros*; ἀπαγγέλλουσιν, tercera persona plural del presente de indicativo del verbo ἀπαγγέλλω, *informar, referir, contar, hablar*, aquí *refieren*; ὁποίαν, caso acusativo femenino singular del adjetivo relativo *que clase, como*; εἴσοδον caso acusativo femenino singular del nombre común *venida, llegada, entrada*; ἔσχομεν, primera persona plural del aoristo segundo de indicativo en voz activa del verbo ἔχω, *tener necesidad, tener*, aquí *tuvimos*; πρὸς, preposición propia de acusativo *a*; ὑμᾶς, caso acusativo de la segunda persona plural del pronombre personal *vosotros*; καὶ, conjunción copulativa *y*; πῶς, partícula interrogativa adverbial, que realmente es un pronombre interrogativo *como, de que manera, por qué medio*; ἐπεστρέψατε, segunda persona plural del aoristo primero de indicativo en voz activa del verbo επιστρέφω, *volverse*, aquí *os volvisteis*; πρὸς, preposición propia de acusativo *a*; τὸν, caso acusativo masculino singular del artículo determinado *el*; Θεὸν, caso acusativo masculino singular del nombre divino *Dios*; ἀπὸ, preposición propia de genitivo *desde*; τῶν, caso genitivo neutro plural del artículo determinado *los*; εἰδώλων, caso genitivo neutro plural del nombre común *ídolos*; δουλεύειν, presente de infinitio en voz activa del verbo δουλεύω, *servir*, aquí *para servir*; Θεῷ, caso dativo masculino singular del nombre divino declinado *a Dios*, ζῶντι, caso dativo masculino singular del participio de presente del verbo ζάω, *vivir*, aquí *que vive, viviente vivo*; καὶ, conjunción copulativa *y*; ἀληθινῷ, caso dativo masculino singular del adjetivo *verdadero*.

αὐτοὶ γὰρ περὶ ἡμῶν ἀπαγγέλλουσιν ὁποίαν εἴσοδον ἔσχομεν πρὸς ὑμᾶς, Pablo sigue hablando en relación con el testimonio que dan de los creyentes en Tesalónica. ¿Quiénes son *ellos*? No puede ser otro el sujeto que los creyentes mencionados antes (v. 7), es decir todos los que estaban en Macedonia y Acaya. El primer aspecto del testimonio que todos los creyentes daban, tenía que ver con *la entrada* de Pablo y sus colaboradores en el principio de la predicación del evangelio. No se trata del modo en que fueron recibidos, sino de la condición y manifestación que rodeaba la llegada de ellos, la entrada a la evangelización durante el tiempo que estuvieron allí. Es una referencia directa al comportamiento que los que llevaban el evangelio tuvieron con ellos. Todos sabían como había sido la forma de vida de los predicadores (v. 5). Aquello incluía todo el tiempo en que predicaron en la sinagoga y fuera de ella, buscando servir a los tesalonicenses y anunciarles el evangelio sin buscar nada en beneficio personal. Será desarrollado esto en el siguiente capítulo.

καὶ πῶς ἐπεστρέψατε πρὸς τὸν Θεὸν ἀπὸ τῶν εἰδώλων El segundo aspecto del testimonio que todos daban tenía como objeto la vida de los tesalonicenses, especialmente la evidencia de la conversión de ellos. No era algo religioso o teórico, sino real. El cambio es claro, aquellos habían pasado de una esfera de vida a otra, de los ídolos a Dios, o si se prefiere mejor *desde los ídolos* a Dios, literalmente *a Dios desde los ídolos*. Las esferas de vida son incompatibles. Vivir en la esfera de los ídolos es seguir un camino de muerte, puesto que la vida sólo está en el camino de Dios que es Cristo. Todo cuanto tiene que ver con los ídolos tiene que ver con los demonios: *"Antes digo que lo que los gentiles sacrifican, a los demonios lo sacrifican y no a Dios; y no quiero que vosotros os hagáis partícipes de los demonios"* (1 Co. 10:20). De manera que la conversión produce un cambio en la forma de vida del que se ha convertido, consistente esencialmente en este contexto, en salir de la esfera de vida al servicio de los ídolos, para pasar a la de servicio a Dios. Antes seguían a los ídolos y por tanto a los demonios, ahora dejando ese camino de perdición, viven para Dios. Cuando hay una conversión real, Dios cambia los sentimientos, orientación, emociones y voluntad conduciéndola conforme a sus propósitos y de acuerdo con Su voluntad (Ez. 36:26, 27). Un convertido cambia de objetivo en su vida (Col. 3:1-3). El cambio era evidente, puesto que muchos tesalonicenses habían vivido durante toda su vida en las prácticas idolátricas y probablemente muchos de ellos habían heredado esta tradición de sus antepasados. Los relatos mitológicos de los ídolos a quienes tributaban culto les eran conocidos y consideraban sagrados. Pero, el resultado de la gracia de Dios, hizo que todos los creyentes abandonaran lo que era para ellos motivo de valor supremo para reorientar sus vidas hacia Dios.

δουλεύειν Θεῷ ζῶντι καὶ ἀληθινῷ. La iglesia en Tesalónica manifestaba su condición de comunión de creyentes en Cristo, en que *servían a Dios*. Pablo llama aquí a Dios, *"el Dios vivo y verdadero"*, o si se prefiere el *Dios viviente y verdadero*. Mientras que los ídolos son dioses muertos, el único Dios, vive y es fiel. El creyente vinculado a Cristo se convierte en siervo de la justicia. El apóstol lo enseñaría con mayor detalle al escribir su *Epístola a los Romanos*, donde dice a los lectores que *"libertados del pecado, vinisteis a ser siervos de la justicia"* (Ro. 6:18). El cambio producido es evidente, los que eran esclavos del pecado pasaron a ser siervos de la justicia. La palabra es la misma para referirse al servicio bajo el pecado o bajo la justicia, de modo que podría enfatizarse la expresión traduciendo: *"vinisteis a ser esclavos de la justicia"*. En la condición de esclavitud bajo el pecado, éste ejercía tiranía, la condición de esclavitud bajo la justicia, es la expresión suprema de libertad, al concordar con la vida libre de Dios que la orienta. La libertad equivale a la certeza de servir a Dios. No cabe duda que el cristiano no puede servir a dos señores (Mt. 6:24), especialmente por la incompatibilidad de ellos entre sí. De modo que liberado de la opresión del primero, ahora puede decirse al servicio del segundo que es también quien lo ha liberado. Antes de su conversión a Cristo el hombre es esclavo del pecado, ocupado en el servicio a la idolatría, no importa cual sea su expresión, en cualquier caso ninguna de su obras eran concordantes con la voluntad de Dios. Ahora por el nuevo nacimiento el servicio continúa como experiencia vital pero no es un servicio de esclavitud, sino un servicio para quienes gozan de absoluta y plena libertad. Son libres y, por tanto, pueden servir entregada y voluntariamente al único Dios, vivo y verdadero. Los ídolos, tras quienes se ocultan los demonios, ya no pueden ejercer su control tiránico y esclavizante en el creyente. Un cristiano se distingue de quien no lo es en que fue liberado del poder del pecado y puede vivir al servicio de la justicia, que no es sino vivir al servicio de Dios. El servicio forma parte esencial de la vida de quienes han sido salvos. Eso es lo que identificaba a los cristianos en Tesalónica, que habían dejado los ídolos para servir al Dios vivo y verdadero. Dicho de otro modo, por el mismo apóstol: *"Mas ahora que habéis sido libertados del pecado y hechos siervos de Dios"* (Ro. 6:22). En la conversión la vida nueva tiene una relación directa con la *redención*, de ahí que el apóstol pueda decir que quienes creen han sido definitivamente *"libertados del pecado"*. En la obra redentora el esclavo no sólo es cambiado de esfera de vida *de los ídolos a Dios*, sino que se le libera de la esclavitud del pecado para que sea verdaderamente libre. En el mundo del Dios vivo y verdadero la realidad es la verdadera libertad, en él la esclavitud del pecado concluye definitivamente para el salvo. En esta nueva vida en Cristo los salvos son hechos *"hechos siervos de Dios"*. Esta es la más alta posición a la que un hombre puede aspirar. El creyente al ser hecho *siervo* o, si se prefiere, *esclavo* de Dios, le debe ya lealtad y obediencia. Es también la consecuencia de la identificación con Cristo que fue siervo perfecto (Lc. 22:42b). La condición natural de un cristiano lo vincula necesariamente con el servicio a Dios. La rebeldía a servir al Creador ocasionó en la historia del hombre la entrada del pecado en el mundo. Ahora, recuperado el hombre para Dios, se establece nuevamente una relación de servicio a quien no solo le corresponde por creación, sino también por rescate. Pablo enseña que el creyente ha sido comprado por precio y, por tanto, ya no es de su *yo*, sino de aquel que lo compró. *"Porque habéis sido comprados por precio; glorificad, pues, a Dios en vuestro cuerpo y en vuestro espíritu, los cuales son de Dios"* (1 Co. 6:20). En ambos lugares el apóstol llama la atención al hecho de la redención. El creyente era esclavo del pecado, sujeto a esclavitud bajo Satanás (He. 2:14-15). El precio pagado para la liberación fue la sangre, esto es, la vida entregada del Hijo de Dios (Mt. 20:28; Ro. 3:24; Ef. 1:7; 1 P. 1:18-20). Dios tiene ahora derecho de posesión por compra del creyente. Pero, este admirable Dios da al que antes era esclavo la carta de libertad para que sea verdaderamente libre en Cristo (Gá. 5:1). Pablo ha dicho antes que el creyente es *siervo de la justicia*, por tanto en esa forma de vida *glorifica a Dios en el cuerpo y en el espíritu*, que son también de Dios. Un servicio real y positivo, el más glorioso, consiste en presentarse a Dios en sacrificio vivo, es decir, sin nada que pueda negársele, puesto que se le entrega la misma vida (Ro. 12:1).

10. Y esperar de los cielos a su Hijo, al cual resucitó de los muertos, a Jesús, quien nos libra de la ira venidera.

καὶ ἀναμένειν τὸν Υἱὸν αὐτοῦ ἐκ τῶν οὐρανῶν, ὃν ἤγειρεν
Y esperar al hijo de Él de los cielos; al que levantó
ἐκ [τῶν][1] νεκρῶν, Ἰησοῦν τὸν ῥυόμενον ἡμᾶς ἐκ[2] τῆς ὀργῆς
de los muertos, a Jesús el que libra nos de la ira
τῆς ἐρχομένης.
la que viene.

Notas y análisis del texto griego.

Cerrando el párrafo final del capítulo, escribe: καὶ, conjunción copulativa *y*; ἀναμένειν, presente de infinitivo en voz activa del verbo ἀναμένω, *esperar*; τὸν, caso acusativo masculino singular del artículo determinado declinado *al*; Υἱὸν, caso acusativo masculino singular del nombre *Hijo*; αὐτοῦ, caso genitivo masculino de la segunda persona singular del pronombre personal declinado *de él*; ἐκ, preposición propia de genitivo *de*; τῶν, caso genitivo masculino plural del artículo determinado *los*; οὐρανῶν, caso genitivo masculino plural del nombre común *cielos*; ὃν, caso acusativo masculino singular del pronombre relativo declinado *al cual, al que*; ἤγειρεν, tercera persona singular del aoristo primero de indicativo en voz activa del verbo ἐγείρω, *levantar, quitar, resucitar*, aquí *levantó*; ἐκ, preposición propia de genitivo *de*; [τῶν], caso genitivo masculino plural del artículo determinado *los*; νεκρῶν, caso genitivo masculino plural del adjetivo *muertos*; Ἰησοῦν, caso acusativo masculino singular del nombre propio declinado *a Jesús*; τὸν, caso acusativo masculino singular del artículo determinado *el*; ῥυόμενον, caso acusativo masculino del participio de presente en voz media del verbo ῥύομαι, *librar, salvar*, aquí *que libra*; ἡμᾶς, caso acusativo de la primera persona plural del pronombre personal declinado *a nosotros*; ἐκ, preposición propia de genitivo *de*; τῆς, caso genitivo femenino singular del artículo determinado *la*; ὀργῆς, caso genitivo femenino singular del nombre común *ira*; τῆς, caso genitivo femenino singular del artículo determinado *la*; ἐρχομένης, caso genitivo femenino singular del participio de presente en voz media del verbo ἔχομαι, *venir*, aquí *que viene*, en sentido de *venidera*.

Crítica Textual. Lecturas alternativas.

[1] τῶν, *los*, lectura atestiguada en ℵ. B. D. F. G. I. L. P. Ψ. 0278. 33. 81. 104. 365. 630. 1175. 1241. 1505. 1739. 1881. M.

Se omite en P. A. C. K. 323. 629. 945. 1881. 2464. Eusebio.

[2] ἐκ, *de* lectura atestiguada en A. B. P. 0278. 33. 81. 1505. 1739. 1881. 2464.

ἀπό, *de* según se lee en C. D. F. G. K. L. Ψ. 104. 365. 630. 1241. M. latt.

καὶ ἀναμένειν. El apóstol da la cuarta característica de una verdadera iglesia: *"esperar"*. La iglesia *evangeliza, testifica, sirve a Dios y espera a Cristo.* El verbo ἀναμένω, *esperar*, adquiere aquí la idea de *expectación*. Es una espera paciente, pero, a su vez constante. La iglesia estaba pasando por momentos difíciles, la persecución rodeaba la vida de los creyentes, el testimonio y la evangelización no eran fáciles; en estas circunstancias la esperanza tiende a decrecer, sin embargo, el apóstol hace notar que los creyentes en Tesalónica esperaban al Hijo de Dios que vendrá de los cielos. Como escribe el Dr.

Emilio Antonio Núñez: *"Ante la aparente demora del Señor existe el peligro de plegar las alas de nuestra esperanza y hundirnos en el desaliento"*[13]. Los tesalonicenses se mantenían firmes en la esperanza. Debe destacarse que lo que aguardaban no eran acontecimientos, o tal vez mejor *eventos futuros*, o señales que anuncien algo, sino que su esperanza tenía que ver con una Persona. Muchas veces los creyentes están esperando *señales* anunciadoras del regreso de Jesucristo. A la luz de la Biblia las señales que deben cumplirse antes del retorno de Jesús a la tierra, conforme a Su promesa y a lo que Dios ha establecido en Su programa de la historia, no tienen nada que ver con el suceso del traslado de la iglesia a Su presencia. Esto puede ocurrir en cualquier momento. Las señales son anticipo del regreso real de Jesucristo a la tierra, precederán, muchas de ellas al tiempo de aflicción llamado *tribulación*, pero el Señor no ha dado ninguna señal que deba producirse antes del encuentro con la Iglesia en el aire para llevarla a estar para siempre con Él. Lo que el cristiano debe esperar no son señales o acontecimientos, sino al Señor. El apóstol Pedro enseña claramente que lo que debemos esperar es la última manifestación de la gracia en el programa de salvación que tiene que ver con el regreso de Cristo para buscar a su Iglesia: *"...esperad por completo en la gracia que se os traerá cuando Jesucristo sea manifestado"* (1 P. 1:13). La esperanza centrada en el momento del encuentro del Señor con los suyos varía según la interpretación. Algunos entienden que vendrá antes de la tribulación, otros a mitad de ella, y hay quienes entienden que vendrá después de la tribulación. Sin embargo la base unitaria de la esperanza es que no descansa en tiempos, sazones, señales o cosas, sino en una Persona: *"Cristo es en vosotros, la esperanza de gloria"* (Col. 1:27). La promesa de Jesús es cierta: *"vendré otra vez, y os tomaré a mí mismo"* (Jn. 14:3), por tanto, lo que los creyentes debemos esperar es la aparición del Señor.

τὸν Υἱὸν αὐτοῦ. Pablo da aquí un título divino a quien es la esperanza del cristiano, al decir que esperamos al Hijo de Él. El sujeto de la oración está en el versículo anterior, el *Dios vivo y verdadero*, por tanto se trata del *Hijo de Dios*. Éste a quien el creyente espera, es el Hijo Unigénito y eterno del Padre. La existencia que eternamente tiene es, como hijo de Dios, la *forma de Dios*, que siendo Hijo es también la segunda Persona Divina, teniendo por ello la naturaleza divina. La primera observación que merece el título *Hijo de Dios*, es la eterna filiación del que se espera, Jesucristo. La declaración de fe, al principio de la *Epístola*, enuncia que Jesucristo es el Hijo de Dios. Esa condición

---

[13] Emilio Antonio Núñez. *Constantes en la esperanza*. SETECA, 1976.

que le corresponde en la relación intratrinitaria, lo sitúa por encima de todo, entronizado en los cielos, superior a todo cuanto existe. Como Hijo es también el heredero de todo lo creado, a causa de que todo fue hecho en Él, por Él y para Él. Siendo Hijo es superior e incomparable a hombres, profetas y ángeles porque a diferencia de todos ellos es *"el resplandor de su gloria, y la imagen misma de su sustancia"* (He. 1:3). El Hijo, resucitado de entre los muertos luego de su obra de salvación ha recibido el nombre superior a todos de Primogénito, Hijo, Señor (He. 1:5-10). El título afirma y enseña la condición eterna y divina de Jesús como Hijo, imagen misma de la sustancia de Dios, al tiempo que la naturaleza humana le vincula con el hombre creyente constituyéndolo en esperanza personal. Por la entrega sacrificial de Sí mismo en Su cuerpo de carne, llevó a cabo una vez para siempre en amor de Hijo y solidaridad de hermano, nuestra santificación, apartados para Dios y se convierte en lo que esperamos de forma inminente. La altamente distinguible de la afirmación paulina es que la fe de la Iglesia en un tiempo tan próximo a su fundación en Pentecostés, declara una relación entre la Primera y Segunda Personas de la trinidad, de *Padre a Hijo*. La *procedencia* de la Segunda tiene su razón de ser en la Primera. No significa esto que el Hijo haya tenido *principio* o haya sido *originado* cuando anteriormente no existía, sin embargo, debe entenderse que es la Primera Persona la que es procedencia de vida a las otras dos, mientas que el Padre no *procede* de ninguna otra. Esa es la razón por la que se puede decir que el Padre *envía* al Hijo (Jn. 3:16; Gá. 4:4), y también al Espíritu (Hch. 2:33). El envío *ad extra* es la manifestación temporalizada de la procesión *ad intra*. La primera Persona, Dios el Padre, *envía* en un desprenderse de y en un entregar a, a su Hijo. La primera Persona Divina, es en toda Su extensión y plenitud, como Persona, eternamente Padre. Esa es la base personalizadora o *constitutiva* de su individualidad en el Ser Divino, es que en el eterno presente de ese infinito, eterno y único Ser Divino, sin cambio, sin sucesión, sin principio y sin fin, que determina conceptualmente la eternidad, *engendra* un Hijo que es Persona Divina, sin principio, ya que el sentido de *engendrar* aquí nada tiene que ver con *originar*, sino con comunicación eterna de vida, comunicándole en el eterno *engendrar* de la segunda Persona, todo lo que el Padre tiene y es (Jn. 16:15), salvo lo que la distingue en virtud de la procedencia, como Hijo, distinto del Padre. De otro modo, el Hijo es tanto Dios, como Hijo, que es lo que lo diferencia como Persona de las otras dos en el Ser Divino. En virtud de la generación divina, todo cuanto el Padre es, lo comparte con el Hijo, de ahí que el Hijo encarnado pueda decir *"yo y el Padre uno somos"* (Jn. 10:30). La segunda Persona es únicamente *Hijo*, como la primera es únicamente *Padre*. En Jesucristo, que es el Hijo, agota el

Padre su función generadora, por cuanto el Hijo es eterno e infinito como lo es el Padre. De ahí que la relación *Padre-Hijo* se consuma y extingue definitivamente. Quiere decir que el Padre no puede serlo de otro Hijo, ya que es necesariamente *Unigénito* (Jn. 1:14, 18; 3:16, 18; 1 Jn. 4:9), porque cualquier otro no sería el resultado *exhaustivo* de la generación del Padre, que impediría que fuese *infinito,* y ninguno otro en esa relación sería Dios. Esta relación no da a la Persona del Padre, ninguna relación de superioridad sobre el Hijo en el plano de la Deidad, ya que el Padre establece en esa relación su Ser personal, de igual modo que el Hijo en cuanto a Ser personal, lo debe al hecho de proceder del Padre. No existe dependencia, inferioridad ni subordinación en el Seno Trinitario, pero sí *interdependencia*, ya que la interrelación de vida y la procedencia personal impide la existencia de independiente de las Personas Divinas, a pesar de la *individualidad* absolutamente distinta de cada una de ellas. En la relación Paterno-filial de la Deidad, la comunicación de vida de la primera a la segunda, del Padre al Hijo, cuyos títulos son radicalmente personales y distintivos, además de distintos, hace que las dos Personas Divinas se distingan por ser respectivamente principio y término de una relación personal subsistente. Por tanto, *"como el Padre tiene vida en sí mismo, así también ha dado al Hijo el tener vida en sí mismo"* (Jn. 5:26). No dice el texto griego que el Padre *da vida* al Hijo, sino que le ha dado *tener vida* en sí mismo, con lo que se afirma la Deidad del Hijo lo mismo que la del Padre.

El título *Hijo de Dios*, o *Hijo* siempre relacionado con Dios el Padre, es usado por apóstol Pablo para determinar aspectos puntuales de la doctrina de la Deidad de Cristo. Así enseña que el Hijo de Dios ha sido declarado como tal a partir de la resurrección. Ese es el Hijo de Dios, predicado en el evangelio (2 Co. 1:19), que es también el objeto de la fe para salvación, que comprende asimismo la santificación (Gá. 2:20). Por tanto, el evangelio de Dios se refiere a su Hijo, por cuyo *envío* para realizar la obra de salvación, los hombres pecadores y perdidos, somos reconciliados con Dios. Este admirable y sorpresivo Dios, no retuvo a su Hijo, es más *no lo rehusó*, lo que implica una entrega en beneficio de otros. Sorprendentemente envía entregándolo, a quien es objeto eterno del amor del Padre (Ro. 8:32). El evangelio, específicamente el que es según Juan, tiene como propósito que el pecador crea que Jesús el es Hijo de Dios, de modo que creyendo en Él reciba la vida eterna (Jn. 20:31). Se espera que quien permanece en Dios y Dios en él, confiese que Jesús es el Hijo de Dios (1 Jn. 4:15). Hijo de Dios es expresión directa, contundente y específica de que el enviado es Dios, en unidad con el Padre y el Espíritu Santo.

Concluyentemente si el que se espera es el Hijo, es una Persona preexistente. Es decir, su manifestación como hombre en el mundo de los hombres, es la consecuencia de la asunción en su Persona, de una naturaleza humana, en la que encuentra subsistencia hipostática, pero que no es origen sino expresión visible de una realidad preexistente.

ἐκ τῶν οὐρανῶν. Este Hijo de Dios viene de *los cielos*. Después de Su muerte y resurrección ascendió a los cielos. Es interesante el uso del plural, lo que indica, en expresión semita que había ascendido sobre todos los cielos, esto es, se sentó a la diestra de la Majestad en las alturas. Junto con la resurrección de Jesús de entre los muertos está también la sesión a la diestra de Dios. Pablo utiliza aquí una terminología propia de la profecía mesiánica: *"Jehová dijo a mi Señor: Siéntate a mi diestra"* (Sal. 110:1). En el Nuevo Testamento se hace referencia al hecho en varios lugares. El escritor de la Epístola a los Hebreos hace referencia al hecho de la exaltación de Jesucristo desde el momento de iniciarla, diciendo que después de la redención, *"se sentó a la diestra de la Majestad en las alturas"* (He. 1:3). El que descendió del cielo a la tierra en un encuentro de amor y se hace Dios en encuentro con la criatura, retorna nuevamente al lugar de honor que le corresponde en la gloriosa Majestad del Trono de Dios. Es interesante apreciar dos expresiones en el versículo que corresponden a la forma propia de un hebreo que escribe a hebreos. La primera es *"la diestra de la Majestad"*. La derecha es figura del lugar de honor y de poder (1 R. 2:19; Sal. 45:9), el término *Majestad*, designa la gloria personal y propia de Dios, literalmente la *grandeza*, referido a Dios mismo. La resurrección del Salvador, su ascensión a los cielos y la sesión a la diestra de Dios, completan la exaltación hasta lo sumo (Fil. 2:9-11) del que primeramente había descendido hasta las partes más bajas de la tierra (Ef. 4:9). Esa posición que ocupa el Hijo de Dios exaltado, da cumplimiento a la profecía del Salmo: *"Jehová dijo a mi Señor: Siéntate a mi diestra, hasta que ponga a tus enemigos por estrado de tus pies"* (Sal. 110:1). Cristo mismo había afirmado esto delante del Sanedrín (Lc. 22:69). Dios lo encumbró al lugar desde donde puede ejercer la suprema autoridad en cielos y tierra (Fil. 2:10). Toda la autoridad le ha sido dada al Hijo resucitado tanto en su condición celestial como Dios, como en su condición de hombre glorificado, teniendo en cuenta que tanto su Deidad como su humanidad forman dos hipóstasis en la única persona de Dios el Hijo (Mt. 28:15-20; Mr. 16:15-20; Ef. 1:19-23). Jesucristo ascendió por encima de los cielos para llenarlo todo (Ef. 4:10). La sesión a la diestra del Padre, conlleva y expresa la igualdad del Hijo y del Padre en el seno de la Deidad y, por tanto, la misma igualdad en cuanto a la adoración y honra que se debe a

Dios. Esto mismo lo enseñó Jesús cuando dijo: *"Porque el Padre a nadie juzga, sino que todo el juicio dio al Hijo, para que todos honren al Hijo como honran al Padre. El que no honra al Hijo, no honra al Padre que le envió"* (Jn. 5:22-23). Este sentarse a la diestra del Padre, no significa una novedad en la experiencia de Jesús, sino el retorno del Hijo a la condición suprema que eternamente tuvo y que como Dios le corresponde poseer. El Hijo no alcanza una nueva condición, sino que recupera la que siempre tuvo, de ahí que en la oración el Señor diga al Padre: *"Ahora pues, Padre, glorifícame tú al lado tuyo, con aquella gloria que tuve contigo antes que el mundo fuese"* (Jn. 17:5). No se trata de un hombre a quien Dios otorga el privilegio de sentarse en su trono, sino de Dios-hombre que, después de la expresión kenótica absoluta, dejado el estado de humillación, retorna al estado de glorificación que eternamente tuvo como Dios y que conlleva también la glorificación y entronización a la diestra de Dios de su naturaleza humana, propia, desde la concepción, de la Persona Divina de Dios el Hijo. Como decía Cirilo de Jerusalén antes del año 386, *"el Hijo que está sentado antes de los tiempos a la derecha del Padre, y la co-sesión no la ha obtenido en el tiempo, como exaltación después de su pasión, sino que la posee eternamente"*[14]. En esa posición a la diestra del Padre le confiere el derecho del poder judicial supremo que solo es potestativo y privativo de Dios mismo. Ese sentarse corporalmente confiere a Jesús el derecho de ser la cabeza de la Iglesia, en principio de comunicación de vida, además de señorío, ya que los creyentes somos resucitados con Él y también con Él sentados en los lugares celestiales (Ef. 2:6). Teniendo en cuenta la división de los cielos conforme a la teología de los hebreos, donde había *el primer cielo*, el atmosférico, *el segundo cielo*, es el estelar o el cielo de la expansión (Gn. 1:14), y *el tercer cielo*, el empíreo o morada de Dios, llamado también *"el cielo de los cielos"* (1 R. 8:27-30), Jesús ascendió, para sentarse a la diestra de la Majestad, siguiendo el pensamiento hebreo, al *tercer cielo*, es decir, al lugar donde se manifiesta el trono de Dios. Aquel que se humilló hasta lo más bajo, ascendió a lo más alto recibiendo el honor supremo que le corresponde como Emmanuel, Dios-hombre y desde donde ejerce las funciones de abogacía e intercesión a favor de los salvos. Es necesario recordar también que la expresión *"sentado a la diestra de Dios"*, es un antropomorfismo, por dos razones obvias: primero porque Dios es Espíritu infinito (1 R. 22:19; Sal. 139:7-12; Jn. 4:24), por tanto, no tiene *mano derecha*, como no tiene ninguna otra parte de un cuerpo material; en segundo lugar por la expresión *sentado*, es un simbolismo de obra realizada, y de posesión de poder y autoridad supremas (He. 10:12).

---

[14] Cat. 4:7; 11, 17; 14, 27.

Entronizado en los cielos, es el lugar de honor supremo y de suprema autoridad que le es confirmado después de la obra sacrificial de la Cruz y de la resurrección de entre los muertos. En ese proceso tiene el *"nombre que es sobre todo nombre, para que en el nombre de Jesús se doble toda rodilla de los que están en los cielos, y en la tierra, y debajo de la tierra; y toda lengua confiese que Jesucristo es el Señor, para gloria de Dios Padre"* (Fil. 2:9-11). El nombre de autoridad suprema le fue dado, concedido, como el nombre vinculado a la obra de gracia en salvación. Es un nombre supremo que necesariamente ha de relacionarse con la deidad de Jesucristo. Este es, por tanto, el nombre humano del Verbo de Dios encarnado, dado por Dios mismo. Jesús fue el nombre dado por Dios para su Hijo aun antes de ser concebido que, como hombre, nacería en Belén (Mt. 1:21; Lc. 1:31). Jesús significa *Yahwe salva*, es, por tanto, un nombre divino, ya que la salvación es de Jehová (Sal. 3:8; Jon. 2:9). De Jesús se dice que *"Él salvará a su pueblo de sus pecados"* (Mt. 1:21). Con todo, el hombre Jesús fue considerado como alguien sin atractivo, esto es un hombre sin importancia ni estimable (Is. 53:2). Cuando Jesús declaró su deidad fue amenazado de muerte por los hombres (Jn. 10:33). Fue el nombre de burla en la crucifixión (Mt. 27:37, 39). Sin embargo, Jesús es Dios bendito (Jn. 1:1; Ro. 9:5). En el lugar que ocupa en el trono de Dios, su autoridad divina hace que ante Él se doble toda rodilla. Quienes se inclinaron en burla ante Jesús de Nazaret crucificado, habrán de hacerlo ante el mismo Jesús glorificado, reconociéndole como Dios. Es algo profetizado ya en el Antiguo Testamento (Is. 45:23, 24). Jesús no es un hombre elevado o un Dios rebajado, sino el infinito y eterno Dios hecho hombre (Jn. 1:14). La autoridad de ese nombre hará que todos confiesen que Él es Señor, para gloria del Padre.

ὃν ἤγειρεν ἐκ [τῶν] νεκρῶν. Si ascendió a los cielos, no cabe duda que tuvo que haber sido resucitado de los muertos. El Padre es el Dios Todopoderoso, el Omnipotente, como lo pone de manifiesto por la operación de su poder que resucitó a Jesús de entre los muertos. La resurrección es un acontecimiento escatológico que transciende al tiempo. Muerte y resurrección no son dos actos sucesivos, sino un acto doble que afecta al sujeto de ambas cosas que es Jesús, pero, al mismo tiempo se distinguen dos sujetos relacionados íntimamente con ambos momentos: El sujeto de la muerte es Jesús, el de la resurrección es Dios. El Resucitado, corporalmente es integrado y confirmado en sus elementos constitutivos temporales en la misma vida divina proclamando su humanidad como *Señor*, por cuanto el hombre Jesús está vinculado inseparablemente y forma hipóstasis en la deidad de la Segunda Persona Divina. Jesús es constituido Señor porque desde la resurrección y glorificación, su humanidad está presente en la Iglesia, en la creación y en el trono de Dios. Jesús, en el plano de su humanidad glorificada, perpetuamente subsistente en su Persona Divina, viene a ser *vivificador* de todos los que creen en Él, por acceso de Jesús a la vida de Dios. Jesús que antes estaba muerto es ahora el *Viviente* (Ro. 4:17; 1 Co. 15:22-45; 1 P. 3:18). Es interesante notar que en la verdad de la resurrección y exaltación de Cristo, el Nuevo Testamento no utiliza el término βίος, que expresan una vida visible, ya que no se trata de *recuperar* la vida física de entre los muertos, sino de entrar de lleno a la razón y forma del vivir divino. No cabe duda que para ello era necesario que se interrumpiese el estado de muerte física en que Jesús estaba, por voluntad propia, pero no se trata de repetir la vida biológica interrumpida por la muerte física, sino en transmutarla cualitativamente, esto es, pasarla a una experiencia diferente de participación en la gloriosa vida de Dios. De otra manera, no se trata, de dotarlo de una nueva vida, sino de convertirlo en una nueva cosa, como novedad personal que va mucho más allá de una perpetuación de la vida temporal resucitada. La energía divina que produjo la resurrección de la humanidad de Jesús, es la misma que actúa en cada creyente. La verdad bíblica de la resurrección de Jesucristo por el poder de Dios es una verdad fundamental que se reitera en varios lugares del Nuevo Testamento (Hch. 3:15; 4:10; 5:30; 10:40; 13:37; Ro. 4:24; 8:11; 10:9; 1 Co. 6:14; 15:15; 2 Co. 4:14; Gá. 1:1; Col. 2:12;1 Ts. 1:10; 1 P. 1:21).

Ἰησοῦν τὸν ῥυόμενον ἡμᾶς ἐκ τῆς ὀργῆς τῆς ἐρχομένης. Finalmente, el apóstol se refiere a una acción del glorioso Señor resucitado. Él *"nos libra de la ira venidera"*. Si antes utilizó el título de *Hijo de Dios*, ahora usa el nombre *Jesús*, que se dio por instrucción divina al niño que nació en Belén, y que es el que corresponde a quien es el Salvador. Ese nombre es la expresión griega del hebreo *Y^ehôsua, Josué*, que puede traducirse por *Dios es salvación*, que ya fue considerado antes. La misión que tendría el *niño* que iba a nacer es la encomendada por Dios y determinada en su propósito soberano de salvación desde antes de la creación del mundo (2 Ti. 1:9). El tiempo de la ejecución del programa de salvación había llegado y el Salvador era introducido en el mundo para llevar a cabo la misión que como Dios había asumido en la eternidad (1 P. 1:18-20). La razón del nombre que debía imponer al naciente estaba relacionado con la misión salvífica que, como Dios hecho hombre, iba a cumplir. La obra de salvación, aunque de valor y alcance universal (Jn. 3:16), tendría también un destinatario específico plenamente vinculado a la condición mesiánica de Jesús. El venía para *"porque Él salvará a su pueblo"*, lo que suponía una relación específica con Israel. La acción salvífica tiene que ver con la solución divina al pecado humano, Jesús salvaría a *su pueblo*, como literalmente se lee, *de los pecados de ellos*. Sin embargo, el Salvador no lo sería sólo de ellos, sino de todo el mundo. El alcance de *su pueblo* incluye a todos los salvos. Éstos y sólo éstos, son el pueblo de Dios (1 P. 2:9), sus hijos (Jn. 1:12), miembros de su casa y familia (Ef. 2:19) y herederos de todo en Cristo (Ro. 8:17). Aunque la salvación es provista para todos, sólo los que aceptan la obra divina y creen en el enviado por Dios, son salvos (Jn. 17:3).

Este Salvador *"nos libra de la ira venidera"*. ¿A qué manifestación de la ira de Dios se está refiriendo? Algunos exégetas se centran en la ira divina que vendrá un día, al final de los tiempos, sobre los pecadores que no han creído y que serán arrojados al lago de fuego (Ap. 20:15). El Salvador por Su obra redentora y sustitutoria salva al creyente de esa ira venidera consecuente con la culpa del pecado. En el momento de la salvación ya no hay ira para los que están en Cristo, de otro modo, *"no hay condenación para los que estamos en Cristo Jesús"* (Ro. 8:1). A causa de la vida en el pecado, el creyente vivía haciendo la voluntad de la carne y por consiguiente era hijo de ira como todos (Ef. 2:2-3). Ahora bien, la obra de Cristo libra a la Iglesia de una ira determinada sobre el mundo a la que Pablo se refiere en este texto. El apóstol Juan se refiere a lo mismo cuando escribe a la iglesia en Filadelfia: *"Por cuanto has guardado la palabra de mi paciencia, yo también te guardaré de la hora de la prueba que ha de venir sobre el mundo entero, para probar a los que moran sobre la tierra"* (Ap. 3:10). El Señor promete que los creyentes serían guardados de un tiempo de prueba que vendrá sobre el mundo entero. Sus palabras son concretas y claras: *"Te guardaré"*. El verbo en futuro indica una acción que se realizará más adelante, pero siempre, en el tiempo histórico de la iglesia. En esa acción de Cristo, quien guarda es Él, y quienes son guardados son los creyentes. La acción tiene que ver con un *salir*, de un período histórico llamado aquí *"la ira venidera"* es decir, el Señor promete *sacar* a los suyos de ese tiempo. La preposición griega ἐκ, que Pablo utiliza aquí indica un *salir de*, y, por tanto, expresa la idea de sacar a los creyentes fuera del tiempo de la ira. Será, por tanto, necesario entender el significado de la expresión, *"ira venidera"*. El contexto exige entender que es un tiempo especialmente duro que Dios envía sobre todo el mundo y que corresponde a los acontecimientos propios del *"día de Dios"*, el *"día de Yahwe"*, tantas veces mencionado en el Antiguo Testamento. Según lo que se desprende del estudio del *"día de Yahwe"* en el Antiguo Testamento, se aprecia que ese tiempo tendrá una serie de características que expresan angustia por la acción judicial de Dios, de modo que será: a) un tiempo de angustia (cf. Jer. 30:7; Dn. 12:1; Sof.

1:14-15); b) un tiempo en que la ira de Dios a causa del pecado descenderá sobre los moradores de la tierra (Sof. 1:15, 18); complementado también por la revelación del Nuevo Testamento (1 Ts. 1:10; 5:9; Ap. 6:16-17; 11:18; 14:10, 19; 15:1, 7; 16:1, 9); c) será también un tiempo de juicio e indignación divinos, ya que Dios intervendrá judicialmente para castigar a los hombres en justicia por sus maldades, pero orientado a que reconozcan donde están y retornen a Dios (Is. 26:20-21; 34:1-3), complementado especialmente en el desarrollo del Apocalipsis (Ap. 14:7; 15:4; 16:5, 7; 19:2); d) según las palabras del Señor a la iglesia en Filadelfia, será un tiempo de prueba; e) *"la hora de la prueba"*, será un período de angustia a causa de los juicios de Dios (Jer. 30:7; Dn. 12:1; Sof. 1:14-15); f) la Revelación enseña que también será un tiempo de destrucción (Jl. 1:15; 1 Ts. 5:3); g) dada la intensidad de la acción de Dios, se dice que esa época en la historia humana será de tinieblas y desolación (Dn. 9:27; Jl. 2:2; Am. 5:18; Sof. 1:14-18); h) por tanto será también un tiempo de trastorno y castigo (Is. 24:1-4, 19-21). Será una acción divina que hace descender sobre el mundo la ira de Dios sobre los rebeldes y transgresores (Is. 24:1; 26:21; Jl. 1:5; Sof. 1:18; Ap. 6:16-17; 11:18; 14:7, 10, 19; 15:4, 7; 16:1, 7, 19; 19:1, 2). El Señor advierte del alcance o de la extensión de la prueba: *"que ha de venir sobre el mundo entero"*. La expresión *mundo*, es literalmente *tierra habitada*, entendiéndolo como la humanidad que vive en la tierra, las gentes que moran en la tierra durante el tiempo en que se produzca la intervención divina. El sustantivo *mundo, tierra habitada*, tiene carácter de universalidad en las quince veces que aparece en el Nuevo Testamento (Mt. 24:14; Lc. 2:1; 4:5; 21:26; Hch. 11:28; 17:6, 31; 19:27; 24:5; Ro. 10:18; He. 1:6; 2:5; Ap. 3:10; 12:9; 16:14). Ese tiempo es futuro, el apóstol le llama *ira venidera*, es decir que *"está a punto de venir"* o también *"está preparado para venir"*. El Día del Señor se presenta en toda la profecía con carácter inminente para estimular a la vigilancia del creyente sobre su modo de vida. Quiere decir el Señor que Dios intervendrá en el futuro sobre el mundo y los hombres que vivan en él. La acción judicial de Dios se descargará sobre los impíos pero no sobre los creyentes de la iglesia. Es necesario apreciar ya esta distinción en el mismo pasaje antes de recurrir a otros que lo confirman. La ira de Dios se descargará sobre los *terrenales*, los que son de este mundo, mientras que no alcanzará a los que son *celestiales*, por condición y ciudadanía (Fil. 3:20). Esta idea y expresión aparece varias veces en el Apocalipsis y siempre con este mismo alcance (cf. 6:10; 8:13; 11:10; 12:12; 14:6). El Señor afirma en promesa que la iglesia, representada aquí por la de Filadelfia pero en extensión general a toda ella, será protegida por Él mismo. Aquí las diferencias interpretativas son evidentes. Para algunos la iglesia estará en ese tiempo de tribulación y recibirá una protección especial de Dios en ese tiempo, de este modo escribe Ladd:

"Aquí hay una clara referencia escatológica a los 'ayes mesiánicos' que han de preceder al regreso del Señor. Juan vio las tribulaciones que la iglesia sufrirá en el futuro cercano ante este fondo de consumación del mal y el tiempo de terrible tribulación al fin. Este período aparece otras veces en la Biblia en Daniel 12:2; Marcos 13:14 y paralelos; 2 Tesalonicenses 2:1-12. Este tiempo de gran tribulación (Mt. 24:21) envolverá dos aspectos: la persecución de la iglesia por el Anticristo (Ap. 13:7, 8) y el derramamiento de juicios divinos sobre una civilización rebelde y apóstata. El peligro de martirio no es algo que la iglesia debe temer. Jesús dijo que cuando sus discípulos sean odiados y llevados a la muerte, 'ni un cabello de vuestra cabeza perecerá' (Lc. 21:18). La muerte física, aun el martirio, no tiene significado eterno; ciertamente, en el tiempo del Anticristo, el martirio de los santos probará su salvación. En el mismo acto del martirio, ellos conquistarán a la bestia (Ap. 15:2)"[15].

En este sentido, quienes interpretan de este modo, entienden que lo que el Señor promete es *proteger* a través del tiempo de ira o mientras dure el mismo. Es bastante complejo entender como los creyentes estarán presentes en un tiempo en que la ira de Dios descenderá sobre todos los pecadores no arrepentidos en la tierra.

Otros entienden que la Iglesia estará presente hasta la mitad del tiempo de la tribulación. Hasta que el Señor tome directamente una acción judicial sobre el mundo, derramando Él mismo su ira sobre toda la tierra. Esta interpretación exige que se produzca una remoción de la Iglesia en ese tiempo que pase a la presencia del Señor saliendo del mundo. El texto enseña que la iglesia no será librada en medio de la prueba, sino de la misma hora de ella, es decir, no estará durante la prueba que Dios enviará sobre el mundo.

Debe llegarse a la conclusión que mejor se ajuste a la enseñanza general de la Palabra. Jesús pidió al Padre que los creyentes fuesen librados por Su poder, no de la prueba, sino del maligno (Jn. 17:15). De la misma manera advirtió a los cristianos que durante el tiempo de la presencia de la Iglesia en el mundo, sufriría tribulación, aflicciones, persecuciones, etc. (Jn. 16:33). Nunca la Iglesia estuvo ausente de la tribulación, pero ésta siempre se lleva a cabo en el tiempo presente de la

---

[15] G. Eldon Ladd. *Apocalipsis*, pág. 56.

historia de la Iglesia, es decir, en cualquier tiempo en que la Iglesia esté en el mundo. Sin embargo, el apóstol Pablo hace una afirmación precisa a los tesalonicenses: *"Y esperar de los cielos a su Hijo, al cual resucitó de los muertos, a Jesús, quien nos libra de la ira venidera"*. La venida del Hijo de Dios, nuestro Señor y Salvador Jesús, para trasladar la Iglesia a Su presencia traerá como consecuencia la *liberación* de la ira venidera. El mismo apóstol define su pensamiento cuando más adelante, en la misma carta, dice: *"Porque no nos ha puesto Dios para ira, sino para alcanzar salvación por medio de nuestro Señor Jesucristo"* (5:9). El creyente está llamado a esperar a Jesucristo que viene de los cielos (Jn. 14:1-4) y esa venida del Señor para recoger a los suyos traerá liberación de la ira venidera. Cristo ha librado al creyente de la ira eterna de Dios, al extinguir para Él toda responsabilidad penal por el pecado, en el momento de la salvación (Ro. 8:1; Ef. 2:4, 5). En su venida a recoger a la Iglesia, la librará de una ira específica, temporal, determinada, sujeta a un tiempo concreto que está determinado sobre el mundo entero (Mt. 24:30; Ap. 19:11-15). Por tanto la liberación consistirá en el traslado de la Iglesia antes del período de la tribulación. El cristiano no está puesto en el mundo para la ira de Dios, sino que será removido del mundo en que se producirá el impacto de la ira divina, antes de que esta llegue (4:17). La salvación en el texto de Pablo (5:9) no se refiere al perdón de pecados y recepción de vida eterna que ya posee desde la conversión (Ef. 2:8), sino a la salvación final y futura, la redención y glorificación del cuerpo. Pablo alienta desde el principio de la *Epístola* a los tesalonicenses en el gozo de saber que en la gran ira que vendrá sobre el mundo entero, no estarán presentes, sino que serán preservados de ella por una *salida* fuera del mundo en que tendrá lugar.

Una simple reflexión seleccionando una aplicación personal de lo que ha sido el tema general del capítulo. La Iglesia, conforme al pensamiento de Pablo en el pasaje tiene cuatro características: Es un cuerpo de creyentes que vive esperando a Cristo. La inminente aparición del Señor para cumplir Sus promesas y llevarnos para estar para siempre con Él, debe despertar no solo en profundo aliento, sino también una concreta forma de vida, expresada en un compromiso de santidad a causa de que el encuentro con el Señor puede producirse en cualquier momento. Además los creyentes que esperan a Jesús, viven una relación personal con el Señor, en la que no sólo hablan de Él, sino que viven Su propia vida en ellos (Gá. 2:20). La iglesia no puede dejar a un lado el compromiso con la evangelización, llevando el mensaje a todos los lugares que le sea posible alcanzar (v. 8). Además la iglesia que está en esta dimensión espiritual desarrolla su actividad en servicio a Dios (v. 9). No se puede hablar de salvación sin hablar de servicio.

En este estilo de vida, el poder de Dios se manifiesta, de modo que el compromiso, el amor, el testimonio y la esperanza sea el resultado de esa operación divina. Debe tenerse en cuenta que *"Dios es el que en vosotros produce así el querer como el hacer, por su buena voluntad"* (Fil. 2:13).

CAPÍTULO II

EJEMPLO DE SERVICIO.

Introducción.

De la acción de gracias por la iglesia en donde se manifestaba la obra de Dios en salvación y donde se ponía de manifiesto el compromiso de los creyentes en testimonio personal, en esperanza y en servicio, el apóstol pasa en una transición sin brusquedad a tratar de aspectos generales de su testimonio y del de quienes le acompañaban en el ministerio.

La razón principal para el recordatorio de sus actividades y comportamiento durante el tiempo de evangelización y consolidación de la iglesia en Tesalónica, obedece principalmente a las campañas de desprestigio que los enemigos del apóstol levantaban contra él. De forma especial los conocidos como *judaizantes*, que procedían de Jerusalén y se introducían en las iglesias fundadas por el apóstol para exigir a los cristianos una especie de conversión al judaísmo, esto es, que debían circuncidarse y guardar la ley. Estos enemigos del evangelio, cuestionaban directamente el apostolado de Pablo. Llegaban a las iglesias y se presentaban como personas autorizadas por los Doce para luchar y hacer recaer sobre el apóstol y sus colaboradores sospechas de errores doctrinales y, sobre todo, generar la duda sobre las intenciones que tenía para la fundación de iglesias en el mundo gentil que, según ellos, no era otra que la de beneficiarse de los creyentes para vivir a su costa, enseñorearse de las congregaciones y conseguir lucrarse de ellos.

Por donde el apóstol iba, era seguido por estos que levantaban alborotos y movilizaban las masas contra él, con el propósito de eliminarlo y con ello impedir la firmeza de la predicación del evangelio de la gracia y de la libertad en Cristo. De esta manera debieron haber llegado también a Tesalónica, lo que traería consecuencias semejantes a lo ocurrido en otros lugares. Las acciones de los judaizantes eran especialmente desestabilizadoras de las iglesias. Una de ellas tenía como propósito desprestigiar a Pablo, haciendo dudar a los creyentes sobre su autoridad apostólica y despertar sospechas sobre las intenciones que tenía al predicar el evangelio. La segunda, mediante el miedo religioso, mintiendo sobre quienes les enviaban, daban a los cristianos la impresión de que la verdadera autoridad la tenían los Doce que estaban en Jerusalén y que eran auténticos apóstoles, mientras que nadie sabía de donde procedía la autoridad de Pablo.

El descrédito que generaban contra el apóstol y sus colaboradores hace que tenga que salir al paso de esas acusaciones, de ahí la causa del extenso párrafo sobre comportamiento y relaciones de Pablo con la iglesia.

El bosquejo para el estudio del pasaje es el que se presentó en la introducción, como sigue:

II. La conducta del apóstol (2:1-3:13).

1. La honestidad del apóstol (2:1-4).
2. El trabajo del apóstol (2:5-9).
3. El ejemplo del apóstol (2:10-12).
4. La preocupación del apóstol (2:13-3:13).
    4.1. Preocupación por los conflictos de los creyentes (2:13-20).

II. La conducta del apóstol (2:1-3:13).

La honestidad del apóstol (2:1-4).

1. Porque vosotros mismos sabéis, hermanos, que nuestra visita a vosotros no resultó vana.

Αὐτοὶ γὰρ	οἴδατε,	ἀδελφοί,	τὴν	εἴσοδον	ἡμῶν	τὴν
Porque vosotros mismos	sabéis,	hermanos,	la	entrada	de nosotros	-

πρὸς	ὑμᾶς	ὅτι	οὐ	κενὴ	γέγονεν,
a	vosotros	que	no	vana	ha sido.

Notas y análisis del texto griego.

Iniciando un nuevo párrafo, escribe: Αὐτοὶ, caso nominativo masculino plural del pronombre personal intensivo *vosotros mismos*; γὰρ, conjunción causal *porque*; οἴδατε, segunda persona plural del perfecto de indicativo en voz activa del verbo οἶδα, *saber, conocer, entender*, aquí *sabéis*; ἀδελφοί, caso vocativo masculino plural del nombre común *hermanos*; τὴν, caso acusativo femenino singular del artículo determinado *la*; εἴσοδον, caso acusativo femenino singular del nombre común *entrada*, visita, acceso; ἡμῶν, caso genitivo de la primera persona plural del pronombre personal declinado *de nosotros*; τὴν, caso acusativo femenino singular del artículo determinado *la*; πρὸς, preposición propia de acusativo *a*; ὑμᾶς, caso acusativo de la segunda persona plural del pronombre personal *vosotros*; ὅτι, conjunción *que*; οὐ, adverbio de negación *no*; κενὴ, caso nominativo femenino singular del adjetivo *vano*; γέγονεν, tercera persona singular del perfecto de indicativo en voz activa del verbo γίνομαι, *llegar a ser, empezar a existir, ser hecho, ser, estar*, aquí *ha sido*.

Αὐτοὶ γὰρ οἴδατε, Como se ha dicho en la introducción del capítulo, los enemigos de Pablo formulaban contra él distintas acusaciones. Una de ellas tenía que ver con el interés que le motivaba para la evangelización y establecimiento de iglesias. En ese sentido, las calumnias de los judaizantes presentaban a los misioneros como quienes venían con intención de explotar al pueblo y llevar de las iglesias los beneficios que pudieran obtener. El apóstol no trata de defenderse a él mismo, ni a quienes le acompañaban en el ministerio, sin embargo, era preciso salir al paso de tales acusaciones porque afectaban el mensaje que ellos predicaban. De otra manera, si los acusadores conseguían despertar sospechas sobre quienes predicaban el mensaje, este quedaría sin efecto. Por esa razón, entre otras, el apóstol inicia aquí un largo párrafo en el que trata sobre la autodefensa de ellos y de su ministerio, para con ello defender el evangelio que predicaban. En la argumentación que presentará seguidamente apela al conocimiento que los tesalonicenses tenían de aquello que va a detallar. Los datos que seguirán eran de conocimiento de los lectores que podían testificar de su veracidad. El verbo οἶδα, expresa la idea de un conocimiento experimental, es decir, aquellos conocían lo que Pablo iba a detallarles por propia experiencia. No se trataba de creer a las palabras del apóstol, sino de verificar la verdad de ellas, porque lo que sigue era de su conocimiento personal. De este modo los destinatarios se convierten en testigos de aquello que va a referirse.

ἀδελφοί, El vocativo *hermanos*, vuelve a usarse nuevamente para referirse a los creyentes a quienes se dirige la *Epístola*. Ya lo usó antes (1:4). Este título corresponde a quienes siendo hijos de Dios, son hermanos entre sí. Los tesalonicenses, el apóstol y sus compañeros de ministerio son hermanos, puesto que todos ellos, lo mismo que el resto de quienes han creído a lo largo del tiempo, han sido adoptados en Cristo (Gá. 4:5), y son miembros de la familia de Dios. En esta relación espiritual, el apóstol puede escribirles con confianza y con amor, como corresponde a hermanos en Cristo.

ὅτι οὐ κενὴ γέγονεν, Aquel tiempo de trabajo y el trabajo mismo, *no fue en vano*. El adjetivo κενός, *vacío, vano, inútil*, no se usa sólo en su sentido literal y concreto, sino que frecuentemente se emplea en sentido figurado, especialmente en los escritos paulinos, de manera que el significado debe dársele teniendo en cuenta el contexto inmediato en que ocurre la palabra. Desde el principio el apóstol pone de manifiesto la preocupación de que su labor misionera no fuese en vano. De igual manera les recuerda a los corintios que su trabajo en el Señor no era en vano (1 Co. 15:58). En otra ocasión el apóstol reconoce que él era el más insignificante de los apóstoles, sin embargo, la gracia de Dios y su poder no había sido *en vano*, de modo que él trabajó más que ningún otro (1 Co. 15:10). De igual modo usa la palabra para referirse a la vanidad de la fe sin la resurrección de Cristo, es decir, que esa fe no produciría nada ni serviría de nada (1 Co. 15:14).

A la luz del versículo y su entorno textual, cabe preguntarse cual es el sentido real que le da al término en esta ocasión. No debe usarla para referirse al resultado de la predicación, ya que hubo fruto visible, con muchos convertidos y una iglesia establecida y creciendo. Por tanto, usarla aquí de este modo sería una redundancia porque la predicación del evangelio llevada a cabo entre los tesalonicenses no había sido en vano. Ese sentido será el que corresponde en otro lugar cuando habla de lo que el tentador podría hacer para desviar a los creyentes de la fe, lo que haría *vano, estéril, sin fruto, vacío* el trabajo misionero (3:5).

Tampoco podría estar pensando en un mensaje sin contenido, *vano*, como ocurre, según se dice antes, en otro de sus escritos (1 Co. 15:14). El mensaje del apóstol había sido poderoso porque era palabra de Dios (1:5).

Vano, puede también traducirse como *manos vacías*, este es el sentido que debe entenderse aquí. El apóstol les recuerda lo que ellos conocen que la *entrada* de ellos, no fue *sin llevarles nada*. Los judaizantes estaban acusando al apóstol de predicar buscando provecho personal, para llevarse algo de las iglesias en su beneficio. Pero, en lugar de querer aprovecharse de los creyentes, vino a ellos con manos llenas para darles algo en lugar de llevarse alguna cosa de la iglesia. Esto concuerda plenamente con lo que dijo en el capítulo anterior: *"nuestro evangelio no llegó a vosotros en palabras solamente, sino también en poder, en el Espíritu Santo y en plena certidumbre"* (1:5). No consistió la venida a ellos en meros discursos, sino que junto con el evangelio manifestó también el poder de Dios. La expresión no solo armoniza con lo que antecede sino que es modo de tránsito para lo que sigue en donde se hará referencia a la profunda preocupación que tenían por las vidas de los tesalonicenses. Por tanto, Pablo no había venido a recibir, sino a dar.

2. Pues habiendo antes padecido y sido ultrajados en Filipos, como sabéis, tuvimos denuedo en nuestro Dios para anunciaros el evangelio de Dios en medio de gran oposición.

ἀλλὰ προπαθόντες καὶ ὑβρισθέντες, καθὼς οἴδατε, ἐν
Por el contrario tras padecer y ser injuriados, como sabéis, en
Φιλίπποις ἐπαρρησιασάμεθα ἐν τῷ Θεῷ ἡμῶν λαλῆσαι
Filipos, tuvimos denuedo en el Dios de nosotros para hablar
πρὸς ὑμᾶς τὸ εὐαγγέλιον τοῦ Θεοῦ ἐν πολλῷ ἀγῶνι.
a vosotros el evangelio - de Dios en gran lucha.

Notas y análisis del texto griego.

Desarrollando el argumento, añade: ἀλλὰ, conjunción adversativa *mas, pero, sino, sin embargo, por el contrario*; προπαθόντες, caso nominativo masculino plural del participio del segundo aoristo en voz activa del verbo προπάσχω, *sufrir antes*, aquí *tras sufrir antes*; καὶ, conjunción copulativa *y*; ὑβρισθέντες, caso nominativo masculino plural del participio del aoristo primero en voz pasiva del verbo ὑβρίζω, *injuriar*, aquí *ser injuriados*; καθὼς, conjunción condicional *como*; οἴδατε, segunda persona plural del perfecto de indicativo en voz activa del verbo οἶδα, *saber, conocer, entender*, aquí *sabéis*; ἐν, preposición propia de dativo *en*; Φιλίπποις, caso dativo masculino plural del nombre propio *Filipos*; ἐπαρρησιασάμεθα, primera persona plural del aoristo primero de indicativo en voz media del verbo παρρησίαζομαι, *hablar con libertad, hablar con denuedo, hablar con franqueza, cobrar ánimo*, aquí *cobramos ánimo, tuvimos denuedo*; ἐν, preposición propia de dativo *en*; τῷ, caso dativo masculino singular del artículo determinado *el*; Θεῷ, caso dativo masculino singular del nombre divino *Dios*; ἡμῶν, caso genitivo de la primera persona plural del pronombre personal declinado *de nosotros*; λαλῆσαι, aoristo primero de infinitivo en voz activa del verbo λαλέω, *hablar, decir*; πρὸς, preposición propia de acusativo *a*; ὑμᾶς, caso acusativo de la segunda persona plural del pronombre personal *vosotros*; τὸ, caso acusativo neutro singular del artículo determinado *el*; εὐαγγέλιον, caso acusativo neutro singular del nombre común *evangelio*; τοῦ, caso genitivo masculino singular del artículo determiado *el*; Θεοῦ, caso genitivo masculino singular del nombre divino *Dios*; ἐν, preposición propia de dativo *en*, en sentido de *en medio de*; πολλῷ, caso dativo masculino singular del adjetivo *mucho, gran*; ἀγῶνι, caso dativo masculino singular del nombre común *lucha, oposición, combate*.

ἀλλὰ προπαθόντες καὶ ὑβρισθέντες, Mediante el uso de la conjunción adversativa ἀλλὰ, *sin embargo, pero*, vincula lo que sigue con lo que dijo antes. La primera evidencia de que ellos tenían un amor desinteresado por los tesalonicenses es que a pesar de las dificultades prosiguieron llevándoles el mensaje del evangelio. El apóstol hace una referencia a la situación en que se encontraron cuando evangelizaron Tesalónica. Todo el trabajo estaba rodeado de padecimientos e injurias que se hicieron notorias especialmente en Filipos. El relato de Lucas en Hechos es evidente, comenzando el conflicto como consecuencia de la liberación de una muchacha adivina controlada por un demonio (Hch. 16:18). Pablo y Silas fueron acusados ante las autoridades como judíos alborotadores de la paz social, presentándolos como un peligro público. En esa primera acusación explotaban la condición de peligrosidad en aquellos dos, que eran presentados como sediciosos que alteraban el orden en la ciudad. Además de ser acusados falsamente fueron tratados sin ningún tipo de miramientos por las autoridades que pensando que se trataba de personas no romanas, sin interrogatorios ni formalidades, fueron condenados al castigo de una golpiza con varas, rompiéndoles las ropas o incluso robándoles los vestidos. Los azotes que habían recibido no eran los treinta y nueve que podían aplicar como máximo los judíos, sino que fueron golpeados con varas sin un límite determinado. Los que ejecutaban la sentencia eran lictores, ayudantes de los magistrados, que llevaban como distintivo un haz de varas en las que salía un hacha, indicando el derecho a ejercer castigos corporales. El número de golpes era variable, pero nunca eran pocos, sino los suficientes, es decir muchos, para alcanzar una confesión del reo, o persuadirle a la disposición de colaborar con los jueces. Por regla general los azotados necesitaban bastante tiempo para recuperarse de la paliza recibida. Para añadir una mayor injuria fueron condenados sin juicio siendo romanos, entregados al carcelero que los sujetó en el cepo y los recluyó en el calabozo interior de la prisión, sin respeto alguno.

καθὼς οἴδατε, ἐν Φιλίπποις. Esto era algo conocido por los tesalonicenses, ya que los misioneros que llegaron a Tesalónica procedían de Filipos, donde habían sido afrentados. Aquella referencia histórica no era una invención del apóstol sino algo que conocían directamente los destinatarios de la *Epístola.*

ἐπαρρησιασάμεθα ἐν τῷ Θεῷ. La razón por la que siguieron con la evangelización a pesar de las dificultades que les habían ocurrido era el *denuedo de Dios*. Lo que para los hombres podría ser un atrevimiento, para el cristiano es expresión de fortaleza y confianza en Dios. No se quedaron parados y desistieron de llevar el mensaje a otros lugares, sino que prosiguieron denodadamente en la realización de la tarea que les había sido encomendada. El mandato de Jesús para situaciones como esta se cumplía por quienes eran enviados por Él: *"Cuando os persigan en esta ciudad, huid a la otra"* (Mt. 10:23). El Señor había dicho a los suyos que serían repudiados de las gentes y que tendrían persecuciones y juicios, pero, en medio del conflicto les manda que si las dificultades eran grandes en el lugar donde predicaban el evangelio, huyesen de ella. El apóstol y sus colaboradores entendían bien que el mensaje no puede llevarse sin el mensajero, por tanto, cuando una puerta se cierra para la predicación y el Señor abre otra, debe ser usada con lo que se evita un riesgo mayor e incluso la muerte del enviado para llevar el mensaje. La prudencia no está nunca en confrontación con el compromiso y la espiritualidad. No se es de mayor fe por permanecer estérilmente en medio de la adversidad cuando puede salirse de ese entorno y conservar la vida para seguir sirviendo al Señor. Por esa razón Pablo y Silas no permanecieron en Filipos después de haber sido liberados de la cárcel, sino que siguieron a otros lugares, entre los que se encontraba Tesalónica. Serían los mismos tesalonicenses los que enviarían a Pablo a una ruta segura para que saliera de la ciudad a causa del peligro de los judíos (Hch. 17:10, 14). Sin embargo el hecho de haber salido de un entorno de persecución no merma en nada lo que Pablo presenta como razón de la continuidad de su ministerio de evangelización, el tenía *denuedo de Dios*, o *denuedo en Dios*. Las aflicciones que destruirían los proyectos de un hombre, son estímulo y producen gozo en los cristianos (Hch. 5:40-41; Fil. 1:29). Al verdadero evangelista le es impuesta una necesidad por obra del Espíritu Santo, que es la predicación del evangelio (1 Co. 9:16). Ese denuedo les lleva a cumplir la Gran Comisión aún en medio de las mayores dificultades.

ἡμῶν λαλῆσαι πρὸς ὑμᾶς τὸ εὐαγγέλιον τοῦ Θεοῦ ἐν πολλῷ ἀγῶνι. Los problemas y conflictos anteriores no produjeron desánimo ni disminuyeron la determinación de predicar también el evangelio en Tesalónica. De este modo, los tesalonicenses eran testigos de que el evangelio predicado allí lo fue en medio de una gran oposición. Sin embargo es interesante apreciar nuevamente cual fue el mensaje proclamado a los tesalonicenses: *"el evangelio de Dios"*. Antes le llamó *"la palabra del Señor"* (1:8). Los judíos se llenaban de celos a causa de la predicación del evangelio en la que se ponía de manifiesto que Jesús, era el Mesías, el enviado de Dios. No podían tolerar que la justificación fuese por gracia mediante la fe, con lo que se derribaba todo el sistema legalista de justificación por obras de la ley. Ante esta situación el conflicto estaba servido. Pablo les recuerda que la evangelización fue llevada a cabo en medio de ἐν πολλῷ ἀγῶνι, *gran combate*, esfuerzo extremo. La gran persecución en Tesalónica fue generada por la actuación de judíos incrédulos, que tomaron consigo a hombres ociosos, y juntando una turba alborotaron la ciudad (Hch. 17:5). Realmente esa evangelización positiva que restó a muchos de la sinagoga para formar el núcleo de la iglesia cristiana, no fue el resultado de una simple predicación, sino la acción poderosa del Espíritu Santo

(1:5). El ministerio de Pablo y Silas, calaba profundamente en el espíritu de los oyentes, basado siempre en la Escritura y con el respaldo de una vida de dedicación y entrega al servicio. El Espíritu se manifestó dando dones a los creyentes y operando obras portentosas. Por otro lado la instrucción doctrinal de la iglesia aumentaba la vitalidad de los cristianos. Las dificultades fueron grandes y la vida de Pablo y Silas corrían peligro, por lo que tuvieron que salir de la ciudad y fueron enviados por los tesalonicenses hasta Berea (Hch. 17:10-14). Se repetía aquí lo que había ocurrido en Jerusalén cuando se levantó la persecución contra los cristianos. Aquellos perseguidos oraron a Dios pidiéndole la gracia de que la situación conflictiva no mermara la determinación de predicar el evangelio según Jesús lo había establecido. Los creyentes colocándose en las manos del Señor, confiando y descansando en Él, fueron llenos del Espíritu Santo y *"predicaban con denuedo la Palabra"* (Hch. 4:29, 31). Quiere decir que el mismo denuedo de Pablo y sus compañeros era el resultado de la acción poderosa del Espíritu en sus propias vidas.

El llamamiento a proclamar el evangelio, la provisión de todo lo necesario para quienes siendo llamados predican la Palabra, incluye también la realidad de los conflictos y persecuciones. En medio de las pruebas la promesa del Señor debe tenerse siempre en consideración, seguros de su cumplimiento. Él ha prometido su presencia y su poder para los que predican el evangelio conforme a Su mandato (Mt. 28:20). En medio de las dificultades el Señor llamó entonces y llama ahora a una perseverancia en el compromiso de la comisión recibida, como manifestación evidente de obediencia y, por tanto, de realidad de salvación. El salvo, como el apóstol indicó antes, ha sido comprado por precio sacándolo del lugar de esclavitud bajo los ídolos, para servir y esperar al Señor (1:9-10). Las dificultades e inquietudes concluyen para el cristiano cuando sea llevado a la presencia del Señor. En cualquier caso, las dificultades y aflicciones del tiempo presente son la provisión de Dios para que el creyente tenga en sí mismo un cada vez más excelente y eterno peso de gloria (2 Co. 4:17).

Pablo pone delante de los Tesalonicenses la realidad de un servicio desinteresado que movía su propósito y era la razón esencial del ministerio de evangelización que había llevado a cabo entre ellos. Contra quienes le acusaban de interés personal para beneficiarse de la obra, presenta el trabajo arduo, agónico, de una evangelización con grandes dificultades, que indica amor y desinterés.

3. Porque nuestra exhortación no procedió de error ni de impureza, ni fue por engaño.

ἡ γὰρ παράκλησις ἡμῶν οὐκ ἐκ πλάνης οὐδὲ ἐξ
Porque la exhortación de nosotros no de error ni de
ἀκαθαρσίας οὐδὲ[1] ἐν δόλῳ,
inmundicia ni con engaño.

Notas y análisis del texto griego.

Sin variación en el tema, añade: ἡ, caso nominativo femenino singular del artículo determinado *la*; γὰρ, conjunción causal *porque*; παράκλησις, caso nominativo femenino singular del nombre común *consuelo, ánimo, ruego, exhortación*; ἡμῶν, caso genitivo de la primera persona plural del pronombre personal declinado *de nosotros*; οὐκ, forma escrita del adverbio de negación *no*, con el grafismo propio ante una vocal con espíritu suave o una enclítica; ἐκ, preposición propia de genitivo *de*; πλάνης, caso genitivo femenino singular del nombre común *error, engaño*; οὐδὲ, conjunción copulativa *ni*; ἐξ, forma escrita que adopta la preposición de genitivo ἐκ, delante de vocal y que significa *de*; ἀκαθαρσίας, caso genitivo femenino singular del nombre común *inmundicia, impureza*; οὐδὲ, conjunción copulativa *ni*; ἐν, preposición propia de genitivo *con*; δόλῳ, caso dativo masculino singular del nombre común *error, engaño.*

Crítica Textual. Lecturas alternativas.

[1] οὐδὲ, *ni*, lectura atestiguada en ℵ. A. B. C. D. F. G. P. Ψ. 0278. 6. 33. 81. 326. 629. 1739. 1881. 2464

οὔτε, con el mismo significado, *ni, ni tampoco*, según se lee en D. K. L. 104. 365. 630. 1241. 1505. 𝔐.

ἡ γὰρ παράκλησις ἡμῶν. La segunda evidencia de su comportamiento correcto, ante las acusaciones de interés, tiene que ver con el mensaje, al que el apóstol llama *exhortación*. El sustantivo παράκλησις, tiene varios significados, que permite traducirlo como *súplica, ruego, estímulo, consuelo, exhortación*, cuyo sentido debe tomarse según el contexto. Indudablemente tiene que ver con un ejercicio de consolación. No cabe duda que el evangelio es el mensaje más consolador para el hombre porque le abre el camino hacia la esperanza y seguridad absoluta del perdón de pecados y de vida eterna.

Hendriksen dice sobre la palabra:

"El significado exacto lo da el contexto en cada caso. Aquí, súplica o ruego (cf. el uso del verbo en 2 Co. 5:20) es lo que mejor se ajusta. Era

el mensaje por medio del cual los misioneros, revestidos con la autoridad de Dios y con anhelante simpatía, habían suplicado a sus oyentes para que abandonasen sus malvados caminos y se tornasen a Dios por medio de Cristo"[1].

La tarea del Espíritu Santo luego de la ascensión de Jesús, es la de *parakletos*, *consolador*, el término tiene que ver literalmente con *venir al lado de uno*, por tanto la exhortación es una palabra de aliento desde la proximidad de hermano para ayuda personal y orientación de vida. La exhortación no es necesariamente una palabra de reprensión sino de estímulo. Es necesario entender que el creyente necesita mucho más ser alentado que reprendido. No debe olvidarse que lo que caracteriza a un cristiano espiritual no es su capacidad de reprender, sino de restaurar (Gá. 6:1). El apóstol no solo predicaba el evangelio, sino que su compromiso era el de anunciar a todos *todo el consejo de Dios*, a la vez que se ocupaba de una labor pastoral continuamente, amonestando a cada uno y haciéndolo muchas veces con lágrimas, como había ocurrido en Éfeso (Hch. 20:31).

οὐκ ἐκ πλάνης. El mensaje que había predicado a los tesalonicenses era sin error. Posiblemente los judaizantes extendían la calumnia de que el evangelio predicado por Pablo era contrario a la verdad, sobre todo cuando anunciaba la libertad en Cristo que excluía toda vinculación con la ley ceremonial y con la señal de la circuncisión. Los enemigos, no de Pablo, sino de la Cruz de Cristo, proclamaban que los cristianos eran personas auto-engañadas, que no anunciaban toda la verdad. El apóstol sale al paso de esta acusación afirmando que no había predicado para engañar. El sustantivo πλανή, *error, engaño*, expresa la condición del que vive extraviado, fuera de la verdad, ya sea doctrinal (2 P. 3:17; 1 Jn. 4:6), o moral (Ro. 1:27; 2 P. 2:18; Jud. 11). No cabe duda que quien se desvía de la verdad caerá en el error moral. El apóstol afirma que ni él estaba engañado ni había engañado a los tesalonicenses. El mensaje proclamado lo diferenciaba totalmente del que era propio de los engañadores, aquellos que tienen como objeto *arrastrar a los niños*, espiritualmente hablando, para *llevarlos a todos los lados* por medio de *artimañas de error* (Ef. 4:14). De este modo exhortará también a los colosenses, diciéndoles: *"nadie os engañe por medio de filosofías y huecas sutilezas, según las tradiciones de los hombres, conforme a los rudimentos del mundo, y no según Cristo"* (Col. 2.8). Los errores doctrinales de los falsos maestros producen quebrantos espirituales graves en los creyentes poco instruidos o recién convertidos a Cristo. La

[1] Guillermo Hendriksen. o.c., pág. 74.

única defensa a ese acosar continuo desde el mundo está en la maduración firme en la común fe, de modo que puedan resistir el espíritu de la falsa enseñanza que como vientos soplan contra la Iglesia. Los maestros que enseñan errores lo hacen con *astucia y engaño*, es decir, con *mala intención*, en un plan premeditado para inducir al error. Es el reflejo de lo que Satanás hizo para inducir a Eva mediante la tentación y llevarla a la caída. Estos falsos maestros acusaban a Pablo de lo que ellos hacían. El apóstol afirma y remite a los cristianos de Tesalónica a lo que ellos habían conocido durante el tiempo que estuvo con ellos, a que observasen el mensaje y apreciasen que no tenía error, sino que concordaba plenamente con la Escritura.

οὐδὲ ἐξ ἀκαθαρσίας. Además era un mensaje limpio, literalmente *sin inmundicia*, es decir, *sin impurezas*. En muchos lugares del Nuevo Testamento, en el texto griego, se usa la palabra para referirse a licencias inmorales (cf. Ro. 1:24; 2 Co. 12:21; Gá. 5:21; Ef. 4:19; 5:3; Col. 3:5). Aquí debe tomarse en sentido general. Es posible que quienes se oponían a él, le difamasen como un predicador de una moral laxa, al procurar confundir la proclamación de libertad de la ley como expresión de una vida de libertinaje. Sin embargo la desviación doctrinal y moral son elementos manifestantes en los falsos maestros (2 P. 2; Jud; Ap. 2:20). El mensaje apostólico no ocultaba asuntos *impuros*, ni en su contenido, ni en su intención. El objetivo era llamar a los hombres a que desde los ídolos se convirtiesen a único Dios, vivo y verdadero, para servirle y esperar a su Hijo (1:9-10).

οὐδὲ ἐν δόλῳ, La predicación de los misioneros había sido *sin engaño*. Ninguno había usado tácticas ocultas para engañar a los oyentes, como es propio de los falsos maestros (2 P. 2:3). El mensaje no procedía de la mentira ni procuraba engañar a los oyentes, de ahí el uso de la preposición de genitivo ἐν, que puede ser traducida aquí como *en* error, o *con* error. Es decir, lo que habían predicado no contenía error, ni procedía del error. Lo que habían predicado era verdad absoluta puesto que se limitaba al evangelio fundado en la Palabra, que ahora ellos predicaban también (1:8). Los enemigos de Pablo le acusaban de predicar con un propósito avieso, esto es, para atraer la atención de los creyentes y lucrarse de sus bienes. En contra de esto el apóstol les hace notar la pureza de la Palabra anunciada. Los únicos motivos que tenían era el de conducirlos a la verdad y separarlos del error. La conducta y el mensaje están a la vista de los lectores que conocían ambas cosas.

4. Sino que según fuimos aprobados por Dios para que se nos confiase el evangelio, así hablamos; no como para agradar a los hombres, sino a Dios, que prueba nuestros corazones.

ἀλλὰ καθὼς δεδοκιμάσμεθα ὑπὸ τοῦ Θεοῦ πιστευθῆναι τὸ
Sino como hemos sido aprobados por - Dios para confiarsenos el
εὐαγγέλιον, οὕτως λαλοῦμεν, οὐχ ὡς ἀνθρώποις ἀρέσκοντες
evangelio, así hablamos, no como a hombres agradando,
ἀλλὰ Θεῷ[1] τῷ δοκιμάζοντι τὰς καρδίας ἡμῶν.
sino a Dios - que prueba los corazones de nosotros.

Notas y análisis del texto griego.

Haciendo notar la aprobación divina de su ministerio, escribe: ἀλλὰ, conjunción adversativa *sino*; καθὼς, conjunción condicional *como, según*; δεδοκιμάσμεθα, tercera persona plural del perfecto de indicativo en voz pasiva del verbo δοκιμάζω, *examinar, interpretar, discernir, aprobar*, aquí *hemos sido aprobados*; ὑπὸ, preposición propia de genitivo *por*; τοῦ, caso genitivo masculino singular del artículo determinado *el*; Θεοῦ, caso genitivo masculino singular del nombre divino *Dios*; πιστευθῆναι, aoristo primero de infinitivo en voz pasiva del verbo πιστεύω, *creer, tener fe, tener confianza,* aquí *confiarsenos*; τὸ, caso acusativo neutro singular del artículo determinado *el*; εὐαγγέλιον, caso acusativo neutro singular del nombre común *evangelio*; οὕτως, adverbio de modo *así*; λαλοῦμεν, primera persona plural del presente de indicativo en voz activa del verbo λαλέω, *hablar, decir*, aquí *hablamos*; οὐχ, forma del adverbio de negación *no*, con el grafismo propio ante vocal con espíritu áspero; ὡς, conjunción condicional *como*; ἀνθρώποις, caso dativo masculino plural del nombre común declinado *a hombres*; ἀρέσκοντες, caso nominativo maculino plural del participio de presente en voz activa del verbo ἀρέσκω, *agradar, gustar, dar gusto*, aquí *agradando*; ἀλλὰ, conjunción adversativa *sino*; Θεῷ, caso dativo masculino singular del nombre divino declinado *a Dios*; τῷ, caso dativo masculino singular del artículo determinado *el*; δοκιμάζοντι, caso dativo masculino singular del participio de presente en voz activa del verbo δοκιμάζω, *examinar, interpretar, valorar, probar*, aquí *que prueba*; τὰς, caso acusativo femenino plural del artículo determinado *las*; καρδίας, caso acusativo femenino plural del nombre común *corazones*; ἡμῶν, caso genitivo de la primera persona plural del pronombre personal declinado *de nosotros*.

Crítica Textual. Lecturas alternativas.

[1] ἀλλὰ Θεῷ, *sino a Dios*, lectura atestiguada en ℵ*. B. C. D*. P. Clemente de Alejandría.

ἀλλὰ τῷ Θεῷ, *sino al Dios*, según se lee en ℵ^2. A. D^2. F. G. K. L. Ψ. 0278. 33. 81. 104. 365. 630. 1241. 1505. 1739. 1881. 2464. 𝔐.

ἀλλὰ καθὼς δεδοκιμάσμεθα ὑπὸ τοῦ Θεοῦ πιστευθῆναι τὸ εὐαγγέλιον, La tercera evidencia que presenta es la aprobación divina de sus personas y su obra. El apóstol y sus compañeros fueron aprobados por Dios para llevar a cabo el ministerio de la proclamación del evangelio. El verbo δοκιμάζω, expresa la idea de probar algo o de someterlo a valoración para determinar la realidad de lo que es. Esto ocurría con los orfebres que sometían a prueba los metales para determinar sus cualidades y saber si eran buenos o malos. En ese sentido, lo que el apóstol pone delante de los lectores como una evidencia más de la condición de apóstol aprobado, es que Dios lo había puesto a prueba. La prueba no era algo ligero sino rigurosa. De manera que luego de ese examen el Señor determinó que eran personas aptas para serles encomendada la proclamación del evangelio. Aunque el verbo tiene que ver con *probar, evaluar*, la traducción más correcta es la que se da más arriba en el interlineal como *hemos sido aprobados*, es decir, aprobados por medio de la prueba. Así escribe el Dr. Emilio Antonio Núñez:

"La Biblia de Jerusalén dice: 'así como hemos sido juzgados aptos por Dios'. En verdad, a través de muchas penalidades se había puesto de relieve la idoneidad del apóstol para la obra a la cual había sido llamado. Las pruebas habían sido diversas y severas, pero de cada una de ellas la fe de Pablo salió más refinada, como sale el oro del crisol. Su carácter se volvió más acerado y su corazón más dócil para el cumplimiento de los propósitos divinos. ¡Con cuánta razón podía él exhortar a su discípulo Timoteo que procurara presentarse a Dios 'aprobado' como un obrero que no tuviese de qué avergonzarse!"[2].

El apóstol había sido puesto a prueba por Dios y había resultado apto para confiarle el evangelio. De otro modo, como si dijese, *hemos sido puestos a prueba y considerados aptos*, de manera que eran idóneos para llevar la evangelización a todo el mundo, como hicieron en Tesalónica. El verbo πιστεύω, en sentido de ser considerado como *digno de confianza*, aparece en otros lugares del Nuevo Testamento, en relación con la capacidad o la honestidad de una persona para confiársele un cometido, como pudiera ser la custodia de algo que tiene alto valor, de la manera en que la confianza de un banco permite confiarle valores para custodia y trabajo (cf. Lc. 16:11; Ro. 3:2; 1 Co. 9:17; Gá. 2:7 1 Ti. 1:11; Tit. 1:13).

[2] Emilio Antonio Núñez. o.c., pág. 56.

La aprobación del apóstol es evidente. Primeramente en su elección; Dios lo había escogido desde antes de su nacimiento para el ministerio que en Su propósito le había designado, como dijo a Ananías cuando le envió para restaurarle la vista: *"Ve, porque instrumento escogido me es éste, para llevar mi nombre en presencia de los gentiles, y de reyes, y de los hijos de Israel"* (Hch. 9:15). Saulo había sido alcanzado por Dios en el camino a Damasco porque el perseguidor de la iglesia, era para él *vaso de elección*, o *instrumento escogido*. Sin duda el apóstol reunía las condiciones necesarias para llevar a cabo el ministerio del apostolado y la evangelización, no tanto por su condición personal y su preparación, sino porque había sido soberanamente escogido por Dios desde antes de su nacimiento (Gá. 1:15). Por esa razón había sido destinado por el Señor para llevar Su nombre, comisionado con Su autoridad, Pablo era un apóstol con un ministerio específico. Elegido para llevar el evangelio a los gentiles, podría decirse que sería el portavoz de Cristo en las naciones y pueblos del mundo. No sólo a las gentes de condición social humilde, sino también a los poderosos de la tierra. Así predicaría el evangelio delante de Agripa (Hch. 26:2 ss.). En su prisión gente de alta posición social en la administración romana oirían el evangelio por medio de él.

Pablo era también *aprobado* porque había sido llamado por indicación del Espíritu Santo a la obra misionera (Hch. 13:1-4). La voz del Espíritu se hizo oír en la congregación, mientras la iglesia en Antioquía oraba y adoraba a Dios. Lo hizo con autoridad y soberanía que le corresponden, determinado que Saulo y Bernabé fuesen separados, apartados, excluidos para un servicio especial al que el Espíritu los había destinado. No había sino que obedecer a lo que Dios establecía como un mandamiento. Aunque había sido escogido para este ministerio mucho tiempo antes, era en el momento en que el Espíritu dijo, el que Dios había determinado para ejecutar Su propósito. Saulo fue llamado para la obra que debía llevar a cabo. Había sido consagrado para que sirviese en el campo misionero llevando el evangelio a los gentiles *hasta lo último de la tierra.*

Dios también le había conferido el ministerio (1 Ti. 1:12-14). A pesar de lo que antes había sido como *blasfemo, perseguidor e injuriador*, la gracia divina lo transformó y Dios lo dedicó al ministerio apostólico que había establecido para él. Por esta razón sólo tenía que responder ante Dios en cuanto al trabajo que realizaba en la comisión que le había sido encomendada (1 Co. 4:4). El juicio de los hombres y aún de él mismo, no le inquietaba porque sólo Dios podía juzgarle en cuanto a lo que hacía en el servicio a que había sido llamado. Por esa causa, libre de todo compromiso humano, buscaba sólo como agradar a Dios (Gá. 1:10).

La misma valoración y aprobación alcanzaba también a sus compañeros Silas y Timoteo. Pablo en su condición de apóstol había escogido al primero para que le acompañase en el segundo viaje misionero, luego de su separación de Bernabé. Tal vez la elección tuvo que ver con su condición social de ciudadano romano (Hch. 16:37) y, también, porque tenía el don profético, por tanto, la capacidad para exponer la Palabra conforme a las necesidades de los creyentes. Lo mismo hizo con Timoteo (Hch. 16:3). Fue también una determinación del apóstol que este hermano fuese con él para formar parte del equipo misionero. Timoteo reunía todas las condiciones que le hacían apto para el ministerio, por tanto, podía ser un excelente compañero y colaborador con el apóstol. Este hermano fue enviado con Pablo con el beneplácito de la iglesia de donde procedía. Los ancianos de aquella congregación pusieron las manos sobre él en señal de identificación plena con el ministerio al que era encomendado (1 Ti. 4:14), llamamiento divino atestiguado por los profetas de la iglesia. Ambos iban a estar ligados en la obra del Señor. Era un colaborador infatigable del apóstol.

οὕτως λαλοῦμεν, οὐχ ὡς ἀνθρώποις ἀρέσκοντες ἀλλὰ Θεῷ. El objetivo de su ministerio respaldaba esta aprobación. No buscaban agradar a los hombres, sino a Dios que los había llamado. De esta manera testifica en otro lugar: *"Pues, ¿busco ahora el favor de los hombres, o el de Dios? ¿O trato de agradar a los hombres? Pues si todavía agradara a los hombres, no sería siervo de Cristo"* (Gá. 1:10). Los enemigos suyos le acusaban de amoldarse a los oyentes para conseguir seguidores, de manera que predicaba la circuncisión entre judíos (Hch. 16:3; Gá. 2:1-4), y la anulaba entre los gentiles. De este modo estaría buscando el favor de los hombres y no la fidelidad a Dios. Sin embargo, la persecución por parte de los judaizantes hubiera terminado si se amoldase a sus pretensiones y predicase la circuncisión como señal para todos los creyentes. Para él hubiera sido fácil ceder a las pretensiones de los hombres y dejar de anunciar la libertad en Cristo sometiéndose a las presiones de los hombres, pero no lo hizo, de modo que la evidencia era clara, no buscaba agradar a los hombres, sino a Dios, siendo fiel a la Palabra que le había sido encomendada.

Para Pablo agradar a los hombres traía una consecuencia que era dejar de ser siervo de Cristo. Sin embargo la aceptación de siervo tenía una manifestación clara en que los hombres se levantaban contra él, haciéndole objeto de una furia desatada contra él y su ministerio. De ahí que todos podían comprobar que lo que le importaba no era agradar a los hombres, sino a Aquel que lo había llamado, comprado por precio y puesto a Su servicio como apóstol. Las dos posiciones son antagónicas, o se es siervo de Dios en fidelidad al ministerio, o se es amigo de los hombres buscando agradarles. No cabe duda que para Pablo no había dificultad alguna en el momento de elegir; él iba a seguir siendo lo que siempre fue, *siervo de Cristo.*

τῷ δοκιμάζοντι τὰς καρδίας ἡμῶν. El objetivo de su ministerio respaldaba también la aprobación que Dios había manifestado. Pablo y sus colaboradores buscaban agradar a Dios, no por apariencia sino como una realidad que surgía de la disposición íntima: *Él probaba los corazones de ellos*. El participio de presente en el verbo pone de manifiesto que este *probar* y el *aprobar* divino ocurrían continuamente. El corazón de ellos estaba al descubierto para Dios, que conocía las más intenciones en su verdadera realidad. Es mucho más difícil agradar a Dios que a los hombres, porque estos no pueden ver lo que hay en el corazón, mientras que para el Señor está al descubierto continuamente.

El trabajo del apóstol (2:5-9).

5. Porque nunca usamos de palabras lisonjeras, como sabéis, ni encubrimos avaricia; Dios es testigo.

Οὔτε γάρ ποτε ἐν λόγῳ κολακείας ἐγενήθημεν, καθὼς οἴδατε,
Porque ni nunca con palabra de lisonja venimos, como sabéis,
οὔτε ἐν προφάσει πλεονεξίας, Θεὸς μάρτυς,
ni con pretexto de avaricia, Dios testigo.

Notas y análisis del texto griego.

Ampliando la defensa anterior, escribe: Οὔτε, conjunción copulativa *ni*; γάρ, conjunción causal *porque*; ποτε, adverbio de tiempo *nunca*; ἐν, preposición propia de dativo *con*; λόγῳ, caso dativo masculino singular del nombre común *palabra, discurso*; κολακείας, caso genitivo femenino singular del nombre común declinado *de adulación, de lisonja*; ἐγενήθημεν, primera persona plural del aoristo primero de indicativo en voz pasiva del verbo γίνομαι, *suceder, venir, quedar, ser, estar*, aquí *venimos*; καθὼς, conjunción condicional *como*; οἴδατε, segunda persona plural del perfecto de indicativo en voz activa del verbo οἶδα, *saber, conocer, entender*, aquí *sabéis*; οὔτε, conjunción copulativa *ni*; ἐν, preposición propia de dativo *en, con*; προφάσει, caso dativo femenino singular del nombre común *pretexto*; πλεονεξίας, caso genitivo femenino singular del nombre común declinado *de avaricia*; Θεὸς, caso nominativo masculino singular del nombre divino *Dios*; μάρτυς, caso nominativo masculino singular del nombre común *testigo*.

Οὔτε γάρ ποτε. La cuarta evidencia puesta delante de los lectores de la *Epístola* en defensa del apostolado, que conlleva toda la acción evangelizadora y la fundación de la iglesia en Tesalónica, tiene que ver con la conducta personal del grupo misionero, especialmente con la transparencia de intenciones que los motivaba. La negación es contundente con la conjunción *ni* y el adverbio de tiempo *nunca*, es decir que en ningún momento cambió la actitud de Pablo y sus compañeros de ministerio. Jamás tuvieron una intención oculta en relación con las razones de la predicación del evangelio y la fundación de la iglesia.

ἐν λόγῳ κολακείας ἐγενήθημεν, En el mensaje del evangelio predicado entre ellos y en la enseñanza posterior a los creyentes recién convertidos, nunca fueron utilizadas *palabras de lisonja* o expresiones aduladoras. La lisonja es una alabanza afectada, para ganar la voluntad de alguien. No hacían como los falsos maestros que adulando conseguían que algunos les siguiesen, el apóstol y su equipo nunca fueron hallados usando palabras lisonjeras. El objetivo supremo suyo era agradar a Dios y no a los hombres, de modo que en alguna ocasión sus palabras sonaban duras, como dice escribiendo a los corintios: *"Porque a la verdad, dicen, las cartas son duras y fuertes; mas la presencia corporal débil, y la palabra menospreciable"* (2 Co. 10:10). Por tanto, no usaba en el ministerio un discurso seductor y elocuente que cautivase al auditorio y lo atrajese hacia él, sino que predicaba el evangelio de la gracia con claridad para que todos entendiesen, procurando con ello la salvación de muchos que era lo que motivaba su trabajo.

καθὼς οἴδατε, El testimonio de que lo que está diciendo es verdad, como así había ocurrido, son los mismos tesalonicenses. Pablo apela a ellos para que testifiquen de la veracidad de las palabras que acaba de decir. Todos ellos habían oído los mensajes y las conversaciones con el apóstol y sabían que sus palabras no habían sido con elocuencia aduladora en ningún momento. No necesitaba más testimonio que el de ellos mismos. En cierta medida los pone en guardia contra sus enemigos que pretendían desprestigiar su ministerio acusándole de persuadir con vanas palabras a los oyentes en beneficio personal. Los tesalonicenses eran conocedores del ministerio apostólico, tal como había sido llevado entre ellos, por tanto no necesitaban más testimonio que el de su propio conocimiento para asegurarse de que lo que Pablo decía era verdad.

οὔτε ἐν προφάσει πλεονεξίας, Además en sus propósitos no habían encubierto *avaricia*. Sus adversarios le acusaban de predicar por amor al dinero o a los beneficios personales que pudiera alcanzar. Pablo usa aquí el sustantivo πρόφασισ, que se traduce como *motivo, pretexto*, y que tiene que ver con la razón por la que se hace alguna cosa. No habían predicado para encubrir codicia alguna. El sustantivo πλεονεξίας, tiene que ver con el deseo de alcanzar más de lo que se tiene. Pablo enseña que la avaricia es *idolatría* (Col. 3:5). Esta condición es propia de los falsos maestros: *"y por avaricia harán mercadería de vosotros con palabras fingidas"* (2 P. 2:3). En las palabras del mensaje que predicaban no había oculta avaricia, que también es uno de los pecados propios de los falsos maestros que *"tienen el corazón habituado a la codicia, y son hijos de maldición"* (2 P. 2:14). De ahí que el apóstol remita al conocimiento y recuerdo de los tesalonicenses los mensajes que habían pronunciado, en los que nunca habían usado palabras lisonjeras ni encubrieron avaricia.

Θεὸς μάρτυς, El segundo testimonio de esta verdad es divino. El apóstol recurre a una fórmula de juramento para apoyar sus palabras, que en el texto griego se lee literalmente: *Dios testigo*. En la expresión debe suplirse el verbo implícito, esto es, *Dios es testigo*, que equivale a *pongo a Dios por testigo*. Las palabras entran de lleno en lo que la Ley establecía para un juramento que debía hacerse en el nombre de Dios (Dt. 6:13). Había *"muchos que medran falsificando la palaba de Dios"*, ellos se comportaban con *"sinceridad... delante de Dios"* (2 Co. 2:17). La ética del apóstol se manifestaba de la misma manera en cualquier lugar, como dice también a los corintios: *"Antes bien renunciamos a lo oculto y vergonzoso, no andando con astucia, ni adulterando la palabra de Dios"* (2 Co. 4:2). Cualquier asunto testificado sin contradicción por dos testigos era considerado como testimonio fiel, por tanto ambos presentados aquí por Pablo, los tesalonicenses y Dios mismo son garantía cierta de la verdad que escribe.

6. Ni buscamos gloria de los hombres; ni de vosotros, ni de otros, aunque podíamos seros carga como apóstoles de Cristo.

οὔτε ζητοῦντες ἐξ ἀνθρώπων δόξαν οὔτε ἀφ' ὑμῶν οὔτε ἀπ'
Ni buscando de hombres gloria ni de vosotros ni de
ἄλλων, δυνάμενοι ἐν βάρει εἶναι ὡς Χριστοῦ ἀπόστολοι.
otros, pudiendo de carga ser, como de Cristo apóstoles.

Notas y análisis del texto griego.

Sin variación en el tema, añade: οὔτε, conjunción copulativa *ni*; ζητοῦντες, caso nominativo masculino plural del participio de presente en voz activa del verbo ζητέω, *buscar, intentar, querer, pedir*, aquí, *buscando*; ἐξ, forma escrita que adopta la preposición de genitivo ἐκ, delante de vocal y que significa *de*; ἀνθρώπων, caso genitivo masculino plural del nombre común *hombres*; δόξαν, caso acusativo femenino singular del nombre común *gloria*; οὔτε, conjunción copulativa *ni*; ἀφ', forma que adopta la preposición de genitivo ἀπό, por elisión de la ι final y asimilación de la π ante vocal o diptongo con aspiración, y que significa *de, desde, lejos de, proceder de, por causa de, por medio de, con, contra*; ὑμῶν, caso genitivo de la segunda persona plural del pronombre personal *vosotros*; οὔτε, conjunción copulativa *ni*; ἀπ', preposición propia de genitivo ἀπό, con el grafismo que adopta por elisión de la ο final ante vocal o diptongo sin aspiración, que equivale a *de, desde, procedente de, por medio de, con, por*; ἄλλων, caso genitivo masculino plural del pronombre indefinido *otros*; δυνάμενοι, caso nominativo masculino plural del participio de presente en voz media del verbo δύναμαι, *tener poder, poder*, aquí *pudiendo*; ἐν, preposición propia de dativo *de*; βάρει, caso dativo neutro singular del nombre común *peso, carga, medida*; εἶναι, presente de infinitivo en voz activa del verbo εἰμί, *ser*; ὡς, conjunción condicional *como*; Χριστοῦ, caso genitivo masculino singular del nombre propio declinado *de Cristo*; ἀπόστολοι, caso nominativo masculino plural del nombre común *apóstoles*.

El versículo tiene una división en el texto griego diferente al de muchas versiones castellanas, de manera que la segunda parte aparece como principio del versículo siete. En el comentario se sigue la división tradicional incluyéndolo en el final del versículo seis.

οὔτε ζητοῦντες ἐξ ἀνθρώπων δόξαν. Siguiendo sin interrupción el argumento que el apóstol usa en defensa de su ministerio insiste en que todo cuanto habían hecho no era buscando la gloria de los hombres. El verdadero creyente que sirve a Dios, no busca honores personales, sino la gloria de Dios. El espíritu del siervo es buscar la gloria de su Señor. Por otro lado, la vida cristiana no es otra cosa que *vivir a Cristo* (Gá. 2:20; Fil. 1:21). Jesús es ejemplo de servicio y Él dijo que no había venido para buscar Su gloria, sino la del que le había enviado (Jn. 8:50), todavía más, Él también dijo que no recibía gloria de los hombres (Jn. 5:41), de ahí que el que sigue Sus pisadas sólo puede hacer lo mismo que el Señor. Jesús se presenta en la Biblia como el *Siervo de Dios*, todos los que son sus discípulos no pueden ser mayores que Él, por tanto, si fue un siervo, el título de mayor honor al que puede aspirar un creyente es el de siervo. El apóstol dirá a los corintios que sea tenido como *siervo, esclavo* de Jesucristo (1 Co. 4:1). Su trayectoria es siempre la misma, el compromiso suyo está en servir al Señor desinteresadamente, sin buscar gloria de los hombres. El término δόξα, *gloria*, podría referirse a un deseo de alcanzar supremacía en la Iglesia, o podría referirse al deseo de obtener beneficios materiales. Ambas cosas pueden considerarse como presentes en este substantivo. Alcanzar puestos de relevancia supone también disponer de recursos materiales. El deseo de ocupar el primado era un deseo de avaricia que ya aparecía en los tiempos apostólicos, como era con Diótrefes (3 Jn. 9-10).

οὔτε ἀφ' ὑμῶν οὔτε ἀπ' ἄλλων, Tal vez algunos de los que buscaban desprestigiarle mediante difamación y calumnias habían acudido a la posible réplica de los tesalonicenses, diciéndoles que si bien parecía no buscar ningún beneficio de ellos, lo hacía en otros lugares y de otros creyentes. De ahí que el apóstol remarque la idea diciendo que no buscaba la gloria, el provecho de los hombres, ni de ellos ni de otros. Su comportamiento era el mismo en cualquier lugar a donde llegaba con el mensaje del evangelio, por tanto, todos los hombres, especialmente los cristianos, serían testigos de su desinterés y afecto en un trato que buscaba el bien de ellos y no el suyo propio.

δυνάμενοι ἐν βάρει εἶναι ὡς Χριστοῦ ἀπόστολοι. Esta frase es la que aparece como primera parte del siguiente versículo en algunas divisiones del texto griego. En su condición de apóstol tenía derechos a ser sostenido por las iglesias que había fundado y edificado. Sin embargo, la frase es un tanto ambigua en el sentido de que literalmente se lee: *pudiendo de carga ser, como apóstoles de Cristo*, que también podría traducirse como *pudiendo de peso ser*, que se referiría a la autoridad o influencia que como apóstol tenía. Ambas traducciones pueden ser correctas, dependiendo de la relación textual que se haga, es decir, si se une a lo que sigue (vv. 7-9), tendría que ver con ser carga económica, pero si se relaciona con los vv. 7 y 8, cabe también la autoridad apostólica. Es mejor considerar la palabra βάρος, como *carga* o *peso* en ambos sentidos, es decir, como *autoridad* al ser apóstol, tenía el derecho de ser *carga* en cuanto a sostenimiento.

Es interesante apreciar que aquí utiliza la palabra *apóstol* en plural, *apóstoles*, que incluía en ella a sus dos compañeros Silas y Timoteo. El apóstol es literalmente un mensajero, representante de quien lo envía y que disfruta de su autoridad. La palabra se usa en cuatro sentidos en el Nuevo Testamento: En relación con Jesús, se le llama *apóstol* como enviado del Padre (He. 3:1). El apóstol Pablo enseña que *"cuando vino el cumplimiento del tiempo, Dios envió a su Hijo"* (Gá. 4:4). Este envío está relacionado con la operación de salvación que Dios hace, por eso decía el Señor de sí mismo: *"Porque de tal manera amó Dios al mundo, que ha dado a su Hijo unigénito, para que todo aquel que en el cree, no se pierda, más tenga vida eterna. Porque no envió Dios a su Hijo al mundo para condenar al mundo, sino para que el mundo sea salvo por Él"* (Jn. 3:16, 17). Fue enviado en misión de encuentro de Dios con el hombre y en ella se hace encuentro de salvación y de revelación (Jn. 1:18).

La palabra se usa también en el Nuevo Testamento para referirse a los Doce. La misión de *enviado* de Jesús se traslada también a los que Él eligió para hacerlos sus apóstoles. Esta condición de *enviado* de Jesús es trasladada por Su autoridad a los que Él envía en el mismo sentido, no para salvación, pero sí para proclamar el mensaje de salvación. Es la determinación del Señor cuando orando al Padre le dice: *"Como tú me enviaste el mundo, así yo los he enviado al mundo"* (Jn. 17:18). Por tanto los que son enviados a predicar el evangelio son, en expresión genérica y no en cuanto a don, *apóstoles*, enviados por Jesús. A Estos había escogido Jesús para que estuviesen con Él y enviarlos a predicar (Mr. 3:13, 14). Para ser *apóstol* en cuanto a don y a condición, era necesario cumplir una serie de requisitos: *"Es necesario, pues, que de estos hombres que han estado juntos con nosotros todo el tiempo que el Señor Jesús entraba y salía entre nosotros, comenzando desde el bautismo de Juan hasta el día en que de entre nosotros fue recibido arriba"* (Hch. 1:21-22). No podían ser apóstoles quienes no hubiesen estado con Jesús a lo largo de Su ministerio y hasta el momento de la ascensión. La segunda condición consistía en ser testigo de Cristo desde el tiempo del bautismo de Juan, lo que hacía remontarse al principio de Su ministerio. Significa que debía ser conocedor directo de las enseñanzas de Cristo. Los apóstoles eran enviados con la autoridad del Señor para predicar el evangelio y establecer las bases doctrinales de la Iglesia en los escritos del Nuevo Testamento (Ef. 2:20). Como tercera condición debía haber sido testigo de la resurrección y ascensión del Señor. Aunque Pablo no había estado presente durante el tiempo del servicio terrenal del Señor, fue instruido directamente por Él en el tiempo de estancia en Arabia, luego de su conversión, y había visto al Señor, no solo resucitado sino también glorificado, habiendo recibido de Él mismo la comisión al apostolado. De este modo tenía tanta autoridad y derechos como los Doce.

En este versículo la expresión *apóstoles de Cristo* sugiere que Pablo y sus compañeros eran representantes personales del Hijo de Dios, que los envía con Su autoridad para proclamar el evangelio y establecer iglesias. Como tales tenían derecho a ser sustentados por las iglesias. Pablo argumenta sobre estas prerrogativas cuando escribe a los corintios (1 Co. 9:3 ss.). La misma ley establecía el derecho al sustento de quienes servían a pleno tiempo en el ministerio, tomando como referencia el de los bueyes que trillaban a comer algo de aquello que constituía su trabajo, cuando dice: *"no pondrás bozal al buey cuando trillare"* (Dt. 25:4). El apóstol concluye la enseñanza sobre el sostenimiento de los que se dedican al ministerio cuando enseña como mandamiento de Jesús que *"los que anuncian el evangelio, que vivan del evangelio"* (1 Co. 9:14). Todo creyente tiene que vivir conforme al evangelio en sus trabajos seculares, pero sólo algunos, a quienes Dios separa para Su obra, además de trabajar en el evangelio, deben vivir *del* evangelio. Los ministros no buscan su sostenimiento en ocupaciones seculares, sino que dedican todo su esfuerzo y tiempo al servicio del Señor y deben vivir del evangelio. Ese es el mandato de Jesús (Mt. 10:10; Lc. 10:7-8), como el mismo apóstol recuerda a Timoteo (1 Ti. 5:18). En esto se aprecia una doble responsabilidad: la iglesia debe procurar lo necesario para el sostenimiento de quienes sirven en la obra del Señor, sin considerar excesivo lo que destinan a ese fin (1 Ti. 5:17); por otro lado el que sirve al Señor en el ministerio debe vivir del evangelio, pero al mismo tiempo ha de vivir *para* el evangelio.

Pablo dice a los tesalonicenses que aunque tenía derechos para serles *carga*, no los utilizó para no ser causa de malas interpretaciones por parte de quienes eran sus enemigos y procuraban desprestigiarlo para impedir que su trabajo fuese fructífero. Frente a estas acusaciones les recuerda lo que ellos sabían, que nunca había recibido ni pedido nada para su vida cotidiana y la de aquellos que le acompañaban sirviendo a los creyentes.

7. Antes fuimos tiernos entre vosotros, como la nodriza que cuida con ternura a sus propios hijos.

ἀλλὰ	ἐγενήθημεν	νήπιοι[1]	ἐν	μέσῳ	ὑμῶν,	ὡς	ἐὰν
Por el contrario	fuimos	amables	en	medio	de vosotros	como	si

τροφὸς	θάλπῃ	τὰ	ἑαυτῆς	τέκνα,
nodriza	cuidase con cariño	los	de ella misma	hijos.

Notas y análisis del texto griego.

En la línea argumental, añade: ἀλλὰ, conjunción adversativa, *sino, sin embargo, por el contrario*; ἐγενήθημεν, primera persona plural del aoristo primero de indicativo en voz activa del verbo γίνομαι, *ser, tener*, aquí *fuimos*; νήπιοι, caso nominativo masculino plural del adjetivo *benignos, amistosos, amables*; ἐν, preposición propia de dativo *en*; μέσῳ, caso dativo neutro singular del adjetivo *medio*; ὑμῶν, caso genitivo de la segunda persona plural del pronombre personal declinado *de vosotros*; ὡς, conjunción condicional *como*; ἐὰν, conjunción *si*; τροφὸς, caso nominativo femenino singular del nombre común *nodriza*; θάλπῃ, tercera persona singular del presente de subjuntivo en voz activa del verbo θάλπω, *cuidar, cuidar con cariño*, aquí *cuidase con cariño*; τὰ, caso acusativo neutro plural del artículo determinado

los; ἑαυτῆς, caso genitivo femenino singular del pronombre reflexivo declinado *de ella misma*; τέκνα, caso acusativo neutro plural del nombre común *hijos*.
Crítica Textual. Lecturas alternativas.

[1] νήπιοι, *niño, infantil, inocente*, lectura atestiguada en $\mathfrak{p}^{65}$. א*. B. C*. D*. F. G. I. Ψ*. 0150. 104*. 263. 459. 1962. *l* 147. *l* 592. *l* 593. *l* 603^{c}. 326. it$^{ar, b, d, f, g, mon, o}$. vg$^{cl, ww}$. cop$^{sa. bo}$.

ἤπιοι, *benigno, amistoso, amable*, según lectura en א^{c}. A. C^{2}. D^{2}. K. L. P. Ψ^{2}. 0278. 075. 6. 33. 81. 104^{c}. 256. 326. 365. 424. 436. 630. 1241. 1319. 1505. 1573. 1739. 1852. 1881. 1912. 2127. 2200. 2464. 𝔐. *Lect.* Vgst. cop$^{sa/ms. fay}$. arm. esl. Clemente. Orígenes$^{2/3}$. Basilio, Crisóstomo. Teodoro de Mopsuestia^{lat}.

ἀλλὰ ἐγενήθημεν νήπιοι ἐν μέσῳ ὑμῶν, El apóstol destaca aquí la amabilidad con que trataron o se comportaron con los tesalonicenses. En contra del interés mezquino de que se le acusaba, no lo demostró, sino todo lo contrario. Como apóstol tenía derecho a ser sostenido por los creyentes, sin embargo, su comportamiento fue todo lo contrario, desinteresado y generoso. Les recuerda el tiempo pasado ἐν μέσῳεν ὑμῶν, *en medio de vosotros*, esto es, durante la estancia entre ellos. En aquellos días fue como *un niño*, cariñoso, afable e inocente. El adjetivo νήπιος, tiene que ver con la actitud de un niño, infantil, inocente. Sin embargo, hay otra alternativa de lectura como se indica en el apartado de Crítica Textual, en donde se lee ἤπιος, que significa *benigno, amistoso, amable*, de modo que el comportamiento del apóstol y sus colaboradores, lejos de ser exigente fue expresión de un cariño tierno, de un afecto entrañable, unida a la inocencia de un niño que no busca nada oculto en beneficio personal. El término que debió aparecer en el original es νήπιοι, y no ἤπιοι, posiblemente por un error de copia al omitir la misma letra en el principio de la palabra que aparece en el final de la anterior. Por tanto se facilita el sentido de *amable*, más que de *tierno*, los misioneros eran afectuosos en su trato, contrario a sus derechos de *ser carga*, tanto en el sustento como en la autoridad. Tenían derecho a imponer sus enseñanzas y decisiones puesto que eran apóstoles, pero prefirieron dejar a un lado sus derechos para hacer valer el afecto entrañable hacia los creyentes. El corazón de ellos estaba lleno de afecto.

ὡς ἐὰν τροφὸς θάλπῃ τὰ ἑαυτῆς τέκνα, Una segunda dificultad está en la metáfora ilustrativa que utiliza. ¿Se trata de una *nodriza* o de una *madre*? Nodriza, idiomáticamente tiene que ver con la mujer que cría un hijo ajeno. En el griego la palabra está vinculada con *alimento*, de modo que *nodriza* es la mujer que alimenta a un niño. En este caso además de alimentar lo hace con el cariño de una madre, es decir, no está alimentando hijos ajenos, sino propios. La estructura de la frase es interesante porque el verbo θάλπω, utilizado aquí, aparece también en la *Epístola a los efesios*, donde se lee: *"porque nadie aborreció jamás a su propia carne, sino que la sustenta y la cuida, como también Cristo a la iglesia"* (Ef. 5:29). El verbo entraña el sentido de protección y una de sus acepciones tiene que ver con un cuidado solícito, etimológicamente entraña también el concepto de *dar calor*, como un hijo que es alimentado por su madre que lo cuida y lo calienta. La madre que cuida y alimenta, lejos de promover sus propios intereses se desvive a favor de aquel que siendo su hijo lo cuida entrañablemente. De esa misma manera –usando la metáfora- el apóstol y sus compañeros de ministerio trataron con toda consideración a quienes eran sus hijos en Cristo, volcándose en atenciones y cuidado hacia cada uno de ellos.

8. Tan grande es nuestro afecto por vosotros, que hubiéramos querido entregaros no sólo el evangelio de Dios, sino también nuestras propias vidas; porque habéis llegado a sernos muy queridos.

οὕτως ὁμειρόμενοι[1] ὑμῶν εὐδοκοῦμεν[2] μεταδοῦναι
Así sintiendo un profundo afecto por vosotros, nos complacíamos en entregaros
ὑμῖν ου μόνον τὸ εὐαγγέλιον τοῦ Θεοῦ ἀλλὰ καὶ τὰς
os no sólo el evangelio - de Dios sino también las
ἑαυτῶν ψυχάς, διότι ἀγαπητοὶ ἡμῖν ἐγενήθητε.
de nosotros vidas, porque amados nos llegasteis a ser.

Notas y análisis del texto griego.

Concluyendo esta segunda serie de argumentación, escribe: οὕτως, adverbio de modo *así*; ὁμειρόμενοι, caso nominativo masculino plural del participio de presente en voz media del verbo ὁμείρομαι, *sentir cariño, sentir profundo afecto*, aquí *sintiendo un profundo afecto*; ὑμῶν, caso genitivo de la segunda persona plural del pronombre personal declinado *de vosotros, por vosotros*; εὐδοκοῦμεν, primera persona plural del imperfecto de indicativo en voz activa del verbo εὐδοκέω, *complacerse, tener complacencia, mostrar agrado*, aquí *nos complacíamos*; μεταδοῦναι, aoristo segundo de infinitivo en voz activa del verbo μεταδίδωμι, *compartir, comunicar, entregar*, aquí *entregar*; ὑμῖν, caso dativo de la segunda persona plural del pronombre personal declinado *a vosotros, os*; οὐ, adverbio de negación *no*; μόνον, adverbio de modo *sólo, solamente*; τὸ, caso nominativo neutro singular del artículo determinado *el*; εὐαγγέλιον, caso nominativo neutro singular del nombre común *evangelio*; τοῦ, caso genitivo masculino singular del artículo determinado *el*; Θεοῦ, caso genitivo masculino singular del nombre divino declinado *de Dios*; ἀλλὰ, conjunción adversativa *sino*; καὶ, adverbio de modo *también*; τὰς, caso acusativo femenino plural del artículo determinado *las*; ἑαυτῶν, caso genitivo masculino de la primera persona plural del pronombre reflexivo declinado *de nosotros mismos*; ψυχάς, caso acusativo femenino plural del nombre común *vidas*; διότι, conjunción causal *porque*; ἀγαπητοὶ, caso nominativo masculino plural del adjetivo *amados*; ἡμῖν, caso dativo de la primera persona plural del pronombre personal declinado *a nosotros, nos*; ἐγενήθητε, segunda persona plural del aoristo primero de indicativo en voz pasiva del verbo γίνομαι, *ser hecho, llegar a ser, comenzar a existir*, aquí *llegasteis a ser*.

Crítica Textual. Lecturas alternativas.

El texto conforme se traduce y analiza está atestiguado en ℵ. A. B. C. D. F. G. I[vid]. L. P. 0278. 33. 81. 104. 365. 630. 1241. 1739. 1881. 2464.

[1] ἱμειρόμενοι, *grande es nuestro afecto por*, lectura atestiguada en 0278. 323. 629. 630. 945. 1505. 1881.

[2] εὐδοκήσαμεν,

οὕτως ὁμειρόμενοι ὑμῶν. Cerrando el párrafo en que presentó la cuarta evidencia de su condición como verdadero apóstol, manifestada en su conducta personal, pone finalmente de manifiesto su entrega incondicional al ministerio y a los creyentes en Tesalónica. La frase tiene un contenido de alto sentimiento personal. El apóstol utiliza aquí *profundo afecto* el verbo ὁμείρομαι, que expresa la idea de *sentir cariño, sentir*, es la única vez que se utiliza este verbo en el Nuevo Testamento y que literalmente equivale a *estar prendado*. Es interesante una observación que hace Hendriksen:

"Es muy probable que exista algo de ironía en esta expresión, como si Pablo quisiese decir, 'Los que nos calumnian dicen que nosotros andábamos tras de vosotros; bien, tienen razón, sin duda os anhelábamos, pero no con el propósito de obtener algo de vosotros, sino para participar algo con vosotros' y ese algo consistía en nada menos que dos valiosos tesoros: el evangelio de Dios y nuestras mismas almas"[3].

El primer don que comparte con sus amados tesalonicenses es el *evangelio de Dios*. Era el más grande regalo que podía haberles hecho. Fue él, con los que le acompañaban en el viaje misionero, quienes les anunciaron el evangelio. No era un mensaje adulterado como el que portaban algunos de los que venían en nombre de los apóstoles de Jerusalén y despreciaban y desprestigiaban a Pablo. El evangelio de

[3] G. Hendriksen, o.c., pág 77 s.

esos enemigos era un mensaje adulterado en donde Dios había hecho una parte en la muerte de Cristo y el hombre tenía que hacer otra para la justificación en el cumplimiento de la ley y la circuncisión. Pablo anunció el mensaje único del evangelio de la gracia que anuncia la buena nueva de una obra realizada totalmente por Dios (Sal. 3:8; Jon. 2:9), que ofrece el perdón de los pecados, la justificación y otorga la vida eterna por gracia mediante la fe (Ef. 2:8-9). El mensaje de salvación obrando en los corazones de los tesalonicenses por la obra del Espíritu, trajo como consecuencia la salvación de muchos que ahora se congregaban para servir al Dios vivo y verdadero y esperar a su Hijo de los cielos (1:9-10). Ciertamente la predicación del evangelio suponía una gran demostración de amor auténtico y desinteresado, puesto que no fue fácil llevarles el mensaje por la oposición y dificultades que rodearon esa tarea (v. 2). Se necesitaba un amor grande para persistir en la tarea de proclamar el evangelio. Sin embargo, lo genuino de la vida cristiana descansa en un amor real, semejante al de Cristo. Cualquiera que actúa sin ese amor, convierte su ministerio en mero ruido que molesta a Dios y molesta a la iglesia (1 Co. 13:1). El verdadero amor lleva incluido el compromiso con la evangelización, no sólo porque es mandato del Señor (Mt. 28:19; Mr. 16:15-16; Jn. 17:18; Hch. 1:8), sino porque es una manifestación de identificación con Cristo que se evidencia en amar a quienes son objetos de Su amor. El Señor vino en una obra portentosa para predicar el evangelio, esto le acarreó continua oposición y terminó con Su muerte en la Cruz. Es cierto que la muerte del Señor no fue un *accidente* en la vida del hombre bueno Jesús, sino la realización en el tiempo de los hombres del programa eterno de salvación. Sin embargo, no es menos cierto que el Señor sufrió contradicción de pecadores, no tanto por lo que hizo, sanando a enfermos o expulsando demonios, sino por la proclamación del evangelio del reino y la enseñanza sobre la ética que comporta el ser ciudadano en él. Pablo mostró su amor genuino por los tesalonicenses al comunicarles el evangelio en medio de conflictos y riesgo de su propia vida, no solo la de él, sino la de aquellos que ayudaban en el servicio.

ἀλλὰ καὶ τὰς ἑαυτῶν ψυχάς. El Señor, dice el apóstol Juan, amó a los suyos *hasta el fin* (Jn. 13:1). El amor de Jesús se manifestó en que puso su vida por nosotros. No que alguien se la arrebatase, sino que voluntariamente la dio (Jn. 10:11, 17-18). En eso se mostró la realidad de Su amor (Ro. 5:8; 1 Jn. 4:10). La identificación con Cristo produce el mismo sentir que había en el Señor (Fil. 2:5), por consiguiente el amor se extiende a la experiencia cristiana orientándola hacia los hermanos, como enseña el apóstol Juan: *"En esto hemos conocido el amor, en que él puso su vida por nosotros; también nosotros debemos poner nuestras vidas por los hermanos"* (1 Jn. 3:16). De este modo les recuerda que habían estado dispuestos a llevarles el evangelio y aún a dar sus vidas por ellos. No significa esto que se tratase de *dar la vida* en sentido de morir por ellos, aunque sin duda lo comprendía en una disposición de entrega plena, pero *vida* tiene que ver con *talentos, tiempo, energía, trabajo*, etc. de otro modo, la totalidad de la existencia.

διότι ἀγαπητοὶ ἡμῖν ἐγενήθητε. Quienes aman a Jesús aman también a quienes Jesús ama. Los que eran amados de Dios (1:4), vienen a ser amados de ellos. La evidencia de esta afirmación viene en los versículos que siguen en donde las obras hechas a favor de la iglesia en Tesalónica lo ponen de manifiesto. Los que antes eran desconocidos para ellos, personas incluso opuestas puesto que vivían en *los ídolos* (1:9), ahora son muy queridos porque son hermanos en Cristo. La identidad de un verdadero creyente no es tanto en lo que cree sino en la expresión de amor. Jesús dijo que el distintivo de ser discípulo consistía en amar a los hermanos (Jn. 13:34-35). Es sorprendente ver a quienes se llaman a ellos mismos *defensores de la fe*, que son incapaces de amar a sus hermanos. Estos son manchas en los convites, porque se jactan de su ortodoxia pero olvidan el amor. Son quienes están siempre dispuestos a divulgar faltas, levantar calumnias, extender rumores, desprestigiar a otros en arras de un supuesto compromiso con la doctrina. No significa que en arras del amor se deje la Palabra y la firmeza doctrina, porque nadie puede amar al Señor sin obedecer Sus mandamientos, pero el principal de ellos es amar a los hermanos. Ninguna bendición puede haber para quien trabaja en las labores del evangelio si su trabajo no está cimentado en el amor. Los tesalonicenses eran testigos de que habían sido amados realmente por Pablo y sus compañeros. Habían estado dispuestos a entregarles sus propias vidas.

El ejemplo del apóstol (2:9-12).

9. Porque os acordáis, hermanos, de nuestro trabajo y fatiga; cómo trabajando de noche y de día, para no ser gravosos a ninguno de vosotros, os predicamos el evangelio de Dios.

Μνημονεύετε γάρ, ἀδελφοί, τὸν κόπον ἡμῶν καὶ τὸν
Porque os acordáis, hermanos, del trabajo de nosotros y de la
μόχθον· νυκτὸς καὶ ἡμέρας ἐργαζόμενοι πρὸς τὸ μὴ
fatiga; noche y día trabajando para - no
ἐπιβαρῆσαι τινα ὑμῶν ἐκηρύξαμεν εἰς ὑμᾶς τὸ
ser gravosos a alguno de vosotros proclamamos a vosotros el
εὐαγγέλιον τοῦ Θεοῦ.
evangelio - de Dios.

Notas y análisis del texto griego.

Entrando en la quinta evidencia, escribe: Μνημονεύετε, segunda persona plural del presente de indicativo en voz activa del verbo, o también segunda persona plural del presente de imperativo en voz activa del verbo μνημονεύω, *acordarse, hacer mención*, aquí *os acordáis*, o también *acordaros*; γάρ, conjunción causal *porque*; ἀδελφοί, caso vocativo masculino plural del nombre común *hermanos*; τὸν, caso acusativo masculino singular del artículo determinado *el*; κόπον, caso acusativo masculino singular del nombre común *labor, trabajo, fatiga, molestia*; ἡμῶν, caso genitivo de la primera persona plural del pronombre personal declinado *de nosotros*; καὶ, conjunción copulativa *y*; τὸν, caso acusativo masculino singular del artículo determinado declinado *del*; μόχθον, caso acusativo masculino singular del nombre común *fatiga, esfuerzo, trabajo*; νυκτὸς, caso genitivo femenino singular del nombre común declinado *de noche*; καὶ, conjunción copulativa *y*; ἡμέρας, caso genitivo femenino singular del nombre común declinado *de día*; ἐργαζόμενοι, caso nominativo masculino singular del participio de presente en voz media del verbo ἐργάζομαι, *trabajar*, aquí *trabajando*; πρὸς, preposición propia de acusativo *para*; τὸ, caso acusativo neutro singular del artículo determinado *el*; μὴ, partícula que hace funciones de adverbio de negación *no*; ἐπιβαρῆσαι, aoristo primero de infinitivo en voz activa del verbo ἐπιβαρέω, *exagerar, ser una carga*; τινα, caso acusativo masculino singular del pronombre indefinido declinado *a alguno*; ὑμῶν, caso genitivo de la segunda persona plural del pronombre personal declinado *de vosotros*; ἐκηρύξαμεν, primera persona plural del aoristo primero de indicativo en voz activa del verbo κηρύσσω, *proclamar, predicar, anunciar*, aquí *proclamamos*; εἰς, preposición propia de acusativo *a*; ὑμᾶς, caso acusativo de la segunda persona plural del pronombre pesonal *vosotros*; τὸ, caso nominativo neutro singular del artículo determinado *el*; εὐαγγέλιον, caso nominativo neutro singular del nombre común *evangelio*; τοῦ, caso genitivo masculino singular del artículo determinado *el*; Θεοῦ, caso genitivo masculino singular del nombre divino declinado *de Dios*.

Μνημονεύετε, γάρ, ἀδελφοί, τὸν κόπον ἡμῶν καὶ τὸν μόχθον· Pablo apela ahora al testimonio personal de los tesalonicenses. Pudiera ser que el apóstol estuviese diciendo que los creyentes se acordaban de lo que había ocurrido, o pudiera estar mandándoles que lo hicieran. El verbo tanto puede estar en presente de indicativo, como en presente de imperativo. Sin embargo, el contexto general favorecería mejor tomarlo como presente de indicativo, con lo que el apóstol estaría refiriéndose a un recuerdo que permanecía imborrable en la mente de los creyentes. Nuevamente utiliza el término *hermanos* para referirse a los tesalonicenses manifestando de nuevo un afecto especial por ellos. El trabajo a que se refiere tenía que ser duro, puesto que lo vincula con *fatiga*. No obstante pudiera ser que se estuviese refiriendo a dos cosas, por un lado el trabajo que ocupaba una larga jornada cada día, y por otro una situación que resultaba *fatigosa* para ellos y que bien podría estar relacionada con los conflictos personales que tenían que afrontar en Tesalónica.

νυκτὸς καὶ ἡμέρας ἐργαζόμενοι πρὸς τὸ μὴ ἐπιβαρῆσαι τινα ὑμῶν. Mientras duró el ministerio de evangelización y fundación de la iglesia, los misioneros trabajaron para su sostenimiento. El trabajo era no sólo arduo sino largo. El apóstol dice que trabajaban de *día y de noche*, una expresión que significa durante todo el día, desde bien temprano por la mañana hasta anochecido. El desinterés de Pablo se manifestaba de este modo y producía un dilema en todo el equipo que le acompañaba, ya que debía aceptar recibir remuneración por el trabajo o no. Sin embargo, el apóstol tomó, tanto aquí como en Corinto, la determinación de no recibir nada para el sostenimiento personal ya que no quería dar ocasión a los enemigos de generar inquietud sobre su propósito en el trabajo de evangelización y fundación de las iglesias. Con esta forma de actuar podía *tapar la boca* a los enemigos (Tit. 1:11). De igual modo podía despedirse de los creyentes en donde había trabajado diciendo: *"Ni plata ni oro ni vestido de nadie he codiciado"* (Hch. 20:33). Como ya se ha dicho antes los enemigos de Pablo lo acusaban de fundar iglesias para beneficiarse de los fieles, incluso propalaban la insidia de que la colecta que estaba recogiendo para los pobres era realmente para él (2 Co. 12:14 ss.). Delante de los creyentes en Tesalónica les recuerda como había trabajado durante el tiempo que estuvo con ellos lo que era testimonio claro de su desinterés en el servicio. No hubo codicia de bienes ajenos, es decir, el impulso pastoral en Pablo era el mismo que el del Gran Pastor de las ovejas a quien servía con limpia conciencia. No sólo predicaba de palabra, sino que vivía lo que predicaba. De manera que como hubo un pleno desinterés en Jesús, en una entrega por amor, buscando sólo el bien de los perdidos, así también lo hubo en él. Es más, como también diría a los corintios, en lugar de recibir el sustento que correspondía a su trabajo y a su condición de apóstol, el gastaba lo suyo propio y aún él mismo se gastaba por amor (2 Co. 12:15). No es que no tuviese derecho a ser sostenido de las ofrendas de los creyentes recibiendo un salario (1 Co. 9:11), sin embargo no hizo uso de ese derecho (1 Co. 9:15). Nadie podía acusarle de buscar los bienes de los cristianos. El trabajo durante todo el día proveía para sus necesidades y las de aquellos que le acompañaban en el ministerio (Hch. 20:34). La ejemplaridad del apóstol es notable: tenía derecho a ser sostenido pero valoró como mejor trabajar él para evitar que sus enemigos pudieran aprovechar su derecho para hacer dudar de las razones de su servicio. No quería *ser carga*, o *ser gravoso* a nadie, que ninguno tuviera nada que decir en cuanto a la obligación de sostener a quien vive predicando el evangelio. ¿En qué consistió el trabajo? Sabemos que su oficio era construir o confeccionar tiendas (Hch. 18:3). El tipo de trabajo es lo menos importante, lo que debe resaltarse es el principio dentro de la libertad cristiana: *"todas las cosas me son lícitos , más no todas convienen"* (1 Co. 6:12).

El ejemplo del apóstol debiera servir como permanente muestra del comportamiento de quienes sirven al Señor a tiempo completo. Primeramente está el mismo llamamiento, que es celestial, es decir, procedente de Dios mismo. El ministro no es llamado por la iglesia, ni por organización alguna, sino por Dios. Esto significa que para la provisión de sus necesidades, actuará quien le llama. Pablo había sido encomendado a la gracia de Dios para la labor que iba a realizar (Hch. 15:40). La gracia de Dios permite dificultades y persecuciones, pero también tiene cuidado de los que son enviados para el cumplimiento de una misión. Esto no significa, en modo alguno, que la iglesia no tenga responsabilidad alguna con aquellos que el Señor llamó al ministerio. Las congregaciones han de proveer de los recursos necesarios para el sostenimiento de quienes sirven al Señor a pleno tiempo. Pero, no es menos cierto que los que son llamados por el Señor deben depender continuamente de Él, que proveerá conforme a lo que conoce que son las necesidades cotidianas de Sus siervos. Según lo que leemos en Hechos, el apóstol además de ocuparse del sustento cotidiano para él y sus compañeros, se ocupaba también de los que estaban en necesidad: *"En todo os he enseñado que, trabajando así, se debe ayudar a los necesitados, y recordar las palabras del Señor Jesús, que dijo: Más bienaventurado es dar que recibir"* (Hch. 20:35). Promovía ofrendas para los pobres y se ocupaba de exhortar a todos a tener cuidado de los necesitados. El cuidado pastoral requería que además de ocuparse de quienes estaban a su cuidado en la iglesia, velasen del mismo modo por los necesitados. En aquellos tiempos había pobres que requerían atención social que proveyese mínimamente para sus necesidades. Él mismo se había ocupado de levantar una ofrenda destinada a los pobres en Jerusalén. La atención al necesitado es expresión visible de la identificación con Cristo.

10. Vosotros sois testigos, y Dios también, de cuán santa, justa e irreprensiblemente nos comportamos con vosotros los creyentes.

ὑμεῖς μάρτυρες καὶ ὁ Θεός, ὡς ὁσίως καὶ δικαίως καὶ
Vosotros testigos y - Dios, como santa y justa e
ἀμέμπτως ὑμῖν τοῖς πιστεύουσιν ἐγενήθημεν,
intachablemente con vosotros los que creen fuimos.

Notas y análisis del texto griego.

Añadiendo una nueva referencia a su comportamiento, dice: ὑμεῖς, caso nominativo plural de la segunda persona del pronombre personal *vosotros*; μάρτυρες, caso nominativo masculino plural del nombre común *testigos*; καὶ, conjunción copulativa *y*; ὁ, caso nominativo masculino singular del artículo determinado *el*; Θεός, caso nominativo masculino singular del nombre divino *Dios*; ὡς, adverbio de modo *como*; ὁσίως, adverbio de modo *santamente*; καὶ, conjunción copulativa *y*; δικαίως, adverbio de modo *justamente*; καὶ, conjunción copulativa *y*; ἀμέμπτως, adverbio de modo *intachablemente, irreprensiblemente*; ὑμῖν, caso dativo de la segunda persona plural del pronombre personal declinado *con vosotros*; τοῖς, caso dativo masculino plural del artículo determinado *los*; πιστεύουσιν, caso dativo masculino plural del participio de presente en voz activa del verbo πιστεύω, *creer*, aquí *que creen*; ἐγενήθημεν, primera persona plural del aoristo primero de indicativo en voz activa del verbo γίνομαι, *ser, estar*, aquí *fuimos*.

ὑμεῖς μάρτυρες καὶ ὁ Θεός, Apelando al conocimiento de los lectores, les recuerda el modo de comportamiento que tuvieron cuando estaban con ellos. Nuevamente apela al testimonio de los creyentes y lo corrobora con el testimonio de Dios, que no miente. Ellos habían tenido un comportamiento irreprochable delante de los hombres y delante de Dios. Si el primer testimonio, el de los creyentes, es importante, lo es siempre más el de Dios mismo, puesto que es el único que no sólo conoce los actos externos, sino las intenciones del corazón que los genera. Ellos habían tenido un comportamiento como corresponde a quienes viven para Dios y le sirven con corazón limpio.

ὡς ὁσίως καὶ δικαίως καὶ ἀμέμπτως ὑμῖν τοῖς πιστεύουσιν ἐγενήθημεν, Mediante el uso de tres adverbios de modo califica la ética del grupo. Primeramente habían manifestado una vida *santa*. El significado primario de la palabra tiene que ver con *separación*. Aquellos habían mostrado la separación del mundo, de sus cosas, de sus principios de vida y de la maldad de su comportamiento, separándose de todo ello como corresponde a quienes Dios mismo separó para salvación y servicio. La primera gran distinción de la separación es la conversión. El creyente está separado de quienes no creyendo, viven en la práctica del pecado como forma natural. No cabe duda que todos los creyentes en Cristo han sido separados para Dios, pero no todos ellos viven en la experiencia de separación plena para compromiso de vida con Dios. Esa separación tiene que ver con lo que se conoce como *santificación*, que es la forma natural de la vida cristiana. La santidad no es una opción sino el único modo de experiencia cristiana en un mundo pecaminoso.

En segundo lugar había vivido *justamente*. La consecuencia de la justicia imputada, que justifica delante de Dios, es la que permite una vida justa delante de los hombres. Vivir justamente es practicar la justicia conforme a lo que Dios determina en Su palabra. Es ajustarse a la forma de vida propia del reino de los cielos. Vivir justamente es no sólo dar a Dios lo que le corresponde, sino también actuar en esa misma forma con el prójimo. Aunque aquí se trata de la justicia práctica, no cabe duda que sólo es posible como resultado y consecuencia de la justicia imputada que abre una nueva relación con Dios y permite que el Espíritu Santo produzca en cada creyente tanto el querer como el hacer por su buena voluntad (Fil. 2:13). Este modo de vida justa, o lo que es igual *justamente*, se aprecia como consecuencia de ser *hechura* de Dios en Cristo, para *"buenas obras, las cuales Dios preparó de antemano para que anduviésemos en ellas"* (Ef. 2:10). El objetivo para este tiempo es un vivir *justamente,* manifestado en las obras que Dios llama buenas y que son el estilo propio de vida, ya que no se trata de *hacerlas*, esto es, una acción, sino de *andar* en ellas, lo que es igual a una forma de comportamiento. Estas *buenas obras*, que manifiestan una vida de justicia, han sido *preparadas de antemano*. En unión vital con Cristo, no sólo el creyente está *capacitado* en Él para hacer buenas obras, sino que Jesús se convierte también en el ejemplo a seguir en la senda del bien obrar (1 P. 2:21). Las buenas obras, esto es, las *obras auténticas*, son aquellas que Dios ha determinado como tales, en cuya máxima expresión está el *andar* de Jesús. Dios estableció ese buen obrar para que cada creyente muestre en su vida la condición de lo que es ser una nueva criatura en Cristo. Esta nueva creación de Dios tiene necesariamente que *despojarse* del viejo hombre que tiene un modo de obrar propio de la naturaleza caída y que lo pone de manifiesto con las obras de la carne (Gá. 5:19-21), para *vestirse* del nuevo que se va renovando conforme a la imagen del que lo creó (Col. 3:9-10). Estando en Cristo como nuevas criaturas (2 Co. 5:17), habiendo sido resucitados en Él (Ef. 2:6), escondiendo Dios nuestra nueva vida con Él en Dios (Col. 3:3), somos de tal manera en Cristo que el camino de la vida cristiana no puede ser otro que el de la reproducción, o conformación a Cristo, en el poder del Espíritu. Ese es el destino final y definitivo que el Padre ha preparado para quienes son una nueva creación en Cristo (Ro. 8:29). La condición para poder llevar a cabo este propósito divino, en el camino de las buenas obras conforme a Jesucristo, no es otro que la vivencia personal de Jesús, esto es, que el Señor se haga vida en la vida del creyente por su Espíritu a fin de alcanzar lo que Pablo expresa como *"para mí el vivir es Cristo"* (Fil. 1:21). En la identificación vital con Cristo se alcanza la demanda de Dios para un *andar en buenas obras*. No se trata, pues, de que Dios haya almacenado obras buenas para que el creyente las use, sino que Él dispuso que el creyente *adopte* una conducta, forma de vida, consecuente con la fe, orientada al buen obrar, como corresponde a quien vive en Cristo y vive a Cristo (Gá. 2:20).

En tercer lugar el apóstol habla de una forma de vida *irreprensible, o irreprochable*. Que se manifestaba tanto delante de Dios como de los hombres. La conducta propia de Pablo era la que requeriría para el liderazgo de la iglesia (1 Ti. 3:2), siendo ejemplo de vida sin reproche. No existe ningún líder en la obra que no sea objeto de maledicencia, en mayor o menor medida, pero frente a las mentiras e intentos de desprestigiarle, el Señor que conoce el corazón, sabe también de la forma de vida consonante con su voluntad. Quienes trabajan para desprestigiar a un siervo de Dios, se encontrarán con el baluarte infranqueable de su entereza moral, de modo que no hay reproche de maldad que pueda afectarle. La vida cristiana tiene siempre el componente de la aflicción y la persecución del mundo, que incluye a veces a quienes se llaman hermanos, como el apóstol Pablo dice, escribiendo a Timoteo: *"Y también todos los que quieren vivir piadosamente en Cristo Jesús padecerán persecución"* (2 Ti. 3:12). Los conflictos terrenales por una ética irreprochable son causa de bienaventuranza: *"Bienaventurados sois cuando por mi causa os vituperen y os persigan, y digan toda clase de mal contra vosotros, mintiendo. Gozaos y alegraos, porque vuestro galardón es grande en los cielos; porque así persiguieron a los profetas que fueron antes de vosotros* (Mt. 5:11-12). El apóstol llamó al recuerdo de los creyentes para que diesen testimonio de que cuanto había dicho era cierto.

11. Así como también sabéis de qué modo, como el padre a sus hijos, exhortábamos y consolábamos a cada uno de vosotros.

καθάπερ	οἴδατε,	ὡς	ἕνα ἕκαστον	ὑμῶν	ὡς	πατὴρ	τέκνα
Como	sabéis,	como	a cada uno	de vosotros	como	padre	a hijos

ἑαυτοῦ	παρακαλοῦντες	ὑμᾶς[1]	καὶ	παραμυθούμενοι
de sí mismo,	exhortando	os	y	animando.

Notas y análisis del texto griego.

Sin interrupción en el tema, añade: καθάπερ, conjunción condicional *como, así como, lo mismo que*; οἴδατε, segunda persona plural del imperfecto de indicativo en voz activa del verbo οἶδα, *saber, conocer*, aquí *sabéis*; ὡς, conjunción condicional *como*; ἕνα, caso acusativo masculino singular del adjetivo numeral cardinal *uno*; ἕκαστον, caso acusativo masculino singular del adjetivo indefinido *cada, cada uno*; ὑμῶν, caso genitivo de la segunda persona plural del pronombre personal declinado *de vosotros*; ὡς, conjunción condicional *como*; πατὴρ, caso nominativo masculino singular del nombre común *padre*; τέκνα, caso acusativo neutro plural del nombre común declinado *a hijos*; ἑαυτοῦ, caso genitivo masculino singular del pronombre reflexivo *de él mismo, de sí mismo*; παρακαλοῦντες, caso nominativo masculino plural del participio de presente en voz activa del verbo παρακαλέω, *llamar, pedir, rogar, consolar, exhortar*, aquí *exhortando*; ὑμᾶς, caso acusativo de la segunda persona plural del pronombre personal declinado *a vosotros*; καὶ, conjunción copulativa *y*; παραμυθούμενοι, caso nominativo masculino plural del participio de presente en voz media del verbo παραμυθέομαι, *animar, alentar, consolar*, aquí *animando*.

Crítica Textual. Lecturas alternativas.

[1] ὑμᾶς, se omite en ℵ, vg^{vg}.

De nuevo en el texto griego hay una división de versículos que difiere de la de muchas versiones castellanas, de modo que la última parte, *exhortándoos y animándoos*, es la primera parte del versículo siguiente. Aquí seguimos la puntuación de las versiones castellanas para una mejor adaptación de la exégesis.

καθάπερ οἴδατε, El apóstol vuelve nuevamente a apelar al conocimiento de los lectores: *"así como también sabéis"*. Conocían el comportamiento de los misioneros, pero conocían también el amor paterno de Pablo.

ὡς ἕνα ἕκαστον ὑμῶν ὡς πατὴρ τέκνα ἑαυτοῦ. Los que les habían predicado el evangelio los habían tratado con el amor que correspondería a una madre que alimentaba a sus hijos pequeños. La figura ahora cambia para presentar la acción de un padre con sus mismos hijos. La ilustración pone énfasis en el ministerio pastoral. La tarea no era con toda la iglesia en conjunto, predicando y enseñando, sino individualmente con cada creyente. Ningún creyente quedaba sin la correspondiente actuación pastoral. El trabajo tenía que ser agotador; durante el día trabajaban en tareas seculares para conseguir lo necesario para cada día; luego predicaban el evangelio y enseñaban; además pastoreaban uno por uno a los creyentes conforme a sus necesidades. El objeto era procurar que todos viviesen conforme a la vida cristiana. En la metáfora de la madre (v. 7) el principio a destacar era el de afecto y cuidado; en la del padre se marca la autoridad que conduce la vida de un niño hacia la madurez con amor y disciplina. En otros lugares del Nuevo Testamento se presenta el apóstol como un padre para sus hijos (cf. 1 Co. 4:14; 2 Co. 6:13; 1 Ti. 1:2; Flm. 10). En el versículo se aprecia la atención personalizada con *cada uno* de los tesalonicenses. El trato era ejemplar, como corresponde a un padre que es ejemplo de vida para aquellos que está educando, y cuyas acciones tienen como objetivo principal la edificación y crecimiento de quienes están a su cuidado pastoral.

παρακαλοῦντες ὑμᾶς. La primera cosa que un padre debe hacer en la educación de su hijo es *exhortar*, *consolar, alentar* a sus hijos, como el mismo apóstol dice escribiendo a los efesios: *"Y vosotros, padres, no provoquéis a ira a vuestros hijos, sino criadlos en disciplina y amonestación del Señor"* (Ef. 6:4). El padre debe animar a los hijos alentándoles. Esto no supone que se evite la disciplina y la amonestación del Señor. Pablo, como padre espiritual para los creyentes en Tesalónica, se comportaba con ellos consolándolos y alentándolos en un ministerio de exhortación. El verbo tiene que ver con *venir al lado*, llevando la ayuda necesaria cerca de cada uno. No se trata de ejercer la autoridad que corresponde como padre, mediante un sistema dictatorial, sino de una conducción establecida en el amor y, sobre todo en una vida ejemplar que puede ser imitada. El ejercicio de autoridad no es la búsqueda de la obediencia incondicional, sino el trato que procura la correcta orientación de la vida del hijo conforme a lo que la Palabra establece. El ejercicio de la disciplina es esencial en la vida del creyente, pero, junto con ella está también el respeto de la personalidad del cristiano, evitando por todos los medios que se genere una rebeldía interna contra la imposición, que no es exhortación animosa. La acción de disciplina, tanto en la iglesia como en la familia, es asunto de *amonestación*, sin provocar a ira. Quiere decir que en la exhortación, la consolación, ha de ser siempre tan positiva que no genera actitud de resentimiento. En el ejercicio de la labor pastoral no se debe actuar por impulsos propios y mucho menos por criterios personales. La rebeldía de muchos creyentes contra la disciplina pastoral viene producida por determinar el estado de ánimo del pastor o de los líderes de la congregación. La labor pastoral exige la disposición a escuchar siempre las razones que el creyente pueda aportar sobre sus propios actos. No hay nada más irritante para un creyente saber que sus razones nunca serán atendidas por los pastores y que lo único que estos pretenden establecer son sus criterios, reglas y normas sin tener en cuenta lo que el creyente pueda pensar de todo ello. Sólo es posible la correcta exhortación cuando se hace *en el Señor*. Es decir, sólo es lícito aquello que corresponda a lo que se debe llevar a cabo en el Señor o, si se prefiere de otro modo, a una actuación que corresponda con lo que el Señor hubiera hecho en cada una de las circunstancias que envuelven la situación personal de cada creyente. El ejemplo del apóstol es evidente: pastoreaba a cada creyente con un espíritu alentador.

καὶ παραμυθούμενοι. Además de la exhortación, la labor pastoral de Pablo tenía que ver con el *ánimo*. Nada es más importante que alentar a los creyentes para que surja en ellos un mayor deseo de compromiso en el servicio y en el testimonio. A lo largo de la Escritura aparecen continuos ejemplos de palabras de aliento que motivaron a creyentes y revirtieron situaciones de desánimo. La situación social contra los cristianos era compleja y dificultosa. La persecución era algo común. Los creyentes pasaban por situaciones desalentadoras, por tanto, la labor pastoral consistía en llevarles una palabra de aliento que, sin duda, necesitaban. Es interesante apreciar que mientras la labor del maestro es masiva, enseñando a todos en la iglesia, la del pastor es individualizada, alentando, animando y consolando *a cada uno*. Para ello es necesario que el pastor conozca a todas las ovejas. No se puede ejercer el ministerio pastoral desde la ignorancia de cómo es cada miembro de la congregación. Nada más lamentable que un pastor que ignora las características personales de cada creyente y, todavía más penoso si desconoce las situaciones individuales, tal desconocimiento hace imposible la correcta labor pastoral.

12. Y os encargábamos que anduvieseis como es digno de Dios, que os llamó a su reino y gloria.

καὶ	μαρτυρόμενοι	εἰς	τὸ	περιπατεῖν	ὑμᾶς	ἀξίως	τοῦ
Y	encargando encarecidamente	para	-	andar	vosotros	dignamente	-

Θεοῦ	τοῦ	καλοῦντος[1]	ὑμᾶς	εἰς	τὴν	ἑαυτοῦ	βασιλείαν	καὶ	δόξαν.
de Dios	-	que llama	os	al		de sí mismo	reino	y	gloria.

Notas y análisis del texto griego.

Cerrando el párrafo, escribe: καὶ, conjunción copulativa *y*; μαρτυρόμενοι, caso nominativo masculino plural del participio de presente en voz media del verbo μαρτύρομαι, *dar testimonio, declarar, encarecer, instar, encargar encarecidamente*, aquí *encargando encarecidamente*; εἰς, preposición propia de acusativo *para*; τὸ, caso acusativo neutro singular del artículo determinado *el*; περιπατεῖν, presente de infinitivo en voz activa del verbo περιπατέω, *andar, caminar*; ὑμᾶς, caso acusativo de la segunda persona plural del pronombre personal *vosotros*; ἀξίως, adverbio de modo *dignamente*; τοῦ, caso genitivo masculino singular del artículo determinado *el*; Θεοῦ, caso genitivo masculino singular del nombre divino declinado *de Dios*; τοῦ, caso genitivo masculino singular del artículo determinado *el*; καλοῦντος, caso genitivo masculino singular del participio de presente en voz activa del verbo καλέω, *llamar*, aquí *que llama*; ὑμᾶς, caso acusativo de la segunda persona plural del pronombre personal declinado *a vosotros, os*; εἰς, preposición propia de acusativo *a*; τὴν, caso acusativo femenino singular del artículo determinado *la*; ἑαυτοῦ, caso genitivo masculino de la primera persona singular del pronombre personal reflexivo declinado *de él mismo*; βασιλείαν, caso acusativo femenino singular del nombre común *reino*; καὶ, conjunción copulativa *y*; δόξαν, caso acusativo femenino singular del nombre común *gloria*.

Crítica Textual. Lecturas alternativas.

[1] καλέσαντος, *que llamó*, lectura atestiguada en ℵ. A. 104. 326. 945. 1505. 2464. lat. sy. co; Agustín. Speculum.

καὶ μαρτυρόμενοι. Una tercera actividad pastoral consistía en *pedir, rogar encarecidamente* a los creyentes en relación con la forma de vida que debían adoptar. Es interesante apreciar la sucesión de los tres participios de presente en los verbos que denotan las acciones: *exhortar, animar, rogar*. Quiere decir que el apóstol lo hacía continuamente con todos. El verbo que se utiliza aquí μαρτύρομαι, expresa también un acto de testimonio, como si el ruego se hiciese delante de testigos. Pablo utiliza el verbo modificado διαμαρτύρομαι, que se traduce en RV como *te encarezco*, pero que literalmente equivale a *te conjuro*. Es sin duda un ruego que se hace, pero revestido de intensidad que debe conducir a una determinada acción.

εἰς τὸ περιπατεῖν ὑμᾶς ἀξίως τοῦ Θεοῦ τοῦ καλοῦντος ὑμᾶς. El objetivo de las exhortaciones y de la demanda mencionada en este versículo es que los creyentes vivieran *dignamente*, esto es, con la dignidad requerida de su condición. El cristiano debe *andar* como es digno de Dios (1 P. 1:14-16; 1 Jn. 2:6). En todo el decurso de la vida la dignidad cristiana debe respaldar el *andar*, que equivale a *forma de vida*. El apóstol Pedro dice que debe ser santo *en toda vuestra manera de vivir*. No importa el lugar donde el cristiano se encuentre, en la actividad que esté ejerciendo, en la situación personal que concurra, la santidad es el único modo de vivir *dignamente* delante de los hombres y delante de Dios. El uso de *andar* en el Nuevo Testamento tiene que ver muchas veces con testimonio, puesto que mientras una persona *anda* manifiesta su vida que es visible externamente a todos los que le ven pasar. El hombre creado para glorificar a Dios, se desvió del propósito divino a causa del pecado, pero, en la regeneración los cristianos son nuevamente capacitados para vivir conforme a la voluntad divina. La Biblia enseña que la voluntad de Dios es nuestra santificación. De otro modo: *"...así como para iniquidad presentasteis vuestros miembros para servir a la inmundicia y a la iniquidad, así ahora para santificación presentad vuestros miembros para servir a la justicia"* (Ro. 6:19). Antes de la conversión la vida de pecado esclavizaba al creyente conduciéndole a la inmundicia y practicando la iniquidad. Esta vida bajo pecado inhabilita al hombre para la bendición que sigue en el versículo *vivir en el reino de Dios*. El apóstol lo hace notar claramente a los corintios cuando les dice: *"¿No sabéis que los injustos no heredarán el reino de Dios? No erréis; ni los fornicarios, ni los idólatras, ni los adúlteros, ni los afeminados, ni los que se echan con varones, ni los ladrones, ni los avaros, ni los borrachos, ni los maldicientes, ni los estafadores, heredarán el reino de Dios. Y esto erais algunos; mas ya habéis sido lavados, ya habéis sido santificados, ya habéis sido justificados en el nombre del Señor Jesús, y por el Espíritu de nuestro Dios"* (1 Co. 6:9-11). Quienes viven en la práctica de estos o de otros pecados están poniendo de manifiesto que no son de Dios, por tanto no heredarán el reino. El cambio en la gracia es evidente: Las cosas que eran el estilo de vida de los que ahora son creyentes, fueron canceladas para ellos mediante la obra de Cristo que los lavó de la corrupción del pecado, ya que en el momento de creer se produce la liberación del viejo hombre y el *revestirse* de nuevo (Ef. 4:22, 24). Los tesalonicenses debían entender que ese es un estado definitivo, posicionalmente en Cristo (1 Co. 1:30). Todos ellos habían sido separados para Dios como un pueblo santo (1 P. 2:9). La ocupación de los tales no es la práctica del pecado sino el vivir *dignamente* como hijos de Dios. Estos que son creyentes han sido *llamados* por Dios a esta esfera. La salvación va siempre precedida del *llamado del Padre*, ya que ninguno puede ir a Jesús, el Salvador de los pecadores, sin ese llamamiento (Jn. 6:44). Ese llamado de Dios es para que se cumpla en la vida de los llamados Su propósito que es la santificación (4:3). El ruego del apóstol tiene que ver con un comportamiento que corresponda al llamado celestial.

εἰς τὴν ἑαυτοῦ βασιλείαν καὶ δόξαν. Vivir *dignamente* es el modo que corresponde también a la posición a que el creyente fue trasladado. Pablo dice aquí que Dios llamó a *Su reino y gloria*. Cuando un hombre pecador cree en Cristo, se produce para él un cambio de esfera de vida, de modo que es liberado del poder de las tinieblas y trasladado al reino del Hijo amado de Dios (Col. 1:13). Sin duda el término *reino* en relación con Dios tiene distintos aspectos y alcances, pero el sentido genérico de *reino de Dios, reino de los cielos, reino del Hijo*, es fundamentalmente el mismo y muchas veces intercambiable. Fundamentalmente es el gobierno que Dios ejerce sobre personas que le reconocen como Soberano. A lo largo de toda la historia humana ha habido presencia del reino de Dios o reino de los cielos, manifestándose en grupos que obedecían y adoraban a Dios. Ese reino se ha hecho visible en distintos modos. Cuando Jesús vino al mundo lo hizo, entre otras cosas, para predicar el *reino*, y Él mismo dijo que *el reino de Dios entre vosotros está* (Lc. 17:21). En el futuro habrá otra manifestación del *reino* en el tiempo llamado *milenio*, que ocurrirá para cumplir promesas y pactos conforme al propósito divino. En el reino de Dios los súbditos viven conforme a la voluntad divina y a la ética del reino. El acceso al reino de Dios o reino de los cielos sólo es posible por el nuevo nacimiento (Jn. 3:3, 5). Cuando Jesús pronunció el llamado *Sermón del Monte*, estableció las líneas maestras de la ética que será propia del reino de los cielos cuando se establezca en la tierra. Sin embargo, la misma ética tiene que ser la propia de los creyentes hoy, puesto que por el nuevo nacimiento han entrado en el reino de Dios. Los cristianos, trasladados al reino del Hijo amado, tenemos la obligación y el privilegio de vivir conforme a la esfera a donde hemos sido llevados. Es necesario recordar que el mensaje que Pablo predicaba tenía que ver con la proclamación del reino de Dios (Hch. 28:23). Este reino marca una esfera espiritual ya que no consiste en *"comida, ni bebida, sino justicia, paz y gozo en el Espíritu Santo"* (Ro. 14:17). El trabajo que Pablo llevaba a cabo con tanto esfuerzo y constancia estaba relacionado con el reino de Dios (Col. 4:11). Por esta causa, al pedir a los creyentes en tesalónica que vivan *dignamente*, les recuerda la posición espiritual en que se encuentran y les recuerda también que las aflicciones que estaban sufriendo se producían por causa de ella, es decir, porque son súbditos del reino (1:5). Esta posición de la Iglesia no significa que haya sustituido y cumplido en ella lo que aún resta de bendiciones futuras para Israel y las naciones salvas que vivan en el tiempo del reino de Jesucristo en la tierra. Algunas cosas que van a proyectarse a la perpetuidad de cielos nuevos y tierra nueva no han ocurrido todavía y la Iglesia no es tampoco la proyección eterna del reino de Dios. Sin embargo, ante lo que somos por gracia y la posición que ocupamos en relación con Dios el apóstol llama a una ética consecuente y concordante con ella.

El llamado de Dios es también a *Su gloria*. Quien está en el reino está también en la esfera de la gloria de Dios. Cuando el creyente alcanza por gracia la salvación es posicionado en Cristo y en Él trasladado a la esfera donde está el Señor, como el apóstol enseña: *"y juntamente con él nos resucitó, y asimismo nos hizo sentar en los lugares celestiales con Cristo Jesús"* (Ef. 2:6). Los dos acontecimientos, el de la resurrección espiritual, como el de posicionamiento celestial, se producen por vinculación con Cristo y en unidad con Él. Por el bautismo del Espíritu el creyente llega a un nuevo *ser en Cristo* y juntamente con Él se halla en los cielos, donde se encuentra elevado con Él. Esto equivale a que la iglesia está en una esfera donde se manifiesta la gloria de Dios. Es verdad que en el futuro glorioso cuando sea trasladada al encuentro con Jesús, habrá una experiencia de gloria que no tenemos ahora. Sin embargo, sería necesario estudiar aquí el concepto *gloria* en relación con Dios, cosa que no cabe en el objeto de este comentario. Tan sólo recordar que Jesús oró a su Padre pidiéndole que los creyentes estén donde Él está para que vean Su gloria (Jn. 17: 24). Esta manifestación de la gloria de Dios, expresada para el hombre en la persona de Jesucristo, puede apreciarse ya hoy en la medida en que Cristo sea una realidad en la vida cristiana. La comunión con Cristo nos alcanza la visión de la admirable gloria de Dios en la medida en que vivamos Su vida sin obstáculo. De ahí la exhortación del apóstol a vivir *dignamente* para disfrutar las bendiciones y la gloria del reino. Pablo exhorta a los cristianos, no sólo en su tiempo en Tesalónica, sino a todos en todos los tiempos a orientar nuestras vidas hacia la luz admirable de la gloria de Dios. Levantar los ojos hacia el lugar en que posicionalmente estamos en Cristo y ver ya, como ocurre cuando en la noche comienza a alborear el día, a la luminosa mañana del encuentro con el Señor, quien es luz y gloria de Dios. Nuestro privilegio, pero también nuestra responsabilidad, es caminar de cara a la gloria venidera, mientras disfrutamos ahora de la gloria de Dios en la imagen de Jesucristo.

La preocupación del apóstol (2:13-3:13).

Preocupación por los conflictos de los creyentes (2:13-20).

13. Por lo cual también nosotros sin cesar damos gracias a Dios, de que cuando recibisteis la palabra de Dios que oísteis de nosotros, la recibisteis no como palabra de hombres, sino según es en verdad, la palabra de Dios, la cual actúa en vosotros los creyentes.

Καὶ διὰ τοῦτο καὶ ἡμεῖς εὐχαριστοῦμεν τῷ Θεῷ ἀδιαλείπτως,
Y por esto también nosotros damos gracias - a Dios sin cesar,
ὅτι παραλαβόντες λόγον ἀκοῆς παρ' ἡμῶν τοῦ Θεοῦ
de que al recibir palabra de predicación de nosotros - de Dios
ἐδέξασθε οὐ λόγον ἀνθρώπων ἀλλὰ καθώς ἐστιν ἀληθῶς
acogisteis no palabra de hombres sino como es verdaderamente
λόγον Θεοῦ, ὃς καὶ ἐνεργεῖται ἐν ὑμῖν τοῖς πιστεύουσιν.
palabra de Dios, la cual también actúa en vosotros los creyentes.

Notas y análisis del texto griego.

Iniciando el último párrafo del capítulo, escribe: Καὶ, conjunción copulativa *y*; διὰ, preposición propia de acusativo *por*; τοῦτο, caso acusativo neutro singular del pronombre demostrativo *esto*; καὶ, conjunción copulativa *y*; ἡμεῖς, caso nominativo de la primera persona plural del pronombre personal *nosotros*; εὐχαριστοῦμεν, primera persona plural del presente de indicativo en voz activa del verbo εὐχαριστέω, *agradecer, dar gracias*, aquí *damos gracias*; τῷ, caso dativo masculino singular del artículo determinado *el*; Θεῷ, caso dativo masculino singular del nombre divino declinado *a Dios*; ἀδιαλείπτως, adverbio de modo *siempre, sin cesar, continuamente*; ὅτι, conjunción causal *que, de que*; παραλαβόντες, caso nominativo masculino plural del participio del aoristo primero en voz activa del verbo παραλαμβάνω, *recibir*, aquí *al recibir*; λόγον, caso acusativo masculino singular del nombre común *palabra, discurso*; ἀκοῆς, caso genitivo masculino singular del nombre común declinado *de predicación, de noticia, de palabra*; παρ', preposición propia de genitivo en la forma que adopta la preposición παρά, por elisión de la α final cuando precede a una palabra que comienza con vocal, equivale a *de*; ἡμῶν, caso genitivo de la primera persona plural del pronombre personal *nosotros*; τοῦ, caso genitivo masculino singular del artículo determinado *el*; Θεοῦ, caso genitivo masculino singular del nombre divino declinado *de Dios*; ἐδέξασθε, segunda persona plural del aoristo primero de indicativo en voz media del verbo δέχομαι, *recibir, aceptar, acoger*, aquí *acogisteis*; οὐ, adverbio de negación *no*; λόγον, caso acusativo masculino singular del nombre común *palabra, discurso*; ἀνθρώπων, caso genitivo masculino plural del nombre común *hombres*; ἀλλὰ, conjunción adversativa *sino*; καθώς, conjunción condicional *como*; ἐστιν, tercera persona singular del presente de indicativo en voz activa del verbo εἰμί, *ser*, aquí *es*; ἀληθῶς, adverbio de modo *verdaderamente*; λόγον, caso acusativo masculino singular del nombre común *palabra, discurso*; Θεοῦ, caso genitivo masculino singular del nombre divino declinado *de Dios*; ὃς, caso nominativo masculino singular del pronombre relativo *el que, el cual*; καὶ, adverbio de modo *también*; ἐνεργεῖται, tercera persona singular del presente de indicativo en voz media del verbo ἐνεργέω, *obrar, actuar, ejercer actividad, mostrar poder*, aquí *actúa*; ἐν, preposición propia de dativo *en*; ὑμῖν, caso dativo de la segunda persona plural del pronombre personal *vosotros*; τοῖς, caso dativo masculino plural del artículo determinado *los*; πιστεύουσιν, caso dativo masculino plural del participio de presente en voz activa del verbo πιστεύω, *creer*, aquí *que creen*.

Καὶ διὰ τοῦτο καὶ ἡμεῖς εὐχαριστοῦμεν τῷ Θεῷ ἀδιαλείπτως, Retomando de nuevo la acción de gracias hace notar que la gratitud delante de Dios en relación con los tesalonicenses se debía a la evidencia de haber recibido la Palabra y de que ella operaba en cada uno. La gratitud se expresaba en forma continuada, como lo pone de manifiesto el uso del adverbio ἀδιαλείπτως, *continuamente*. Ya se ha indicado antes que el apóstol y sus colaboradores practicaban la oración de intercesión y de gratitud como algo habitual en sus vidas. No puede haber ministerio con poder y alcance basado sólo en la predicación si no va acompañado al mismo tiempo de la oración. El ejemplo de Pablo es elocuente para el ejercicio ministerial y especialmente para el trabajo pastoral. La iglesia es una obra de la gracia, por tanto, el que está sirviendo al Señor en la evangelización y establecimiento de iglesias tiene siempre motivo de gratitud por lo que Él hace por medio de Sus siervos. Lo importante no es lo que podamos hacer para el Señor, Él no necesita nada de nosotros, lo primordial es lo que Él puede hacer por medio de nosotros. Por eso ora Pablo al ver que su ministerio, su arduo trabajo no ha sido en vano (2:1). Dios había hecho una obra que ningún hombre hubiera podido hacer. El establecimiento de tantas iglesias y la proclamación del evangelio en medio de conflictos, dificultades, oposición, etc. es una manifestación de la omnipotencia divina puesta al servicio del proyecto para esta dispensación, dicho en palabras de Jesús: *"Yo edificaré mi iglesia"*.

ὅτι παραλαβόντες λόγον ἀκοῆς παρ' ἡμῶν τοῦ Θεοῦ. El primer motivo de gratitud por el que ora tiene que ver con la recepción del mensaje recibido. Pablo le llama aquí *palabra de Dios*. Es necesario prestar atención al hecho fundamental de que lo que aquellos predicaban era sólo la Palabra que procedía de Dios. El apóstol tenía claro que lo que tenía que proclamar era el *evangelio de Dios*, esto es, el mensaje de la buena nueva que procedía de Dios mismo. Quien hace la obra de salvación establece también el modo de proclamarla a los hombres mediante el evangelio. No se trata de una reflexión humana, sino de un mensaje divino. El concepto paulino de evangelio está vinculado siempre a la Palabra de Dios y su procedencia ligada a Dios mismo: *"Mas os hago saber, hermanos, que el evangelio anunciado por mi, no es según hombre; pues yo ni lo recibí ni lo aprendí de hombre alguno, sino por revelación de Jesucristo"* (Gá. 1:11-12). Será bueno recordar que desde la condición de *apóstol de Cristo*, el mensaje que proclama reviste la autoridad del Señor y se ajusta siempre a lo que Él le había enseñando directamente por revelación. Es un mensaje que no procede de los hombres, sino que le fue encomendado directamente por Cristo mismo. Los enemigos de Pablo, que son enemigos del evangelio, procuraban hacer dudar a los cristianos de su conocimiento sobre el mensaje de salvación, de manera que enseñaba el evangelio parcialmente, faltándole un complemento que ellos traían, de parte de quienes eran conocedores de la verdad por haber estado con Jesús. La pretendida autoridad de ellos procedía de los hombres. Pablo afirma que su evangelio no era de hombres, lo que lo sitúa inmediatamente en un plano superior a la enseñanza de cualquier hombre por grande que fuese. El evangelio que predicaba lo llama aquí en la *Epístola* y en otros lugares *el evangelio de Dios* (v. 8; 2 Co. 11:7). Quiere decir que el autor del evangelio es Dios mismo. Además también le llama el *evangelio de Cristo* (3:2; Ro. 15:19, 29; 2 Co. 2:12), no solo en cuanto a procedencia, sino en cuanto a orientación, ya que el nucleo del mensaje es Cristo. Podría, uniendo los dos calificativos, decir que el evangelio que Pablo predicaba era el *evangelio de Dios acerca de Cristo*. La obra de salvación, el alcance de la salvación, la esperanza de la salvación y la proyección eterna de la salvación encuentran contenido sólo en Cristo. Pablo predicaba el evangelio que es sinónimo de predicar a Cristo y a éste crucificado (1 Co. 1:23). El mensaje de salvación es la expresión de las *inescrutables riquezas* de Dios en Cristo (Ef. 3:8). Al tratarse de la infinita dimensión de la gracia de Dios y sus recursos, no pueden dimensionarse porque exceden a toda comprensión humana. Cualquier investigación humana queda limitada ante la dimensión infinita de la gracia divina y sus consecuencias. La proclamación del evangelio presenta los múltiples aspectos de la riqueza de Dios y sus dones como escribe en otros lugares (cf. Ro. 2:4; 9:23; 11:33; Ef.1:18; 2:7; Fil. 4:19; Col. 1:27), pero, aquí el énfasis recae en que el evangelio es la expresión de *"la riqueza de Cristo"*. En un acto de inimaginable gracia *"se hizo pobre siendo rico"* con el propósito de *enriquecer* a los creyentes (2 Co. 8:9). Todo cuanto procede de Dios viene a la experiencia vital del hombre por medio del único Mediador entre Dios y los hombres que es Jesucristo hombre (1 Ti. 2:5). El evangelio anuncia la paz con Dios que sólo es posible en Cristo y por Cristo, como dice escribiendo a los efesios: *"Y vino y anunció las buenas nuevas de paz a vosotros que estabais lejos, y a los que estaban cerca"* (Ef. 2:17). Evidentemente, el apóstol contempla todo el desarrollo de la vida terrenal de Jesús involucrado en un programa salvífico y de apertura de una nueva relación del hombre con Dios, hasta proyectarla a la entrada del creyente a Su presencia sin restricción alguna, como resucitado en Él. Por tanto, cuando dice que Jesús *vino* debe referirse más que a una acción puntual, a una situación que luego de la obra en su *cuerpo de carne* sobre la Cruz, no puede tratarse sino de Su gloriosa resurrección y ascensión a los cielos. El evangelio se proyecta a dos aspectos: la obra redentora y la exaltación del Redentor, sin cuyo hecho no sería posible proclamar ni directamente con Él, ni hecha por los apóstoles y luego por los creyentes en su nombre, las *buenas nuevas de paz*, porque no bastaría con que muriese por nuestros pecados, sino que era necesario también que resucitase para nuestra justificación (Ro. 4:25) y que ascendiese a los cielos para su oficio de intercesión perpetua (He. 7:25). Sólo la ascensión a los cielos y la entronización a la diestra del Padre dejan el camino libre para que todos los creyentes puedan acceder a la presencia de Dios. El hecho de que el apóstol pueda anunciar el evangelio como mensaje de buenas nuevas de paz y que todos los creyentes a lo largo de los tiempos hagan lo mismo, es posible porque el Salvador ha sido entronizado y tiene autoridad para ordenarlo y para hacerlo. El Resucitado habló con los discípulos de autoridad recibida en base a la obra redentora, autoridad que le ha sido dada para ejercerla cósmicamente en cielos y tierra, por cuya atribución les envía a predicar el evangelio y se compromete con ellos en comunicarles poder para llevar a cabo la evangelización del mundo, estando presente al lado de los suyos en la misión, hasta el fin (Mt. 28:18-20). La ascensión de

Cristo a los cielos hace posible la proclamación del evangelio tanto a los que están cerca como a los que están lejos porque el Salvador resucitado y entronizado es el mismo núcleo de esa proclamación. No se trata de anunciar algo posible, sino de manifestar descriptivamente una realidad que tuvo lugar: el que murió también resucitó y está sentado a la diestra de Dios con toda la autoridad que a esa dignidad corresponde. No es posible otro evangelio sino el evangelio de Cristo, o si se prefiere mejor el *evangelio de Dios por medio de Cristo*, que lo hace único y, por tanto, excluyente y exclusivo.

El predicador del evangelio tiene la solemne responsabilidad de limitarse a predicar lo que procede de Dios mismo en su Palabra. No se trata de interpretar el mensaje de salvación bajo pensamiento humano, sino de sujeción absoluta a lo que el Salvador establece en el escrito bíblico. Un evangelio subjetivo es un evangelio humano. Dios no bendice la palabra del hombre, ni su pensamiento, sólo honra la Suya. Es una urgente necesidad volver sin condiciones al evangelio bíblico y no al evangelio humanista que se ha extendido peligrosamente entre muchos cristianos.

ἐδέξασθε οὐ λόγον ἀνθρώπων ἀλλὰ καθώς ἐστιν ἀληθῶς λόγον Θεοῦ, El mensaje del evangelio fue *acogido* por los creyentes en Tesalónica como lo que ἀληθῶς, *verdaderamente* es: *mensaje de Dios*. El apóstol afirma que ese mensaje lo había recibido directamente de Cristo por revelación, quiere decir que el evangelio que predicaba era de procedencia divina. ¿Quiere decir esto que Pablo no recibió instrucción doctrinal alguna por medio de hombres? Sin duda alguna, hubo hombres que estuvieron a su lado, como Ananías, en el momento de su conversión y, no cabe duda, que hablaron de la fe cristiana. La doctrina era conocida por los cristianos con los que Pablo se relacionó después de su conversión. Incluso antes de haber tenido el encuentro con el Resucitado en el camino a Damasco, conocía lo que los cristianos creían. Él había perseguido a muchos de ellos por esta razón (Hch. 8:3). El término *evangelio* no debe reducirse a la doctrina de la salvación por gracia mediante le fe, sino al contenido pleno de la fe cristiana. El evangelio que Pablo proclamaba, desde la condición de heraldo enviado, era un mensaje Cristo-céntrico, porque se trata de anunciar a Jesucristo. No se trata de enfatizar la predicación paulina frente a otras, sino al único evangelio que tiene a Cristo como contenido. El apóstol afirma que el contenido de la doctrina que predicaba no procedía de los hombres, por tanto, no *lo había recibido* de hombre alguno, de manera que no podía servir intereses de hombres cuando proclamaba el evangelio. Esto no supone contradicción alguna con la transmisión de palabras de Jesús, como es el caso de las pronunciadas en la última cena, que necesariamente llegaron a él desde la tradición de la iglesia (1 Co. 11:23). No estaba rechazando o negando el hecho de quienes transmitían verdades de la obra de Cristo, lo que estaba rechazando era cualquier fundamento u origen humano del evangelio que predicaba. No cabe duda que en el tiempo de perseguidor, tuvo que oír testimonio de fe de muchos de los que había perseguido, puesto que los instaba con violencia a desistir de la fe en Jesús, pero ellos no habían puesto el fundamento del evangelio, tan sólo atestiguaban de la verdad de su contenido, que no procedía de ellos sino que también lo habían recibido de Jesús por medio de los que fueron testigos de su vida y obra. Esto es, Pablo no recibió el evangelio por medio de alguien que le transmitió una tradición dogmática. Aquello que predicaba, el mensaje que comunicó a los tesalonicenses era *palabra de Dios* y no suya, ni de hombre alguno.

ὃς καὶ ἐνεργεῖται ἐν ὑμῖν τοῖς πιστεύουσιν. Por su parte los oyentes que eran ya cristianos por haber aceptado por fe el mensaje proclamado y haber creído en Cristo, oyeron la Palabra con ánimo de obedecer. Ellos atendieron a las palabras del evangelio prestándole atención para entenderlo y creer mediante la acción del Espíritu Santo, abriéndoles el corazón como había hecho en Filipos con Lidia de Tiatira (Hch. 16:14). El Espíritu actuó en el corazón de los creyentes a quienes escribía Pablo, haciendo fructífero el mensaje de la Palabra que actuaba en ellos, capacitándolos para el ejercicio de la fe que había nacido en ellos por la Palabra (Ro. 10:17). El corazón de los tesalonicenses fue abierto por Dios para que por esa acción penetrara, no sólo el evangelio, sino el mismo Salvador. No fueron ellos quienes hicieron la obra, ni fue el apóstol con su mensaje, sino el Espíritu Santo, para que la gloria de la salvación pertenezca sólo al único que salva que es Dios mismo. Los tesalonicenses creyeron con el corazón, con el que se cree para justicia (Ro. 10:10). Es preciso recalcar que *entender* el mensaje de Dios sólo es posible mediante la ayuda del Espíritu Santo (1 Co. 2:14). Este oír genera la fe salvadora y es una obra divina (Ro. 10:17). Muchos escucharon junto con los creyentes de la iglesia en Tesalónica el mensaje, y lo entendieron mentalmente, pero no lo aceptaron con el corazón, sólo posible mediante el auxilio divino del Espíritu. Para salvación es necesario la entrega del corazón (Ro. 10:10). La acción del Espíritu que actúa aplicando la Palabra está claramente enseñada también por el apóstol Pedro (1 P. 1:2). Nótese que el Espíritu santifica, es decir, separa con un propósito: *para* que obedezcan al llamado de Dios expresado en el evangelio y sean rociados con la sangre de Cristo. Los creyentes habían también *recibido* la Palabra, que equivale a aceptarla y obedecer a las demandas que Dios establece en el evangelio. La aceptación no es como de un mensaje de hombres, sino como un mensaje divino. La recibieron como Palabra de Dios, por tanto, digna de ser creída y obedecida. El evangelio contiene en sí un mandato divino que ha de ser obedecido (Hch. 17:30). No se trata de aceptar o no una *invitación* divina, sino de *obedecer o quebrantar* un mandamiento. Recibir la Palabra de Dios como palabra de hombres, no produce cambio alguno en la persona, todo lo más una nueva forma de religión (Is. 29:13). Aquella Palabra recibida actuaba en ellos. La evidencia está en el cambio de sus vidas y orientación (1:9, 10). La razón de la actuación de la Palabra está en el hecho de que toda ella es *inspirada* por Dios (2 Ti. 3:16). La inspiración como *soplo divino* hace que la Palabra sea viva y eficaz, o eficiente, es decir, actúa con poder (He. 4:12). Al soplo de Dios en el escrito original, adquiere vida, y le comunica la misma vida de Dios y por tanto su capacidad operativa. Cuando el escritor, escogido soberanamente para trasladar la revelación divina al escrito bíblico, concluye la obra que Dios le había establecido, el mismo Espíritu de Dios sopla sobre el original vivificándolo. De la misma forma que cuando sopló sobre los elementos inanimados en la creación del hombre les comunicó vida, para que formasen el ser viviente que se llama *hombre* (Gn. 2:7), así también comunica vida eficaz a la Escritura que es, toda ella sin excepción alguna en el original, Palabra de Dios. La Biblia es, por tanto, un escrito *vital* y produce efectos de vida, ya que *"el Espíritu es el que da vida"* (Jn. 6:63). Por esa razón se exhorta al creyente a permanecer *"asido de la Palabra de vida"* (Fil. 2:16). La Palabra de Dios, viva, es implantada, sembrada, en el corazón y salva al hombre, como enseña Santiago: *"Por lo cual, desechando toda inmundicia y abundancia de malicia, recibid con mansedumbre la palabra implantada, la cual puede salvar vuestras almas"* (Stg. 1:21). La Palabra, mediante la cual Dios habla, debe ser recibida con *mansedumbre*, muy acorde con lo que el escritor de la Epístola a los Hebreos enseña, en contraste con aquellos que no atendieron a la Palabra de Dios en una actitud altiva. Esa Palabra implantada ha de ser recibida, aunque parezca un contrasentido. La Palabra fue establecida en el creyente en el acto de la regeneración, pero esa *semilla* divina sembrada en el buen campo, debe germinar y enraizarse en el creyente de tal manera que forme parte de la misma vida de cada cristiano. Esa Palabra viva hará la obra completa para la que fue enviada por Dios. Esa Palabra actuó en el nuevo nacimiento como mensaje de vida en el Evangelio que ha sido anunciado (1 P. 1:23-25). Esa Palabra que se siembra en el corazón, porque es viva, salva al hombre (Stg. 1:21). No cabe duda que quien salva al hombre es Cristo, el único Salvador establecido por Dios (Hch. 4:12), pero, Dios usa la Palabra como instrumento para llevar al hombre al Salvador, en el mensaje de salvación escrito en ella. La Palabra que inicialmente conduce a salvación, prosigue su acción en la vida de santificación, que es el segundo nivel en el proceso de salvación, como experiencia de salvación en el tiempo terrenal del salvo. Los liberales afirman que el sentido de *vida en la Palabra*, es de una teología posterior al tiempo apostólico, sin embargo, Esteban, en su defensa ante el Sanedrín, alude a la Palabra viva de Dios, cuando dice: *"Este es aquel Moisés que estuvo en la congregación en el desierto con el ángel que le hablaba en el monte Sinaí, y con nuestros padres, y que recibió palabras de vida que darnos"* (Hch. 7:38). Quiere decir que ya los antiguos entendían que las palabras de Dios en los escritos bíblicos eran palabras de vida. Al tener la vida de Dios comunicada en el soplo inspirador (2 Ti. 3:16), y al ser la vida de Dios eterna, la Palabra *"vive y permanece para siempre"* (1 P. 1:23). Esto comporta que la Escritura sea atemporal, porque es la palabra eterna que se oye en cualquier momento de la temporalidad humana, mientras que ella sigue siendo el eterno presente del mensaje de Dios.

Además de viva, la Palabra es también *eficaz* y expresa la condición de aquello que es *eficiente y activo*. El término en español pone de manifiesto aquello que es activo y poderoso para obrar. Ese calificativo se aplica a Dios que provee de la energía necesaria para el ejercicio de las actividades en la Iglesia (1 Co. 12:6), y da el poder necesario para formar *"el querer y el hacer"* en el creyente, por su voluntad (Fil. 2:13). Pero, la Palabra, además de *eficaz*, es también *eficiente*, que es la virtud o facultad para lograr un efecto. Para entender bien el significado completo de las dos palabras, podemos suponer que para una determinada enfermedad hay un medicamento que es *eficaz*, es decir, tiene poder operativo para resolver el mal, pero, sólo es *eficiente* cuando se toma, de manera que quien no toma el medicamento posee algo *eficaz* pero para él no es *eficiente*. Sin embargo, la Palabra es siempre *eficaz y eficiente,* de otro modo, es operativa y operante, es decir, no sólo es eficaz porque tiene poder para actuar, sino que es eficiente en la aplicación del poder operante. La Palabra actúa siempre eficazmente para lo que Dios la envía (Is. 55:11). Cuando no produce vida, por rebeldía produce juicio, pero siempre es eficiente. Además, la Palabra comunica sabiduría según Dios (2 Ti. 3:15), porque es *inspirada* por Él (2 Ti. 3:16). Todo aquello que no vaya sustentado en la Palabra, en relación con la vida del creyente, no conduce a alcanzar sabiduría y, por tanto, a un caminar sabio delante de Dios. Es preciso recordar permanentemente que sólo la Palabra edifica al creyente, por ello el liderazgo en la iglesia debe velar por la exposición continuada de la Escritura en la congregación. Por otro lado, cuanto no sea palabra de Dios no es eficaz, de manera que es inútil para la edificación de los creyentes. En algunas ocasiones se enseña, junto a la Palabra o incluso en sustitución de ella, mandamientos y tradiciones de hombres a los que se les da la categoría de enseñanza de Dios, pero que al no serlo verdaderamente, conducen al debilitamiento espiritual de los creyentes y a introducirlos en el yugo del legalismo religioso, con gran apariencia de piedad pero totalmente ineficaz contra los apetitos de la carne, porque esa enseñanza es carne en sí misma (Col. 2:18-23). La Palabra llega a donde ningún hombre puede penetrar, a lo más íntimo y secreto de ser. El autor acumula términos en un esfuerzo retórico para expresar la naturaleza íntima del hombre en todas sus partes, es decir, la parte espiritual de la naturaleza humana. No debe buscarse aquí la forma de pensamiento del autor en relación con el hombre, como si se tratase de un ser de dos partes o de tres partes. La intención aquí es referirse a la intimidad del hombre en la forma más específica. Una manera de significar la sutil penetración de la Palabra se hace apelando a la distinción entre las coyunturas y los tuétanos, las articulaciones y la médula, para indicar que llega a los recovecos más escondidos del ser, trayendo también a la luz incluso los motivos propios y naturales del subconsciente. Es tan cortante y penetrante que llega a la línea divisoria separándola entre el alma y el espíritu. Es decir, profundiza en las intimidades e interioridades de la parte espiritual del hombre, a donde nadie puede llegar salvo Dios mismo, que lo hace por medio de Su Palabra. Además llega a la intimidad de los pensamientos que motiva los razonamientos y a las intenciones que producen las acciones. La Palabra tiene capacidad para censurar las acciones o la conducta de la persona. La Palabra, pues, *critica* los pensamientos y las intenciones del corazón. Es decir, discierne y juzga los pensamientos y los sentimientos, revelando la verdadera naturaleza de ellos. Debe tenerse en cuenta que el corazón del hombre es *engañoso*, por tanto puede *engañar* (Jer. 17:9). Los pensamientos y las intenciones del corazón son discernidos por la lectura de la Palabra. Lo que los hombres no pueden juzgar por desconocido, lo hace la Palabra de Dios.

La Palabra es implantada en el creyente (Stg. 1:21) y es el instrumento actuante que lo conduce en la senda de justicia (Jer. 23:29). Todo esto es un don de Dios, por eso Pablo lo agradece al Señor.

14. Porque vosotros, hermanos, vinisteis a ser imitadores de las iglesias de Dios en Cristo Jesús que están en Judea; pues habéis padecido de los de vuestra propia nación las mismas cosas que ellos padecieron de los judíos.

ὑμεῖς γὰρ μιμηταὶ ἐγενήθητε, ἀδελφοί, τῶν ἐκκλησιῶν τοῦ
Porque vosotros imitadores llegasteis a ser, hermanos, de las iglesias -
Θεοῦ τῶν οὐσῶν ἐν τῇ Ἰουδαίᾳ ἐν Χριστῷ Ἰησοῦ, ὅτι τὰ
de Dios - que están en - Judea en Cristo Jesús, puesto que las
αὐτὰ ἐπάθετε καὶ ὑμεῖς ὑπὸ τῶν ἰδίων
mismas cosas padecisteis también vosostros de parte de los propios
συμφυλετῶν καθὼς καὶ αὐτοὶ ὑπὸ τῶν Ἰουδαίων,
compatriotas como también ellos por los judíos.

Notas y análisis del texto griego.

Introduciendo una evidencia de la autenticidad de los creyentes, dice: ὑμεῖς, caso nominativo de la segunda persona plural del pronombre personal *vosotros*; γὰρ, conjunción causal *porque*; μιμηταὶ, caso nominativo masculino plural del nombre común *imitadores*; ἐγενήθητε, segunda persona plural del aoristo primero de indicativo en voz pasiva del verbo γίνομαι, *llegar a ser, comenzar a existir*, aquí *llegasteis a ser*; ἀδελφοί, caso vocativo masculino plural del nombre común *hermanos*; τῶν, caso genitivo femenino plural del artículo determinado declinado *de las*; ἐκκλησιῶν, caso genitivo femenino plural del nombre común *iglesias*; τοῦ, caso genitivo masculino singular del artículo determinado *el*; Θεοῦ, caso genitivo masculino singular del nombre divino *de Dios*; τῶν, caso genitivo femenino plural del artículo determinado *las*; οὐσῶν, caso genitivo femenino plural del participio de presente en voz activa del verbo εἰμί, *ser, estar*, aquí *que están*; ἐν, preposición propia de dativo *en*; τῇ, caso dativo femenino singular del artículo determinado *la*; Ἰουδαίᾳ, caso dativo femenino singular del nombre propio *Judea*; ἐν, preposición propia de dativo *en*; Χριστῷ, caso dativo masculino singular del nombre propio *Cristo*; Ἰησοῦ, caso dativo masculino singular del nombre propio *Jesús*; ὅτι, conjunción causal *pues, puesto que, de modo que*; τὰ, caso acusativo neutro plural del artículo determinado *el*; αὐτὰ, caso acusativo neutro plural del pronombre personal *los*, aquí con sentido de *las mismas cosas*; ἐπάθετε, segunda persona plural del aoristo segundo de indicativo en voz activa del verbo πάσχω, *sufrir*, aquí *sufristeis*; καὶ, adverbio de modo *también*; ὑμεῖς, caso nominativo de la segunda persona plural del pronombre personal *vosotros*; ὑπὸ, preposición propia de genitivo *de parte de*; τῶν, caso genitivo masculino plural del artículo determinado *los*; ἰδίων, caso genitivo masculino plural del adjetivo *propios*; συμφυλετῶν, caso genitivo masculino plural del nombre común *compatriotas*; καθὼς, conjunción condicional *como*; καὶ, adverbio de modo *también*; αὐτοὶ, caso nominativo masculino plural del pronombre intensivo *ellos mismos*; ὑπὸ, preposición propia de genitivo *de parte de*; τῶν, caso genitivo masculino plural del artículo determinado *los*; Ἰουδαίων, caso genitivo masculino plural del adjetivo *judíos*.

ὑμεῖς γὰρ μιμηταὶ ἐγενήθητε, ἀδελφοί, τῶν ἐκκλησιῶν τοῦ Θεοῦ τῶν οὐσῶν ἐν τῇ Ἰουδαίᾳ ἐν Χριστῷ Ἰησοῦ, La prueba del discipulado, esto es, del seguidor de Cristo es sufrir por Él. Los tesalonicenses estaban experimentando la persecución por el hecho de ser cristianos. La persecución no es la prueba de ser cristiano, pero sí una consecuencia de serlo. Jesús advirtió esta situación cuando dijo a los suyos que serían perseguidos y que en el mundo tendrían aflicción (Jn. 15:20; 16:33). Los cristianos pertenecían al mundo y fueron sacados de él en cuanto a dependencia y pertenencia, siguen estando en el mundo como peregrinos (Jn. 17:11), pero ya no son del mundo, por tanto, la vida de ellos entra en conflicto, y son rechazados y perseguidos. Pablo se dirige nuevamente a los lectores llamándoles *hermanos*, expresando con ellos identificación, relación, amor y comunión. A estos hermanos les recuerda que la vida de piedad produce conflicto (2 Ti. 3:12). Es necesario entender que es un precio que se paga por la fidelidad. Aquellos que habían creído eran fieles a Cristo y padecían persecución por causa de Su nombre. Vivir conforme a la voluntad de Dios y de acuerdo con su Palabra, traerá consecuencias de pruebas y aflicciones para el creyente (1 P. 4:1-4). Este problema es común a todas las iglesias, especialmente notable se había producido con las que estaban en Judea. Allí comenzó a ser perseguida la iglesia del Señor. El apóstol conocía bien esto por haber participado en la persecución de los cristianos, como recuerda a los gálatas: *"Porque ya habéis oído acerca de mi conducta en otro tiempo en el judaísmo, que perseguía sobremanera a la iglesia de Dios, y la asolaba"* (Gá. 1:13). Antes del encuentro con Cristo, su comportamiento era de una extremada radicalidad religiosa. Lo que le importaba era perseguir a quienes se habían desviado del judaísmo para abrazar y seguir a uno que había sido muerto por los romanos acusado por los judíos de sedicioso. La persecución tenía que ver también con quienes, según su concepto personal, afirmaban la resurrección de Jesús, cuando los líderes religiosos sostenían que su cuerpo había sido robado por los discípulos mientras los guardias dormían (Mt. 28:11-15). En este primer testimonio personal estaba presentándose como correspondía a la conducta de un judío, del mismo estilo que los judaizantes que habían llegado a las congregaciones fundadas por él. En el tiempo anterior a su conversión estaba regulando su conducta por los principios que gobernaban la vida de los judíos inconversos, todos ellos enemigos de Cristo. En Judea fueron muertos los primeros cristianos a causa de su fe. Allí fue apedreado Esteban (Hch. 6 y 7); en el mismo lugar fue muerto Santiago a manos de Herodes (Hch. 12:1, 2).

ὅτι τὰ αὐτὰ ἐπάθετε καὶ ὑμεῖς ὑπὸ τῶν ἰδίων συμφυλετῶν. Ellos se parecían a los hermanos en Judea porque los instrumentos de la persecución en ambos casos fueron sus propios *compatriotas*. Pudiera pensarse que los perseguidores de los creyentes en Tesalónica habían sido judíos oriundos de aquella ciudad. El relato de Hechos pone en las acciones de los judíos las persecuciones y alborotos suscitados en las ciudades en donde Pablo predicaba el evangelio y se establecían iglesias.

καθὼς καὶ αὐτοὶ ὑπὸ τῶν 'Ιουδαίων, La historia prueba que los judíos fueron los instigadores de los problemas ocurridos allí (Hch. 17:5). Posiblemente los promotores de los disturbios que generaron las persecuciones, si bien luego fueron secundadas por los gentiles. Es necesario entender que las persecuciones a las que Pablo se refiere en la *Epístola* no eran las relatadas por Lucas en la cita anterior de Hechos, sino otras que siguieron al tiempo de la partida del equipo misionero. La iglesia en Tesalónica era ejemplo de fidelidad como antes lo había sido la de Jerusalén. La disposición a sufrir con paciencia y fidelidad las aflicciones convertía a los tesalonicenses en ejemplo para todas las demás iglesias. Antes podría pensarse en las iglesias en Judea como ejemplo general de compromiso de fe en medio de las persecuciones, pero ahora los tesalonicenses demuestran ser iguales a ellos en el honor de sufrir por Cristo.

15. Los cuales mataron al Señor Jesús y a sus propios profetas, y a nosotros nos expulsaron; y no agradan a Dios, y se oponen a todos los hombres.

τῶν καὶ τὸν Κύριον ἀποκτεινάντων 'Ιησοῦν καὶ τοὺς
Y los al Señor mataron Jesús y a los
προφήτας[1] καὶ ἡμᾶς ἐκδιωξάντων καὶ Θεῷ μὴ
profetas y a nosotros persiguieron violentamente y a Dios no
ἀρεσκόντων καὶ πᾶσιν ἀνθρώποις ἐναντίων,
agradando y a todos hombres contrarios.

Notas y análisis del texto griego.

Sin interrupción en el argumento, añade: τῶν, caso genitivo masculino plural del artículo determinado *los*; καὶ, conjunción copulativa *y*; τὸν, caso acusativo masculino singular del artículo determinado declinado *al*; Κύριον, caso acusativo masculino singular del nombre divino *Señor*; ἀποκτεινάντων, caso genitivo masculino plural del participio de aoristo primero en voz activa del verbo ἀποκτείνω, *matar*, aquí *mataron*; 'Ιησοῦν, caso acusativo masculino singular del nombre propio *Jesús*; καὶ, conjunción copulativa *y*; τοὺς, caso acusativo masculino plural del artículo determinado declinado *a los*; προφήτας, caso acusativo masculino plural del nombre común *profetas*; καὶ, conjunción copulativa; ἡμᾶς, caso acusativo de la primera persona plural del pronombre personal declinado *a nosotros*; ἐκδιωξάντων, caso genitivo masculino plural del participio del primer aoristo en voz activa del verbo ἐκδιώκω, *perseguir violentamente*, aquí *persiguieron violentamente*; καὶ, conjunción copulativa *y*; Θεῷ, caso dativo masculino singular del nombre divino declinado *a Dios*; μὴ, partícula que hace funciones de adverbio de negación *no*; ἀρεσκόντων, caso genitivo masculino plural del participio de presente en voz activa del verbo ἀρέσκω, *complacer, agradar*, aquí *agradando*; καὶ, conjunción copulativa *y*; πᾶσιν, caso dativo masculino plural del adjetivo indefinido declinado *a todos*; ἀνθρώποις, caso dativo masculino plural del nombre común *hombres*; ἐναντίων, caso genitivo masculino plural del adjetivo *contrarios, opuestos*.

Crítica Textual. Lecturas alternativas.

[1] καὶ τοὺς προφήτας, *y a los profetas*, lectura atestiguada en א. A. B. D*. F. G. I. P. 0208. 0278. 6. 33. 81. 629. 1739. 1881. *l* 596 it$^{ar, b, d, f, g, mon, o}$, vg. co$^{sa, bo, fay}$, arm, geo^{1}. Orígenes$^{gr, lat}$. Adamantius. Tertuliano, Ambrosiaster, Pelagio.

καὶ τοὺς προφήτας ἰδίους, *y a los profetas suyos*, según lectura en D^{1}. K. L. Ψ. 104. 365. 630. 1241. 1505. 2464, 𝔐. sir. Marcion$^{\text{según Tertuliano}}$, Basilio, Crisóstomo, Teodoro^{lat}.

τῶν καὶ τὸν Κύριον ἀποκτεινάντων Ἰησοῦν. Pablo formula aquí acusaciones concretas contra los judíos, entendiendo como tales aquellos que no aceptaban el mensaje del evangelio, sino que levantaban persecución contra quienes lo predicaban. La primera de ellas tiene que ver con la muerte del Señor Jesús. No fueron sólo los gentiles quienes lo hicieron, sino los judíos. Esa es la misma denuncia del apóstol Pedro: *"A éste, entregado por el determinado consejo y anticipado conocimiento de Dios, prendisteis y matasteis por manos de inicuos, crucificándole"* (Hch. 2:23). No cabe duda que todo cuanto ocurrió con Jesús y su muerte estaba determinado y establecido desde antes de la creación del mundo. El Señor mismo había afirmado que el plan de salvación, que incluía Sus sufrimientos y muerte estaba determinado por Dios y que inexorablemente tendría cumplimiento (Mr. 9:13). El apóstol Pablo enseñaba que *"Cristo murió por nuestros pecados, conforme a las Escrituras"* (1 Co. 15:3). No se trataba de circunstancias adversas que convergían sobre Jesús en un determinado momento de Su historia humana haciéndolo víctima de aquella situación. Todo cuanto tenía que ver con Su muerte estaba bajo el control de Dios. No se trataba del triunfo de la injusticia sobre la justicia, ni del odio sobre el amor, ni de la ingratitud sobre el desinterés, es la ejecución en el tiempo del hombre del decreto eterno de Dios para la salvación del pecador. La aparente derrota, a la vista de los hombres, es la expresión suprema de la victoria de Dios. Sin duda esta es una parte, pero existe la otra en relación a la responsabilidad humana en la ejecución de la muerte del Señor. Dios creó al hombre para que hiciese el bien y no el mal, por tanto, cualquier acción al servicio del mal es contraria a la voluntad de Dios y lleva aparejada una responsabilidad personal en la acción cometida. De otro modo, Dios no eligió a los judíos de aquellos días, ni a los romanos que gobernaban entonces para que fuesen los que matasen al Hijo de Dios, lo hicieron porque fueron impulsados por el diablo y esclavizados por sus propias pasiones inicuas, por tanto, son responsables del homicidio más grave de la historia. El Hijo del Hombre iba a la muerte como estaba previsto, pero la responsabilidad de aquella acción era de quienes lo entregaron a muerte. Tanto Pablo como Pedro, se dirigían a los judíos residentes en Jerusalén, que estaban en la ciudad en el tiempo de la crucifixión del Señor. Éstos unidos a los demás líderes y al pueblo lo entregaron a muerte. Jesús fue muerto por manos de impíos, de los *sin ley*. La muerte del Señor ocurrió a manos de soldados romanos que, por ser gentiles, no conocían la Escritura ni se sujetaban a la Ley. Las autoridades judías de forma directa y específica, lo habían entregado a los romanos para que le diesen muerte. Todo aquel pueblo había pecado entregando la sangre inocente del Justo, acusándole impíamente. El apóstol Pedro dice que la muerte de Jesús se produjo de la forma más ignominiosa, *"matasteis crucificándole"*. El castigo de ignominia reservado por los romanos para esclavos sediciosos. El de mayor desprecio para los judíos, al ser *colgado en un madero*. El más violento, doloroso y cruel que el hombre había inventado. Todos tenían responsabilidad en aquello. Las palabras del apóstol en este versículo *"los cuales mataron al Señor Jesús"*, son correctas y carentes de cualquier sentido acusatorio por posición religiosa o social. Era simplemente la verdad.

καὶ τοὺς προφήτας. Pero la muerte de Jesús no fue una excepción en el comportamiento de los judíos, sino que de la misma manera mataron también a *los profetas*. Aquellos que habían hablado al pueblo en nombre de Dios; los que por siglos fueron enviados para llamar al pueblo al arrepentimiento a fin de que pudiera ser bendecido. En la Biblia se hacen continuas referencias a esta peculiar forma de impiedad cometida por aquellos a quienes se llama en el texto anterior *judíos* (v. 14). En la defensa ante el sanedrín Esteban se refirió a esto cuando dijo: *"¿A cual de los profetas no persiguieron vuestros padres? Y mataron a los que anunciaron de antemano la venida del Justo, de quien vosotros ahora habéis sido entregadores y matadores"* (Hch. 7: 52). Los profetas enviados por Dios hablaron bajo la conducción y poder del Espíritu Santo, tanto en el mensaje oral como en el escrito (2 P. 1:21). Resistir a los profetas era resistir al Espíritu Santo. Matar al profeta no sólo era resistir a las demandas de Dios, sino que era *acallar* lo que Él quería decirles. La muerte de muchos de los profetas fue puesta de manifiesto también en las palabras de Jesús en la última entrada en Jerusalén: *"¡Jerusalén, Jerusalén, que matas a los profetas, y apedreas a los que te son enviados!* (Mt. 23:37). Los habitantes de la ciudad, judíos, eran los promotores y ejecutores de la muerte de los profetas, enviados por Dios. El profeta Elías denunció ante Dios que sus compatriotas habían matado a todos los profetas de Dios y querían matar también a él (1 R. 19:10, 14). Aquellos que acusaban a Pablo y buscaban desprestigiarle para impedir que pronunciase el *discurso* de Dios, la proclamación del evangelio, eran descendientes directos y movidos por el mismo espíritu homicida de sus antepasados, manifestando en sus deseos homicidas la vinculación espiritual con su padre que era el diablo (Jn. 8:33-34).

καὶ ἡμᾶς ἐκδιωξάντων. Siendo la figura central del texto *el Señor Jesús*, Pablo retrocede en el tiempo antecedente a la presencia del Hijo de Dios, refiriéndose a los profetas que habían sido muertos. Pero, ahora su vista se traslada al tiempo suyo y, por extensión al que seguía a la resurrección y ascensión del Señor. Refiriéndose a ellos, los mismos judíos que habían dado muerte a los profetas y que mataron a Jesús, se ensañaron con los que habían anunciado la salvación por gracia mediante la fe, en la proclamación del evangelio: *"a nosotros nos expulsaron"*. Aquel grupo de personas que buscaban el bien de los perdidos llevándolos al Salvador, fue un continuo huir de un lugar a otro por la persecución desatada e instigada por los judíos. Estos hechos ocurrieron en el área donde estaba Tesalónica. En la misma ciudad se habían levantado contra el apóstol y sus compañeros. Pablo y Silas tuvieron que salir de Tesalónica e irse a Berea, a donde los mismos judíos conocedores de que el evangelio se anunciaba también allí, alborotaron a los de aquella ciudad disponiéndolos en contra de los misioneros (Hch. 17:1-15).

καὶ Θεῷ μὴ ἀρεσκόντων. Una acusación más tenía que ver con Dios mismo: *"no agradan a Dios"*. El mensaje cristiano está vinculado a una continua exhortación para *agradar a Dios*. El apóstol predicaba para *agradar a Dios* y no a los hombres (v. 4). Los creyentes en Tesalónica habían sido enseñados sobre como debían vivir para *agradar a Dios* (4:1). Por el contrario los judíos, especialmente aquellos perseguidores del apóstol, que habían procurado la muerte del Señor Jesús, vivían vidas que no agradaban a Dios. Es muy probable que ellos, como había sido antes con Saulo de Tarso, entendían que agradar a Dios consistía en "*hacer muchas cosas contra el nombre de Jesús de*

Nazaret" (Hch. 26:9). Rechazar a Jesús, oponerse al evangelio de la gracia es todo lo contrario de agradar a Dios. Aquellos eran meros religiosos que creían que con sus expresiones del culto, las prácticas legales y las acciones ceremoniales eran suficientes para gozar del agrado de Dios. Sin embargo ellos, en todo su entorno socio-religioso resistían al Espíritu Santo (Hch. 7:52) y, al perseguir a los cristianos estaban persiguiendo al Señor mismo (Hch. 9:5).

καὶ πᾶσιν ἀνθρώποις ἐναντίων, Finalmente los judíos son acusados aquí de *oponerse a todos los hombres*. Eran hostiles con todos los hombres al procurar por todos sus medios impedir la predicación del evangelio. Los hombres, muertos en delitos y pecados, sujetos a condenación eterna por su condición, necesitan acceder al único camino que es vida y lleva a un retorno a Dios que se alcanza por fe en Cristo (Jn. 14:6). En el mensaje del evangelio se llama a los pecadores a la salvación creyendo en Jesús. Impedir la evangelización es cerrar el paso a la vida eterna a quienes no podían oír el mensaje de salvación, por tanto, aquella acción era de *oposición* a la humanidad. En el siguiente versículo concreta la base que le permite hacer esta solemne acusación. Enemigos de los profetas, enemigos de Jesús, enemigos de los cristianos, son enemigos de Dios, por consiguiente enemigos también de los hombres a quienes procuran impedir que crean en Aquel a quien Dios ha enviado y sean salvos.

16. Impidiéndonos hablar a los gentiles para que éstos se salven; así colman ellos siempre la medida de sus pecados, pues vino sobre ellos la ira hasta el extremo.

κωλυόντων ἡμᾶς τοῖς ἔθνεσιν λαλῆσαι ἵνα σωθῶσιν, εἰς τὸ
Impidiendo nos a los gentiles hablar para que sean salvos, para -
ἀναπληρῶσαι αὐτῶν τὰς ἁμαρτίας πάντοτε. ἔφθασεν δὲ ἐπ'
colmar la medida de ellos los pecados siempre. Y llegó sobre
αὐτοὺς ἡ ὀργὴ[1] εἰς τέλος.
ellos la ira hasta extremo.

Notas y análisis del texto griego.

Concluyendo el párrafo, dice: κωλυόντων, caso genitivo masculino plural del participio de presente en voz activa del verbo κολύω, *parar, impedir*, aquí *impidiendo*; ἡμᾶς, caso acusativo de la primera persona plural del pronombre personal declinado *a nosotros, nos*; τοῖς, caso dativo neutro plural del artículo determinado declinado *a los*; ἔθνεσιν, caso dativo neutro plural del nombre común *gentiles*; λαλῆσαι, aoristo primero de infinitivo en voz activa del verbo λαλέω, *hablar, decir*; ἵνα, conjunción causal *para que*; σωθῶσιν, tercera persona plural del aoristo primero de subjuntivo en voz pasiva del verbo σῴζω, *salvar*, aquí *sean salvos*; εἰς, preposición propia de acusativo *para*; τὸ, caso acusativo neutro singular del artículo determinado *el*; ἀναπληρῶσαι, aoristo primero de infinitivo en voz activa del verbo ἀναπληρόω, *cumplir, completar, colmar la medida*; αὐτῶν, caso genitivo masculino de la tercera persona plural del pronombre personal declinado *de ellos*; τὰς, caso acusativo femenino plural del artículo determinado *las*; ἁμαρτίας, caso acusativo femenino plural del nombre común *pecados*; πάντοτε, adverbio de tiempo *siempre*; ἔφθασεν, tercera persona singular del aoristo primero de indicativo en voz activa del verbo φθάνω, *llegar, alcanzar, adelantarse*, aquí *llegó*; δὲ, partícula conjuntiva que hace las veces de conjunción coordinante, con sentido de *pero, más bien, y, y por cierto, antes bien*; ἐπ', forma que adopta la preposición de acusativo ἐπί, con el grafismo por elisión de la ι final ante vocal o diptongo sin aspiración, que equivale a *por, sobre*; αὐτοὺς, caso acusativo masculino de la tercera persona plural del pronombre personal *ellos*; ἡ, caso nominativo femenino singular del artículo determinado *la*; ὀργὴ, caso nominativo femenino singular del nombre común *ira*; εἰς, preposición propia de acusativo *hasta*; τέλος, caso acusativo neutro singular del nombre común *fin, final, término*, aquí en sentido de *extremo*.

Crítica Textual. Lecturas alternativas.

[1] ἡ ὀργὴ, *la ira*, lectura atestiguada en ℵ. A. B. Ψ. 075. 0150. 1208. 6. 33. 81. 104. 256. 263. 424. 436. 459. 1241. 1319. 1573. 1852. 1912. 1962. 2127. 2200. 2464. B. K. L. *Lect.* sir$^{p, h}$. cop$^{sa, bo, fay}$. arm. eti. geo. esl. Orígenes$^{gr, lat}$. Eusebio. Basilio. Dídimo. Crisóstomo. Teodoro^{lat}. Jerónimo$^{2/5}$.

ἡ ὀργὴ τοῦ Θεοῦ, *la ira de Dios*, según se lee en D. F. G. it$^{g, mon, o}$. Priscilinao. Jerónimo$^{3/5}$.

κωλυόντων ἡμᾶς τοῖς ἔθνεσιν λαλῆσαι ἵνα σωθῶσιν, El apóstol hace aquí referencia a la actividad de los judíos que les impedían hablar a los hombres para que se salvasen. Esto representa una grave acción homicida, como ocurre con el mismo diablo que busca la muerte de los hombres por su condición personal. Impedir predicar el evangelio o estorbar en esta misión es un acto contrario a los hombres porque impide que conozcan el mensaje de salvación.

εἰς τὸ ἀναπληρῶσαι αὐτῶν τὰς ἁμαρτίας πάντοτε. En sentido de una oposición sistemática al propósito salvador de Dios que no quiere la muerte del impío sino que se arrepienta y viva (Ez. 18:23). Por tanto, la acción que impide la proclamación del mensaje de salvación colma, satura, llena la acción pecaminosa de los judíos contra Dios. A lo largo de los siglos la rebeldía contra Dios acumuló pecado sobre pecado, llegando al colmo con la acción contra los predicadores del evangelio que trae como consecuencia que muchos que están en sombra de muerte, permanezcan en ella y sean condenados. Dios en Su gracia soportó la condición de Israel teniendo paciencia para darles la oportunidad de arrepentimiento. Sin embargo dieron muerte al Mesías y buscan con ahínco impedir que el mensaje de gracia alcance a los perdidos. En cierta medida esta acción *satura* la capacidad de acumulación de pecado y traerá la grave consecuencia de la ira de Dios.

ἔφθασεν δὲ ἐπ' αὐτοὺς ἡ ὀργὴ εἰς τέλος. El resultado final no puede ser más que uno: la ira divina caerá sobre ellos. Es la reacción de Dios a la actitud del hombre. Específicamente en cuanto a detener la verdad: *"Porque la ira de Dios se revela desde el cielo contra toda impiedad e injusticia de los hombres que detienen con injusticia la verdad"* (Ro. 1:18). No se trata de un juez humano sino divino, que no juzga por apariencias, sino sopesando cada acto y dándole la dimensión precisa. El concepto *ira* es de capital importancia en la Escritura. No es posible dedicarle aquí el espacio que requeriría, tan solo hacer alguna precisión a la luz de la Palabra sobre el alcance de este concepto.

La ira es una pasión del alma, que mueve a indignación y enojo. Es, por tanto, una disposición anímica que conduce a acciones, aunque estas no lleguen a realizarse. En el griego se diferenciaban ambas partes de este proceso psíquico, la intimidad en que se producía una cólera instantánea se denominaba ira[4], cuando el animo encolerizado se manifestaba al exterior recibía el nombre de furor[5]. La ira en el sentido de *furor*, incorpora una determinada orientación que canaliza la cólera íntima y la orienta hacia algo o hacia alguien. En el texto del Nuevo Testamento, ambas palabras se utilizan de modo sinónimo, haciendo difícil encontrar siempre las matizaciones que existían en el griego clásico. En la LXX no se hace distinción entre los dos: el de ira como expresión de un proceso íntimo de apasionamiento y el de furor en que manifestaría la intimidad al exterior en acciones concretas. Ambos vocablos se utilizan indistintamente para trasladar los varios del hebreo que se utilizan para expresar aspectos de la ira y sus manifestaciones. Los diferentes términos que expresan ira, se usan tanto en relación con el hombre, como con Dios. En el primero de los casos, se hace diferenciación entre una expresión correcta o incorrecta de la ira. En el segundo, relacionado con Dios, sólo es posible entenderlo en la infinita perfección de Dios y de sus manifestaciones.

[4] Griego: θυμός.
[5] Griego: ὀργὴ.

La *ira*[6] en sentido de manifestar el enojo íntimo de Dios, aparece dieciocho veces en el Nuevo Testamento, siendo Juan quien más la utiliza, usándola diez veces en Apocalipsis, seguido de Pablo que la usa cinco veces. Debiendo apreciarse la utilización en dos sentidos: 1) En relación con el hombre. Normalmente se utiliza el término para referirse a aspectos íntimos de cólera, que pueden manifestarse externamente. Como antes se ha dicho, en el uso bíblico de la palabra no se hace una distinción marcada entre furor e ira, por lo que en ocasiones una y otra expresan accesos de cólera, bien interna o externa (p. ej. Ef. 4:31). En ocasiones aparece vinculada a otras manifestaciones pecaminosas, tales como *contienda*[7], *celos*[8], *rivalidades*[9] (2 Co. 12:20; Gá. 5:20). En otros lugares se utiliza para expresar aspectos de cólera interna que saturan a la persona y se manifiestan luego en arrebatos de ira (Lc. 4:28; Hch. 19:28). Las manifestaciones de ira humana tienen asiento en la naturaleza adámica no regenerada que se denomina *carne,* y una de cuyas obras es la ira (Gá. 5:20). La acción del Espíritu es la única fuerza sobrenatural que puede sujetar las manifestaciones propias de la carne (Gá. 5:16), debiendo estar ausente de la vida cristiana asentada sobre el nuevo hombre (Ef. 4:24). 2) En relación con Dios. La ira de Dios, como manifestación contra el pecado, aparece ampliamente en el Nuevo Testamento, en ocasiones se utiliza el término indistintamente en lugar de *furor* y, en otras aparecen juntos, traducido como *enojo* (Ro. 2:8). El enojo de Dios, como actividad de la actitud justa de Su ira ha tenido diversas expresiones a lo largo de la historia humana, y se manifestará definitiva y totalmente en lo que la Biblia llama *"el día de la ira"*[10], en el que se verán involucrados todos aquellos que han sido desobedientes a la verdad y persistieron en la práctica pecaminosa contraria a la voluntad de Dios (Ro. 2:5). Es en el Apocalipsis donde la manifestación del *furor*[11] de la ira de Dios se revela con mayor dimensión. La ira de Dios descargada sobre quienes practican el pecado, se describe gráficamente en la profecía de Jeremías, como un dar a beber o derramar el *"vino del furor de Dios"* (Jer. 25:15ss). Tal sentido se aplica a expresiones semejantes en el Apocalipsis, en las que se alude al vaciarse íntimo de la indignación divina sobre la humanidad corrupta (Ap. 14:10; 16:19; 19:15). Previo a ese *derramarse* de Su furor, aparece la figura de la disposición interna de ira, como si se tratase de las uvas puestas en el lagar que producen el vino de la ira (Ap. 14:19). Una vez

---

[6] Griego: θυμός.
[7] Griego: ἔρις.
[8] Griego: ζῆλος.
[9] Griego: ἐριθεῖαι.
[10] Griego: ἡμέρᾳ ὀργῆς.
[11] Griego: θυμός.

elaborado ese *vino de ira*, siempre en el simbolismo del Apocalipsis, se ofrece a la humanidad impía en la *"copa del furor*[12] *de Dios"* (Ap. 16:1). La manifestación escatológica de la ira de Dios sobre el mundo llegará a su expresión definitiva con el retorno de Cristo, que en el lenguaje parabólico del libro se presenta como *"pisando el lagar del vino del furor de la ira de Dios"*[13], en una victoria radical y definitiva contra los enemigos que se oponían en lucha contra Dios y su Ungido (Ap. 19:15). Habiendo sido descargada la ira de Dios por el pecado sobre Cristo en la Cruz (Gá. 3:13), el énfasis del mensaje novotestamentario es de salvación para todo aquel que cree (Jn. 3:16). Por tanto, la ira de Dios se manifiesta en expresiones puntuales sobre actitudes abiertamente contrarias a Él mismo. Sin embargo, el tiempo de gracia es también tiempo de advertencia, ya que el hombre está en un mundo bajo la ira de Dios, que aparece como suspendida sobre él y dispuesta para ser ejecutada a causa del pecado (Ro. 1:18-3:20; Ef. 2:3). La ira de Dios por el pecado queda definitivamente detenida para aquél que en un acto de fe se refugia en Cristo y se apropia creyente de la obra sustitutoria del Crucificado. Para él ya no existe posibilidad de condenación (Ro. 8:1). De ahí que el evangelio sea un llamado de Dios a la fe que salva, librando de la ira (Hch. 16:31). Por tanto, quien se condena, quedando bajo la ira, es aquel que rehúsa obedecer al mensaje del evangelio (Jn. 3:36). Quien rechaza el mensaje de salvación, entra de lleno en la esfera de la ira, haciéndose a sí mismo objeto de reprobación, como vaso de ira (Ro. 9:22). El que no se acoge a la gracia presente, se verá envuelto en la ira futura. Debe hacerse también una distinción relativa a la ira de Dios en la escatología bíblica, diferenciando la condenación eterna con la ira que será desatada sobre el mundo en preparación de Israel y las naciones para el retorno de Jesucristo. El creyente, incorporado en un cuerpo en Cristo por la acción del Espíritu (1 Co. 12:13), queda introducido y vinculado a una dimensión de salvación que teniendo una proyección eterna, la tiene también en el tiempo futuro de la historia humana cuando la ira de Dios se derrame sobre las naciones del mundo en juicio (Ap. 3:10), de cuyo tiempo será librada la iglesia (1:10).

El Nuevo Testamento, al estilo de los profetas del A.T., advierte al hombre de una ira escatológica y futura que descenderá sobre los pueblos y las gentes y que tendrá una expresión definitiva en la condenación eterna de los pecadores impenitentes (Ap. 11:18).

---

[12] Griego: θυμός.

[13] Griego: πατεῖ τὴν ληνὸν τοῦ οἴνου τοῦ θυμοῦ τῆς ὀργῆς τοῦ Θεοῦ.

Sorprendentemente la ira está vinculada al que ahora es Salvador de todo aquel que cree, de ahí que se le denomine como *"la ira del Cordero"* (Ap. 6:16). Al estilo veterotestamentario, la ilustración de la ira de Dios se expresa como el *"pisar el lagar del vino del furor y de la ira del Dios Todopoderoso"* (Ap. 14:19-20; 19:15).

En el versículo se aprecia que Pablo está hablando de la manifestación divina de la ira a causa del pecado de los judíos que detenían la predicación del evangelio. En este sentido la ira es la revelación del sentimiento divino y personal hacia el pecado y, por consiguiente, hacia el pecador. No es que Dios no ame al pecador y esté dispuesto a perdonar sus pecados, pero, en el sentido de vinculación inseparable del pecado y el pecador, aborreciendo el pecado no puede dispensar a quien lo comete que es el pecador. No se trata de la ira de un ser injusto, sino del justo, santo y perfecto Dios. El pecado es una ofensa a Su carácter santo y justo, por lo que no puede quedar impune. Esta ira divina es propia ya que aquellos judíos estaban cometiendo un *acto de impiedad e injusticia*. Desde el cielo se revela su ira. La causa de la manifestación de la ira es la acción impía de quienes detienen la verdad y lo hacen además con injusticia.

Cabría preguntarse a qué momento de la manifestación de la ira de Dios se estaba refiriendo el apóstol en el versículo, puesto que está usando una expresión que indica que la ira *ha llegado*. Algunos piensan que podría tratarse de las persecuciones desatadas por los emperadores romanos contra los judíos, pero no puede armonizarse con el contexto del capítulo. Es cierto que el Señor habló de una ira histórica que se manifestó en el año setenta con la destrucción de Jerusalén por los ejércitos de Tito y que el Señor anunció en el discurso profético (Lc. 21:20-24). Pero también está la ira futura en el tiempo de la tribulación (Mt. 24). Sin embargo, lo que está diciendo Pablo es que la ira de Dios que se hará manifiesto en un tiempo para estos que detenían la proclamación del evangelio y perseguían a los creyentes, es un hecho que puede darse por realizado como corresponde a un propósito divino. Diciendo que la ira de Dios había llegado al colmo. Una de las manifestaciones tiene que ver con el endurecimiento judicial de Israel que se está llevando a cabo hasta el tiempo final de la plenitud de los gentiles (Ro. 11:25). Sin duda tienen un velo de incredulidad con respecto a Jesús, no sólo como Mesías, sino también como Salvador. En este tiempo el Señor edifica su Iglesia que esta formada tanto por gentiles como por judíos que creen en el Señor Jesús, siendo de los judíos el remanente fiel que siempre ha mantenido en medio de un pueblo rebelde (Ro. 9:27). Este remanente fiel será un día el pueblo que esperará al Mesías, que verán al que crucificaron y del que Pablo dice que *todo Israel será salvo* (Ro. 11:26).

17. Pero nosotros, hermanos, separados de vosotros por un poco de tiempo, de vista pero no de corazón, tanto más procuramos con mucho deseo ver vuestro rostro.

ἡμεῖς δέ, ἀδελφοί, ἀπορφανισθέντες ἀφ' ὑμῶν πρὸς καιρὸν
Y nosotros, hermanos, siendo separados de vosotros por tiempo
ὥρας, προσώπῳ οὐ καρδίᾳ, περισσοτέρως ἐσπουδάσαμεν
de una hora en persona no de corazón, especialmente deseamos intensamente
τὸ πρόσωπον ὑμῶν ἰδεῖν ἐν πολλῇ ἐπιθυμίᾳ.
el rostro de vosotros ver, con mucho deseo.

Notas y análisis del texto griego.

Iniciando el último párrafo del capítulo, escribe: ἡμεῖς, caso nominativo de la primera persona plural del pronombre personal *nosotros*; δέ, partícula conjuntiva que hace las veces de conjunción coordinante, con sentido de *pero, más bien, y, y por cierto, antes bien*; ἀδελφοί, caso vocativo masculino plural del nombre común *hermanos*; ἀπορφανισθέντες, caso nominativo masculino plural del participio del aoristo primero en voz pasiva del verbo ἀπορφανίζω, *separar de*, aquí *siendo separados*; ἀφ', forma que adopta la preposición de genitivo ἀπό, por elisión de la ι final y asimilación de la π ante vocal o diptongo con aspiración, y que significa *de, desde, lejos de, proceder de, por causa de, por medio de, con, contra*; ὑμῶν, caso genitivo de la segunda persona plural del pronombre personal *vosotros*; πρὸς, preposición propia de acusativo *por*; καιρὸν, caso acusativo masculino singular del nombre común *tiempo*; ὥρας, caso genitivo femenino singular del nombre común declinado *de hora*; προσώπῳ, caso dativo neutro singular del nombre común declinado *de rostro, de presencia, en persona*; οὐ, adverbio de negación *no*; καρδίᾳ, caso dativo femenino singular del nombre común declinado *de corazón*; περισσοτέρως, adverbio de modo *especialmente*; ἐσπουδάσαμεν, primera persona plural del aoristo primero de indicativo en voz activa del verbo σπουδάζω, *poner empeño, tener diligencia, apresurarse, esforzarse, desear intesamente*, aquí *deseamos intensamente*; τὸ, caso acusativo neutro singular del artículo determinado *el*; πρόσωπον, caso acusativo neutro singular del nombre común *rostro*; ὑμῶν, caso genitivo de la segunda persona plural del pronombre personal declinado *de vosotros*; ἰδεῖν, aoristo segundo de infinitivo en voz activa del verbo εἶδον, utilizado como tiempo aoristo segundo de ὁράω, *mirar, ver*, aquí como *para ver*; ἐν, preposición propia de dativo *en, con*; πολλῇ, caso dativo femenino singular del adjetivo *mucha*; ἐπιθυμίᾳ, caso dativo femenino singular del nombre común *deseo, anhelo.*

ἡμεῖς δέ, ἀδελφοί, ἀπορφανισθέντες ἀφ' ὑμῶν πρὸς καιρὸν ὥρας, En el último párrafo del capítulo sigue la defensa de la integridad personal y ministerial de Pablo y sus compañeros. La vinculación es sencilla: Si realmente hubieran venido procurando servir a sus intereses personales, no sería necesario preocuparse de hermanos de los que no habían recibido compensaciones materiales. Sin embargo es todo lo contrario. Ellos se sentían como *huérfanos*, separados de sus hermanos a quienes amaban entrañablemente. El texto griego es fuerte, hablando de *separación*, como si se hubiese arrancado un ser querido de la vida de una persona. Anteriormente se presentó como *madre* que cuida de sus hijos, y luego como *padre* que los conduce y exhorta (vv. 7, 11). En ese momento estaba experimentando que le habían sido *arrancados* esos a quienes sentía como hijos espirituales. Esa situación la considera reversible, de modo que entiende que la separación es *por poco tiempo*, en el texto griego se lee literalmente πρὸς καιρὸν ὥρας, *por tiempo de una hora*, expresión para hablar de un tiempo corto. Es muy posible que el apóstol estuviera persuadido de que la separación de sus amados tesalonicenses sería por poco tiempo. Volvió a verlos en su tercer viaje misionero (Hch. 20:1, 2). Sin embargo, ese *poco tiempo*, podría referirse a que la añoranza por verlos se produjo inmediatamente después de haber tenido que dejarlos. Sea cual fuese el pensamiento de Pablo, el sentido es igual, todo el equipo y especialmente él, estaban añorando y sintiendo profundamente la separación de sus hermanos.

προσώπῳ οὐ καρδίᾳ, Sin embargo, la ausencia era física pero en el corazón, es decir, en los sentimientos íntimos seguía unido a ellos. De otro modo, la ausencia no tenía que ver con la parte *afectiva*, sino con la *física*. El apóstol no se gloriaba en las apariencias, en este caso con palabras fingidas que pudieran impresionar a los lectores, sino en sus sentimientos, en el corazón, como era siempre hacia sus hermanos fruto del trabajo de evangelización (2 Co. 5:12). De ese modo cuando escribía a los colosenses les decía que estaba *"ausente en cuerpo, no obstante en espíritu estoy con vosotros"* (Col. 2:5). Para Pablo y los que estaban con él, *fuera de la vista*, no significaba en modo alguno *fuera del corazón*, sino todo lo contrario.

περισσοτέρως ἐσπουδάσαμεν τὸ πρόσωπον ὑμῶν ἰδεῖν ἐν πολλῇ ἐπιθυμίᾳ. Esa separación produce un ferviente deseo de recuperar la presencia de ellos. La frase es fuerte en el texto griego. El adverbio περισσοτέρως, *especialmente*, marca una prioridad en el deseo de algo situándolo por delante de los demás. En especial deseaban que la situación de separación concluyese. Pero, además el verbo σπουδάζω, expresa la idea de *poner empeño, tener diligencia, apresurarse, esforzarse, desear intesamente*. El deseo de estar con los tesalonicenses no sólo era prioritario, sino intenso. Era un continuo anhelar y suspirar por la compañía de sus amados hermanos en

Tesalónica que habían tenido que dejar debido a las circunstancias adversas provocadas por los adversarios del evangelio. El apóstol cierra la frase diciendo que su *deseo* era ver a los creyentes personalmente, expresándolo en una forma precisa, *ver el rostro* de cada uno. La oración se cierra con el sustantivo ἐπιθυμίᾳ, que significa *deseo, codicia,* en donde el verbo ἐπιθυμέω, tiene que ver con *desear vivamente, codiciar*. La palabra tiene un sentido éticamente neutro y puede ser tanto un buen o un mal deseo, depende la orientación que le de el complemento. En este lugar Pablo *codiciaba* la presencia de los creyentes, de modo que el término es moralmente correcto. El más ferviente deseo del apóstol tenía que ver con recuperar la compañía de aquellos a quienes amaba profundamente.

18. Por lo cual quisimos ir a vosotros, yo Pablo ciertamente una y otra vez; pero Satanás nos estorbó.

διότι	ἠθελήσαμεν	ἐλθεῖν	πρὸς	ὑμᾶς,	ἐγὼ	μὲν	Παῦλος
Por lo cual	quisimos	ir	a	vosotros,	yo	ciertamente	Pablo

καὶ	ἅπαξ	καὶ	δίς,	καὶ	ἐνέκοψεν	ἡμᾶς	ὁ	σατανᾶς.
y	una vez	y	dos veces,	y	estorbó	nos	-	Satanás.

Notas y análisis del texto griego.

Siguiendo con la exposición de sus deseos, escribe: διότι, conjunción causal *por lo cual*; ἠθελήσαμεν, primera persona plural del aoristo primero de indicativo en voz activa del verbo θήλω, *desear, querer*, aquí *quisimos*; ἐλθεῖν, aoristo segundo de infinitivo en voz activa del verbo ἔρχομαι, *venir, llegar, ir*; πρὸς, preposición propia de acusativo, *hasta, a*; ὑμᾶς, caso acusativo de la segunda persona plural del pronombre personal *vosotros*; ἐγὼ, caso nominativo de la primera persona singular del pronombre personal *yo*; μὲν, partícula afirmativa que se coloca siempre inmediatamente después de la palabra expresiva de una idea que se ha de reforzar o poner en relación con otra idea y que, en sentido absoluto tiene oficio de adverbio de afirmación, como *ciertamente, a la verdad*; Παῦλος, caso nominativo masculino singular del nombre propio *Pablo*; καὶ, conjunción copulativa *y*; ἅπαξ, adverbio *una vez*; καὶ, conjunción copulativa *y*; δίς, adverbio *dos veces*; καὶ, conjunción copulativa *y*; ἐνέκοψεν, tercera persona singular del aoristo primero de indicativo en voz activa del verbo ἐγκόπτω, *poner trabas, impedir, estorbar*, aquí *estorbó*; ἡμᾶς, caso acusativo de la primera persona plural del pronombre personal declinado *a nosotros, nos*; ὁ, caso nominativo masculino singular del artícul determinado *el*; σατανᾶς, caso nominativo masculino singular del nombre propio *Satanás*.

διότι ἠθελήσαμεν ἐλθεῖν πρὸς ὑμᾶς, La nostalgia por la ausencia de los hermanos se solucionaría visitándolos para reunirse con ellos. Pablo y Silas habían sido sacados de Tesalónica o, si se prefiere mejor, hechos salir por la acción de quienes se oponían a la proclamación del evangelio, pero, desde ese momento tenían en el corazón el deseo de volver.

ἐγὼ μὲν Παῦλος καὶ ἅπαξ καὶ δίς, Aunque el deseo ardiente de regresar a Tesalónica era de todos, Pablo lo anhelaba ardientemente, de modo que intentó ir más de una vez, literalmente *una y dos veces*, es decir, repetidamente, o como se lee en la Biblia de las Américas, *más de una vez.*

καὶ ἐνέκοψεν ἡμᾶς ὁ σατανᾶς. Sin embargo todo intento de regresar fue estorbado por la acción directa de Satanás. Una de sus actividades consiste en oponerse al avance de la obra de Dios. Eso es algo común en cualquier tiempo (Dn. 10:13). En ocasiones como la de Daniel, y también en el movimiento de la oposición contra Pablo, actuando y utilizando a los gobernadores y personas prominentes (Dn. 10:20; Hch. 17:8). No debe olvidarse que los reinos del mundo y su gloria están bajo el control de Satanás (Lc. 4:6).

Es interesante apreciar que los apóstoles reconocían la realidad de Satanás y su actividad contra los propósitos de Dios. En un mundo opuesto a la verdad revelada, será bueno entender que la Biblia afirma la existencia de Satanás ya en el Antiguo Testamento (Cf. 1 Cr. 21:1; Job. 1:6, 7,12; 2:1, 2, 3, 4, 6, 7; Sal. 109:6; Zac. 3:1-2). Cristo también reconocía la existencia de Satanás y lo mencionó en varias ocasiones (cf. Mt. 4:10; 12:26; 13:39; 16:23; Lc. 10:18). El Nuevo Testamento cita a Satanás en varios lugares y los apóstoles establecen las bases de un amplio cuerpo de doctrina sobre él y su actuación (cf. Lc. 22:3, 31; Jn. 13:27; Hch. 5:3; 26:18; Ro. 16:20; 1 Co. 5:5; 7:5; 2 Co. 11:14; 12:7; 1 Ts. 2:18; 2 Ts. 2:9; 1 Ti. 1:20; 5:15; Ap. 2:9, 13, 24; 3:9; 12:9; 20:2, 7). Como todos los ángeles fue creado por Dios (Col. 1:16). La referencia bíblica directa a su creación está en el Antiguo Testamento (Ez. 28:13, 15). Siendo un ángel fue creado antes que el hombre (Ez. 28:13; Job 38:6-7). Es un espíritu (Ef. 6:11-12) y pertenece al orden de los querubines (Ez. 28:14). Es el ser más perfecto salido de la mano de Dios (Ez. 28:13), dotado también de una vestidura gloriosa para cuya descripción se usan comparativos hermosos relativos a piedras preciosas. El estado original de Satanás fue el de santidad (Ez. 28:15). El ministerio que recibió fue de excepcional relevancia, permitiéndole el acceso al lugar donde Dios manifestaba su presencia por medio de su gloria (Ez. 28:14). Además de ser un querubín, la Biblia dice que era el más grande de ellos. Enseña también sobre el pecado y la caída de Satanás, de modo que establece una comparación temporal: *"perfecto eras... hasta"* (Ez. 28:15). El pecado le afectó en plenitud, llenándolo completamente y viniendo a formar parte de su naturaleza caída (Ez. 28:16). Es interesante apreciar que Satanás se llenó de orgullo (Ez. 28:17-18), enalteciéndose su corazón hasta corromperse. El pecado profanó su santuario, en referencia a su propio ser (Ez. 28:18-19). Por ese acto llegó a ser un pecador que se opone a Dios. Su intención pecaminosa le llevó a generar un deseo impío, cuya primera expresión consistía en *subir al cielo* (Is. 14:13), referencia probable al tercer cielo donde Dios se manifiesta como en Su morada (2 Co. 12:1-4). Esa posición es superior a la de cualquier ángel, como lo pone de manifiesto la ascensión de Jesucristo (Ef. 1:20, 21). Satanás consideró insuficiente *la morada* que Dios le había asignado y consideró impíamente que merecía algo mejor como corresponde a su categoría. El segundo deseo malvado consistió en rodearse de los ángeles poniéndolos a su servicio y levantando en *lo alto* un trono en el que pudiera ejercer autoridad sobre quienes le siguieran (Is. 14:13). Satanás deseaba establecer un gobierno paralelo al gobierno de Dios y fuera de Su control. Dios ya no sería el Soberano y otro gobierno sin Su autoridad sería establecido. Aunque ese propósito no lo pudo efectuar, por tentación del hombre, tomó el cetro de autoridad de los reinos del mundo y ejerce sobre ellos el control, poniéndolos a su servicio para realizar lo que tiene determinado (Lc. 4:5, 6; 2 Co. 4:4; Ap. 2:13). Todavía más, en su deseo diabólico pretendía sentarse en el monte del testimonio, *a los lados del norte*, referencia directa a lo que el Salmo refiere para el Mesías (Sal. 48:1-2), es decir, deseos impíos sobre el reino de Dios en la tierra (Is. 2:1-4), pretendiendo arrebatar a Cristo la autoridad que le corresponde como Rey de reyes y Señor de señores. Por último anhelando una gloria mayor que la que había recibido, deseaba *subir sobre las nubes* (Is. 14:14). En ese sentido quería recibir mayor gloria que la que Dios le había dado, con ello llegaría a ser *semejante al Altísimo*. En ningún lugar de la Escritura se dice que Satanás quiso ser como Dios. Él conocía sus limitaciones frente a la infinita esencia divina. La consecuencia de su caída fue especialmente la destitución de su acceso a la presencia de Dios (Ez. 28:16) y su derribo a tierra, como ejemplo de juicio sobre el pecador, destinado a juicio de eterna condenación (Ez. 28:19). El nombre Satanás significa *adversario*. La Escritura le da distintos títulos como *el maligno* (1 Jn. 5:18); el *tentador* (Mt. 4:3; 1 Ts. 3:5); *el príncipe de este mundo* (Jn. 12:31); *el dios de este siglo* (2 Co. 4:4); *el príncipe de la potestad del aire* (Ef. 2:2); *el acusador de los hermanos* (Ap. 12:10). Entre las actividades que Satanás lleva a cabo hoy, todas ellas son impías y orientadas a la ruina espiritual del hombre, de modo que ciega el entendimiento de los perdidos (2 Co. 4:3, 4); quita la Palabra del corazón de ellos para que no crean y sean salvos (Lc.

8:12); con los cristianos usa asechanzas y lazos (Ef. 6:11; 2 Ti. 2:26); como adversario anda cual león rugiente buscando a quien devorar (1 P. 5:8). Se opone a Dios, persigue a los santos, y es padre de mentiras.

Por esa razón, como consecuencia de la actividad malvada, trastornó a los hombres, promovió acciones contra los predicadores del evangelio, Pablo y sus colaboradores, despertando un clima que hacía imposible que regresaran a Tesalónica como querían. Sin embargo, el hecho de que pudiera impedir lo que Pablo deseaba, no supone que dejase sin efecto por un tiempo el propósito de Dios. El Soberano ejerce el control orientando todas las cosas para promover lo que Él ha determinado, llevar el evangelio y salvar a los pecadores. Pablo sería encarcelado más adelante y llevado cautivo a Roma; aparentemente era una derrota para el evangelio que el mensajero estuviese encarcelado. Si embargo, Dios usó aquello para alcanzar con el mensaje de salvación a muchos en la *casa de Cesar*, personal a su servicio e incluso algunos de sus más cercanos (Fil. 4:22). Pablo quería ir a Tesalónica, Satanás se lo impedía, pero Dios ejecutaba su plan llevando al apóstol a otros lugares donde predicaba el evangelio y establecía iglesias. No debemos olvidar que cuanto más trabajo en la obra del Señor, más fidelidad en la vida cristiana, más lealtad a la Palabra, más insistencia en la oración, la lucha contra los poderes diabólicos se intensificará. Pero, en todas las cosas somos más que vencedores por medio de Aquel que nos amó.

19. Porque ¿cuál es nuestra esperanza, o gozo, o corona de que me gloríe? ¿No lo sois vosotros, delante de nuestro Señor Jesucristo, en su venida?

τίς γὰρ ἡμῶν ἐλπὶς ἢ χαρὰ ἢ στέφανος καυχήσεως– ἢ
Porque ¿cuál de nosotros esperanza o gozo o corona de jactancia o
οὐχὶ καὶ ὑμεῖς– ἔμπροσθεν τοῦ Κυρίου ἡμῶν ᾿Ιησοῦ ἐν τῇ
acaso no también vosotros- delante del Señor de nostros Jesús en la
αὐτοῦ παρουσίᾳ
de Él venida?

Notas y análisis del texto griego.

Lo que la iglesia representa para Pablo: τίς, caso nominativo femenino singular del pronombre interrogativo *cual*; γὰρ, conjunción causal *porque*; ἡμῶν, caso genitivo de la primera persona plural del pronombre personal declinado *de nosotros*; ἐλπὶς, caso nominativo femenino singular del nombre común *esperanza*; ἢ, conjunción disyuntiva *o*; χαρὰ, caso nominativo femenino singular del nombre común *gozo*; ἢ, conjunción disyuntiva *o*; στέφανος, caso nominativo masculino singular del nombre común *corona*; καυχήσεως, caso genitivo femenino singular del nombre común declinado *de jactancia*; – ἢ, conjunción disyuntiva *o*; οὐχὶ, partícula *no, de ninguna manera*; καὶ, adverbio de modo *también*; ὑμεῖς, caso nominativo de la segunda persona plural del pronombre personal *vosotros*– ἔμπροσθεν, preposición de genitivo *delante de*; τοῦ, caso genitivo masculino singular del artículo determinado *el*; Κυρίου, caso genitivo masculino singular del nombre divino *Señor*; ἡμῶν, caso genitivo de la primera persona plural del pronombre personal declinado *de nosotros*; 'Ιησοῦ, caso genitivo masculino singular del nombre propio *Jesús*; ἐν, preposición propia de dativo *en*; τῇ, caso dativo femenino singular del artículo determinado *la*; αὐτοῦ, caso genitivo masculino de la tercera persona singular del pronombre personal declinado *de él*; παρουσίᾳ, caso dativo femenino singular del nombre común *presencia, venida, llegada.*

τίς γὰρ ἡμῶν ἐλπὶς ἢ χαρὰ ἢ στέφανος καυχήσεως. La estructura gramatical del versículo es compleja. Con todo se aprecia en la primera oración una forma expresiva que determina lo que los tesalonicenses suponían para el apóstol. Expresada a modo de pregunta, usa tres substantivos que dan idea del valor que representaban. Hace referencia a la *esperanza, el gozo y la corona* que Él deseaba en el futuro escatológico de la venida del Señor. Con la vista puesta en el futuro del encuentro con Cristo, el apóstol como todos los cristianos tiene *esperanza*, de glorificación, disfrute de la herencia eterna, vida bienaventurada en la gloria, pero, todo ello está relacionado con la obra que sigue hecha en el poder de Dios y en Su nombre. Todo cuanto espera está relacionado con la presencia de los tesalonicenses a quienes alcanzó con el evangelio de la gracia y que son el fruto glorioso de una obra hecha conforme a lo que le había sido encomendado. Sin duda en el encuentro con Cristo, el *gozo* alcanzará las cotas más altas, pero ninguno más especial para Pablo que ver como fuente del gozo supremo la presencia perpetua de los creyentes salvos por gracia mediante la fe. Cada salvo supone el gozo de Dios, que los ángeles podrán observar, *"porque os digo que así habrá más gozo en el cielo por un pecador que se arrepiente, que por noventa y nueve justos que no necesitan de arrepentimiento"* (Lc. 15:7, 10). El gozo supremo del apóstol era ver la gran cosecha de salvos que glorificarán a Dios perpetuamente por Su obra de gracia. También contempla el galardón de la *corona de gloria*, literalmente *de jactancia*, es decir aquella de la que podía sentirse orgulloso. El término στέφανος, se usaba para referirse a un ramo de laurel que se daba a los vencedores en las pruebas en el estadio. Las coronas serán dadas a los creyentes luego del examen de su obra (1 Co. 3:13-14). Cada uno dará cuenta de su administración (Ro. 14:10-12), compareciendo para examinar como edificaron. Será la manifestación de la calidad de vida y servicio de cada creyente (2 Co. 5:10). El resultado serán coronas: *incorruptible* para los victoriosos sobre el viejo hombre (1 Co. 9:25); *de gozo* para los ganadores de almas (2:19); *de vida* para los que resistan las pruebas (Stg. 1:12); *de justicia* para los que aman la venida del Señor (2 Ti. 4:8); *de gloria* para los que apacientan la grey (1 P. 5:4). Estas coronas son instrumentos para gloria de Dios (Ap. 4:10).

–ἢ οὐχὶ καὶ ὑμεῖς– Un paréntesis contiene dentro de la pregunta general otra retórica que exige una contestación positiva. Toda la esperanza, el gozo y la corona, están vinculadas y son para el apóstol, los creyentes en Tesalónica. Esta parte tiene cierta dificultad. Podría entenderse de este modo: *"¿Qué es nuestra esperanza, o gozo, o corona de que me gloríe?¿Acaso no lo sois vosotros en la presencia del Señor?"*. Es decir, toda la esperanza, gozo y recompensa no tenían sentido sin la relación con aquellos a quienes había predicado el evangelio, habían creído, y eran sus hermanos en Cristo, hijos espirituales por su ministerio. Otra forma de entenderlo sería: *"¿Qué es nuestra esperanza, o gozo, o corona de que me gloríe? ¿No sois también vosotros en la presencia del Señor?"*. En ese sentido, no solamente los demás creyentes de todas las iglesias eran objeto de esperanza, gozo y gloria, sino también los tesalonicenses. Eso sería una forma de rebatir las acusaciones que algunos habrían formulado entre los cristianos de Tesalónica, de que el trabajo de Pablo era interesado y que sólo valían para él aquellos de quienes pudiera recibir algún beneficio. Más bien sería la primera interpretación la que es más consecuente con el entorno textual donde está el versículo. Nada valía para Pablo más que los creyentes a quienes escribe la *Epístola*, ellos serían el gozo y la gloria suya en el día del encuentro del Señor.

ἔμπροσθεν τοῦ Κυρίου ἡμῶν Ἰησοῦ ἐν τῇ αὐτοῦ παρουσίᾳ. El apóstol hace otra mención en el escrito al momento del encuentro, de la manifestación, de Jesús. De ese evento tratará con extensión más adelante (4:16 ss.). El término que usa aquí para referirse al suceso escatológico del creyente es παρουσίᾳ, cuyo significado es *presencia, venida, llegada.* El significado fundamental del término deriva del verbo πάρειμι, literalmente *estar presente*, por tanto, παρουσίᾳ, significa originalmente *presencia.* Sin embargo, como el verbo πάρειμι, puede expresar el sentido de *venir, llegar, acercarse*, así también παρουσίᾳ, designa muchas veces la *llegada* como inicio de la presencia. Este es el sentido que tiene en el versículo. La llegada del Señor para recoger a su Iglesia, en el cumplimiento de su promesa personal (Jn. 14:1-4). Los ojos del apóstol están puestos en ese momento en que el Señor descienda para encontrarse en el aire con la Iglesia que sube de la tierra. Pablo está mirando el final de su carrera; le espera la corona, será un momento de gozo, pero especialmente gozoso para él será presentar a muchos alcanzados por el evangelio (2 Co. 1:14; Fil. 2:16).

20. Vosotros sois nuestra gloria y gozo.

ὑμεῖς γάρ ἐστε ἡ δόξα ἡμῶν καὶ ἡ χαρά.
Porque vosotros sois la gloria de nosotros y el gozo.

Notas y análisis del texto griego.

Cerrando el párrafo, escribe: ὑμεῖς, caso nominativo de la segunda persona plural del pronombre personal *vosotros*; γάρ, conjunción causal *porque*; ἐστε, segunda persona plural del presente de indicativo en voz activa del verbo εἰμί, *ser*, aquí *sois*; ἡ, caso nominativo femenino singular del artículo determinado *la*; δόξα, caso nominativo femenino singular del nombre común *gloria*; ἡμῶν, caso genitivo de la primera persona plural del pronombre personal declinado *de nosotros*; καὶ, conjunción copulativa *y*; ἡ, caso nominativo femenino singular del artículo determinado *la*; χαρά, caso nominativo femenino singular del nombre común *gozo*.

ὑμεῖς γάρ ἐστε ἡ δόξα ἡμῶν καὶ ἡ χαρά. La respuesta a las preguntas del versículo anterior, el sentido que quería darle a la cláusula queda resuelto en las palabras finales del apóstol. Toda la gloria y el gozo del apóstol eran sus queridos hermanos en Tesalónica. Ellos eran para él el gozo y la gloria. Como escribe el Dr. Emilio Antonio Núñez:

"En 1:10 se dice que los creyentes han sido salvos para esperar de los cielos al Hijo de Dios. La segunda venida de Cristo no traerá ira, sino gloria a los redimidos. En 2:19 se revela, además que ese portentoso evento será un motivo de gozo indescriptible para los que hayan laborado fielmente en pro del evangelio, pues podrán contemplar entonces todo el fruto de sus esfuerzos realizados para la gloria del Señor. Si el pensamiento dominante en 1:10 es liberación, *en 2:19, 20 es* glorificación. *La gloria (dóxa) que Pablo busca no es la que viene de los hombres (v. 6), sino la que es del Señor y para el Señor. En este sentido los tesalonicenses mismos son su dóxa y su gozo (jará), porque en ellos habrá de gloriarse ante la augusta presencia del Redentor. Por supuesto, la mayor gloria para el Apóstol será escuchar de los tesalonicenses y de toda la inmensa multitud de redimidos el cántico de adoración y alabanza dirigido al Cordero de Dios"*[14].

---

[14] Emilio Antonio Nuñez, o.c., pág. 81.

En medio de la prueba, la iglesia era motivo de gozo para Pablo. Ese *vosotros* lo marca singularmente. Nada más importante para todos los que habían evangelizado que saber que la obra hecha en el nombre del Señor fructificaba y crecía para Su gloria.

Terminando el comentario al capítulo merece la pena destacar alguna de las muchas lecciones contenidas en él. El que sirve al Señor tiene que prestar mucha atención a su testimonio personal. El creyente puede ser acusado injustamente y cuando esa acusación afecta sólo a su persona, sin involucrar el testimonio del evangelio debe encomendar esa causa en las manos del Señor, esperando su actuación, sin procurar resolver el conflicto personalmente y mucho menos hacerlo con espíritu vengativo (Sal. 37:5; Ro. 12:17, 19). Sin embargo debe presentar defensa cuando el ataque personal pueda afectar al testimonio del evangelio. La vida santa de un creyente será el mejor testimonio en la evangelización. El cristiano que vive una vida santa, en cualquiera que sea su esfera, tendrá que estar dispuesto a sufrir persecuciones e incomprensiones (1 P 4:3, 4).

Todo el que sirve al Señor tiene que estar dispuesto a continuar en el servicio aún en medio de las tribulaciones. La fidelidad en el trabajo del evangelio traerá siempre dificultades y conflictos. Algunas veces por parte del mundo (Jn. 16:33). Otras veces en el propio campo de la iglesia, por parte de creyentes carnales, muchas veces por quienes hacen alarde de ser defensores de la verdad en una manifestación de carnalidad contraria a ella (2 Ti. 3:12). El denuedo en la predicación del evangelio y, en general, en todo compromiso cristiano es evidencia de la plenitud del Espíritu (Hch. 4:29-31).

Todo siervo de Dios tiene que tener algunas características espirituales imprescindibles. Una de ellas es *transparencia de intenciones*, es decir que cuanto haga no esté orientado a intereses personales que se ocultan tapados por la actividad. Otra de ellas es *humildad* en el trabajo. Nunca debe pensar en que ha sido él quién ha logrado los objetivos, sino que debe entender claramente que es la gracia de Dios actuando en él que hace posible el avance de la obra y la eficacia del servicio (1 Co. 15:10), debe tener claro que la obra de Dios la puede hacer solamente Él y que la hace por medio de nosotros capacitándonos en su gracia. En la obra de Dios, en el trabajo con personas, en la actividad pastoral de la iglesia el cariño en el trato con los hermanos es esencial. La exhortación no tiene que ver con dureza y mucho menos con expresión de enfado o disgusto personal, sino con el aliento. Los creyentes necesitan ser reprendidos –en algunas ocasiones- pero ha de hacerse de la misma manera como Cristo lo hubiera hecho. No se debe estar viendo siempre lo negativo de los creyentes, sino considerar también lo positivo que todos tienen para alentarles, siguiendo el ejemplo de Cristo manifestado en las cartas que dirigió por medio del apóstol Juan a las iglesias en el Asia Menor. El que sirve a pleno tiempo debe manifestar una entrega incondicional al servicio. El testimonio de vidas transformadas es un elemento imprescindible para servir a Cristo.

En el capítulo se aprecia la importancia de predicar la Palabra. Ésta actúa en el creyente y en el incrédulo, por tanto, lo único que debe ser predicado es la Palabra. Ella tiene en sí misma promesa divina de actuación cada vez que se proclame (Is. 55:11). El pasaje considerado enseña la realidad de esa obra de la Palabra (v. 13). En base a eso, lo único que un creyente consecuente y un líder bíblico tiene que hacer es predicar sólo la Palabra de Dios, insistir en la exposición bíblica, vivir en consecuencia con la palabra que predica (Jos. 1:8). Es obligación moral y espiritual de los guías en la iglesia, impedir que se predique otra cosa que no sea la Palabra de Dios. El único ministerio eficaz descansa en la predicación expositiva. Esto no es optativo, sino un mandamiento establecido por el apóstol (2 Ti. 4:2). El maestro y el pastor han de verse impulsados a un ministerio de exhortación y enseñanza que sólo es posible por la exposición de la Biblia. Cuando se predica en el evangelio otra cosa que no sea la exposición doctrinal del mensaje de la Cruz, se está cayendo de lleno en lo que Pablo llama *otro evangelio* y que ha de ser considerado como anatema (Gá. 1:9).

Hay dos graves pecados que se mencionan en el texto que se ha considerado. Uno es perseguir a los creyentes, que incurre en manifestación del desagrado de Dios. El Señor ha mandado amar a todos, incluyendo los enemigos (Mt. 5:38-48; Ro. 12:14, 17, 20). Cuando un creyente es perseguido el daño que se le ocasione repercute como miembro del cuerpo de Cristo directamente en la Cabeza que es el Señor mismo (Hch. 9:5). La persecución puede revestir muchas formas: la crítica contra el hermano; la atención y divulgación de los defectos que pueda tener para ponerlos en evidencia; no ejercer la bendición de perdonar sus faltas. Otro pecado destacado es *oponerse a los hombres*, por falta de interés en la evangelización. Predicar el evangelio, anunciar a Cristo, es un mandato divino (Mt. 28:19-20; Mar. 16:15-16; Hch. 1:8). Jesús determinó la evangelización como una decisión personal y no como una opción de vida para los cristianos (Jn. 17:18). No evangelizar es una manifestación clara de desinterés por los que se están perdiendo y una clara manifestación de falta de amor. Cuando un creyente no ama a los que se están perdiendo, manifiesta una carencia espiritual que le impide vivir a Cristo (Gá. 2:20).

Finalmente todo creyente debe tener preocupación personal por la iglesia de Cristo. La primera se expresa mediante la identificación con la iglesia local de la que es miembro y en la que se congrega. Esta identificación se manifiesta en un compromiso con el trabajo en la congregación, la oración personal, la asistencia a las reuniones, la ofrenda y el servicio en general. La evidencia más clara de desinterés por la congregación es la ausencia y la despreocupación por las actividades de la misma, con la falta de colaboración personal en el ministerio y servicio congregacional (He. 10:25).

CAPÍTULO III

INTERÉS POR LA FE.

Introducción.

El apóstol manifestó sus sentimientos personales a causa de estar forzosamente alejado de los tesalonicenses, a quienes añoraba y con los que ansiaba volver cuanto antes. Él hubiera deseado acompañarles en un tiempo difícil de conflictos y dificultades en el testimonio a causa de las actuaciones de los enemigos del evangelio, pero, hubo impedimentos que lo hacían imposible. No obstante, ellos eran más importantes para el apóstol que la compañía de sus queridos colaboradores. El interés por la iglesia y la situación en que pudieran estar los creyentes, hizo que optara por desprenderse de la presencia de uno de ellos, Timoteo, para enviarlo a Tesalónica a fin de confortar a los creyentes, instruirles más en las verdades bíblicas y traer un informe directo de la situación en que se encontraban. Como quiera que también Silas había salido para visitar a otras iglesias, Pablo se quedó solo, cosa que prefería con tal de que los creyentes pudieran estar atendidos y fortalecidos en la fe.

La realidad de una verdadera conversión se pone de manifiesto en una vida de fe, que no flaquea no se aparta en las tribulaciones. Cuando la Palabra ha arraigado en el creyente, el enemigo no logra su propósito de que se aparte del camino y abandone la fe. El apóstol expresa su confianza en los tesalonicenses, descansando en que se mantendrían firmes frente a lo que los enemigos del evangelio estaban empeñados en conseguir. El argumento del apóstol en el pasaje que se va a considerar es este: El enemigo está procurando socavar vuestra fe, pero vuestra disposición para sufrir por Cristo lo hace imposible y es la prueba de que vuestra fe es genuina y que el enemigo no saldrá victorioso.

Es notable apreciar en el capítulo el énfasis sobre la fe. Timoteo fue enviado para *"confirmaros y exhortaros respecto a vuestra fe"* (v. 2). El interés del apóstol era fundamentalmente *"informarme de vuestra fe"* (v. 5). El mayor gozo fue el informe que dio Timoteo a su regreso, comunicándole *"noticias de vuestra fe"* (v. 6). La firmeza de los tesalonicenses en lo que habían recibido fue un motivo personal de aliento para Pablo y sus compañeros que en medio de las aflicciones *"fuimos consolados de vosotros por medio de vuestra fe"* (v. 7). Además el interés especial de la visita que esperaba hacer a Tesalónica tenía como principal propósito, no sólo ver a los hermanos, sino dar tiempo a la enseñanza para que *"completemos lo que falte a vuestra fe"*

(v. 10). De otro modo, el interés principal del apóstol no era tanto la organización de la iglesia, ni las actividades de la congregación, ni la alabanza, ni otros aspectos siempre necesarios en ella, sino la formación de los creyentes para que fuesen personas de fe probada. Choca profundamente esto con lo que suele ocurrir en el tiempo actual en donde muchos aspectos del ministerio eclesial sustituyen o son prioritarios frente a la enseñanza de la Palabra.

Finalmente la razón que motivaba la intensa y continua oración por los tesalonicenses tenía como propósito fundamental que fuesen afirmados en sus corazones para llevar una vida *"irreprensible y en santidad"*, hasta la venida del Señor (v. 13).

Para el análisis textual del capítulo se sigue la pauta del *bosquejo* presentado en la introducción de la *Epístola*, como sigue:

4.2. Preocupación por la firmeza de la fe (3:1-10).
  A) El envío de Timoteo (3:1-5)
  A) El informe de Timoteo (3:6-10).
4.3. Preocupación por el desarrollo de los creyentes (3:11-13).

Preocupación por la firmeza de la fe (3:1-10).

El envío de Timoteo (3:1-5).

1. Por lo cual, no pudiendo soportarlo más, acordamos quedarnos solos en Atenas.

Διὸ	μηκέτι	στέγοντες	εὐδοκήσαμεν	καταλειφθῆναι	ἐν
Por lo cual	ya no más	soportando	quisimos	ser dejados	en
᾿Αθήναις	μόνοι				
en Atenas	solos.				

Notas y análisis del texto griego.

Iniciando el primer párrafo del pasaje, se lee: Διὸ, conjunción *por eso, por lo cual*; μηκέτι, adverbio *ya no más*; στέγοντες, caso nominativo masculino plural del participio de presente en voz activa del verbo στέγω, *soportar*, aquí *soportando*; εὐδοκήσαμεν, primera persona plural del aoristo primero de indicativo en voz activa del verbo ευδοκέω, *querer, tener a bien*, aquí *quisimos*; καταλειφθῆναι, aoristo primero de infinitivo en voz pasiva del verbo, καταλείπω, *descuidar, dejar, abandonar*, aquí *ser dejados*; ἐν, preposición propia de dativo *en*; ᾿Αθήναις, caso dativo femenino singular del nombre propio *Atenas*; μόνοι, caso nominativo masculino plural del adjetivo *único, solos*.

Διὸ μηκέτι στέγοντες εὐδοκήσαμεν καταλειφθῆναι ἐν Ἀθήναις μόνοι. La preocupación por lo que estaría ocurriendo con los tesalonicenses llenaba el alma de Pablo. Sentía nostalgia de no poder estar con ellos, pero mucho más sentía la ansiedad de saber como las persecuciones y la presencia de los adversarios habrían afectado a su fe. Él estaba lejos mientras que los enemigos intentaban apartarlos de la verdad que les había predicado.

Pablo decidió quedarse solo en Atenas. Silas había sido enviado a visitar algunas de las iglesias fundadas en Macedonia, y el único que quedaba a su lado era Timoteo. No sabemos como planearían esto, es decir, como habrían tomado la determinación de que saliera de Atenas y se encaminara a Tesalónica para visitar la iglesia. Pero, sin duda, fue una decisión tomada con mucha oración. El apóstol dejaría Atenas para trasladarse a Corinto, en donde esperaba a Timoteo y Silas (Hch. 18:5). Los dos colaboradores de Pablo trajeron al apóstol, junto con las noticias de las iglesias, una ofrenda de ellas (2 Co. 11:9; Fil. 4:14-15), lo que supuso un alivio para las apreturas económicas. Probablemente Silas había estado en Filipos, mientras que Timoteo viajó a Tesalónica.

Es interesante apreciar que Pablo utiliza aquí el adjetivo μόνοι, *solos*, lo que permite preguntarse a quienes se refiere ¿Sería él y Silas? No se trata tanto de un plural retórico que el apóstol utiliza, sino más bien de que el acuerdo fue tomado por él y Timoteo, o incluso por los tres. Es una decisión de todo el equipo misionero, de modo que al separarse los tres en Atenas, todos ellos quedaban solos; Silas sin compañía en la visita a las iglesias; Timoteo sólo en Tesalónica; y Pablo sólo en Atenas y Corinto.

2. Y enviamos a Timoteo nuestro hermano, servidor de Dios y colaborador nuestro en el evangelio de Cristo, para confirmaros y exhortaros respecto a vuestra fe.

καὶ ἐπέμψαμεν Τιμόθεον, τὸν ἀδελφὸν ἡμῶν καὶ συνεργὸν
Y enviamos a Timoteo, el hermano de nosotros y colaborador
τοῦ Θεοῦ ἐν τῷ εὐαγγελίῳ τοῦ Χριστοῦ[1], εἰς τὸ στηρίξαι ὑμᾶς
- de Dios en el evangelio - de Cristo, para - afirmar os
καὶ παρακαλέσαι[2] ὑπὲρ[3] τῆς πίστεως ὑμῶν.
y exhortar para bien de la fe de vosotros.

Notas y análisis del texto griego.

Siguiendo la reseña histórica, añade: καὶ, conjunción copulativa *y*; ἐπέμψαμεν, primera persona plural del aoristo primero de indicativo en voz activa del verbo πέμπω, *comisionar, enviar*, aquí *enviamos*; Τιμόθεον, caso acusativo masculino singular del nombre propio *Timoteo*; τὸν, caso acusativo masculino singular del artículo determinado *el*; ἀδελφὸν, caso acusativo masculino singular del nombre común *hermano*; ἡμῶν, caso genitivo de la primera persona plural del pronombre personal declinado *de nosotros*; καὶ, conjunción copulativa *y*; συνεργὸν, caso acusativo masculino singular del adjetivo *colaborador*; τοῦ, caso genitivo masculino singular del artículo determinado *el*; Θεοῦ, caso genitivo masculino singular del nombre divino declinado *de Dios*; ἐν, preposición propia de dativo *en*; τῷ, caso dativo neutro singular del artículo determinado *el*; εὐαγγελίῳ, caso dativo neutro singular del nombre común *evangelio*; τοῦ, caso genitivo masculino singular del artículo determinado *el*; Χριστοῦ, caso genitivo masculino singular del nombre propio declinado *de Cristo*; εἰς, preposición propia de acusativo *para*; τὸ, caso acusativo neutro singular del artículo determinado *el*; στηρίξαι, aoristo primero de infinitivo en voz activa del verbo στηρίζω, *afirmar, consolidar, hacer firme*; ὑμᾶς, caso acusativo de la segunda persona plural del pronombre personal declinado *a vosotros, os*; καὶ, conjunción copulativa *y*; παρακαλέσαι, aoristo primero de infinitivo en voz activa del verbo παρακαλέω, *llamar, pedir, hablar, invitar, consolar, animar*; ὑπὲρ, preposición propia de genitivo *por, para bien de, por causa de, a favor de*; τῆς, caso genitivo femenino singular del artículo determinado *la*; πίστεως, caso genitivo femenino singular del nombre común *fe*; ὑμῶν, caso genitivo de la segunda persona plural del pronombre personal declinado *de vosotros.*

Crítica Textual. Lecturas alternativas.

[1] καὶ συνεργὸν τοῦ Θεοῦ ἐν τῷ εὐαγγελίῳ τοῦ Χριστοῦ, *y colaborador de Dios en el evangelio de Cristo*, lectura atestiguada en D*. 33. it$^{b,d, mon, o}$. vg^{ms} Ambrosiaster, Pelagio.

καὶ διάκονον τοῦ Θεοῦ ἐν τῷ εὐαγγελίῳ τοῦ Χριστου, *y servidor de Dios en el evangelio de Cristo*, según lectura en ℵ, A. P. Ψ. 0278. 6. 81. 263. 424c. 1241. 1739. 1881. 1912. 2464. lat^{ar}. vg. Co$^{sa, bo, fay}$. Basilio, Teodoro^{lat}.

διάκονον καὶ συνεργὸν τοῦ Θεοῦ ἐν τῷ εὐαγγελίῳ τοῦ Χριστου, *servidor y colaborador de Dios en el evangelio de Cristo*, conforme a F. G. Lat$^{f, g}$.

καὶ διάκονον τοῦ Θεοῦ καὶ συνεργὸν ἡμῶν ἐν τῷ εὐαγγελίῳ τοῦ Χριστου, *y siervo de Dios y colaborador de nosotros en el evangelio de Cristo*, según se lee en D^2. K. L. 075. 0150. 104. 256. 365. 424*. 436. 459. 1573. 1852. 2127. 2200. *Lect.* sir$^{p, h, with*}$. eti. geo^2. esl. Crisótomo. Teodoreto.

[2] Se añade ὑμᾶς, *a vosotros, os*, en D^2. K. L. 365. 630. 1175. 1241. 𝔐. vg^{vg}. sir^p.

[3] ὑπὲρ, *para bien de la*, lectura atestiguada en ℵ. A. B. D. F. G. I. K. P. Ψ. 0278. 33. 81. 104. 1505. 1739. 1881. 2464.

περί, *acerca de*, según se lee en D^2. L. 365. 630. 1175. 1241. 𝔐.

καὶ ἐπέμψαμεν Τιμόθεον. La inquietud por la situación que podrían estar atravesando los tesalonicenses llevó al equipo a tomar la decisión de enviar a Timoteo para que ayudase a los creyentes. No es necesario volver nuevamente aquí a dar detalles de quien era este hermano. Se ha tenido en cuenta esto antes (1:1). Aquel que había servido con fidelidad, conocedor de la Escritura, capaz para enseñar, de vida intachable es el enviado comisionado por el apóstol para que visite la iglesia en Tesalónica y se informe de *la fe* de ellos, es decir, de la fidelidad al Señor y a su Palabra, en medio de tensiones y oposición al evangelio de la gracia.

τὸν ἀδελφὸν ἡμῶν. A Timoteo se le dan aquí tres calificativos. Primeramente se dice que era *nuestro hermano*. De esta manera se le llama en otros lugares (cf. 2 Co. 1:1; Col. 1:1). Si era *hermano*, significa que era un miembro de la familia de Dios, por tanto, hermano en Cristo del apóstol y de su compañero Silas. Al usar el pronombre personal *nuestro* vinculado a *hermano*, debe tomarse como *inclusive*, no sólo era hermano de Pablo y Silas, sino también de los tesalonicenses. La determinación divina en relación con los que creen es constituirlos como sus hijos (Jn. 1:12). Para eso el propósito divino fue el de enviar al Hijo al mundo para que llevase a cabo lo necesario de modo que pudiera establecerse la *familia* espiritual de Dios, por tanto vino para redimir y adoptar con ese propósito (Gá. 4:4-5). Los creyentes alcanzan una relación con Dios de Padre a hijos. Por esa misma razón el Señor enseñó a orar dirigiéndose a Dios y llamándole *Padre nuestro.* Solo los creyentes son hijos de Dios, el resto de los hombres lo son del diablo (Jn. 8:44). La nueva relación se alcanza por medio de la fe (Gá. 3:25-26). Todo aquel que ha creído en Cristo es puesto en la relación con Dios de *hijo*, introduciéndolo en la familia de Dios (Ef. 2:19). Dios mismo, por medio de su Espíritu, habla directamente al espíritu del creyente recordándole esa condición (Ro. 8:16). El cristiano, miembro de la familia de Dios, tiene derecho de acceso al Padre en Cristo (Ef. 2:18), lo que es igual a derecho de acceso al Trono de la Gracia (He. 4:16). De este modo debemos entender el concepto bíblico de *hermano en Cristo*, como uno con nosotros integrado en la familia de Dios y miembro en el cuerpo de Cristo. Ese es el sentido del primer calificativo dado a Timoteo: *"nuestro hermano"*.

καὶ συνεργὸν τοῦ Θεοῦ. Pero además es también *colaborador de Dios*. El término aquí en esta alternativa de lectura tiene que ver con uno que trabaja con Dios en la realización de una labor que es divina. No quiere decir esto que la obra que Timoteo hacía la llevaba a término él por un lado y Dios por otro, o que ambos trabajasen de distintas formas que diesen un resultado final dual, parte de Dios y parte del hombre. La obra de Dios la hace sólo Él, si bien la hace por medio de nosotros, ya que en este entorno se trata especialmente de edificar la iglesia y proclamar el evangelio. Como es Dios quien usa al creyente para llevar a cabo el trabajo de Su obra en el mundo, se le llama aquí, en esta lectura, *colaborador de Dios*. Es una gran bendición pensar que la gracia de Dios que salva e integra en Su familia a los salvos también nos da el privilegio de *colaborar*, trabajar juntamente con Él en Su obra. En otra alternativa de lectura[1], en lugar de *colaborador*, aparece διάκονον, *diácono*, servidor de Dios. Posiblemente sea esta la más correcta. Dios compró al creyente para que le sirva. El distintivo de la iglesia en Tesalónica era precisamente este, el de servicio (1:9). Dios asignó un área de servicio a Timoteo, como hace con cada uno de los creyentes. En la variante textual se lee que *Timoteo* era *siervo* de Dios y *colaborador* nuestro. Es decir, servía a Dios lo mismo que sus compañeros de ministerio y trabajaba, por tanto, en la misma labor que ellos, de ahí que se le llame *colaborador*. Sea cual fuere la lectura más correcta, ambas expresan la misma verdad: Timoteo servía a Dios conjuntamente con Pablo y Silas, es decir, trabajaba en el mismo ámbito y con el mismo propósito.

ἐν τῷ εὐαγγελίῳ τοῦ Χριστοῦ, En tercer lugar se dice de él que era *servidor en el evangelio de Cristo*. Lo mismo que Pablo su ocupación era la evangelización. El equipo misionero tenía como propósito llevar las buenas nuevas a todo el mundo, fundar iglesias, y edificar al pueblo de Dios. Sin duda el ministerio de Pablo era mayor como apóstol de Jesucristo. Mientras que sus colaboradores trabajaban con él en la predicación del evangelio y consolidación de la obra, él escribía también las epístolas y revelaba *el misterio* en cuanto a la iglesia como la gran *novedad* de Dios para esta dispensación. Una de las misiones y comisiones a los apóstoles era establecer el *fundamento* doctrinal de la iglesia. Para ello se le confirió la autoridad delegada del Señor para que lo que escribían fuese considerado por los creyentes como *mandatos* del Señor (1 Co. 14:37). Terminados los escritos del Nuevo Testamento, no hay posibilidad alguna de añadir más revelación a lo que ya está revelado, por tanto, el don de *apóstol* en el mismo sentido de los Doce y Pablo, no está operativo, puesto que no puede establecerse nada nuevo para la doctrina y prácticas eclesiales con la autoridad de Jesús, como lo hicieron los apóstoles. La pretensión de que el don de *apóstol* está activo en el día de hoy y que son necesarios para la correcta funcionalidad de la iglesia es una pretensión no bíblica, que

[1] Ver el cuadro de análisis del texto griego.

permite a algunos *adueñarse* de los creyentes, establecerse como *primados* en las iglesias, y beneficiarse de los recursos financieros de quienes por falta de formación bíblica, son conducidos a considerar como verdad lo que simplemente es mentira y deformación de la Palabra. Timoteo servía con Pablo y Silas en la evangelización. Esta no sólo consistía en proclamar las buenas nuevas de salvación, sino en el siguiente paso establecido por Jesús, de enseñar a los nuevos creyentes todo cuanto Él había mandado (Mt. 28:20). Para esto, sin duda, Timoteo era un siervo válido, puesto que conocía la Palabra y podía comunicarla para edificación del pueblo de Dios.

εἰς τὸ στηρίξαι ὑμᾶς καὶ παρακαλέσαι. La misión que se le había encomendado era doble. Por un lado *confirmar* a los creyentes y por otro *exhortar* o *alentar* a quienes necesitaban serlo debido a las dificultades que conllevaba la vida cristiana, en medio de problemas y persecución. La primera misión consistía en afirmar a los creyentes fortaleciendo su conocimiento mediante la enseñanza de las verdades de la fe. Es necesario entender que los escritos del Nuevo Testamento no estaban todos circulando, de manera que la enseñanza apostólica se transmitía oralmente por medio de los colaboradores directos de los apóstoles, como ocurría con Timoteo a quien Pablo encarga: *"Lo que has oído de mí ante muchos testigos, esto encarga a hombres fieles que sean idóneos para enseñar también a otros"* (2 Ti. 2:2). Esta era una de las necesidades de la iglesia en Tesalónica, habían de ser confirmados los creyentes en asuntos sobre los que tenían alguna duda, como ocurre con el tema de la resurrección de los creyentes y el traslado de la iglesia, temas a los que Pablo dedica espacio en esta *Epístola*. La preocupación del apóstol era que los creyentes estuviesen firmes en la fe para que no fuesen fácilmente arrastrados por vientos de doctrina, no conformes con la verdad (Ef. 4:14). Los creyentes deben progresar a la *madurez espiritual*, y dejando de ser niños pasar a ser hombres adultos. Los niños son *fluctuantes*, esto es, no están bien afirmados y pierden fácilmente la estabilidad. En la media en que la enseñanza bíblica, que no es otra cosa que la fe cristiana, nos lleve a una experiencia más íntima con Cristo y a un mayor conocimiento de Él, se irá produciendo en cada uno el desarrollo hasta la dimensión consonante con Cristo. Un creyente con poco conocimiento bíblico esta expuesto a ser arrastrado por medio de *filosofías y sutilezas* que lo conducen a posiciones contrarias a la verdad de Dios. Esto está afectando a muchas llamadas iglesias evangélicas, en donde hombres engañosos actúan sobre creyentes poco formados enseñándoles cosas contrarias a la verdadera fe. La única defensa a este acosar continuo desde el mundo está en la maduración firme en la común fe, de modo que puedan resistir el espíritu de falsa enseñanza del mundo que como vientos soplan contra la Iglesia. Timoteo es enviado con la misión de fortalecer a los cristianos, lo que equivale a *enseñarles* la Palabra. Esto constituye una continua advertencia del apóstol, de modo que cuando estaba esperando que la sentencia a muerte dictada contra él tuviese lugar, manda a Timoteo: *"Ten encarezco delante de Dios y del Señor Jesucristo, que juzgará a los vivos y a los muertos en su manifestación y en su reino, que prediques la palabra, que instes a tiempo y fuera de tiempo; redarguye, reprende, exhorta con toda paciencia y doctrina"* (2 Ti. 4:1-2). La demanda para el *maestro* o el *pastor* en las iglesias es que se ocupe de predicar y enseñar, solo la Palabra y nada más que la Palabra. El tiempo actual es una época en la que la enseñanza de la Palabra se ha ido sustituyendo por otras cosas, que sin ser de poca importancia, han quitado el lugar que la voz de Dios tiene que tener en la iglesia. La alabanza ha dejado en segundo lugar a la enseñanza. ¿Es poco importante la alabanza en el culto? En ningún modo, todo lo contrario, Dios debe ser alabado y adorado en todo tiempo y también en la reunión de creyentes, pero la alabanza es la respuesta del creyente a la voz de Dios. A Él se le alaba por lo que hizo y se le adora por lo que es. No debiera haber un culto que no comenzase por una lectura bíblica para seguir luego la alabanza como respuesta de corazones agradecidos. El púlpito se ha ido sustituyendo por el *escenario*, lugar adecuado para las manifestaciones del pueblo, pero no tanto para oír la voz de Dios a través de la exposición de su Palabra. Hay congregaciones en donde la exposición bíblica no tiene lugar, y donde el *ministerio* se limita a temas sueltos de vida cristiana. Esto trae como consecuencia un pueblo debilitado en cuanto a la fe que permite llegar al *relativismo* propio de un mundo *post-moderno*. Este peligro existió durante toda la historia de la Iglesia, y de esto decía Spurgeon, en una frase lapidaria: *"Vendrá un tiempo cuando en lugar de tener pastores alimentando a las ovejas, la iglesia tendrá payasos entreteniendo a las cabras"*. Timoteo es enviado para fortalecer la fe de los tesalonicenses recordándoles la doctrina y exponiendo la Palabra.

El segundo aspecto de su misión era la de *consolar*. El verbo usado para definir esto es παρακαλέω, que significa, entre otras cosas, *hablar, consolar, alentar*. Aquellos hermanos en medio de la aflicción necesitaban oír palabras de aliento. Esta misión deriva de la acción del Παρακλητος, nombre dado al Espíritu Santo, cuya misión es la παρακλησις, *consuelo, ánimo*, de modo que quien ministra al Señor en el poder del Espíritu enseña la Palabra con firmeza, pero alienta, consuela y restaura con espíritu de mansedumbre. La misión de Timoteo en Tesalónica era estar cerca de los hermanos para alentarles y consolarles en la fe. Cualquier demanda de vida y conducta no tiene que estar basada en la reprensión e intimidación sino en la exposición bíblica que con la asistencia del Espíritu conduce al creyente a vivir conforme a la voluntad de Dios. La reprensión hecha desde el poder de la carne solo sirve para destruir la obra de Dios en los creyentes. Hay tiempos en los que surgen enseñadores *agrios* que golpean con dureza el rebaño de Dios desanimando y desalentando a los cristianos. Generalmente todos estos *tiranos bíblicos*, se gozan en exigir a otros lo que les falta a ellos. Suele ocurrir que las enérgicas reprensiones sobre santidad de vida y de formas, son más tarde transgredidas por quienes las han enseñado. Muchos jóvenes han desaparecido de iglesias por la intransigencia despótica de líderes que en lugar de alentar reprenden y desalientan. El hombre de Dios se caracteriza por la capacidad de restaurar, más que por la de reprender (Gá. 6:1). Esto no significa, en modo alguno, transigencia con el pecado y lasitud en la conducta cristiana, sino todo lo contrario. El cristiano debe ser *alentado* para que viva santamente. Es necesario entender que la santidad no es una opción de vida para el creyente, sino la única forma de vida conforme a Dios. Los creyentes en Tesalónica necesitaban palabras de aliento y consuelo que Timoteo proveería para ellos en el tiempo de su visita a la congregación, junto con la enseñanza de la Palabra que fortalecería a los cristianos en la fe. La labor del colaborador del apóstol era estar al lado de los hermanos fortaleciéndoles y animándoles respecto a su fe.

ὑπὲρ τῆς πίστεως ὑμῶν. El propósito final de la enseñanza y del aliento era la fortaleza en la fe de los tesalonicenses. Aquí comienza la primera referencia a la *fe* en el pasaje que seguirá más adelante en otros versículos. Lo que realmente interesaba a Pablo de sus hermanos en Tesalónica era la fe. Esto es importante porque la fe que es instrumento para salvación, es también la forma natural de la vida cristiana (Gá. 2:20). La forma de vida cristiana victoriosa tiene que ver con una experiencia cotidiana en la fe. Por la fe Cristo vive en el cristiano, por tanto le otorga la vida eterna como resultado de la justificación en la regeneración, vinculándolo consigo mismo de modo que puede tener vida eterna como algo que es natural para él, puesto que el Autor de la vida, se hace vida y vive en él. Pero, en el contexto se está desarrollando el modo de esa vida en la experiencia cotidiana del creyente, por tanto, se debe vincular con la experiencia de una forma de vida propia para quienes han sido creados según Dios en justicia y santidad de la verdad (Ef. 4:24). Contra tales cosas no hay ley, por tanto, en la muerte de Cristo muere a la ley y en la vida de Cristo vive conforme a Dios, contra cuya vida tampoco hay ley. Es la manifestación del hombre conformado a Cristo, el que habiendo sido creado en Él y posicionado en Él, vive su nueva experiencia de vida con consecuencias renovadoras o, si se prefiere, transformadoras: *"De modo que si alguno está en Cristo, nueva criatura es; las cosas viejas pasaron; he aquí todas son hechas nuevas"* (2 Co. 5:17). Es en Jesús que toma carácter y ser la nueva creación de Dios, el *hombre nuevo* (Ga. 6:15). El compromiso del creyente es *ser* diariamente ese *hombre nuevo*, que estando en el interior de la persona se manifiesta al exterior mediante las obras propias de su condición natural, o de su nueva naturaleza. La justicia que se expresa no es la propia del creyente, sino la de Dios en Él. En Cristo somos hechos justicia de Dios (2 Co. 5:21). Esta es la justicia con respecto a las demás personas y al mismo mundo, pero también comprende necesariamente el aspecto de justicia respecto a Dios y a los hermanos, que se traduce muchas veces por piedad e incluso por fidelidad. La santidad no es la que corresponde a apariencias religiosas, sino la santidad de Jesús, operada en el cristiano por el Espíritu Santo, cuya expresión visible tiene que manifestarse en todos los aspectos de la vida: *"...sed también vosotros santos en toda vuestra manera de vivir; porque escrito está: Sed santos, porque yo soy santo"* (1 P. 1:15b-16). Jesús, es la vida oculta en el *nuevo hombre* en la intimidad del cristiano, o si se prefiere mejor, es la razón de vida del cristiano (Fil. 1:21), de modo que todo aquel en quien Cristo se hace vida, no puede sino manifestar la expresión continua de santidad propia de Aquel a quien vive en el poder del Espíritu. De la misma manera el creyente es *verdadero*, porque está en la Verdad, que es Cristo mismo (Jn. 14:6). Por tanto, verdad tiene que ver con las manifestaciones visibles y válidas expresadas en la *palabra de verdad* (Ef. 1:13; Col. 1:5). Todo cuanto tiene que ver con la vida en el Espíritu, necesariamente está condicionado con la justicia de Dios, siendo el mismo Espíritu quien conduce a la mente del cristiano a pensamientos conforme a ella, en contraposición con los designios de la mente carnal que son muerte. Bajo la influencia del Espíritu, el espíritu del creyente valora las cosas conforme a Dios. En esta valoración procura ajustar la norma de vida a la voluntad divina (Ro. 7:22). Es el Espíritu y su operación en el cristiano quien hace de él un hombre *espiritual* obediente a Dios (Ro. 8:2). La consecuencia de la identificación con Cristo produce un cambio transformador, como dice el apóstol: *y lo que ahora vivo en la carne, lo vivo en la fe del Hijo de Dios (*Ga. 2:20*).* Carne aquí no tiene que ver con vida de pecaminosidad, sino con vida cotidiana. De otro modo, la vida normal del día a día de Pablo, está vinculada y conducida por la vida de Cristo en él. La expresión *carne* no tiene aquí sentido teológico, sino fisiológico, significa vivir en el *cuerpo mortal*, el recipiente que expresa y contiene la vida del hombre y la hace visible. La vida del hombre es siempre un complejo dual, por un lado está la vida biológica y por otro la espiritual recibida en el nuevo nacimiento. Ambas vidas están sintonizadas en la experiencia del cristiano. La existencia de la nueva vida en Cristo se realiza de una nueva forma: *"en la fe"*. La fe expresa siempre dependencia. La fe que salva, exige una entrega incondicional del pecador al Salvador. La fe que santifica, exige la misma entrega e igual dependencia. Sólo en esta dimensión Jesús es también Señor. Vida en la fe, significa la expresión de una manera de ser que obra consecuentemente con esa misma fe (Stg. 1:14-26). Si se trata de una verdadera resurrección espiritual después de una muerte al pecado y a la ley, tiene que manifestarse en un modo de vida que obra de forma diferente la antigua forma propia del hombre natural. Esa fe da consistencia y firmeza a la vida (2 Co. 1:24b). De igual modo la fe en el Hijo de Dios, en medio de compromiso, ya que los que viven ya no viven para sí, sino para el que murió y resucitó por ellos (2 Co. 5:15). La fe produce el compromiso de discipulado que como Cristo renuncia a todo, porque *vive a Cristo* (Fil. 1:21; 3:7-10).

3. A fin de que nadie se inquiete por estas tribulaciones; porque vosotros mimos sabéis que para esto estamos puestos.

τὸ μηδένα σαίνεσθαι ἐν ταῖς θλίψεσιν ταύταις.
A fin de que nadie se perturbe por las tribulaciones estas;
αὐτοὶ γὰρ οἴδατε ὅτι εἰς τοῦτο κείμεθα·
porque vosotros habéis sabido que para esto estamos puestos.

Notas y análisis del texto griego.

Dando una razón para el envío de Timoteo, dice: τὸ, caso acusativo neutro singular del artículo determinado *lo*, aquí en sentido global que podría traducirse como *para que*; μηδένα, caso acusativo masculino singular del pronombre indefinido *nadie*; σαίνεσθαι, presente de infinitivo en voz pasiva del verbo σαίνομαι, *perturbar, inquietar*, aquí *se perturbe*; ἐν, preposición propia de dativo *en*; ταῖς, caso dativo femenino plural del artículo determinado *las*; θλίψεσιν, caso dativo femenino plural del nombre común *aflicciones, tribulaciones*; ταύταις, caso dativo femenio plural del pronombre demostrativo *estas*; αὐτοὶ, caso nominativo masculino plural del pronombre intensivo *vosotros*; γὰρ, conjunción causal *porque*; οἴδατε, segunda persona plural del perfecto de indicativo en voz activa del verbo οἶδα, *conocer, saber, entender*, aquí *habeis sabido, sabéis*; ὅτι, conjunción *que*; εἰς, preposición propia de acusativo *para*; τοῦτο, caso acusativo neutro singular del pronombre demostrativo *esto*; κείμεθα, primera persona plural del presente de indicativo en voz pasiva del verbo κεῖμαι, *estar puesto, estar reservado, estar dispuesto, estar destinado*, aquí *estamos puestos.*

τὸ μηδένα σαίνεσθαι ἐν ταῖς θλίψεσιν ταύταις. Los cristianos perseguidos podían llegar a inquietarse por las circunstancias adversas en que vivían. El apóstol les dice que mandó a Timoteo para que con sus palabras les recordara que las tribulaciones forman parte de la vida cristiana y que no hay por qué conturbarse cuando se producen, como si algo extraño estuviese ocurriendo. Esas tribulaciones llegaron a producir tal inquietud en algunos hermanos en Tesalónica que, debido a la intensidad de la prueba, pensaban que estaban en *la tribulación*. El mismo apóstol acudirá a reorientar este pensamiento equivocado en su *Segunda Epístola* (2 Ts. 2:1-3). Es interesante el verbo que utiliza Pablo σαίνω, que expresa la idea de ir de un lado a otro, de ahí *inquietarse, perturbarse*. Las tribulaciones producen inquietud cuando no estamos seguros de que la razón de ellas es para fortalecer nuestra fe. El tentador vendrá a nosotros para hacernos pensar que Dios no es omnipotente porque no detiene la adversidad, o también que no nos ama como dice, puesto que si es omnipotente debiera intervenir a favor de quienes le aman y sirven evitando las pruebas. Santiago, por el contrario, exhorta a los creyentes a tener gozo cuando estén en medio de las pruebas (Stg. 1:2). Lo que el apóstol Pablo está procurando con la visita de Timoteo es que las pruebas no inquieten mermando el gozo en la vida cristiana de aquellos que estén pasando por aflicciones. Todo cristiano tiene que reflexionar en medio de las dificultades, orientando el pensamiento en una forma correcta. Las pruebas rodean la vida cristiana y forman parte experimental de ella. Son las dificultades provenientes del exterior de la persona. Estas aflicciones resultan en situaciones difíciles y dolorosas que ponen a prueba la fe del cristiano. Sin embargo han de considerarse como las luchas externas de las que advirtió Jesús, cuando dijo a los suyos: *"En el mundo tendréis aflicción"* (Jn. 16:33). Sin duda las dificultades no son en sí mismas motivo de gozo, pero no deben impedir que el gozo permanezca y se manifieste en el cristiano. Lo que preocupaba a Pablo era la prueba de la fe de los creyentes por medio de las aflicciones en que se encontraban. Sin embargo, aquellos problemas manifestaban o confirmaban la realidad de la fe, es decir, lo que determina lo genuino de la fe. Las pruebas son el crisol en que se pone de manifiesto la pureza y calidad de la fe. De la misma manera que el oro se purifica bajo la acción del calor que al licuarlo permite retirar la escoria o los metales que le han sido aleados, así también el crisol de las aflicciones purifica la fe. Es necesario entender que las aflicciones y las angustias de la vida cristiana no escapan al control de Dios. Por medio de la angustia de la prueba podemos experimentar la realidad de la gracia de Dios. En las dificultades de la vida cristiana cuando todo se nubla y la senda se difumina, cuando el camino se estrecha y discurre por el valle de sombra de muerte, cuando las lágrimas son el pan cotidiano, es ahí donde el cristiano mantiene su confianza en Dios, porque sabe que está controlando cada situación. Al incrementar la paciencia la prueba da a la vida el sentido de perseverancia. Son, sin duda, una pesada carga que gravita sobre el cristiano, sin embargo, esas mismas angustias generan la capacidad de soportar el peso con paciencia, esto es *permaneciendo bajo él*. No se trata de que los cristianos sean simplemente gente resignada que entienden que las aflicciones son lo normal en la vida de fe, sino todo lo contario, las aflicciones producen perseverancia. Mientras que la resignación conduce a la derrota, la perseverancia, al triunfo. Las aflicciones se debilitan en cuanto a afectar la vida victoriosa del creyente en la medida en que éste viva la vida de Jesús, en un seguimiento fiel, *"puestos los ojos en Jesús"* (He. 12:2). Con la visión de Aquel que sufrió contradicción de pecadores, que entregó Su vida, que fue tratado como un perverso y que fue considerado como un maldito de Dios, el cristiano entiende que ninguna prueba, aflicción o persecución, es una tragedia en su vida, sino una bendición en el seguimiento fiel de quien lo trasladó a Su reino y gloria. Mientras que la inquietud debilita la fe, la perseverancia la perfecciona, porque es lo que permite esperar la intervención de Dios en medio del conflicto, como dice el salmista: *"Pacientemente esperé a Jehová, y se inclinó a mí, y oyó mi clamor"* (Sal. 40:1).

αὐτοὶ γὰρ οἴδατε ὅτι εἰς τοῦτο κείμεθα· Pablo les recuerda que *"para esto estamos puestos"*. No solo los tesalonicenses y los creyentes de las iglesias en Judea, sino también el grupo misionero y todo creyente (Jn. 16:33; Hch. 14:22; Ro. 5:3; 8:35-39; 12:12; 2 Co. 1:4; 7:4; 2 Ti. 3:12). El apóstol utiliza una expresión con mucha firmeza: *"pues para esto estamos puestos"*, de otro modo, *este es nuestro destino*. ¿Quiere decir que hemos sido salvos para sufrir? ¿Debe entenderse que Dios tiene como destino para los cristianos en la tierra la aflicción? En modo alguno. La aflicción no es lo que Dios desea para quienes son sus hijos, pero es la evidencia cierta de que lo son. La aflicción no viene de Dios, sino del maligno y de su sistema opuesto a Él. Como a un soldado que se le asigna una posición para que se mantenga firme en ella en medio del combate, así también al creyente se le ha puesto en el lugar de victoria en Cristo, para que resista con firmeza al enemigo. Eso significa conflicto, dificultades y tribulaciones, pero en todo eso está la victoria en Cristo Jesús. El cristiano aunque aparentemente a ojos del mundo sea un derrotado, es más que un vencedor en Cristo (Ro. 8:37). No se trata de vencer sobre *algunas cosas*, sino *sobre todas ellas*, sobre los elementos de conflicto y sufrimiento. En medio de las mayores dificultades Dios da la provisión para vencer porque *"Él da mayor gracia"* (Stg. 4:6). Dios no retira a los cristianos de la persecución y conflicto, o si se prefiere mejor, no retira el conflicto de la vida de los cristianos, pero les da la gracia para superarlos (1 Co. 10:13). Las dificultades forma parte de la vida de todos los cristianos, entre ellos del mismo apóstol, que escribe: "... *en mucha paciencia, en tribulaciones, en necesidades, en angustias; en azotes, en cárceles, en tumultos, en trabajos, en desvelos, en ayunos; ... como engañadores, pero veraces; como desconocidos, pero bien conocidos; como moribundos, mas he aquí vivimos; como castigados, más no muertos; como entristecidos, más siempre gozosos; como pobres, mas enriqueciendo a muchos; como no teniendo nada, mas poseyéndolo todo* (2 Co. 6:4-5, 8-10). Pero, frente a lo que parece derrota, el creyente vence sobre todas las dificultades. Sin embargo, la razón de la victoria no está en el cristiano, sino quien le da la victoria. Somos más que vencedores *"por medio de aquel que nos amó"* (Ro. 8:37). La gran seguridad consiste en saber que nada puede haber que separe al creyente del amor de Cristo. Ese amor se manifestó de forma especial en la entrega en precio de rescate por su iglesia (Ef. 5:25). Fue Jesús quien como el Crucificado padeció y murió por nosotros (1 P. 2:21-25). Pero, si el Señor sufrió el mayor conflicto posible hasta dar Su vida, también resucitó y fue glorificado, de modo que los cristianos que estamos identificados con Él, lo estamos tanto en su muerte como en su resurrección y glorificación, de modo que conseguimos ya, en medio de los sufrimientos, la victoria sobre ellos. Es una super-victoria, por cuanto supera a cualquier padecimiento de este tiempo y trasciende a algo mucho más grande que el término de cualquier aflicción. Es disfrutar de la victoria que el Señor consiguió para nosotros impulsado por Su amor personal, del que nada puede separarnos. En Cristo Dios nos lleva siempre en triunfo (2 Co. 2:14). El poder victorioso se recibe por medio del Señor (Fil. 4:13), mientras que separados de Él nada podemos hacer (Jn. 15:5). Por el hecho de estar en Cristo, quien tiene poder supremo en cielos y tierra (Fil. 2:9-11), el cristiano es un vencedor en Él.

4. Porque también estando con vosotros, os predecíamos que íbamos a pasar tribulaciones, como ha acontecido y sabéis.

καὶ γὰρ ὅτε πρὸς ὑμᾶς ἦμεν, προελέγομεν ὑμῖν ὅτι
Porque también cuando con vosotros estábamos, predecíamos os que
μέλλομεν θλίβεσθαι, καθὼς καὶ ἐγένετο καὶ οἴδατε.
hemos de ser afligidos como también sucedió y sabéis.

Notas y análisis del texto griego.

Continuando el escrito, dice: καὶ, adverbio de modo *también*; γὰρ, conjunción causal *porque*; ὅτε, conjunción temporal *cuando*; πρὸς, preposición propia de acusativo *con*; ὑμᾶς, caso acusativo de la segunda persona plural del pronombre personal *vosotros*; ἦμεν, primera persona plural del imperfecto de indicativo en voz activa del verbo εἰμί, *ser, estar*, aquí *estábamos*; προελέγομεν, primera persona plural del imperfecto de indicativo en voz activa del verbo προλέγω, *hablar anticipadamente, hablar por delante, predecir*, aquí *predecíamos*; ὑμῖν, caso acusativo de la segunda persona plural del pronombre personal declinado *a vosotros, os*; ὅτι, conjunción causal *que*; μέλλομεν, primera persona plural del presente de indicativo en voz activa del verlo μέλλω, *estar a punto de, haber de, deber*, aquí *hemos de*; θλίβεσθαι, presente de infinitivo en voz pasiva del verbo θλίβω, *apretar, atribular, afligir, atormentar*, aquí, *ser afligidos*; καθὼς, conjunción condicional *como*; καὶ, adverbio de modo *también*; ἐγένετο, tercera persona singular del aoristo segundo de indicativo en voz media del verbo γίνομαι, *llegar a ser, originarse, producirse, suceder, venir, hacerse* aquí *sucedió*; καὶ, conjunción copulativa *y*; οἴδατε, segunda persona plural del perfecto de indicativo en voz activa del verbo οἶδα, *conocer, saber, entender*, aquí *habeis sabido, sabéis*.

καὶ γὰρ ὅτε πρὸς ὑμᾶς ἦμεν, προελέγομεν ὑμῖν ὅτι μέλλομεν θλίβεσθαι, El tema de las tribulaciones no era nuevo para los tesalonicenses. El apóstol durante la estancia con ellos ya les había anunciado que vendrían éstas a la experiencia de vida de los creyentes. Antes les recordó que los cristianos *estamos puestos* para sufrir las tribulaciones que son algo común en cualquier tiempo de la historia de la Iglesia.

καθὼς καὶ ἐγένετο καὶ οἴδατε. Pablo les recuerda que lo que antes les había anunciado se cumplía como ellos sabían. No sólo en cuanto a su experiencia directa, sino en relación con la misma experiencia del apóstol. Él fue perseguido antes de haber llegado a Tesalónica, como antes había ocurrido con las iglesias en Judea (2:14-16). Conocían también cómo los judíos habían instigado una persecución contra él y Bernabé en Antioquía de Pisidia (Hch. 13:50). Sabían de los sucesos que le habían ocurrido en Iconio (Hch. 14:5-6). Habían conocido del apedreamiento de que había sido objeto en Listra (Hch. 14:19). Así pasó con él y sus colaboradores en la ocasión que estuvo por primera vez en Tesalónica (Hch. 17:5-8). El conflicto se repitió en Berea (Hch. 17:13). Pablo había sufrido la tribulación de que les habló a los hermanos durante su visita, anunciándoles que vendrían problemas por causa del testimonio, como así ocurrió. Todo aquello era *sabido, conocido* por los tesalonicenses. De manera que ningún cristiano debía considerar las aflicciones por el testimonio del evangelio y por su fe en Cristo como algo excepcional, sino como lo que sería habitual a causa del conflicto que el evangelio produce con el mundo. Más adelante sería el apóstol Pedro el que escribiría sobre las tribulaciones: *"Amados, no os sorprendáis del fuego de prueba que os ha sobrevenido, como si alguna cosa extraña os aconteciese, sino gozaos por cuanto sois participantes de los padecimientos de Cristo, para que también en la revelación de su gloria os gocéis con gran alegría* (1 P. 4:12-13). Quiere decir que lo que tiene que ver con los padecimientos de los creyentes por el testimonio de su fe, no es algo sorpresivo, sino propio de la iglesia. Posiblemente los creyentes procedentes del paganismo no tenían experiencias en las pruebas por la fe, que no debían ser tomadas como cosa extraña, sino como algo común a todos los cristianos en todo el mundo. En lugar de entender los sufrimientos como causa de tristeza, somos animados al regocijo, porque esos son una evidencia de la identificación con Cristo y de la certeza de la salvación (Ro. 8:17; 2 Co. 4:10). Es, por tanto, una experiencia natural en los fieles (2 Co. 1:5). Cuando un cristiano sufre por el evangelio, participa en los sufrimientos de Cristo (Fil. 3:10), no en los redentores, que son irrepetibles, sino en los que tenían que ver por su testimonio personal en una vida santa ante una sociedad impía. Por la identificación con el Señor, los sufrimientos del cristiano lo son también de Él (Col. 1:24). Esta fue la primera gran enseñanza que Pablo aprendió en el camino a Damasco (Hch. 9:5). Además los sufrimientos por Cristo son una concesión de la gracia, por lo que deben producir regocijo en el cristiano (Fil. 1:29). El cristiano observa también la brevedad de los sufrimientos por Cristo. La vista del creyente está en el encuentro con el Señor, donde las dificultades y problemas del mundo habrán pasado definitivamente. Por tanto, las aflicciones transitorias, a las que el apóstol llama *tribulación momentánea*, producen en nosotros un cada vez más excelente y eterno peso de gloria (2 Co. 4:17). Cuando el Señor advirtió de las dificultades que sus discípulos encontrarían, les dio también palabras de aliento: *"Estas cosas os he hablado para que en mí tengáis paz. En el mundo tendréis aflicción; pero confiad, yo he vencido al mundo* (Jn. 16:33). Es claro que los tesalonicenses tienen que haberse dado cuenta que la tribulación por la que estaban pasando no era de ellos solos, sino experiencia natural de muchos cristianos en todo el mundo.

5. Por lo cual también yo, no pudiendo soportar más, envié para informarme de vuestra fe, no sea que os hubiese tentado el tentador, y que nuestro trabajo resultase en vano.

διὰ τοῦτο κἀγὼ μηκέτι στέγων ἔπεμψα εἰς τὸ γνῶναι τὴν
Por esto también yo ya no mas soportando envié para - conocer la
πίστιν ὑμῶν, μή πως ἐπείρασεν ὑμᾶς ὁ πειράζων
fe de vosotros, no de alguna manera tentó os el que tienta
καὶ εἰς κενὸν γένηται ὁ κόπος ἡμῶν.
y en vano se hiciese el trabajo de nosotros.

Notas y análisis del texto griego.

Cerrando el párrafo, dice: διὰ, preposición propia de acusativo *por*; τοῦτο, caso acusativo neutro singular del pronombre demostrativo *esto*; καγὼ, formado por crasis del adverbio de modo καὶ, *y*, y el caso nominativo singular de la primera persona singular del pronombre personal, *yo*, la palabra significa *también yo, y yo, pero yo*; μηκέτι, adverbio *ya no más*; στέγων, caso nominativo masculino singular del participio de presente en voz activa del verbo στέγω, *soportar*, aquí *soportando*; ἔπεμψα, primera persona singular del aoristo primero de indicativo en voz activa del verbo πέμπω, *enviar, comisionar*, aquí como *envié*; εἰς, preposición propia de acusativo *para*; τὸ, caso acusativo neutro singular del artículo determinado *el*; γνῶναι, aoristo segundo de infinitivo en voz activa del verbo γίνομαι, *saber, conocer*; τὴν, caso acusativo femenino singular del artículo determinado *la*; πίστιν, caso acusativo femenino singular del nombre común *fe*; ὑμῶν, caso genitivo de la segunda persona plural del pronombre personal declinado *de vosotros*; μή, partícula que hace funciones de adverbio de negación *no*; πως, partícula interrogativa adverbial, que realmente es un pronombre interrogativo *como, de que manera, por qué medio, de alguna manera*; ἐπείρασεν, tercera persona singular del aoristo primero de indicativo en voz activa del verbo πειράζω, *tentar, intentar* aquí *tentó*; ὑμᾶς, caso acusativo de la segunda persona plural del pronombre personal declinado *a vosotros, os*; ὁ, caso nominativo masculino singular del artículo determinado *el*; πειράζων, caso nominativo masculino singular del participio de presente en voz activa del verbo πειράζω, *tentar*, aquí *que tienta*; καὶ, conjunción copulativa *y*; εἰς, preposición propia de acusativo *en*; κενὸν, caso acusativo neutro singular del adjetivo *vano*; γένηται, segundo aoristo de subjuntivo en voz media del verbo γίνομαι, *llegar a ser, empezar a existir, hacerse, ser hecho, suceder*, aquí *se hiciese*; ὁ, caso nominativo masculino singular del artículo determinado *el*; κόπος, caso nominativo masculino singular del nombre común *trabajo*; ἡμῶν, caso genitivo de la primera persona plural del pronombre personal declinado *de nosotros*.

διὰ τοῦτο καγὼ μηκέτι στέγων. Lo que al principio se dice de todo el grupo (3:1) se limita ahora a Pablo solamente. La intensa inquietud por lo que habría ocurrido con los tesalonicenses, llegó al colmo, de modo que el apóstol no podía soportarlo por más tiempo. Pablo imaginaba lo que podría suponer para aquellos hermanos, a quienes consideraba como *su gozo y su corona* (2:19), los efectos de las persecuciones de lo que él tenía harta experiencia, deseaba conocer directamente la situación de la iglesia. Sin embargo, había sido estorbado una y otra vez por Satanás, en su deseo de volver a visitar a los creyentes, sin embargo, esto no es razón para que en lugar de ir él enviara a otro de sus colaboradores, Timoteo, para conocer la situación en que se encontraban.

ἔπεμψα εἰς τὸ γνῶναι τὴν πίστιν ὑμῶν, El versículo da el segundo propósito de la visita para lo que era enviado. Primero se le había encomendado la misión de reafirmar la fe y consolar a los creyentes (v. 2), pero también debía informarse de la *fe*, esto es, del comportamiento y firmeza de los hermanos. De otro modo, saber si los tesalonicenses se mantenían en la fe genuina que se les había presentado y vivían con fidelidad al Señor, sin apartarse de Él y de las verdades del evangelio. No se trataba de una investigación sobre la conducta, sino la expresión de amor como de un padre hacia sus hijos, inquieto por el bien de ellos.

μή πως ἐπείρασεν ὑμᾶς ὁ πειράζων καὶ εἰς κενὸν γένηται ὁ κόπος ἡμῶν. El temor del apóstol era lógico. Él pensaba en lo que el *tentador*, literalmente *el que tienta* hubiera podido hacer en los tesalonicenses. La obra del tentador tuvo cierto éxito en otras ocasiones, como ocurrió con los gálatas que habían dejado la verdad del evangelio para seguir las enseñanzas de falsos maestros que se habían introducido en las iglesias (Gá. 1:6). Aquellos creyentes habían sido seducidos con cierta facilidad, puesto que se habían apartado de la enseñanza del apóstol en muy poco tiempo. No cabe duda que esto puede ocurrir en cualquier tiempo. Los enemigos de la verdad, concretamente los judaizantes, habían tomado como objetivo fascinar a los cristianos para que dejasen de obedecer a la verdad y siguiesen sus enseñanzas. Esto lo hacían por todas las iglesias (Gá. 3:1). De modo que la estabilidad de la fe de los tesalonicenses tenía preocupado al apóstol, de ahí que quisiera saber directamente por medio de un hombre de plena confianza que estaba ocurriendo en Tesalónica. La preocupación es que la acción del tentador hiciera estéril el trabajo apostólico (Fil. 2:15, 16). No debe olvidarse que Satanás peca por condición natural (1 Jn. 3:8). El pecado está arraigado en su corazón y le obliga a pecar. (Is. 14:12-13). Satanás no es pecador porque peca, sino al revés, peca porque es pecador. Su condición le conduce a luchar contra Dios, aun sabiendo que será derrotado en sus propósitos. Como homicida desea la muerte del pecador y hace todo lo posible por impedir la salvación de los hombres (Lc. 8:12; 2 Co. 4:4). Es además *mentiroso* y *padre de mentira* (Jn. 8:44). Levantando la persecución contra los cristianos procurará que los creyentes no manifiesten el compromiso de discipulado. El tentador procurará con sus tentaciones hacer que el creyente desobedezca a Dios, porque desde ese mismo momento está él siendo obedecido.

El informe de Timoteo (3:6-10).

6. Pero cuando Timoteo volvió de vosotros a nosotros, y nos dio buenas noticias de vuestra fe y amor, y que siempre nos recordáis con cariño, deseando vernos, como también nosotros a vosotros.

Ἄρτι δὲ ἐλθόντος Τιμοθέου πρὸς ἡμᾶς ἀφ' ὑμῶν καὶ
Pero ahora al venir Timoteo a nosotros de vosotros y
εὐαγγελισαμένου ἡμῖν τὴν πίστιν καὶ τὴν ἀγάπην ὑμῶν καὶ
dar buenas noticias nos la fe y el amor de vosotros y
ὅτι ἔχετε μνείαν ἡμῶν ἀγαθὴν πάντοτε, ἐπιποθοῦντες
que tenéis recuerdo de nosotros bueno siempre, anhelando
ἡμᾶς ἰδεῖν καθάπερ καὶ ἡμεῖς ὑμᾶς,
nos ver, así como también nosotros a vosotros.

Notas y análisis del texto griego.

Introduciendo la referencia a la llegada de Timoteo, escribe: Ἄρτι, adverbio de tiempo *ahora*; δὲ, partícula conjuntiva que hace las veces de conjunción coordinante, con sentido de *pero, más bien, y, y por cierto, antes bien*; ἐλθόντος, caso genitivo masculino singular del participio aoristo segundo en voz activa del verbo ἔρχομαι, *venir*, aquí como *viniendo*; Τιμοθέου, caso genitivo masculino singular del nombre propio *Timoteo*; πρὸς, preposición propia de acusativo *a*; ἡμᾶς, caso acusativo de la primera persona plural del pronombre personal *nosotros*; ἀφ', forma que adopta la preposición de genitivo ἀπό, por elisión de la ι final y asimilación de la π ante vocal o diptongo con aspiración, y que significa *de, desde, lejos de, proceder de, por causa de, por medio de, con, contra*; ὑμῶν, caso genitivo de la segunda persona plural del pronombre personal *vosotros*; καὶ, conjunción copulativa *y*; εὐαγγελισαμένου, caso genitivo masculino singular del participio del aoristo primero en voz media del verbo εὐαγγελίζω, *evangelizar, predicar el evangelio, dar buenas noticias*; ἡμῖν, caso dativo de la primera persona plural del pronombre personal declinado *a nosotros, nos*; τὴν, caso acusativo femenino singular del artículo determinado *la* πίστιν, caso acusativo femenino singular del nombre común *fe*; καὶ, conjunción copulativa *y*; τὴν, caso acusativo femenino singular del artículo determinado *la*; ἀγάπην, caso acusativo femenio singular del nombre común *amor*; ὑμῶν, caso genitivo de la segunda persona plural del pronombre personal declinado *de vosotros*; καὶ, conjunción copulativa *y*; ὅτι, conjunción *que*; ἔχετε, segunda persona plural del presente de indicativo en voz activa del verbo ἔχω, *tener, poseer, tener necesidad de*, aquí *tenéis*; μνείαν, caso acusativo femenino singular del nombre común *recuerdo*; ἡμῶν, caso genitivo de la primera persona plural del pronombre personal declinado *de nosotros*; ἀγαθὴν, caso acusativo femenino plural del adjetivo *bueno*; πάντοτε, adverbio de tiempo *siempre*; ἐπιποθοῦντες, caso nominativo masculino plural del participio de presente en voz activa del verbo ἐπιποθέω, *desear, tener vivo deseo, anhelar*, aquí *anhelando*; ἡμᾶς, caso acusativo de la primera persona plural del pronombre personal declinado *a nosotros, nos*; ἰδεῖν, aoristo segundo de infinitivo en voz activa del verbo εἶδον, utilizado como tiempo aoristo segundo de ὁράω, *mirar, ver*, aquí como *ver*; καθάπερ, conjunción *así como*; καὶ, adverbio de modo *también*; ἡμεῖς, caso nominativo de la primera persona plural del pronombre personal *nosotros*; ὑμᾶς, caso acusativo de la segunda persona plural del pronombre personal declinado *a vosotros*.

Ἄρτι δὲ ἐλθόντος Τιμοθέου πρὸς ἡμᾶς ἀφ' ὑμῶν. No sabemos cuanto tiempo estuvo Timoteo ausente en su visita a Tesalónica. La frase es extensa, cuando tal vez hubiera sido bastante con escribir *cuando Timoteo regresó*, pero se recalca que *regresó a nosotros desde vosotros*. El sentido de esta oración, sin embargo, es interesante que sea tal y como está. Timoteo había sido enviado del apóstol a los tesalonicenses, en ese sentido era el representante de él ante ellos. Luego de estar con ellos un tiempo regresó nuevamente convertido en el representante de los tesalonicenses ante Pablo, de ahí la forma constructiva de la oración. Eso implica una misión completa y completada. El que había sido enviado para consolar, enseñar y conocer lo relativo a los hermanos había cumplido el encargo y había regresado. De otro modo, la oración expresa la idea de que Timoteo regresaba como enviado o comisionado de los creyentes en Tesalónica.

καὶ εὐαγγελισαμένου ἡμῖν τὴν πίστιν καὶ τὴν ἀγάπην ὑμῶν. Pablo estaba muy interesado en conocer *la fe*, es decir, el compromiso de vida de los tesalonicenses y como se habían comportado en el tiempo de confrontación y dificultades. Al regreso, el informe de Timoteo se convierte literalmente en una *evangelización*, esto es, la proclamación de *buenas noticias* o *buenas nuevas*, como resultado de la visita y el tiempo de estancia con los creyentes. Las buenas noticias de que era portador en relación con la iglesia en Tesalónica y que los creyentes manifestaban era de una fe sólida, acompañada de amor sincero, ambas virtudes hacían que se mantuvieran firmes en medio de la prueba; por tanto, eran creyentes genuinos y la iglesia una verdadera congregación de salvos por gracia, discípulos fieles del Señor. La preocupación del apóstol por la situación de los creyentes, la posibilidad de que los enemigos del evangelio los hubiesen inquietado o desviado de la verdad, se cambia en el regocijo por las buenas noticias que reciben.

καὶ ὅτι ἔχετε μνείαν ἡμῶν ἀγαθὴν πάντοτε, Además Timoteo le hace saber que todos conservan un buen recuerdo de cuando estuvo en Tesalónica. Aquello era una evidencia de amor fraterno. Posiblemente las conversaciones que tuvieron con Timoteo contenían referencias llenas de nostalgia y a la vez de afecto hacia Pablo. En todo ello había, sin duda, gratitud por el trabajo que el apóstol había tenido entre ellos, como escribe el Dr. Núñez:

"Sin duda, el amor de los tesalonicenses era inspirado también por la gratitud. No echaban en el olvido la enorme deuda que habían contraído con el apóstol al recibir de sus labios la verdad gloriosa del evangelio. Por su parte, Pablo ha dicho que su afecto por los tesalonicenses era tan grande que hubiera querido entregarles no sólo el evangelio, sin también su propia alma, pues le habían llegado a ser muy queridos. Esta reciprocidad de afecto cristiano que existía entre el pastor y la grey de Tesalónica, es algo que todo deseáramos ver en cada una de las iglesias de nuestros días"[2].

ἐπιποθοῦντες ἡμᾶς ἰδεῖν καθάπερ καὶ ἡμεῖς ὑμᾶς, La última indicación del versículo pone de manifiesto el deseo mutuo de un nuevo encuentro entre el apóstol y los creyentes. El interés era recíproco. Se imagina el informe de Timoteo que en cuanto dijo que los tesalonicenses tenían un profundo interés por verlos nuevamente, el apóstol contestó *nosotros también*. Era una manifestación de amor sincero entre hermanos, que expresaba también la gratitud de los creyentes por Pablo y el sentimiento fraterno y emotivo de él hacia ellos. Las buenas noticias de Timoteo era un aire refrescante en medio del calor de la inquietud. La obra no había caído golpeada por el tentador sino que la gracia de Dios la mantenía firmemente establecida en cada uno de los creyentes.

7. Por ello, hermanos, en medio de toda nuestra necesidad y aflicción fuimos consolados de vosotros por medio de vuestra fe.

διὰ τοῦτο παρεκλήθημεν, ἀδελφοί, ἐφ' ὑμῖν ἐπὶ πάσῃ τῇ
Por eso fuimos confortados, hermanos, de vosotros en todo el
ἀνάγκῃ καὶ θλίψει ἡμῶν[1] διὰ τῆς ὑμῶν πίστεως,
aprieto y aflicción de nosotros mediante la de vosotros fe.

Notas y análisis del texto griego.

Siguiendo sin interrupción con el mismo tema, añade: διὰ, preposición propia de acusativo *por*; τοῦτο, caso acusativo neutro singular del pronombre demostrativo *eso*; παρεκλήθημεν, primera persona plural del aoristo primero de indicativo en voz pasiva del verbo παρακαλέω, *confortar*, aquí *fuimos confortados*; ἀδελφοί, caso vocativo masculino plural del nombre común *hermanos*; ἐφ', forma que adopta la preposición ἐπί por elisión de la ι final y asimilación de la π ante vocal o diptongo con aspiración, y que significa *sobre,*

[2] Emilio Antonio Núñez, o.c. pág. 89.

a, en, junto a, ante, con base en, referente a, durante, además de, de, para, por, contra; ὑμῖν, caso dativo de la segunda persona plural del pronombre personal declinado *de vosotros*; ἐπὶ, preposición propia de dativo *sobre, en*; πάσῃ, caso dativo femenino singular del adjetivo indefinido *toda*; τῇ, caso dativo femenino singular del artículo determinado *la*; ἀνάγκῃ, caso dativo femenino singular del nombre común *aprieto*; καὶ, conjunción copulativa *y*; θλίψει, caso dativo femenino singular del nombre común *aflicción*; ἡμῶν, caso genitivo de la primera persona plural del pronombre personal declinado *de nosotros*; διὰ, preposición propia de genitivo *mediante*; τῆς, caso genitivo femenino singular del artículo determinado *la*; ὑμῶν, caso genitivo de la segunda persona plural del pronombre personal declinado *de vosotros*; πίστεως, caso genitivo femenino singular del nombre común *fe*.

Crítica Textual. Lecturas alternativas.

[1] Después del pronombre se añade καὶ, *y*, en A.

διὰ τοῦτο παρεκλήθημεν, ἀδελφοί, ἐφ' ὑμῖν. Las aflicciones eran varias y de distintas procedencias. Por un lado estaban las persecuciones que sufrían por el testimonio del evangelio y por otro la inquietud de saber como esas mismas persecuciones habrían afectado a los creyentes. Las primeras continuaban y lo harían hasta que el apóstol partiera para estar con Cristo. Las segundas desaparecían convirtiéndose en gozo con el informe traído por Timoteo. Aquello sirvió como elemento de confortación para el apóstol. Era como una brisa fresca en medio del fuego de las persecuciones, inquietudes y pruebas. La obra que habían hecho no fuera en vano porque los creyentes persistían fieles en la fe.

ἐπὶ πάσῃ τῇ ἀνάγκῃ καὶ θλίψει ἡμῶν διὰ τῆς ὑμῶν πίστεως, La fe de los tesalonicenses se mantenía firme, aun en medio de la persecución. Pablo había enviado a Timoteo con el ministerio de aliento y consuelo para los hermanos en Tesalónica, además de ministrarles la Palabra y edificarles en la común fe. Ahora, el beneficio que buscó para los *hermanos* revierte sobre él mismo, que recibe la consolación que produce el informe de Timoteo. Aquellas noticias llegaban en el momento de mayor necesidad al que se refiere diciendo literalmente *"en medio de todo el aprieto y aflicción"*.

8. Porque ahora vivimos, si vosotros estáis firmes en el Señor.

ὅτι	νῦν	ζῶμεν	ἐὰν	ὑμεῖς	στήκετε	ἐν	Κυρίῳ.
Porque	ahora	vivimos	si	vosotros	permanecéis firmes	en	Señor.

Notas y análisis del texto griego.

Dentro del mismo contexto, dice: ὅτι, conjunción causal *porque*; νῦν, adverbio de tiempo *ahora*; ζῶμεν, primera persona plural del presente de indicativo en voz activa del verbo ζάω, *vivir*, aquí *vivimos*; ἐὰν, conjunción *si*; ὑμεῖς, caso nominativo de la segunda persona plural del pronombre personal *vosotros*; στήκετε, segunda persona plural del presente de indicativo en voz activa del verbo στήκω, *estar en pie, permanecer firme*, aquí *permanecéis firmes*; ἐν, preposición propia de dativo *en*; Κυρίῳ, caso dativo masculino singular del nombre divino *Señor*.

ὅτι νῦν ζῶμεν ἐὰν ὑμεῖς στήκετε ἐν κυρίῳ. La preocupación lógica sobre la estabilidad espiritual de los tesalonicenses en materia de fe, se había desvanecido. Timoteo informaba de la solidez de aquellos hermanos que se mantenían firmes en lo que habían aprendido y sostenían, a pesar de las dificultades, el testimonio del evangelio. Las noticias liberaban a Pablo de la angustia, de modo que *podía vivir*, en el sentido de vivir con tranquilidad, por lo que conocía de los cristianos en Tesalónica. El mayor deseo de Pablo era que los cristianos estuviesen firmes en la fe. Los enemigos del evangelio venían predicando la adulteración de la fe, pero los efectos no habían alcanzado a los tesalonicenses. La firmeza en la fe es también la firmeza en la libertad, vinculadas ambas en la obra redentora y santificadora (Gá. 5:1). La firmeza en la fe es más que un modo de ética, es la manifestación de vida nueva en el Espíritu (Gá. 5:16). Esta vida de fidelidad permite llevar fruto para Dios, lo que trae como consecuencia la obediencia a Dios, cumpliendo la ley de Cristo (Gá. 6:2). La firmeza en la fe es la forma propia de vida cristiana. En el Nuevo Testamento, el apóstol exhorta a la firmeza en distintos aspectos: en la fe (1 Co. 16:13); en un mismo espíritu (Fil. 1:27); en el Señor (Fil. 4:1). Las materias de fe no son discutibles, por tanto, deben mantenerse con firmeza. En la defensa de la fe se ha de confrontar una lucha continua (Jud. 3). El creyente maduro se mantiene firme en la fe. La iglesia en Tesalónica por la firmeza en la fe, ponía de manifiesto su madurez espiritual. Mientras que, los que no han crecido son *niños* que vacilan en cuanto a la fe, imperfectos, incapaces de distinguir correctamente el valor de las cosas, por tanto, no saben lo que puede hacerles daño. Los niños en Cristo son crédulos a lo que les enseñan quienes son mayores que ellos, de ahí que puedan ser *"llevados por doquiera de todo viento de doctrina"*. Los tesalonicenses se mantienen firmes en la fe, por consiguiente la preocupación del apóstol no tiene ya razón de ser.

9. Por lo cual, ¿qué acción de gracias podremos dar a Dios por vosotros, por todo el gozo con que nos gozamos a causa de vosotros delante de nuestro Dios?

τίνα γὰρ εὐχαριστίαν δυνάμεθα τῷ Θεῷ ἀνταποδοῦναι περὶ
Porque, ¿que acción de gracias podemos - a Dios dar en recompensa por
ὑμῶν ἐπὶ πάσῃ τῇ χαρᾷ ᾗ χαίρομεν δι' ὑμᾶς
vosotros sobre todo el gozo con el que regocijamos a causa de vosotros
ἔμπροσθεν τοῦ Θεοῦ ἡμῶν,
delante del Dios de nosotros.

Notas y análisis del texto griego.

Lleno de gratitud, escribe: τίνα, caso acusativo femenino singular del adjetivo interrogativo *que*; γὰρ, conjunción causal *porque*; εὐχαριστίαν, caso acusativo femenino singular del nombre común *acción de gracias*; δυνάμεθα, primera persona plural del presente de indicativo en voz media del verbo δύναμαι, *poder, tener poder*, aquí *podemos*; τῷ, caso dativo masculino singular del artículo determinado *el*; Θεῷ, caso dativo masculino singular del nombre divino declinado *a Dios*; ἀνταποδοῦναι, aoristo segundo de infinitivo en voz activa de verbo ἀνταποδίδωμι, *retribuir, dar en recompensa*; περὶ, preposición propia de genitivo *por*; ὑμῶν, caso genitivo de la segunda persona plural del pronombre personal *vosotros*; ἐπὶ, preposición propia de dativo *sobre*; πάσῃ, caso dativo femenino singular del adjetivo indefinido *toda*; τῇ, caso dativo femenino singular del artículo determinado *la*; χαρᾷ, caso dativo femenino singular del nombre común *gozo*; ᾗ, caso dativo femenino singular del pronombre relativo declinado *con la que*; χαίρομεν, primera persona plural del presente de indicativo en voz activa del verbo χαίρω, *gozar, alegrar*, aquí *gozamos*; δι', forma contracta de la preposición de acusativo διά, *por medio de, a causa de*; ὑμᾶς, caso acusativo de la segunda persona plural del pronombre personal *vosotros*; ἔμπροσθεν, preposición de genitivo, compuesta por las preposiciones ἐν, πρός, reforzadas por la partícula de dirección θεν, de modo que contiene un elemento local y otro temporal, completados por la indicación de una relación de precedencia, *delante*; τοῦ, caso genitivo masculino singular del artículo determinado declinado *del*; Θεοῦ, caso genitivo masculino singular del nombre divino *Dios*; ἡμῶν, caso genitivo de la primera persona plural del pronombre personal declinado *de nosotros*.

τίνα γὰρ εὐχαριστίαν δυνάμεθα τῷ Θεῷ ἀνταποδοῦναι περι ὑμῶν. El impacto producido por las buenas noticias que llegaban de los tesalonicenses, llenan de gratitud el corazón de Pablo, formulando una frase a modo de pregunta retórica que lo indica. Es tan grande la bendición que las noticias le proporcionan que no tiene palabras suficientes para agradecer a Dios. De otro modo, no sabe realmente cuál es la oración de gratitud que debiera usar en ese momento. Todas le parecen buenas, pero todas le resultan exiguas. El apóstol desea rendir una expresión reconocida por lo que Dios había hecho con los tesalonicenses. ¿No había sido el esfuerzo personal suyo y de sus colaboradores lo que hicieron posible la presencia de aquella iglesia? No cabe duda que ellos fueron los instrumentos, pero la gloria corresponde a Dios que los había llamado, capacitado y cuidado para hacer la obra en medio de conflictos y tribulaciones. Hay algo que el apóstol tiene siempre presente y que expresa de una forma muy clara cuando considera la obra que ha realizado en la predicación del evangelio: *"Pero por la gracia de Dios soy lo que soy; y su gracia no ha sido en vano para conmigo, antes he trabajado más que todos ellos; pero no yo, sino la gracia de Dios conmigo"* (1 Co. 15:10). El siervo no está presente en ese reconocimiento, sólo Dios. La gratitud no es por lo hecho sino por los hermanos. Eran ellos el resultado de la obra de la gracia, por tanto, correspondía glorificar y agradecer a Dios. Es interesante notar el uso del verbo ἀνταποδίδωμι, que literalmente significa *retribuir, dar como recompensa*, es decir, Pablo no estaba seguro de cómo *dar como recompensa* la acción de gracias debida por lo que Dios había hecho. Se trata de un verbo compuesto de doble prefijo ἀποδίδωμι, con el prefijo ἀντί, adquiriendo el carácter de lo que es definitivo e irrevocable. De todas las citas en que aparece en los escritos de Pablo, sólo aquí el sujeto del verbo es el apóstol mismo, en todos los demás casos es siempre Dios y expresa la idea de retribución. De manera que el apóstol busca aquí una manifestación de gratitud que sea apropiada como acción de gracias en reconocimiento de la obra divina cuyo resultado eran los hermanos en Tesalónica.

ἐπὶ πάσῃ τῇ χαρᾷ ᾗ χαίρομεν δι' ὑμᾶς ἔμπροσθεν τοῦ Θεοῦ ἡμῶν, Lo que sigue de la primera oración concreta aún más ese deseo del apóstol. Los creyentes firmes en la fe eran el gran motivo de bendición que Pablo había recibido. De manera que la oración de gratitud que busca no es una dádiva que se ofrece al Señor sino una expresión de agradecimiento, una deuda de gratitud por la obra que Él hizo. Cualquier expresión de gratitud queda muy pequeña por lo que los tesalonicenses resultan como bendición para el apóstol y sus colaboradores. Toda aquella admirable operación de salvación y consolidación venía de Dios mismo. Los cristianos en Tesalónica se mantenían firmes porque *"Dios es el que en vosotros produce así el querer como el hacer, por su buena voluntad"* (Fil. 2:13). Él estaba detrás del querer y del hacer, ayudando y sosteniendo la debilidad de cada creyente, de modo que sin forzar la liberad personal, ni limitar la responsabilidad, conducía a todos en victoria conforme al poder de Su fuerza y a la grandeza de Su gracia.

10. Orando de noche y de día con gran insistencia, para que veamos vuestro rostro, y completemos lo que falte a vuestra fe.

νυκτὸς καὶ ἡμέρας ὑπερεκπερισσοῦ δεόμενοι εἰς τὸ ἰδεῖν
Noche y día sobreabundantemente pidiendo para - ver
ὑμῶν τὸ πρόσωπον καὶ καταρτίσαι τὰ ὑστερήματα τῆς
de vosotros el rostro y perfeccionar la deficiencia de la
πίστεως ὑμῶν
fe de vosotros.

Notas y análisis del texto griego.

Cerrando la pregunta retórica y el párrafo, escribe: νυκτὸς, caso genitivo femenino singular del nombre común *noche*; καὶ, conjunción copulativa *y*; ἡμέρας, caso genitivo femenino singular del nombre común *día*; ὑπερεκπερισσοῦ, adverbio de modo *vehementemente, superabundantemente*; δεόμενοι, caso nominativo masculino plural del participio de presente en voz media del verbo δέομαι, *pedir, rogar, suplicar*, aquí *pidiendo*; εἰς, preposición propia de acusativo *para*; τὸ, caso acusativo neutro singular del artículo determinado *el*; ἰδεῖν, aoristo segundo de infinitivo en voz activa del verbo εἶδον, utilizado como tiempo aoristo segundo de ὁράω, *mirar, ver*, aquí como *ver*; ὑμῶν, caso genitivo de la segunda persona plural del pronombre personal declinado *de vosotros*; τὸ, caso acusativo neutro singular del artículo determinado *el*; πρόσωπον, caso acusativo neutro singular del nombre común *rostro*; καὶ, conjunción copulativa *y*; καταρτίσαι, primer aoristo de infinitivo en voz activa del verbo καταρτίζω, *remendar, preparar, terminar la instrucción, poner en orden, perfeccionar*; τὰ, caso acusativo neutro plural del artículo determinado *los*; ὑστερήματα, caso acusativo neutro plural del nombre común *falta, deficiencia, ausencia*; τῆς, caso genitivo femenino singular del artículo determinado declinado *de la*; πίστεως, caso genitivo femenino singular del nombre común *fe*; ὑμῶν, caso genitivo de la segunda persona plural del pronombre personal declinado *de vosotros*.

νυκτὸς καὶ ἡμέρας ὑπερεκπερισσοῦ δεόμενοι. Junto con la acción de gracias por la fe firme de los creyentes, está también el deseo de verlos nuevamente. El grupo misionero había salido de la ciudad huyendo de la persecución y no habían podido volver aunque lo intentaron, pero siempre fueron estorbados por Satanás (2:18). El único que podía conducir las cosas para que el deseo del apóstol se cumpliera, era Dios. De modo que se dedica a una oración insistente. El adverbio de modo ὑπερεκπερισσοῦ, significa *sobreabundantemente*, es decir, intensificaba la oración, que ya de por sí era práctica habitual en el apóstol y sus colaboradores. Nuevamente aparece aquí la expresión retórica *noche y día* (2:9), que expresa la idea de continuidad, antes en relación con el trabajo y ahora con la oración. De otro modo, como si el apóstol dijese: *continuamente oramos*. La oración sobreabundante tiene también la connotación de *vehemente*, esto es, ardiente, llena de pasión. Dos características del modo de orar: El primero es con abundancia, esto es, con insistencia, dedicándole tiempo; en segundo lugar con pasión, volcando el corazón en la presencia de Dios. De otro modo, la oración debe hacerse *insistentemente* e *incesantemente*. Ambas cosas son elementos poco comunes en la oración cristiana, y especialmente en el liderazgo de la iglesia. Pablo estaba convencido que sólo la providencia de Dios podía hacer posible que el deseo de encontrarse con los creyentes se produjese. Jesús fue un hombre de oración. Continuamente se le ve orando. Se levantaba muy temprano para hacerlo y, cada vez que tenía que tomar una decisión, como fue escoger a los Doce, pasó toda la noche orando. El mismo narró una parábola para enseñar a los suyos a orar siempre y no desmayar (Lc. 18:1). Pablo es ejemplo de seguimiento fiel al Señor, viviendo en el ámbito espiritual que Él había marcado, en seguimiento de Sus pisadas (1 P. 2:21). No cabe duda que mientras el apóstol trabajaba con sus manos para proveer de lo necesario para cada día, aprovechaba el tiempo orando insistentemente por los hermanos. No hace falta adoptar una determinada postura para orar, ni buscar un cierto lugar, es preciso mantener abierto el canal de comunión con Dios para estar en relación continua con Él y expresarle en oración lo que sea necesario.

εἰς τὸ ἰδεῖν ὑμῶν τὸ πρόσωπον. La oración insistente tenía un solo propósito, que pudiesen encontrarse nuevamente con los creyentes en Tesalónica. Deseaba estar presente con ellos y regocijarse con la comunión y compañerismo cristianos.

καὶ καταρτίσαι τὰ ὑστερήματα τῆς πίστεως ὑμῶν. La razón de ese deseo no era simplemente encontrarse con hermanos y amigos, sino edificarles, como se lee literalmente *"perfeccionar las deficiencias de la fe de vosotros"*. Los misioneros no habían tenido tiempo de enseñar la totalidad de la fe cristiana, o si lo hicieron no pudieron dedicar el espacio necesario para que todas las doctrinas fuesen debidamente comprendidas por los nuevos convertidos. Por tanto el deseo del apóstol era regresar a Tesalónica para perfeccionar o completar lo que faltaba al desarrollo y conocimiento de la fe. No cabe duda que los creyentes tenían necesidad de comprender mejor algunas cosas, como era la doctrina sobre el *traslado* o *arrebatamiento* de la iglesia, sobre la resurrección de los muertos en Cristo, sobre quienes participarían en el encuentro en al aire con Jesús. La enseñanza formativa traería como resultado una iglesia firme en la Palabra y firme en la fe.

Preocupación por el desarrollo de los creyentes (3:11-13).

11. Mas el mismo Dios y Padre nuestro, y nuestro Señor Jesucristo, dirija nuestro camino a vosotros.

Αὐτὸς δὲ ὁ Θεὸς καὶ Πατὴρ ἡμῶν καὶ ὁ Κύριος ἡμῶν
Y el mismo - Dios y Padre de nosotros y el Señor de nosotros
Ἰησοῦς κατευθύναι τὴν ὁδὸν ἡμῶν πρὸς ὑμᾶς·
Jesús dirija el camino de nosotros a vosotros.

Notas y análisis del texto griego.

Introduciendo el último párrafo del capítulo, escribe: Αὐτὸς, caso nominativo masculino de la tercera persona singular del pronombre intensivo *él mismo*; δὲ, partícula conjuntiva que hace las veces de conjunción coordinante, con sentido de *pero, más bien, y, y por cierto, antes bien*; ὁ, caso nominativo masculino singular del artículo determinado *el*; Θεὸς, caso nominativo masculino singular del nombre divino *Dios*; καὶ, conjunción copulativa *y*; Πατὴρ, caso nominativo masculino singular del nombre divino *Padre*; ἡμῶν, caso genitivo de la primera persona plural del pronombre personal declinado *de nosotros*; καὶ, conjunción copulativa *y*; ὁ, caso nominativo masculino singular del artículo determinado *el*; Κύριος, caso nominativo masculino singular del nombre divino *Padre*; ἡμῶν, caso genitivo de la primera persona plural del pronombre personal declinado *de nosotros*; Ἰησοῦς, caso nominativo masculino singular del nombre propio *Jesús*; κατευθύναι, tercera persona singular del aoristo primero de optativo del verbo κατευθύνω, *enderezar, dirigir, guiar*, aquí *dirija*; τὴν, caso acusativo femenino singular del artículo determinado *la*; ὁδὸν, caso acusativo femenino singular del nombre común *senda, ruta, camino*; ἡμῶν, caso genitivo de la primera persona plural del pronombre personal declinado *de nosotros*; πρὸς, preposición propia de acusativo *a*; ὑμᾶς, caso acusativo de la segunda persona plural del pronombre personal *vosotros*.

Αὐτὸς δὲ ὁ Θεὸς καὶ Πατὴρ ἡμῶν. El deseo expresado aquí por Pablo se asemeja a una oración. Algunos piensan que es una verdadera oración. En este caso se dirige a Dios, y estaría en segunda persona. Como es natural la oración se eleva al Padre, puesto que de Él procede todo don perfecto y toda buena obra (Stg. 1:17). Sin embargo no es necesario considerar esto como una oración, sobre todo si se tiene en cuenta que se dirige a Dios en tercera persona y no en segunda, por tanto, se trata más bien del *tema* continuo de la oración del apóstol. Es interesante apreciar los títulos que da aquí a las Personas exaltadas. Primeramente se refiere a Dios al que llama *Padre*. Como Padre indica vida sin principio. El Padre genera las otras dos Personas Divinas, no como originándolas, puesto que ninguna de ellas tiene origen o principio de existencia, sino como comunicador de vida en el seno trinitario, en donde la *procesión vital* procede de la primera Persona a la Segunda y Tercera. Es necesario insistir en que cuando se habla de *generación* de las Personas Divinas, no se está hablando de origen, sino de personalización dentro del Ser Divino. Por eso el Padre *envía* al Hijo (Jn. 3:16), y al Espíritu (Hch. 2:33), pero Él nunca es enviado por otro. El Padre mora en el creyente pero no es enviado, sino que viene personalmente a él (Jn. 14:23). El hecho de que no sea enviado evidencia que no procede de otra Persona Divina. El ser Padre es ya la base personalizadora de su Ser. Él engendra al Hijo, la segunda Persona Divina, comunicándole todo lo que Él mismo es y tiene (Jn. 16:15). El Padre es total y perfectamente Dios, y únicamente Padre. El Padre, como progenitor único, agota su función generadora en el Hijo, que es el unigénito de la generación del Padre, de ahí que el Hijo engendrado sea necesariamente el *Unigénito* (Jn. 1:14, 18; 3:16, 18; 1 Jn. 4:9), ya que de haber más de un hijo no sería generación exhaustiva del Padre. El acto generativo del Padre es una comunicación total, en entrega absoluta, que hace que Él sea Persona Divina por su relación con el Hijo (Sal. 2:7), es decir, no puede haber un padre si no hay al mismo tiempo un hijo. Esta generación del Hijo no da al Padre ninguna superioridad sobre Él, esto es, no hay dependencia, inferioridad ni subordinación en el seno Trinitario, sino interdependencia, porque el Padre no puede existir sin el Hijo, ni el Hijo sin el Padre (1 Jn. 2:23). La generación procedente del Padre no es *transeúnte*, como la de los hombres, sino *inmanente*. El hombre engendra por medio de sus facultades físicas, pero no por medio de su perfecciones espirituales, de modo que por medio de la procreación humana surge otra persona en relación de filiación, pero no extingue esa relación puesto que un padre humano puede engendrar otros hijos que están en la misma relación, pero, en la generación humana ninguna de las dos, ni padre ni hijo, se constituyen como personas por dicha relación. En la generación humana la acción es *transeúnte* porque el hijo sale de sus progenitores y comienza una existencia individual distinta a la de los padres. La generación divina es *inmanente* por cuanto el Hijo sigue dentro, en el seno del Padre (Jn. 1:18; 14:10). Esto tiene vinculación trinitaria directa ya que Dios no es una persona, sino un Ser en el que existen eternamente tres Personas que son el único Dios verdadero. La idea de *persona colectiva* derivada del *teilhardismo* no es una verdad bíblica sino una expresión herética de la única verdad en que Dios se manifiesta, esto es, un Ser en que eternamente subsisten tres Personas. El Padre enteramente está en el Hijo al engendrarlo con su mente personal infinita, y el Hijo está por entero en el Padre, como concepto personal exhaustivo de la mente paterna. Por esa razón se le atribuye al Hijo el mismo poder que tiene el Padre para dar vida. El Padre *no da vida* al Hijo, sino que por *inmanencia* le ha dado tener vida en sí mismo, por ser Dios como el Padre (Jn. 5:21).

A este admirable Dios, se dirige Pablo usando el calificativo de familiaridad, cuando dice *el Padre de nosotros*, o como debe traducirse en castellano *el Padre nuestro*. Quien es el Padre del Señor Jesucristo por relación eterna, lo es nuestro por adopción (Gá. 4:4-5). Es una relación de confianza, porque tenemos la certeza de que si ha dado a Su Hijo unigénito para nuestra salvación, nos da con Él todas las cosas y nos concede las peticiones de nuestro corazón conforme a Su voluntad (Ro. 8:32).

καὶ ὁ Κύριος ἡμῶν 'Ιησοῦς. En el deseo expresado une con el Padre a su Hijo, al que da dos calificativos que por haberse considerado ya anteriormente no se incluye aquí su significado. Simplemente ésta que es segunda Persona Divina está unida a la primera en otorgar las bendiciones, ya que todo cuando se recibe de Dios llega al hombre por el único Mediador entre Dios y los hombres, Jesucristo hombre (1 Ti. 2:5). A Jesús se le da el título de *Señor*, que implica deidad y que era el utilizado en la mayoría de las ocasiones en que la LXX traduce el nombre Jehová. A quien es Dios en unidad con el Padre se le llama también *Jesús*, nombre dado para la humanidad del Verbo encarnado. Esto confirma la verdad de que Jesucristo es Dios-hombre. Dios eternamente y hombre por encarnación. En esa condición única el Señor es Dios-hombre, y los títulos divino de Señor y humano de Jesús concurren aquí en la misma Persona. Con toda determinación Pablo coloca a las dos Personas, la del Padre y la del Hijo como Personas Divinas. Si el Padre es Dios único y verdadero, Jesús, el Señor lo es también (Jn. 1:1).

κατευθύναι τὴν ὁδὸν ἡμῶν πρὸς ὑμᾶς· Es necesario observar en el versículo que habiendo hablado del Padre y del Hijo, utiliza luego el pronombre en singular en lugar de hacerlo en plural como hubiera correspondido. Pablo dirige su deseo al Padre y al Hijo, por tanto gramaticalmente debiera usar el pronombre el plural *dirijan*, pero el deseo se expresa ante Dios, a quien se le llama aquí Padre y también Señor. Por tanto Dios es uno, y el versículo confirma una vez más la verdad de la unidad en el Ser divino de las Personas Divinas. Otra vez cabe remarcar que Dios no es una Persona, y mucho menos *persona colectiva*, sino un Ser en el que eternamente subsisten las tres Personas Divinas. El apóstol confía que este admirable Dios dirigirá el viaje que él desea realizar para que se cumpla su anhelo de un encuentro con los amados hermanos en Tesalónica. Él no hacía nada sin la aprobación y conducción divina sujetando sus planes y deseos a la voluntad de Dios. Satanás había estorbado los deseos del apóstol (2:18), pero él sabía que la fortaleza del enemigo es nada al lado de las fuerzas divinas. Es Dios quien podría dirigirles superando cualquier obstáculo para encontrarse con los creyentes en Tesalónica. Pablo aprendió a depender y dejarse guiar por el Espíritu (Hch. 16:6-10). El camino que el enemigo había cerrado, podía ser abierto por Dios.

12. Y el Señor os haga crecer y abundar en amor unos para con otros y para con todos, como también lo hacemos nosotros para con vosotros.

ὑμᾶς δὲ ὁ Κύριος πλεονάσαι καὶ περισσεύσαι τῇ ἀγάπῃ εἰς
Y a vosotros el Señor haga abundar y exceder en el amor con
ἀλλήλους καὶ εἰς πάντας καθάπερ καὶ ἡμεῖς εἰς ὑμᾶς,
unos con otros y con todos así como también nosotros con vosotros.

Notas y análisis del texto griego.

Expresando el deseo personal hacia los creyentes, dice: ὑμᾶς, caso acusativo de la segunda persona plural del pronombre personal declinado *a vosotros*; δὲ, partícula conjuntiva que hace las veces de conjunción coordinante, con sentido de *pero, más bien, y, y por cierto, antes bien*; ὁ, caso nominativo masculino singular del artículo determinado *el*; Κύριος, caso nominativo masculino singular del nombre divino *Señor*; πλεονάσαι, tercera persona singular del aoristo primero de optativo en voz activa del verbo πλεονάζω, *abundar, hacer abundar, multiplicarse, tener de sobra*, aquí *haga abundar*; καὶ, conjunción copulativa *y*: περισσεύσαι, aoristo primero de optativo en voz activa del verbo περισσεύω, *existir en abundancia, exceder, tener abundancia, hacer que abunde,* aquí *exceder*; τῇ, caso dativo femenino singular del artículo determinado declinado *en la*; ἀγάπῃ, caso dativo femenino singular del nombre común *amor*; εἰς, preposición propia de acusativo *con*; ἀλλήλους, caso acusativo masculino plural del pronombre personal recíproco *unos con otros*; καὶ, conjunción copulativa *y*; εἰς, preposición propia de acusativo *con*; πάντας, caso acusativo masculino plural del adjetivo indefinido *todos*; καθάπερ, conjunción *así como*; καὶ, adverbio de modo *también*; ἡμεῖς, caso nominativo de la primera persona plural del pronombre personal *nosotros*; εἰς, preposición propia de acusativo *con*; ὑμᾶς, caso acusativo de la segunda persona plural del pronombre personal *vosotros*.

ὑμᾶς δὲ ὁ Κύριος πλεονάσαι καὶ περισσεύσαι τῇ ἀγάπῃ. El apóstol que agradecía al Señor por la obra de Su gracia entre los tesalonicenses, los encomienda a esa misma gracia con un ruego muy especial: que crezcan no solo en el conocimiento de la fe, sino en la realidad del amor. La construcción de la oración es sumamente afectuosa, como si desarrollase la siguiente idea: *puede ser que el Señor no dirija nuestro camino hacia vosotros y que no nos veamos; pero, aun así os haga abundar en amor.* El apóstol usa dos verbos en modo optativo para expresar ese deseo, ambos denotan un exceso en el amor. Es su deseo que alcancen un gran conocimiento, pero es tanto interés que sean capaces de amar abundantemente, que lleguen a rebosar en la plenitud del amor. Un creyente sin esa virtud no es nada, ni sirve para nada (1 Co. 13:2, 3). Esa es la manifestación más segura de vivir en la plenitud del Espíritu, por medio del cual Dios derramó en el corazón regenerado la provisión infinita de Su amor que supera cualquier necesidad de amar en el cristiano (Ro. 5:5). Lo que distingue al creyente y a la iglesia ante el mundo es la manifestación del amor. Esa superabundancia del amor es necesaria para cumplir el nuevo mandamiento (Jn. 13:34).

εἰς ἀλλήλους καὶ εἰς πάντας. Los objetos del amor que Pablo pide para los tesalonicenses son, en primer lugar amor a los hermanos: *unos para con otros*; y luego amor para los no creyentes: *para con todos*. Quiere decir que ese amor incluye a los enemigos del creyente (Mt. 5:44, 45; Ro. 12:14, 17, 19, 20). Además el amor es necesario para soportar las aflicciones y proclamar el evangelio a los perdidos, como *imitadores de Dios* (Jn. 3:16).

καθάπερ καὶ ἡμεῖς εἰς ὑμᾶς, El amor que Pablo desea que se manifieste en los tesalonicenses es también una manifestación de todos los cristianos, que incluye a él y a sus colaboradores inmediatos, por eso dice *y para nosotros*. Anteriormente había hecho referencia a ese amor de los misioneros hacia los creyentes en varias ocasiones, ahora lo recalca en la expresión de su deseo personal. Ninguna enseñanza bíblica puede ser eficaz si no va acompañada de amor. Nada que caliente la cabeza y deje frío el corazón es un buen ministerio, sino todo lo contrario, una pésima enseñanza. El evangelio es un mensaje que manifiesta el amor de Dios; la enseñanza general sobre la vida cristiana es también la manifestación de amor de Dios que desea que Sus hijos sean perfectos como Él; por consiguiente ninguna exposición bíblica de doctrina es correcta a no ser que vaya orientada hacia esa manifestación del amor. Los cristianos son llamados a vivir en santidad en la medida en que amen a Dios. Los creyentes somos obedientes en la misma medida en que amemos a Jesús (Jn. 14:15, 21, 23, 24).

13. Para que sean afirmados vuestros corazones, irreprensibles en santidad delante de Dios nuestro Padre, en la venida de nuestro Señor Jesucristo con todos sus santos.

εἰς τὸ στηρίξαι ὑμῶν τὰς καρδίας ἀμέμπτους[1] ἐν ἁγιωσύνῃ[2]
Para - afianzar de vosotros los corazones, intachables en santidad
ἔμπροσθεν τοῦ Θεοῦ καὶ Πατρὸς ἡμῶν ἐν τῇ παρουσίᾳ τοῦ
delante - de Dios y Padre de nosotros en la venida del
Κυρίου ἡμῶν ᾿Ιησοῦ μετὰ πάντων τῶν ἁγίων αὐτοῦ [,ἀμήν][3].
Señor de nosotros Jesús con todos los santos de Él. Amén.

Notas y análisis del texto griego.

Cerrando el párrafo, escribe: εἰς, preposición propia de acusativo *para*; τὸ, caso acusativo neutro singular del artículo determinado *lo*; στηρίξαι, aoristo primero de infinitivo en voz activa del verbo *afianzar, dar firmeza, fortalecer*; ὑμῶν, caso genitivo de la segunda persona plural del pronombre personal declinado *de vosotros*; τὰς, caso acusativo femenino plural del artículo determinado *las*; καρδίας, caso acusativo femenino plural del nombre común *corazón*; ἀμέμπτους, caso acusativo femenino plural del adjetivo *irreprochables, intachables*; ἐν, preposición propia de dativo *en*, ἁγιωσύνῃ, caso dativo femenino singular del nombre común *santidad*; ἔμπροσθεν, preposición de genitivo *delante de*; τοῦ, caso genitivo masculino singular del artículo determinado *el*; Θεοῦ, caso genitivo masculino singular del nombre divino declinado *de Dios*; καὶ, conjunción copulativa *y*; Πατρὸς, caso genitivo masculino singular del nombre divino *Padre*; ἡμῶν, caso genitivo masculino de la primera persona plural del pronombre personal declinado *de nosotros*; ἐν, preposición propia de dativo *en*; τῇ, caso dativo femenino singular del artículo determinado *la*; παρουσίᾳ, caso dativo femenino singular del nombre común *venida, llegada, aparición*; τοῦ, caso genitivo masculino singular del artículo determinado declinado *del*; Κυρίου, caso genitivo masculino singular del nombre divino *Señor*; ἡμῶν, caso genitivo de la primera persona plural del pronombre personal declinado *de nosotros*; ᾿Ιησοῦ, caso genitivo masculino del nombre propio *Jesús*; μετὰ, preposición propia de genitivo *con*; πάντων, caso genitivo masculino plural del adjetivo indefinido *todos*; τῶν, caso genitivo masculino plural del artículo determinado *los*; ἁγίων, caso genitivo masculino plural del adjetivo *santos*; αὐτοῦ, caso genitivo masculino de la tercera persona singular del pronombre personal declinado *de Él*; ἀμήν, transliteración *amén.*

Crítica Textual. Lecturas alternativas.

[1] ἀμέμπτους, *intachables*, lectura atestiguada en א*. A. D*. 81. 629. It[ar, de, mon, o], vg. cop[bo].

ἀμέμπτως, *intachablemente*, según se lee en B. L. 0278. 33. 81, 104. 365. 1241.

2 ἁγιωσύνῃ, *santidad*, lectura atestiguada en ℵ*. A. D*. 81. 629. it$^{ar, de, mon, o}$, vg. cop^{bo}.

δικαιοσυνῃ, *justicia*, como se lee en A.

3 αὐτοῦ, ἀμήν, *de nosotros, amén*, lectura en ℵ*. A. D*. 81. 629. it$^{ar, de, mon, o}$, vg. cop^{bo}.

Se omite el amén en ℵ^{1}. B. D^{2}. F. G. Ψ. K. L. 075. 0150. 6. 33. 104. 256. 263. 365. 424. 436. 459. 1175. 1241. 1319. 1573. 1739. 1852. 1881. 1912. 1962. 2127. 2200. 2464. *Lect.* it$^{b, f, g, s}$. vg^{mss}. sir$^{p, h, pal}$. cop$^{sa, bo/mss}$. arm. eti^{pp}. geo. esl. Basilio. Crisóstomo, Teodoro^{lat}. Tertuliano. Ambrosiaster. Pelagio.

εἰς τὸ στηρίξαι ὑμῶν τὰς καρδίας. El deseo del apóstol era también que los corazones de los creyentes fuesen afirmados, o afianzados. Creyentes firmes en la fe, son creyentes con corazones fortalecidos. Esto trae como consecuencia una vida de solidez espiritual en todas las esferas. Antes pedía que creciesen y abundasen en amor, ahora pide que sean fortalecidos, o afianzados en la intimidad personal, o si se prefiere mejor, en el *corazón*, elemento vital y dinamizador de la existencia, en donde se asientan las emociones, la inteligencia y la voluntad. Todo cuanto el hombre manifiesta en el exterior, en caso del creyente en su testimonio ante el mundo, procede del corazón. Un corazón afirmado por Dios trae como resultado una vida firme delante del mundo. De ahí que Jesús diga que *"de la abundancia del corazón habla la boca"* (Lc. 6:45).

εἰς τὸ στηρίξαι ὑμῶν τὰς καρδίας. El propósito final de este deseo es que el corazón fortalecido en amor, lo sea también en santidad. Cuando el amor a Dios se desborda en el corazón del cristiano, la vida conforme a Dios, esto es, en santidad se manifiesta. A la justificación sigue también la santificación que, como se ha dicho antes, no es una opción para el creyente, sino la única forma de vivir la vida cristiana. Existe una relación importante entre el amor y la vida de santidad. El amor rebosante es la mejor evidencia de la plenitud del Espíritu, porque ha sido derramado por Él en el corazón creyente (Ro. 5:5). La primera manifestación del fruto del espíritu es justamente esta, el amor (Gá. 5:22). La plenitud del Espíritu es la forma que Dios ha establecido para una vida victoriosa, si bien es cierto que no caminamos siempre en esa plenitud (Gá. 5:16). El deseo apostólico es el de una santidad total, de ahí el deseo expresado en el adjetivo *irreprensibles*.

ἀμέμπτους ἐν ἁγιωσύνῃ ἔμπροσθεν τοῦ Θεοῦ καὶ Πατρὸς ἡμῶν. La santidad no es relativa en cuanto a apreciación y valoración, sino real, puesto que se lleva a cabo *delante de Dios*, al que se le da aquí el título de *Padre de nosotros*, o *nuestro Padre*. Él no juzga por apariencias sino por realidades; no se detiene en acciones externas sino en el corazón que las impulsa. Dios observa y conoce la intimidad del hombre y su Palabra pone al descubierto los *pensamientos y las intenciones del corazón* (He. 4:12). Por tanto, la verdadera santidad debe valorarse no por lo que el hombre considera santo, sino por lo que la Palabra indica que lo es. Quiere decir que la Palabra, única norma de fe y conducta llega a la intimidad de los pensamientos que motivan las acciones. La Palabra tiene la habilidad y capacidad para juzgar. De otro modo, valora la realidad de los pensamientos y los juzga, revelando la verdadera naturaleza de ellos. Es necesario recordar que el corazón del hombre es *engañoso*, por tanto puede engañar (Jer. 17:9). La vida de santidad que se desenvuelve delante de Dios es refrendada como correcta por medio de la Palabra, esa es una de las razones para la inquietud del apóstol en relación con los creyentes en Tesalónica, por lo que envió a Timoteo para confirmarlos y exhortarlos en la fe (3:2).

ἐν τῇ παρουσίᾳ τοῦ κυρίου ἡμῶν 'Ιησοῦ Pero el propósito tiene que ver con la *aparición* del Señor Jesucristo, de la que da un dato concreto: es una manifestación con *todos los santos*.

La primera necesidad interpretativa es determinar el concepto expresado en la palabra παρουσία, *venida, aparición, llegada*. Este término aparece veinticuatro veces en el Nuevo Testamento, todos ellos, salvo uno que está en el capítulo 24 del *Evangelio según Mateo*, aparecen en las epístolas. El significado del término se deriva del verbo πάρεμι, que expresa la idea de *estar presente*. Por tanto, παρουσία, significa primariamente *presencia*. Sin embargo, el verbo πάρεμι, puede tener el sentido de *venir, llegar, acercarse*, lo que significaría también la *llegada* como inicio de la presencia. Este es el sentido que tiene habitualmente en el Nuevo Testamento, es decir, la venida que trae la presencia. Aquí, el apóstol se refiere a la venida que produce la *aparición* del Señor Jesús. En general el término παρουσία, es un tecnicismo para designar la venida de Cristo.

La palabra se usa para hablar de la *Segunda Venida* del Señor a la tierra, que debe ser distinguida del encuentro con la Iglesia en el aire (Cf. Mt. 24:27, 37, 39; 2 Ts. 2:8; 2 P. 1:16). También se usa para hablar del *traslado o arrebatamiento* de la iglesia (cf. 1 Co. 15:23; 1 Ts. 2:19; 3:13; 4:15; 5:23; Stg. 5:7, 8; 1 Jn. 2:28). En el entorno textual que se examina, el término tiene que entenderse en sentido del *traslado de la Iglesia*, como se considerará en el capítulo siguiente. Ese será el cumplimiento de la promesa personal del Señor a los suyos, de ir, preparar lugar, y volver para tomarlos con Él a fin de que estén para siempre a Su lado (Jn. 14:1-4). Esta promesa será considerada en el próximo capítulo.

La *aparición*, *llegada* o *venida* de Jesucristo para tomar a la Iglesia es el punto principal de la esperanza cristiana. Para muchos especialmente del pensamiento *amilenarista*, la venida del Señor estará relacionada con el *juicio final* y con la dimensión perpetua de cielos nuevos y tierra nueva. Sin embargo la Iglesia tiene otra promesa y otra dimensión en relación con el encuentro con Jesús, que forma parte esencial de la esperanza y consuelo de los hijos de Dios. Una hermenéutica imparcial y consonante con el desarrollo de la enseñanza bíblica conduce a entender que la *venida* de la que el apóstol habla en este pasaje, no tiene que ver con el final de los tiempos, sino con el cumplimiento de la promesa de Jesús para recoger a la Iglesia. En otro de sus escritos el apóstol dirá que el Señor es nuestra esperanza (1 Ti. 1:1). La *venida* de Jesús será la respuesta a todas nuestras aspiraciones, la solución de todos nuestros problemas, a ser unidos a Él para siempre y transformados a Su imagen: *"Cuando Cristo, vuestra vida, se manifieste, entonces vosotros también seréis manifestados con él en gloria"* (Col. 3:4). La *venida* del Señor abrirá para nosotros una esfera de bendición que nunca pudo ser alcanzada en la tierra. En relación con Jesús, la Biblia presenta *tres manifestaciones*. La primera fue Su venida a la tierra como Dios manifestado en carne, cuyo objetivo principal tenía que ver con abolir la responsabilidad penal del pecado mediante Su sacrificio (He. 9:26). Luego de esa obra redentora, el Señor ascendió a los cielos para sentarse a la diestra de Dios y presentarse ante Él por nosotros (He. 9:24). La *segunda manifestación*, en sentido de recoger a su Iglesia, no será una *segunda venida* para el mundo, sino sólo para los creyentes. El encuentro con la Iglesia no tendrá lugar en la tierra, sino en el aire (4:17). La *tercera,* que es realmente la *Segunda Venida* del Señor a la tierra, para ejercer el ministerio real, instaurar el reino durante mil años, cumplir las promesas dadas a Israel, juzgar a los hombres y vencer sobre la oposición de las naciones conducidas por Satanás. El *encuentro con Cristo*, el *traslado de la Iglesia*, será el cumplimiento de nuestra esperanza: *"... sino que también nosotros mismos, que tenemos las primicias del Espíritu, nosotros también gemimos dentro de nosotros mismos, esperando la adopción, la redención de nuestro cuerpo. Porque en esperanza fuimos salvos..."* (Ro. 8:23-24). Es cierto que nadie podrá separarnos del amor de Dios y que Él nos da cuanto necesitamos, bendiciones abundantes y *mayor* gracia. Pero, todo cuanto nosotros podamos recibir y experimentar aquí abajo no representa más que las arras de nuestra herencia celestial (2 Co. 1:21-22; Ef. 1:13-14). Todo esto tiene un término definitivo en Cristo mismo que *"es en nosotros esperanza de gloria"* (Col. 1:27). Esta esperanza es también expectación. El apóstol ha dicho antes que los tres pasos en la vida cristiana son el de la conversión a Dios desde los ídolos; el de servir al Dios vivo y verdadero; el esperar de los cielos a su Hijo (1:9-10). Esta esperanza de la *venida* del Señor a buscar a los suyos es lo que el escritor a los hebreos llama *el ancla del alma* (He. 6:19-20a). Esa firmeza de esperanza es la constancia a la que se ha referido antes (1:3). Quiere decir esto que la *manifestación* o la *aparición* de Jesucristo es el cumplimiento esperanzado de la dimensión de la salvación a perpetuidad en el nuevo orden y lugar que el Señor mismo prepara para nosotros. Distinguir claramente las diferencias entre *traslado de la Iglesia* y *Segunda Venida* es importante para evitar errores interpretativos y aplicaciones equivocadas. Las diferencias más destacables son:

Traslado.	**Segunda Venida.**
1. Es el *arrebatamiento* de la Iglesia y la remoción de todos los creyentes.	Segunda Venida es la manifestación de Jesucristo.
2. El traslado tiene que ver con los santos tomados en el aire.	Es el regreso de Cristo a la tierra.
3. Conduce al tiempo de la *tribulación.*	Establece el *reino milenial.*
4. Es un acontecimiento inminente.	Precedida por muchas señales.
5. Dentro del programa de Dios para la Iglesia.	Con Israel y las naciones.
6. Tiene un mensaje de consuelo.	Acompañada de mensaje de juicio.
7. Es un *misterio.*	Está profetizada en el A. T.
8. Da paso a juicio para creyentes.	Previa al juicio para Israel y las naciones.
9. Deja la creación inalterada.	Envuelve un cambio en la creación.
10. Los gentiles no serán afectados.	Serán juzgados.
11. Los pactos con Israel no se cumplen.	Se cumplen todos.
12. No hay relación con el programa de Dios respeto al mal.	El mal será juzgado.
13. Sólo participan creyentes.	Involucrados todos los hombres.
14. Ocurrirá antes del día de la ira.	Será al final de ese día.
15. Abre para la Iglesia un encuentro con Cristo.	Abre la implantación del Reino de Dios en la tierra.

A la vista de la *aparición*, *venida* de Jesucristo, expresa el deseo de que sean santos delante de Dios mientras no se produce ese evento, ya que el propósito divino es presentar a todos los creyentes perfectos delante de Él (Ef. 5:27). El cristiano debe esforzarse con la fuerza divina en vivir santamente; primero por ser deseo de Dios (4:3); en segundo lugar por causa del testimonio ante el mundo (1 P. 1:14-17); también por la comparecencia ante el tribunal de Cristo (Ro. 14:10-12).

μετὰ πάντων τῶν ἁγίων αὐτοῦ. El segundo aspecto a determinar es el sentido de la expresión *con todos los santos*. Algunos exégetas consideran el término como una referencia a los ángeles que acompañarán al Señor en su venida. En alguna ocasión el término se aplica a los ángeles (Mr. 8:38) pero en esa ocasión se determina el sentido mediante el uso completo de *santos ángeles*. Aquí el apóstol escribe simplemente *con todos sus santos*. En los escritos paulinos *santos* nunca se aplica a los ángeles. Ya el adjetivo aparece en la profecía, refiriéndose a hombres (Dn. 7:22). El sistema *amilenarista* interpreta esta palabra aquí como una referencia a todos los salvos en todos los tiempos, y sin hacer distinción entre *traslado y Segunda Venida*. Esa es la forma de pensamiento del profesor José Grau:

"Cuando Cristo vuelva, Dios traerá con Él (4:14) a los que durmieron en el Señor. Es decir, en su venida, nuestro Señor Jesucristo aparecerá con todos sus santos ya glorificados. Estos santos son todos aquellos que a lo largo de los siglos han vivido su fe con seriedad y consecuencia. Fueron separados por Dios –santificados, puestos aparte para su servicio- mediante el poder santificador del Espíritu Santo (1 P. 1:2), de modo que, estando en la posición de santos, llegaron a serlo también por la experiencia; al morir, entraron en la mansión de los glorificados, en la misma presencia del Señor. Estos son los santos con los cuales el Señor aparece. Ni uno solo de ellos será dejado en el cielo; todos los que, al morir, fueron al cielo –y, por consiguiente, se encuentran ahora allí con el Señor-, dejarán sus moradas celestiales en el mismo momento en que Jesucristo venga a la tierra en su segunda venida. Rápidamente, en un abrir y cerrar de ojos, las almas de estos santos glorificados irán a reunirse con sus cuerpos ('los muertos en Cristo resucitarán primero -4:16-), los cuales se convertirán en cuerpos gloriosos de resurrección. Entonces, inmediatamente, y junto con los hijos de Dios que todavía estén en la tierra y que, asimismo, serán cambiados en un momento, en un abrir y cerrar de ojos, ascenderán todos conjuntamente para recibir al Señor"[3].

No cabe duda que la interpretación de este asunto debe vincularse inseparablemente del contexto de la *Epístola*. Más adelante (4:15-17),

[3] José Grau. *Escatología, final de los tiempos*. Clie. Terrassa, 1977. Pág. 251.

se considerará más extensamente y será allí donde cabe el comentario a asuntos puntuales sobre este evento futuro. Mientras tanto, estos *santos*, tienen que ser necesariamente aquellos que *vendrán con Jesús* (4:14). Todo cuanto afecta a la Iglesia afecta a cada uno de sus miembros, de modo que como quien será tomada de la tierra es la Iglesia, los que descienden con el Señor a quienes, como es normal en Pablo llamar a los cristianos, les llama aquí también *sus santos*.

Cabe citar aquí alguna enseñanza de las muchas que están en el capítulo. Entre ellas están las características de un verdadero cristiano. Es primeramente, no por importancia sino por ordenarlas, *hermano*. Esta posición les lleva a amar a los otros creyentes sin condiciones al ser todos de la misma familia celestial, lo que conducirá su interés en buscar lo mejor para cada uno de ellos y le llevará a perdonar cualquier ofensa, alentando siempre a cada uno. No amar a los hermanos es señal inequívoca de un grave problema espiritual y, en alguna ocasión, incluso de no haber nacido de nuevo (1 Jn. 2:9). La segunda característica de un salvo es ser *servidor de Dios*. El creyente ha de tener muy clara esta condición a la que llega por la obra de la gracia (Ro. 6:18, 22). El que ha sido regenerado en el nuevo nacimiento entiende que no tiene derecho alguno sobre su propia vida, por cuanto ha sido comprado por Dios para Él (1 Co. 6:19, 20). En ese sentido, es preciso reconocer que el título de honor más alto que un creyente puede alcanzar es el de *siervo de Jesucristo* (1 Co. 4:1), eso supone que ningún don, ni conocimiento alguno, puede engrandecer al creyente, puesto que incluso eso le ha sido dado por Dios en su gracia (1 Co. 4:7). Sin duda la Iglesia está sobrada de grandes y necesitada de siervos. En tercer lugar es también *colaborador en el evangelio*. La obra de Dios es un trabajo en equipo, es decir, en colaboración, ya que todos los creyentes tienen algo que hacer en ella. También el creyente debe ser un buen *exhortador*, cuyo término equivale a *consolar*. Es preciso conocer bien esto ya que en ocasiones el vocablo exhortar equivale, para algunos, a *reprender*. La Escritura enseña a denunciar el pecado y no ocultarlo, pero enseña también, en el ejemplo de Cristo, que lo que un creyente necesita es el aliento. La reprensión sólo es precisa en algunas ocasiones. Cuando el ministerio de exhortación equivale a un ministerio de reprensión, éste deja de surtir efecto en la congregación y coloca al líder, sea pastor o maestro, en una situación de ineficacia.

La tribulación forma parte de la vida cristiana. El creyente debe estar gozoso cuando vienen pruebas a su vida (Stg. 1:2, 3). Las pruebas tienen un propósito de bendición y edificación en la vida del creyente (Stg. 1:4). La Biblia no enseña que Dios vaya a quitar la prueba, pero garantiza que no dejará que esta sea mayor de lo que aquel que la experimenta pueda resistir, dando la fuerza suficiente para que sea capaz de mantenerse firme (1 Co. 10:13).

El creyente debe ser humilde. Los éxitos en la obra de Dios no le corresponden al que sirve, sino al Señor que da el poder para realizarlos (1 Co. 15:10). Sólo el que es humilde podrá ser bendecido por Dios (Stg. 4:6). Todo el poder para la obra proviene del Señor (Fil. 4:13). Cuando un cristiano es orgulloso está funcionando en su propio poder y no tendrá ninguna garantía de bendición, sino todo lo contrario (Jn. 15:5).

Cada creyente debiera ser una persona de oración (3:10). Una oración conforme a la enseñanza de la Palabra ha de ser perseverante e incesante. La oración se puede practicar en todo momento, ya que lo que la Palabra enseña no es a adoptar alguna posición especial para orar, sino la actitud permanente de oración. Todos podemos estar en esa actitud, aun en medio de las actividades cotidianas (2:9).

Nuestra esperanza es Cristo. La promesa suya nos recuerda permanentemente que Él puede venir a buscarnos en cualquier momento. No hay señales que deban cumplirse para el traslado de la Iglesia a Su presencia y el encuentro con Él que desciende del cielo para buscarnos. Por otro lado, en cualquier momento, la cuerda de nuestra existencia temporal puede ser cortada, la vida puede concluir en cualquier momento. En ese caso, cada uno partirá a la presencia del Señor. Pero, esa separación momentánea quedará resuelta en la reunión eterna cuando regrese con sus santos. Entonces, la situación temporal dará paso a una nueva dimensión perpetua, estando todos, para siempre con Él. Esa esperanza debiera hacernos vivir una vida santa conforme al propósito de Dios para cada uno de nosotros.

CAPÍTULO IV

TESTIMONIO Y ESPERANZA.

Introducción.

Aunque el creyente es una nueva criatura, creada en Cristo Jesús para buenas obras, la vieja naturaleza, los problemas de la vida, las tentaciones y el entorno hacen que se produzcan dificultades que afectan la vida y el testimonio. No es algo que ocurre sólo en el tiempo actual, sino que se ha manifestado desde el principio de la historia de la Iglesia. Así ocurría en la iglesia del tiempo de los apóstoles. Aunque estos estaban en el ministerio de la enseñanza y conducción de los creyentes, aunque su presencia era habitual en visitas a las congregaciones y los escritos con enseñanzas doctrinales y éticas se estaban produciendo y circulaban entre las congregaciones, es notable observar como problemas de diferente naturaleza son corregidos y aparecen en las *epístolas*. Satanás procuró siempre que los creyentes pierdan sus condiciones espirituales para que no sean objeto de las bendiciones de Dios y pueda obtener victoria sobre ellos consiguiendo que no se mantengan firmes, tanto en la fe como en el testimonio.

La visita de Timoteo a Tesalónica le permitió observar la situación de los creyentes, descubriendo lo positivo de su fe, la riqueza de su amor, su constancia en la esperanza, el servicio al Señor, el compromiso con la evangelización, etc. Sin embargo algunas cosas debían ser corregidas o, cuanto menos, advertidas a fin de que el comportamiento de los creyentes fuese conforme a las demandas de Dios y de testimonio ante el mundo. El entorno socio-cultural greco-romano rodeaba a los creyentes de un círculo de corrupción y ética corrompida. Ellos habían salido de esa forma de vida y requería que estuviesen atentos para no caer en lo que era natural y normal para aquella sociedad. El apóstol tiene que demandarles cuidado en la santificación, a fin de que no cayesen en los pecados inmorales del entorno (vv. 1-5). Los agravios personales, los negocios engañosos y otras cuestiones deshonestas debían estar al margen de los creyentes, por tanto, en el escrito se les advierte de la vigilancia que debían tener en todo esto (vv. 6-8). El amor cristiano debía ser mostrado, ya que era el distintivo visible de la iglesia y así habían sido enseñados en cuanto a forma de vida (vv. 9-10). Algunos de la iglesia estaban tratando incorrectamente asuntos espirituales que degeneraban en una relación incorrecta con hermanos, abusando de la benevolencia y amor fraternal. Estos eran un grupo que, posiblemente ante lo que habían aprendido sobre la inminencia de la venida del Señor, no trabajaban, por lo que tenían que ser atendidos en sus necesidades prioritarias por otros hermanos, a estos se les requiere diligencia y laboriosidad (vv. 11-12).

Por otro lado había ciertas imprecisiones bíblicas que estaban ocasionando desasosiego en algunos, como era lo que creían que ocurriría con los creyentes que muriesen antes de la venida del Señor. Algunos pensaban que la resurrección de esos ocurriría en el final del tiempo con el resto de los hombres, unos para vida eterna y otros para confusión perpetua. De manera que la precisión doctrinal de esta verdad debía serles comunicada. Esta parte ocupa el párrafo final del capítulo (vv. 13-18).

Todo esto orienta la sección final de la *Epístola* a entender las demandas de la vida cristiana que sin duda exige una moral diferente a la del mundo. Sin embargo no se trata sólo de una moral plasmada en leyes espirituales que pueden ser comprendidas intelectualmente, sino en una ética que se manifieste en la práctica de la vida cotidiana y que es un mensaje elocuente ante un mundo perdido.

Se suele considerar que la parte de la *Epístola* que comienza en este capítulo y llega hasta el final es lo que se llama *Sección Práctica*, o la *parte exhortativa*, pero, sin duda, entre lo que es práctica de cada día hay una enseñanza doctrinal profunda, no sólo en asuntos puntuales en medio de las recomendaciones, sino directamente como ocurre con los detalles de lo que será el *traslado de la Iglesia*.

La división para el estudio del capítulo corresponde con la parte del bosquejo que aparece en la *introducción*, como sigue:

III. Parte exhortativa (4:1-5:22).

1. La santidad de vida (4:1-8).
2. El amor cristiano (4:9-10).
3. La vida ordenada (4:11-12).
4. La esperanza cristiana (4:13-18).
   - 4.1. La certeza cristiana (4:13-14).
   - 4.2. El recogimiento de la Iglesia (4:15-17).
   - 4.3. El aliento de la esperanza (4:18).

III. Parte exhortativa (4:1-5:22).

La santidad de vida (4:1-8).

1. Por lo demás, hermanos, os rogamos y exhortamos en el Señor Jesús, que de la manera que aprendisteis de nosotros cómo os conviene conduciros y agradar a Dios, así abundéis más y más.

Λοιπὸν οὖν[1], ἀδελφοί, ἐρωτῶμεν ὑμᾶς καὶ παρακαλοῦμεν ἐν
Por lo demás, pues, hermanos, pedimos os y exhortamos en
Κυρίῳ ᾿Ιησοῦ, ἵνα[2] καθὼς παρελάβετε παρ' ἡμῶν τὸ πῶς
Señor Jesús, que como recibisteis de parte de nosotros - como
δεῖ ὑμᾶς περιπατεῖν καὶ ἀρέσκειν Θεῷ, καθὼς καὶ
es necesario a vosotros andar y agradar a Dios, como también
περιπατεῖτε[3], ἵνα περισσεύητε μᾶλλον.
andáis, que abundéis más.

Notas y análisis del texto griego.

Iniciando una sección de la *Epístola*, se lee: Λοιπὸν, adverbio *por lo demás*; οὖν, conjunción causal *pues*; ἀδελφοί, caso vocativo masculino plural del nombre común *hermanos*; ἐρωτῶμεν, primera persona plural del presente de indicativo en voz activa del verbo ἐρωτάω, *preguntar, pedir*, aquí *pedimos*; ὑμᾶς, caso acusativo de la segunda persona plural del pronombre personal declinado *a vosotros*; καὶ, conjunción copulativa *y*; παρακαλοῦμεν, primera persona plural del presente de indicativo en voz activa del verbo παρακαλέω, *exhortar*, aquí *exhortamos*; ἐν, preposición propia de dativo *en*; Κυρίῳ, caso dativo masculino singular del nombre divino *Señor*; ᾿Ιησοῦ, caso dativo masculino singular del nombre propio *Jesús*; ἵνα, conjunción *que*; καθὼς, conjunción condicional *como*; παρελάβετε, segunda persona plural del aoristo segundo de indicativo en voz activa del verbo παραλαμβάνω, *recibir*, aquí *recibisteis*; παρ', preposición propia de genitivo en la forma que adopta la preposición παρά, por elisión de la α final cuando precede a una palabra que comienza con vocal, equivale a *de parte de, por*; ἡμῶν, caso genitivo plural del pronombre personal *nosotros*; τὸ, caso acusativo neutro singular del artículo determinado *lo*; πῶς, partícula interrogativa adverbial, que realmente es un pronombre interrogativo *como, de que manera, por qué medio*; δεῖ, tercera persona singular del presente de indicativo en voz activa del verbo δεῖ, *deber, ser necesario*, aquí *es necesario*; ὑμᾶς, caso acusativo de la segunda persona plural del pronombre personal declinado *a vosotros*; περιπατεῖν, presente de infinitivo en voz activa del verbo περιπατέω, *andar*; καὶ, conjunción copulativa *y*; ἀρέσκειν, presente de infinitivo en voz activa del verbo ἀρέσκω, *agradar*; Θεῷ, caso dativo masculino singular del nombre divino declinado *a Dios*; καθὼς, conjunción consecutiva *así*; καὶ, adverbio de modo *también*; περιπατεῖτε, segunda persona plural del presente de indicativo en voz activa del verbo περιπατέω, *andar*, aquí *andáis*; ἵνα, conjunción causal *que*; περισσεύητε, segunda persona plural del presente de subjuntivo en voz activa del verbo περισσεύω, *abundar, desbordar, crecer,* aquí *abundéis*; μᾶλλον, adverbio comparativo *más*.

Crítica Textual. Lecturas alternativas.

[1] Se omite en B*. 33. 629. 630. 1175. 1739. vg. sir. Bo.

[2] Se omite en ℵ, A. D. K. L. Ψ. 81. 104. 365. 630. 1175. 1241. 1505. 1739. 1881. 𝔐. sir.

[3] καθὼς καὶ περιπατεῖτε, *como también andáis*, lectura atestiguada en ℵ. A. B. D*. F. G. 0183. 33. 81. 104. 256. 263. 365. 459. 1319. 1912. 1962. 2127. 2464^{vid}. $it^{b, d, f, g, mon. o}$. vg. $cop^{sa, bo}$. arm. eti. esl. Ambrosiaster. Pelagio.

Se omite en D^2. K. L. Ψ. 075. 0150. 424. 1175. 1852. 2200. *Lect.* sir^p. geo. Crisóstomo. $Teodoro^{lat}$.

Λοιπὸν οὖν, ἀδελφοί, Mediante el uso del adverbio λοιπὸν, se inicia un nuevo párrafo y se produce la transición de una parte a otra de la *Epístola.* De nuevo se utiliza aquí el sustantivo *hermanos*, para dirigirse a los lectores. En todo momento se aprecia el afecto que el escritor sentía hacia ellos. La orientación del escrito es otra. Se dejan atrás las muestras de gozo, las expresiones de intercesión, el reconocimiento en acción de gracias delante del Señor para pasar a exhortaciones llenas de interés porque las vidas de los lectores, que son hermanos en Cristo, se desarrollen conforme a lo que es ser cristiano.

ἐρωτῶμεν ὑμᾶς καὶ παρακαλοῦμεν ἐν Κυρίῳ Ἰησοῦ, La exhortación se hace a modo de ruego afectuosamente expresado, introducida mediante el uso del verbo ἐρωτάω, que en su acepción primaria expresa la idea de *preguntar*. De ahí que de las sesenta y tres veces que aparece el verbo en el Nuevo Testamento, veintisiete corresponde a preguntar, mientras que las otras treinta y seis adquiere el sentido de *pedir*. Es habitual que las exhortaciones en las *epístolas* se introduzcan con el uso de la acepción *pedir*, como ocurre en este caso. El apóstol podía *ordenar* lo que sigue con la autoridad que le había conferido Jesucristo, pero en lugar de eso utiliza una *petición*, a modo de ruego personal. En ese sentido se emplea el término como una circunlocución para requerir en forma amable que se haga algo. Además de *pedir* también *exhorta*, esto es, anima a una determinada acción que condiciona el tipo de vida a manifestar. La petición y la exhortación adquieren una gran solemnidad al hacerla *en el Señor Jesús*. La razón es que tanto el que escribe como los que reciben el escrito están unidos a Cristo y todo cuando hacen ocurre en esa posición. Pablo estaba escribiendo en Cristo, como posición y no sólo con Su autoridad, y ellos debían recibir el escrito y aplicarlo a sus vidas de esa misma manera. Por otro lado, al estar unidos a Cristo, deben vivir una vida conforme a esa unidad. No son ya ellos quienes viven, sino que es Cristo el que vive en ellos y toma el señorío y control de sus vidas. Esta era la enseñanza del apóstol: *"Mas vosotros no vivís según la carne, sino según el Espíritu, si es que el Espíritu de Dios mora en vosotros. Y si alguno no tiene el Espíritu de Cristo, no es de él. Pero si Cristo está en vosotros, el cuerpo en verdad está muerto a causa del pecado, más el espíritu vive a causa de la justicia"* (Ro. 8:9-10). La vida cristiana, pues, no es según la carne, esto es, el creyente ya no está bajo el control de la carne, en esclavitud del pecado. La obra de la Cruz operó el poder liberador necesario para vivir según las demandas de Dios. Es por eso que el apóstol podía decir en otro lugar: *"De modo que si alguno está en Cristo, nueva criatura es; las coas viejas pasaron; he aquí todas son hechas nuevas"* (2 Co. 5:17). De ese modo la santidad de vida no es la que corresponde a una esfera religiosa, sino a la santidad propia de Jesús que vive en el creyente y que es operada por el Espíritu Santo, cuya expresión visible tiene que manifestarse en todos los aspectos de la vida: *"... sed también vosotros santos en toda vuestra manera de vivir; porque escrito está: Sed santos, porque yo soy santo"* (1 P. 1:15b-16).

ἵνα καθὼς παρελάβετε παρ' ἡμῶν τὸ πῶς δεῖ ὑμᾶς περιπατεῖν καὶ ἀρέσκειν Θεῷ, καθὼς καὶ περιπατεῖτε, Los creyentes habían sido enseñados en este modo de vida que se desarrolla en la santidad. No sólo la autoridad de Dios exige una vida santa, sino la presencia y vida de Dios en el creyente lo demanda. El verbo que se traduce en RV como *conduciros*, es el texto griego *andar*. Esta expresión está relacionada con la vida visible que se produce delante de las personas que observan la vida del cristiano. El apóstol usa distintos predicados para referirse al modo de andar. Pero, en general, el sentido es el de andar como lo que es digno de la vocación del llamamiento celestial (Ef. 4:1), es decir, conforme a todas las bendiciones que se establecen en el propósito divino de salvación. De hecho cada cristiano, por la obra salvadora, es considerado *santo y fiel* delante de Dios. Como se ha considerado antes, quienes no teníamos derecho alguno, somos hechos conciudadanos de los santos y miembros de la familia de Dios (Ef. 2:19). La posición celestial que alcanzamos en Cristo requiere y demanda un estilo de vida consecuente con esa realidad espiritual. Los que teníamos como herencia natural la ira de Dios y la condenación eterna, somos ahora coherederos y miembros del mismo cuerpo, copartícipes de la promesa en Cristo Jesús (Ef. 3:6). Todo eso conduce a la experiencia de una vida nueva, que adquiere una expresión totalmente distinta a la que es propia del mundo y de sus gentes. Esa forma se establece ya en palabras del mismo apóstol al decir: *"porque somos hechura suya, creados en Cristo Jesús para buenas obras, las cuales Dios preparó de antemano para que anduviésemos en ellas"* (Ef. 2:10). En la *Epístola* se refirió al estilo de vida del cristiano como hemos considerado ya: *"os encargábamos que anduvieseis como es digno de Dios, que os llamó a su reino y gloria"* (2:12). Quienes han recibido y aceptado por la fe el llamamiento, deben entregarse a él, cumpliendo los principios de vida que comporta ser hijos de Dios. Ese llamamiento los abraza, impulsa y condiciona para una vida digna como corresponde a quienes están en la familia de Dios. Es necesario recordar que es el honor de Dios y no el nuestro el que está afectado por la forma de comportarse de cada cristiano.

Además de la forma de vida, está también el ámbito de la obediencia comprometido, porque el apóstol dice que no solo es conducirse, sino *agradar a Dios*. La razón de vida cristiana no es agradar a los hombres sino a Dios. Ya mencionó antes esta verdad (2:4). En muchas ocasiones cambiamos los conceptos reales de la demanda paulina por los nuestros. Agradar a Dios no es cuestión de vida y prácticas religiosas, un falso pietismo, una santurronería hipócrita, un ascetismo que no es impulso del Espíritu sino de la carne, todo esto queda sin lugar cuando el ideal cristiano es el de agradar a Dios.

ἵνα περισσεύητε μᾶλλον. Por el informe de Timoteo, Pablo conocía que los tesalonicenses se comportaban como es digno del llamamiento celestial. Eran creyentes que abundaban en el amor y en el compromiso del servicio, como reconoce con la frase que en el texto griego dice literalmente: *"como andáis"*. Sin embargo, nunca es suficiente en este campo. No es posible alcanzar la perfección en esta vida, pero eso no significa que se descuide el compromiso de la santidad. El llamamiento del apóstol es a que cada uno abunde más en su conducta digna y en su propósito de agradar a Dios. Esa vida de santidad es sólo posible en la dependencia y plenitud del Espíritu Santo. Las dos vertientes de la vida santa aparecen claramente en el versículo: por un lado, ante los hombres *andar*, que equivale a vivir el testimonio cristiano; por otro, para Dios, procurar una vida que le agrade, fundamentada en la obediencia, que Dios considera más que cualquier sacrificio (1 S. 15:22, 23).

2. Porque ya sabéis qué instrucciones os dimos por el Señor Jesús.

οἴδατε γὰρ τίνας παραγγελίας ἐδώκαμεν ὑμῖν διὰ τοῦ Κυρίου
Porque sabéis que instrucciones dimos os por el Señor
Ἰησοῦ.
Jesús.

Notas y análisis del texto griego.

Continuando con la exhortación, escribe: οἴδατε, segunda persona plural del perfecto de indicativo en voz activa del verbo οἶδα, *saber, entender, comprender*, aquí *habéis sabido,* mejor en sentido de *sabéis*; γὰρ, conjunción causal *porque*; τίνας, caso acusativo femenino plural del adjetivo interrogativo *que*; παραγγελίας, caso acusativo femenino plural del nombre común *instrucciones, órdenes, mandatos*; ἐδώκαμεν, primera persona plural del aoristo primero de indicativo en voz activa del verbo δίδωμι, *dar*, aquí *dimos*; ὑμῖν, caso dativo de la segunda persona plural del pronombre personal declinado *a vosotros, os*; διὰ, preposición propia de genitivo *por*; τοῦ, caso genitivo masculino singular del artículo determinado *el*; Κυρίου, caso genitivo masculino singular del nombre divino *Señor*; Ἰησοῦ, caso genitivo masculino singular del nombre propio *Jesús*.

οἴδατε γὰρ τίνας παραγγελίας ἐδώκαμεν ὑμῖν διὰ τοῦ Κυρίου Ἰησοῦ. Nadie debía pensar que las demandas enseñadas por el apóstol y quienes le acompañaban, habían salido de ellos y eran, por tanto, mandamientos de hombres. Las instrucciones dadas toman la condición de mandato divino porque fueron hechos *por el Señor Jesús*, es decir, son mandatos de Él transmitidos por el apóstol, de ahí que muy bien podrían traducirse por *preceptos*. La vida santa no es cuestión de simples instrucciones que pueden aplicarse con mayor o menor cuidado. No vivir santamente es quebrantar los mandamientos de Dios, por tanto, es un acto pecaminoso. Como dice Hendriksen: *"cualquiera que rechace las instrucciones dadas aquí no rechaza a hombre sino a Dios"*[1]. El apóstol utiliza aquí el sustantivo παραγγελίας, traducido como *instrucciones*. Éste era un término utilizado en el ejército, para referirse a ordenes dadas a la tropa que debían ser ejecutados sin cuestionamiento alguno. La fuerza de la palabra enseña que los mandamientos conducentes a la expresión de una vida santa, no son sugerencias optativas, sino mandatos establecidos por quien es Señor soberano y Dios eterno.

El texto es claro en cuanto a autoridad apostólica. Los mandamientos establecidos tanto en la tradición, esto es, la enseñanza

---

[1] Guillermo Hendriksen. o.c., pág. 116.

oral, como en los escritos, son *mandamientos del Señor* (1 Co. 14:37). Es decir, los apóstoles actuaban en nombre del Señor. Los escritos apostólicos eran inspirados, por tanto, revestidos con la autoridad de Dios (2 Ti. 3:16). El verdadero creyente se sometía a los mandamientos de los apóstoles (1 Jn. 4:6). Desobedecerles en materia de fe, era desobedecer al Señor. Lo que el apóstol enseñaba y escribía eran mandatos que revestían autoridad divina. El don de *apóstol* en este sentido sólo estuvo operativo en vida de los Doce y de Pablo. Nadie hoy puede arrogarse la condición de *apóstol* en la dimensión de los apóstoles de Cristo. En ocasiones hay pretenciosos que intentan enseñar que el don de *apóstol* está operativo hoy como lo estuvo en tiempos de la iglesia primitiva, pero ninguno de los que engañosamente se presentan como tales pueden cumplir las demandas bíblicas establecidas para poder detentar la condición de apóstol.

3. Pues la voluntad de Dios es vuestra santificación; que os apartéis de fornicación.

Τοῦτο γάρ ἐστιν θέλημα τοῦ Θεοῦ, ὁ ἁγιασμὸς ὑμῶν,
Porque esta es voluntad - de Dios, la santificación de vosotros;
ἀπέχεσθαι ὑμᾶς ἀπὸ τῆς πορνείας[1],
abstenerse vosotros de la fornicación.

Notas y análisis del texto griego.

Progresando en el requerimiento de vida cristiana, dice: Τοῦτο, caso nominativo neutro singular del pronombre demostrativo *esto*; γάρ, conjunción causal *porque*; ἐστιν, tercera persona singular del presente de indicativo en voz activa del verbo εἰμί, *ser*, aquí *es*; θέλημα, caso nominativo neutro singular del nombre común *deseo, voluntad*; τοῦ, caso genitivo masculino singular del artículo determinado *el*; Θεοῦ, caso genitivo masculino singular del nombre divino declinado *de Dios*; ὁ, caso nominativo masculino singular del artículo determinado *el*; ἁγιασμὸς, caso nominativo masculino singular del nombre común *santificación*; ὑμῶν, caso genitivo de la segunda persona plural del pronombre personal declinado *de vosotros*; ἀπέχεσθαι, presente de infinitivo en voz media del verbo ἀπέχω, en voz media *abstenerse*; ὑμᾶς, caso acusativo de la segunda persona plural del pronombre personal *vosotros*; ἀπὸ, preposición propia de genitivo *de*; τῆς, caso genitivo femenino singular del artículo determinado *la*; πορνείας, caso genitivo femenino singular del nombre común *fornicación.*

Crítica Textual. Lecturas alternativas.

[1] ἀπὸ τῆς πορνείας, *de la fornicación*, lectura atestiguada en A. B*. D. G. K. L. 0183. 0278. 33. 81. 630. 1175. 1241. 1505. 1739. 1881. 2464. 𝔐. lat. sir. co. Tertuliano. Clemente.

ἀπὸ πάσης πορνείας, *de toda fornicación*, según se lee en א². Ψ. 104. 365.

ἀπὸ πάσης τῆς πορνείας, *de toda la fornicación*, como aparece en F. Gᶜ.

Τοῦτο γάρ ἐστιν θέλημα τοῦ Θεοῦ, ὁ ἁγιασμὸς ὑμῶν, La primera relación con las instrucciones para los creyentes, se establecían en la autoridad apostólica (v. 1); un poco más adelante en la del Señor Jesús (v. 2); ahora descansa en la voluntad del Padre. Él nos llamó a santidad y no a inmoralidad. De otro modo, la vida santa es la voluntad de Dios. El creyente ha sido comprado al precio de la sangre de Cristo y es siervo de Dios, para obrar conforme a Su voluntad (Ro. 6:17, 18).

ἀπέχεσθαι ὑμᾶς ἀπὸ τῆς πορνείας, La fornicación es contraria a la vida santa y tiene sobre el que la practica el juicio divino (He. 13:4). La fornicación alcanza una extensión genérica superior al adulterio y abarca más allá de la práctica de relaciones entre solteros. Fornicación tiene que ver con los aspectos y pecados que contaminan las relaciones íntimas entre personas. Pero, ambas cosas, adulterio y fornicación caben perfectamente en el significado de *fornicación*. Esta palabra tiene un amplio alcance que comprende todo aquello que es moralmente reprobable y pecaminoso en las relaciones de intimidad sexual. Este pecado puede comprender aspectos como la prostitución y, en general, cualquier actividad carnal ilegítima. El adulterio es también una manifestación de perversidad en relaciones íntimas contrarias a la voluntad de Dios, manifestando la gravedad del quebrantamiento del pacto sagrado del matrimonio e incurriendo en perjurio delante de Dios, ya que el matrimonio es considerado como un pacto hecho ante Él (Pr. 2:17). El matrimonio es un estado sometido a juramento (Dt. 6:13). El juramento trae como consecuencia colocarse voluntariamente bajo maldición por incumplimiento. Dios, como garante del pacto matrimonial es testigo de cargo contra el que quebranta el compromiso (Mal. 2:13-14). Hay un juicio sobre las situaciones de fornicación y adulterio (He. 13:4). La fornicación abarca, en general, las relaciones sexuales prohibidas por diferentes causas (cf. Mt. 5:32; 19:9; Hch. 15:20, 29; 21:25; 1 Co. 5:1). Las prácticas sexuales condenadas por la Escritura eran prácticas habituales en el mundo greco-romano, hasta el punto que no se consideraba como un vicio reprensible, salvo que se cometieran excesos o aberraciones. La fornicación en general afecta directamente a la santidad que requiere el templo de Dios que somos los creyentes (1 Co. 6:19).

Una vida en la corrupción moral de vicio y degradación era la práctica de algunos cristianos antes de su conversión a Cristo, como recuerda el mismo apóstol al escribir a los corintios: *"... no erréis; ni los fornicarios.... Heredarán en el reino de Dios. Y esto erais algunos; mas ya habéis sido lavados, ya habéis sido santificados, ya habéis sido justificados en el nombre del Señor Jesús, y por el Espíritu de nuestro Dios"* (1 Co. 6:9, 10, 11). Lavados de la corrupción del pecado, puestos aparte por el llamamiento celestial, justificados por Cristo, son regenerados por el Espíritu Santo, de modo que se produce un cambio absoluto en la forma de vivir. Antes desobedientes por condición natural, sujetos y practicando voluntariamente las obras corruptas del pecado, ahora viven en la voluntad de Dios, que es la santificación. La Escritura da una enorme importancia a todo cuanto tiene que ver con la práctica del pecado, no importa cual sea la dimensión o la forma en que ocurra, todo acto de pecado es desobediencia a Dios y quebrantamiento de Su voluntad. No hay pecado sin importancia, y mucho menos, pecados socialmente aceptables, cualquier pecado, por pequeño que sea ha costado la sangre del Hijo de Dios. Cualquier acto pecaminoso sin confesar interrumpe la comunión con Dios, de modo que, como dice el escritor a los hebreos: *"Seguid la paz con todos, y la santidad, sin la cual nadie verá al Señor"* (He. 12:14). No es posible dejar de entender que la santidad vincula al creyente en la experiencia de la relación con Dios. La vida del cristiano debe discurrir por sendas santas, esto es, vidas separadas de cuanto es pecaminoso. El carácter santo es una posesión individual en la que debe progresarse día a día, como resultado de la obediencia a la Palabra y del seguimiento fiel a Cristo (Mt. 11:29; Jn. 13:15; Ef. 4:20; Fil. 2:5). Es interesante apreciar también aquí que la santificación es el resultado de la obediencia a la Palabra y de la experiencia de vivir a Cristo. La consecuencia de no vivir santamente es contraria a la voluntad de Dios, teniendo la consecuencia de *no verle*, como el Señor enseñó en las bienaventuranzas: *"Bienaventurados los de limpio corazón, porque ellos verán a Dios"* (Mt. 5:8). La vida santa está íntimamente ligada con la comunión que permite *ver a Dios*. Nadie puede estar presente, en relación y comunión con Dios, sobre una vida de pecado, puesto que en la experiencia de la comunión con Él se requiere ser *"limpio de manos y puro de corazón"* (Sal. 24:4). Los creyentes en Tesalónica estaban en el peligro de considerar como santa la vida que se conformaba con la mera práctica religiosa. Los judaizantes visitaban las congregaciones para enseñarles que los creyentes debían circuncidarse y guardar la ley. Ellos estaban satisfechos de su religiosidad y consideraban que la relación con Dios descansaba en el acatamiento a los preceptos legales para el culto. Trabajaban intensamente para aparentar vidas piadosas delante de los hombres, pero ante Dios eran meramente *sepulcros blanqueados*, aparentemente limpios por fuera, pero llenos de podredumbre por dentro. La exhortación del apóstol adquiere un alto sentido hoy. La sociedad permisiva y humanista coloca la moral como algo relativo. Es preciso entender que el tiempo actual ya no es el posmodernismo, sino el relativismo. Cualquier cosa, incluyendo los principios éticos, son cuestiones relativas que varían con el tiempo. De ahí que el Señor diga a los cristianos de hoy lo mismo que decía a los del tiempo apostólico: *"la voluntad de Dios es vuestra santificación"*. La vida en la fe discurre siempre por caminos de santidad, que separan al creyente del pecado, de modo que se *abstiene* de las prácticas pecaminosas de la sociedad. El cristiano ha de persistir en la santificación haciendo de ello un objetivo prioritario (Fil. 2:12). Es más, todo el que practica gustosamente el pecado y vive en la vida propia del sistema corrompido del mundo, está manifestando no haber conocido a Dios (1 Jn. 1:6; 3:5-9). La santificación es un fruto que conduce a un fin: *"Mas ahora que habéis sido libertados del pecado y hechos siervos de Dios, tenéis por vuestro fruto la santificación, y como fin, la vida eterna"* (Ro. 6:22).

4. Que cada uno de vosotros sepa tener su propia esposa en santidad y honor.

εἰδέναι ἕκαστον ὑμῶν τὸ ἑαυτοῦ σκεῦος κτᾶσθαι ἐν
Que sepa cada uno de vosotros el de sí mismo vaso poseer en
ἁγιασμῷ καὶ τιμῇ,
santificación y honor.

Notas y análisis del texto griego.

Pasando a asuntos puntuales sobre la exhortación anterior, dice: εἰδέναι, perfecto de infinitivo en voz activa del verbo οἶδα, *entender, saber, conocer*, aquí *que sepa*; ἕκαστον, caso acusativo masculino singular del adjetivo indefinido *cada uno*, realmente se trata de un pronombre que se emplea mayoritariamente como adjetivo sustantivado; ὑμῶν, caso genitivo de la segunda persona plural del pronombre personal *de vosotros*; τὸ, caso acusativo neutro singular del artículo determinado *el*; ἑαυτοῦ, caso genitivo masculino singular del pronombre reflexivo declinado *de sí mismo*; σκεῦος, caso acusativo neutro singular del nombre común *vaso*; κτᾶσθαι, presente de infinitivo en voz media del verbo κτάομαι, *adquirir, comprar, poseer*; ἐν, preposición propia de dativo *en*; ἁγιασμῷ, caso dativo masculino singular del nombre común *santificación*; καὶ, conjunción copulativa *y*; τιμῇ, caso dativo femenino singular del nombre común, *respeto, honor*.

εἰδέναι ἕκαστον ὑμῶν τὸ ἑαυτοῦ σκεῦος κτᾶσθαι ἐν ἁγιασμῷ καὶ τιμῇ, Pablo llama a los cristianos a concretar la santificación en acciones personales. La santidad exige limpieza en cualquier circunstancia y situación. Aquí demanda que *cada uno* sepa *tener* en santidad *su vaso.* Indudablemente surge la dificultad de entender el sentido en que utiliza aquí este sustantivo. El término se usa en varios lugares en sentido de *cuerpo*, como ocurre cuando escribe a los corintios (2 Co. 4:7). Pero también es utilizado por el apóstol Pedro para referirse a la esposa, si bien en este caso en una expresión comparativa, enseñando que debe considerarse como a *vaso más frágil* (1 P. 3:7).

En la primera acepción, entendiendo *vaso* como cuerpo, la traducción del versículo y del siguiente en la NVI, dice: *"Que cada uno de vosotros aprenda a controlar su propio cuerpo de forma santa y honrosa, no en lujuria apasionada como los gentiles, que no conocen a Dios"*. En este sentido el cuerpo ha de conservarse tan santo como el espíritu y el alma (5:23). En esta acepción del término, la exhortación del apóstol sería para todos, tanto para solteros como para casados, mandando la santificación del cuerpo y concordaría mejor con el siguiente versículo en donde se habla de concupiscencia, acciones propias del pecado y de bajas pasiones, que se llevan a cabo con el cuerpo. El cuerpo ha de ser mantenido santo porque es templo del Espíritu. Sobre esto se considerará más adelante al comentar la doxología final de la *Epístola.*

Pero también pudiera entenderse el término *vaso* como sinónimo de esposa. Sería un llamamiento a la santidad dentro del matrimonio. Considerarlo de este modo es tanto antiguo como reciente. Esa opinión se remonta a Teodoro de Mopsuestia y se apoyaba en el pasaje del apóstol Pedro (1 P. 3:7) y en especial en el verbo κτάομαι, *adquirir, comprar, poseer*, es decir sería como *adquirir esposa*, no siempre en sentido de posesión, sino de constituir un matrimonio. Es decir, conforme a la Escritura, la esposa *se tiene*, pero no se *posee*, en sentido de dominio personal sobre ella. Es necesario entender bien que la esposa es un regalo de la gracia, un don de Dios, un favor benevolente del Altísimo (Pr. 18:22). En el matrimonio la santidad es inseparable de la vida matrimonial. El escritor de la *Epístola a los Hebreos*, hace una afirmación precisa: *"Honroso sea en todos el matrimonio, y el lecho sin mancilla"* (He. 13:4). La segunda parte concuerda con la exhortación del apóstol si se toma *vaso* en sentido de *esposa.* La intimidad matrimonial requiere santidad, o sea, pureza, literalmente lo que es sin mancha, esto es, unas relaciones conforme a la voluntad de Dios. Esto no tiene nada que ver con prohibiciones puritanas absurdas que convierten la práctica íntima del matrimonio en normativas absurdas que traen siempre consecuencias contrarias a la felicidad conyugal, especialmente en lo que se refiere a la esposa. La intimidad matrimonial se menciona en algunos aspectos en el Cantar de los Cantares. Una buena intimidad matrimonial no es algo reprobable, sino todo lo contrario. Esa intimidad debe discurrir en el amor, sobre todo, entendiéndolo como desinteresado que busca el bien del cónyuge antes del propio (1 Co. 10:24). No hay razón alguna para negar al cónyuge el disfrute lícito del cuerpo del otro, como parte de la entrega personal en amor, salvo lo que por desviación del pecado constituya algo que no sea *honroso* (1 Co. 7:1-5).

El versículo concluye con la orientación y alcance del mandamiento. El *cuerpo* o *la esposa* ha de mantenerse en *santidad y honor*. Santificación en un cuerpo o una esposa separado para vivir en la santidad a que fuimos llamados. En el caso específico de considerar *vaso* como *esposa*, la santidad tiene que ver con la separación del marido para ella sola, o viceversa, la esposa sola para el marido. Una relación íntima fuera del matrimonio es pecado reprobado por Dios (Ex. 20:14). Además de santidad *honor*. Esto concuerda también con cualquiera que sea el sentido que se le da a *vaso*. El cuerpo del cristiano en santidad es un vaso honorable para Dios. Es la forma de mantener lo que es *templo del Espíritu*. La permisividad moral corrompe a veces a los cristianos, dejando de ser *santos*, para quedar afectados por prácticas contrarias a la voluntad de Dios. Esta situación ocurre fácilmente a quien no está acostumbrado a la lectura y meditación de la Palabra, ya que como dice el salmista: *"en mi corazón he guardado tus dichos, para no pecar contra ti"* (Sal. 119:11). Igualmente es válida la demanda de *honor*, si se considera en lugar de *cuerpo*, *esposa*. Ésta debe ser tratada con *honor*, como a *vaso más frágil* y *coheredera de la gracia* (1 P. 3:7). Dar honor a la esposa es entender que ha sido el regalo perfecto, que cambia la situación como hombre de *no bueno* a *bueno* (Gn. 2:18). Por esa misma razón se lee: *"El que halla esposa halla el bien, y alcanza la benevolencia de Jehová"* (Pr. 18:22). Cuando Pedro dice que la esposa es *vaso más frágil*, no está enseñando que sea *más débil*, sino *mas precioso*. Cuando uno tiene un objeto valioso, adquiere más valor cuantas menos unidades haya semejantes a él. El control de calidad de uno de estos da como referencia el número de los fabricados, de modo cuando se tiene un objeto que sea el número dos de tres, quiere decir que de esa serie se hicieron tres y se tiene el número dos. Cuando observamos a la esposa, la riqueza de ese vaso es que sólo hay una de una, es decir, sólo hay una así. De ese modo el marido debe entender que la esposa *no está a su servicio*, sino que en amor es él quien debe estar *sirviéndola* por amor, de otro modo, en otras palabras: *"maridos, amad a vuestras mujeres, así como Cristo amó a la iglesia, y se entregó a sí mismo por ella"* (Ef. 5:25). La idea absurda y no bíblica de señorío del hombre sobre la mujer, o del marido sobre la esposa, cae por tierra cuando se leen las palabras anteriores en donde el esposo no sólo debe amar a su esposa, sino hacerlo en la manera en que Cristo lo hace con la iglesia, *entregándose a sí mismo por ella*. Tratar honorablemente a la esposa exige que el marido no se considere como señor y se convierta en un tirano para la esposa, sino todo lo contrario. El marido tiene que buscar como fin prioritario y absoluto amar desinteresadamente a la esposa y manifestárselo en todas las relaciones con ella. El liderazgo dentro del matrimonio y del hogar sólo es posible en amor. Tratar santamente a la esposa es la forma natural de santidad de vida a que el apóstol llama en esta exhortación.

5. No en pasión de concupiscencia, como los gentiles que no conocen a Dios.

μὴ	ἐν	πάθει	ἐπιθυμίας	καθάπερ	καὶ	τὰ	ἔθνη	τὰ
No	en	pasión	de concupiscencia	como	también	los	gentiles	los

μὴ εἰδότα	τὸν	Θεόν,
que no conocen	-	a Dios.

Notas y análisis del texto griego.

Concretando la demanda del versículo anterior, escribe: μὴ, particula que hace funciones de adverbio de negación *no*; ἐν, preposición propia de dativo *en*; πάθει, caso dativo neutro singular del nombre común *pasión*; ἐπιθυμίας, caso genitivo femenino singular del nombre común declinado *de concupiscencia*; καθάπερ, conjunción *como*; καὶ, adverbio de modo *también*; τὰ, caso nominativo neutro plural del artículo determinado *los*; ἔθνη, caso nominativo neutro plural del nombre común *gentiles*; τὰ, caso nominativo neutro plural del artículo determinado *los*; μὴ, partícula que hace funciones de adverbio de negación *no*; εἰδότα, caso nominativo neutro plural del participio de perfecto en voz activa del verbo οἶδα, *entender, saber conocer*, aquí *que conocen*; τὸν, caso acusativo masculino singular del artículo determinado *el*; Θεόν, caso acusativo masculino singular del nombre divino declinado *a Dios*.

μὴ ἐν πάθει ἐπιθυμίας καθάπερ καὶ τὰ ἔθνη τὰ μὴ εἰδότα τὸν Θεόν, La demanda de santidad excluye todo medio de satisfacción de pasiones carnales, es decir, bajas pasiones. La palabra ἐπιθυμία, *concupiscencia*, se ha considerado antes, en donde se ha hecho notar que es en sí misma una expresión neutra, es decir, que puede referirse a algo correcto como ocurre con *deseo*, traducción de la palabra (2:17; Fil. 1:23), pero también en sentido de algo malo como en este versículo. Sea el cuerpo o sea la esposa, no están puestos ni el uno ni la otra, para practicar con ellos *pasiones vergonzosas* o *pasión de concupiscencia*, como es la práctica habitual de los gentiles que no conocen a Dios. Una pasión concupiscente y lujuriosa es lo que el apóstol está condenando aquí. Vuelve nuevamente a marcarse una diferencia notoria entre quien es hijo de Dios, los creyentes en Cristo, y los que *no conocen a Dios*, los incrédulos. En estos, las pasiones naturales y propias de la carne, en la expresión de su vieja naturaleza, los lleva a prácticas corruptas, pecaminosas e inmorales. De ahí que haya necesariamente una vida totalmente distinta en el que ha sido regenerado por Espíritu, separado para Dios, y viva la santificación que es la esfera de salvación entre la justificación y la glorificación. La vida de corrupción es propia de quienes andan en la vanidad de su mente (Ef. 4:17-19). Estos están controlados por la carne y su pensamiento está orientado a satisfacer las obras de la carne (Gá. 5:19 ss.); los tales tienen entenebrecido el entendimiento y están ajenos a la vida de Dios, por la dureza de su corazón no regenerado. Estos perdieron toda sensibilidad y se entregaron a la lascivia para cometer ávidamente toda forma perversa de actuación. La vida que no conoce a Dios se hace disoluta y se entrega al desenfreno moral. Esta situación es contraria a la vida eterna que es la propia del creyente. De ahí la firmeza de Pablo al demandar una vida santa que se expresa en una forma diferente a la que es del mundo.

6. Que ninguno agravie ni engañe en nada a su hermano; porque el Señor es vengador de todo esto, como ya os hemos dicho y testificado.

τὸ μὴ ὑπερβαίνειν καὶ πλεονεκτεῖν ἐν τῷ πράγματι τὸν
- no ofender y engañar en el asunto al
ἀδελφὸν αὐτοῦ, διότι ἔκδικος Κύριος περὶ πάντων τούτων,
hermano de él, porque vengador Señor de todas las cosas estas
καθὼς καὶ προείπαμεν ὑμῖν καὶ διεμαρτυράμεθα.
como también dijimos antes os y testificamos solemnemente.

Notas y análisis del texto griego.

Continuando con la exhortación, añade: τὸ, caso acusativo neutro singular del artículo determinado *el*; μὴ, partícula que hace funciones de adverbio de negación *no*: ὑπερβαίνειν, presente de infinitivo en voz activa del verbo ὑπερβαίνω, *ofender*; καὶ, conjunción copulativa *y*; πλεονεκτεῖν, presente de infinitivo en voz activa del verbo κλεονεκτέω, *engañar*; ἐν, preposición propia de dativo *en*; τῷ, caso dativo neutro singular del artículo determinado *el*; πράγματι, caso dativo neutro singular del nombre común *asunto*; τὸν, caso acusativo masculino singular del artículo determinado declinado *al*; ἀδελφὸν, caso acusativo masculino singular del nombre común *hermano*; αὐτοῦ, caso genitivo masculino de la tercera persona singular del pronombre personal declinado *de él*; διότι, conjunción causal *porque*; ἔκδικος, caso nominativo masculino singular del adjetivo *el que ejerce venganza, la retribución*, aquí *vengador*; Κύριος, caso nominativo masculino singular del nombre divino *Señor*; περὶ, preposición propia de genitivo *de, acerca de*; πάντων, caso genitivo neutro plural del adjetivo indefindo *todos*, en sentido de *todas las cosas*; τούτων, caso genitivo neutro plural del pronombre demostrativo *estos*; καθὼς, conjunción causal *como*; καὶ, adverbio de modo *también*; προείπαμεν, primera persona plural del aoristo primero de indicativo en voz activa del verbo προεῖπον, forma aorista de λέγω, *hablar, decir*, aquí *dijimos antes*; ὑμῖν, caso dativo de la segunda persona plural del pronombre personal declinado *a vosotros, os*; καὶ, conjunción copulativa *y*; διεμαρτυράμεθα, primera persona plural del aoristo primero de indicativo en voz activa del verbo διαμαρτύρομαι, *declarar solemenemente, testificar, testificar solemnemente*, aquí *testificamos solemnemente*.

τὸ μὴ ὑπερβαίνειν καὶ πλεονεκτεῖν ἐν τῷ πράγματι τὸν ἀδελφὸν αὐτοῦ, Junto con la exhortación sobre limpieza de vida dejando las prácticas de una moral corrupta en cuanto a relaciones personales, añade la exhortación solemne sobre la conducta para con los hermanos. La construcción gramatical con el neutro, indica una generalidad de asuntos, es decir, con todas las cosas que puedan producirse en la relación interpersonal. La prohibición del apóstol tiene que ver con dos graves pecados que ocasionan situaciones delicadas entre hermanos en Cristo; el hermano no debe *ofender* ni tampoco *engañar*. Muy bien pudiera unirse esto con lo que antecede y tendríamos una advertencia directamente dirigida a la ofensa y al engaño para conseguir relaciones íntimas no convenientes o pecaminosas. Pero, podría muy bien, como de hecho se considera por muchos comentaristas, algo genérico, es decir, nadie debe producir ofensas, ni engañar a un hermano. En cualquier caso la ofensa es una actividad que causa ultraje, agravio, humillación, a un hermano. Pero, también ha de evitarse el *engaño*. Ambas cosas tienen que ver con un propósito y un mismo objetivo. El *agravio* se produce al traspasar los límites de lo que es lícito, y el *engaño* se usa para conseguir lo ilícito. Sin duda, en base a la forma gramatical de esta oración en la cláusula, debe entenderse más bien relacionada con la exhortación a santidad del párrafo anterior, sobre todo con la construcción gramatical en donde el artículo ingresivo τὸ, está en neutro y la expresión en la segunda oración también en neutro con la presencia del adjetivo indefinido y del pronombre demostrativo πάντων τούτων, literalmente *todos estos*, que equivale a *todas estas cosas* y que necesariamente deben vincularse con lo que antecede. El hilo del discurso no se ha roto y el apóstol sigue pensando en la santidad de la vida personal íntima, es decir, la santidad del sexo. Para conseguir algunos propósitos inmorales, el mundo recurre a agraviar y a engañar, pero, esto es algo que no debe ni nombrarse entre creyentes.

διότι ἔκδικος Κύριος περὶ πάντων τούτων, Además de la condición de hermanos que impide un trato moral incorrecto, el apóstol hace referencia a la condición divina de *vengador*, de las ofensas cometidas contra otros. La Biblia enseña la intervención judicial de Dios en defensa de sus hijos, de ahí que el salmista, en medio de la aflicción y de las acciones incorrectas contra personas diga: *"Jehová, Dios de las venganzas, Dios de las venganzas, muéstrate"* (Sal. 94:1). Dios mismo advierte de esto: *"Y haré en ellos grandes venganzas con reprensiones de ira; y sabrán que yo soy Jehová, cuando haga mi venganza en ellos"* (Ez. 25:17). Es necesario entender que cuando se habla de *venganza*, como pago retributivo a una acción, nunca será como correspondería cuando la practica un hombre. Sin embargo, Dios es justicia absoluta y equilibrio perfecto, de manera que cuando actúa como quien retribuye alguna acción incorrecta, lo hace siempre con plena equidad, sin que ninguna pasión propia de otros seres, le afecte en el uso de su justicia y en la ejecución de su sentencia. Es también preciso comprender que en el lenguaje moderno *venganza* es desquitarse de una ofensa recibida devolviendo mal por mal; por el contrario en la teología bíblica es la expresión dada a una acción que lleva a restablecer la justicia, siendo, por tanto una victoria sobre el mal. En ese sentido ha de entenderse el concepto bíblico de *Dios vengador*, sin que tenga que ver con un espíritu rencoroso, de desquite, sino porque a Él corresponde equilibrar y restituir la justicia, vencer el mal y reparar las acciones de agravio y engaño contra otro. Ese ejercicio de justicia divina produce confianza: *"No digas, yo me vengaré; espera a Jehová, y él te salvará"* (Pr. 20:22). Esta venganza divina que es consuelo a los oprimidos, es advertencia de juicio para los opresores. El apóstol que advierte aquí sobre la acción judicial divina, *"porque el Señor es vengador de todo esto"*, se introduce profundamente en la teología moral de Dios, advirtiendo a los creyentes que sólo a Él le es dado ejercer venganza, de otro modo, es un verdadero derecho divino: *"Nos os venguéis vosotros mismos, amados míos, sino dejad lugar a la ira de Dios; porque escrito está: Mía es la venganza, yo pagaré, dice el Señor"* (Ro. 12:19). Esa es la causa por la que el creyente descansa en Dios, confiando en la justicia divina y abandonando la reivindicación personal, como enseña el Salmo: *"Encomienda a Jehová tu camino, y confía en Él; y Él hará. Exhibirá tu justicia como la luz, y tu derecho como el mediodía"* (Sal. 37:5-6). Puede ocurrir que la acción judicial divina no se produzca en el tiempo del cristiano, pero siempre se producirá en el tiempo de Dios. Pablo enseña aquí que Dios se compromete a dar la recompensa al hombre conforme a sus obras; Él no puede ser burlado (Gá. 6:6-8). Cuando el apóstol dice que el *"Señor es vengador de todo esto"*, está afirmando que toma a su cargo la causa del que fue ofendido para dar la recompensa o el pago merecido por un mala acción a quien la ha cometido (Job 36:5, 6; Sal. 37:5, 6). Dios es también testigo de cargo en la infidelidad conyugal (Mal. 2:14). Esto debiera hacer reflexionar al cristiano antes de cometer una mala acción contra su hermano.

καθὼς καὶ προείπαμεν ὑμῖν καὶ διεμαρτυράμεθα. Esta enseñanza no era nueva en el escrito, sino que había sido enseñada antes a los creyentes cuando estuvo presente con ellos. La importancia que daba a todo esto era grande por cuanto utiliza términos firmes, como referirse a la *exhortación* como un *testimonio solemne*, al que debe prestársele atención. Pablo les recuerda la enseñanza de Dios que actúa como juez que establece la retribución por un hecho delictivo. El hecho de que estemos en la *dispensación de la Iglesia*, donde la gracia se manifiesta y se proclama como modo de salvación para todo aquel que cree, no supone que merme en algo la justicia divina. Dios es *"fuego consumidor"* (He. 12:29). Además, el Dios de amor, también *castiga al que ama* (He. 12:4-11). Es cierto que el salvo no perderá su salvación; es verdad que el creyente está a salvo de la ira venidera y que no hay condenación para él por el pecado (Ro. 8:1), pero no es menos cierto que nadie que haya creído está a salvo de la acción judicial divina que recae también sobre el cristiano que ha transgredido (cf. 1 Co. 5:1-13; 11:23-32). Los tesalonicenses no ignoraban esa verdad que les era recordada en el versículo.

7. Pues no nos ha llamado Dios a inmundicia, sino a santificación.

οὐ γὰρ ἐκάλεσεν ἡμᾶς ὁ Θεὸς ἐπὶ ἀκαθαρσίᾳ ἀλλ' ἐν
Porque no llamó nos - Dios a impureza sino a
ἁγιασμῷ.
santificación.

Notas y análisis del texto griego.

Haciendo un llamamiento a la santidad, dice: οὐ, adverbio de negación *no*; γὰρ, conjunción causal *porque*; ἐκάλεσεν, tercera persona singular del aoristo primero de indicativo en voz activa del verbo καλέω, *llamar*, aquí *llamó*; ἡμᾶς, caso acusativo de la primera persona plural del pronombre personal declinado *a nosotros, nos*; ὁ, caso nominativo masculino singular del artículo determinado *el*; Θεὸς, caso nominativo masculino singular del nombre divino *Dios*; ἐπὶ, preposición propia de dativo *a*; ἀκαθαρσίᾳ, caso dativo femenino singular del nombre común *impureza*; ἀλλ', forma escrita ante vocal de la conjunción adversativa ἀλλά que significa *pero, sino*; ἐν, preposición propia de dativo *a*; ἁγιασμῷ, caso dativo masculino singular del nombre común *dedicación, santificación*.

οὐ γὰρ ἐκάλεσεν ἡμᾶς ὁ Θεὸς ἐπὶ ἀκαθαρσίᾳ ἀλλ' ἐν ἁγιασμῷ. No se trataba de una imposición apostólica sino del deseo personal de Dios para el creyente. Anteriormente ha revelado que la voluntad de Dios es nuestra santificación (v. 3), por esta razón nos llamó para vivir una vida santa. Quien ha determinado que seamos santos también nos llama para que lo seamos. Por esa razón en forma negativa el apóstol dice que no nos llamó a inmundicia, sino a santidad, es decir a vivir una vida de santificación. Es interesante apreciar que el llamamiento a una vida santa está expresado mediante un aoristo, esto es, ocurrido en tiempo pasado. El llamamiento a salvación, mediante cuya obediencia recibimos por fe en Cristo el perdón de pecados, tiene efectos tanto pasados como presentes. Antes ha traído la bendición de la justificación, el perdón de pecados y la vida eterna, ahora trae una nueva bendición entendida desde el compromiso de la santificación. Se ha hecho notar antes que sin *santidad nadie verá al Señor*, por consiguiente vivir en santificación es el modo de estar en comunión con Él y recibir continuamente de Su gracia las bendiciones que nacen en Dios mismo y son enviadas desde Su trono (Stg. 1:17).

8. Así que el que desecha esto, no desecha a hombre, sino a Dios, que también nos dio su Espíritu Santo.

τοιγαροῦν ὁ ἀθετῶν οὐκ ἄνθρωπον ἀθετεῖ ἀλλὰ τὸν Θεὸν τὸν
Por lo cual, el que rechaza no a hombre rechaza sino - a Dios el
[καὶ][1] διδόντα[2] τὸ Πνεῦμα αὐτοῦ τὸ Ἅγιον εἰς ὑμᾶς.
también que da el Espíritu de Él - Santo a vosotros.

Notas y análisis del texto griego.

Señalando la consecuencia de rechazar la santificación, escribe: τοιγαροῦν, partícula adverbial o conjuntiva, situada de ordinario al comienzo de una frase, que introduce una conclusión deducida de un enunciado anterior, *por eso, por lo que, pues bien, así pues, por lo cual, por tanto*; ὁ, caso nominativo masculino singular del artículo determinado *el*; ἀθετῶν, caso nominativo masculino singular del participio de presente en voz activa del verbo ἀθετέω, *contrariar, anular, rechazar, renegar*, aquí *que rechaza*; οὐκ, forma escrita del adverbio de negación *no*, con el grafismo propio ante una vocal con espíritu suave o una enclítica; ἄνθρωπον, caso acusativo masculino singular del nombre común *hombre*; ἀθετεῖ, tercera persona singular del presente de indicativo en voz activa del verbo ἀθετέω, *contrariar, anular, rechazar, renegar*, aquí *rechaza*; ἀλλὰ, conjunción adversativa *sino*; τὸν, caso acusativo masculino singular del artículo determinado *el*; Θεὸν, caso acusativo masculino singular del nombre divino declinado *a Dios*; τὸν, caso acusativo masculino singular del artículo determinado *el*; καὶ, adverbio de modo *también*; διδόντα, caso acusativo masculino singular del participio de presente en voz activa del verbo δίδωμι, *dar*, aquí *que da*; τὸ, caso acusativo neutro singular del artículo determinado *el*; Πνεῦμα, caso acusativo neutro singular del nombre divino *Espíritu*; αὐτοῦ, caso genitivo masculino de la tercera persona singular del pronombre personal declinado *de él*; τὸ, caso acusativo neutro singular del artículo determinado *el*; Ἅγιον, caso acusativo neutro singular del adjetivo *Santo*; εἰς, preposición propia de acusativo *a*; ὑμᾶς, caso acusativo de la segunda persona plural del pronombre personal *vosotros*.

Crítica Textual. Lecturas alternativas.

[1] καὶ, *también*, lectura atestiguada en א. D*, c. F. G. K. L. Ψ. 81. 104. 630. 1175. 1241. 1505. 1739. 1881. 𝔐. lat. sir. sa; Clemente.

Se omite en A. B. D[1]. I. 0278. 33. 365. 614. 1739. 2464. itb,t sir. cop[sa, bo]; Ambrosiaster. Speculum.

[2] διδόντα, *que da*, lectura atestiguada en א*. B. D. F. G. I. 365. 2464.

δόντα, *que dio*, según lectura en A. K. L. Ψ. 0278. 33. 81. 104. 630. 1175. 1241. 1505. 1739. 1881. 𝔐. sir. co. Clemente.

τοιγαροῦν ὁ ἀθετῶν οὐκ ἄνθρωπον ἀθετεῖ ἀλλὰ τὸν θεὸν. Las enseñanzas apostólicas durante el tiempo de estancia en Tesalónica no fueron, como se ha considerado antes, mandamientos o enseñanzas de hombres, sino doctrina procedente de Dios. La ética cristiana descansa en la aplicación de la doctrina a la vida cotidiana. Por tanto el apóstol llega a una conclusión que resume en este versículo. Para lo cual introduce la sentencia mediante el uso de τοιγαροῦν, *así que, por tanto*, que como se dice en el análisis del texto griego se usa al principio de una oración para introducir una conclusión dependiente de lo que antecede. El que no presta atención o desprecia la enseñanza y la exhortación a una vida santa, no está despreciando la enseñanza de un hombre, sino *resistiendo, o rechazando* a Dios. Vuelve a remarcarse en el versículo la autoridad apostólica; el apóstol actúa con una autoridad delegada directamente por Jesucristo que lo llama y envía al ministerio. De modo que rechazar las exhortaciones y ordenanzas equivale no a rechazar al maestro que las enseña o al apóstol que las da, sino al Señor que lo ha enviado y revestido con Su autoridad personal. Así lo dijo Él mismo: *"El que a vosotros oye, a mí me oye; y el que a vosotros desecha, a mí me desecha; y el que me desecha a mí, desecha al que me envió* (Lc. 10:16). Debido a la unión vital con Cristo, el que enseña conforme a lo recibido de Dios, sea el apóstol en los tiempos del escrito, sea el maestro o pastor en los tiempos actuales, y no es atendido, o es rechazado hace partícipe al Señor del rechazo recibido. Así que cuando es atendido el mensaje encomendado, no es atendido el que lo encomendó para ser dicho en Su nombre. Pero por cuanto existe una identidad entre el Señor y los mensajeros que Él envía, así también la hay entre el Padre que envía y el Hijo que es enviado. De modo que Dios es puesto a un lado por quienes se niegan a obedecer el mensaje proclamado.

τὸν [καὶ] διδόντα τὸ πνεῦμα αὐτοῦ τὸ ἅγιον εἰς ὑμᾶς. No sólo el Padre y el Hijo están presentes en el desprecio o en la obediencia, sino también el Espíritu Santo. Dios nos ha llamado para ser santos. Jesucristo el Hijo de Dios nos hace aptos y constituye como hijos de Dios, para servir al único Dios vivo y verdadero. El Espíritu Santo nos santifica, de modo por Su operación y Su poder, produciendo en nosotros Su fruto, nos permite vivir conforme a la voluntad de Dios. Pablo está insistiendo en todo el pasaje en la santificación, y esta sólo es posible en el Espíritu Santo que puede producirla. Por otro lado el Espíritu que nos fue dado, procedente del Padre y del Hijo, mora en nosotros, constituyéndonos en templo de Él, por tanto, santuario de Dios que no debe ser profanado, esto es usado para la vileza del pecado (1 Co. 3:16; 6:12-20; Ef. 4:30). El problema es grave, porque rechazar el llamado a una vida de santificación es contrariar el testimonio externo de la Palabra y el interno del Espíritu que mora en nosotros.

Pablo hace una afirmación precisa sobre el Espíritu Santo: *que fue dado a los creyentes*. No a algunos, sino a todos en Tesalónica. La Biblia enseña que quien no tiene el Espíritu de Cristo no es de Él (Ro. 8:9). La salvación es una operación divina en la que intervienen las tres Personas. Pero, si el Padre llama y el Hijo salva, el Espíritu no sólo regenera, sino que capacita para salvación (1 P. 1:2). Nadie es regenerado sino por la acción de Dios, el Espíritu Santo (Jn. 3:1-13; Tit. 3:4-7). Ninguno puede vivir la vida cristiana sino por la asistencia del Espíritu. La idea de que el Espíritu se recibe tiempo después de la conversión y que se detecta esa presencia por manifestaciones poderosas, milagros y prodigios, no está en la Biblia, no es conforme a doctrina.

El amor cristiano (4:9-10).

9. Pero acerca del amor fraternal no tenéis necesidad de que os escriba, porque vosotros mismos habéis aprendido de Dios que os améis unos a otros.

Περὶ δὲ τῆς φιλαδελφίας οὐ χρείαν ἔχετε[1] γράφειν[2] ὑμῖν,
Y acerca del amor fraternal no necesidad tenéis escribir os,
αὐτοὶ γὰρ ὑμεῖς θεοδίδακτοί ἐστε εἰς τὸ ἀγαπᾶν ἀλλήλους,
porque vosotros mismos enseñados por Dios sois a - amar unos a otros.

Notas y análisis del texto griego.

Sobre el amor dice: Περὶ, preposición propia de genitivo *acerca de*; δὲ, partícula conjuntiva que hace las veces de conjunción coordinante, con sentido de *pero, y*; τῆς, caso genitivo femenino singular del artículo determinado *la*; φιλαδελφίας, caso genitivo femenino singular del nombre común *amor fraternal*; οὐ, adverbio de negación *no*; χρείαν, caso acusativo femenino singular del nombre común *necesidad*; ἔχετε, segunda persona plural del presente de indicativo en voz activa del verbo ἔχω, *tener, poseer, tener necesidad de*, aquí *tenéis*; γράφειν, presente de infinitivo en voz activa del verbo γράφω, *escribir*; ὑμῖν, caso dativo de la segunda persona plural del pronombre personal declinado *a vosotros, os*; αὐτοὶ, caso nominativo de la segunda persona plural del pronombre intensivo *vosotros mismos*; γὰρ, conjunción causal *porque*; ὑμεῖς, caso nominativo de la segunda persona plural del pronombre personal *vosotros*; Θεοδίδακτοι, caso nominativo masculino plural del adjetivo *enseñados por Dios*; ἐστε, segunda persona plural del presente de indicativo en voz activa del verbo εἰμί, *ser*, aquí *sois*; εἰς, preposición propia de acusativo *a*; τὸ, caso acusativo neutro singular del artículo determinado *lo*; ἀγαπᾶν, presente de infinitivo en voz activa del verbo ἀγαπάω, *amar*; ἀλλήλους, acusativo masculino plural del pronombre recíproco *unos a otros*.

Crítica Textual. Lecturas alternativas.

[1] ἔχετε, *tenéis*, lectura atestiguada en ℵ*, A. D. H. K. L. 33. 81. 630. 1175. 1241. 𝔐. sir. co. Agustín.

ἔχομεν, *tenemos*, según se lee en ℵ^2, D. F. G. Ψ. 0278. 6. 104. 365. 1505. 1739. 1881. 2464 lat. sir^h.

εἴχομεν, *teníamos*, según B. I. it^t. vg.

[2] γράφειν, *escribir*, lectura atestiguada en ℵ*, A. D. H. K. L. 33. 81. 630. 1175. 1241. 𝔐. sir. co. Agustín.

γράφεσθαι, *se os escriba*, según se lee en H. 81. Agustín.

Περὶ δὲ τῆς φιλαδελφίας οὐ χρείαν ἔχετε γράφειν ὑμῖν, El amor entre hermanos es un mandato divino. Jesús encomendó a los que enviaba a predicar el evangelio que a los nuevos convertidos se les enseñase a guardar todo cuanto Él había mandado (Mt. 28:20). Uno de los mandamientos del Señor, el *nuevo mandamiento* tiene que ver con el amor entre los hermanos, como mandato y como elemento de testimonio ante el mundo (Jn. 13:34-35). Por tanto, en la enseñanza a los tesalonicenses les había hablado del amor entre hermanos. El apóstol utiliza aquí el término φιλαδελφία, que en el griego clásico se usaba para definir el amor entre hermanos que lo eran por nacimiento. En el Nuevo Testamento la palabra adquiere la dimensión de amor al hermano en Cristo (cf. Ro. 12:10; He. 13:1; 1 P. 1:22; 2 P 1:7). Todo servicio hecho sin amor no es aceptable para Dios (1 Co. 13:1). La doctrina del amor a los hermanos es una de las principales enseñanzas del apóstol Juan (1 Jn. 2:7-11; 3:10-24; 4:7-5:5; 2 Jn. 5; 3 Jn. 6). El amor es el camino *mas excelente* del que el apóstol escribirá a los corintios (1 Co. 12:31). Del mismo modo al referirse a las llamadas *virtudes teologales*, la fe, la esperanza y el amor, afirma que la mayor de ellas es el amor (1 Co. 13:13). Lamentablemente la falta de amor entre creyentes no sólo debilita el testimonio eclesial, sino que afecta también a las relaciones familiares que se fundamentan en el amor mutuo y que en muchas ocasiones destruyen el matrimonio. Los tesalonicenses manifestaban el amor fraternal, de ahí que el apóstol les diga que *no tienen necesidad de que se les escriba.*

αὐτοὶ γὰρ ὑμεῖς Θεοδίδακτοι ἐστε εἰς τὸ ἀγαπᾶν ἀλλήλους, La enseñanza sobre el amor no procedía sólo del apóstol y sus colaboradores, sino que habían sido enseñados directamente por Dios. ¿Cómo entender esto? ¿A qué Persona divina se está refiriendo? Sin duda Dios en tres Personas está instruyendo a los creyentes. Pablo usa una palabra que es única en el Nuevo Testamento Θεοδίδακτοι, *enseñados por Dios*. En el mismo mensaje del evangelio el Padre enseña a los creyentes que es el verdadero amor: *"En esto consiste el amor: no en que nosotros hayamos amado a Dios, sino en que él nos amó a nosotros, y envió a su Hijo en propiciación por nuestros pecados"* (1 Jn. 4:10), o también: *"El que no escatimó ni a su propio Hijo, sino que lo entregó por todos nosotros"* (Ro. 8:32); es la enseñanza del mensaje fundamental del evangelio de la gracia: *"Porque de tal manera amó Dios al mundo, que ha dado a su Hijo unigénito, para que todo aquel que en él cree, no se pierda, mas tenga vida eterna"* (Jn. 3:16). El Padre enseña el amor. De igual manera el creyente es enseñado en cuanto al amor por Cristo mismo: *"Como había amado a los suyos que estaban en el mundo, los amó hasta el fin"* (Jn. 13:1); la obra de salvación fue una entrega voluntaria por amor: *"Yo soy el buen pastor; el buen pastor su vida da por las ovejas"* (Jn. 10:11), *"nadie me la quita, sino que yo de mi mismo la pongo"* (Jn. 10:18); el apóstol admirado de que haya sido objeto del amor de Cristo cuando fue su perseguidor dice: *"... el Hijo de Dios, el cual me amó y se entregó a sí mismo por mí"* (Gá. 2:20). La tercera Persona Divina, el Espíritu Santo es también el que enseña el amor de Dios, mediante la comunicación del mismo a la experiencia de vida del creyente, volcándolo en el corazón del salvo para que pueda cumplir el mandato de amar a los hermanos (Ro. 5:5). Jesús, hablando del ministerio del Espíritu Santo que iba a ser enviado dice: *"Pero cuando venga el Espíritu de verdad, él os guiará a toda verdad; porque no hablará por su propia cuenta, sino que hará todo lo que oyere, y os hará saber las cosas que habrán de venir. Él me glorificará; porque tomará de lo mío, y os lo hará saber"* (Jn.16:13, 14). Dios, por tanto, enseña, instruye al creyente en la vida de amor y le capacita para amar sin límite, sin reservas y sin distinciones. El amor que los tesalonicenses manifestaban no surgió de ellos mismos, ni tan siquiera de la enseñanza apostólica, sino que Dios mismo les enseñaba. Era una actividad de Dios dentro del corazón de ellos.

10. Y también lo hacéis así con todos los hermanos que están por toda Macedonia. Pero os rogamos, hermanos, que abundéis en ello más y más.

καὶ γὰρ ποιεῖτε αὐτὸ εἰς πάντας τοὺς ἀδελφοὺς [τοὺς].
Porque también hacéis lo para todos los hermanos -
ἐν ὅλῃ τῇ Μακεδονίᾳ. Παρακαλοῦμεν δὲ ὑμᾶς, ἀδελφοί,
en toda - Macedonia. Pero exhortamos os, hermanos,
περισσεύειν μᾶλλον
abundar más.

Notas y análisis del texto griego.

Cerrando la amonestación sobre el amor, escribe: καὶ, adverbio de modo *también*; γὰρ, conjunción causal *porque*; ποιεῖτε, segunda persona plural del presente de indicativo en voz activa del verbo ποιέω, *hacer, realizar, fabricar, producir*, aquí *hacéis*; αὐτὸ, caso acusativo neutro del pronombre personal *lo*; εἰς, preposición propia de acusativo *a*; πάντας, caso acusativo masculino plural del adjetivo indefinido *todos*; τοὺς, caso acusativo masculino plural del artículo determinado *los*; ἀδελφοὺς, caso acusativo masculino plural del nombre común *hermanos*; [τοὺς], caso acusativo masculino plural del artículo determinado *los*; ἐν, preposición propia de dativo *en*; ὅλῃ, caso dativo femenino singular del adjetivo indefinido *toda*; τῇ, caso dativo femenino singular del artículo determinado *la*; Μακεδονίᾳ, caso dativo femenino singular del nombre propio *Macedonia*; Παρακαλοῦμεν, primera persona plural del presente de indicativo en voz activa del verbo παρακαλέω, *exhortar, alentar, animar*, aquí *exhortamos*; δὲ, partícula conjuntiva que hace las veces de conjunción coordinante, con sentido de *pero, más bien, y, y por cierto, antes bien*; ὑμᾶς, caso acusativo de la segunda persona plural del pronombre personal declinado *a vosotros, os*; ἀδελφοί, caso vocativo masculino plural del nombre común *hermanos*; περισσεύειν, presente de infinitivo en voz activa del verbo περισσεύω, *abundar*; μᾶλλον, adverbio comparativo *más*.

καὶ γὰρ ποιεῖτε αὐτὸ εἰς πάντας τοὺς ἀδελφοὺς [τοὺς] ἐν ὅλῃ τῇ Μακεδονίᾳ. Los tesalonicenses estaban practicando el amor fraternal. No sólo habían sido instruidos, sino que estaban viviendo conforme a lo les había sido enseñado, al ejemplo recibido y a la dependencia divina en el amor. Sin duda el amor se manifestaría entre los hermanos en la iglesia local en donde se congregaban, pero esa manifestación se extendía a cualquier lugar donde había hermanos en

Cristo. Tesalónica era uno de los grandes enclaves comerciales y vinculada a los movimientos en las rutas entre ciudades. Ahora había algo más importante que las relaciones comerciales, eran las relaciones entre cristianos en toda Macedonia. Esa manifestación del amor fraterno era otra demostración visible de la condición de verdaderos cristianos que habían nacido de nuevo (1 Jn. 3:14). La extensión del evangelio en la provincia había partido de Macedonia (1:8). A estos que fueron alcanzados con el evangelio, recibían también la expresión de amor de los tesalonicenses. Es posible que una de las manifestaciones de esta relación fraterna fuese la hospitalidad. Muchos de los habitantes de otros lugares de la provincia de Macedonia, vendrían por razones económicas o comerciales a Tesalónica y recibirían el trato que corresponde a quienes son hermanos en Cristo. La hospitalidad es una de las formas de manifestar el amor fraternal, tanto antes como ahora (He. 13:1-2).

Παρακαλοῦμεν δὲ ὑμᾶς, ἀδελφοί, περισσεύειν μᾶλλον. Sin embargo el amor puede debilitarse, declinar y hasta *dejarse*. La denuncia que el Señor hace de un problema en la iglesia en Éfeso es que habían dejado el primer amor (Ap. 2:4). El amor se mantiene y expresa en la medida en que se viva en la plenitud del Espíritu, pero se debilita cuando dejando de hacerlo se pasa al impulso de la carne. Nadie ha llegado a la perfección en el amor. El apóstol Juan enseña que conocemos que Cristo nos amó en que puso Su vida por nosotros, de igual modo, a causa de la identificación con Él, cada creyente debe estar dispuesto a poner su vida por sus hermanos (1 Jn. 3:16). La dimensión del amor fraterno se establece por el amor de Cristo, como Él mismo dice: *"Este es mi mandamiento: Que os améis unos a otros, como yo os he amado"* (Jn. 15:12). No se trata de un amor relativo sino completo y definitivo. No cabe duda que el amor no es fruto de la carne sino del Espíritu (Gá. 5:18). Pablo dice a los tesalonicenses que ellos habían recibido el Espíritu Santo (v. 8), de modo que la presencia de la tercera Persona Divina en ellos los llenaría de amor hacia los demás, comenzando por los hermanos. Quiere decir, que cuanto más vinculados estuviesen con el Espíritu más progresarían en el amor. Muchas veces hablamos del Espíritu, definimos sus perfecciones, pero somos incapaces de amar a nuestros hermanos, porque el conocimiento se convierte en puro asunto intelectual, en lugar de algo vivencial. El Espíritu Santo no está para ser definido, sino para ser vivido. La exhortación de Pablo en este versículo es semejante a animar a los creyentes a vivir en la plenitud del Espíritu, dejarse guiar por Él. De otro modo, es necesario comprender que la *plenitud del Espíritu* es la acción que ejerce en aquel que no la impide ni limita, de otro modo, es el hecho de ser controlado total y absolutamente por el Espíritu. La plenitud es la forma propia que Dios establece para la vida cristiana y no debiera ser una excepción, sino la condición natural de la nueva vida en Cristo. El Espíritu Santo no es una fuerza o un caudal de poder, sino una Persona Divina, por tanto, ser llenos del Espíritu es permitir que esa Persona ocupe en autoridad y acceda a cada parte de nuestra persona ocupándola y usándola conforme a Su voluntad. Es sólo en la plenitud del Espíritu que podrán llevarse a cabo las demandas del amor fraterno. La vida en la esfera de la santificación se lleva a cabo porque Dios, que mora por su Espíritu en nosotros, produce *"el querer y el hacer, por su buena voluntad"* (Fil. 2:13).

La vida ordenada (4:11-12).

11. Y que procuréis tener tranquilidad, y ocuparos en vuestros negocios, y trabajar con vuestras manos de la manera que os hemos mandado.

καὶ φιλοτιμεῖσθαι ἡσυχάζειν καὶ πράσσειν τὰ ἴδια καὶ
Y pongáis ambición en vivir en calma y practicar las cosas propias y
ἐργάζεσθαι ταῖς [ἰδίαις][1] χερσὶν ὑμῶν, καθὼς ὑμῖν
trabajar con las propias manos de vosotros, como os
παρηγγείλαμεν,
encargamos.

Notas y análisis del texto griego.

Para una nueva exhortación, escribe: καὶ, conjunción copulativa *y*; φιλοτιμεῖσθαι, presente de infinitivo en voz media del verbo φιλοτιμέομαι, *tener su honra en, hacer de ello un honor, poner la ambición en*, aquí *poner ambición en*; ἡσυχάζειν, presente de infinitivo en voz activa del verbo ἡσυχάζω, *guardar reposo, vivir en calma*; καὶ, conjunción copulativa *y*; πράσσειν, presente de infinitivo en voz activa del verbo πράσσω, *hacer, practicar*; τὰ, caso acusativo neutro plural del artículo determinado *los*; ἴδια, caso acusativo neutro plural del adjetivo *suyos, suyos propios, propios*, en sentido de *las cosas suyas*; καὶ, conjunción copulativa *y*; ἐργάζεσθαι, presente de infinitivo en voz media del verbo ἐργάζομαι, *hacer, obrar, efectuar, trabajar*; ταῖς, caso dativo femenino plural del artículo determinado declinado *con las*; ἰδίαις, caso dativo femenino plural del adjetivo *suyas, suyas propias, propias*; χερσὶν, caso dativo femenino plural del nombre común *manos*; ὑμῶν, caso genitivo de la segunda persona plural del pronombre personal declinado *de vosotros*; καθὼς, conjunción condicional *como*; ὑμῖν, caso dativo de la segunda persona plural del pronombre personal declinado *a vosotros, os*; παρηγγείλαμεν, primera persona plural del aoristo primero de indicativo en voz activa del verbo παραγγέλλω, *mandar, ordenar, encargar*, aquí *encargamos*.

Crítica Textual. Lecturas alternativas.

[1] ἰδίαις, *propias*, lectura atestiguada en ℵ. A. D^2. K. L. 33. 81. 630. 1241. 2464. 𝔐. esl. Basilio. Epifanio.

Se omite en $ℵ^2$. B. D*. F. G. Ψ. 0278. 6. 104. 365. 1175. 1505. 1739. 1881. sir^h. $cop^{sa, bo}$. Eti. Geo. Crisóstomo. $Teodoro^{lat}$. Ambrosiater. Jerónimo. Pelagio. Speculum.

καὶ φιλοτιμεῖσθαι ἡσυχάζειν. Parece ser que un problema interno se manifestaba en la iglesia que producía una cierta inquietud en la congregación. Es posible que por un mal entendido en la doctrina sobre la venida del Señor, algunos considerasen que era inminente y se iba a producir de forma inmediata, por tanto, puesto que el tiempo de vida terrenal iba a terminar pronto, no hacía falta trabajar ya, sino compartir, con el amor entrañable para los hermanos del que antes habló el apóstol, la vida con otros hermanos, *entrometiéndose* en lo que era ajeno y no trabajando para el sostenimiento cotidiano. Es probable que estos se dedicasen a platicar y enseñar doctrinas contrarias a la fe cristiana, conturbando la paz de algunos en la iglesia. De ahí que el apóstol exhorte a todos recordándoles los mandamientos que antes habían enseñado y establecido a vivir de otra manera.

La primera forma sería una *vida en paz*. Esto lo señala como la mayor meta o, si se prefiere mejor en el sentido del verbo φιλοτιμέομαι, *poner toda la ambición*, es decir, fijar todo el deseo en vivir tranquilos. No se trataba de no hacer nada, sino de tranquilizarse. ¿Qué cosa generaba inquietud? No hay base precisa para responder la pregunta con toda certeza, pero, por el contexto general, posiblemente hubiese en algunos una tensión interna en relación con la aparente tardanza de la venida del Señor. El apóstol demanda a estos vivir sosegadamente, sin estar inquietos, ni inquietar a otros. El problema se agudiza cuando quienes no tienen claro la enseñanza general de la Palabra, consideran que se cumplen permanentemente las señales bíblicas establecidas para la segunda venida del Señor Jesús, sin entender que las señales no están dadas para anunciar a la Iglesia el traslado a la presencia del Señor. Este tipo de creyentes que están viendo lo que para ellos son señales, viven generalmente inquietos por los acontecimientos, pero no están viviendo tranquilamente en la espera del llamado del Señor para estar para siempre con Él.

καὶ πράσσειν τὰ ἴδια. Un segundo aspecto de la exhortación tiene que ver *ocuparse de las propias cosas*. Como dice el Dr. Lacueva: *"los que van a la caza de sensacionalismos y noticias de última hora suelen estar en todo menos en lo suyo"*[2]. Quienes por una predisposición a ver en todo cumplimientos proféticos, suelen estar dispuestos a abandonar las actividades suyas para ocuparse de otras cuestiones. La vida tranquila a la que se exhorta antes no es un llamamiento a la desidia y apatía en el trabajo, sino a ocuparse de lo que es natural en la vida personal. Este problema va a ser tratado más directamente en la *Segunda Epístola* (2 Ts. 3:11). Es normal que cuando se descuidan los propios deberes hay tiempo para entrometerse en la vida de otros.

καὶ ἐργάζεσθαι ταῖς [ἰδίαις] χερσὶν ὑμῶν καθὼς ὑμῖν παρηγγείλαμεν, En tercer lugar se llama a *trabajar con vuestras manos.* Sin duda esta fue una de las enseñanzas que el apóstol les había dado, como les recuerda en las últimas palabras de la oración. Él les enseñó a ganarse en sustento cotidiano mediante el trabajo. De igual modo había sido ejemplo a todos ellos trabajando arduamente para procurar lo necesario para él y para los que le acompañaban, sin ser carga a la iglesia (2:9). En varios de sus escritos recuerda esta enseñanza, del deber cristiano de trabajar para sustentarse (cf. Hch. 18:3; 20:34, 35; 1 Co. 4:12). El trabajo no es una maldición, sino todo lo contrario, un honor y un medio de enriquecer la propia personalidad. Los griegos solían despreciar los trabajos manuales considerándolos como labores propias de esclavos, sin embargo, en aquel tiempo había esclavos, obreros pagados y artesanos independientes que tenían sus propias tareas, además de agricultores que trabajaban en sus campos. El apóstol enseña que cualquiera que sea el trabajo que un creyente tenga, debe mantenerse en él. Dios lo estableció como modo de encontrar el sustento para la vida. Tal vez lo que está enseñando a algunos es que la provisión diaria no viene del afecto de hermanos que comparten sus bienes, ni de la iglesia que sustenta a quienes tienen necesidad, sino del trabajo con las manos, es decir, de la laboriosidad.

Nada contradice esto a quienes sirviendo a pleno tiempo en el evangelio deben ser sustentados por las iglesias para la misión a la que fueron llamados. Algunos indoctos tuercen la Palabra para negar el sustento a misioneros, maestros, obreros y pastores que viven sirviendo al Señor en la iglesia o en las instituciones de servicio. Hay resentidos espirituales que consideran que sustentar a estos es contrario a la enseñanza bíblica, pero, lamentablemente es que no conocen la Escritura y el mandato del Señor para que los que sirven al evangelio vivan del evangelio. Lo que Pablo está enseñando aquí es que el trabajo

---

[2] F. Lacueva. Matthew Henry. 2 Co. – He. Editorial Clie, Terrassa. Pág. 301.

es el medio de provisión para las necesidades cotidianas y esto alcanza también a los que sirven al Señor a pleno tiempo. Tanto unos como otros han de esforzarse en trabajar porque no se trata de una opción sino de un mandamiento: *"de la manera que os hemos mandado"*.

12. A fin de que os conduzcáis honradamente para con los de afuera, y no tengáis necesidad de nada.

ἵνα	περιπατῆτε	εὐσχημόνως	πρὸς	τοὺς	ἔξω	καὶ	μηδενὸς
Para que	andéis	decentemente	para	los	de fuera	y	de nada
χρείαν	ἔχητε.						
necesidad	tengáis.						

Notas y análisis del texto griego.

Concluyendo esta parte de la exhortación, dice: ἵνα, conjunción causal *para que*; περιπατῆτε, segunda persona plural del presente de subjuntivo en voz activa del verbo περιπατέω, *andar*, aquí *andéis*; εὐσχημόνως, adverbio de modo *decentemente, respetablemente*; πρὸς, preposición propia de acusativo *con, para, con relación a*; τοὺς, caso acusativo masculino plural del artículo determinado *los*; ἔξω, adverbio de lugar *fuera, de fuera*; καὶ, conjunción copulativa *y*; μηδενὸς, caso genitivo masculino singular del pronombre indefinido, o también neutro singular, *de nada*; χρείαν, caso acusativo femenino singular del nombre común *necesidad*; ἔχητε, segunda persona plural del presente de subjuntivo en voz activa del verbo ἔχω, *tener, tener necesidad de, poseer*, aquí *tengáis*.

ἵνα περιπατῆτε εὐσχημόνως πρὸς τοὺς ἔξω A las demandas establecidas antes para mantenerse en tranquilidad y trabajar, añade aquí la razón de testimonio que conlleva esa forma de vida: *para que vuestra vida diaria gane el respeto de los de afuera*. El que no trabaja y vive a costa de otros es un mal testimonio para el mundo, mientras que un cristiano honesto y laborioso, gana el respeto de todos.

καὶ μηδενὸς χρείαν ἔχητε. Pero hay también otra razón, que el creyente no dependa de nadie. El pronombre indefinido μηδενὸς, puede ser un masculino plural, en cuyo caso sería *de nadie*, o un neutro plural que sería *de nada*. Es difícil determinar que era el pensamiento de Pablo y a cual de estas dos acepciones hacía referencia con la palabra. Quienes no trabajasen estarían dependiendo de la caridad de otros; pero también estarían escasos de lo que necesitasen. En cualquier caso no trabajar y depender en uno u otro sentido es un oprobio para el testimonio del evangelio delante de los *de fuera*, esto es, de los no creyentes. La buena manera de vivir es el mejor respaldo para el evangelio que se predica. Sin embargo, por el contexto general, vale la pena considerar que el creyente no debe depender *de nadie*, cosa que se produce si se niega a trabajar como está establecido. Es necesario que el creyente tenga claro que Dios colocó al hombre en la tierra y le dio posesión de ella para que cuidase y trabajase (Gn. 2:15). El trabajo es uno de los órdenes de la creación, una institución de origen divino (Sal. 104:23; Is. 28:23-29). En Proverbios, se hace un elogio del hombre laborioso y se reprende al perezoso, o vago (cf. Pr. 10:4, 5; 12:11, 24, 27; 24:30-34). Esa es la razón por la que Jesús dice que el obrero es digno de su salario (Lc. 10:7). Si los creyentes se ocupaban de sus trabajos y lo hacían fielmente, no caerían en la pobreza, no se verían obligados a depender de la caridad ajena, supliendo no sólo sus propias necesidades, sino que tendrían para compartir con quienes tuviesen necesidad (Ef. 4:28).

La esperanza cristiana (4:13-18).

La certeza cristiana (4:13-14).

13. Tampoco queremos, hermanos, que ignoréis acerca de los que duermen, para que no os entristezcáis como los otros que no tienen esperanza.

Οὐ θέλομεν[1] δὲ ὑμᾶς ἀγνοεῖν, ἀδελφοί, περὶ τῶν
Y no queremos vosotros ignoréis, hermanos, acerca de los
κοιμωμένων, ἵνα μὴ λυπῆσθε καθὼς καὶ οἱ λοιποὶ οἱ
que duermen, para que no entistezcáis como también los demás -
μὴ ἔχοντες ἐλπίδα[2].
que no tienen esperanza.

Notas y análisis del texto griego.

Iniciando un nuevo tema, escribe: Οὐ, adverbio de negación *no*; θέλομεν, primera persona plural del presente de indicativo en voz activa del verbo θέλω, *querer, desear*, aquí *queremos*; δὲ, partícula conjuntiva que hace las veces de conjunción coordinante, con sentido de *pero, más bien, y, y por cierto, antes bien*; ὑμᾶς, caso acusativo de la segunda persona plural del pronombre personal *vosotros*; ἀγνοεῖν, presente de infinitivo en voz activa del verbo ἀγνοέω, *desconocer, ignorar*, aquí en sentido de *ignoréis*; ἀδελφοί, caso vocativo masculino plural del nombre común *hermanos*; περὶ, preposición propia de genitivo *sobre, acerca de*; τῶν, caso genitivo masculino plural del artículo determinado *los*; κοιμωμένων, caso genitivo masculino plural del participio de presente en voz media del verbo κοιμάομαι, *dormirse*, aquí *que duermen*; ἵνα, conjunción causal *para que*; μὴ, partícula que hace funciones de adverbio de negación *no*; λυπῆσθε, segunda persona plural del presente de subjuntivo en voz pasiva del verbo λυπέω, *entristecer*, aquí *entristezcáis*;

καθὼς, conjunción *como*; καὶ, adverbio de modo *también*; οἱ, caso nominativo masculino plural del artículo determinado *los*; λοιποὶ, caso nominativo masculino plural del adjetivo *otros*; οἱ, caso nominativo masculino plural del artículo determinado *los*; μὴ, partícula que hace funciones de adverbio de negación *no*; ἔχοντες, caso nominativo masculino plural del participio de presente en voz activa del verbo ἔχω, *poseer, tener*, aquí *que tienen*; ἐλπίδα, caso acusativo femenino singular del nombre común *esperanza.*

Crítica Textual. Lecturas alternativas.

[1] θέλομεν, *queremos*, lectura atestiguada en ℵ. A. B. 0278. 33. 81. 326. 1175. 1739. 846; Orígenes.

θέλω, *quiero*, según lectura en 104. 614. 630. 1505. 846. Vg^{mss}. sir. Augustin^{pt}.

[2] οἱ μὴ ἔχοντες ἐλπίδα, *los que no tienen esperanza*, lectura atestiguada en ℵ. A. B. 0278. 33. 81. 326. 1175. 1739. 846; Orígenes.

Se omite la frase en F. G.

Οὐ θέλομεν δὲ ὑμᾶς ἀγνοεῖν, ἀδελφοί, περὶ τῶν κοιμωμένων, La doctrina claramente expuesta entre los creyentes en Tesalónica no fue comprendida en todos los detalles. Posiblemente le enviaron por medio de Timoteo una consulta al apóstol o, quizás lo más seguro, es que en el informe que dio a Pablo a su regreso, le comentó la inseguridad que algunos tenían sobre lo que ocurriría en el regreso de Cristo para trasladar a la Iglesia y los que habían muerto antes. Posiblemente se preguntaban si los creyentes que mueren perderían de estar presentes en el encuentro con Cristo y tendrían que pasar todo el tiempo que reste hasta la resurrección final de los muertos, para vida o para confusión perpetua. Por tanto, como la ignorancia de la doctrina puede producir inquietud en la vida del creyente y la pérdida del gozo propia de su condición, el apóstol les escribe un párrafo de la *Epístola* para evitar que esto suceda. Posiblemente no tenían claro o tal vez se habían olvidado de la enseñanza que el apóstol les había proporcionado sobre la esperanza del creyente que duerme en el Señor. Es posible que el olvido se debiese a considerar este aspecto de la doctrina como no fundamental. Tal desconocimiento los llevaba a una situación de tristeza semejante a quienes *no tienen esperanza.* Sin duda alguna la doctrina de la resurrección de los muertos formaba parte importante de la enseñanza que Pablo daba a los convertidos.

El cristianismo enseña como doctrina el regreso del Señor para recoger a los suyos. Esa era una de las promesas incondicionales que

Jesús dejó para los creyentes (Jn. 14:1-3). Como palabra del Señor tiene la garantía de cumplimiento, puesto que antes pasará el cielo y la tierra que se pierda o deje de cumplirse una de sus promesas. A los que presenciaban la ascensión del Señor a los cielos, luego de que una nube lo ocultase de sus ojos, los ángeles vinieron para confirmarles las palabras del Señor en cuanto a su venida para buscar a la Iglesia: *"...Este mismo Jesús, que ha sido tomado de vosotros al cielo, así vendrá como le habéis visto ir al cielo"* (Hch. 1:11). Como mensajeros divinos su palabra tiene absoluta firmeza porque también procede de Dios (He. 2:2). Además esta la petición que Cristo hizo a su Padre antes de ir a la Cruz: *"Padre, aquellos que me has dado, quiero que donde yo estoy, también ellos estén conmigo, para que vean mi gloria que me has dado; porque me has amado desde antes de la fundación del mundo"* (Jn. 17:24). Esta petición tiene garantía de cumplimiento puesto que el Padre nunca niega nada al Hijo (Sal. 2:8; Jn. 11:42). Los apóstoles enseñaron esta doctrina a los creyentes. Pablo hace alusión a ella en todas sus cartas, salvo la enviada a Filemón (cf. Ro. 8:17-23; 1 Co. 11:26; 2 Co. 4:14; Gá. 6:9; Ef. 1:12-14: Fil. 3:20, 21; Col. 3:4; 1 Ts. 1:9, 10; 2 Ts. 2:1, 2; 1 Ti. 6:13, 14; 2 Ti. 2:11; Tit. 2:13). En la *Epístola a los Hebreos*, también se la menciona (He. 9:28). Así ocurre con Santiago (Stg. 5:7). Pedro la cita en sus escritos (1 P. 1:13). Juan también en distintos lugares, pero, de forma especial en el Apocalipsis. Judas se refiere a ella (Jud. 21). La Biblia se cierra con esta promesa: *"Ciertamente vengo en breve"* (Ap. 22:20). De ahí el problema de la inquietud de los tesalonicenses, cuando se preguntaban: *¿Seremos, los creyentes vivos, los que vamos a tener un tiempo mayor con Cristo, mientras que los otros tendrán que esperar a la resurrección final?*. La ignorancia sobre estos y otros temas doctrinales genera inquietud. En este caso la ignorancia tenía que ver con *los que duermen*. La muerte del creyente no es una situación de término, sino una experiencia que le lleva a estar presente con Cristo, por lo que se compara con un dormir (Gn. 47:30; 2 S. 7:12; Mt. 27:52; Jn. 11:11-13; Hch. 7:60; 1 Co. 15:6, 18). Esto no supone, en modo alguno, un estado de inconsciencia para el cristiano que parte para estar con Cristo. La idea de un *dormir* real en el que, como ocurre con el dormir físico, las funciones de actividad general, salvo las vitales, se detienen en relación con la experiencia del estar despierto, no es enseñanza bíblica correcta. El creyente que parte del cuerpo está con Cristo en una situación de plena consciencia disfrutando de la bendición que supone estar en la presencia del Señor. La muerte, pues, es sinónimo de descanso (Ap. 14:13), pero también del precioso despertar en la presencia del Señor. Es necesario entender bien que *dormir*, en relación con la muerte física, no indica un estado intermedio de inconsciencia. El alma duerme para el mundo que ha dejado (Job. 7:9, 10; Ecl. 9:5-6); está despierta a su verdadero mundo (Lc. 16:19-31; 23:43; 2 Co. 5:8; Fil. 1:21-23; Ap. 7:15-17; 20:4). La muerte de los santos es algo hermoso, como se aprecia en muchas frases de la Escritura: *"Estimada a los ojos de Jehová"* (Sal. 116:15); *"llevado por los ángeles al seno de Abraham"* (Lc. 16:22); *"Estarás conmigo en el paraíso"* (Lc. 23:43); *"Un bendito partir"* (Fil. 1:23; 2 Ti. 4:6); *"estar con Cristo"* (Fil. 1:23); *"Estar presentes al Señor"* (2 Co. 5:8): *"Ganancia"* (Fil. 1:21); *"Muchísimo mejor"* (Fil. 1:23).

La exhortación tiene que ver con una situación de tristeza que se producía en algunos de los creyentes por falta de conocimiento. Pablo separa la humanidad en dos grupos, los que *tienen* esperanza, y los que *no la tienen*. Los cristianos vivimos en esperanza, porque *"es Cristo en nosotros esperanza de gloria"* (Col. 1:27). Un buen epitafio para quienes parten sin Cristo sería: *"Sin esperanza y sin Dios"* (Ef. 2:12). Este detalle que causaba tristeza en ciertos hermanos, es lo que el apóstol quiere disipar con lo que sigue. No debían tener preocupación por los κοιμωμένων, *que duermen*. El verbo κοιμάομαι, *dormirse* es de la misma raíz que κοιμετέριον, *cementerio*, que realmente significa *dormitorio*, que es el nombre dado por los cristianos primitivos a los sepulcros donde se colocaba el cuerpo muerto de los hermanos. Hay una frase muy gráfica citada por el Dr. Emilio Núñez: *"Morir para los que mueren en Jesucristo, es dormirse entre los hombres y despertar entre los ángeles"*[3]. La Biblia enseña que el espíritu del hombre vuelve a Dios que lo dio (Ec. 12:7). El creyente al morir va inmediatamente a la presencia del Señor: *"Así que vivimos confiados siempre, y sabiendo que entre tanto que estamos en el cuerpo, estamos ausentes del Señor (porque por fe andamos, no por vista); pero confiamos, y más quisiéramos estar ausentes del cuerpo, y presentes al Señor"* (2 Co. 5:6-8). Cuando escribe a los filipenses, hablando de su experiencia personal, les dice: *"Porque de ambas cosas estoy puesto en estrecho, teniendo deseo de partir y estar con Cristo, lo cual es muchísimo mejor"* (Fil. 1:23). No habla de un tiempo de ausencia o de un descansar en el sepulcro hasta la resurrección, sino de partir hacia el lugar donde el Señor lo recibe. Por eso mismo el apóstol Pedro se refiere a la muerte física del cristiano como un dejar el tabernáculo del cuerpo para partir de este mundo, donde la muerte es como una salida en triunfo hacia el lugar celestial (2 P. 1:13-15). El consuelo del creyente que ve partir a uno de los suyos es grande puesto que no debe dudar que quien ha creído en Cristo es trasladado en su muerte a la presencia de su Salvador, mientras que el cuerpo queda en la tierra esperando el

---

[3] Emilio Antonio Nuñez. o.c. pág. 129.

glorioso despertar de la resurrección. Los *otros*, es decir, los que no han creído, no tienen esta esperanza, de manera que la muerte de uno de los suyos genera una tremenda experiencia de tristeza a causa de no tener la esperanza del cristiano. Con todo, será bueno recordar también, que el no entristecerse como los que no tienen esperanza, no significa que el creyente no sienta tristeza por la separación que la muerte produce con sus seres queridos, simplemente que la tristeza por la separación momentánea no sea como la de los que viven sin Cristo y, por tanto, sin esperanza. Un cristiano que se presenta como insensible por la muerte de uno de los suyos, en lugar de ser un digno testimonio, es todo lo contrario, puesto que el amor potenciado por la dotación del amor de Cristo que el Espíritu Santo produce en el creyente, lo conduce a una mayor sensibilidad que la del mundo. Pensar en reprimir las lágrimas cuando uno de los nuestros parte para estar con Cristo no es, ni tan siquiera, lógico, puesto que el mismo Señor, ante la conmoción que sintió en Su espíritu por las consecuencias que causaba en las hermanas la muerte de Lázaro, dice que *lloró* (Jn. 11:35). Limitar las lágrimas, aunque sin gritos de desesperación, no es fortaleza cristiana, sino arrogancia y orgullo propio de un pietismo sin base bíblica, que busca el engrandecimiento del hombre en vez de la glorificación de Dios.

14. Porque si creemos que Jesús muró y resucitó, así también traerá Dios con Jesús a los que durmieron en él.

εἰ γὰρ πιστεύομεν ὅτι Ἰησοῦς ἀπέθανεν καὶ ἀνέστη, οὕτως
Porque si creemos que Jesús murió y resucitó, así
καὶ ὁ Θεὸς τοὺς κοιμηθέντας διὰ τοῦ Ἰησοῦ ἄξει
también - Dios a los que durmieron por medio de - Jesús traerá
σὺν αὐτῷ.
con Él.

Notas y análisis del texto griego.

Siguiendo con la enseñanza, escribe: εἰ, conjunción *si*; γὰρ, conjunción causal *porque*; πιστεύομεν, primera persona plural del presente de indicativo en voz activa del verbo πιστεύω, *creer*; ὅτι, conjunción *que*; Ἰησοῦς, caso nominativo masculino singular del nombre propio *Jesús*; ἀπέθανεν, tercera persona singular del aoristo segundo de indicativo en voz activa del verbo ἀποθνῄσκω, *morir*, aquí *murió*; καὶ, conjunción copulativa *y*; ἀνέστη, tercera persona singular del aoristo segundo de indicativo en voz activa del verbo ἀνίσθημι, *levantarse, resucitar*, aquí *resucitó*; οὕτως, *así, de igual manera*; καὶ, conjunción copulativa *y*; ὁ, caso nominativo masculino singular del artículo determinado *el*; Θεὸς, caso nominativo masculino singular del nombre divino *Dios*; τοὺς, caso acusativo masculino plural del artículo determinado declinado *a los*; κοιμηθέντας, caso acusativo masculino plural del aoristo primero en voz pasiva del verbo κοιμάομαι, *dormir*, aquí *que durmieron*; διὰ, preposición propia de genitivo *por*, *por medio de*, en sentido de *en*; τοῦ, caso genitivo masculino singular del articulo determinado *el*; Ἰησοῦ, caso genitivo masculino singular del nombre propio *Jesús*; ἄξει, tercera persona singular del futuro de indicativo en voz activa del verbo ἄγω, *conducir, llevar,* aquí *llevará,* en castellano *traerá*; σὺν, preposición propia de dativo *con*; αὐτῷ, caso dativo masculino de la primera persona singular del pronombre personal *él*.

εἰ γὰρ πιστεύομεν ὅτι Ἰησοῦς ἀπέθανεν καὶ ἀνέστη, La muerte y resurrección de Jesús es base fundamental de la fe cristiana. Sin muerte no habría posibilidad de sustitución para salvación; sin resurrección no sería posible la justificación al no haber elemento vinculante para ella. Esa verdad es principal en la proclamación del evangelio, de ahí que el apóstol diga en otro de sus escritos: *"El cual fue entregado por nuestras transgresiones, y resucitado para nuestra justificación"* (Ro. 4:25). Ahora bien, la muerte y resurrección de Jesús es base para creer en la resurrección de los creyentes y en la venida del Salvador para buscar a los suyos. A esta verdad dedica el apóstol un largo párrafo en uno de sus escritos a los corintios (1 Co. 15:1-28). Es necesario entender y creer que la muerte y resurrección de Jesús hacen posible la justificación del creyente. En el versículo citado antes de la *Epístola a los Romanos*, el apóstol enseña que Jesucristo fue entregado *a causa de* nuestras transgresiones, y resucitado *para* nuestra justificación, es decir, no es que nuestros pecados fuesen la *causa* de la muerte del Señor, sino que Su muerte fue la provisión divina para el perdón de nuestros pecados, así como la resurrección lo fue para otorgarnos la justificación. No cabe duda que la fe en un Cristo muerto es una fe muerta. Ni tampoco es suficiente morir con Él, es preciso resucitar con Él y en Él para nueva vida. Es en el Cristo vivo que se nos imparte la justicia de Dios (Ro. 6:3 ss.; 8:1-2; 2 Co. 5:21). Por tanto, no hay salvación si no se cree que Jesús murió y resucitó. Pablo apela a la base de fe cristiana, para explicar luego algo más profundo; habla de la muerte y resurrección del Señor para recordar la enseñanza dada sobre la resurrección de los creyentes en Él. No se puede alcanzar un conocimiento superior sin haber pasado por el más elemental.

La resurrección de Cristo permite una nueva posición para el creyente *en Él*. Es la gran verdad de la identificación con Cristo. La vida eterna se obtiene como don de Dios, pero se imparte por medio de Cristo, único Mediador entre Dios y los hombres. El creyente está puesto en la Roca de los siglos que es Jesús, lugar de posición perpetua desde su conversión. Creemos que el Señor murió y resucitó, y de la misma manera creemos que estamos en Él (1 Co. 1:30; 12;13; 2 Co.

5:21; Ef. 1:13; Fil. 3:9). Jesús es el Señor del creyente tanto en vida como en muerte, puesto que habiendo sido comprado es eternamente suyo (Ro. 14:8, 9). Por causa de la posición *en Cristo,* todo cuanto ocurra en la experiencia de vida cristiana es *en Él,* esto comprende incluso *el dormir,* es decir, para un creyente que vive en Cristo su muerte se produce en la posición donde está, es decir, en Cristo. De ahí que el apóstol diga que los creyentes que fallecieron *durmieron en Él.* Además cada creyente forma parte, como miembro, del cuerpo de Cristo que es la Iglesia (Ef. 1:22, 23). Todo acontecimiento que tenga que ver con ella en su conjunto, como es el encuentro con Cristo, comprende e incluye a todos los miembros del cuerpo y no sólo a algunos (Ef. 5:27). Un traslado o arrebatamiento parcial de la Iglesia es contrario a la enseñanza general de la Biblia. La glorificación es la porción final de la salvación y comprende a todos los salvos. El que ha creído no pierde jamás su salvación (Jn. 6:37, 39).

οὕτως καὶ ὁ Θεὸς τοὺς κοιμηθέντας διὰ τοῦ Ἰησοῦ ἄξει σὺν αὐτῷ. Una interesante precisión de la doctrina es que quien trae a los muertos en Cristo es el Padre. Aquel que resucitó al Señor, es también el que trae con Jesús a los que durmieron en Él. Realmente el verbo ἄγω, utilizado aquí para referirse a que los muertos vendrán con Jesús al encuentro de los creyentes vivos, transformados, expresa la idea de *conducir, llevar*, es decir, el Padre *conducirá* al rebaño de las ovejas del redil celestial que durmieron en Jesús, con Él en Su descenso para buscar a todos los vivos en Él. La posición de los creyentes en Cristo no supone que estén sólo en Él, sino que también están en la mano del Padre (Jn. 10:29). Aquellas ovejas, en el cumplimiento del propósito eterno para los salvos, que murieron en Jesús, serán *conducidas* por el Padre para una reunión con todos los salvos a fin de que estemos para siempre con el Señor.

El texto utiliza la preposición en genitivo διὰ, que equivale en este caso a *por medio de*, que hace un poco dificultoso el traslado del texto ya que literalmente supondría una frase así: *"Así traerá Dios a los que durmieron por medio de Jesús traerá con Él".* Por tanto debe acomodarse la traducción sin forzar en nada ninguna de las palabras del texto griego, lo que supone darle el siguiente sentido: *Por medio de Jesús, Dios traerá con Él a los que durmieron.* Es decir, Cristo es el medio que hace posible la resurrección de los santos, la transformación de los vivos para un encuentro definitivo con el Señor.

A la vista de las palabras del apóstol, persistir en enseñar que la resurrección de los creyentes se producirá con la de todos los muertos al final de los tiempos para destino definitivo de gloria o condenación, es ignorar voluntariamente la enseñanza apostólica. Cualquiera que sea la posición eclesiástica que se tenga y la vinculación al grupo denominacional con el que se identifique, la verdad del texto debe ser asumida como está, de ahí que, a modo de ejemplo *Hendriksen*, reformado en soteriología y amilenarista en escatología, pero gran conocedor del texto griego escribe sobre las palabras de Pablo:

"Para Pablo y sus compañeros (lo mismo que para sus lectores por supuesto) los que han partido son muy reales. ¡Son personas! ¡Están definitivamente vivos y activos! Además son personas que Jesús traerá consigo desde el cielo en su venida. No obstante, Pablo no dice que Jesús les traerá (aunque está implicado en la frase con él), sino que Dios les traerá. El razonamiento característicamente paulino (cf. Ro. 8:11) parece ser este: El mismo Dios que levantó a Jesús de los muertos levantará de los muertos a los que pertenecen a Jesús. Él les impulsará a venir junto con Jesús, desde los cielos, es decir, traerá sus almas desde los cielos, de modo que puedan reunirse rápidamente (en un pestañear) con sus cuerpos, y así salen a encontrar al Señor en el aire, para estar con él para siempre. El traer con él, por consiguiente, incluye todo lo que sucede a los que han partido, desde el momento de su salida desde el cielo hasta que, en sus cuerpos resucitados y glorificados, encuentren al Señor en el aire para no ser separados jamás de él por ninguna razón. Es en este amplio sentido que 3:13 menciona la venida de nuestro Señor Jesús con todos sus santos"[4].

Es evidente que desde una posición si prejuicios, la Escritura enseña que habrá una resurrección que afecta sólo a los que durmieron en Jesús, y un traslado de toda la iglesia (en compañía de los resucitados) para encontrar al Señor en el aire y estar para siempre con Él.

El traslado de la Iglesia (4:15-17).

15. Por lo cual os decimos esto en palabra del Señor: que nosotros que vivimos, que habremos quedado hasta la venida del Señor, no precederemos a los que durmieron.

Τοῦτο γὰρ ὑμῖν λέγομεν ἐν λόγῳ Κυρίου, ὅτι ἡμεῖς οἱ
Porque esto os decimos en palabra de Señor; que nosotros los
ζῶντες οἱ περιλειπόμενοι εἰς τὴν παρουσίαν τοῦ Κυρίου
que vivimos los que quedemos hasta la venida del Señor
οὐ μὴ φθάσωμεν τοὺς κοιμηθέντας·
de ningún modo precediésemos a los que durmieron.

---

[4] G. Hendriksen, o.c., pág. 133.

Notas y análisis del texto griego.

Dentro de la misma enseñanza, añade: Τοῦτο, caso acusativo neutro singular del pronombre demostrativo *esto*; γὰρ, conjunción causal *porque*; ὑμῖν, caso dativo de la segunda persona plural del pronombre personal declinado *a vosotros, os*; λέγομεν, primera persona plural del presente de indicativo en voz activa del verbo λέγω, *hablar, decir*, aquí *decimos*; ἐν, preposición de dativo *en*; λόγῳ, caso dativo masculino singular del nombre común *discurso, palabra*; Κυρίου, caso genitivo masculino singular del nombre divino declinado *de Señor*; ὅτι, conjunción *que*; ἡμεῖς, caso nominativo de la primera persona plural del pronombre personal *nosotros*; οἱ, caso nominativo masculino plural del artículo determinado *los*; ζῶντες, caso nominativo masculino plural del participio de presente en voz activa del verbo ζάω, *vivir*, aquí *que vivimos*; οἱ, caso nominativo masculino plural del artículo determinado *los*; περιλειπόμενοι, caso nominativo masculino plural del participio de presente en voz pasiva del verbo περιλείπομαι, *quedar*, aquí *que quedemos*; εἰς, preposición propia de acusativo *hasta*; τὴν, caso acusativo femenino singular del artículo determinado *la*; παρουσίαν, caso acusativo femenino singular del nombre común *venida, manifestación, aparición*; τοῦ, caso genitivo masculino singular del artículo determinado declinado *del*; Κυρίου, caso genitivo masculino singular del nombre divino *Señor*; οὐ, adverbio de negación *no*; μὴ, partícula que hace funciones de adverbio de negación *no*, las dos negaciones unidas significan *de ningún modo*; Φθάσωμεν, primera persona plural del aoristo primero de subjuntivo en voz activa del verbo φθάνω, *llegar, alcanzar, adelantarse, preceder*, aquí *precediésemos*; τοὺς, caso acusativo masculino plural del artículo determinado declinado *a los*; κοιμηθέντας, caso acusativo masculino plural del participio del aoristo primero en voz pasiva del verbo κοιμάομαι, *morir, dormirse*, aquí *que durmieron*.

Τοῦτο γὰρ ὑμῖν λέγομεν ἐν λόγῳ Κυρίου, El *traslado* o *arrebatamiento* de la Iglesia debe ser considerado como doctrina fundamental, puesto que el apóstol la enseña como *palabra del Señor*. Es sin duda una de las revelaciones que Pablo recibió directamente de Jesús durante su tiempo en Arabia, luego de su conversión. No es algo que los otros apóstoles o alguno de los maestros de la iglesia naciente le hubiesen enseñado, sino algo que procedió directamente del Señor (Gá. 1:11, 12). Esta revelación no está en el Antiguo Testamento y sus detalles tampoco en los escritos del Nuevo, salvo en la literatura paulina. Pero, tampoco hay base para afirmar que esta enseñanza estuviese en palabras del Señor que no están registradas en los evangelios, como son aquellas que el apóstol dice de Él: *"mas bienaventurado es dar que recibir"* (Hch. 20:35). Debe entenderse que se trata, como se dice antes, de palabras reveladas directamente al apóstol y que no figuran en ningún otro escrito bíblico.

ὅτι ἡμεῖς οἱ ζῶντες οἱ περιλειπόμενοι εἰς τὴν παρουσίαν τοῦ Κυρίου. Luego pasa a referirse a quienes vivan en el tiempo de la *venida del Señor.* Es interesante apreciar el uso de los participios de presente en la estructura de la oración, literalmente: *"que nosotros los que vivimos, los que quedemos hasta la venida del Señor"*. Algunos eruditos que no están identificados con el *arrebatamiento* de la iglesia, consideran la expresión en presente como *enallage personae*, es decir, una figura literaria en la que el escritor se identifica con todos los que estén presentes en un determinado momento futuro de la historia. Sin embargo el apóstol compartía en pensamiento de toda la iglesia de su tiempo de que el regreso del Señor era inminente. Ahora bien, no significa esto que el apóstol estuviese *afirmando* que él estaría vivo cuando regresara el Señor, sino una forma de referirse a quienes viven en el tiempo de Su regreso. Sin embargo, siendo inminente ese regreso, tanto Pablo en su tiempo, como cada uno de nosotros hoy, debemos esperar que se produzca en cualquier momento, por tanto, podemos decir, *los que vivamos, los que hayamos quedado*. El hecho de la reserva divina de la fecha de este acontecimiento, hace que cada creyente deba estar a la expectativa del retorno de Jesús para buscar a Su Iglesia.

Vuelve nuevamente a aparecer el término παρουσία, *aparición, manifestación*, literalmente *estar cerca o al lado*, expresando el acto por el cual alguien que está ausente se hace presente, siendo la tercera vez que aparece en la *Epístola*. Insiste en el acontecimiento que comporta el cumplimiento de la promesa del Señor de venir a buscar a los que son suyos. Por esta razón los creyentes hemos sido llamados a *esperar al Señor* (1:10). Ya se ha dicho antes que no se trata de esperar señales o cumplimientos proféticos, sino de esperar al Señor que regresará en cualquier momento sin que sea necesario el cumplimiento de ninguna señal. Lo que esperamos es la *venida* del Señor. Debe tenerse en cuenta que esta *venida* no es la Segunda Venida, ya que quien viene no desciende a la tierra como ocurrió antes en Su nacimiento, sino que es venida en relación con la experiencia de los creyentes que saldrán de la tierra para encontrarse con el Señor en el aire.

οὐ μὴ φθάσωμεν τοὺς κοιμηθέντας· Los tesalonicenses creían que el Señor iba a venir, pero no tenían la seguridad que ese acontecimiento afectase a todos los creyentes, tanto los vivos como los que hayan dormido en Él. Esto producía tristeza, puesto que los vivos tendrían una inminente oportunidad para estar con el Señor, mientras que los que hubiesen muertos debían esperar hasta la resurrección final. A este error responde el apóstol con un rotundo οὐ μη, literalmente *no, no* que debe ser traducido por *de ningún modo*, los que vivan precederán a los que han partido para estar con Cristo. Es decir, nadie tendrá privilegio sobre los creyentes muertos. Los muertos en Cristo no esperarán a un momento lejano en el tiempo, que exigiría un largo tiempo hasta su resurrección. La primera advertencia es que el cumplimiento de la promesa no se hace para algunos sino para todos. Todo cuanto tiene que ver con la Iglesia tiene que ver con todos los creyentes que son miembros en ella. Cuando el Señor venga, ningún creyente dejará de estar presente para el encuentro con Él.

16. Porque el Señor mismo con voz de mando, con voz de arcángel, y con trompeta de Dios, descenderá del cielo; y los muertos en Cristo resucitarán primero.

ὅτι αὐτὸς ὁ Κύριος ἐν κελεύσματι, ἐν φωνῇ ἀρχαγγέλου
Porque el mismo Señor con voz de mando, con voz de arcángel
καὶ ἐν σάλπιγγι Θεοῦ, καταβήσεται ἀπ' οὐρανοῦ καὶ οἱ
y con trompeta de Dios, descenderá de cielo y los
νεκροὶ ἐν Χριστῷ ἀναστήσονται πρῶτον,
muertos en Cristo resucitarán primero.

Notas y análisis del texto griego.

Comenzando la descripción del acontecimiento, dice: ὅτι, conjunción causal *porque*; αὐτὸς, caso nominativo masculino singular del pronombre intensivo *mismo*; ὁ, caso nominativo masculino singular del artículo determinado *el*; Κύριος, caso nominativo masculino singular del nombre divino *Señor*; ἐν, preposición propia de dativo *con*; κελεύσματι, caso dativo neutro singular del nombre común *voz de mando*; ἐν, preposición propia de dativo *con*; φωνῇ, caso dativo femenino singular del nombre común *voz*; ἀρχαγγέλου, caso genitivo masculino singular del nombre común *arcángel*; καὶ, conjunción copulativa *y*; ἐν, preposición propia de dativo *con*; σάλπιγγι, caso dativo femenino singular del nombre común *trompeta*; Θεοῦ, caso genitivo masculino singular del nombre divino declinado *de Dios*; καταβήσεται, tercera persona singular del futuro de indicativo en voz media del verbo καταβαίνω, *bajar, descender*, aquí *descenderá*; ἀπ', preposición propia de genitivo ἀπό, con el grafismo que adopta por elisión de la o final ante vocal o diptongo sin aspiración, que equivale a *de, desde, procedente de, por medio de, con, por*; οὐρανοῦ, caso genitivo masculino singular del nombre común *cielo*; καὶ, conjunción copulativa *y*; οἱ, caso nominativo masculino plural del artículo determinado *los*; νεκροὶ, caso nominativo masculino singular del nombre común *muertos*; ἐν, preposición propia de dativo *en*; Χριστῷ, caso dativo masculino singular del nombre propio *Cristo*; ἀναστήσονται, tercera persona plural del futuro de indicativo en voz media del verbo ἀνίστημι, *levantarse, resucitar*, aquí *resucitarán*; πρῶτον, adverbio de modo, o adjetivo numeral ordinal *primero, primeramente*.

ὅτι αὐτὸς ὁ Κύριος. Todo el evento futuro que se describe aquí tiene que ver, o está relacionado con el Señor. No es otro quien desciende del cielo, sino *el mismo Señor*, como precisa el apóstol. No puede ser de otra manera. La promesa de Su regreso para buscar a la Iglesia fue formulada por Él mismo (Jn. 14:1-4). Los ángeles precisaron esto mismo cuando dijeron a los que estaban presentes en la ascensión: *"varones galileos, ¿por qué estáis mirando al cielo? Este mismo Jesús, que ha sido tomado de vosotros al cielo, así vendrá como le habéis visto ir al cielo"* (Hch. 1:11). Necesariamente tiene lugar un *descenso* del Señor, puesto que ha sido entronizado en la Majestad de las Alturas donde está sentado a la diestra de Dios (He. 1:3c), desde el día de Su ascensión. Dejando, en lenguaje antropomórfico, el Trono, desciende corporalmente al encuentro de la esposa. Lo hace corporalmente como ocurrió, en cierto modo, en Su primera venida. Aquella fue por *encarnación*, esta por medio del cuerpo glorificado de resurrección. En ambas ocasiones el cuerpo es el instrumento para manifestar la presencia del Señor. Ambas naturalezas, la divina y la humana, están presentes en la Persona Divina del Hijo de Dios, la primera eternamente, la segunda desde el instante de la encarnación, ambas inseparables de la Persona en la que subsisten. No será otro, será el Señor que desciende desde el cielo.

ἐν κελεύσματι, La segunda parte de la enseñanza general tiene que ver con la manifestación de quien desciende del cielo. Lo hará con *voz de mando*. Es la expresión de la omnipotencia de Dios. Cuando creó el universo esa voz de autoridad trajo a la existencia lo que no existía. Las manifestaciones de Su poder en el transcurso de la historia se produjeron al poder de Su palabra. Las sanidades durante el ministerio terrenal tuvieron lugar en respuesta a ella. Pero, de forma especial, las resurrecciones de los muertos fueron operadas a causa de la autoridad de Su voz. El ejemplo de la resurrección de Lázaro es evidente. Con dos palabras en el texto griego, además del nombre *Lázaro,* que define a quien iban dirigidas las dos voces de autoridad, *ven fuera*, el que estaba muerto no pudo resistir la autoridad del Autor de la vida y la muerte, tuvo que dejar suelto al que había entrado en su dominio (Jn. 11:43). Esta es la principal razón por la que el apóstol enseña que en el descenso, el Señor vendrá con *voz de mando*, porque va a producirse la resurrección general de todos los *"muertos en Cristo"*. El Señor aseguró que *"las puertas del Hades no prevalecerían sobre la Iglesia"* (Mt. 16:18). En el entorno histórico del Antiguo Testamento, tiempo que corresponde a las palabras del Señor sobre su Iglesia, las puertas del Hades sólo tienen el significado de lugar de muerte (Is. 38:10). La figura expresa la imposible victoria de la muerte sobre ella. La muerte no prevaleció primero sobre el que había dicho: *Yo edificaré mi Iglesia*; en segundo lugar tampoco prevalece sobre los miembros de la Iglesia que experimentan, como todos, la muerte física. Para estos el morir es simplemente *dormir en Cristo*, para ser resucitados un día y estar para siempre con Jesús (4:16-17). Jesús con Su vida garantiza la perpetuidad de su Iglesia. Las llaves del lugar de los muertos están en la mano del Señor de la Iglesia (Ap. 1:18). Con su propia muerte Jesús derrotó al pecado, a la muerte y a Satanás (He. 2:14-15). Por Su resurrección tiene absoluta autoridad sobre la muerte y la vida. La Iglesia pasará durante su existencia terrenal por graves dificultades; miles de sus miembros serán muertos violentamente; Satanás desencadenará su furia infernal contra ella; pero, el Señor la sostiene con el cimiento firme de Su vida que transmite la vida eterna a cada una de las piedras que son unidas a Él (1 P. 2:4). Esa vida eterna garantiza la victoria definitiva sobre el poder de la muerte, por tanto, ninguno de los miembros de la Iglesia que Jesucristo edifica, perecerá jamás, porque nadie podrá moverlos de la posición que ocupan en la mano del Señor (Jn. 10:28).

ἐν φωνῇ ἀρχαγγέλου. Otro aspecto de la gloriosa manifestación del Señor que desciende del cielo es la *voz de arcángel*. En la estructura de los ángeles están distintos órdenes, entre los que se nombran a los *arcángeles*. Si bien sólo se menciona a uno de ellos por nombre, Miguel, es seguro que existen otros arcángeles. Será Miguel quien conducirá en el futuro los ejércitos celestiales (Ap. 12:7-9). El arcángel, es literalmente *jefe de ángeles*, quiere decir que es él que los coordina conforme al propósito de Dios. Los ángeles están al servicio del Señor que los usa conforme a Su propósito y fines. Éstos se organizan a modo de huestes (Lc. 2:13), de ahí que los ángeles y arcángeles tengan ocupaciones que podríamos llamar militares, actuando y defendiendo a los creyentes, a Israel, luchando contra huestes de maldad, etc. etc. El salmista identifica a los ángeles como un ejército (Sal. 148:2). El número de ángeles es de tal dimensión que se dice que es innumerable (Job. 25:3). El Señor es el *Príncipe del Ejército de Jehová* (Jos. 5:14), autoridad suprema sobre los ángeles, de ahí que en Apocalipsis de hable de ejércitos celestiales que acompañan al Señor (Ap. 19:14). Los ejércitos celestiales son los ángeles en general (Ef. 3:10). Tienen un ministerio muy amplio en toda la creación de Dios. Especialmente relacionado con los hombres y de forma muy especial con los creyentes. Sobre esta organización angélica están los arcángeles. El que desciende del cielo es el Rey de reyes y Señor de señores, por lo que se manifiesta rodeado de ángeles. La voz de autoridad para resurrección será también la voz de autoridad sobre los ejércitos celestiales que estarán presentes en esa gloriosa ocasión. La *voz de arcángel*, significa aquí la voz de poder sin oposición. Los ángeles estuvieron presentes en todo el proceso de salvación, incluyendo la agonía de Getsemaní, la Cruz y la sepultura, pero también se hicieron presentes en la resurrección, en la proclamación del evangelio y en el establecimiento de la Iglesia. Ahora están puestos al servicio de quienes son herederos de salvación (He. 1:14). Se considerará un poco más adelante otra razón por la que se hace aquí referencia a la *voz de arcángel*, relacionada con este evento.

καὶ ἐν σάλπιγγι Θεοῦ, Con las voces de la omnipotencia y de la soberanía divinas, va a sonar también la *trompeta de Dios*. El apóstol hace alusión a ella en otro lugar: *"He aquí, os digo un misterio: No todos dormiremos; pero todos seremos transformados, en un momento, en un abrir y cerrar de ojos, a la final trompeta; porque se tocará la trompeta, y los muertos serán resucitados incorruptibles, y nosotros seremos transformados"* (1 Co. 15:51-52). Aunque se trata de un suceso en el final de la historia terrenal de la Iglesia, nada tiene que ver con la última, séptima, trompeta del Apocalipsis (Ap. 11:15). Allí se refiere al tiempo de la tribulación, en donde ya la Iglesia habrá sido trasladada a la presencia del Señor (1:10; Ap. 3:10)[5]. El sonido de trompeta señala el final de una época y el comienzo de otra, como ocurre en otros lugares de la Escritura, por ejemplo en el año jubilar que comenzaba con el toque de trompeta (Lv. 25:9) y expresaba el final de un ciclo de tiempo y la entrada al disfrute de las bendiciones que comportaba ese año jubilar. Además las trompetas servían para convocar al pueblo de Dios para ocasiones especiales, reunirlo frente al tabernáculo, convocarlo a la guerra y para otras ocasiones solemnes (Nm. 10:1-10). El sonido de trompeta está usándose aquí como elemento de advertencia de que un tiempo, el de la Iglesia peregrina, ha terminado para dar paso al de la Iglesia gloriosa. El sonido de trompeta es una figura elocuente para referirse al comienzo de algo extraordinario. Aquí expresa también la convocatoria celestial a los creyentes, a unos para resurrección y a otros para transformación, que los prepare para acudir primero al encuentro con Jesús y luego a compartir con Él las riquezas de gloria.

καταβήσεται ἀπ' οὐρανοῦ. El Señor descenderá del cielo. Ya se ha considerado que el Señor que desciende es el mismo que ascendió. Sin duda la dimensión presencial es diferente. Antes fue manifestado como Dios-hombre, bajo condición de siervo, de modo que fue visto como *sin hermosura, sin atractivo para desearlo* (Is. 53:2). Pero, luego de su obra redentora recibió el nombre que es sobre todo nombre, ante

---

[5] Ver comentario al versículo en el volumen Apocalipsis de esta misma serie.

cuya autoridad se doblará toda rodilla en cielos, tierra y debajo de la tierra, para que todos confiesen que Jesús es el Señor para la gloria del Padre (Fil. 2:9-11). Rodeado de majestad y gloria aquel que sufrió tal contradicción de pecadores, ocupa la posición de autoridad suprema sentado a la diestra del Padre. Con esa gloria y majestad que le corresponden descenderá del cielo. El encuentro con los suyos tendrá un contexto glorioso, no será el encuentro con el siervo sufriente sino con el Rey de reyes y Señor de señores. El *descenso* del cielo en esa ocasión no será de limitación sino de poder supremo, al que nadie resistirá su voluntad. No es un descenso en humillación sino en gloria.

καὶ οἱ νεκροὶ ἐν Χριστῷ ἀναστήσονται πρῶτον, El descenso del Señor traerá aparejada la resurrección de un grupo de muertos, a los que Pablo se refiere llamándoles *muertos en Cristo*. Quiere decir que esta resurrección será la segunda manifestación de resurrecciones. Escribiendo a los corintios, el apóstol hace mención al programa de resurrecciones, cuando dice: *"Porque así como en Adán todos mueren, también en Cristo todos serán vivificados. Pero cada uno en su debido orden: Cristo, las primicias; luego los que son de Cristo, en su venida"* (1 Co. 15:22-23). En el programa de resurrecciones se aprecia que el primero de la resurrección de los muertos fue Cristo; luego un segundo grupo formado por los que *"son de Cristo"* que tendrá lugar en Su venida; finalmente los santos de la antigua dispensación y los creyentes muertos en la tribulación, en la segunda venida del Señor (Is. 26:19; Dn. 12:2; Ap. 20:4-5). No son todos los muertos los que resucitan, sino algunos de entre los muertos: *"muertos en Cristo"*. Necesariamente ha de referirse esto a los muertos de la Iglesia, puesto que se les identifica como *en Cristo*. Sólo se está *en Cristo* por el oficio baptizador del Espíritu Santo que une a cada creyente bautizándolo en Cristo para la formación de un cuerpo en Él (1 Co. 12:13). Los cristianos que partieron para estar con Cristo a lo largo de los siglos de la *dispensación de la iglesia*, serán levantados de entre los muertos y dotados del cuerpo de resurrección. No será una simple interrupción de la muerte, sino un definitivo despertar a una nueva experiencia de vida con Jesús. Este cuerpo de resurrección será idéntico al cuerpo transformado de los cristianos vivos como se considerará en el siguiente versículo. Sin embargo, es necesario entender claramente que el cuerpo de resurrección no es el cuerpo enterrado que retorna a la vida, sino la dotación de uno nuevo que nada tiene que ver con el anterior. El problema de los creyentes en Corinto tenía que ver con esto mismo, ¿cómo resucitarán? En la enseñanza sobre esto el apóstol señala que se produce un cambio absoluto entre el cuerpo que muere y el que resucita, comparable con la transformación de una semilla puesta en la tierra: *"Lo que siembras no es el cuerpo que ha de salir, sino el grano desnudo, ya sea de trigo o de otro grano; pero Dios le da el cuerpo como él quiso, y a cada semilla su propio cuerpo"* (1 Co. 15:37-39). Para añadir luego en relación con la resurrección de los muertos: *"Así también es la resurrección de los muertos. Se siembra en corrupción, resucitará en incorrupción. Se siembra en deshonra, resucitará en gloria; se siembra en debilidad, resucitará en poder. Se siembra cuerpo animal, resucitará cuerpo espiritual. Hay cuerpo animal, y hay cuerpo espiritual"* (1 Co. 15:42-44). El cuerpo del creyente a su muerte se corrompe, como el de todos los hombres, regresando al polvo de la tierra de donde fue tomado. El cuerpo de resurrección no es *incorruptible*, sino que resucita en *incorrupción*, esto es, no está preservado de corromperse, sino que la corrupción no le afecta porque está en otra esfera a la que ésta no puede llegar. La deshonra que acompaña al cuerpo de muerte tiene que ver con la debilidad propia del hombre natural que se ve afectado con el paso de los años; el cuerpo de resurrección es glorioso, nada de esto le afecta. La muerte afecta el *cuerpo animal*, es decir, el estuche del alma, mientras que la resurrección potencia el cuerpo de que se dota al cristiano, como lo que concuerda con el espíritu, la más elevada porción de la parte inmaterial del hombre. Ese cuerpo tendrá las características del cuerpo del Señor resucitado, en el que las limitaciones propias del cuerpo de nuestra vida son cambiadas por otras mucho más elevadas. Sin embargo, no supone esto que el cuerpo que recibamos no tenga nada que ver con el material que fue la residencia de la parte espiritual del hombre, la vinculación con él esta en razón de su procedencia, esto es, surge como transformación del cuerpo muerto y es identificativo de la persona que lo posee. Este cuerpo de resurrección permite al creyente entrar en el disfrute pleno de una nueva dimensión de vida en la presencia del Señor, disfrutando perpetuamente de las riquezas de gloria que el Señor tiene como herencia para los suyos (1 P. 1:4).

17. Luego nosotros los que vivimos, los que hayamos quedado, seremos arrebatados juntamente con ellos en las nubes para recibir al Señor en el aire, y así estaremos siempre con el Señor.

ἔπειτα ἡμεῖς οἱ ζῶντες οἱ περιλειπόμενοι[1] ἅμα σὺν
Luego nosotros los que vivimos los que hayamos quedado juntamente con
αὐτοῖς ἁρπαγησόμεθα ἐν νεφέλαις εἰς ἀπάντησιν τοῦ Κυρίου
ellos seremos arrebatados en nubes para encuentro del Señor
εἰς ἀέρα· καὶ οὕτως πάντοτε σὺν Κυρίῳ ἐσόμεθα.
en aire y así siempre con Señor estaremos.

Notas y análisis del texto griego.

Concluyendo el párrafo de enseñanza profética, escribe: ἔπειτα, adverbio de tiempo *luego*; ἡμεῖς, caso nominativo de la primera persona plural del pronombre personal *nosotros*; οἱ, caso nominativo masculino plural del artículo determinado *los*; ζῶντες, caso nominativo masculino plural del participio de presente en voz activa del verbo ζάω, *vivir*, aquí *que vivimos*; οἱ, caso nominativo masculino plural del artículo determinado *los*; περιλειπόμενοι, caso nominativo masculino plural del participio de presente en voz pasiva del verbo περιλείπομαι, *quedar*, aquí *hayamos quedado*; ἅμα, adverbio de modo *juntamente*; σὺν, preposición propia de dativo *con*; αὐτοῖς, caso dativo masculino de la tercera persona plural del pronombre personal *ellos*; ἁρπαγησόμεθα, primera persona plural del futuro de indicativo en voz pasiva del verbo ἁρπάζω, *arrebatar,* aquí *seremos arrebatados*; ἐν, preposición propia de dativo *en*; νεφέλαις, caso dativo femenino plural del nombre común *nubes*; εἰς, preposición propia de acusativo *para*; ἀπάντησιν, caso acusativo femenino singular del nombre común *reunión, encuentro*; τοῦ, caso genitivo masculino singular del artículo determinado declinado *del*; Κυρίου, caso genitivo masculino singular del nombre divino *Señor*; εἰς, preposición propia de acusativo *en*; ἀέρα, caso acusativo masculino singular del nombre común *aire*; καὶ, conjunción copulativa *y*; οὕτως, adverbio de modo *así*; πάντοτε, adverbio de tiempo *siempre*; σὺν, preposición propia de dativo *con*; Κυρίῳ, caso dativo masculino singular del nombre divino *Señor*; ἐσόμεθα, primera persona plural del futuro de indicativo en voz media del verbo εἰμί, *ser, estar*, aquí *estaremos.*

Crítica Textual. Lecturas alternativas.

[1] οἱ περιλειπόμενοι, *los que hayamos quedado*, lectura atestiguada en 𝔭$^{30 \text{ vid}}$. ℵ. A. B. D. K. L. P. 1. Ψ. 075. 1050. 0226. 6. 33. 81.104. 256. 263. 365. 424. 436. 459. 1175. 1241. 1319. 1473. 1852. 1881. 1912. 1962. 2127. 2200. 2464. *Lect.* vg. sir$^{h, pal}$. cop$^{sa.bo}$. arm. eti. geo. esl. Hipólito. Orígenes$^{gr, lat}$. Eusebio. Adamantio. Cirilo de Jerusalén. Crisóstomo. Cirilo$^{7/8}$. Hilario. Jerónimo. Rufino. Pelagio$^{1/2}$. Agustín$^{6/7}$.

Se omite en F. G. it$^{ar, h, f, g}$. Cirilo$^{1/8}$. Tertulinao. Victorino de Pettau. Ambrosiaster. Ambrosio. Pelagio$^{1/2}$. Speculum.

ἔπειτα ἡμεῖς οἱ ζῶντες οἱ περιλειπόμενοι. Luego de la resurrección de los muertos Dios actuará sobre los creyentes vivos. La frase es precisa: *luego nosotros los que vivimos*. El apóstol está refiriéndose a él y a los cristianos vivos en el momento en que se produzca la venida de Cristo para trasladar a la Iglesia. Como ya se ha dicho antes, aunque puede tomarse la expresión *los que vivimos*, como pensamiento de la inminencia de la venida del Señor, no significa que Pablo estuviese pensando que ocurriría en su tiempo, si bien su enseñanza es que podría haber ocurrido entonces, pero, lo que está diciendo es que habrá entonces creyentes que hayan muerto, a quienes Dios resucitará y otros vivos, a los que se refiere ahora. De ahí la expresión condicional *los que hayamos quedado*. Sólo Dios conoce el tiempo en que ocurrirá esto y sólo Él sabe quienes son los que estén vivos entonces.

ἅμα σὺν αὐτοῖς ἁρπαγησόμεθα ἐν νεφέλαις. Los que hayan sido resucitados, primera actividad divina en el traslado de la Iglesia, no preceden a los vivos, sino que juntamente con ellos, esto es, todos seremos arrebatados en las nubes. El verbo ἁρπάζω, indica una acción rápida, semejante al zarpazo de una fiera cuando atrapa a su presa. Supone esto que el acontecimiento será inmediato además de inminente. Los creyentes resucitados, como en otro lugar se dice, *en un abrir y cerrar de ojos* (1 Co. 15:52), se unen a los vivos transformados, ya que éstos recibirán también el cuerpo de gloria como los resucitados, en este caso mediante un proceso de transformación. Esto es un *misterio*, es decir, algo que sólo Dios conocía y que ha revelado en el Nuevo Testamento por medio de los apóstoles. *"He aquí, os digo un misterio: No todos dormiremos; pero todos seremos transformados, en un momento, en un abrir y cerrar de ojos, a la final trompeta; porque se tocará la trompeta, y los muertos serán resucitados incorruptibles, y nosotros seremos transformados"* (1 Co. 15:51-52). De manera que los cristianos resucitados o vivos, seremos vestidos de incorrupción e inmortalidad, con lo que la muerte es sorbida en victoria. Ya se ha considerado esto en el versículo anterior, sólo recalcar aquí, que aunque el cuerpo transformado de los vivos y el de resurrección de los muertos se le llama *cuerpo espiritual*, no significa en modo alguno, que los creyentes seamos espíritus. El mismo Señor tuvo presente esto, que podía inducir a confusión, recalcando que tocasen y viesen que el cuerpo de resurrección no era la manifestación de un espíritu, sino que era un cuerpo humano, con carne y huesos, pero en otra dimensión (Lc. 24:39).

La omnipotencia divina que resucita a los muertos y transforma a los vivos hará que todos los creyentes, es decir, *la Iglesia*, sea levantada del mundo y elevada en el aire hasta las nubes. Éstas son figura muchas veces de la gloria de Dios, será, por tanto, una manifestación gloriosa. Es algo semejante a la ascensión de Jesús resucitado. Cuando Él fue levantado desde la tierra, una nube lo recibió y lo ocultó a los ojos de quienes estaban reunidos viendo el suceso. De este mismo modo la Iglesia levantada de la tierra, quedará oculta del mundo al ser tomada en las nubes. El mundo queda atrás para los cristianos, dejando ya toda angustia y aflicción de cuerpo y alma que esta esfera de oposición a

Dios le había producido en el decurso del tiempo (2 Co. 5:2, 4; Fi. 3:20, 21). Libres de opresión y persecución de los enemigos que por siglos lucharon contra ella. Libres también de la opresión y presencia del pecado y de la muerte (Ro. 6:6; 7:24). El cuerpo de gloria será semejante al del Señor Jesús resucitado (Fil. 3:20, 21).

εἰς ἀπάντησιν τοῦ Κυρίου εἰς ἀέρα· Este elevarse de la tierra tiene un propósito: *"encontrarse con el Señor en el aire"*. Él desciende del cielo y la Iglesia asciende desde la tierra. El lugar del encuentro es el aire. Aquí se cumple la figura que está involucrada en la promesa del Señor (Jn. 14:1-4), de una boda hebrea. En el contexto social de entonces, quien buscaba la novia para el hijo, no era este, sino el padre. Una vez encontrada la mujer que sería la esposa idónea para el hijo, este en presencia de testigos firmaba lo que se llama el *compromiso de desposorio*, en el que se establecían las bases que regularían el futuro matrimonio, la fecha en que se celebraría la boda, y otros detalles relativos al casamiento. Una vez firmado el contrato, se entraba en el tiempo de los *desposorios*; la novia quedaba en casa de su padre hasta el día señalado para la boda. El novio mientras tanto se ocupaba en preparar la casa para su esposa. Llegado el día oportuno, el novio iba a buscar a su esposa, se celebraba el acto de consumación del matrimonio y luego la cena y el festejo de la celebración de la boda. Trasladado esto a la realidad espiritual de Cristo y la iglesia se aprecia que quien llamó a los creyentes y los condujo al Salvador, fue el Padre, que llama al pecador perdido. El Hijo, acepta unirse a Su esposa, la Iglesia, llegado el cumplimiento del tiempo determinado. Mientras tanto dice el texto de la promesa del Señor: *"voy, pues, a preparar lugar para vosotros"*. Cuando todos estos compromisos se hayan efectuado, entonces vendrá a buscar a la esposa, encontrándose con ella en el aire para seguir luego las bodas del Cordero y la perpetua unión entre el Señor y Su Iglesia.

El hecho de que el encuentro tenga lugar en el aire es de gran importancia, puesto que es donde se manifiesta el centro de gobierno y la actividad de quien se llama *"el príncipe de la potestad del aire"* (Ef. 2:2). En esa misma epístola el apóstol sitúa las huestes de maldad, esto es, todos los demonios en las *regiones celestes* (Ef. 6:12), que sería lo que los judíos llamaban el *primer cielo*, el cielo atmosférico. La actividad tanto de Satanás como de los demonios está en franca oposición a Dios, induciendo a los no salvos a vivir en la desobediencia contra el Creador. Estas huestes de maldad están desde el comienzo de la Iglesia en lucha contra ella, procurando hacer caer a los cristianos, y en lo posible aniquilar a la Iglesia. Es precisamente en el lugar donde está el *cuartel general* de las fuerzas del mal, donde va a producirse el encuentro entre el Señor y la iglesia. Ninguno de los poderes infernales puede impedir lo que es determinación divina. En cierta medida podemos suponernos el acontecimiento, situando a los ángeles que vienen con el Señor como estableciendo un camino de victoria por el que Jesús viene al encuentro de la Iglesia y ésta sube y pasa al encuentro del Señor. Es en ese momento que la victoria de la Cruz se exhibirá cósmicamente. El Señor que derrotó en ella a Satanás, recogerá a Su esposa en el sitio donde el tentador se atribuye como propio y desde donde gobierna sobre los reinos del mundo. Los rugidos impotentes de las huestes del mal serán solo la expresión de la victoria de Dios sobre ellos. La Iglesia, transformada a la imagen y semejanza del Señor, exhibirá la gloria de la *predestinación* que el Padre determinó para los creyentes, que seamos hechos a la imagen del Hijo (Ro. 8:29). Esa será también la expresión suprema y definitiva de la gracia divina, que es esperada por todos los salvos y que se manifestará en el encuentro con el Señor (1 P. 1:13).

καὶ οὕτως πάντοτε σὺν Κυρίῳ ἐσόμεθα. El versículo termina con una expresión de admirable grandeza y bendición: *"y así estaremos siempre con el Señor"*. Nunca hemos dejado de tener la presencia del Señor con nosotros. El Espíritu Santo es el Vicario de Cristo que hace realidad la vida de Cristo en nosotros. Además el Señor prometió Su compañía continuamente hasta el término de la andadura de la iglesia en la tierra (Mt. 28:20). Sin embargo no le vemos ahora cara a cara, limitando la visión de Él a la fe y a la revelación de la Palabra. En el momento del traslado de la iglesia, esa visión será perfecta porque *le veremos como Él es* (1 Jn. 3:2). La promesa de gloria no tiene que ver con cosas que esperamos, sino con la Persona admirable del Señor que es nuestra esperanza (Col. 1:27). ¿Qué será para cada uno poder ver a quien por amor descendió del cielo para morir en la Cruz y obtener eterna redención para quienes creemos en Él? Una experiencia inimaginable, gozando para siempre de la admirable presencia del Señor. Las tristezas, las penas, las lágrimas, las aflicciones, las persecuciones, los fracasos, las caídas, la angustia, los tramos del valle de sombra de muerte, el desencanto y la depresión que, como Elías hemos sentido en algún momento, la soledad y la tristeza habrán desaparecido para siempre, la oscuridad de la senda dará paso a la gloriosa luz de la ciudad celestial que el Señor prepara para nosotros.

Pero, todavía hay algo más en la gloria del encuentro con el Señor. Los muertos en Cristo resucitarán y en compañía de ellos subiremos al encuentro del Señor. Quiere decir que la partida llorada de los que nos han precedido se convierte en una definitiva y perpetua reunión de todos con Jesús. Saludamos en la lejanía, siempre cercana por la fe, en encuentro con quienes nos han precedido en la carrera cristiana y han llegado antes que nosotros a la presencia del Señor. Las lágrimas vertidas por ellos, serán enjugadas, como toda lágrima, en ese momento, donde seremos reunidos a los nuestros, para juntos entrar en el lugar que el amado Señor prepara para nosotros.

Sin duda todo esto será glorioso, pero, nada podrá compararse con el gozo supremo de encontrarnos con el Señor. Es un encuentro definitivo para no separarnos jamás de Él. Entonces se cumplirá definitivamente Su deseo personal: *"para que donde yo estoy ellos estén conmigo"* (Jn. 17:24). La petición de estar con los salvos tiene la connotación de que veamos Su gloria. Ninguna otra gloria celestial será comparable a la gloria del Salvador. En Su presencia esa dimensión alcanzará cotas indescriptibles que dejará eclipsada cualquier otra grandeza celestial, al contemplar la gloria que el Hijo unigénito había recibido de su Padre.

El aliento de la esperanza (4:18).

18. Por tanto, alentaos los unos a los otros con estas palabras.

Ὥστε	παρακαλεῖτε	ἀλλήλους	ἐν	τοῖς	λόγοις	τούτοις[1].
Por tanto,	alentaos	unos a otros	en	las	palabras	estas.

Notas y análisis del texto griego.

Concluyendo el párrafo que cierra el capítulo, escribe: Ὥστε, conjunción causal *por tanto*; παρακαλεῖτε, segunda persona plural del presente de imperativo en voz activa del verbo παρακαλέω, *alentar, animar, consolar*, aquí *alentaos*; ἀλλήλους, caso acusativo masculino plural del pronombre recíproco *unos a otros*; ἐν, preposición propia de dativo *con*; τοῖς, caso masculino dativo plural del artículo determinado *los*; λόγοις, caso dativo masculino plural del nombre común *palabras*; τούτοις, caso dativo masculino plural del pronombre demostrativo *estos*.

Crítica Textual. Lecturas alternativas.

[1] Al final se añade Πνεύματος, *del Espíritu*, según se lee en 1739[c].

Ὥστε παρακαλεῖτε ἀλλήλους ἐν τοῖς λόγοις τούτοις. Las últimas palabras cierran como si fuese un paréntesis el párrafo que se acaba de considerar. De modo que inicia éste con una exhortación a no entristecerse (v. 13), y la cierra aquí con otra a consolarse mutuamente con las palabras de enseñanza que se acaban de escribir. Ningún cristiano tiene motivo para entristecerse como los que no tienen esperanza. La razón fundamental es que luego de la muerte, en el instante mismo en que se produce, el creyente parte para estar con Cristo lo cual es mucho mejor. Los miembros en la iglesia tienen la solemne misión de ser instrumentos de aliento para el resto de sus hermanos. La palabra que el creyente necesita es precisamente aquella que envuelta en la gracia e impulsada por el Espíritu sirve de consuelo para quienes la escuchan. Uno de los propósitos de la palabra profética es precisamente la consolación de los creyentes. El verbo que el apóstol utiliza es el mismo que se usa para expresar la obra del Espíritu Santo, en Su misión de Consolador (Jn. 14:16, 26). El cristiano no debe esperar que otros hagan la misión pastoral de alentar y consolar, es responsabilidad personal de cada uno. Es preciso entender que la iglesia necesita mucho más ser alentada que reprendida. Recordar las palabras del apóstol en la enseñanza sobre lo que es inminente, el encuentro con Jesús es el mejor bálsamo para las heridas del alma y el mejor reconstituyente para el corazón abatido.

Al cierre de este capítulo será suficiente, como en los anteriores resaltar alguna de las magníficas enseñanzas que surgen del análisis textual. Una de ellas tiene que ver con la vida de santidad, forma natural de ética cristiana (v. 3). La salvación implica un cambio de posición, en cuyo cambio Dios *santifica* al salvo, es decir, lo separa para Él mismo (1 P. 1:2). La Biblia enseña la santidad como norma de vida para todo el que ha nacido de nuevo (1 P. 1:14-16). El creyente debiera tener un temor reverente por la vida santa, ya que esta es la expresión visible de la santificación experimental, que es la ocupación suprema del cristiano (Fil. 2:12). Todo cristiano debe cuidar esmeradamente de vivir santamente, por ser deseo de Dios; por causa del testimonio (1 P. 4:1-5); por la comparecencia ante el tribunal de Cristo (1 Co. 4:5).

La vida de santidad exige una moral sana. Los pecados de relación son considerados como asuntos muy graves en la Palabra. El adulterio está reprobado a través de toda la Escritura; en la Ley este pecado tenía establecida la pena de muerte (Lv. 20:10; Dt. 5:18; 22:22). De igual modo hay una seria advertencia en el Nuevo Testamento (1 Co. 6:9). El adulterio tiene un juicio directo de parte de Dios (He. 13:4). De igual modo se trata el pecado de fornicación. Toda relación íntima fuera del matrimonio es un claro y directo pecado contra Dios. Por tanto, la misma pena que para el adulterio se establecía para la fornicación (Dt. 22:13-21). Hay una demanda directa para el creyente en ese sentido (4:3). Debe recordarse que también tiene promesa de juicio de parte de Dios (He. 13:4).

Cualquier cosa que se haga con el cuerpo y que despierte apetitos carnales ilícitos, es un pecado que afecta la vida santa. La ofensa contraria al cuerpo afecta directamente al templo del Espíritu Santo, que es todo creyente (1 Co. 6:14-20). Hay una solemne advertencia sobre esto (1 Co. 3:17). La interpretación del texto es sobre las divisiones en la iglesia, pero debe ser aplicado también al templo de Dios que es el cuerpo del creyente. Los temas inmorales que no deben ni tan siquiera ser objeto de conversación para los creyentes: *"Ni aún se nombren"* (Ef. 5:3). En un mundo permisivo se debe recalcar la moral del creyente que contrasta con este estado de degradación.

La ignorancia de la doctrina siempre trae problemas al creyente (v. 13). El cristiano debe tener interés por el estudio de la Palabra y la profundización de la doctrina bíblica. La *Escatología*, tiene un apartado que recoge la enseñanza de la Palabra en relación con el *traslado* o *arrebatamiento* de la Iglesia, siendo una de las *doctrinas fundamentales de la fe cristiana*. Esta doctrina se da como enseñanza necesaria para los recién convertidos (He. 6:2). La iglesia que se precie de bíblica, ha de persistir en la instrucción de la doctrina fundamental a los recién convertidos. Es una de las enseñanzas de Jesús (Jn. 14:1-4). Está en una demanda que Cristo establece dentro de la llamada *Gran Comisión* (Mt. 28:20).

La inminencia de la venida del Señor para recoger a Su Iglesia, debe despertar aliento en el creyente. Los muertos en Cristo van a resucitar al tiempo que los cristianos vivos serán transformados. Esto enseña una reunión eterna de todos con el Señor. La Biblia enseña con toda claridad que el creyente que muere en Cristo, parte para estar consciente en la presencia del Señor, lo que le permite gozar de la bendición de estar con Cristo (2 Co. 5:8; Fil. 1:21-23). La inminencia del traslado de la Iglesia debería producir un deseo de vivir santamente, ya que el Señor puede aparecer para los suyos en cualquier momento. Una manera de alentarse mutuamente los creyentes, es por medio del recordatorio de la enseñanza sobre el arrebatamiento (v. 18). Esto sugiere que ha de predicarse sobre esta verdad más a menudo. Y debiera ser uno de los temas favoritos de conversación entre creyentes.

CAPÍTULO V

MIRANDO AL FUTURO, VIVIENDO EL PRESENTE.

Introducción.

El apóstol había enseñado a los tesalonicenses la doctrina bíblica de los eventos futuros. Era, por tanto, de conocimiento general de la iglesia en Tesalónica. El conocimiento que tenía de esas verdades expresadas por él, era suficientemente amplio: *"sabéis perfectamente"* (v. 2). Los tesalonicenses conocían bien la doctrina bíblica sobre lo que Dios tiene determinado para el futuro, tanto de la Iglesia, como del mundo. Sin embargo, algunas cosas *conocidas* habían sido olvidadas o las precisiones doctrinales ya no estaban claras para ellos. Por tanto debían ser reafirmadas mediante el escrito del apóstol.

Los tiempos y las ocasiones, es una referencia a los acontecimientos que tendrán lugar en el mundo después del traslado de la Iglesia a la presencia del Señor. Estos eventos ocupan una gran parte de la profecía bíblica en el Antiguo Testamento, y forman parte también de las enseñanzas sobre el futuro a lo largo del Nuevo Testamento. Por tanto, el creyente no debiera desconocer o, tal vez mejor, conocer poco, estas verdades ya que forman parte del contenido doctrinal de la Palabra, cuyo conocimiento integral es necesario para el desarrollo armónico y el crecimiento espiritual en la vida cristiana (2 Ti. 3:16). La madurez cristiana se caracteriza y manifiesta por el conocimiento profundo de la Biblia (He. 5:12-14). El infantilismo espiritual es lamentablemente una forma muy habitual entre creyentes, que por ello son llevados de un lado a otro por corrientes de doctrina contraria o, por lo menos, no concordante con la Palabra. Esto ocurre muy a menudo con la doctrina de los *acontecimientos futuros*, lo que técnicamente se denomina *Escatología Bíblica*, que ha dejado de ser enseñada en muchas iglesias. Algunas veces por ignorancia sobre la misma, y en otras por considerarla como un tema secundario. El creyente debe saber que hay una bendición especial para el que estudia y guarda esta doctrina (Ap. 22:7).

Los creyentes en Tesalónica estaban pasando por un tiempo de persecución. Posiblemente la intensidad debía ser grande. Pablo y sus compañeros tuvieron que salir de aquella ciudad por esta razón. Las persecuciones tenían distintos instrumentos, algunas veces los judíos, otras los judaizantes que afligían a los creyentes poniendo dudas sobre la salvación, otras los líderes del comercio unidos a los de la idolatría y, finalmente el propio emperador romano con sus edictos, cada vez más radicales que atentaban contra la vida de los cristianos. Todo esto, unido al desconocimiento doctrinal, les hacía suponer que tal vez estaban ya en *la tribulación*. El hombre de pecado anunciado proféticamente que había de gobernar el mundo, lo consideraban como el emperador de Roma, por tanto, entendían que había llegado el último tiempo anunciado en la profecía de Daniel. El apóstol sale al paso de esto situándolos en la revelación que Dios hace sobre esa etapa final. Debe notarse que está tratada después del final del párrafo en el que recordó como será el encuentro de la Iglesia con el Señor. Los hermanos en Tesalónica y, nosotros hoy, debían tener claro el panorama profético para no caer en equivocaciones que afectan el gozo de la vida cristiana.

Finalmente la *Epístola* llega a su fin y, como es normal en las cartas apostólicas, siempre hay una serie de exhortaciones finales con el pensamiento puesto en la vida cotidiana de sus hermanos en la fe. Son las demandas para quien vive *el presente, mirando al futuro*. Las exhortaciones con que Pablo termina este escrito tienen que ver con diversos asuntos. Primeramente exhorta a los lectores sobre la actitud hacia los líderes de la iglesia (vv. 12, 13); luego lo hace en relación con los hermanos que andan desordenadamente, con los desalentados y con los débiles (v. 14); sigue luego una instrucción respecto a los ofendidos (v. 15). Finalmente hay una exhortación en relación con Dios (vv. 16-18) y con el Espíritu Santo (v. 19); con la Escritura (vv. 20, 21); con la vida de santidad y perseverancia (vv. 19-24). Por último expresa tres peticiones urgentes y personales (vv. 25-27). La salutación final sirve de despedida y epílogo al escrito.

El *bosquejo analítico* para el comentario es el que figura en el apartado de *introducción*, en el primer capítulo, como sigue:

5. El día del Señor (5:1-11).
    5.1. La manifestación (5:1-3).
    5.2. La amonestación (5:4-8).
    5.3. La seguridad y el aliento (5:9-11).
6. La ética cristiana (5:12-22).
    6.1. Reconocimiento del liderazgo (5:12-13).
    6.2. Ayuda fraternal (5:14-15).
    6.3. Deberes espirituales (5:16-22).

IV. Deseo, peticiones y despedida (5:23-28).

1. Deseo (5:23-24).
2. Peticiones (5:25-27).
3. Despedida (5:28).

El día del Señor (5:1-11).

La manifestación (5:1-3).

1. Pero acerca de los tiempos y de las ocasiones, no tenéis necesidad, hermanos, de que yo os escriba.

Περὶ δὲ τῶν χρόνων καὶ τῶν καιρῶν, ἀδελφοί, οὐ χρείαν
Pero acerca de los tiempos y de las sazones, hermanos, no necesidad
ἔχετε ὑμῖν γράφεσθαι,
tenéis a vosotros se escriba.

Notas y análisis del texto griego.

Iniciando un nuevo párrafo, escribe: Περὶ, preposición propia de genitivo *acerca de*; δὲ, partícula conjuntiva que hace las veces de conjunción coordinante, con sentido de *pero, más bien, y, y por cierto, antes bien*; τῶν, caso genitivo masculino plural del artículo determinado *los*; χρόνων, caso genitivo masculino plural del nombre común *tiempos*; καὶ, conjunción copulativa *y*; τῶν, caso genitivo masculino plural del artículo determinado *los*; καιρῶν, caso genitivo masculino plural del nombre común *sazones, ocasiones*; ἀδελφοί, caso vocativo masculino plural del nombre común *hermanos*; οὐ, adverbio de negación *no*; χρείαν, caso acusativo femenino singular del nombre común *necesidad*; ἔχετε, segunda persona plural del presente de indicativo en voz activa del verbo ἔχω, *tener, poseer, tener necesidad*, aquí *tenéis*; ὑμῖν, caso dativo de la segunda persona plural del pronombre personal declinado *a vosotros*; γράφεσθαι, presente de infinitivo en voz pasiva del verbo γράφω, *escribir*, aquí *se escriba.*

Περὶ δὲ τῶν χρόνων καὶ τῶν καιρῶν. Aunque el apóstol había enseñado la doctrina sobre los *tiempos y las sazones* u *ocasiones*, vuelve a recordársela sucintamente, comenzando por dos aspectos: τῶν χρόνων, *los tiempos* y τῶν καιρῶν, *las sazones*, *las ocasiones*. Es necesario tener claro el sentido de las dos palabras; ambas se refieren a tiempos, pero, en dos formas diferentes. Primeramente χρονός, que es un término que se refiere a tiempo. En el pensamiento griego el vocablo significaba el momento determinado por el destino, que podía ser comprendido y captado por el hombre, el momento que exige la decisión, de ahí que exprese la idea de *tiempo en su transcurso*, y que se convierte en el concepto dominante en la filosofía griega. Aristóteles dice que χρονός, es *el número de movimientos según el antes y el después*; esto expresa una magnitud cuantificable. En el Nuevo Testamento significa la *duración de tiempo, el período de tiempo*, algo plenamente medible en el tiempo del hombre. Así, por ejemplo, cuando se habla de *los tiempos de la ignorancia*, se está haciendo referencia al espacio temporal medible de la existencia humana antes de Cristo. También el Señor concede un plazo de tiempo a la iglesia de Tiatira para el arrepentimiento (Ap. 2:21). Como tal el χρονός, *tiempo*, puede ser de dimensiones diferentes que incluyen también *un instante, un momento* (Lc. 1:57). Esa es la razón por la que el apóstol, al escribir a los gálatas y referirse a la manifestación de Cristo en su nacimiento, diga que *vino el cumplimiento del tiempo* (Gá. 4:4), es decir, ocurrió en un momento determinado y medible del tiempo humano. Ese concepto apunta también al *final de los tiempos*, cuando Dios cree cielos nuevos y tierra nueva y el tiempo de este universo concluya como lo conocemos hoy. Así que cuando Pablo dice a los tesalonicenses *"acerca de los tiempos"*, se está refiriendo a momentos de tiempo medible como tal en la historia humana. En segundo lugar está la palabra καιρός, que se refiere también a una forma de medición de tiempo y que se traduce como *duración, momento, ocasión, tiempo*. Esta expresión aparece mayoritariamente vinculada con el término *día, en aquel tiempo, en aquel día*. En ocasiones se utiliza como sinónimo de χρονός, salvo cuando van juntos como en esta ocasión. En los escritos de Pablo tiene un amplio significado: *un momento pasado* (Ro. 5:6); un *periodo de tiempo indeterminado* (Ro. 9:9; 1 Co. 7:5; Gá. 6:10; 1 Ts. 2:17). Lo usa también para referirse al tiempo presente, *tiempo actual*, como un periodo que Dios ha establecido y del que desconocemos el término (Ro. 3:26; 8:18; 11:5; 2 Co. 8:14), en sentido de tiempo que se extiende actualmente. Para Pablo una vinculación con el término καιρός, tiene que ver con el envío de Cristo que abre un *tiempo* especial de salvación, al que se refiere diciendo *"he aquí ahora el tiempo aceptable"* (2 Co. 6:2). Así lo emplea para referirse a un período de tiempo corto pero de duración desconocida para él (1 Co. 7:29). En el caso concreto del versículo que nos ocupa, la palabra tiene que ver con el sentido escatológico de un tiempo que Dios ha establecido y que en el siguiente texto se refiere al *día del Señor*.

La expresión que utiliza el apóstol es idéntica a la que el Señor usó en el día de su ascensión al responder a la pregunta que le hicieron sobre la restauración del reino a Israel en aquel tiempo, al decirles que tanto los *tiempos* como las *sazones* estaban reservadas exclusivamente al conocimiento de Dios. Es una de las cosas secretas que el hombre no puede conocer. Como se ha considerado antes, el término κρονός, se usa en ocasiones para indicar el instante en que comienza algo, o el tiempo exacto que va a durar, de ahí que se utilice para referirse al momento medible en el plano de los hombres en que Dios envía a su Hijo para la obra soteriológica (Gá. 4:4). De manera que en la enseñanza que el apóstol había dado sobre *eventos futuros*, hizo referencia al momento que señalaría el comienzo del tiempo que antecederá a la Segunda Venida del Señor a la tierra para establecer el reino y juzgar a las naciones e Israel. Como hubo un tiempo determinado que cuando tuvo lugar inició el cumplimiento de las setentas semanas anunciadas a Daniel, así hay establecido otro tiempo para iniciar la última de esas semanas, y dar paso al período llamado *tribulación*. Si los *tiempos*, tiene que ver con el inicio, el término καιρός, *sazones, ocasiones*, se refiere al espacio de tiempo asignado por Dios a esa época de la historia humana. Ese término se puede usar para referirse a *dispensaciones*. De manera que el apóstol había enseñado tanto sobre el tiempo medible en que se producirían los acontecimientos futuros, como el contenido de ellos en el desarrollo del espacio temporal establecido por Dios.

La enseñanza sobre los *tiempos* y las *ocasiones*, tiene que ser importante y debe ser considerada, aceptada y recordada. Cristo mismo dedicó tiempo a ese tema durante los cuarenta días que estuvo manifestándose a los discípulos después de la resurrección (Hch. 1:6, 7). Dios revela para nosotros lo que va a ocurrir durante es espacio de tiempo, pero no señala el tiempo en que ocurrirán, de otro modo, Él revela el *que*, pero no el *cuando*. Proféticamente es así, ya que hay profecías que manifiestan dos aspectos futuros con distinto cumplimiento como, a modo de ejemplo, ocurre con la primera y segunda venida del Mesías en el anuncio de Isaías (Is. 61:1, 2). El Señor hace una solemne advertencia relacionada con el desconocimiento que tenemos sobre el tiempo escatológico, indicándonos que por esa razón debemos estar preparados para cuando se produzca el cumplimiento. La curiosidad humana formula preguntas que no tienen respuesta: *¿Hasta cuándo debemos esperar para el regreso de Cristo? ¿En qué tiempo va a ocurrir?*. Quienes quieran hacer precisiones sobre esto se equivocarán inevitablemente. El creyente tiene tan sólo que estar esperando al Señor, cuya venida para recoger a los suyos puede producirse en cualquier momento, sin otra condición que el *cumplimiento del tiempo* determinado por Dios.

ἀδελφοί, οὐ χρείαν ἔχετε ὑμῖν γράφεσθαι, El apóstol utiliza nuevamente el vocativo *hermanos*, para señalar a los destinatarios de esta enseñanza que les recuerda. Ya se ha considerado antes sobre este nombre y su significado. Aquí, aunque olvidadizos y tal vez poco firmes en las convicciones sobre el futuro, siguen siendo sus hermanos, por lo que el mayor tratará benévolamente a los más pequeños. El corazón pastoral del apóstol se hace manifiesto al llamarles de este modo, expresando con ello que son objeto de su afecto entrañable. A estos hermanos les dice que no es necesario que vuelva a escribirles las mismas cosas, porque ya les había enseñado estas verdades antes. Para recordarles lo que aparentemente están olvidando va a poner delante de ellos en los siguientes versículos como un hilo conductor de los acontecimientos que les permitirán traer nuevamente al recuerdo aquello en que habían sido instruidos. Debe notarse que el tema cambia totalmente; de la venida del Señor a buscar a su iglesia, a los sucesos que ocurrirán antes de la Segunda Venida a la tierra.

2. Porque vosotros sabéis perfectamente que el día del Señor vendrá así como ladrón en la noche.

αὐτοὶ γὰρ ἀκριβῶς οἴδατε ὅτι ἡμέρα Κυρίου[1] ὡς
Porque vosotros con exactitud habéis sabido que día de Señor como
κλέπτης ἐν νυκτὶ οὕτως ἔρχεται.
ladrón en noche así viene.

Notas y análisis del texto griego.

Sin interrupción, añade: αὐτοὶ, caso nominativo masculino plural del pronombre intensivo *vosotros*; γὰρ, conjunción causal *porque*; ἀκριβῶς, adverbio de modo *precisamente, con precisión, cuidadosamente, exactamente, con exactitud*; οἴδατε, segunda persona plural del perfecto de indicativo en voz activa del verbo οἶδα, *saber, conocer, percibir, entender*, aquí *habéis sabido*; ὅτι, conjunción *que*; ἡμέρα, caso nominativo femenino singular del nombre común *día*; Κυρίου, caso genitivo masculino singular del nombre divino declinado *de Señor*; ὡς, conjunción comparativa *como*; κλέπτης, caso nominativo masculino singular del nombre común *ladrón*; ἐν, preposición propia de dativo *en*; νυκτὶ, caso dativo femenino singular del nombre común *noche*; οὕτως, adverbio de modo *así, de igual manera*; ἔρχεται, tercera persona singular del presente de indicativo en voz media del verbo ἔρχομαι, *venir*, aquí *viene*.

Crítica textual. Lecturas alternativas.

[1] ὅτι ἡμέρα Κυρίου, *que día de Señor*, lectura atestiguada en א. B. D. F. G. P. 33. 81. 1739. 2464.

ὅτι ἡ ἡμέρα Κυρίου, *que el día de Señor*, lectura en 1175. 1241. 1505. 1881. 𝔐.

αὐτοὶ γὰρ ἀκριβῶς οἴδατε No había necesidad de escribirles nuevamente sobre algo que conocían *perfectamente*. Lo que sigue formaba parte de la instrucción que los convertidos recibían. De forma especial conocía el significado y contenido de lo que el apóstol llama el *"día del Señor"*. Es importante notar que una iglesia recién establecida ya conocía con todo detalle aspectos de escatología bíblica que muchas iglesias en la actualidad desconocen, porque no se les ha enseñado.

Lo que aquellos conocían era lo referido a un tiempo determinado. El término *día* en la Escritura comprende un período de tiempo que supera siempre al de día natural. Nótese aquí que está relacionado con *los tiempos y las sazones*, del versículo anterior. En la Escritura, especialmente en el Nuevo Testamento aparecen algunas referencias con el término *día*. Se habla del *día de Cristo* (1 Co. 1:8; 5:5; 2 Co. 1:14; Fil. 1:6, 10; 2:16). Este espacio temporal está dentro del periodo más extenso que comprende el *día del Señor*, pero debe referirse a los acontecimientos que tienen que ver específicamente con la Iglesia, de los que se han considerado antes relacionados con el *traslado* de los creyentes a la presencia del Señor, que comprende la resurrección de los muertos en Cristo y la transformación de los vivos. De esto ha tratado el apóstol antes, comentado en el capítulo anterior. Es notable que en todos los lugares donde aparece el término se habla de recompensas a creyentes, y en ninguno a aspectos de juicio sobre el mundo. Esencialmente el *día de Cristo* comprende el *traslado de la Iglesia* (4:13-18); el tribunal de Cristo (Ro. 14:10; 2 Co. 5:10); y las bodas del Cordero (Ap. 19:7, 8). Aparece también la expresión *día de Dios* (2 P. 3:12). Es posible que sea un término sinónimo al de *día del Señor,* o *día de Jehová*, que aparece en el mismo pasaje (2 P. 3:10). Si se hace distinción, entonces habría que aplicarlo al tiempo de la remoción de la actual creación y la aparición de cielos nuevos y tierra nueva, donde Dios *"será todo en todos"* (1 Co. 15:24, 28).

ὅτι ἡμέρα Κυρίου. El apóstol habla aquí de lo que llama *"día del Señor"*. Este término es equivalente al *Día de YHWH, día de Jehová*, en el Antiguo Testamento. Esta expresión o sus equivalentes es el título que se da a un tema frecuente, tanto en el Antiguo Testamento (cf. Is. 2:12-21; 13:6-9; Jer. 30:3, 7; 46:10; Ez. 30:3; Jl. 1:15; 2:1-11, 28-32; 3:14; Am. 5:18-20; Abd. 15; Sof, 1:7; 14; Zac 14:1 ss.), como en el Nuevo Testamento (1 Ts. 5.1-4; 2 Ts. 2:2; 2 P. 3:10; Ap. 2:10; 6:17; 16:14). Este día se prolonga durante el tiempo que abarca lo que se llama *la tribulación*, culminando en la última batalla de la guerra de Armagedón. Las citas revelan un tiempo de juicio de Dios sobre el mundo. Lo que es evidente que comprende el tiempo de la *tribulación*. Dentro de los eventos de ese tiempo está la *Segunda Venida* del Señor a la tierra. Algunos incluyen dentro del tiempo del *día del Señor*, el reino milenial de Jesucristo basándose en un pasaje del apóstol Pedro (2 P. 3:10). En este tiempo se manifestará la Segunda Venida, visible para todos, del Señor Jesucristo, cuyos pies se posarán sobre el Monte de los

Olivos (Zac. 14:1 ss., comp. con Hch. 1:11). Su Venida será precedida de señales, pero el momento preciso será instantáneo y sorpresivo. Es necesario entender que en la profecía hay una superposición de planos en donde en el mismo pasaje profético se refiere a hechos distintos, como ocurre en Is. 66:22, donde se mencionan los *cielos nuevos y la tierra nueva* en un contexto que habla claramente del Milenio. Este *día del Señor* seguirá inmediatamente a la terminación de la dispensación de la Iglesia, por lo que si el traslado será sorpresivo ya que no hay señal alguna que anticipe el acontecimiento, así también el comienzo de ese día, aunque sucesos precisos como el pacto que dará comienzo a la última semana de Daniel puede o no, ser inmediato al traslado de la Iglesia. Debe concluirse que el *día del Señor* será el tiempo prolongado en la historia de la humanidad que comienza con el traslado de la Iglesia, sigue durante la tribulación y se extiende a través del *Reino Milenial*, hasta la creación de cielos nuevos y tierra nueva. Ese periodo incluye el tiempo de la *tribulación* cuya duración será de siete años, que corresponderán a la última de las setenta semanas anunciadas en la profecía de Daniel.

ὡς κλέπτης ἐν νυκτὶ οὕτως ἔρχεται. Una frase tal vez difícil de comprender es que el apóstol dice que ese día vendrá como *ladrón en la noche*, figura literaria para referirse a algo sorpresivo que no se espera. Ahora bien, si la Escritura apunta a señales que serán cumplidas antes de la Segunda Venida, y se manifiesta proféticamente que habrá una señal específica para el comienzo de la semana sesenta y nueve, ¿cuál es el elemento sorpresivo de que se habla aquí? En lo que se llama *venida del Señor*, es necesario destacar dos aspectos, como se ha dicho antes: Por un lado, dentro de esa referencia, está el *traslado de la Iglesia*, realmente Cristo no viene a la tierra sino que es la Iglesia la que saliendo de ella se encuentra con el Señor en el aire, de cuyo evento se ha considerado en el capítulo anterior. El segundo aspecto tiene que ver con la realidad del descenso de Jesús a la tierra, real y literalmente. Este segundo acontecimiento está precedido de distintas señales que se cumplirán conforme a lo profetizado. En ese sentido, la Segundo Venida no debiera resultar sorpresiva. Pero a lo que Pablo se refiere aquí, no es al hecho en sí de esa venida, sino al comienzo del *día del Señor*, que seguirá al tiempo del arrebatamiento de la iglesia, por tanto sorprenderá a todos por lo inesperado. Además el retorno de Jesús, su descenso desde el cielo va a producirse sorpresivamente por cuanto las naciones se habrán coaligado para luchar contra el Señor, ocurriendo entonces el descenso de Cristo y la destrucción de los ejércitos de las naciones que se disponían a luchar contra Él, como consecuencia del *resplandor de Su venida* (2 Ts. 2:8). Esa acción divina será sorpresiva para todos en aquel día. Además se habla de la venida del *ladrón en la noche*, con una alusión a la *noche en que el mundo se encuentra*. Los despreciativos de la humanidad sin salvación niegan la venida del Señor considerándola como uno de los mitos proféticos. A estos que no esperan al Señor vendrá sorpresivamente sobre ellos.

3. Que cuando digan: Paz y seguridad, entonces vendrá sobre ellos destrucción repentina, como los dolores a la mujer encinta, y no escaparán.

ὅταν λέγωσιν· εἰρήνη καὶ ἀσφάλεια, τότε αἰφνίδιος αὐτοῖς
Cuando digan: Paz y seguridad, entonces repentina les
ἐφίσταται ὄλεθρος ὥσπερ ἡ ὠδὶν τῇ ἐν γαστρι
viene destrucción como el dolor de parto a la encinta
ἐχούσῃ, καὶ οὐ μὴ ἐκφύγωσιν.
que está, y de ningún modo escapasen.

Notas y análisis del texto griego.

Siguiendo con el recordatorio, añade: ὅταν, conjunción temporal *cuando*; λέγωσιν, tercera persona plural del presente de subjuntivo en voz activa del verbo λέγω, *hablar, decir*, aquí *digan*; εἰρήνη, caso nominativo femenino singular del nombre común *paz*; καὶ, conjunción copulativa *y*; ἀσφάλεια, caso nominativo femenino singular del nombre común *seguridad*; τότε, adverbio de tiempo *entonces*; αἰφνίδιος, caso nominativo masculino singular del adjetivo *repentina*; αὐτοῖς, caso dativo masculino de la tercera persona plural del pronombre personal declinado *a ellos, les*; ἐφίσταται, tercera persona singular del presente de indicativo en voz media del verbo ἐφίστημι, *venir, llegar, acercarse, aparecer,* aquí *viene*; ὄλεθρος, caso nominativo masculino singular del nombre común *ruina, destrucción*; ὥσπερ, conjunción causal *como*; ἡ, caso nominativo femenino singular del artículo determinado *la*; ὠδὶν, caso nominativo femenino singular del nombre común *dolor de parto*; τῇ, caso dativo femenino singular del artículo determinado declinado *a la*; ἐν, preposición propia de dativo *en*; γαστρι, caso dativo femenino singular del nombre común *encinta, embarazada*; ἐχούσῃ, caso dativo femenino singular del participio de presente en voz activa del verbo ἔχω, *estar*, aquí *que está*; καὶ, conjunción copulativa *y*; οὐ, adverbio de negación *no*; μὴ, partícula que hace funciones de adverbio de negación *no*, juntas equivale a *de ningún modo*; ἐκφύγωσιν, tercera persona plural del segundo aoristo de subjuntivo en voz activa del verbo ἐκφεύγω, *escapar*, aquí *escapasen*.

ὅταν λέγωσιν· εἰρήνη καὶ ἀσφάλεια, La situación del mundo en el *día del Señor*, será engañosa. Se proclamará una paz que no es posible en la tierra, porque *"no hay paz para el impío"* (Is. 48:22; 57:21). La paz se anuncia también al pueblo de Israel, ofrecida por quien estará gobernando en el Imperio reconstruido, el Anticristo. El

Señor, verdadero Mesías, el Cristo de Dios, enseñó que Él hacía la paz con Dios y la daba al disfrute del creyente (Jn. 14:27). El Anticristo ofrecerá una paz basada en la mentira y el engaño, muchos aceptarán esa propuesta y proclamarán el grito de esperanza sin esperanza: *"Paz y Seguridad"*. Este perverso que se levantará en el final de la historia del predominio gentil impulsado por Satanás, está identificado en la Escritura como el *rey de rostro altivo* (Dn. 8:23); el *hombre de pecado* (2 Ts. 2); *la bestia que sube del mar* (Ap. 13:1-10). Ningún creyente de la Iglesia estará vinculado a ese tiempo, apreciándose la distinción que el apóstol hace en el escrito: *"vendrá sobre ellos"*, refiriéndose a los no creyentes. Los creyentes *nosotros* seremos recogidos para Cristo (4:17). Los incrédulos entrarán entonces en un tiempo de juicio divino sobre el mundo, de tal intensidad como no se ha conocido antes. Las características de ese tiempo es *destrucción y dolores*. Será un tiempo en el que Dios mismo castigará al mundo por su pecado (Ap. 3:10); describiéndose como tiempo de *ira divina* (Ap 6:15-17); de *tribulación* (Mt. 24:21; Ap. 8:6-12); de *angustia y dolor* (Ap. 9:5, 6; Jer. 30:7); de *juicio* (Ap. 14:7; 15:4; 16:5-7; 19:2); de *indignación* (Is. 26:20, 21; 34:1-3); de *castigo* (Is. 24:20, 21); de *tinieblas* (Jl. 2:2; Am. 5:18; Sof. 1:14-18).

τότε αἰφνίδιος αὐτοῖς ἐφίσταται ὄλεθρος. En el tiempo en que se proclame *paz y seguridad*, vendrá repentinamente destrucción. Aquellos que arrogantemente establecen una aparente paz, concluirán siendo destruidos. El mundo se unirá contra Dios y su Ungido, pretendiendo echar fuera su soberanía y autoridad universal y desligándose de ella. Es más, se aliarán entre ellos para luchar contra el Señor, recibiendo la recompensa a su extravío con la manifestación gloriosa de la vendida del Rey de reyes y del Señor de señores, quien con su presencia destruirá a toda la oposición liderada en la tierra por el Anticristo y respaldada por el dragón, Satanás.

ὥσπερ ἡ ὠδὶν τῇ ἐν γαστρι ἐχούσῃ, καὶ οὐ μὴ ἐκφύγωσιν. Este anuncio profético predice que esa determinación divina se producirá, usando una figura elocuente, los dolores que repentinamente aparecen a una mujer encinta que no puede evitar. El malvado no se librará en su intento contra Dios (Sal. 2:4, 5). Esto ocurrió a lo largo de la historia en varias ocasiones; así fue en los tiempos de Noé (Mt. 24:37-39); en los de Israel (Jer. 6:14; Ez. 13:10); en los burladores actuales (2 P. 3:3, 4). El término *destrucción* da idea, en el texto griego, de un estado de ruina total e inevitable. Para que los lectores aprecien la seguridad del anuncio profético, el apóstol utiliza en la construcción de la oración una negación formada por el adverbio y la partícula de negación, que en castellano serían dos *no, no* unidos, que dan el significado de *ningún modo, de ninguna manera*, para enseñar que la destrucción será irremisiblemente inevitable.

La amonestación (5:4-8).

4. Mas vosotros, hermanos, no estáis en tinieblas para que aquel día os sorprenda como ladrón.

ὑμεῖς δέ, ἀδελφοί, οὐκ ἐστὲ ἐν σκότει, ἵνα ἡ ἡμέρα ὑμᾶς
Pero vosotros, hermanos, no estáis en tinieblas, para que el día os
ὡς κλέπτης[1] καταλάβῃ·
como ladrón sorprenda.

Notas y análisis del texto griego.

Sigue desarrollando la enseñanza: ὑμεῖς, caso nominativo de la segunda persona plural del pronombe personal *vosotros*; δέ, partícula conjuntiva que hace las veces de conjunción coordinante, con sentido de *pero, más bien, y, y por cierto, antes bien*; ἀδελφοί, caso vocativo masculino plural del nombre común *hermanos*; οὐκ forma escrita del adverbio de negación *no*, con el grafismo propio ante una vocal con espíritu suave o una enclítica; ἐστὲ, segunda persona plural del presente de indicativo en voz activa del verbo εἰμί, *ser, estar*, aquí *estáis*; ἐν, preposición propia de dativo *en*; σκότει, caso dativo neutro singular del nombre común *oscuridad, tiniebla*; ἵνα, conjunción causal *para que*; ἡ, caso nominativo femenino singular del artículo determinado *la*; ἡμέρα, caso nominativo femenino singular del nombre común *día*; ὑμᾶς, caso acusativo de la segunda persona plural del pronombre personal declinado *a vosotros, os*; ὡς, conjunción ccondicional *como*; κλέπτης, caso nominativo masculino singular del nombre común *ladrón*; καταλάβῃ, tercera persona singular del aoristo segundo de subjuntivo en voz activa del verbo καταλαμβάνω, *apoderarse, alcanzar, sorprender*, aquí *sorprenda.*

Crítica Textual. Lecturas alternativas.

[1] κλέπτης, *ladrón*, lectura atestiguada en ℵ. D. F. G. K. L. P. Ψ. 075. 0150. 0226[vid]. 6. 33. 81. 104. 256. 263. 365. 424. 436. 459. 1175. 1241. 1319. 1573. 1852. 1881ñ 1912. 1962. 2127. 2200. 2464. *Lect.* it[ar. h. d. f. g. mon. o]. vg. sir[p. h]. cop[sa. bo/pt]. arm. eti. geo. esl. Orígenes[lat]. Epifanio. Crisóstomo. Teodoro[lat]. Ambrosiaster. Pelagio. Agustín.

κλέπτας, en este caso en acusativo y plural *ladrones, a ladrones*, según lectura en A. B. cop[bo/pt].

ὑμεῖς δέ, ἀδελφοί, οὐκ ἐστὲ ἐν σκότει, Los cristianos son hijos de la luz y del día, por tanto, no viven en tinieblas como los que no creen. La situación antes de Cristo era de tinieblas no sólo externas, sino internas: *"Porque en otro tiempo erais tinieblas, mas ahora sois luz en el Señor"* (Ef. 5:8). La ignorancia es propia de quienes son hijos de las tinieblas. Es más, no se trata sólo de que los cristianos se hallen en la luz, o que proceden de la luz, todo esto es cierto, pero la afirmación es que ellos mismos *son luz*. Jesús dijo que Él era la luz del mundo (Jn. 8:12), pero, al mismo tiempo afirmó que los creyentes son también luz en el mundo (Mt. 5:14). La luz tiene como condición propia la de comunicarse disipando las tinieblas. El camino del creyente es luminoso, donde la mentira y el engaño no tiene lugar y donde la falsa paz no se proclama, por eso la Biblia dice que *"luz está sembrada para el justo, y alegría para los rectos de corazón"* (Sal. 97:11). La luz necesaria para el camino cotidiano procede del Señor mismo, de ahí la oración: *"Envía tu luz y tu verdad; éstas me guiarán; me conducirán a tu santo monte y a tus moradas"* (Sal. 43:3). El mundo vive engañado, no ve la luz, y la que se le presenta es una falsa luz que sirve de engaño. En el versículo anterior se habla del engaño de quien promete paz y seguridad y es creído por el mundo en tinieblas y entenebrecido. Las tinieblas señalan el estado espiritual propio de los incrédulos (Jn. 3:19, 20; 2 Co. 6:14), que se aplican a la ignorancia (Ro. 1:21; Ef. 4:18).

ἵνα ἡ ἡμέρα ὑμᾶς ὡς κλέπτης καταλάβῃ· Como consecuencia de la nueva posición espiritual, los eventos profetizados sorprenderán al mundo entenebrecido porque no los esperaban, es más, porque pensaban que podrían establecer su propio camino lejos o al margen del de Dios, y que la historia humana vencería al proyecto divino, especialmente en lo que tiene que ver con la venida del Señor. Pero, no así a los creyentes, porque deben estar esperándolos. Por esta razón al cristiano no le sorprenderá la venida del Señor. Ahora bien, ¿se trata de ser sorprendidos por la Segunda Venida, es decir, por el descenso del Señor a la tierra? ¿Se trata aquí de sorpresa ante lo que ocurrirá por esa manifestación gloriosa? ¿No se ha situado a la iglesia en la presencia del Señor cuando ocurra su Segunda Venida a la tierra? El apóstol dijo antes que el mundo será sorprendido por lo que ocurrirá, comparándolo como *ladrón en la noche*, pero los creyentes no están en la noche, porque no están en tinieblas. Se ha considerado antes que la expresión *venida del Señor*, tiene una extensión que comprende dos sucesos: por un lado el llamado a los creyentes y la resurrección de los que durmieron en Jesús, para el encuentro en el aire; por otro, la Segunda Venida, literal del Señor a la tierra. Esta, por no esperada a causa del engaño a que Satanás conduce al mundo, será sorpresiva *como ladrón en la noche*. Pero, la primera manifestación, esto es *el traslado de la Iglesia*, no debe sorprender al creyente porque ha de estar esperándola en cualquier momento. Lo que el apóstol desea es que en lugar de estar llenos de una vana curiosidad sobre cuándo tendrá lugar el encuentro con el Señor, los creyentes estemos preparados para recibirlo en el aire, que puede ocurrir en cualquier momento. La esperanza del cristiano es la venida del Señor a buscar a su Iglesia, no tanto el tiempo de juicio sobre el mundo que ocurrirá durante el tiempo de la *tribulación*, según las profecías, ya que nosotros *"no hemos sido puestos para ira, sino para alcanzar salvación por medio de nuestro Señor Jesucristo"* (v. 9).

5. Porque todos vosotros sois hijos de luz e hijos del día; no somos de la noche ni de las tinieblas.

πάντες γὰρ ὑμεῖς υἱοὶ φωτός ἐστε καὶ υἱοὶ ἡμέρας. Οὐκ ἐσμὲν[1]
Porque todos vosotros hijos de luz sois e hijos de día. No somos
νυκτὸς οὐδὲ σκότους·
de noche ni de tienieblas.

Notas y análisis del texto griego.

Siguiendo con la exhortación, añade: πάντες, caso nominativo masculino plural del adjetivo indefinido *todos*; γὰρ, conjunción causal *porque*; ὑμεῖς, caso nominativo de la segunda persona plural del pronombre personal *vosotros*; υἱοὶ, caso nominativo masculino plural del nombre común *hijos*; φωτός, caso genitivo neutro singular del nombre común declinado *de luz*; ἐστε, segunda persona plural del presente de indicativo en voz activa del verbo εἰμί, *ser* aquí *sois*; καὶ, conjunción copulativa *y*; υἱοὶ, caso nominativo masculino plural del nombre común *hijos*; ἡμέρας, caso genitivo femenino singular del nombre común declinado *de día*. Οὐκ, forma escrita del adverbio de negación *no*, con el grafismo propio ante una vocal con espíritu suave o una enclítica; ἐσμὲν, primera persona plural del presente de indicativo en voz activa del verbo εἰμί, *ser*, aquí *somos*; νυκτὸς, caso genitivo femenino singular del nombre común declinado *de noche*; οὐδὲ, conjunción copulativa *ni*; σκότους, caso genitivo neutro singular del nombre común *tinieblas*.

Crítica Textual. Lecturas alternativas.

[1] ἐσμὲν, *somos*, lectura atestiguada en א. D. F. G. K. L. P. Ψ. 075. 0150. 0226^{vid}. 6. 33. 81. 104. 256. 263. 365. 424. 436. 459. 1175. 1241. 1319. 1573. 1852. 1881ñ 1912. 1962. 2127. 2200. 2464. *Lect.* it$^{ar. h. d. f. g. mon. o}$. vg. sir$^{p. h}$. cop$^{sa. bo/pt}$. arm. eti. geo. esl. Orígenes^{lat}. Epifanio. Crisóstomo. Teodoro^{lat}. Ambrosiaster. Pelagio. Agustín.
ἐστε, *sois*, como se lee en D*. F. G. it. vg. sir. sa. Ambrosiaster.

πάντες γὰρ ὑμεῖς υἱοὶ φωτός ἐστε καὶ υἱοὶ ἡμέρας. Los creyentes *todos*, sin excepción alguna, por el hecho de serlo son hijos de la luz e hijos del día. En este contexto el término *día* no tiene que ver con el *día del Señor* (v. 2), sino con la posición espiritual del salvo. En el pasaje aparece marcado el contraste entre *luz y día*, con *tinieblas y noche*. Las tinieblas son un término usado como símbolo de la ignorancia espiritual, la corrupción moral y el pecado, todo ello opuesto a la luz (cf. 1 Jn 1:5; 2:8). Ser hijos de luz es mucho más que *andar en la luz*; conlleva necesariamente ser cristianos luminosos en una sociedad entenebrecida. De otro modo, *los hijos de luz*, son también *luz*. Siendo hijos de la luz y del día, no pueden estar durmiendo para que la venida del Señor los sorprenda inesperadamente como el ladrón sorprende a los de la casa, porque no le esperan. La gente del mundo proclamará, como se consideró antes, *paz y seguridad*. La situación del mundo no tiene explicación para el hombre, que busca respuestas en su propio razonamiento auto-convenciéndose falsamente de lo que no es real. La única respuesta a la situación de tinieblas en que el mundo vive obedece a la rebeldía del hombre como consecuencia de un corazón malo. Las alteraciones y fracasos, la violencia y miseria moral de la sociedad ocurren a causa de un corazón que no ha querido tener en cuenta a Dios (Ro. 1:18 ss.). La desorientación del mundo que busca un camino que conduzca a la solución del fracaso, tanto personal como colectivo, es la consecuencia de seguir un camino sin luz, en abierto rechazo a Dios y en oposición a quien ha sido designado como Rey de reyes. De ahí que la luz ofrece la única salida a la situación de oscuridad y tinieblas. Cada cristiano, en esperanza, brilla en las tinieblas, manifestando con su andar en la luz, un mensaje del evangelio a los que siguen en tinieblas, el modo de hacerlo es *"que vean vuestras buenas obras"*. Los positivos *día y luz*, se oponen a los negativos *noche y tinieblas*, marcando el contraste profundo entre creyentes y no creyentes. Para estos la esperanza del encuentro con Cristo trae paz y descanso en medio de los conflictos, para los otros, sólo juicio y ruina por su condición incrédula que en lugar de seguir a Dios, sigue una falsa promesa de *paz y seguridad*.

Οὐκ ἐσμὲν νυκτὸς οὐδὲ σκότους· El apóstol se incluye ahora con los hermanos de Tesalónica, como se aprecia por la forma verbal *somos*. Quiere decir que los cristianos no viven una vida como la que es propia de las tinieblas y de la noche. Los creyentes no vivimos en la esfera donde el engaño, la mentira, el error y la maldad imperan. Hemos sido libertados del *poder de las tinieblas* y trasladados al *reino del Hijo amado*. (Col. 1:13), para éstos ya no hay ninguna tiniebla (1 Jn. 1:5). Quienes somos hijos de la luz y del día vivimos en la esperanza gloriosa del encuentro con el Señor, por tanto, nada nos sorprenderá de lo que Dios estableció para el tiempo futuro. Esperamos al Señor.

6. Por tanto, no durmamos como los demás, sino velemos y seamos sobrios.

ἄρα οὖν μὴ καθεύδωμεν ὡς οἱ λοιποί[1] ἀλλὰ γρηγορῶμεν καὶ
Así, pues, no durmamos como los demás, sino velemos y
νήφωμεν.
seamos sobrios.

Notas y análisis del texto griego.

Introduciendo una advertencia, dice: ἄρα, conjunción consecutiva *así*; οὖν, conjunción causal *pues*; μὴ, partícula que hace funciones de adverbio de negación *no*; καθεύδωμεν, primera persona plural del presente de subjuntivo en voz activa del verbo καθεύδω, *dormir*, *estar dormido*, aquí *durmamos*; ὡς, conjunción comparativa *como*; οἱ, caso nominativo masculino plural del artículo determinado *los*; λοιποί, caso nominativo masculino plural del adjetivo *demás*; ἀλλὰ, conjunción adersativa *sino*; γρηγορῶμεν, primera persona plural del presente de subjuntivo en voz activa del verbo γρηγορέω, *velar, estar despierto*, aquí *velemos*; καὶ, conjunción copulativa *y*; νήφωμεν, primera persona plural del presente de subjuntivo en voz activa del verbo νήφω, *permanecer en sano juicio, ser sobrio*, aquí *seamos sobrios*.

Crítica Textual. Lecturas alternativas.

[1] ὡς οἱ λοιποί, *como los demás*, lectura atestiguada en ℵ*. A. B. 33. 1739. 1881. b. f. vg$^{st.ww}$. sir^{p}. Clemente.

ὡς καὶ οἱ λοιποί, *como también los demás*, según se lee en ℵ^{2}. D. F. G. K. L. P. Ψ. 0278. 81. 104. 365. 630. 1175. 1241. 1505 𝔐. it. vg^{cl}. sir^{h}. co. Ambrosiaster.

ἄρα οὖν μὴ καθεύδωμεν ὡς οἱ λοιποί. La consecuencia de lo que antecede es sencilla: ya que no somos hijos de la noche y de las tinieblas, sino de la luz y del día tengamos una forma de vida consecuente con esa realidad espiritual.

El hijo de luz tiene que andar en la luz (Ef. 4:17, 18; 1 Jn. 1:6, 7; 2:8, 9). Una de las características por contraposición con lo que sigue es no *dormir*. Esto es propio de quienes moran en tinieblas, de ahí que quien esté en sueño espiritual debe despertar de ese estado, como exhorta el profeta cuando dice: *"despiértate, tú que duermes, y levántate de los muertos, y te alumbrará Cristo"* (Ef. 5:14). Una cita difícil de precisar de que lugar profético es tomada, puesto que no hay uno que contenga esa frase. Es posible que se trata de una traslación de Isaías (Is. 60:1). En la iglesia antigua algunos consideraron que estas palabras, que no se encuentran en ningún lugar de la Escritura, pudieron haber sido introducidas de este modo por Pablo en una forma profética, hablando por su cuenta al estilo de los profetas de la antigüedad. Por su contenido es una exhortación a despertar del sopor espiritual y alentarse a vivir una vida de vigilancia como corresponde a quienes deben estar despiertos esperando la venida del Señor.

μὴ καθεύδωμεν ὡς οἱ λοιποί. La primera demanda es para *despertar* del sueño. El verbo καθεύδω, *dormir*, en esta acepción tiene que ver con un estado de abandono, indolencia o indiferencia espiritual. Dormir es la condición propia de quienes consideran que nunca vendrá el *día del Señor*, donde el juicio de Dios caerá sobre el mundo entero a causa del pecado. La venida del Señor, encontrará a muchos en esa condición, como Él mismo dijo exhortando a despertar del sueño y velar: *"para que cuando venga de repente, no os halle durmiendo"* (Mr. 13:36). Como el Señor puede venir en cualquier momento y mandó velar, es necesario obedecerle para que no sorprenda al siervo incumpliendo su mandato. Hay una notable contraposición: por un lado *velad*, por otro *dormir*. El creyente que no está velando en espera de la venida del Señor no solo manifiesta descuido, sino algo más grave, *desobediencia*, por cuanto tenemos el mandato de velar. Sin alegorizar el texto, tiene esto una buena aplicación para el creyente de este tiempo, no en relación con la Segunda Venida, sino con el traslado de la iglesia al encuentro del Señor. El Señor, como el padre de familia, se fue físicamente del lugar donde está su casa, que es la Iglesia (Hch. 1:11). Su ausencia es por un tiempo largo, hasta que regrese para buscar a los suyos. Antes de irse dio facultades a cada uno de los creyentes comisionándolos y capacitándolos para el servicio que Él determina. Ninguno de nosotros sabemos el momento de Su regreso, por tanto, se nos exhorta a permanecer en vela, atentos, preparados para cuando se produzca el encuentro con Él. En el Nuevo Testamento se encuentran cuatro ocasiones en que el Señor vino a los suyos en cada una de las horas de la noche señaladas antes y los encontró incumpliendo su compromiso. *Al anochecer*, Jesús se encontró con los discípulos de Emaús camino de su casa, con corazones *llenos de cosas*, incrédulos a la promesa de la resurrección, ellos no esperaban al Señor aquel día y en aquel lugar (Lc. 24:29). *A la medianoche*, Jesús vino al encuentro de los Doce cuando estaban sumidos en el conflicto de la tempestad, sin recursos para solventar el problema, pero, tampoco ellos esperaban al Maestro en aquel momento (Mr. 6:48). *Al canto del gallo*, el Señor encontró a Pedro quebrantando las promesas de compromiso y fidelidad con Él hechas pocas horas antes, y negándole delante de sus enemigos. No había cumplido la instrucción para velar (Mr. 14:66-72). *A la mañana*, cuando iba amaneciendo, Jesús se encontró en la playa con los discípulos, tras el fracaso de una noche estéril en que intentaron pescar algo sin conseguirlo. Para ellos, el que estaba en la ribera era un desconocido, porque tampoco esperaban al Señor en aquella hora y en aquel lugar (Jn. 21:4).

ἀλλὰ γρηγορῶμεν καὶ νήφωμεν. La segunda es un llamamiento a *velar y estar sobrios*. El verbo para *velar* aparece en otros lugares (cf. Mt. 26:41; Mr. 13:35; 14:38; Lc. 12: 37; Hch. 20:31; 1 Co. 16:13; 1 P. 5:8; Ap. 16:15, etc.). Este estado se manifiesta en vigilancia personal, de ahí la segunda parte de la frase: *"estad sobrios"*. Todo esto encaja perfectamente en el tema del párrafo que es la venida del Señor. Estar despierto y vigilante es la manera que corresponde al que espera que el encuentro con Cristo se produzca en cualquier momento (1 P. 1:13). El cristiano que esta despierto lo está también en vigilancia contra las fuerzas de maldad, en una lucha espiritual para la que Dios mismo lo ha equipado con toda la panoplia de armas a fin de que se mantenga firme (Ef. 6:11 ss.). La salvación es el conjunto de todo lo que comprende la venida del Señor. Cuando un creyente no está firme en la doctrina bíblica puede ser fácilmente confundido con señales y reflexiones que le hagan dudar de la verdad sobre este aspecto de la profecía. Cuando se produce un problema continuado de desconocimiento, la verdad suele abandonarse y el creyente queda *dormido* en relación con lo que la Palabra enseña, de ahí la siguiente exhortación a despertarse de esa situación.

El creyente debe ser *sobrio*, esta palabra es antónimo de *ebrio*. Éste es quien está controlado por el alcohol, de modo que el *sobrio* es aquel cuya mente está libre de cualquier condicionante y puede pensar equilibradamente, sin dejarse llevar por ninguna pasión, de ahí el concepto de *dominarse a uno mismo*. Es la forma de vida de quien está preparado para resistir los ataques del maligno.

7. Pues los que duermen, de noche duermen, y los que se embriagan de noche se embriagan.

Οἱ γὰρ καθεύδοντες νυκτὸς καθεύδουσιν καὶ οἱ μεθυσκόμενοι
Porque los que duermen de noche duermen; y los que se embriagan
νυκτὸς μεθύουσιν·
de noche se embriagan.

Notas y análisis del texto griego.

Sin solución de continuidad, escribe: Οἱ, caso nominativo masculino plural del artículo determinado *los*; γὰρ, conjunción causal *porque*; καθεύδοντες, caso nominativo masculino plural del participio de presente en voz activa del verbo καθεύδω, *dormir*, aquí *que duermen*; νυκτὸς, caso genitivo femenino singular del nombre común declinado *de noche*; καθεύδουσιν, tercera persona plural del presente de indicativo en voz activa del verbo καθεύδω, *dormir*, aquí *duermen*; καὶ, conjunción copulativa *y*; οἱ, caso nominativo masculino plural del artículo determinado *los*; μεθυσκόμενοι, caso nominativo masculino plural del participio de presente en voz pasiva del verbo μεθύσκομαι, *emborrarcharse*, aquí *que se embriagan*; νυκτὸς, caso genitivo femenino singular del nombre común declinado *de noche*; μεθύουσιν, tercera persona singular del presente de indicativo en voz activa del verbo μεθύσκομαι, *embriagarse*, aquí *se embriagan*.

Οἱ γὰρ καθεύδοντες νυκτὸς καθεύδουσιν. Un nuevo contraste entre los que son *hijos de la luz y del día* y los que son de *la noche y de las tinieblas*. Los que son de las tinieblas y viven en ellas, hacen lo que es propio de la noche, *dormir*. Insensibles a cuanto les anuncia la profecía, indolentes a las promesas y advertencias divinas, se desentienden de todo lo que viene, conformándose con el vivir presente, que es el sueño espiritual. Arrastrados por la pereza, sin interesarse en otra cosa, duermen y a estos les sorprenderá el *día del Señor*. Será un despertar doloroso y en muchos casos un dejar la desidia para estar bien despiertos bajo la ira de Dios.

καὶ οἱ μεθυσκόμενοι νυκτὸς μεθύουσιν· No sólo estan dormidos, sino que se embriagan. Estos son aquellos que andan en las tinieblas del pecado, se embriagan, no tanto en el sentido material, sino espiritual, es decir, están controlados por el pecado, estos no velan y no son sobrios. Los que *se emborrachan*, según la construcción griega de la oración, son aquellos que están controlados y vencidos por el alcohol, así se aprecia en el verbo deponente, aquí en voz media pasiva. Sin embargo el segundo verbo está en voz activa, lo que mantiene la responsabilidad del que vive embriagado en las tinieblas, por cuanto no ha hecho nada para librarse del yugo puesto sobre él.

La coraza de fe defiende de los dardos del maligno que desea que el creyente no esté esperando al Señor. El amor nos permite vivir de acuerdo con la voluntad de Dios mientras aguardamos el encuentro. La esperanza es el pensamiento continuo del creyente que protege su cabeza (mente), llenando su pensamiento.

8. Pero nosotros, que somos del día, seamos sobrios, habiéndonos vestido con la coraza de fe y de amor, y con la esperanza de salvación como yelmo.

ἡμεῖς δὲ	ἡμέρας	ὄντες	νήφωμεν	ἐνδυσάμενοι	θώρακα
Pero nosotros	de día	siendo	seamos sobrios	vestidos	con coraza

πίστεως	καὶ	ἀγάπης	καὶ	περικεφαλαίαν	ἐλπίδα	σωτηρίας·
de fe	y	de amor	y	con yelmo	esperanza	de salvación.

Notas y análisis del texto griego.

Prosiguiendo con la exhortación, dice: ἡμεῖς, caso nominativo de la primera persona plural del pronombre personal *nosotros*; δὲ, partícula conjuntiva que hace las veces de conjunción coordinante, con sentido de *pero, más bien, y, y por cierto, antes bien*; ἡμέρας, caso genitivo femenino singular del nombre común declinado *de día*; ὄντες, caso nominativo masculino singular del participio de presente en voz activa del verbo εἰμί, *ser*, aquí *siendo*; νήφωμεν, primera persona plural del presente de subjuntivo en voz activa del verbo νήφω, *ser sobrios, tener control*, aquí *seamos sobrios*; ἐνδυσάμενοι, caso nominativo masculino plural del participio del aoristo primero en voz media del verbo ἐνδύω, *vestir*, aquí *vestidos*; θώρακα, caso acusativo masculino singular del nombre común declinado *con coraza*; πίστεως, caso genitivo femenino singular del nombre común declinado *de fe*; καὶ, conjunción copulativa *y*; ἀγάπης, caso genitivo femenino singular del nombre común declinado *de amor*; καὶ, conjunción copulativa *y*; περικεφαλαίαν, caso acusativo femenino singular del nombre común declinado *con yelmo*; ἐλπίδα, caso acusativo femenino singular del nombre común *esperanza*; σωτηρίας, caso genitivo femenino singular del nombre común declinado *de salvación*.

ἡμεῖς δὲ ἡμέρας ὄντες νήφωμεν. El apóstol insiste en la demanda de *sobriedad*, estar en vela, prestar continua atención para quienes somos *del día*. La figura de velar se identifica con un soldado vestido de armas defensivas que debe estar prestando continua atención debido al problema del enemigo. Es la misma idea que expresará también el apóstol Pedro: *"Por tanto ceñid los lomos de vuestro entendimiento, sed sobrios..."* (1 P. 1:13). No se trata sólo de estar despiertos, sino dispuestos a la acción. Es un pensamiento que conduce a entender la necesidad de disponerse a una acción concreta. El mandato a *ser sobrio*, debe entenderse, como se ha considerado antes, como una forma de lenguaje figurado, no se trata de estar físicamente sobrio, eso se da por descontado ya que el creyente no debe embriagarse con vino en lo que hay disolución, se trata de vivir de forma que sea posible hacer una correcta valoración de las cosas, sin emociones ni temores. Esta demanda tiene que ver con dos cosas en la *Epístola*: la primera a causa de la manifestación inminente del regreso de Cristo (v. 4); la segunda a causa de la actividad diabólica hacia el creyente implícita en el hecho de tener que usar las armas del Espíritu. El mandato exhorta a la vigilancia continua, lo que se opone a la somnolencia del espíritu. Hemos de ser sobrios porque el fin de todas las cosas se acerca (1 P. 4:5). El cristiano ha de ser sano de mente en un mundo enfermo por el pecado. La mente cristiana se enfoca conforme a la voluntad. Ser sobrio tiene también que ver con aquello que no tiene como meta satisfacer los deseos personales. En ocasiones quisiéramos descansar, pero se nos exhorta a velar, estar continuamente alerta y con suma atención.

ἐνδυσάμενοι θώρακα πίστεως. El apóstol hace uso ahora de la figura de un soldado vestido con sus armas de combate. El verbo ἐνδύω, *vestir*, aparece en aoristo, lo que indica un hecho definitivamente realizado. No se pide, pues, que nos vistamos, sino que mantengamos ese vestido. Las dos armas que menciona el apóstol son *defensivas*. La primera es la *coraza de la fe*. En la *Epístola a los Efesios* la *coraza* es *de justicia*, la diferencia es lo de menos, puesto que se trata de utilizar una figura para ilustrar la enseñanza. La fe es el vínculo de dependencia absoluta de Dios, por ella se alcanza la justificación y se produce la regeneración que sitúa al creyente en una nueva posición, dejando de ser de las tinieblas para pasar a ser de la luz, saliendo de la noche para ser hijos del día. La fe es el elemento de victoria sobre el mundo (1 Jn. 5:14). De manera que la fe está representada aquí por la coraza que protege la vida del salvo y le mantiene en el terreno de victoria. El que está *despierto* se sostiene por fe. El entorno del pasaje tiene que ver con la venida del Señor. La fe es la que mantiene al creyente en esperanza como *viendo al Invisible* (He. 11:27). La coraza de fe mantiene también la seguridad en las promesas divinas. El Señor prometió volver para buscar a los suyos y la fe, frente a la incredulidad del mundo, mantiene abierta la seguridad del cumplimiento de esa promesa. En *Efesios*, la fe se compara con un escudo (Ef. 6:16), elemento que está sobre la coraza y complementa la protección. En cualquier caso la fe aparece como un arma indispensable dentro de la armadura del cristiano. ¿Se trata de la fe doctrinal o de la fe personal dada por Dios? Ambas cosas son posibles. Por un lado la firmeza en la fe conduce a la derrota del enemigo que no logra sus propósitos, a pesar de que envía sus demonios para predicar mentiras sobre la verdadera fe. Al mismo tiempo la fe depositada en Cristo nos hace también vencedores. Los que son hijos de las tinieblas *no esperan* el retorno del Señor; los hijos de la luz, tienen completa esperanza, por eso el momento en que se produzca no los tomará por sorpresa. La fe que confía y se adhiere a la verdad es la que sustenta la firmeza de la estabilidad del creyente.

καὶ ἀγάπης. A la coraza de la fe, se une ahora otro elemento de la misma armadura que es *el amor*. El amor es el camino más excelente (1 Co. 12:31) y es lo que hace perfecto al creyente (1 Co. 13:10), De las tres virtudes *fe, esperanza y amor*, la mayor de ellas es el amor. El amor nos permite vivir de acuerdo con la voluntad de Dios. El mandamiento nuevo tiene que ver con el amor y es el distintivo de la vida cristiana (Jn. 13:34-35). Es interesante apreciar que la fe y el amor van unidos en esta *coraza*, porque no es posible vivir la fe sin el amor, ni éste sin aquella. La fe, especialmente la que se relaciona con las verdades bíblicas, sin que genere el amor que la verdad pregona, no es más que mera arrogancia intelectual. La fe que es impulsada por el amor y viceversa, es el modo vivencial de la vida cristiana. Sin duda también el amor que no está de acuerdo con la verdad bíblica, se convierte en mero sentimentalismo impropio para los hijos de la luz y del día. El apóstol Pedro dice claramente: *"ante todo, tened entre vosotros ferviente amor"* (1 P. 4:8). Es ferviente porque surge de la acción del Espíritu, como primer elemento de su único fruto. El amor cristiano no es un amor humano sino el amor divino derramado en el corazón por la obra del Espíritu (Ro. 5:5). Cualquier ministerio en la Iglesia sin amor es mero ruido que molesta a Dios y molesta a la iglesia (1 Co. 13:1). Ese amor divino actuando en el creyente produce un amor no fingido (1 P. 1:22; 3:8). El amor es el distintivo que pone de manifiesto la realidad de la conversión (1 Jn. 3:14-18; 4:7-8). La relación fraternal con la capacidad para una comunión entre los hermanos, a pesar de las dificultades que puedan surgir como hombres, tiene que ver con el amor que cubre multitud de pecados. No significa esto pasar por alto el pecado. El amor bien entendido lo denuncia buscando la limpieza del hermano. Pero quienes esperan a Cristo viven de tal modo que guardan silencio de las faltas de sus hermanos. El verdadero creyente no está interesado en divulgar faltas, sino en restaurar al hermano. El legalista está siempre recordando el pecado para acusar al que ha caído, el creyente espiritual restaura al pecador (Gá. 6:1).

καὶ περικεφαλαίαν ἐλπίδα σωτηρίας· Un tercer elemento de la armadura que los *hijos del día* tiene que utilizar es la que protege la cabeza: *el yelmo*, que aquí se identifica con la *esperanza de salvación*. La salvación en el primer nivel es la justificación; en el segundo, la santificación; en el tercero, la glorificación. Cuando el pensamiento en la aparición de nuestro Señor Jesucristo satura el pensamiento cristiano, protege del desaliento y de la desilusión que avergüenza. En medio de las tinieblas de desesperación que saturan el mundo de los perdidos, el creyente necesita cubrirse con el yelmo de la esperanza. Esta *esperanza de salvación* nada tiene que ver con una *supuesta perseverancia* de modo que no se pierda la salvación recibida por gracia mediante la fe (Ef. 2:8-9). La salvación, que comprende el perdón de pecados y la vida eterna, no puede perderse. Aquí la esperanza de salvación tiene que ver con la segura certeza de que el Señor vendrá a buscar a los suyos para que estemos siempre con Él. Aunque la noche del mundo avanza y la promesa del Señor se ha dado hace mucho tiempo, la esperanza cierta en el creyente, unidas a la fe y al amor, hace que cada día se renueve la seguridad de que vendrá en cualquier momento. Esa será la consumación del propósito de Dios para los creyentes (Ro. 8:18-25; Fil. 1:6; 1 P. 1:5). La *esperanza de salvación* expresa una certeza absoluta de la seguridad de salvación, el creyente tiene certeza de ser salvo, y que la salvación será disfrutada perpetuamente desde el momento de la venida del Señor, a quien admiraremos glorificado en sus santos y admirado en todos los que creyeron (2 Ts. 1:10). Esta esperanza no defrauda porque inexorablemente se cumplirá como promesa y palabra de Dios. Tal seguridad protege la mente del creyente rodeado de mentes incrédulas, sobre la certidumbre de nuestra salvación.

La seguridad y el aliento (5:9-11).

9. Porque no nos ha puesto Dios para ira, sino para alcanzar salvación por medio de nuestro Señor Jesucristo.

ὅτι οὐκ ἔθετο ἡμᾶς ὁ Θεὸς εἰς ὀργὴν ἀλλὰ εἰς περιποίησιν
Porque no puso nos - Dios para ira sino para obtención
σωτηρίας διὰ τοῦ Κυρίου ἡμῶν ᾿Ιησοῦ Χριστοῦ[1]
de salvación mediante el Señor de nosotros Jesucristo.

Notas y análisis del texto griego.

Consolidando la argumentación, dice: ὅτι, conjunción causal *porque*; οὐκ, forma escrita del adverbio de negación *no*, con el grafismo propio ante una vocal con espíritu suave o una enclítica; ἔθετο, tercera persona singular del aoristo segundo de indicativo en voz media del verbo τίθημι, *asignar, colocar, depositar, poner*, aquí *puso*; ἡμᾶς, caso acusativo de la primera persona plural del pronombre personal declinado *a nosotros, nos*; ὁ, caso nominativo masculino singular del artículo determinado *el*; Θεὸς, caso nominativo masculino singular del nombre divino *Dios*; εἰς, preposición propia de acusativo *para*; ὀργὴν, caso acusativo femenino singular del nombre común *ira*; ἀλλὰ, conjunción adversativa *sino*; εἰς, preposición propia de acusativo *para*; περιποίησιν, caso acusativo femenino singular del nombre común *obtención*; σωτηρίας, caso genitivo femenino singular del nombre común declinado *de salvación*; διὰ, preposición propia de genitivo *mediante*; τοῦ, caso genitivo masculino singular del artículo determinado *el*; Κυρίου, caso genitivo masculino singular del nombre divino *Señor*; ἡμῶν, caso genitivo de la primera persona plural del pronombre personal declinado *de nosotros*; Ἰησοῦ, caso genitivo masculino singular del nombre propio *Jesús*; Χριστοῦ, caso genitivo masculino singular del nombre propio *Cristo*.

Crítica Textual. Lecturas alternativas.

1 Χριστοῦ, *Cristo*, se omite en P^{vid}. B. b. m*. vg^{mss}. sa.

ὅτι οὐκ ἔθετο ἡμᾶς ὁ Θεὸς εἰς ὀργὴν. La esperanza cristiana es una esperanza lógica, porque Dios no ha establecido un destino de ira, sino de gloria para el creyente. La primera certeza es que Dios no nos ha puesto para ira. El verbo τίθημι, tiene un amplio significado, pero la idea que expresa es la de un destino determinado. Es necesario preguntarse a que aspecto de la ira de Dios se está refiriendo el apóstol. De esto se trató antes (1:10). El contexto de la *Epístola* exige entender que esta ira es escatológica, esto es, la ira que vendrá sobre el mundo entero, en donde se manifestarán los juicios de Dios, anunciados en los sellos, las trompetas y las copas detalladas por el apóstol Juan. De esa ira futura los hombres querrán huir buscando refugio material contra lo que no se puede detener sino convirtiéndose a Dios (Ap. 6:16-17).

Dios nos libra de la ira para la que no hemos sido destinados, y nos establece para *obtener* la salvación. Es interesante apreciar que el apóstol no utiliza aquí el verbo περιποιέω, *ganar, salvar, rescatar obtener*, sino el sustantivo περιποίησις, *obtención*. Al ir acompañado del genitivo *salvación*, indica el propósito divino en relación con los creyentes, que son trasladados a una esfera con el propósito de *obtención de salvación*. No cabe duda que el sentido es también escatológico. Para la salvación no debe esperarse tiempo, tan sólo creer en Jesucristo, por tanto, el apóstol esta enseñando que los creyentes somos colocados en una esfera cuyo fin será la salvación que vendrá cuando Jesucristo sea manifestado. El *alcanzar* esa salvación se producirá cuando seamos arrebatados para estar con el Señor antes de que la ira de Dios venga sobre el mundo. No se refiere, por tanto, al perdón de pecados y vida eterna que cada creyente posee (Ef. 2:8), sino a la salvación futura, la redención y glorificación del cuerpo.

ἀλλὰ εἰς περιποίησιν σωτηρίας διὰ τοῦ κυρίου ἡμῶν Ἰησοῦ Χριστοῦ. La salvación, tanto en el tiempo pasado de justificación, como en el presente de santificación, y en el futuro de glorificación, solo es posible por y en Cristo Jesús. Él es el único mediador entre Dios y los hombres (1 Ti. 2:5). Él es también el salvador de todos los hombres, especialmente de los creyentes (1 Ti. 4:10). La justificación se produjo por medio de la obra de Cristo en el ejercicio de la fe salvadora (Ro. 5:1); la santificación sólo es posible *viviendo a Cristo* en el poder del Espíritu; la glorificación se producirá cuando Cristo venga a buscarnos para que estemos para siempre con Él.

10. Quien murió por nosotros para que ya sea que velemos, o que durmamos, vivamos juntamente con él.

τοῦ ἀποθανόντος ὑπὲρ ἡμῶν, ἵνα εἴτε γρηγορῶμεν
El que murió por nosotros, para que o bien sea que estemos velando
εἴτε καθεύδωμεν ἅμα σὺν αὐτῷ ζήσωμεν.
o bien sea que estemos durmiendo juntamente con Él vivamos.

Notas y análisis del texto griego.

Concluyendo la argumentación, escribe: τοῦ, caso genitivo masculino singular *el*; ἀποθανόντος, caso genitivo masculino singular del participio del aoristo segundo en voz activa del verbo αποθνήκω, *morir*, aquí *que murió*; ὑπὲρ, preposición propia de genitivo *por*; ἡμῶν, caso genitivo de la primera persona plural del pronombre personal *nosotros*; ἵνα, conjunción causal *para que*; εἴτε, conjunción *sea que, bien sea, o bien sea que*; γρηγορῶμεν, primera persona plural del presente de subjuntivo en voz activa del verbo γρεγορέω, *estar despierto, estar alerta, estar velando,* aquí *estemos velando*; εἴτε, conjunción *bien sea que*; καθεύδωμεν, primera persona plural del presente de subjuntivo en voz activa del verbo καθεύδω, *dormir, estar dormido*, aquí *estemos durmiendo*; ἅμα, adverbio de modo *juntamente*; σὺν, preposicion propia de dativo *con*; αὐτῷ, caso dativo masculino de la tercera persona singular del pronombre personal *él*; ζήσωμεν, primera persona plural del aoristo primero de subjuntivo en voz activa del verbo ζάω, *vivir*, aquí *vivamos*.

τοῦ ἀποθανόντος ὑπὲρ ἡμῶν, La primera verdad del versículo contiene la razón tanto de la esperanza a la que antes se ha estado refiriendo como de la seguridad que sigue en el texto. La salvación descansa y es posible en la obra sustitutoria que Jesucristo llevó a cabo en la Cruz. La dificultad, como en otros lugares donde aparece, está en la preposición ὑπὲρ, que puede significar tanto *a favor de*, como *en lugar de*. Esta preposición en genitivo puede significar *respecto a, en beneficio de, en lugar de*. Esta debe ser la connotación que se le de en este lugar. El Señor murió no solo *a favor de* nosotros, sino *en lugar* de nosotros, esto es, ocupando el lugar que nos correspondía y muriendo en sustitución de cada uno de los salvos. En el *nosotros* que aparece en el texto se incluyen Pablo y los tesalonicenses, esto es, murió por todos los salvos. Algunos críticos consideran que como es el único lugar donde aparece esa relación sustitutoria, el apóstol estaba comenzando a formular la doctrina de la sustitución vicaria en la Cruz. No se trata de esto, porque él predicaba el evangelio de la Cruz, por tanto, no es una novedad que se incluye aquí como primer escrito suyo del Nuevo Testamento. Esta es una maravillosa verdad que da contenido a la seguridad de salvación. Cristo ocupó nuestro lugar pagando en Él y por Él la deuda de la responsabilidad penal por el pecado, por tanto, ya no hay condenación para quienes están en Él (Ro. 8:1). Mientras que los que están en la *tinieblas*, al estar sin Cristo están sin esperanza, nosotros teniéndolo a Él tenemos plena esperanza (Col. 1:27).

El beneficio salvador se extiende a todos los creyentes en cualquier tiempo y situación. Alcanza para seguridad a los *que viven*, y también a los *que duermen*. Por supuesto no se está refiriendo en este último sentido a los que *duermen* por negarse a estar velando y llevan una vida que corresponde al mundo. La referencia a los que *duermen* es en el sentido de los que han dormido en Cristo, esto es, los creyentes que han muerto (4:13). El Señor es el Salvador de todos los que han creído y ninguno de ellos puede perderse. De modo que es sustituto de los que *están despiertos*, esto es, de los que viven, y es también sustituto de los que *están durmiendo*, es decir, de los que han muerto. Aquellos en Tesalónica que estaban entristecidos por quienes habían muerto, deben recuperar la alegría al saber que la obra sustitutoria que alcanza a todos hace posible que los que murieron en Cristo y los que vivan cuando Él regrese, estén en el mismo plano y disfruten de la misma experiencia. Cualquiera que sea la situación, bien entre los vivientes en el mundo, o de los que han muerto, unos y otros siempre *viviremos* con Él. Esta es la seguridad plena de salvación, la vinculación con Cristo. Al unir el pecador muerto con la vida en Cristo, se produce una resurrección espiritual que permite gozar de una nueva vida por posición en el mismo Salvador. La esperanza de gloria se sustancia posicionalmente porque, aunque esperamos el encuentro con el Señor para estar perpetuamente con Él, ya en Él estamos sentados en lugares celestiales (Ef. 2:6). Por el bautismo del Espíritu en Cristo llegamos a un nuevo *ser en Cristo* y juntamente con Él se hallan en los cielos. Esto significa que los creyentes individualmente y la colectividad de ellos como cuerpo, son llevados siempre en triunfo en Cristo Jesús (2 Co. 2:14). La esperanza de gloria descansa en esta posición espiritual en Él.

11. Por lo cual, animaos unos a otros, y edificaos unos a otros, así como lo hacéis.

Διὸ παρακαλεῖτε ἀλλήλους καὶ οἰκοδομεῖτε εἷς τὸν ἕνα,
Por lo cual, alentaos unos a otros y edificaos uno al otro,
καθὼς καὶ ποιεῖτε.
como también hacéis.

Notas y análisis del texto griego.

Cerrando el párrafo, escribe: Διὸ, conjunción causal *por eso, por lo cual*; παρακαλεῖτε, segunda persona plural del presente de imperativo en voz activa del verbo παρακαλέω, *alentar, animar,* aquí *alentaos*; ἀλλήλους, caso acusativo masculino plural del pronombre personal recíproco *unos a otros*; καὶ, conjunción copulativa *y*; οἰκοδομεῖτε, segunda persona plural del presente de imperativo en voz activa del verbo οἰκοδομέω, *edificar*, aquí *edificaos*; εἷς, caso nominativo masculino singular del adjetivo numeral cardinal *uno*; τὸν, caso acusativo masculino singular del artículo determinado declinado *al*; ἕνα, caso acusativo masculino singular del adjetivo numeral cardinal *uno*; καθὼς, conjunción comparativo *como*; καὶ, adverbio de modo *también*; ποιεῖτε, segunda persona plural del presente de indicativo en voz activa del verbo ποιέω, *realizar, hacer*, aquí *hacéis*.

Διὸ παρακαλεῖτε ἀλλήλους. Los creyentes en Tesalónica estaban entristecidos (4:13). La razón era, como se ha considerado, un mal entendimiento de verdades relativas a la venida del Señor para trasladar a la Iglesia. El apóstol dedicó un espacio largo en el escrito para aclarar las dudas que pudieran tener, dándoles motivos para alentarse mutuamente. La iglesia primitiva practicaba el ejercicio de la ayuda mutua, no solo en lo que se refiere a compartir con las necesidades de otros, sino a practicar la comunión edificante entre los cristianos. Lo primero que el apóstol les recomienda es que se *alienten*, se *animen*, se *consuelen* unos a otros. Los motivos de consuelo son suficientemente claros en el pasaje, como escribe Hendriksen:

"...Mediante la mutua instrucción y el mutuo aliento cuya base se halla en el párrafo precedente (aliento contenido en afirmaciones tales como 'vosotros no estás en tinieblas', 'vosotros sois hijos del día', 'porque Dios no nos designó para ira sino para la adquisición de salvación por medio de nuestro Señor Jesucristo... para que vivamos en comunión con él')"[1].

El mandato de alentarse mutuamente se estableció antes (4:18) y se reitera aquí. La razón fundamental del aliento es que la esperanza de estar con Cristo, de una vida en Él que se proyecta definitivamente, la alegría del encuentro con los que nos precedieron, la inminencia de la venida del Señor, produce gozo en medio de la tristeza, paz en las pruebas y amor en cualquier circunstancia. La seguridad de que no habrá nadie ni nada que pueda privarnos de la esperanza, incluyendo la muerte, es también motivo de aliento: *"por lo cual estoy seguro de que*

[1] G. Hendriksen. o.c., pág. 150.

ni la muerte, ni la vida, ni ángeles, ni principados, ni potestades, ni lo presente, ni lo por venir, ni lo alto, ni lo profundo, ni ninguna otra cosa creada nos podrá separar del amor de Dios, que es en Cristo Jesús Señor nuestro" (Ro. 8:38-39). Ese amor estable indefectiblemente orientado hacia nosotros, se expresó en que el Padre que nos ama, dio por amor a su Hijo por nosotros. De modo que si dio lo más grande, nos dará también con Él todas las cosas (Ro. 8:32). El futuro es nuestro y también la eternidad. Esto debiera servir para alentarnos en medio de los conflictos y las dificultades del camino. El cristiano debe tener un notable compromiso en el ministerio de alentar a los hermanos mediante las promesas y la enseñanza contenidas en la Palabra.

καὶ οἰκοδομεῖτε εἷς τὸν ἕνα, καθὼς καὶ ποιεῖτε. Pero además del ministerio de aliento, se les pide también una acción conducente a la *edificación mutua*. Esta no era una obra de gracia nueva, sino que *lo venían haciendo*. Jesús edifica la Iglesia conforme a Su promesa (Mt. 16:18). El Espíritu dio dones fundantes para establecer las bases sólidas de la doctrina bíblica que servirán para la edificación de los santos (Ef. 2:20-22), pero, cada uno de los hermanos tenemos la obligación moral de ser instrumentos en la edificación mutua (1 Co. 14:12; Ef. 4:29). Aquí la tarea de la edificación tiene que ver con la aplicación de las verdades doctrinales un tanto olvidadas, o tal vez abandonadas, sobre la venida del Señor y el recogimiento a Él. Nótese que la edificación sigue a la exhortación de aliento. No se puede edificar sobre reprensión sino sobre gracia que alienta. Muchas veces la tónica pastoral conduce a un ministerio de reprensión buscando a golpes la santidad de los miembros. No se puede claudicar en la santidad cristiana. Como se ha dicho en varios lugares la santidad no es una opción sino la única forma de vivir la vida cristiana. Sin embargo, no podemos olvidar que la santidad práctica consiste en vivir a Cristo mientras le esperamos. Para alcanzar un mayor nivel de vida como consecuencia de la edificación mutua no es necesario reprender sino reconocer las virtudes de cada uno y animarlos a que vivan velando, esperando el momento en que el Señor aparezca para llevarnos a estar para siempre con Él. La edificación del cuerpo equivale al desarrollo armónico del mismo. Bueno será para cada uno de nosotros que examinemos nuestro comportamiento en el seno de la congregación local donde se desarrolla nuestra vida cristiana y la comunión hermanable, considerando hasta que punto estamos coadyuvando a edificar, o de lo contrario, si no edificamos hasta donde estamos destruyendo, aunque sea por mera pasividad.

La ética cristiana (5:12-22).

Reconocimiento del liderazgo (5:12-13).

12. Os rogamos, hermanos, que reconozcáis a los que trabajan entre vosotros, y os presiden en el Señor, y os amonestan.

᾿Ερωτῶμεν δὲ ὑμᾶς, ἀδελφοί, εἰδέναι τοὺς κοπιῶντας ἐν ὑμῖν
Y rogamos os, hermanos, reconozcáis a los que trabajan entre vosotros
καὶ προϊσταμένους ὑμῶν ἐν Κυρίῳ καὶ νουθετοῦντας ὑμᾶς
y que presiden os en Señor y amonestan os.

Notas y análisis del texto griego.

Iniciando un nuevo párrafo, escribe: ᾿Ερωτῶμεν, primera persona plural del presente de indicativo en voz activa del verbo ἐροτάω, *requerir, demandar, rogar*, aquí *rogamos*; δὲ, partícula conjuntiva que hace las veces de conjunción coordinante, con sentido de *pero, más bien, y, y por cierto, antes bien*; ὑμᾶς, caso acusativo de la segunda persona plural del pronombre personal declinado *a vosotros, os*; ἀδελφοί, caso vocativo masculino plural del nombre común *hermanos*; εἰδέναι, perfecto de indicativo en voz activa del verbo οἶδα, *conocer, reconocer, saber*, aquí *reconozcáis*; τοὺς, caso acusativo masculino plural del artículo determinado declinado *a los*; κοπιῶντας, caso acusativo masculino plural del participio de presente en voz activa del verbo κοπιάω, *fatigar, cansarse, trabajar*, aquí *que trabajan*; ἐν, preposición propia de dativo *en, entre*; ὑμῖν, caso dativo de la segunda persona plural del pronombre personal *vosotros*; καὶ, conjunción copulativa *y*; προϊσταμένους, caso acusativo masculino plural del participio de presente en voz media del verbo προΐστημι, *gobernar, dirigir, presidir*, aquí *que presiden*; ὑμῶν, caso genitivo de la segunda persona plural del pronombre personal declinado *a vosotros, os*; ἐν, preposición propia de dativo *en*; Κυρίῳ, caso dativo masculino singular del nombre divino *Señor*; καὶ, conjunción copulativa *y*; νουθετοῦντας, caso acusativo masculino plural del participio de presente en voz activa del verbo νουθετέω, *dar buenos consejos, amonestar*, aquí *que amonestan*; ὑμᾶς, caso acusativo de la segunda persona plural del pronombre personal declinado *a vosotros, os.*

᾿Ερωτῶμεν δὲ ὑμᾶς, ἀδελφοί, La *Epístola* se acerca al final. Como es habitual en los escritos paulinos, la última sección se destina a recomendaciones de tipo práctico para la vida cristiana. Así ocurre también aquí. El apóstol usa un término para introducir la serie de recomendaciones, que significa *rogar*. Él tiene derecho como apóstol a establecer instrucciones que por ser *palabra del Señor*, tienen plena autoridad como mandamiento. Pero, un ruego es más afectivo que la instrucción a modo de mandamiento. Sin embargo, el término puede traducirse también como *requerimos*. Este es el segundo ruego en la

Epístola, antes hizo otro (4:1). El que puede ordenar como apóstol ruega en razón de la disposición a la obediencia que debe haber en el creyente. Cualquier ruego en la Escritura adquiere la mayor dimensión por ser palabra inspirada por Dios. Nuevamente el vocativo *hermanos* aparece, como expresión de afecto hacia quienes va dirigido el escrito. Es apóstol, pero, también es hermano, como miembro con todos los creyentes de la familia de Dios.

εἰδέναι τοὺς κοπιῶντας ἐν ὑμῖν, Como consecuencia del informe de Timoteo (3:6), habían algunas cosas que requerían corrección, entre ellas la relación respetuosa y obediente con los líderes de la iglesia. La primera necesidad era *reconocerlos*. El término adquiere aquí el sentido de *respeto*, y de reconocimiento de la posición que ocupan en la iglesia. La organización de la iglesia en tiempos apostólicos es evidente. No quedaba ninguna iglesia fundada sin que tuviese un núcleo de liderazgo de conducción, ancianos o presbíteros, que conducían y presidían la congregación (Hc. 11:30; 14:23; Tit. 1:5). El líder es constituido por el Espíritu Santo (Hch. 20:28). Además de los dones que como creyente tenga dados por el Espíritu, ha de ser apto para gobernar, con dones en ese sentido (1 Co. 12:11, 28; Ef. 4:11; Ro. 12:8). Por otro lado tiene que cumplir una serie de requisitos personales, familiares y de testimonio ante el mundo (1 Ti. 3:1-7; Tit. 1:5-9). El anciano como tal no es un don, sino un oficio, los dones son irrevocables y no se dan en razón de alguna cualidad personal, siendo para la iglesia universal (Ro. 11:29). Los oficios son establecidos por necesidad de funcionamiento de la iglesia local y, al no ser dones, pueden ser revocados cuando dejan de evidenciarse la cualidades personales demandadas para su ejercicio. El anciano en la iglesia no es un cargo vitalicio. No hacer distinción entre dones y oficios es elevar estos a la categoría de don, lo que hace que sea una situación permanente de por vida. Los ancianos presiden la congregación, orientan y guían a los creyentes, trabajando *entre* ellos. No son autoridades, ejercen autoridad en la medida en que aplican a la congregación la enseñanza autoritativa de la Palabra. El anciano no está *sobre* la iglesia, sino al mismo nivel de cualquier creyente (1 P. 5:1-3). Forman a su vez parte del pueblo de Dios que se congrega en la iglesia local, por consiguiente, ellos mismos necesitan también ser pastoreados (Hch. 20:28). Ejerciendo el liderazgo por disposición divina, deben ser reconocidos como quienes presiden en nombre del Señor.

εἰδέναι La primera necesidad de la iglesia local es *reconocer* al liderazgo. El reconocimiento no es como consecuencia del oficio que ejercen, sino por el trabajo que hacen como ejemplo de la congregación.

El anciano no comienza a ejercer el oficio después del reconocimiento, manifestando entonces su interés en el trabajo eclesial, sino que los ejercita antes, de modo que pueda ser *reconocido* por la iglesia, en base a las condiciones personales y al compromiso congregacional que manifiesta delante de todos. Reconocerles es sinónimo de obedecerles. La sujeción al liderazgo está establecida por mandato apostólico (1 Co. 16:15-16). El creyente ha de sujetarse a ellos a causa de su trabajo de velar por la grey: *"Obedeced a vuestros pastores, y sujetaos a ellos; porque ellos velan por vuestras almas, como quienes han de dar cuenta; para que lo hagan con alegría y no quejándose, porque esto no os es provechoso"* (He. 13:17). Es una referencia no a los *pastores*, en sentido de quienes tienen ese don, sino a los sobreveedores, los que ejercen el oficio de ancianos, los líderes en general, tengan o no el don de pastor. Es necesario entender que todo líder en el pueblo de Dios hace funciones pastorales. El reconocimiento tiene que ver con la obediencia que los creyentes deben a quienes han sido puestos por Dios en el oficio de conducción. El obedecerles, expresa la idea de *dejarse persuadir* por ellos. La persuasión puntualiza el razonamiento que los líderes dan para demandar la obediencia sobre algo. La autoridad que requiere obediencia es la autoridad bíblica, es decir, lo que los ancianos, sobreveedores, líderes, establecen tiene que ser sobre la base de la Palabra, única norma de fe y conducta que puede *obligar* al creyente. El oficio tiene que ver con el cuidado de la congregación. De modo que esa conducción espiritual se establece sobre bases bíblicas y razonadas. Es decir, el liderazgo no establece formas y mandatos conforme a su criterio personal ni a la tradición denominacional o histórica en que se encuentre la congregación local, sino en base a la enseñanza bíblica, asentando las demandas en la Palabra. Los líderes ejercen autoridad no por coacción, sino por persuasión (1 P. 5:1-3). Ninguno de ellos es autoridad en sí mismo, sino que el ejercicio de autoridad deriva de dos elementos: Primeramente de la Palabra que hace consistente la demanda establecida; en segundo lugar de la dirección del Espíritu que actúa en ellos. Es necesario entender bien que el liderazgo no está *sobre* la congregación, sino *entre* ella.

Una de las evidencias que manifiestan es que *trabajan entre vosotros*. El verbo κοπιάω, expresa la idea de un trabajo arduo, difícil, incluso doloroso. A esto se une la forma verbal que usa el apóstol, un participio de presente en voz activa, que establece la condición de un trabajo continuado. No es un esfuerzo puntual, sino una entrega constante a la labor de conducción de la iglesia. El mismo apóstol era ejemplo cuando dice a los ancianos de la iglesia en Éfeso: *"Por tanto, velad, acordándoos que por tres años, de noche y de día, no he cesado de amonestar con lágrimas a cada uno"* (Hch. 20:31). Los líderes de la iglesia debían recordar el tiempo de ministerio que pasó entre ellos. No influyeron las circunstancias adversas que tuvo que afrontar, ni la oposición de sus enemigos, ni los grandes conflictos desencadenados contra él. Nada limitó el tiempo que dedicaba a cuidar de los creyentes. La labor fue personalizada, amonestando con lágrimas a *cada uno*, literalmente a *uno por uno*. El trabajo tuvo que ser difícil y cansino. Nadie de la iglesia quedó sin la atención que necesitaba. La labor de visitación debió ocurrir por las noches, cuando terminaba la jornada de trabajo manual y el tiempo de enseñanza, dando entonces el tiempo que fuese preciso a cada caso y en cada circunstancia. Reconocerles es sinónimo de obedecerles, sujeción ordenada por el apóstol (1 Co. 16:15, 16). El creyente ha de sujetarse a ellos en razón de su trabajo de velar por la congregación (He. 13:17). El término *obedecer* aquí tiene en sentido de *dejarse persuadir*. Estos que gobiernan la congregación no tienen que ver con los que tienen el don de *pastor*, ya que no se refiere a ministros, sino a los que ejercen el oficio de ancianos, presbíteros, sobreveedores, líderes en general, tengan o no el don de pastores. Es necesario entender que el liderazgo de conducción hace funciones pastorales. La demanda tiene que ver con la obediencia que los creyentes deben a quienes han sido puestos por Dios en el liderazgo de la congregación. La persuasión indica un mandato razonado y razonable, no es obediencia por *imposición* sino por *persuasión*, que hace inteligibles las razones por lo que el mandato, sea cual sea, se establece. La persuasión puntualiza el razonamiento que los líderes dan para demandar la obediencia sobre algo. Ellos actúan conforme a la Palabra. Estos creyentes son los responsables del orden y conducción. Se debe entender que la conducción de la iglesia tiene necesariamente que establecerse sobre bases bíblicas y razonables. Es decir, el liderazgo no establece formas y mandatos conforme a su criterio personal, sino en base a lo que establece la Escritura, único elemento con autoridad sobre materia de fe y conducta. Los guías de la iglesia no ejercen autoridad por coacción, sino por persuasión (1 P. 5:1-3). Ninguno de ellos es *autoridad* en sí mismo, sino que el ejercicio de autoridad deriva de dos elementos: Primeramente de la Palabra que hace consistente la demanda establecida; en segundo lugar de la dirección del Espíritu que actúa en ellos. El servicio de liderazgo y su componente pastoral tiene que ver con vigilancia o supervisión sobre la congregación para que ésta no sea molestada por los enemigos del pueblo de Dios, cuya atención comienza por el mismo grupo de líderes, para evitar que de entre ellos mismos salgan quienes destruyan el rebaño de Dios (Hch. 20:28). A los guías dentro de la iglesia local, se requiere la obediencia de la congregación, porque todo cuanto ellos determinen y propongan tiene que tener base bíblica, siendo razonada la decisión que se tome ante la congregación para que la acepten como algo fundamentado en la autoridad bíblica. La obediencia se manifiesta en *subordinación*, no en sentido de siervo a dueño, sino de hermanos que agradecen a Dios el liderazgo que Él mismo levantó para conducir la iglesia. Esta subordinación conlleva el *ceder* ante algo. Demanda la aceptación de las instrucciones recibidas y la docilidad para con los líderes, cediendo ante la razón de sus palabras que descansan, no en la autoridad de ellos, sino en la Palabra de donde son tomadas. La razón principal de este *reconocimiento* al liderazgo que el apóstol establece para los tesalonicenses y, por extensión, para todos los cristianos en cualquier tiempo, es que la labor de quienes lideran es un *velar por las vidas* de los creyentes. Los líderes no se autonombran ellos a sí mismos, ni se constituyen por tradiciones familiares, ni por historia eclesiástica, sino que han sido puestos por Dios y reconocidos por la iglesia en base a condiciones personales que la Escritura establece (1 Ti. 3:1-13; Tit. 1:6-9). La idea de nombramiento de ancianos por los mismos ancianos sin contar con la iglesia, ni está en la Biblia, ni es conforme a la enseñanza general de la Escritura. El reconocimiento de ancianos desde el mismo consejo de ancianos, incorporando por decisión de grupo a otros sin la intervención de la iglesia, es un abuso de autoridad espiritual que no tiene base en la Palabra. Reconocidos y aceptados por la congregación, la responsabilidad de la iglesia está puesta sobre ellos y actúan sabiendo que deben rendir cuenta de su labor delante del Señor. Los líderes, como se ha notado antes, no sólo supervisan o son sobreveedores, sino que se desvelan a causa de las almas de los creyentes, mientras estos descansan. Eso es motivo suficiente para que la congregación *reconozca* a los que trabajan entre ella, a fin de que el ejercicio de su oficio no resulte con tristeza sino con alegría. La exhortación del apóstol a la congregación en Tesalónica pidiendo *reconocimiento* del liderazgo demanda la colaboración de ellos para que puedan hacer la labor con gozo.

καὶ προϊσταμένους ὑμῶν ἐν κυρίῳ. Otro aspecto del liderazgo es que *presiden en el Señor*. El verbo προΐστημι, en el griego clásico y también la koiné, tiene el sentido de *estar al frente*, *ocuparse de, aplicarse a*. En este caso significa *presidir, liderar*, de este modo se habla del sentido de dirección de los *presbíteros, ancianos* (1 Ti. 5:17). De ahí que los *que presiden*, cuidan de los creyentes. El sentido literal del término tiene que ver con *colocar delante*, *exponer públicamente*, de ahí que el participio de presente en voz media προϊσταμένους, equivale a *constituidos en posición preferente*. Dice el Dr. Lacueva:

"... *su mejor equivalente en castellano sería* prepósitos o prefectos, *con tal que se conserve el concepto de presidencia, no de jefatura al estilo civil, político o militar por eso, sin duda, añade Pablo, en el Señor...*"[2]

Es importantísimo el complemento: *en el Señor*. No se trata de ejercer autoridad desde la persona sino desde la identificación con Cristo, esto es, con la autoridad que el Señor otorga. Cualquier otra forma de administración en la iglesia se convierte en un diotrefismo, perverso en sí mismo, que reproduce el espíritu autoritativo del personaje a quien el apóstol Juan reprende en su escrito, que actuaba en contra de cualquier oposición en la iglesia y expulsaba de la congregación a los que no se sometían a su voluntad personal (3 Jn. 9-10). Era un egoísta y egocéntrico que buscaba el primer lugar en la congregación para actuar en beneficio personal. Este arrogante llegó a negar la autoridad del apóstol delante de la congregación. Un ejemplo semejante ilustra por contraste lo que el apóstol demanda a los tesalonicenses, respeto para quienes presiden *en el Señor*.

καὶ νουθετοῦντας ὑμᾶς Además de lo que antecede, los líderes deben ser respetados porque se encargan, en el ejercicio de su oficio eclesial, en *amonestar*. El verbo que usa Pablo νουθετέω, expresa literalmente la idea de *poner la mente en orden*. Aparece en otros lugares del Nuevo Testamento (cf. Hch. 20:31; Ro. 15:14: 1 Co. 4:14; Col. 1:28; 3:16). La misión del liderazgo es que los creyentes fijen la mente en firmes convicciones, de otro modo, orientarles con sentido espiritual. No se trata de *reprender* sino de orientar. Los creyentes bajo la enseñanza y conducción del liderazgo siguen lo que tiene que ver con la nueva mente espiritual, la de Cristo, que se ha implantado, al implantarse Él, en cada creyente, de la que el apóstol dice: *"tenemos la mente de Cristo"* (1 Co. 2:16). Los cristianos son capacitados por el Espíritu y la Palabra para conocer el pensamiento del Señor en cada uno de los pasos de la vida cristiana (Lc. 24:45). Nuevamente aparece la necesidad de un liderazgo bíblico en la iglesia, que instruya, enseñe, conduzca a los creyentes por el camino que la Palabra establece. Una enorme necesidad en un tiempo en que se está dando cada vez menos importancia al estudio de la Palabra y la formación de los creyentes.

Tres cosas se destacan en el ejercicio del liderazgo conforme a la Palabra, según las instrucciones apostólicas. Son personas que llamadas por Dios a ese oficio y reconocidos por la iglesia por sus condiciones

---

[2] F. Lacueva. Matthew Henry. Tesalonicenses, pág. 311.

personales, se ocupan de: *trabajar por el bien espiritual de los fieles, presidir y amonestar.*

13. Y que los tengáis en mucha estima y amor por causa de su obra. Tened paz entre vosotros.

καὶ ἡγεῖσθαι αὐτοὺς ὑπερεκπερισσοῦ ἐν ἀγάπῃ
Y que consideréis como los muy por encima de toda media en amor,
διὰ τὸ ἔργον αὐτῶν. εἰρηνεύετε ἐν ἑαυτοῖς.
por el trabajo de ellos. Vivid en paz entre vosotros mismos.

Notas y análisis del texto griego.

Cerrando la primera exhortación del párrafo, escribe: καὶ, conjunción copulativa *y*; ἡγεῖσθαι, presente de infinitivo en voz media del verbo ἡγέομαι, *conducir, creer, opinar, considerar como*, aquí *que consideréis como*; αὐτοὺς, caso acusativo masculino de la segunda persona plural del pronombre personal declinado *a ellos, los*; ὑπερεκπερισσοῦ, adverbio de modo *muy por encima de toda media*; ἐν, preposición propia de dativo *en*; ἀγάπῃ, caso dativo femenino singular del nombre común *amor*; διὰ, preposición propia de acusativo *por, a causa de*; τὸ, caso acusativo neutro singular del artículo determinado *el*; ἔργον, caso acusativo neutro singular del nombre común *trabajo*; αὐτῶν, caso genitivo de la tercera persona plural del pronombre personal declinado *de ellos*; εἰρηνεύετε, segunda persona plural del presente de imperativo en voz activa del verbo ειρηνεύω, *vivir en paz*, aquí *vivid en paz*; ἐν, preposición propia de dativo *en, entre*; ἑαυτοῖς, caso dativo masculino de la segunda persona plural del pronombre reflexivo *vosotros mismos.*

καὶ ἡγεῖσθαι αὐτοὺς ὑπερεκπερισσοῦ ἐν ἀγάπῃ. Otras dos cosas se demanda de los creyentes en relación con los líderes de la iglesia. La primera es que se les considera como dignos de gran amor. El apóstol sabe que quienes lideran la iglesia local tienen muchas veces que actuar con energía aunque siempre con amor, para corregir a los que no están en orden. Una función así genera en el creyente poco espiritual un rechazo contra el líder que lleva aparejada una falta de amor. Esto conduce muchas veces a hablar desprestigiándolo. El cristiano que es hijo de la luz y del día, no sólo deja de murmurar contra quienes presiden la congregación, sino que se niega a oír nada contra ellos (1 Ti. 5:19). El problema de la murmuración contra los guías de la iglesia es un asunto grave (1 Co. 10:10). Una solemne advertencia bíblica se pone de manifiesto en la actuación maledicente que algunos del pueblo de Israel tuvieron contra Moisés, siendo objeto del juicio divino (Nm.14:2, 11-12). El que murmura contra quien Dios ha puesto en un oficio, está murmurando contra Dios mismo (Nm. 14:27). La rebeldía, que entraña una falta de amor, era contra Moisés y Aarón, pero realmente era contra Dios que los había puesto en ese lugar de servicio. Una muestra de amor se evidencia cuando la iglesia sustenta dignamente a quienes están dedicados todo el tiempo a la obra del Señor (1 Ti. 5:17, 18). Nótese que no se trata aquí de los que han sido llamados para el servicio del Señor como misioneros o pastores, sino que incluye a los hermanos que dejan todo para *servir en la iglesia local*, por necesidades de la misma. Se exige tratarlos con respeto y consideración, no sólo por lo que hacen en el servicio, sino por ser mayores en edad (1 Ti. 5:1).

διὰ τὸ ἔργον αὐτῶν. En el deber de amarles hay un estímulo para ello y un complemento. El creyente debe acordarse del trabajo que ellos realizan. De otro modo lo enseña la *Epístola a los Hebreos*, cuando dice: *"Acordaos de vuestros pastores, que os hablaron la palabra de Dios; considerad cuál haya sido el resultado de su conducta, e imitad su fe" (He. 13:7)*. El trabajo es arduo. Se trata de una continua supervisión sobre la congregación que el Señor ha puesto bajo su liderazgo. Ya se ha considerado esto antes. El ejemplo del trabajo del apóstol es notable en relación con la obra de los ancianos de la congregación. Muchas horas de dedicación a la oración y al estudio de la Palabra para responder a las necesidades del pueblo de Dios y enseñarlos en la fe. Esta tarea ejemplar es digna de ser apreciada y con ello, el amor se desarrolla. No pide un amor cualquiera, sino un amor grande. Para dar una mayor dimensión utiliza un adverbio que expresa lo que pudiera ser más grande ὑπερεκπερισσοῦ, y que se traduce como *muy por encima de toda media*. Amarles de este modo trae aparejado el obedecerles, como el Gran Pastor de las Ovejas decía a los suyos: *"Si me amáis, guardad mis mandamientos"* (Jn. 14:15). La razón para ese amor es el trabajo que hacen. El verbo utilizado en el griego se aplica a un trabajo hecho con gran esfuerzo que produce agotamiento. Usado en ocasiones para un trabajo manual difícil (Ef. 4:28; 2 Ti. 2:6). También para el trabajo espiritual (Gá. 4:11; Fil. 2:16; 1 Ti. 4:10; 5:17; 1 Ts. 1:3 *"trabajo de amor"*).

εἰρηνεύετε ἐν ἑαυτοῖς. Como consecuencia de un trato incorrecto y una postura contraria a la enseñanza anterior para los líderes de la iglesia, el conflicto entre creyentes puede, y de hecho se produce. La paz desaparece cuando aparece la crítica contra los ancianos o sobreveedores de la iglesia. La paz se restablece en base a sujetarse a la disciplina eclesial. Como si Pablo dijera: *En lugar de las críticas entre vosotros contra los que os presiden, seguid sus instrucciones de tal modo que la paz reine por ausencia de divisiones.* No se trata aquí de conservar la paz interior, sino de *practicar* la paz con los demás. La construcción gramatical de la oración es clara, cuando al referirse a mantener la paz *unos con otros*. Los cristianos somos llamados a tener paz con todos los hombres (Ro. 12:18), mucho más a seguirla en el seno de la congregación. La paz con todos define la realidad de la vida de fe. Por la regeneración el creyente ha sido introducido en la esfera de la paz. Primeramente en el disfrute de la paz de relación con Dios, de la que Jesús habló a los suyos en la última cena, cuando dijo: *"la paz os dejo"* (Jn. 14:27). Pero quien vive en paz con Dios, vive en paz con los hermanos. Cristo calificó al verdadero creyente de *pacificador*, llamándole también *bienaventurado* (Mt. 5:9). El que obedece a la instrucción del apóstol *vive la paz*, de modo que la busca y la promueve insistentemente. La identificación con Cristo convierte al creyente en algo más que un pacífico, lo hace un *pacificador*. Esta es la forma natural de quien vive la vida que procede del *Dios de paz* (v. 23). Como testimonio ante el mundo la vida de paz entre los cristianos es vital. Los que experimentan la nueva vida de que fueron dotados en la regeneración, buscan y viven lo que Dios hizo en ellos, esto es, la verdadera paz. Son personas que tal vez hablan poco de paz, pero viven esa experiencia; de otro modo, no son cristianos conflictivos, buscando agradarse a ellos mismos, sino que son capaces de renunciar a su derechos con tal de mantener la paz. El que ha experimentado la realidad de la paz de Dios se convierte en un pacificador. Si no procura la paz y la sigue, debe preguntarse si ha tenido alguna experiencia personal con el Dios de paz. La diferencia entre un cristiano normal y cristiano que busca y sigue la paz, es que el segundo vive al Dios de paz de tal modo que no necesita palabras para hablar de paz. Por ello, las contiendas y conflictos entre creyentes, no pueden entenderse desde una vida en dependencia del Espíritu Santo. La actitud del cristiano debe favorecer siempre la paz (Pr. 15:1). El carácter iracundo suscita contiendas (Pr. 15:18), por tanto la paz consiste en manifestar amor (Pr. 10:12). El verdadero cristiano busca una relación de paz con los hermanos (Ro. 14:19). Algunos justifican sus contiendas como el resultado de la defensa de la doctrina, que no les permite admitir a una relación hermanable a quienes no piensan de idéntica manera. Estos son *adoradores de la doctrina*, a la que han levantado un altar sobre el que son capaces de sacrificar la paz. Conocen la teología de la paz, pero ignoran la eficacia de ella. La vida cristiana no consiste en definiciones, principios humanos, convicciones personales, sino en vivir a Cristo obedeciendo Sus mandamientos y honrando Su Palabra.

Ayuda fraternal (5:14-15).

14. También os rogamos, hermanos, que amonestéis a los ociosos, que alentéis a los de poco ánimo, que sostengáis a los débiles, que seáis pacientes para con todos.

Παρακαλοῦμεν δὲ ὑμᾶς, ἀδελφοί, νουθετεῖτε τοὺς ἀτάκτους,
Y rogamos os, hermanos, amonestad a los desordenados,
παραμυθεῖσθε τοὺς ὀλιγοψύχους, ἀντέχεσθε τῶν ἀσθενῶν,
animad a los pusilánimes, sostened a los débiles,
μακροθυμεῖτε πρὸς πάντας.
tened paciencia con todos.

Notas y análisis del texto griego.

Orientando a los creyentes a la ayuda mutua, dice: Παρακαλοῦμεν, primera persona plural del presente de indicativo en voz activa del verbo παρακαλέω, *llamar, pedir, rogar, invitar, consolar*, aquí *rogamos*; δὲ, partícula conjuntiva que hace las veces de conjunción coordinante, con sentido de *pero, más bien, y, y por cierto, antes bien*; ὑμᾶς, caso acusativo de la segunda persona plural del pronombre personal declinado *a vosotros, os*; ἀδελφοί, caso vocativo masculino plural del nombre común *hermanos*; νουθετεῖτε, segunda persona plural del presente de imperativo en voz activa del verbo νουθετέω, *instruir, enseñar, dar buenos consejos, amonestar*, aquí *amonestad*; τοὺς, caso acusativo masculino plural del artículo determinado declinado *a los*; ἀτάκτους, caso acusativo masculino plural del adjetivo *indisciplinados, ociosos*; παραμυθεῖσθε, segunda persona plural del presente de imperativo en voz activa del verbo παραμυθέομαι, *animar*, aquí *animad*; τοὺς, caso acusativo masculino plural del artículo determinado declinado *a los*; ὀλιγοψύχους, caso acusativo masculino plural del adjetivo *tímidos, pusilánimes*; ἀντέχεσθε, segunda persona plural del presente de imperativo en voz media del verbo ἀντέχομαι, *sostener, atender*, aquí *sostened*; τῶν, caso acusativo masculino plural del artículo determinado declinado *a los*; ἀσθενῶν, caso acusativo masculino plural del adjetivo *débiles*; μακροθυμεῖτε, segunda persona plural del presente de imperativo en voz activa del verbo μακροθυμέω, *ser paciente,* aquí *sed pacientes*; πρὸς, preposición propia de acusativo *con*; πάντας, caso acusativo masculino plural del adjetivo indefinido *todos.*

Παρακαλοῦμεν δὲ ὑμᾶς, ἀδελφοί, νουθετεῖτε τοὺς ἀτάκτους, De nuevo el ruego del apóstol dirigido hacia quienes llama una vez más en la *Epístola*, hermanos. Aparece nuevamente el mismo verbo *amonestar* (v. 12), solo que en esta ocasión no está en participio de presente sino en imperativo, quiere decir que el apóstol establece un mandamiento para los creyentes. La exhortación antes estaba en manos de los líderes de la iglesia, ahora se extiende a un trabajo de amor para todos los hermanos. La amonestación tiene que ver con un grupo al que se califica de ἀτάκτους, *desordenados*, literalmente tiene este sentido, es decir, sin sumisión a la disciplina. Algunas versiones traducen el adjetivo por *ociosos*, sin embargo el sentido de la palabra es *sin disciplina*. Estos perturbaban el buen orden de la congregación con su estilo de vida. Posiblemente se trate de personas que considerando la inminencia del regreso del Señor, habían dejado de trabajar y se movían por los hogares de los creyentes, de modo que aprovechando el amor cristiano eran atendidos sin que tuviesen que trabajar para ganarse el sustento cotidiano. Son los fanáticos entrometidos y ociosos de la carta (4:11, 12; 2 Ts. 3:10). Lo que ha de hacerse con ellos es *amonestarlos, exhortarles*, para que cambien de actitud. La amonestación debe conducir a que se sujeten a la Palabra. El paso siguiente ha de ser un grado mayor de disciplina por desobediencia (2 Ts. 3:14-15). Los que deben ejercer este ministerio de amonestación que entraña un corazón que ama y busca que el hermano rectifique en su conducta, son todos los creyentes. En lugar de oír a los descontentos y ociosos, el cristiano debe amonestarles. El apóstol que es ejemplo de trabajo, considera éste como una honra para quien lo practica, mientras que condena sin reserva a los ociosos, aunque éstos no trabajen por motivos espirituales que ellos mismos usan para su justificación.

παραμυθεῖσθε τοὺς ὀλιγοψύχους, El segundo mandamiento tiene que ver con *alentar a los pusilánimes*. El verbo que se usa aquí παραμυθέομαι, también aparece antes (2:11) en cuyo lugar se traduce por *consolar*, como en otros lugares (cf. Jn. 11:19, 31). El consuelo alentador está dirigido en bien de quienes se les llama *débiles*, literalmente *pusilánimes*. La idea es acercarse a ellos, estar a su lado para ayudarles. Es la misma instrucción que aparece en el Antiguo Testamento: *"Decid a los de corazón apocado: Esforzaos, no temáis; he aquí que vuestro Dios viene con retribución, con pago; Dios mismo vendrá, y os salvará"* (Is. 35:4). Sin duda algunos creyentes de la iglesia en Tesalónica habían visto dormir en Cristo a algunos de los suyos, y esto les habría afectado intensamente (4:13-18). Es posible también que hubiese quienes frente a la persecución por Cristo se sintiesen desalentados y desanimados, sin fuerzas para seguir. A éstos no se les podía condenar por falta de fe, sino que debía ejercerse con ellos un ministerio de aliento. Literalmente el adjetivo ὀλιγοψύχους, significa *de alma pequeña*. Es fácil hablar de firmeza en la fe, pero no siempre el creyente tiene fuerzas para superar una dificultad intensa. Los grandes hombres de fe en la Escritura dan, en alguna ocasión, muestra de desaliento. Moisés ante la carga que suponía la actitud del pueblo hacia él, pide al Señor que le de muerte (Nm. 11:15). Elías el valiente profeta que se atrevió a presentarse solo delante de los profetas de Baal en el monte Carmelo, estaría poco después, debajo de un árbol deseando morir (1 R. 19:4). Ambos hombres habían entrado en depresión y necesitaban ser *animados*. Dios lo hizo con ambos, sin ningún tipo de reprensión. Hay quienes sumidos en un alto sentido de la espiritualidad y de la fe, afirman que ningún creyente puede entrar en depresión, que sólo ocurre para quienes tienen pecado oculto sin confesar. Es verdad que el pecado puede producir desaliento y desánimo en la vida de quien no lo confiesa y se aparta, pero no es menos cierto que la tensión producida por la tristeza, el conflicto o la persecución puede conducir a la depresión a un creyente que vive una vida de santidad. Por la ignorancia de muchos que sostienen que el creyente no puede deprimirse se ha hecho gran daño a hermanos a quienes, además de no ayudarles en la recuperación, se les ha incrementado la depresión al añadirles un sentimiento artificial de culpa. El Espíritu Santo hace una labor de aliento y ayuda al creyente, por tanto éste puede ser un instrumento en Sus manos para ayudar a otros.

ἀντέχεσθε τῶν ἀσθενῶν, Otro aspecto del mandamiento o, si se prefiere, otro mandamiento pone delante del creyente la labor de *sostener a los débiles*. Es prestar el apoyo moral o espiritual a quien lo necesita. Soportarles equivale a sustentarles. El hermano débil es aquel cuyo desarrollo le mantiene en infancia espiritual. Estos no deben ser inquietados. La palabra clave del versículo es ἀσθενῶν, *débil*, que se utiliza para referirse a un enfermo, o a quien presenta alguna debilidad. El problema aquí tiene que ver con la *debilidad en la fe*. El hermano *débil* es equivalente a un *niño espiritual*, esto es, un creyente que no ha alcanzado la madurez que corresponde al hombre adulto en Cristo. Es una persona que carece de amplio discernimiento bíblico para decidir sin limitaciones de conciencia sobre asuntos propios de la vida cotidiana. El hermano *débil* tiene una conciencia sensibilizada por sus muchas dudas tocantes a la vida de fe. Pudiera tratarse de cristianos que han sido poco instruidos en la Palabra y que conservan las antiguas tradiciones del sistema religioso desde el que han sido alcanzados para Cristo. Estos cristianos, como niños en Cristo, son fácilmente llevados de un lugar a otro por falsos maestros (Ef. 4:14). Son hermanos que viven siempre inquietos por si estarán actuando bien o mal en lo que hacen. Generalmente no crean conflictos en la iglesia, pero sufren íntimamente cuando ven a otros hermanos haciendo lo que para ellos es contrario a la forma propia de una correcta vida cristiana. La presencia del *débil* con sus temores y dificultades de comprensión, puede excitar el ánimo de quienes son espiritualmente *fuertes* para entablar una confrontación con él por sus miedos y sus debilidades. Nadie tiene derecho a criticar o contender con hermanos por escrúpulos personales. Lo que debe hacerse con el débil es instruirle de modo que mediante la enseñanza de la Palabra aplicada a su conducta con humildad y mansedumbre, cuantas veces sean necesarias, se logrará que llegue a entender. En lugar de poner obstáculos en su camino, el hermano espiritual vendrá al lado del débil para sostenerle y ayudarle (Ro. 14:13-15, 19-21; 15:1-3). La grave responsabilidad del que sirve de tropiezo a un niño, debe ser aplicado al débil: que no son para el Señor otra cosa que *"pequeños que creen en mí"* (Mt. 18:6).

μακροθυμεῖτε πρὸς πάντας. La última advertencia es un llamamiento a la *paciencia*. Este es un fruto del Espíritu. Es una virtud de Dios y del hombre que está unido a Jesucristo. Algunos consideran que Dios invita al creyente a imitar esta perfección divina, sin embargo debido a la incomparable dimensión de la paciencia divina, se entiende que sólo Dios mismo, por su Espíritu, puede generarla en la vida del creyente. Continuamente, la longanimidad de Dios conduce al arrepentimiento (Ro. 2:4). La expresión de esa perfección es que Él soporta con mucha paciencia a los hombres que se han hecho acreedores de su ira. La paciencia solo es posible para quien *anda en el Espíritu*. La *paciencia* o *longanimidad*, es equivalente a la *tolerancia* y significa una manifestación de *anchura de ánimo*. La paciencia divina es ilimitada (Ex. 34:6; Sal. 86:15). De ahí que tolere al pecador en su paciencia, cuando lo que merecería en justicia es el castigo por su pecado (Ro. 2:4; 9:22; 2 P. 3:9, 15). Esta paciencia divina, como se ha dicho, es operada en el creyente por el Espíritu Santo (Col. 1:11). Por esa razón, como la presencia del Espíritu es continua en el creyente, se demanda de él la paciencia (Col. 3:13; Stg. 5:7-8). La paciencia debe, por tanto, manifestarse en la vida cristiana (Ef. 4:2-3; 1 Ts. 5:14). Esta es una de las condiciones personales requeridas para los líderes de la iglesia, especialmente para los maestros (2 Ti. 4:2). Sin embargo el apóstol se refiere a la paciencia de todos los creyentes debemos tener para con los demás. Especialmente necesaria en el ejercicio de la disciplina contra los que no andan ordenadamente, comenzando por un tiempo de paciencia para que el desordenado tenga ocasión de rectificar. No estar dispuestos a un corte precipitado, sino dar tiempo a la reacción del amonestado. Ese es el ejemplo admirable de Dios en la parábola de la higuera infructífera, que en lugar de cortarla la deja un año más esperando pacientemente que lleve fruto (Lc. 13:8).

15. Mirad que ninguno pague a otro mal por mal; antes seguid siempre lo bueno unos para con otros, y para con todos.

ὁρᾶτε μή τις κακὸν ἀντὶ κακοῦ τινι ἀποδῷ, ἀλλὰ πάντοτε
Mirad no nadie mal por mal alguno devuelva, sino siempre
τὸ ἀγαθὸν διώκετε [καὶ][1] εἰς ἀλλήλους καὶ εἰς πάντας.
lo bueno seguid y con unos con otros y con todos.

Notas y análisis del texto griego.

Dentro de las advertencias éticas, dice: ὁρᾶτε, segunda persona plural del presente de imperativo en voz activa del verbo ὁράω, *ver, mirar, notar, observar*, aquí *mirad*; μή, partícula que hace funciones de adverbio de negación *no*; τις, caso nominativo masculino singular del pronombre indefinido *nadie*; κακὸν, caso acusativo neutro singular del adjetivo *mal*; ἀντὶ, preposición propia de genitivo, *por*; κακοῦ, caso genitivo neutro singular del adjetivo *mal*; τινι, caso dativo masculino singular del adjetivo indefinido *alguno*; ἀποδῷ, tercera persona singular del aoristo segundo de subjuntivo en voz activa del verbo ἀποδίδομι, *pagar, recompensar, devolver, dar*, aquí *devuelva*; ἀλλὰ, conjunción adversativa *sino*; πάντοτε, adverbio de tiempo *siempre*; τὸ, caso acusativo neutro singular del artículo determinado *el*; ἀγαθὸν, caso acusativo neutro singular del adjetivo *bueno*; διώκετε, segunda persona plural del presente de imperativo en voz activa del verbo διώκω, *perseguir, correr en pos de, seguir*, aquí *seguid*; καὶ, conjunción copulativa *y*; εἰς, preposición propia de acusativo *con*; ἀλλήλους, caso acusativo masculino plural del pronombre recíproco *unos con otros, unos a otros*; καὶ, conjunción copulativa *y*; εἰς, preposición propia de acusativo *con*; πάντας, caso acusativo masculino plural del adjetivo indefinido *todos*.

Crítica Textual. Lecturas alternativas.

[1]καὶ, *y*, lectura atestiguada en 𝔭^{30}, ℵ^{2}, B. K. L. P. Ψ. 0278. 81. 104. 365. 630. 1175. 1241. 1505. 𝔐. vg$^{st.ww}$. sir^{h}.
Se omite en ℵ*. A. D. F. G. 6. 33. 1739. 1881. 2464. it. vg^{cl}. sir^{p}. Ambrosiaster. Speculum.

ὁρᾶτε. La exhortación toma ahora no sólo la condición de mandamiento sino la advertencia para estar atentos a él. La frase se inicia con un presente de imperativo ingresivo, *mirad*, que equivale a *prestad atención, estad atentos*, a lo que sigue.

μή τις κακὸν ἀντὶ κακοῦ τινι ἀποδῷ, La atención debe prestarse para que nadie devuelva a otro mal por mal. Esta es una demanda y una enseñanza general de la Palabra. El Señor fue firme cuando dijo ante quienes entendían que no se debía amar a los enemigos: *"Pero yo os digo: Amad a vuestros enemigos, bendecid a los que os maldicen, haced bien a los que os aborrecen, y orad por los que os ultrajan y os persiguen"* (Mt. 5:44). No se trataba de devolver mal por mal sino todo lo contrario. El Señor especifica quienes deben ser objetos del amor cristiano. No se trataba de amar a los que son afables y próximos, sino a los enemigos, los que hablan mal, los que aborrecen, los que ultrajan y los que persiguen. El amor no puede ser teórico sino real (1 Jn. 3:18). No es suficiente con que no haya deseos de venganza, sino restituirles con bien cuando se está recibiendo mal. El ejemplo de Jesús debe servir como motivo de vida al cristiano. En la Cruz pidió por sus verdugos y justificó ante el Padre como de ignorancia lo que era un crimen debidamente organizado y premeditado (Lc. 23:34). Así también actuarán quienes no sólo hablan de Cristo, sino mucho más, viven a Cristo. El amor real debe ser sin fingimiento (Ro. 12:9). No es posible que esto sea amor procedente del hombre, sino de Dios, derramado en el corazón de cada creyente por el Espíritu Santo (Ro. 5:5). Es el amor que se manifiesta sin palabras, con el hecho portentoso de la muerte expiatoria de Cristo a favor de quienes éramos pecadores (Ro. 5:8). El amor viene a ser expresión permanente de la vida cristiana y distintivo universal de los creyentes. Es un amor sin vanas expresiones de afecto meramente exteriores, que lo convierten en *hipocresía* y que es la forma mas indigna de la mentira. Este amor de los unos hacia los otros es la expresión visible de vida cristiana, ya que el cristiano tiene la obligación moral, por identificación con Cristo, de amar a todos, incluidos los malos, pero, en forma muy especial el amor es la relación natural entre hermanos, hijos del mismo Padre, miembros del mismo cuerpo. El apóstol enseña que se preste mucha atención, *mirad*, para que nadie pague a otro mal por mal. Sin embargo lo que pareciera una pasividad, esto es, no hacer nada malo a otro, se convierte en dinámica de vida cuando, en otro lugar escribe el mismo apóstol: *"Así que, según tengamos oportunidad, hagamos bien a todos, y mayormente a los de la familia de la fe"* (Gá. 6:10). Durante todo el tiempo de nuestra vida debemos expresar la vinculación con Cristo, en un obrar conforme a Él, en el poder del Espíritu. La vida cristiana es activa y no pasiva, es decir, no es suficiente con que no hagamos mal, viviendo en la carne, sino que debemos hacer continuamente el bien, puesto que Jesús, que se hace vida en nosotros, pasó por la vida *"haciendo bienes"* (Hch. 10:38). El tiempo para hacer el bien no dura siempre, por tanto debemos aplicarnos en cada oportunidad que tengamos. Cada día Dios presenta oportunidades de hacer bien, y mostrar a todos en nuestra vida la realidad de lo que es ser *de la luz y del día*. El no devolver mal por mal tiene un sentido mayor en relación con los hermanos. Los creyentes constituimos una familia a la que debemos amor en verdad (1 Jn. 3:17, 18). Los hermanos en la fe ocupan un lugar especial entre el prójimo.

Lamentablemente a pesar de la solemne advertencia *mirad* para no devolver a nadie mal por mal, no es la práctica generalizada en la vida de algunos cristianos, que son incapaces de amar sin condiciones y devolver bien por mal en toda ocasión.

ἀλλὰ πάντοτε τὸ ἀγαθὸν διώκετε [καὶ] εἰς ἀλλήλους καὶ εἰς πάντας. La exhortación orienta la acción hacia el bien de todos. Anteriormente el apóstol exhortó a la *paciencia*, ahora la práctica de esa virtud está vinculada con la ordenanza. El que no tiene *paciencia* toma represalias cuando recibe una ofensa. Muchas veces se toma lo que se llama *ley del talión*, dada en el Antiguo Testamento, *"ojo por ojo, diente por diente, mano por mano, pie por pie, quemadura por quemadura, herida por herida, golpe por golpe"* (Ex. 21:24, 25; Lv. 24:20; Dt. 19;21), como la licencia para devolver conforme a lo que recibimos, olvidando que esta ley no legitima la venganza, sino que advierte a los jueces, para quienes se da, sobre la equidad en la justicia, de no sancionar nada más allá de la justa medida. En lugar de devolver *mal por mal*, el cristiano ha de *correr* tras lo que es bueno y esto en relación con el otro. Esta manifestación de bondad hacia el prójimo alcanza primero a los hermanos en la fe, y luego a todo el mundo, incluyendo los enemigos.

Deberes espirituales (5:16-22).

16. Estad siempre gozosos.

Πάντοτε	χαίρετε,
Siempre	estad gozosos

Notas y análisis del texto griego.

Añadiendo otra exhortación, escribe; Πάντοτε, adverbio de tiempo *siempre*; χαίρετε, segunda persona plural del presente de imperativo en voz activa del verbo χαίρω, *gozarse, alegrarse, estar bien*, aquí *estad gozosos*.

Πάντοτε χαίρετε, La demanda a modo de mandamiento es a experimentar el gozo en toda circunstancia. No cabe duda que los tesalonicenses estaban pasando por dificultades y experimentando persecuciones que podían afectarles en la experiencia del gozo. Sin embargo el gozo, como resultado de la acción del Espíritu, es interior, las pruebas y dificultades están fuera, de modo que éstas no tienen porque afectar negativamente en relación con el gozo. Aún en medio de la aflicción puede haber gozo. Las manifestaciones del Espíritu son cualidades sobrehumanas del carácter. Ninguna de ellas puede producirse por habilidad o recursos del hombre natural. El carácter cristiano no se alcanza por esfuerzo tenaz del creyente, sino por dependencia absoluta y entrega incondicional al Espíritu Santo. El gozo es la consecuencia de una acción divina que no puede alcanzarse ni tan siquiera como resultado de un penoso esfuerzo propio, y se hace experiencia personal en el creyente cuando la relación correcta con el Espíritu no es estorbada. La voluntad de Dios es que seamos hechos conformes a la imagen de su Hijo (Ro. 8:29). Esta voluntad divina nunca podrá ser lograda dependiendo de la capacidad humana (Ro. 7:15-25), porque depende de que los creyentes no anden conforme a la carne, sino conforme al Espíritu (Ro. 8:4). La victoria es por medio de Jesucristo en quien el pecado es perdonado en toda la dimensión (Col. 1:14) y es llevado cada día en triunfo (2 Co. 2:14), fortalecidos en el poder de Su fuerza (Ef. 6:10). Es el Espíritu quien fortalece el hombre interior (Ef. 3:16). De ahí que el secreto para la vida victoriosa sea dejarse conducir por el Espíritu (Gá. 5:16). El mandamiento del apóstol no se cumple por esfuerzo del cristiano, sino por dependencia del Espíritu, de ahí la responsabilidad establecida en el mandamiento de *estar siempre gozosos.*

El gozo es la segunda manifestación del único fruto del Espíritu. El gozo puro es el gozo en Dios, como fuente y objeto del mismo. Dios es el Dios del gozo (Sal. 104:31). En el Nuevo Testamento se utiliza el término χαρά, *gozo*, para referirse a la alegría íntima del corazón. Pablo utiliza el término bajo la influencia de pasajes del Antiguo Testamento. El gozo, o el júbilo llega a los gentiles en el mensaje del evangelio. El gozo de Cristo aplicado a la vida cristiana por el Espíritu Santo, es algo que el mundo no puede conocer ni experimentar. Este gozo que se hace experiencia en el cristiano es el mismo gozo que sentía Jesús, por eso, lo que se manifiesta por la acción del Espíritu es Su gozo (Jn. 15:11).

El gozo se manifiesta en cualquier circunstancia o situación externa. El mundo no puede aceptar la separación de los creyentes de su control, amenazándolos con odio y persecución (Jn. 15:19; 16:2). Sin embargo el gozo no disminuye en el conflicto porque Jesús ha vencido al mundo (Jn. 16:33; 1 Jn. 1:4), de modo que hay gozo porque nada puede hacer ya el mundo con quienes no solo no son de él, sino que lo han vencido en Cristo. De modo que el gozo de la condición cristiana sólo se puede poseer en paradójica alternancia con la tristeza, la tribulación y la inquietud, porque es ahí cuando el gozo demuestra toda la intensidad y la fuerza. La alegría por la salvación permanece en tensión con la tribulación, de manera que en medio de situaciones que el hombre considera como desalentadoras e incluso escarnecedoras, está el consuelo divino en la tribulación, descansando en el Dios del gozo y de la bendición. En medio del conflicto, persecución o prueba, el gozo debe ser manifestado como resultado de la acción del Espíritu en la vida del cristiano (Hch. 5:40-41; 16:22-25). Nada puede impedir que el Espíritu lo produzca en quien está entregado totalmente a Él. Esa es la razón por la que el apóstol puede decir: *"regocijaos en el Señor siempre. Otra vez digo: ¡Regocijaos!"* (Fil. 4:4). Esa es la causa que hace firme el mandamiento del versículo: *"Estad siempre gozosos"*. El gozo es el mejor remedio para le envidia (Ro. 12:15). El gozo se expresa exteriormente en alegría, de ahí que esa filosofía de un creyente serio, distante, alejado de las sanas distracciones, ausente de un correcto esparcimiento, que disfruta de la vida y saborea lo que Dios da, no es un buen testimonio, sino todo lo contrario. Un creyente con rostro triste, es un triste creyente.

17. Orad sin cesar.

ἀδιαλείπτως προσεύχεσθε,
Sin cesar orad.

Notas y análisis del texto griego.

Estableciendo otro mandamiento, dice: ἀδιαλείπτως, adverbio de tiempo *sin cesar, continuamente*; προσεύχεσθε, segunda persona plural del presente de imperativo en voz media del verbo προσεύχομαι, *hacer oración, orar*, aquí *orad*.

ἀδιαλείπτως προσεύχεσθε, En una lectura rápida pareciera que el apóstol establece aquí un mandamiento que es el de la práctica continuada de la oración, sin embargo, está plenamente vinculado con el uso de la armadura a la que se ha referido antes (v.8). En otro lugar habla de la oración como parte del armamento espiritual, ya que por medio de la oración se alcanzan las fuerzas para utilizar todas las piezas de la panoplia divina (Ef. 6:17-18). La batalla es de Dios, el creyente ha de mantenerse firme en el lugar de victoria en que fue colocado. Las fuerzas provienen también de Dios y el creyente buscará el recurso de poder mediante la oración de dependencia. Es Dios el que esfuerza al creyente, porque es Dios quien da las fuerzas porque *"Él da esfuerzo al cansado, y multiplica las fuerzas al que no tiene ningunas"* (Is. 40:29). La fortaleza al cansado nace del poder de Dios en él, porque *"Dios es el que en vosotros produce así el querer como el hacer, por su buena voluntad"* (Fil. 2:13). La matemática divina es asombrosamente contraria a la humana; en el campo de los hombres cualquier cantidad, por grande que sea, multiplicada por cero, siempre resulta cero. Pero

Dios multiplica el cero de nuestras fuerzas poniendo las suyas en donde no hay ningunas y conduciéndonos a la victoria. La victoria se alcanza mediante el recurso de la oración de fe. Una ilustración interesante es el modo en que el pueblo de Israel consiguió victoria frente a Amalec, por medio de la oración intercesora de Moisés (Ex. 17:8-16). Las fuerzas personales son un fracaso ante los enemigos más poderosos que son las huestes de maldad en las regiones celestes, a no ser que actúe en todo la fuerza de Dios (Zac. 4:6). Pablo, por tanto, no abandona el contexto de la armadura de Dios, porque la oración es otra arma más de Dios, puesta al alcance y como recurso para el creyente.

La oración debe ser practicada *siempre*, es decir, debe ser constante. Se trata de una oración incesante. Cualquier asunto de la vida cristiana debe ser tratado en oración, mucho más cuando se trata de resistir las acciones del enemigo. Para algunos la oración es asunto de recurso en los momentos de grandes dificultades. Dios la establece en todo tiempo. Cristo mismo da ejemplo. Basta la lectura corrida de los evangelios para verificar que Jesús fue un hombre de oración. Él oraba en todo momento. Lo hacía de un modo diferente al ritualismo de los fariseos, de modo que los discípulos le pidieron que les enseñara a orar. Oraba en gratitud (Jn. 11:41), pero lo hacía también en la angustia cuando la oración se hace lágrimas y palabras de clamar. Oraba en la cruz (Sal. 22:1) y entregaba su vida en oración (Lc. 23:46). Cristo dedicó tiempo a la oración con verdadera insistencia, de modo que en alguna ocasión pasó toda la noche haciéndolo (Lc. 6:12). El Señor buscaba tiempo tranquilo para orar, por tanto, mientras algunos aún dormían, Él se levantaba temprano cuando el día no había comenzado y buscando un lugar aislado oraba (Mr. 1:35). Iba con frecuencia a lugares solitarios (Lc. 5:16). El Señor oraba en los momentos decisivos, cuando tenía que tomar una decisión importante, como era la elección de los doce discípulos (Lc. 6:12-13). Cuando tenía delante el final del ministerio con cuanto suponía la Cruz, Jesús oraba (Lc. 9:28-29). En el momento crucial de la agonía lo hizo intensa y largamente (Lc. 22:41-42), oración hecha con gran clamor y lágrimas (He. 5:7). Al final de la experiencia de abandono en la Cruz (Mt. 27:46). Jesús oraba conforme a la voluntad de Dios, como Él mismo afirma en la resurrección de Lázaro (Jn. 11:41-42). Oraba confiada pero insistentemente, como ejemplo la oración en Getsemaní. Cristo oraba también en intercesión por los suyos, a favor de otros, pidiendo asuntos concretos para ellos: *"yo ruego por ellos"* (Jn. 17:9); *"guárdalos en tu nombre, para que sean uno"* (Jn. 17:11); *"guárdalos del mal"* (Jn. 17:15); *"santifícalos en tu verdad"* (Jn. 17:17). Su oración se extendía a todos los creyentes: *"No solo por estos, sino también por los que han de creer en mí por la palabra de ellos"* (Jn. 17:20). El mismo Señor pronunció una parábola para enseñar a los suyos la necesidad de orar siempre sin desmayar (Lc. 18:1). El ejemplo de Pablo, siguiendo las pisadas del Maestro es también un ejemplo de oración, abriendo la mayor parte de sus escritos recordando su compromiso de oración a favor de los destinatarios (cf. Ro. 1:9; 1 Co. 1:4; Ef. 1:16; Fil. 1:3-4; Col. 1:3; 1 Ts. 1:2; 2 Ts. 1:3; Flm. 4). El creyente debe orar porque Dios mismo lo establece (Jer. 33:3), siendo un mandamiento con promesa (Jer. 29:12). Debemos orar porque Cristo lo enseñó (Lc. 18:1). Es necesario orar porque el mandamiento para hacerlo aparece reiteradamente en el Nuevo Testamento (Ro. 12:12; Ef. 6:18; Col. 4:2). La oración debe hacerse continuamente, *sin cesar*, lo que enseña que el creyente ha de estar continuamente en relación espiritual con el Padre que le permita el diálogo con Él en toda ocasión. No es preciso buscar un determinado lugar para orar, porque se trata de la conversación propia y natural del hijo con el Padre que está en el cielo.

La oración conlleva dependencia. El que ora no está imponiendo ni reclamando ninguna respuesta, sino suplicando ante el Trono de gracia que Dios de el oportuno socorro para el tiempo de la necesidad. Es como una mano vacía que se extiende para recibir la provisión del poder de Dios. La iglesia primitiva en preparación para el conflicto que se avecinaba sobre ellos, oraba a Dios reconociendo que Él era el Soberano (Hch. 4:24), por tanto tenía derecho a conducir cada circunstancia conforme a Su voluntad, solo rogaban que la gracia les diese la bendición de permanecer firmes predicando con denuedo la Palabra (Hch. 4:29), por tanto, no es de extrañar que a una petición suplicante se produjera la respuesta divina mediante la plenitud del Espíritu que les capacitaba en poder para predicar la Palabra conforme habían pedido. La oración que es respondida es la oración de clamor, conforme a la promesa divina: *"Clama a mí, y yo te responderé"* (Jer. 33:3). Las oraciones rituales, conformadas al sistema propio de la forma habitual según la tradición de la oración, pocas veces tendrán respuesta. Es la oración que *clama*, la que vierte el alma delante del Señor, la que va acompañada del reconocimiento de la inutilidad personal para alcanzar la victoria por sí mismo, la que levanta manos limpias pero vacías de poder pidiendo la ayuda divina, la que recibe la respuesta poderosa de Dios. Entrar al trono de gracia para hallar el socorro oportuno requiere revestirse de humildad, aunque siempre se debe hacer con confianza: *"Acerquémonos, pues, confiadamente al trono de la gracia, para alcanzar misericordia y hallar gracia para el oportuno socorro"* (He. 4:16). El admirable recurso para el creyente no está lejos de Él, ni es difícilmente alcanzable, consiste simplemente en *acercarse* al trono de la gracia. Es sorprendente la cercanía del trono de la provisión divina, al que ya hemos accedido todos en algún momento, por lo que el modo verbal *acerquémonos*, se expresa en el texto griego mediante un presente de subjuntivo volitivo, que expresa la idea de *seguir acercándose* al trono de la gracia. El verbo denota *venir cerca de algo*. No sólo el creyente puede acceder sino que se le exhorta para que lo haga. Además la aproximación debe efectuarse con *confianza*, una palabra que expresa la idea de *seguridad y presencia de ánimo*, que comunica al cristiano la cancelación del problema y responsabilidad penal del pecado. Antes el trono de Dios era un trono de ira, a causa del pecado, pero, cargado éste sobre Jesús, nuestro Sumo Sacerdote, y extinguida la responsabilidad penal que a causa del pecado recaía sobre el pecador, se convierte en un trono de gracia para todo aquel que está en Cristo. El Sumo Sacerdote hizo la expiación personal por el pecado del creyente (1 Jn. 2:1-2), por tanto no hay razón de temor, en sentido de miedo ante el Juez supremo porque ya *"no hay condenación para los que estamos en Cristo Jesús"* (Ro. 8:1). De ese trono se otorga también la gracia salvífica que concede el perdón de pecados y la vida eterna (Ro. 5:15). A ese trono de gracia puede acercarse por fe el pecador para salvación (Ro. 5:1; Ef. 2:8-9). Esa posición produce confianza. Es la confianza con que en la antigua dispensación se acercaba a Dios el publicano que orando en el templo decía: *"Dios, se propicio a mí, pecador"* (Lc. 18:13). La sangre del sacrificio de la expiación extendida sobre el propiciatorio permitía esa oración confiada. Dios era propicio al pecador a causa de la muerte del animal inocente que figurativamente representaba lo que sería el perfecto sacrificio del Cordero de Dios. El Sumo Sacerdote está sentado en el trono celestial interesado y capacitado para *compadecerse* de las debilidades y flaquezas personales (He. 1:3, 13; 4:15). Los dones perfectos y la gracia abundante descienden del Padre de las lumbreras (Stg. 1:17) que está sentado en el trono y se hacen realidad por el único Mediador entre Él y los hombres que es Jesucristo hombre (1 Ti. 2:5). La actividad de Dios para sus hijos es siempre una actividad de bien. El Dios de gracia se dio a sí mismo al dar a su Hijo, por tanto, con el don supremo se dan también los demás dones (Ro. 8:32). Por otro lado, los dones de la gracia son *perfectos*, es decir, *completos*, abundantes para la superación de la necesidad más acuciante que pueda presentarse. La gracia de Dios siempre es mayor que la mayor de la necesidad del creyente (Stg. 4:6). Dios mismo otorga los dones de la gracia en la dimensión de la gracia misma, que es inagotable. El resultado para el creyente de acercarse al trono de gracia es el *"alcanzar misericordia y hallar gracia para el oportuno socorro"*. Desde ese trono destila el amor que se manifiesta en misericordia, como expresión compasiva hacia la limitación humana y sus miserias que producen sufrimiento. El creyente encuentra allí *misericordia*, expresión de amor en la solución de la miseria. Es la misericordia el amor que movió los brazos del padre del pródigo para estrecharlo firmemente contra su pecho a pesar de su ruina y suciedad. De la misma manera el Padre del cielo abraza al creyente que ha fracasado y caído, restaurándolo, en base a la obra de su Hijo, a plena comunión con Él. Pero también desciende de allí la gracia manifestándose en el *oportuno socorro*. La expresión es sumamente interesante, e indica la *ayuda en el momento justo*, o también la *ayuda en el instante necesario*. De otro modo el auxilio de Dios es poderoso, porque en Él está empeñada la gracia, y es oportuno porque llega en el momento necesario, en la hora de la prueba y de la crisis. La gracia de Dios llega en el momento oportuno, pero jamás llega tarde.

18. Dad gracias en todo, porque esta es la voluntad de Dios para con vosotros en Cristo Jesús.

ἐν παντὶ εὐχαριστεῖτε· τοῦτο γὰρ θέλημα Θεοῦ ἐν Χριστῷ
En todo dad gracias. Porque esto voluntad de Dios en Cristo
Ἰησοῦ εἰς ὑμᾶς.
Jesús para vosotros.

Notas y análisis del texto griego:

Prosiguiendo con el tema, añade: ἐν, preposición propia de dativo *en*; παντὶ, caso dativo neutro singular del adjetivo indefinido *todo*; εὐχαριστεῖτε, segunda persona plural del presente de imperativo en voz activa del verbo εὐχαριστέω, *agradecer, dar gracias*, aquí *dad gracias*; τοῦτο, caso nominativo neutro singular del adjetivo indefinido *todo*; γὰρ, conjunción causal *porque*; θέλημα, caso nominativo neutro singular del nombre común *voluntad*; Θεοῦ, caso genitivo masculino singular del nombre divino declinado *de Dios*; ἐν, preposición propia de dativo *en*; Χριστῷ, caso dativo masculino singular del nombre propio *Cristo*; Ἰησοῦ, caso dativo masculino singular del nombre propio *Jesús*; εἰς, preposición propia de acusativo *para*; ὑμᾶς, caso dativo de la segunda persona plural del pronombre personal *vosotros*.

ἐν παντὶ εὐχαριστεῖτε· En cualquier circunstancia o situación el que ora debe *ser agradecido*, *dar gracias*. Esta expresión *en todo*, no tiene que ver tanto con agradecer la situación en que se encuentra el creyente, que puede ser penosa, sino dar gracias en toda situación que atraviese. El cristiano debe ver las pruebas como una concesión de la gracia para el desarrollo espiritual. El adjetivo indefinido παντὶ, *en todo*, tiene aquí el alcance de *en todas las cosas*. Es difícil manifestar gratitud en medio del conflicto, pero, el creyente debe entender que las circunstancias, por adversas que sean, nunca impiden ser vencedores en Cristo. Este es el más excelente motivo para ser agradecido: *"¿Quién nos separará del amor de Cristo? ¿Tribulación, o angustia, o persecución, o hambre, o desnudez, o peligro, o espada? Como está escrito: Por causa de ti somos muertos todo el tiempo; Somos contados como ovejas de matadero. Antes en todas estas cosas somos más que vencedores por medio de aquél que nos amó"* (Ro. 8:35-37). Podemos expresar gratitud porque no sólo somos vencedores, sino que somos *mas que vencedores* en las situaciones más difíciles y adversas. De ahí que podamos y debamos decir: *"Mas a Dios gracias, el cual nos lleva siempre en triunfo en Cristo Jesús"* (2 Co. 2:14).

τοῦτο γὰρ θέλημα Θεοῦ ἐν Χριστῷ 'Ιησοῦ εἰς ὑμᾶς. La acción de gracias se produce también en medio de la prueba, porque es la voluntad de Dios. No hay nunca nada en la vida del creyente que esté fuera del control del Señor. Toda prueba es conducida por Dios para bien del creyente (Ro. 8:28). Todas las circunstancias por las que tengamos que pasar son orientadas por Dios para nuestro beneficio. Esto tiene que ver con la soberanía divina, ya que todas las cosas son *la voluntad de Dios para con vosotros en Cristo Jesús*. Dios tiene control sobre todo y pone todas las cosas a su servicio, ya que *"por tu ordenación subsisten todas las cosas hasta hoy, pues todas ellas te sirven"* (Sal. 119:91). Todo se produce conforme al decreto divino. El Soberano tiene a su servicio todas las cosas, la creación (Jue. 5:20; Is. 48:13), los ángeles y los reyes de la tierra, ninguna circunstancia surge sin Su consentimiento y nada escapa a Su conocimiento, ni puede oponerse a Su voluntad. Las pruebas y el sufrimiento son para bien de los suyos (Stg. 1:3-5). Aquello que aparentemente es angustia y aflicción, es conducido por Él para bien de aquellos que le aman, orientándolo al fortalecimiento de su fe y a la potenciación de la paciencia (1 P. 1:7). Las aflicciones vienen sólo cuando son necesarias y persisten sólo por *un poco de tiempo* (1 P. 1:6). Las cosas adversas son conducidas para bien al generar una más intensa esperanza de gloria (2 Co. 4:17). Dios conduce todas las cosas en una operación de Su providencia, para el bien de los suyos. Las intenciones de los malos son revertidas en ese sentido, como decía José: *"Vosotros pensasteis mal contra mí, mas Dios lo encaminó a bien, para hacer lo que vemos hoy, para mantener en vida a mucho pueblo"* (Gn. 50:20). Aquellos que aman a Dios tienen a su servicio los ángeles de Dios, en un ministerio de gracia que Él establece (He. 1:14). Incluso las intenciones satánicas no escapan al control de Dios, nada podrá hacer a los hijos de Dios sin el consentimiento divino que establece los límites a la prueba (Job 1:12; 2:6). No hay nada que no sea conducido por Dios para el bien de sus hijos. El Padre da a los suyos sólo buenas dádivas (Stg. 1:17). Cuando estemos pasando por circunstancias adversas, cuando haya en nuestra vida preguntas sin respuesta, cuando nuestra fe desfallezca por las angustias de la vida, cuando las lágrimas llenen los estanques, cuando el valle de sombra de muerte nos envuelva y el temor estremezca nuestra alma, esta verdad vendrá a nosotros afirmando nuestra fe: *"porque esta es la voluntad de Dios para vosotros en Cristo Jesús"*.

19. No apaguéis al Espíritu.

τὸ	Πνεῦμα	μὴ	σβέννυτε,
El	Espíritu	no	apaguéis.

Notas y análisis del texto griego.

Estableciendo otro mandato, escribe: τὸ, caso acusativo neutro singular del artículo determinado *el*; Πνεῦμα, caso acusativo neutro singular del nombre divino *Espíritu*; μὴ, partícula que hace funciones de adverbio de negación *no*; σβέννυτε, segunda persona singular del presente de imperativo en voz activa del verbo σβέννυμι, *apagar*, aquí *apaguéis.*

τὸ πνεῦμα μὴ σβέννυτε, El mandato es breve, como los anteriores. En esta ocasión se refiere a una acción que no debe producirse como es *apagar* el Espíritu. Esto debe entenderse en el contexto que sigue en donde se manda no despreciar las profecías. En la iglesia primitiva se manifestaban los dones del Espíritu en abundancia. De modo que en las iglesias había creyentes a quienes el Espíritu había dado el don de lenguas, otros de sanidades, otros de milagros y otros de profecía. Los creyentes se habían entusiasmado por los dones más espectaculares, de modo que todos, como ocurría en Corinto, querían hablar en lenguas, muchos estaban interesados por las sanidades y los milagros, pero no así por el don de profecía. Pablo tiene que corregir esta desviación diciendo a los corintios que si alguno habla en lenguas sin interpretarlas no edifica a la iglesia, sino todo lo contrario. En un pretendido espiritualismo, los creyentes, en algunos lugares, valga el ejemplo de Corinto, hablaban en lenguas todos juntos, generando un problema de orden de tal dimensión que el apóstol les advertía de que si un extraño entraba en la reunión diría que estaban locos (1 Co. 14:23). El apóstol quiere que no se interfiera en la libertad del Espíritu que dirige el culto y conduce el ministerio. Cuando esto ocurre se está *apagando* el Espíritu. La Tercera Persona Divina es fuego y llama. Apagar es sofocar el fuego divino. El mandato de Pablo es a no impedir la libre manifestación de los dones en la iglesia. De otro modo, es equivalente a *resistir al Espíritu*, es decir, a impedir cualquier manifestación del Espíritu, relativa al desarrollo de cualquier don. Del mismo modo que impedir el uso de un don operativo es *apagar el Espíritu*, así también lo es cuando se pretende el uso de un don que no está operativo o que no tiene un miembro de la iglesia que pretende tenerlo. Insistir en hablar en lenguas por todo aquel que ha creído como manifestación visible de tener el Espíritu, es un contradecir la Palabra, puesto que las lenguas como cualquier otro don no es dado a todos los cristianos. De la misma manera tratar de *resucitar* dones que por su condición no pueden estar operativos hoy, como es el caso de los *apóstoles*, para quienes la Escritura marca condiciones que tenían que concurrir el que tenía el don de la gracia para el apostolado, como era el haber estado con Cristo, haber sido enviado por Él y haberlo visto resucitado. Los que distorsionan hoy la Palabra, los que enseñan lo que la Biblia no autoriza a enseñar, los que llevan estas enseñanzas a un terreno práctico de beneficio personal, los que desorientan a los niños en Cristo llevándolos fuera de la verdadera fe, incurren en el pecado de desobediencia del que Pablo enseña aquí, porque están *apagando el Espíritu*. Igualmente ocurre con quienes pretenden que el Espíritu haga milagros por indicación del que aparentemente tiene un don para ello; estos pretenden convertir el Espíritu en siervo de ellos, cuando el verdadero cristiano sirve bajo la dirección del Espíritu. Tales personas, en uno u otro sentido apagan el Espíritu. Pablo enseña a no hacer tal ofensa a la Persona Divina de Dios el Espíritu Santo.

20. No menospreciéis las profecías.

προφητείας μὴ ἐξουθενεῖτε,
Profecías no despreciéis.

> Notas y análisis del texto griego.
>
> Expresando otro mandamiento, escribe: προφητείας, caso acusativo femenino singular del nombre común *profecías*; μὴ, partícula que hace funciones de adverbio de negación *no*; ἐξουθενεῖτε, segunda persona plural del presente de imperativo en voz activa del verbo ἐξουθενέω, *despreciar*, aquí *despreciéis*.

προφητείας μὴ ἐξουθενεῖτε, Sin duda el apóstol se está refiriendo al ejercicio del don de profecía. Debe tenerse en cuenta que este don era de gran importancia en el tiempo apostólico, sobre todo cuando no estaban circulando los escritos del Nuevo Testamento. El profeta hablaba en nombre de Dios comunicando lo que Él deseaba para su pueblo en determinadas circunstancias. Este era el caso, a modo de ejemplo, que Lucas menciona en el relato de Hechos de los apóstoles referidos a miembros de la iglesia en Antioquía (Hch. 13:2). En un estudio desprejuiciado de los dones en el Nuevo Testamento, se observan, tres niveles en la profecía. El primero tenía que ver con la revelación del *misterio de Dios*, especialmente lo que tiene que ver con el programa para la Iglesia y también la escatología bíblica recogida en el Nuevo Testamento. Este don no está operativo en este nivel desde el momento en que se ha cerrado en canon del Nuevo Testamento, de otra manera, terminado el Canon, terminó también toda revelación normativa para la Iglesia. No cabe duda que el Espíritu Santo ilumina a los creyentes (1 Jn. 2:20, 27), pero no *revela nada nuevo*. Nadie puede añadir hoy a lo que está escrito pretendiendo que sea inspirado, inerrante, infalible y autoritativo. Un segundo nivel en profecía tiene que ver con un ministerio que tenía como objetivo *edificación, exhortación y consolación* (1 Co. 14:3). Tal don no tiene que ver con el de *pastor* o *maestro* en cuanto a conducción de vida y enseñanza a la congregación. Es el ministerio de tomar de lo que Dios ha revelado en su Palabra y aplicarlo a las necesidades de edificación, exhortación y consolación de la iglesia. El tercero es mucho más limitado y es la revelación del Espíritu sobre asuntos personales de algún creyente al que se anuncia algo relativo a su propia vida.

La profecía es mucho mayor en cuanto a importancia para edificación que el don de lenguas (1 Co. 14:1, 5). Sin embargo en ocasiones los creyentes que son, por falta de madurez, niños en Cristo, buscan lo más impactante en la iglesia, gozándose en los tiempos apostólicos, en el ejercicio de dones de lenguas o milagros. Éstos tenían en poco la profecía.

Sobre la situación en la iglesia en Tesalónica en relación con este mandato, escribe Hendriksen:

"La razón para tal desprestigio de las palabras proféticas es fácil de imaginar. Cuandoquiera que Dios siembra trigo, Satanás siembra cizaña. Dondequiera que Dios establece una iglesia, Satanás erige una capilla. Así también, doquiera que el Espíritu capacita a determinados hombres para realizar sanidades milagrosas, el maligno distribuye sus maravillas mentirosas. Y doquiera que el Paracleto coloca en escena un verdadero profeta, el engañador presenta su falso profeta. La más fácil –pero no la más sabia- reacción a este estado de cosas es menospreciar todas las profecías. Añádase a esto el hecho que los fanáticos, los entremetidos, los haraganes seguramente no apreciaron algunos de los mensajes de los verdaderos profetas, lo cual nos hace entender fácilmente por qué entre algunos miembros de la congregación las palabras proféticas habían caído en el desprestigio"

El tener en poco la aplicación bíblica y dar el aliento o la exhortación necesaria para la vida cristiana, es hoy uno de los más graves problemas en las iglesias. La Palabra, revelación divina, está siendo cada vez menos valorada en muchas congregaciones. El humanismo ha sustituido la verdad de Dios. El *tú puedes*, provoca en los creyentes la reacción de autosuficiencia que entroniza al hombre y pone a Dios fuera de su vida. La llamada *autoayuda* potencia la miseria humana y rebaja la grandeza de Dios. Es notable apreciar como asuntos generales han sustituido a la Palabra en la iglesia. La alabanza, con la música, y las manifestaciones ruidosas, llenan muchos de los cultos en muchas de las congregaciones del mundo llamado evangélico. El púlpito, físicamente hablando, a sido sustituido por el escenario para llevar a cabo toda la parafernalia habitual de lo que muchos denominan *culto en el Espíritu*, que no es otra cosa que el culto a la carne impulsado por la carne. Si hay que reducir, por necesidad de tiempo, algo en el culto eclesial será generalmente el tiempo de la exposición bíblica, con lo que se pone de manifiesto el problema que el apóstol denuncia con el mandamiento: *"no menospreciéis las profecías"*.

21. Examinadlo todo; retened lo bueno.

πάντα δὲ[1] δοκιμάζετε, τὸ καλὸν κατέχετε,
Y todo examinad, lo bueno retened.

Notas y análisis del texto griego.

Una penultima demanda se establece así: πάντα, caso acusativo neutro plural del adjetivo indefinido *todos*, que debe entenderse como *todas las cosas*; δὲ, partícula conjuntiva que hace las veces de conjunción coordinante, con sentido de *pero, más bien, y, y por cierto, antes bien*; δοκιμάζετε, segunda persona plural del presente de imperativo en voz activa del verbo δοκιμάζω, *examinar, proner a prueba, acrisolar, aprobar*, aquí *examinad*; τὸ, caso acusativo neutro singular del artículo determinado *lo*; καλὸν, caso acusativo neutro singular del adjetivo *bueno*; κατέχετε, segunda persona plural del presente de imperativo en voz activa del verbo κατέχω, *poseer, mantener oprimido, conservar, retener*, aquí *retened.*

Crítica textual. Lecturas alternativas.

[1] δὲ, *y, mas, pero,* se omite en א*. A. 33. 81. 104. 614. 629. 630. 945 pm. f*. vg^{vg}. sir^{p}. Dídimo.

πάντα δὲ δοκιμάζετε, Posiblemente la frase con el mandamiento debiera unirse al final del texto anterior, como parece ser por el uso de la partícula δὲ, *y, pero, mas*, con lo que quedaría así: *No despreciéis las profecías, pero probad todas las cosas, reteniendo todo lo que es bueno.* Algunos de los profetas que anunciaban un mensaje de Dios delante de la congregación, no eran auténticos y enseñaban aquello que ni habían recibido ni era conforme a la verdad bíblica. Por tanto, no todo cuanto decía alguien que se presentaba como profeta debía ser aceptado por la iglesia. Para determinar la verdad había de ser *probado*, es decir, analizado para establecer si era de Dios o no. Cuanto mayor era el conocimiento de los cristianos mayor era también la capacidad en el discernimiento del bien y del mal (He. 5:14). De ahí la necesidad que la iglesia primitiva tenía del don de *discernimiento de espíritus* (1 Co. 12:10). Pablo manda a los creyentes que no acepten todas las cosas, sin haberlas examinado antes detenidamente. En un mal sentido interpretativo algunos usan estas palabras como pretexto para probar cualquier cosa de las que el mundo puede ofrecer, despreciando aquellas que no son buenas y reteniendo las otras. En ningún sentido se enseña tal absurdo en este lugar. El creyente tiene que tener un gran cuidado con aquello que no es lícito para quien vive en la luz.

τὸ καλὸν κατέχετε, En segundo lugar el mandato se completa con la instrucción para *retener* solo lo que es bueno. De este modo una vez puesto a prueba lo que el profeta decía, separando lo incorrecto, como se separa la escoria del metal, quedaba sólo lo bueno, excelente, provechoso, que debía ser guardado y retenido porque procedía de Dios.

Dice el Dr. Lacueva:

"El creyente no maduro, al carecer de verdadero discernimiento, corre peligro de caer en uno de estos extremos: criticar al predicador (o al escritor) sin conocer a fondo la materia (la envidia y los prejuicios añaden nueva fuerza a ese peligro), o aceptar como bueno, sin pasarlo por el cedazo del discernimiento, todo lo que el predicador (o el escritor) diga. Predicadores mal informados, pero con fama de elocuentes, pueden causar confusión y grave perjuicio en creyentes que, en lo espiritual, no han pasado de la edad infantil (Ef. 4:14)"[3].

Para retener lo bueno es necesario antes una correcta exposición de lo que Dios dice en su Palabra, volviendo nuevamente a incidir sobre la anómala situación de la iglesia que deja de enseñar la Escritura para entretener a la gente con simplezas e ilustraciones que de poco, o nada aprovechan. Como Spurgeon decía: *"Vendrá un tiempo cuando en lugar de*

---

[3] F. Lacueva. o.c., pág. 315.

tener pastores alimentando a las ovejas, la iglesia tendrá payasos entreteniendo a las cabras". Para retener lo bueno es necesario antes predicar lo bueno.

22. Absteneos de toda especie de mal.

ἀπὸ παντὸς εἴδους πονηροῦ ἀπέχεσθε.
De toda especie de mal absteneos.

Notas y análisis del texto griego.

Estableciendo el último mandamiento, escribe: ἀπὸ, preposición propia de genitivo *de*; παντὸς, caso genitivo neutro singular del adjetivo indefinido *todo*; εἴδους, caso genitivo neutro singular del nombre común *especie, forma, aspecto, apariencia, figura*; πονηροῦ, caso genitivo neutro singular del nombre común declinado *mal, malo, maligno, peligroso*; ἀπέχεσθε, segunda persona plural del presente de imperativo en voz media del verbo ἀπέχω, *abstenerse*, aquí *absteneos.*

ἀπὸ παντὸς εἴδους πονηροῦ ἀπέχεσθε. Pablo concluye la exhortación mandando a los tesalonicenses, y por extensión a todos nosotros, de evitar cualquier manifestación de mal, no participando en ella. El sustantivo εἴδους, denota tanto una clase de mal, como todo lo que se le parece. El verbo traducido por *absteneos*, ya fue usado antes en la *Epístola* (4:3), donde el apóstol exhorta a los creyentes a separarse de la fornicación. Quiere decir que *toda especie* o *toda forma* de mal comprende tanto la falsa enseñanza doctrinal como la incorrecta práctica de la ética. En un mundo licencioso el creyente a veces cae en la tentación de decir *eso no es tan malo*, para permitirse licencias en relación con el pecado. Por otro lado la sociedad en el entorno genera un pensamiento en el creyente de que las perversiones son propias del mundo, cuando la verdad es que cualquier forma de pecado, que es contraria a la voluntad de Dios, no es propia de ninguna persona, sea creyente o no, porque es oposición al Creador. De igual modo el relativismo en que la sociedad está sumida, es base para algunos de aceptar lo que no es conforme a la Palabra, justificándolo con la interpretación que algunos dan al asunto doctrinal. El apóstol es preciso: *absteneos, manteneos al margen de toda especie de mal.*

IV. Deseo, peticiones y despedida (5:23-28).

Deseo (5:23-24).

23. Y el mismo Dios de paz os santifique por completo; y todo vuestro ser, espíritu, alma y cuerpo, sea guardado irreprensible para la venida de nuestro Señor Jesucristo.

Αὐτὸς δὲ ὁ Θεὸς τῆς εἰρήνης ἁγιάσαι ὑμᾶς ὁλοτελεῖς, καὶ
Y el mismo Dios - de paz santifique os por completo, e
ὁλόκληρον ὑμῶν τὸ πνεῦμα καὶ ἡ ψυχὴ καὶ τὸ σῶμα
íntegro de vosotros el espíritu y el alma y el cuerpo
ἀμέμπτως ἐν τῇ παρουσίᾳ τοῦ Κυρίου ἡμῶν
sin reprensión en la venida del Señor de nosotros
Ἰησοῦ Χριστοῦ τηρηθείη.
Jesucristo sea conservado.

Notas y análisis del texto griego.

Entrando en el último párrafo de la *Epístola*, escribe: Αὐτὸς, caso nominativo masculino singular del pronombre intensivo *mismo*; δὲ, partícula conjuntiva que hace las veces de conjunción coordinante, con sentido de *pero, más bien, y, y por cierto, antes bien*; ὁ, caso nominativo masculino singular del artículo determinado *el*; Θεὸς, caso nominativo masculino singular del nombre divino *Dios*; τῆς, caso genitivo femenino singular del artículo determinado *la*; εἰρήνης, caso genitivo femenino singular del nombre común declinado *de paz*; ἁγιάσαι, primera persona singular del aoristo primero de optativo en voz activa del verbo ἁγιάζω, *santificar*, aquí *santifique*; ὑμᾶς, caso acusativo de la segunda persona plural del pronombre personal declinado *a vosotros, os*; ὁλοτελεῖς, caso acusativo masculino plural del adjetivo *perfecto, acabado, completo*; καὶ, conjunción copulativa *y*; ὁλόκληρον, caso nominativo neutro singular del adjetivo *íntegro, entero*; ὑμῶν, caso genitivo de la segunda persona plural del pronombre personal declinado *de vosotros*; τὸ, caso nominativo neutro singular del artículo determinado *el*; πνεῦμα, caso nominativo neutro singular del nombre común *espíritu*; καὶ, conjunción copulativa *y*; ἡ, caso nominativo femenino singular del artículo determinado *la*; ψυχὴ, caso nominativo femenino singular del nombre común *alma, vida*; καὶ, conjunción copulativa *y*; τὸ, caso nominativo neutro singular del artículo determinado *el*; σῶμα, caso nominativo neutro singular del nombre común *cuerpo*; ἀμέμπτως, adverbio de modo *irreprensiblemente, sin reprensión*; ἐν, preposición propia de dativo *en*; τῇ, caso dativo femenino singular del artículo determinado *la*; παρουσίᾳ, caso dativo femenino singular del nombre común *manifestación, aparición, venida*; τοῦ, caso genitivo masculino singular del artículo determinado declinado *del*; Κυρίου, caso genitivo masculino singular del nombre divino *Señor*; ἡμῶν, caso genitivo de la primera persona plural del pronombre personal declinado *de nosotros*; Ἰησοῦ, caso genitivo masculino singular del nombre propio *Jesús*; Χριστοῦ, caso genitivo masculino singular del nombre propio *Cristo*; τηρηθείη, tercera persona singular del aoristo primero de optativo en voz pasiva del verbo τηρέω, *custodiar, conservar, guardar*, aquí *sea guardado*.

Αὐτὸς δὲ ὁ Θεὸς τῆς εἰρήνης ἁγιάσαι ὑμᾶς ὁλοτελεῖς, Pablo reconoce la necesidad del creyente en la vida cristiana. La santificación es la forma natural para el cristiano. Sin embargo, debemos entender que esto no puede ser alcanzado desde el esfuerzo del hombre, sino desde el poder de Dios. La santificación, que exige estar *velando* y usando la armadura que nos fue dada para mantenernos firmes, o lo que es igual, en palabras de Pablo, *"ocupaos de vuestra salvación con temor y temblor"* se convierte en victoria *"porque Dios es el que en vosotros produce así el querer como el hacer por su buena voluntad"* (Fil. 2:12-13). Por esa razón el apóstol al expresar el deseo hacia sus hermanos en Tesalónica lo introduce refiriéndose al Dios de paz. La paz que exteriormente se había alterado por los enemigos del evangelio, puede experimentarse en cualquier momento porque está en el creyente por la presencia de Aquel a quien se llama aquí *Dios de paz*, de Él procede la paz y Él se hace paz en cada uno de los salvos. Es el título apropiado aquí porque Él *hizo* la paz. Mediante la obra de la Cruz, la paz de Dios con el pecador que cree y de éste con Él, es una realidad (2 Co. 5:18-21). Ninguna sombra de inquietud puede afectar al creyente puesto que toda la responsabilidad penal del pecado ha sido extinguida para él (Ro. 8:1). El trono de Dios no es ya un trono de juicio sino un trono de gracia para quien ha recibido por la fe el don de Su salvación (He. 4:16). Antes el trono de Dios era un trono de ira, a causa del pecado, pero, cargado éste sobre Jesús, nuestro Sumo Sacerdote, y extinguida la culpabilidad del pecado, se convierte en un trono de gracia para todo aquel está en Cristo. El Sumo Sacerdote hizo la expiación personal por el pecado del creyente (1 Jn. 2:1-2), por tanto no hay razón de temor, en sentido de miedo ante el Juez supremo porque no hay ya condenación para quienes están en Cristo. Este Sumo Sacerdote celestial está sentado en el trono de gracia, interesado y capacitado para *compadecerse* de las debilidades y flaquezas personales (He. 1:3, 13; 4:15). Los dones perfectos y la gracia abundante descienden del Padre de las lumbreras (Stg. 1:17). La actividad de Dios para sus hijos es siempre una actividad de bien, El Dios de gracia se dio a sí mismo al dar a su Hijo, por tanto, con el don supremo se dan también los demás dones (Ro. 8:32). Por otro lado, los dones de la gracia son *perfectos*, es decir, *completos*, abundantes para la superación de la necesidad más acuciante que pueda presentarse. La gracia de Dios es siempre mayor que la mayor de la necesidad del creyente (Stg. 4:6). Dios mismo otorga los dones de la gracia en la dimensión de la gracia misma, que es inagotable. El apóstol sabe la dificultad de una santificación plena en cada creyente, por tanto, encomienda la provisión de poder para conseguirlo al Dios de paz. Éste está siempre al lado de cada hijo suyo (Ro. 15:33; 2 Co. 13:11; Fil. 4:9). Es el Dios que puede aplastar a Satanás y dar victoria al creyente (Ro. 16:20). Puede, por tanto, santificar al creyente separándolo para Él y guardándolo del maligno. Separación que conlleva la totalidad de todo cuanto es el hombre.

καὶ ὁλόκληρον ὑμῶν τὸ πνεῦμα καὶ ἡ ψυχὴ καὶ τὸ σῶμα. El deseo del apóstol es la santificación total del cristiano. De ahí que mencione tres elementos del ser humano, uno de la parte material y dos de la espiritual. Muchos sobre este texto enseñan la condición tripartita del hombre. Sin embargo la Biblia presenta al hombre como un ser compuesto por una parte material que puede dividirse en varias, y otra espiritual, de la que aquí se mencionan el *espíritu y el alma*, pero que hay más, como *el corazón, la mente*, etc. El espíritu y el alma son, a veces, sinónimos en las Escrituras. El apóstol recalca aquí nuevamente el sentido de totalidad. Primeramente señaló la *totalidad* de la santificación, ahora lo hace con la *totalidad* del hombre: *os santifique totalmente*, con lo que aparecen las ideas de plenitud y perfección. Lo que está pidiendo es que la totalidad del hombre, que es también creyente, formada por el cuerpo como parte material, y por la parte espiritual de la que menciona el *espíritu y el alma*, y que juntos constituyen el *alma viviente* o la persona humana, conforme al propósito de Dios en la creación (Gn. 2:7), sea guardado *sin reprensión* o *irreprensible*. El adverbio expresa la idea de estar sin mancha o sin culpa. No quiere decir esto que el cristiano sea impecable, pero la gracia puede llevarlo en el poder del Espíritu a vivir santamente delante de Dios. Ya se ha dicho antes que al creyente le es imposible santificarse por sus propias fuerzas, pero Dios puede hacerlo y así lo ha prometido, como dice el versículo siguiente, como enseña el apóstol en otro lugar al escribir: *"Estando persuadido de esto, que el que comenzó en vosotros la buena obra, la perfeccionará hasta el día de Jesucristo"* (Fil.1:6). La santificación es progresiva, pero será completa en el día en que seamos trasladados a la presencia del Señor.

ἀμέμπτως ἐν τῇ παρουσίᾳ τοῦ κυρίου ἡμῶν Ἰησοῦ Χριστοῦ τηρηθείη. El deseo de santificación se establece para el tiempo terrenal, poniendo como término para esta acción divina *"hasta la venida de nuestro Señor Jesucristo"*. El deseo del apóstol es que los creyentes sean hallados santos en el día del encuentro con el Señor. Ese es el propósito de Dios para la Iglesia: *"A fin de presentársela a sí mismo, una iglesia gloriosa, que no tuviese mancha ni arruga ni cosa semejante, sino que fuese santa y sin mancha"* (Ef. 5:27). Sin embargo es necesario hacer notar que en el texto griego no se dice *para la venida*, sino *en la venida*. El interés del apóstol y la petición que expresa su deseo es que en día del regreso de Cristo los creyentes sean presentados sin mancha, santos y perfectos.

24. Fiel es el que os llama, el cual también lo hará.

πιστὸς	ὁ	καλῶν	ὑμᾶς,	ὃς	καὶ	ποιήσει.
Fiel	el	que llama	os,	el cual	también	hará.

Notas y análisis del texto griego.

Cerrando el párrafo, escribe: πιστὸς, caso nominativo masculino singular del adjetivo *fiel*; ὁ, caso nominativo masculino singular del artículo determinado *el*; καλῶν, caso nominativo masculino singular del participio de presente en voz activa del verbo καλέω, *llamar*, aquí *que llama*; ὑμᾶς, caso acusativo de la segunda persona plural del pronombre personal declinado *a vosotros, os*; ὃς, caso nominativo masculino singular del pronombre relativo *el que, el cual*; καὶ, conjunción copulativa *y*; ποιήσει, tercera persona singular del futuro de indicativo en voz activa del verbo ποιέω, *realizar, producir, hacer*, aquí *hará*.

πιστὸς ὁ καλῶν ὑμᾶς, El apóstol tiene completa seguridad de que este deseo suyo será cumplido, no por la fidelidad de los creyentes, sino por la de Dios. Lo hará así porque es el que llama. El Padre llama a los hombres a salvación y los conduce al Hijo para que les sea aplicada la obra sustitutoria de la Cruz (Ro. 8:28). Es en la salvación donde está implicada la soberanía de Dios, por tanto, aparece vinculada al *llamado* divino, que es la expresión del *propósito* eterno, y de la decisión salvadora de Dios. De otro modo, el propósito de Dios es para salvación de aquellos a quienes llama. El que determinó la salvación llama a los hombres no porque sabía que iban a ser salvos, sino para que lo sean y respondan a Su llamamiento (1 P. 1:2). El propósito de Dios implica que Su llamamiento sea algo más que una simple invitación para perdón de pecados, es un llamamiento para ser *santos*, como pueblo separado para Él (1 Co. 1:24). Los que son llamados siguen en el mundo, pero no son de él. Los llamados por Dios disciernen, en razón de la obra del Espíritu, cual es su situación pasada y su posición presente. El propósito de Dios es el de un llamamiento santo que salva a los que son llamados con este propósito (2 Ti. 1:9), sin que esto anule la responsabilidad del hombre. El propósito del Padre tiene que ver con el destino final de los creyentes a quienes ha llamado, para que sean hechos conformes a la imagen de su Hijo (Ro. 8:29). De otro modo, Dios ha determinado que los creyentes adquieran la forma, la imagen, de Jesucristo. Para ello son puestos en Cristo, no sólo en posición, sino también en comunión de vida. Esto implica ya una transformación esencial, en una naturaleza compatible y amoldable a la divina en la que participan todos los que creen (2 P. 1:4). El llamamiento de Dios a salvación adquiere indefectiblemente esta orientación: *"Fiel es Dios, por el cual fuisteis llamados a la comunión con su Hijo Jesucristo nuestro Señor"* (1 Co. 1:9). La transformación a la imagen del Hijo permite al cristiano reflejar en el mundo en tinieblas la gloria de Dios, en una transformación progresiva que opera el Espíritu Santo en cada uno: *"Por tanto, nosotros todos, mirando a cara descubierta como en un espejo la gloria del Señor, somos transformados de gloria en gloria en la misma imagen, como por el Espíritu del Señor"* (2 Co. 3:18). El Espíritu, del que habló antes el apóstol, es el obrero divino que transforma al creyente día a día *conformándolo* a la imagen de Jesús. La imagen de Dios deteriorada en el hombre por el pecado, es restaurada en Cristo, imagen perfecta y absoluta de Dios. Sin duda, la imagen en el tiempo de la santificación, el presente estadio de salvación antes de la glorificación, tiene que ver principalmente con expresar visiblemente la condición moral de nuestro Señor, reproducida en el creyente por el Espíritu Santo (Gá. 5:22-25). La transformación es progresiva (Ro. 12:2; Ef. 4:32-5:2; Fil. 3:10; Col. 3:10). El propósito del Padre es que este destino se cumpla inexorablemente con cada creyente, de modo que Él mismo se ocupa con su poder de que no caigamos de la gracia (Jud. 24), porque Su deseo se cumplirá de presentarnos *sin mancha* delante de su gloria. Nadie puede dudar de la fidelidad de Dios, por tanto, nadie puede dejar de entender que el que llamó a los creyentes, lo hará también, *"porque fiel es el que prometió"*.

ὃς καὶ ποιήσει. La promesa divina tendrá cumplimiento: *"el cual también lo hará"*. La razón de esa seguridad es la fidelidad de Dios. Es el atributo divino que hace que Dios haga honor a su palabra y cumpla todo lo que ha prometido y determinado. La Biblia enseña a conocer que Dios es fiel (Dt. 7:9). Sin la fidelidad Dios no sería Dios. Ser infiel sería para Él obrar contra su propia naturaleza, negándose a Sí mismo (2 Ti. 2:13). El trono de Dios está rodeado de su fidelidad (Sal. 89:8). La fidelidad divina es inmutable, de modo que está lejos de poder ser comprendida por la mente finita del hombre. Él se ha comprometido a cumplir cada promesa y profecía, cada pacto y cada advertencia porque *"Dios no es hombre para que mienta; ni hijo de hombre para que se arrepienta. El dijo, ¿y no hará?; habló, ¿y no lo ejecutará?"* (Nm. 23:19). Por es razón Pablo asevera que Dios cumplirá el compromiso de mantener a los creyentes y presentárselos sin mancha delante de su gloria. Así ha ocurrido siempre, de modo que cuando fue el tiempo determinado por su promesa, en honor a su fidelidad envió a su Hijo para ser salvador del mundo (Gá. 4:4). Su palabra y sus promesas son ciertas. Nadie ha confiado jamás en Dios en vano. Este es el fundamento de la confianza del apóstol en este versículo. Esta afirmación de Pablo está registrada de otro modo: *"El cual también os confirmará hasta el fin, para que seáis irreprensibles en el día de nuestro Señor Jesucristo. Fiel es Dios, por el cual fuisteis llamados a la comunión con su Hijo Jesucristo nuestro Señor"* (1 Co. 1:8-9). De otro modo, Dios confirmará a los suyos hasta el fin. El apóstol muestra un deseo concordante con la voluntad de Dios, basado en la absoluta seguridad de la salvación de los creyentes y de su santificación, que descansa no en el poder de sus resoluciones ni en su capacidad para perseverar sino en la fidelidad de Aquel que no puede mentir. En el versículo se refiere a los santos que son guardados sin reprensión hasta la venida del Señor. No los tratará según sus méritos, sino en razón a Su fidelidad, en el propósito eterno de su gracia: *"A los que llamó... a éstos también glorificó"* (Ro. 8:30). En otro lugar el apóstol apela a la fidelidad cuando dice, en relación con la seguridad de los creyentes, *"el fundamento de Dios está firme"* (2 Ti. 2:19). Esta verdad libra de inquietud, tanto al apóstol como a los creyentes a quienes escribe. Cuando vemos el futuro con desconfianza estamos negando, tal vez inconscientemente, la fidelidad de Dios.

Peticiones (5:25-27).

25. Hermanos, orad por nosotros.

’Αδελφοί,	προσεύχεσθε	[καὶ][1]	περὶ	ἡμῶν.
Hermanos,	orad	también	por	nosotros.

Notas y análisis del texto griego.

Entrando en las peticiones, dice: ’Αδελφοί, caso vocativo masculino plural del nombre común *hermanos*; προσεύχεσθε, segunda persona plural del presente de imperativo en voz media del verbo προσεύχομαι, *orar*, aquí *orad*, [καὶ], adverbio de modo *también*; περὶ, preposición propia de genitivo *a favor de, por*; ἡμῶν, caso genitivo de la primera persona plural del pronombre personal *nosotros*.

Crítica Textual. Lecturas alternativas.

[1] καὶ, *también*, lectura atestiguada en $\mathfrak{p}^{30}$. B. D. 0278. 6. 33. 81. 104. 326. 1505. 1739. 1881. 2464. *l* 596. *l* 1441. It$^{b, d}$. Sir$^{h, pol}$. cop^{sa}. arm. geo. Crisóstomo, Teodoro^{lat}. Ambrosiaster. Agustín.

Se omite en ℵ. A. D[1]. F. G. I[vid]. K. L. P. Ψ. 075. 0150. 256. 365. 630. 1175. 1241. 𝔐. lat. sir[p]. cop[bo]. eti. esl.

᾿Αδελφοί, προσεύχεσθε [καὶ] περὶ ἡμῶν. El apóstol, como misionero, necesita la asistencia en oración de los creyentes. Esta misma petición la hace también en el siguiente escrito dirigido a los mismos creyentes (2 Ts. 3:1). En ello muestra una gran humildad al tiempo que reconoce el valor de la oración. De esa misma manera ruega también a los romanos, efesios y colosenses (Ro. 15:30; Ef. 6:19; Col. 4:3). No es algo de poca importancia, sino vital. La oración demandada reviste la forma de intercesión. Se trata de unirse al apóstol e identificarse con las necesidades cotidianas intercediendo por él ante el trono de gracia. La intercesión a favor del apóstol y sus colaboradores, era oración a favor de la extensión del evangelio, para que diese el fruto en conversión al tiempo que les libraba de los peligros que esa misión conllevaba. Era la oración que la iglesia primitiva hizo cuando se avecinaba la persecución: *"Y ahora, Señor, mira sus amenazas, y concede a tus siervos que con todo denuedo hablen tu palabra"* (Hch. 4:29). Lo que realmente está pidiendo es que Dios proteja su ministerio para que pueda predicar con firmeza el evangelio a todos, no sólo con verdad, sino en cualquier circunstancia.

Algo que necesita ser recuperado es la *oración misionera* en las iglesias. Los cristianos están generalmente desconectados y desconocen lo que misioneros están haciendo en el mundo actual para llevar el evangelio. No se dan informes misioneros a los creyentes, no se tiene relación con misiones en general y la oración a favor de la extensión del reino y la vida de quienes han sido llamados por Dios a servirle en misiones, es algo poco conocido en muchas congregaciones. Pablo pedía a la iglesia en Tesalónica que no se olvidasen de orar por ellos. Además de ofrendar para el sostenimiento misionero, es necesario orar por los misioneros pidiendo bendiciones sobre ellos y su ministerio.

26. Saludad a todos los hermanos con ósculo santo.

᾿Ασπάσασθε	τοὺς	ἀδελφοὺς	πάντας	ἐν	φιλήματι	ἁγίῳ.
Saludad	a los	hermanos	todos	con	ósculo	santo.

Notas y análisis del texto griego.

En las últimas instrucciones, escribe: ᾿Ασπάσασθε, segunda persona plural del aoristo primero de imperativo en voz media del verbo ἀσπάζομαι, *saludar, despedirse*, aquí *saludad*; τοὺς, caso acusativo masculino plural del artículo determinado declinado *a los*; ἀδελφοὺς, caso acusativo masculino plural del nombre común *hermanos*; πάντας, caso acusativo masculino plural del adjetivo indefinido *todos*; ἐν, preposición propia de dativo *con*; φιλήματι, caso dativo neutro singular del nombre común *ósculo, beso*; ἁγίῳ, caso dativo neutro singular del adjetivo *santo*.

᾿Ασπάσασθε τοὺς ἀδελφοὺς πάντας ἐν φιλήματι ἁγίῳ. El apóstol instruye a todos a practicar la despedida entre cristianos con un *beso* al que califica de *santo*. Esta era la forma propia del saludo cristiano en el tiempo apostólico. El beso era símbolo de amor hermanable y de comunión real. La importancia del saludo cristiano es evidente al mencionarse varias veces este mandamiento en el Nuevo Testamento (cf. 1 Co. 16:20; 2 Co. 13:12; 1 P. 5:14). El beso cristiano era señal de armonía y paz. El apóstol sabe que la *Epístola* sería leída en la celebración del culto cristiano, de la iglesia unida, de modo que exhortaba a todos al saludo fraterno del beso. Nótese que el mandamiento tiene que ver con *todos* y no sólo con algunos. Es decir, ningún creyente puede dejar de considerar como hermano a otro creyente. No hay razón alguna que suponga el dejar de practicar este saludo entre creyentes.

Sin embargo, el beso debía ser *santo*, esto es, como el amor de Cristo compartido con todos los demás. Nadie debía ser excluido del saludo sincero. Quien desprecia a un hermano no está *discerniendo* el cuerpo de Cristo (1 Co. 11:29a) y no entiende nada de lo que significa el amor fraterno y la comunión hermanable. Participar de la Cena del Señor enemistado con otro es exponerse al juicio de Dios (1 Co. 11:29b).

27. Os conjuro por el Señor, que esta carta se lea a todos los santos hermanos.

᾿Ενορκίζω[1] ὑμᾶς τὸν Κύριον ἀναγνωσθῆναι τὴν ἐπιστολὴν
Conjuro os del Señor sea leída la epístola
πᾶσιν τοῖς ἀδελφοῖς[2].
a todos los hermanos.

Notas y análisis del texto griego.

Concluyendo la última instrucción, dice: ᾿Ενορκίζω, primera persona singular del presente de indicativo en voz activa del verbo ἐνορκίζω, *conjurar*, aquí *conjuro*; ὑμᾶς, caso acusativo de la segunda persona plural del pronombre personal declinado *a vosotros, os*; τὸν, caso genitivo masculino singular del artículo determinado *el*; Κύριον, caso genitivo masculino singular del nombre divino *Señor*; ἀναγνωσθῆναι, aoristo primero de infinitivo en voz pasiva del verbo ἀναγινόσκω, *leer*, aquí *sea leída*; τὴν, caso acusativo femenino singular del artículo determinado *la*; ἐπιστολὴν, caso acusativo femenino singular del nombre común *epístola, carta*; πᾶσιν, caso dativo masculino plural del adjetivo declinado *a todos*; τοῖς, caso dativo masculino plural del artículo determinado *los*; ἀδελφοῖς, caso dativo masculino plural del nombre común *hermanos*.

Crítica Textual. Lecturas alternativas.

[1] ἐνορκίζω, *conjuro* o también *encargo solemnemente*, lectura atestiguada en 𝔭[46]. A. B. D*. 0278. 6. 33. 323. 945. 1739. 1881.

ορκίζω, *conjuro*, en lugar de ἐνορκίζω, palabra sinónima pero que agrega también el sentido de *advertencia solemne*, según lectura en א, D[1]. F. G. K. L. P. Ψ. 81. 104. 365. 630. 1175. 1241. 1505. 2464. 𝔐.

[2] τοῖς ἀδελφοῖς, *los hermanos*, lectura atestiguada en א*. B. D. F. G. 0278. it. sa. Ambrosiaster.

τοῖς ἁγίοις ἀδελφοῖς, *los santos hermanos*, según lectura en א[2]. A. K. L. P. Ψ. 33. 81. 104. 365. 630. 1175. 1241. 1505. 1739. 1881. 2464 𝔐. ar. vg. sy. bo.

᾽Ενορκίζω ὑμᾶς τὸν Κύριον ἀναγνωσθῆναι τὴν ἐπιστολὴν. Pablo *conjura* a los tesalonicenses para que se de lectura de la *Epístola* a todos los hermanos. El verbo ἐνορκίζω, expresa tanto el sentido de *conjurar*, como el de *desear solemnemente*, esto es, manifestar un deseo vivo e intenso, como si dijese: *os pido vivamente*. Sorprende este cambio tan radical de forma de expresión en contraste con la sencillez e incluso humildad del usado hasta aquí. No sabemos cuál es la causa. Se aprecia también el uso de la primera persona singular en el pronombre, lo que quiere decir que sólo el apóstol es el que está haciendo esta advertencia solemne a toda la iglesia. Él en el ejercicio de su autoridad apostólica lo que escribió es inspirado y, por tanto, palabra del Señor. A los creyentes de la iglesia en Tesalónica se les pone bajo juramento *por el Señor*, o *del Señor*, en sentido tanto de una forma como de otra, a lo que corresponde un juramento conforme a lo establecido por Dios, que había de hacerse en Su nombre. Pablo usa esta demanda solemne que se hace a los creyentes bajo la autoridad del Señor, de modo que no hacer lo que se indica es una desobediencia grave. La lectura del escrito revestía la autoridad y voluntad del Señor.

La *Epístola* había de ser leída a todos los hermanos. Quiere decir que cuantos eran creyentes en aquella iglesia debían conocer todo el contenido de lo que el apóstol había escrito. Por tanto esta lectura debía ser pública. Sin duda se trata de hacerlo en las reuniones de la iglesia. Esta frase contiene una importancia grande en referencia al Canon, como conjunto de escritos inspirados, inerrantes y autoritativos. El contenido debía ser conocido por todos, porque todos lo necesitaban. Incluía a quienes estaban pasando por la tristeza de la partida de seres queridos; también a los creyentes en general; e incluso a los que por su vida desordenada pudieran tener reparos con la enseñanza de Pablo. Esta instrucción es, indudablemente, extensiva a todos creyentes de la Iglesia en cualquier tiempo (cf. 1 Co. 1:2). Las epístolas no son para algunos en algún tiempo, sino para todos los cristianos en todos los tiempos.

Despedida (5:28).

28. La gracia de nuestro Señor Jesucristo sea con vosotros. Amén.

Ἡ	χάρις	τοῦ	Κυρίου	ἡμῶν	Ἰησοῦ Χριστοῦ	μεθ'	ὑμῶν[1].
La	gracia	del	Señor	de nosotros	Jesucristo	con	vosotros.

Notas y análisis del texto griego.

Las últimas palabras del escrito, dicen: Ἡ, caso nominativo femenino singular del artículo determinado *la*; χάρις, caso nominativo femenino singular del nombre común *gracia*; τοῦ, caso genitivo masculino singular del artículo determinado declinado *del*; Κυρίου, caso genitivo masculino singular del nombre divino *Señor*; ἡμῶν, caso genitivo de la primera persona plural del pronombre personal declinado *de nosotros*; Ἰησοῦ, caso genitivo masculino singular del nombre propio *Jesús*; Χριστοῦ, caso genitivo masculino singular del nombre propio *Cristo*; μεθ', preposición propia de genitivo *con*; ὑμῶν, caso genitivo de la segunda persona plural del pronombre personal *vosotros*.

Crítica Textual. Lecturas alternativas.

[1] El texto tal como aparece en el versículo sin el amén final, está atestiguado en B. D. F. G. 0278. 6. 33. 1739. 1881 it. vg. sa. Ambrosiaster.

Se añade *amén*, en ℵ. A. D[1]. K. L. P. Ψ. 81. 104. 365. 630. 1175. 1241. 1505. 1739. 2464. 𝔐. lat. sir. bo.

Ἡ χάρις τοῦ Κυρίου ἡμῶν Ἰησοῦ Χριστοῦ La bendición final del apóstol no va precedida de saludos, habituales en sus escritos. Tal vez la razón se deba a la exhortación solemne que precede a la bendición. Es posible que en los primeros escritos del apóstol, como son este y Gálatas, los problemas que aborda y la situación que rodea el entorno social e histórico de la iglesia, condiciona el final de la *Epístola*.

La bendición procede de la *gracia de nuestro Señor Jesucristo*. La gracia es la causa que operó la salvación y la sustenta, de modo, que en sus distintas manifestaciones en la obra de Cristo ha estado presente en todo el escrito. Esta es la bendición típica en todos los escritos del apóstol (cf. Ro. 16:20; 1 Co. 16:23; 2 Co. 13:14; Gá. 6:18; Fil. 4:23; Col. 4:18; 1 Ts. 5:28; 1 Ti. 6:21; 2 Ti. 4:22; Tit. 3:15). Aquí la gracia es la razón, causa y motivo de bendición. El creyente es salvo por gracia (Ef. 2:8-9). La gracia es el medio de ayuda y sostenimiento en el servicio y testimonio (1 Co. 15:10). Es interesante notar que la gracia inicia y cierra la *Epístola* (1:3). En el escrito la gracia es la que hizo posible la obra de redención que se ha detallado antes; es la que da el Espíritu Santo en la vida del creyente; es la que adopta a los creyentes en el Hijo para ser hijos de Dios; la que da esperanza; la que hace posible el triunfo sobre la carne. Sin duda alguna el énfasis de la *Epístola* descansa en la gracia.

La gracia como don de Dios se comunica al creyente por Cristo, de ahí que en otros lugares se llama *"la gracia de nuestro Señor Jesucristo* (Ro. 16:24; 1 Co. 16:23; Gá. 6:18; 1 Ts. 5:28; 2 Ts. 3:18). La gracia, como expresión de amor divino y provisión para salvación determinada en la eternidad, cuando se estableció el Plan de Redención (2 Ti. 1:9), viene con Cristo y en Cristo (Jn. 1:17). Esta gracia se otorga al hombre por el único Mediador que es también Jesucristo (1 Ti. 2:5). Es la razón, causa y fundamento de la salvación y, por tanto, de su seguridad. Cristo Jesús, nuestro Señor, expresó plenamente la gracia, hasta el punto de cautivar a quienes estuvieron con Él (Jn. 1:14). La gracia comunica el poder para la vida cristiana victoriosa. El trabajo eficaz sólo es posible en ella (1 Co. 15:10).

Esta gracia está y procede de *nuestro Señor Jesucristo*. En esta ocasión se dan los tres títulos del Salvador, quien es *Señor* porque es Dios; *Jesús*, el Salvador de los pecadores; *Cristo* la esperanza de gloria. Pero, los títulos no solo identifican al que hace posible la bendición, sino que lo vincula con el creyente y su vida. Como Señor tiene derecho y autoridad sobre cada uno; como Jesús es la razón, causa y motivo de vida; como Cristo marca nuestro servicio y ministerio de sacerdotes, y la esperanza de reinar con Él.

μεθ' ὑμῶν, La bendición no es asunto de religión, con la que termina una larga enseñanza y exhortación, sino la experiencia más alta a que el creyente puede llegar, de ahí que esa bendición de la gracia *sea con vosotros*. Quiere decir que sea experimentada en la intimidad de los creyentes en Tesalónica.

Pero, en el contexto de dificultades que rodean la epístola, donde algunos estaban poniendo en peligro sus mismas vidas, la gracia supliría toda la necesidad y superaría cualquier aspecto en el conflicto, fortaleciendo al creyente en medio de las pruebas y sufrimiento. De ahí la gran promesa contenida en el escrito de Santiago: *"Pero Él da mayor gracia"* (Stg. 4:6). Si la gracia sobreabundó, esto es, fue superior en todo al sobreabundante pecado para salvación, también es mayor que cualquier angustia en la experiencia de la santificación. Es la promesa de Dios para toda ocasión y para cualquier dificultad. El creyente de fe, descansa confiadamente en la provisión de la gracia y sigue el camino de su peregrinación tras las huellas de Jesús, poniendo la vista en Él (He. 12:2). Esta admirable gracia no hace distinción ni acepción de personas: *"sea con todos vosotros"*. Había creyentes débiles, vacilantes en la fe y también fuertes. Cualquiera que fuese la situación, el apóstol desea para ellos la mejor de las bendiciones: una continua experiencia en la gracia y una constante provisión de ella. El hecho de que en la bendición se diga que esa gracia *"sea con todos vosotros"* indica también la permanencia. No habrá un solo momento en que no esté a nuestra disposición, no solo en cuanto a alcance que comprende a todos, sino en cuanto a bendición continuada. Siempre hay gracia, siempre hay aliento, siempre hay comprensión, siempre hay ayuda, siempre hay todo como provisión de Dios en la carrera de la fe. Es posible que sepamos poco acerca de la gracia, pero, lo más importante es que la experimentemos cada día.

Finalizando el capítulo y el comentario a esta *Epístola*, cabe, como en todos los anteriores, destacar alguna de las enseñanzas que deben manifestarse en nuestra vida cristiana. Difícil es hacerlo, puesto que ninguna es más importante que otras, pero, simplemente recordar algunos extremos.

El creyente no ha de sentir curiosidad por la respuesta de preguntas sobre el futuro cuando están reservadas por Dios. La advertencia del Señor es clara, no nos toca a nosotros saber lo que es potestativo de Dios (Hch. 1:7). El cristiano ha de conocer bien la profecía de los últimos tiempos, como corresponde a una parte de la Escritura, útil para enseñar y corregir (2 Ti. 3:16). La certeza de lo que ocurrirá en el mundo debe llevarnos a vivir una vida de mayor santidad y compromiso con el Señor (2 P. 3:11,12). Nuestra meta suprema es la de ser hallados sin mancha por el Señor (2 P. 3:14).

Cada uno de nosotros estamos llamados a vivir una vida de vigilancia personal (v. 6). Diligencia en la esfera del servicio y de la santidad. El tiempo del encuentro con Cristo está cerca (Ro. 13:11). La gran necesidad de cada creyente es *vivir a Cristo* (Gá. 2:20). Dentro de la vigilancia personal está la atención hacia el dominio propio, con el claro llamamiento a *ser sobrios*.

Es interesante la exhortación en relación con el trato que debe darse al liderazgo de la iglesia, consistente en amor, reconocimiento y respeto. Cualquier acción contra el trabajo de los mismos es una abierta oposición a la voluntad de Dios. Existe el riesgo de que una actitud contraria hacia los que presiden la congregación local se convierta en dificultades para quien actúe de ese modo (He. 13:17). La mejor colaboración con los líderes comienza por orar pidiendo dirección, ayuda y bendición para su servicio.

El creyente debe proveer para el sostenimiento de los que trabajan a sirviendo al Señor. La Biblia lo enseña en varios lugares, además del capítulo considerado (1 Co. 9:14). El corazón generoso del creyente espiritual nunca considerará excesivo lo que reciba quien sirve al Señor a pleno tiempo. La Escritura enseña que éstos deben ser tenidos como dignos de recibir un doble salario (1 Ti. 5:17). No dice que lo reciban, pero que sean tenidos como dignos de ello. Los que sirven al Señor a todo tiempo, deben confiar sólo en la misericordia y provisión del Señor, de modo que no deben pedir nada a sus hermanos, sino confiar sus necesidades a quien los ha llamado y se ha comprometido a proveer para ellos de cuanto sea necesario.

El creyente debe ser un colaborador en la obra, en relación con la ayuda a sus hermanos. No debe admitir el desorden de otros creyentes que vivan en oposición a la enseñanza de la Escritura, sino que debe exhortarles a vivir conforme a ella. Cualquier acción hacia el hermano ha de ser hecha con el propósito de la edificación y restauración del mismo. La exhortación a otros sólo es posible mediante la aplicación de la Escritura. Cualquier exhortación, como el significado de la propia palabra indica, es un trabajo de aliento.

El creyente ha de procurar la paz con todos (v. 13). Para ello, lo primero es que deje de crear inquietud. Del mismo modo, otro paso, es dejar de compartir con los que son creadores de inquietud. Las disputas entre creyentes afectan generalmente a la misma unidad del cuerpo de Cristo (Ef. 4:3). Cuando un creyente está causando divisiones en la congregación está atentando directamente contra la unidad del cuerpo de Cristo, contra el Espíritu que la hace, y contra el mismo Señor que la preside. Sobre esta grave cuestión es muy necesario tener presente la exhortación del apóstol a los corintios (1 Co. 3:16, 17).

Que la Palabra primero, el comentario a ella, y las reflexiones hechas a lo largo de este escrito, sean elemento en el Poder del Espíritu de Dios para fortalecer a cada lector en la determinación de una vida consecuente con la esperanza y la fe. Que los apuntes históricos del pasado, ya desde los tiempos apostólicos, y los triunfos de la fe, den paso a la vida victoriosa que Dios tiene establecida como propósito soberano para el tiempo presente, generando en nosotros la firme certeza de otras victorias en el futuro, como manifestaciones de la inconmovible realidad de ser llevados siempre en triunfo en Cristo Jesús (2 Co. 2:14). Debemos entender bien que no hay nada en el pasado de la iglesia que pueda superar las glorias del futuro. Que esta perspectiva abra para nosotros la firme determinación de mirar las cosas de arriba, sirviendo al Señor, mientras esperamos su venida (1:9-10).

II TESALONICENSES

CAPÍTULO I

AFRONTANDO LAS PRUEBAS.

Introducción.

El estudio de la *Segunda Epístola a los Tesalonicenses*, reviste la importancia que tiene el hecho de ser Palabra inspirada de Dios (2 Ti. 3:16). Es, por tanto, el único elemento útil para el desarrollo pleno de la vida cristiana. Esta *Epístola*, como todos los escritos de Pablo, une en ella la doctrina y la práctica.

Como ya se indicó en la introducción para la *Primera Epístola*, este escrito contiene, a pesar de los criterios del mundo liberal, una amplia enseñanza doctrinal, especialmente destacable en relación con la *Escatología*, en donde aborda asuntos relativos al tiempo anterior a la Segunda Venida del Señor. Pero no es menos importante a la hora de conocer instrucciones apostólicas para la vida cristiana y la administración eclesial. La iglesia de los tiempos apostólicos se describe en la epístola con todas sus perfecciones y problemas.

El desconocimiento de ciertos aspectos doctrinales conduce a actitudes incorrectas, como ocurría con aquellos que, suponiendo que el fin de todas las cosas estaba próximo, habían dejado sus trabajos para vivir de la caridad de otros hermanos en la iglesia. De ahí que el apóstol Pablo acuda a precisar los puntos principales de la doctrina uniéndolos a una exhortación destinada a quienes vivían desordenadamente, a fin de corregir, por un lado, la doctrina y, por otro, la vida de aquellos hermanos.

La Biblia no es un libro de *información*, sino de *formación*, por tanto ha de estudiarse para *vivir conforme a sus demandas*, y no sólo para *saber más de ella*. Ajustar nuestra vida a sus mandamientos es ajustarla a los principios de la voluntad de Dios para los suyos. De ahí que previa a la lectura del comentario, sería bueno el ejercicio de la oración para implorar la ayuda divina en la tarea de la reflexión sobre el texto bíblico y la posterior aplicación a nuestra vida.

Como se ha dicho en la *Introducción* general en la *Primera Epístola*, este escrito es uno de los más antiguos de los que salieron de la mano del apóstol Pablo. Redactado, como el anterior, durante el segundo viaje misionero, en plena etapa de la fundación de iglesias en el mundo gentil. Complementando a la anterior y permitiéndonos conocer las circunstancias y problemas que se manifestaban en las primeras iglesias cristianas. Confirmando las circunstancias en que vivían, sujetas a persecuciones externas y a enseñanzas erróneas que pretendían introducirse en el interior.

Habiendo hecho una introducción general a las dos *Epístolas*, al iniciar el comentario a la primera, se remite al lector a aquella sección para evitar aquí repeticiones de lo dicho entonces, puntualizando sólo lo que corresponde a esta.

Autenticidad de la epístola.

Considerada junto con la *Primera Epístola*, remitimos al lector a dicho apartado.

Autor.

Se ha tratado también este punto en la introducción anterior, por lo que pueden ser consultados allí los argumentos sobre la autoría paulina del escrito.

Destinatarios.

El primer versículo los define claramente. La *Epístola* fue dirigida a la *"iglesia de los tesalonicenses"*. Los creyentes alcanzados por el mensaje del evangelio en la ciudad de Tesalónica y que quedaron allí cuando Pablo tuvo que salir precipitadamente de la ciudad. A estos cristianos residentes en la ciudad de Tesalónica, se dirige el escrito.

Motivo.

Poco tiempo después de haber enviado la *Primera Epístola*, el apóstol remite esta segunda para precisar asuntos relativos a la Segunda Venida y al tiempo de tribulación que la antecederá. Sin duda habían llegado noticas a Pablo de que algunos aspectos doctrinales sobre este tema habían sido distorsionados, o incluso mal interpretados (2:2). Probablemente no habían hecho una buena distinción en cuanto a los diferentes aspectos de la venida del Señor.

Al estar rodeados de un tiempo de tribulación y persecución, donde el emperador romano recibía ya el tratamiento de divinidad y se le tributaban honores divinos, algunos creyentes fueron inducidos a entender que ya estaban en *la tribulación*, proféticamente anunciada y que el emperador, que se hacía pasar por dios, podía muy bien ser el Anticristo anunciado en la profecía.

Esta confusión hizo que algunos pensaran que el fin de los tiempos estaba cercano y que era mejor dejar de trabajar para dedicarse a la oración, la exhortación, la ayuda mutua, etc. por lo que la congregación se veía afectada por quienes sin trabajar querían ser mantenidos por la bondad de los creyentes (3:6, 11). Pablo aborda la cuestión con mayor determinación y firmeza, que en la *Primera Epístola*, siendo una de las razones del escrito.

Lugar de redacción.

Por el relato de Hechos y los detalles de la *Epístola*, Pablo envió a Timoteo para que visitase la iglesia en Tesalónica y le informase de la situación en que se encontraba. El apóstol partió para Atenas (Hch. 17) donde estuvo por poco tiempo, siguiendo luego a Corinto (Hch. 18:1). Allí se encontró con Timoteo y Silas que regresaron de las misiones que les habían sido encomendadas y dieron sus informes al apóstol (Hch. 18:1, 5). Por la salutación de la *Epístola* (1:1) se aprecia que tanto Silas como Timoteo, estaban con Pablo. Luego, con toda probabilidad, la carta fue escrita, como la primera, desde Corinto.

Fecha.

El lector debe consultar los argumentos históricos que permiten precisar la fecha de la anterior *Epístola*. Siendo esta segunda muy próxima en el tiempo, puede situarse con ella en el mismo año, o en el siguiente, tratándose de un escrito del año 51.

Cuerpo doctrinal.

Recordamos lo dicho en la *Introducción General.*

A pesar de las críticas liberales en el sentido de que el contenido doctrinal de la *Epístola* es pequeño, e incluso pobre comparado con los escritos de Pablo, el objeto de ella no era enseñar doctrina, sino alentar y aclarar algunos asuntos necesarios. Con todo la doctrina está presente en el escrito, pudiendo destacarse:

Teología propia. Dios el Padre es el Padre personal de cada creyente (1:1, 3). Es también el que ha escogido a los santos para salvación (2:13). Dios actuará contra los que actúan persiguiendo y afligiendo a los creyentes (1:5-8).

Cristología. La Iglesia se sustenta y descansa en Cristo (1:1). La esperanza del retorno del Señor es confirmada (1:7; 2:1). Jesús derrotará el sistema impío que se establecerá en el mundo, con la gloria de Su venida (2:8).

Eclesiología. La Iglesia se sustenta en Dios Padre y en el Señor Jesucristo (1:1).

Escatología. El retorno de Cristo para buscar a la Iglesia forma parte de la esperanza cristiana (1:7). La Segunda Venida estará precedida de manifestaciones que deberán cumplirse (2:1-2). Entre lo que tiene que manifestarse está la *apostasía* (2:3). De igual modo se puntualiza la presencia del Anticristo, *el hombre de pecado* (2:3-5). Se enseña que el propósito para entronizar al hombre en lugar de Dios no puede hacerse ahora por impedimento divino (2:6-9). La Segunda Venida será una manifestación gloriosa del Señor (2:8).

El texto griego.

La *Epístola* está escrita en un griego de un buen nivel. Con un estilo brillante y con expresiones bien construidas y concretas, muy aptas para expresar la enseñanza y para reforzar las exhortaciones con precisión. Las formas podían captar fácilmente la atención del lector y hacen del escrito un cuerpo armónico y atractivo. Hay, como en todos los escritos del apóstol Pablo algunos rasgos del entorno semítico de donde procede.

Principales referencias de textos griegos para la Epístola.

Para la *Primera a Tesalonicenses,* se utilizan los siguientes mss y códices: $\mathfrak{p}^{30}$, $\mathfrak{p}^{92}$, ℵ, A, B, D, F, G, I, K, L, P, Ψ, 0111, 0278, 33, 81, 104, 365, 630, 1175, 1241, 1505, 1506, 1739, 1881, 2464, *l* 249, *l* 846.

El texto griego de la Epístola.

La Segunda Epístola a los Tesalonicenses está escrita en un griego culto. No obstante, la utilización de formas propias de la koiné, están presentes, dando a entender que el autor conocía bien la lengua, y le llevaba a adoptar las expresiones propias del griego común en el lugar al que dirige la carta.

El texto griego utilizado en el comentario y análisis del *Evangelio* es el de Nestle-Aland en la vigésimo octava edición de la Deutsche Biblegesellschaft, D-Stuttgart, recientemente editado.

En el aparato crítico se ha procurado tener en cuenta la valoración de los estudios de *Crítica Textual*, para sugerir la mayor seguridad o certeza del texto griego. Para interpretar las referencias del aparato crítico, se hacen las siguientes indicaciones:

El aparato crítico, que en el comentario se denomina como *Crítica Textual. Lecturas alternativas*, se sitúa luego del análisis gramatical del texto griego, de modo que el lector pueda tener, si le interesa las alternativas de lectura que aparezcan en los versículos de la *Epístola.*

Los papiros se designan mediante la letra 𝔭. Los *manuscritos unciales*, se designan por letras mayúsculas o por un 0 inicial. Los unciales del texto bizantino se identifican por las letras *Biz* y los unciales bizantinos más importantes se reflejan mediante letras mayúsculas entre corchetes [ ] los principales unciales en los escritos de Pablo se señalan por K, L, P. En este escrito se abandona el uso de la identificación de los textos unciales bizantinos, colocándolos como los demás códices salvo en ocasiones en que se requiera por alguna razón.

Los manuscritos minúsculos quedan reflejados mediante números arábigos, y los minúsculos de texto bizantino van precedidos de la identificación *Biz*. La relación de unciales, debe ser consultada en textos especializados ya que la extensión para relacionarlos excede a los límites de esta referencia al aparato crítico.

En relación con los manuscritos griegos aparecen conexionados los siguientes signos:

f^{1} se refiere a la familia 1 de manuscritos.

f^{13} se refiere a la familia 13 de manuscritos.

Biz referencia al testimonios *Bizantinos*, textos de manuscritos griegos, especialmente del segundo milenio.

Biz^{pt} cuando se trata de solo *una parte* de la tradición *Bizantina* cada vez que el testimonio está dividido.

* este signo indica que un manuscrito ha sido corregido.

c aparece cuando se trata de la lectura del *corrector* de un manuscrito.

1,2,3,c indica los sucesivos correctores de un manuscrito en orden cronológico.

( ) indican que el manuscrito contiene la lectura apuntada, pero con *ligeras diferencias* respecto de ella.

[ ] incluyen *manuscritos Bizantinos* selectos inmediatamente después de la referencia *Biz.*

txt indica que se trata del *texto del Nuevo Testamento* en un manuscrito cuando difiere de su cita en el comentario de un Padre de la Iglesia (comm), una variante en el margen (mg) o una variante (v.r.).

com (m) se refiere a citas en el curso del *comentario* a un texto cuando se aparta del texto manuscrito.

mg indicación textual contenida en el *margen* de un manuscrito.

v.r. *Variante* indicada como alternativa por el mismo manuscrito.

vid indica la lectura más probable de un manuscrito cuando su estado de conservación no permite una verificación.

supp texto suplido por faltar en el original.

𝔐 contiene los textos mayoritarios incluido el Bizantino. Indica la lectura apoyada por la mayoría de los manuscritos, incluyendo siempre manuscritos de koiné en el sentido estricto, representando el testimonio del texto griego koiné. En consecuencia, en los casos de un aparato negativo, donde no se le da apoyo al texto, la indicación 𝔐, no aparece.

Los *Leccionarios* son textos de lectura de la Iglesia Griega, que contienen manuscritos del texto griego y se identifican con las letras *Lect* que representa la concordancia de la mayoría de los Leccionarios seleccionados con el texto de *Apostoliki Diakonia*. Los que se apartan de este contexto son citados individualmente con sus respectivas variantes. Si las variantes aparecen en más de diez Leccionarios, se identifica cada grupo con las siglas ^{pt}. Si un pasaje aparece varias veces en un mismo Leccionario y su testimonio no es coincidente, se indica por el número índice superior establecido en forma de fracción, para indicar la frecuencia de la variante, por ejemplo *l* 866$^{1/2}$. En relación con los Leccionarios se utilizan las siguientes abreviaturas:

Lect para referirse al texto seguido por la *mayoría de los leccionarios*.

l 43 indica el leccionario que se aparta de la lectura de la mayoría.

Lect^{pt} referencia al texto seguido por una parte de la tradición manuscrita de los Leccionarios que aparece, por lo menos, en diez de ellos.

l 593$^{1/2}$ referencia a la frecuencia de una variante en el mismo manuscrito.

Las referencias a la Vetus Latina, se identifica por las siglas it (Itala), con superíndices que indican el manuscrito.

La Vulgata se identifica por vg para la Vulgata, vg^{cl} para la Vulgata Clementina, vg^{ww} para la Vulgata Wordsworth-White, y vgst para la Vulgata de Stuttgart.

Las siglas lat representan el soporte de la Vulgata y parte del Latín Antiguo.

Las versiones Siríacas se identifican por las siguientes siglas: Sir^{s} para la Sinaítica. sir^{c}, para la Curetoniana. sir^{p}, identifica a la Peshita. sir^{ph} son las siglas para referirse a la Filoxeniana.

La Harclense tiene aparato crítico propio con los siguientes signos: sir^{h} (White; Bensly, Wööbus, Aland, Aland/Juckel); sir $^{h\ with*}$, lectura siríaca incluida en el texto entre un asterisco y un metóbelos; sir^{hmg}, para referirse a una variante siríaca en el margenV sir^{hgr} hace referencia a una anotación griega en el margen de una variante Siríaca. Las siglas sir^{pal} son el identificador de la Siríaca Palestina.

Las referencias a la Copta son las siguientes:

cop^{sa} Sahídico.

cop^{bo} Boháirico.

cop^{pbo} Proto-Boháirico.

cop^{meg} Medio-Egipto.

cop^{fay} Fayúmico.

cop^{ach} Ajmínico.

cop^{ach2} Sub-Ajmínico.

Para la Armenia, se usan las siglas arm.

La georgiana se identifica:

geo identifica a la georgiana usando la más antigua revisión A^1

geo^1/geo^2 identifica a dos revisiones de la tradición Georgina de los Evangelios, Hechos y Cartas Paulinas.

La etiópica se identifica de la siguiente manera:

eti cuando hay acuerdo entre las distintas ediciones.

eti^{ro} para la edición romana de 1548-49.

eti^{pp} para la Pell Plat, basada en la anterior.

eti^{TH} para Takla Häymänot

eti^{ms} referencia para la de París.

Eslava Antigua, se identifica con esl.

Igualmente se integra en el aparato crítico el testimonio de los Padres de la Iglesia. Estos quedan identificados con su nombre. Cuando el testimonio de un Padre de la Iglesia se conoce por el de otro, se indica el nombre del Padre seguido de una anotación en superíndice que dice *según* y el nombre del Padre que lo atestigua. Los Padres mencionados son tanto los griegos como los latinos, procurando introducirlos en ese mismo orden. En relación con las citas de los Padres, se utilizan las siguientes abreviaturas:

( ) Indican que el Padre apoya la variante pero con ligeras diferencias.

vid probable apoyo de un Padre a la lectura citada.

lem cita a partir de un *lema*, esto es, el texto del Nuevo Testamento que precede a un comentario.

comm cita a partir de la parte de un comentario, cuando el texto difiere del lema que lo acompaña.

supp porción del texto *suplido* posteriormente, porque faltaba en el original.

ms, mss referencia a manuscrito o manuscritos patrísticos cuyo texto se aparta del que está editado.

mss según Padre identifica una variante de algún manuscrito según testimonio patrístico.

1/2, 2/3 variantes citadas de un mismo texto en el mismo pasaje.

pap lectura a partir de la *etapa papirológica* cuando difiere de una edición de aquel Padre.

ed lectura a partir de la *edición* de un texto patrístico cuando se aparta de la *tradición papirológica.*

gr cita a partir de un fragmento griego de la obra de un Padre Griego cuyo texto se conserva sólo en traducción.

lat, sir, armn, slav, arab traducción latina, siríaca, armenia, eslava o araba de un Padre Griego cuando no se conserva en su forma original.

dub se usa cuando la obra atribuida a cierto Padre es dudosa.

Con estas notas el lector podrá interpretar fácilmente las referencias a las distintas alternativas de lectura que el aparato crítico introduce en los versículos que las tienen.

Análisis del texto griego.

Como elemento de ayuda al lector que no tenga un conocimiento alto del griego koiné, se hace el análisis morfológico de cada una de las palabras del texto griego en cada uno de los versículos que se comenta, añadiendo las referencias al análisis sintáctico e idiomático cuando se requiera.

En el análisis se procura identificar las palabras con el sentido que tienen en castellano, así, se traducen las conjunciones por *copulativa, disyuntiva, causales,* etc. que aunque no correspondan exactamente con la calificación griega, permite al lector castellano identificarlas con el sentido que tienen en este idioma.

Se ha tenido en cuenta hacer la distinción en el aoristo de los verbos, entre el primero o el segundo. Si bien a efectos de análisis textual no es importante, se precisan las formas para facilitar la identificación al lector del texto.

Aparato crítico del texto griego.

La cantidad de alternativas de lectura del texto griego es cada vez mayor, a medida que se encuentran nuevos mss. Incorporar todas las posibles excede a la capacidad y razón de ser de un comentario. En este caso se dan las más importantes, siguiendo la crítica textual comprendida en el *Novum Testamentum Graece*, Nestle-Alan vigésimo octava edición de Deutsche Bibelgesellschaft.

De la misma manera se consulta también el aparato crítico del Texto Griego del Nuevo Testamento Trilingüe de la Biblioteca de Autores Cristianos.

Para ayudar al lector se traduce al castellano la mayor parte de las alternativas de lectura, salvo cuando sean de relativa importancia o excesivamente numerosas, en cuyo caso se traslada simplemente la correspondiente referencia.

Otras precisiones sobre el texto griego.

Es sabido que algunos nombres que en castellano se escriben con mayúsculas, como Dios, al referirse al verdadero, Espíritu Santo, en relación con la Tercera persona de la Deidad, en griego algunos de estos nombres o adjetivos vinculados a un nombre se escriben con minúscula.

Sin embargo, por respeto especial, cuando se trate de alguno de estos nombres de Dios, se escribirán con mayúscula. De igual manera y por la misma razón en el análisis textual cuando se refiera a Dios no se definirá como *nombre común*, sino como *nombre divino*. Entendemos claramente que en el marco de la gramática, estas distinciones no corresponden a la realidad del griego.

Bosquejo.

Para desarrollar el comentario se seguirá el curso del siguiente *Bosquejo Analítico*:

I. Saludo (1:1-2).
1. Autor (1:1).
2. Bendición (1:2).

II. El creyente en la tribulación.
1. El modo de afrontarla (1:3-4).
2. El tiempo de la tribulación (1:5-10).
3. El resultado de la tribulación (1:11-12).

III. El día del Señor (2:1-17).
1. El tiempo presente (2:1-2).
2. La apostasía precedente (2:3a).
3. El hombre de pecado (2:3b-5).
4. El control divino (2:6-9).
5. La situación de los incrédulos (2:10-12).
6. La seguridad del creyente (2:13-17).

IV. Las amonestaciones prácticas (3:1-15).
1. Confianza respecto a los tesalonicenses (3:1-5).
2. Instrucciones para con los desordenados (3:6-13).
3. Instrucciones para con los desobedientes (3:14-15).

V. Bendición y despedida (3:16-18).
1. Bendición (3:16).
2. Despedida (3:17-18).

EXÉGESIS DE LA EPÍSTOLA.

Saludo (1:1-2).

Autor (1:1).

1. Pablo, Silvano y Timoteo, a la iglesia de los tesalonicenses en Dios nuestro Padre y en el Señor Jesucristo.

Παῦλος καὶ Σιλουανὸς καὶ Τιμόθεος τῇ ἐκκλησίᾳ Θεσσαλονικέων
Pablo y Silvano y Timoteo a la iglesia de tesalonicenses
ἐν Θεῷ Πατρὶ ἡμῶν καὶ Κυρίῳ Ἰησοῦ Χριστῷ,
en Dios Padre de nosotros y de Señor Jesucristo.

Notas y análisis del texto griego.

Inciando la carta, escribe: Παῦλος, caso nominativo masculino singular del nombre propio *Pablo*; καὶ, conjunción copulativa *y*; Σιλουανὸς, caso nominativo masculino singular del nombre propio *Silvano*; καὶ, conjunción copulativa *y*; Τιμόθεος, caso nominativo masculino singular del nombre propio *Timoteo*; τῇ, caso dativo femenino singular del artículo determinado declinado *a la*; ἐκκλησίᾳ, caso dativo femenino singular del nombre común *iglesia*; Θεσσαλονικέων, caso genitivo masculino plural del nombre propio declinado *de tesalonicenses*; ἐν, preposición propia de dativo *en*; Θεῷ, caso dativo masculino singular del nombre divino *Dios*; Πατρὶ, caso dativo masculino singular del nombre divino *Padre*; καὶ, conjunción copulativa *y*; Κυρίῳ, caso dativo masculino singular del nombre divino *Señor*; Ἰησοῦ, caso dativo masculino singular del nombre propio *Jesús*; Χριστῷ, caso dativo masculino singular del nombre propio *Cristo*;

Παῦλος. El saludo de la *Epístola* es idéntico al de la primera. Como corresponde al estilo epistolar de entonces, se inicia mencionando al autor y quienes le acompañaban, para seguir luego con los destinatarios.

No cabe duda que este llamado aquí *Pablo*, no es otro que el apóstol de este nombre, que también tenía el de Saulo. La confirmación de la persona se aprecia también en el escrito[1]. Era el fundador de la iglesia por la predicación del evangelio. Tesalónica fue uno de los primeros lugares donde se predicó el evangelio en Europa.

καὶ Σιλουανὸς. El primer nombre de los compañeros de ministerio que estaban con él cuando escribió la *Epístola*, se le llama

[1] Ver comentario al versículo en la Primera Epístola.

Silvano. Que es la forma latina del nombre arameo *Silas*, posible traducción del hebreo *Saúl*. Miembro destacado entre las iglesias primitivas de los tiempos apostólicos (Hch. 15:22, 32). Asistente al concilio de Jerusalén, fue enviado por los apóstoles y ancianos a las iglesias del mundo gentil llevándoles los acuerdos alcanzados en aquella ocasión (Hch. 15:22-35). Compañero de ministerio con Pablo después de la discusión con Bernabé y la separación de ambos (Hch. 15:36-41). Era ciudadano romano (Hch. 16:37-39). Quedó en Berea mientras Pablo iba a Tesalónica, reuniéndose nuevamente con él en Corinto (Hch. 16-18). Fue el amanuense de la primera carta de Pedro, de ahí la semajanza con *Segunda a Tesalonicenses* (1 P. 5:12).

καὶ Τιμόθεος. Con Pablo y Silas estaba también Timoteo. Su nombre significa *amor* o *adoración a Dios*. Hijo de padre gentil y madre judía, convertida al cristianismo (Hch. 16:1; 2 Ti. 1:5). Natural de Listra (Hch. 16:1). Tenido en alta estima por las iglesias de Listra e Iconio (Hch. 16:2). Debió haber sido convertido por el ministerio de Pablo, durante su primer viaje misionero. Pablo tenía una profunda simpatía por él, incorporándolo al equipo misionero después de la separación de Bernabé (Hch. 16:3). Esta elección parece haber sido apoyada por otros mediante manifestaciones proféticas (1 Ti. 1:18; 4:14). Tal vez recibió una dotación especial para el ministerio, con la imposición de manos de Pablo y el presbiterio de la iglesia (1 Ti. 4:14; 2 Ti. 1:6). Tuvo a su cargo misiones encomendadas por Pablo y fue uno de sus colaboradores directos. Una misión especial a Tesalónica para alentar a los creyentes (1 Ts. 3:1, 2, 5). Le acompañó en la evangelización en Corinto (2 Co. 1:19). Fue enviado con Erasto a Macedonia (Hch. 19:22). Mensajero de Pablo a la iglesia en Corinto (1 Co. 4:17). Acompañó al apóstol para llevar la ofrenda de las iglesias a Jerusalén (Hch. 20:4, 5). Compañero suyo durante la prisión, como se evidencia en las cartas a Filipenses, Colosenses y Filemón (Fil. 1:1; Col. 1:1; Flm. 1). Fue dejado por Pablo en Éfeso para la consolidación de la obra (1 Ti. 1:3). La tradición histórica lo sitúa como obispo en Éfeso.

Los tres aparecen en el saludo de la *Primera Epístola* (1 Ts. 1:1). Como en aquella, figuran también aquí en el orden lógico, primero Pablo, el apóstol, luego Silas, probablemente mayor en edad, y finalmente Timoteo.

τῇ ἐκκλησίᾳ Θεσσαλονικέων. Los destinatarios con los creyentes que forman la iglesia en Tesalónica. De esto se ha considerado en el comentario a la anterior *Epístola*.

ἐν Θεῷ Πατρὶ ἡμῶν καὶ κυρίῳ 'Ιησοῦ Χριστῷ, Las verdades doctrinales del versículo se han considerado ampliamente en el comentario de la primera, por lo que cabe sólo un resumen recordatorio en este lugar. La iglesia está en *Dios nuestro Padre y en el Señor Jesucristo*. La vinculación de los creyentes en Cristo permite la comunión con las tres Personas Divinas (2 P. 1:4). La comunión de los creyentes es con el Padre y con su Hijo Jesucristo (1 Jn. 1:3). Por eso los cristianos tienen vida eterna que procede de Dios y se comunica por medio de Jesucristo, el único Mediador entre Dios y los hombres, que lo hace posible (Jn. 1:3). La unión entre los creyentes es posible a causa de la posición de cada uno en Cristo (Jn. 17:21). Esta unión es por una operación de Dios, el Espíritu Santo (1 Co. 12:13). Cristo murió para atraer a todos a Sí mismo (Jn. 12:32). El Señor oró para unir a todos los creyentes en Él (Jn. 17:20-22). Esto pone de manifiesto la universalidad de la iglesia, como una sola delante de Dios, es decir, las iglesias locales son la expresión en el tiempo y espacio de la única iglesia de Jesucristo, por cuya unidad Él oró (Jn. 17:21).

Las consecuencias de la unión con Cristo son evidentes. La comunión eclesial entre todos los cristianos es un asunto vertical que se traslada luego a otro horizontal. Todos los cristianos tenemos un mismo corazón para sentir como Jesús (Fil. 2:5). Al tiempo que también hemos sido dotados de una misma mente para un pensamiento semejante al de Cristo (1 Co. 2:16). Los creyentes vinculados a Cristo tienen un mismo mensaje, hablando una misma cosa (1 Co. 1:10).

El fundamento de la iglesia es Cristo. Así lo expresó el apóstol Pedro (Mt. 16:16), y lo confirmó el Señor (Mt. 16:18). Más tarde la misma verdad será expresada en los escritos apostólicos (1 P. 2:4-8). Esa es también la verdad con la que Pablo instruía a los cristianos en las iglesias que se establecían por su ministerio (1 Co. 3:11).

La iglesia es un cuerpo de fundación divina. El Padre llama según Su voluntad (Ro. 8:29, 30; Ef. 1:5). El Hijo redime, comprando la iglesia con su sangre (Jn. 10:11; Hch 20:28; Ro. 5:8-10; Gá. 4:4-5; Col. 1:13, 14; 1 P. 1:18-20). El Espíritu regenera y une a los creyentes entre sí y con Cristo.

Por identificación con Cristo, quien está en el Hijo está en el Padre (Jn. 17:21). Por tanto, la iglesia es un cuerpo de hermanos, miembros de la casa de Dios. El texto incorpora el pronombre *nuestro* después de Dios, a diferencia de la primera carta, y aunque en algunas versiones aparece, no figura en los mejores manuscritos. La relación paterno-filial con el Padre de todos los creyentes se produce por adopción en Cristo (Gá. 4:4, 5). Todos los que han sido salvos por gracia mediante la fe son hijos del Padre y, por tanto, hermanos entre sí en la misma familia (Ef. 2:19). Cristo es el primogénito entre todos los hermanos (Ro. 8:29).

Bendición (1:2)

2. Gracia y paz a vosotros, de Dios nuestro Padre y del Señor Jesucristo.

χάρις ὑμῖν καὶ εἰρήνη ἀπὸ Θεοῦ Πατρὸς [ἡμῶν] καὶ
Gracia a vosotros y paz de Dios Padre de nosotros y
Κυρίου[1] Ἰησοῦ Χριστοῦ.
de Señor Jesucristo.

Notas y análisis del texto griego.

Expresando la salutación del escrito, dice: χάρις, caso nominativo femenino singular del nombre común *gracia*; ὑμῖν, caso nominativo femenino singular del nombre común *gracia*; καὶ, conjunción copulativa *y*; εἰρήνη, caso nominativo femenino singular del nombre común *paz*; ἀπὸ, preposición propia de genitivo *de*; Θεοῦ, caso genitivo masculino singular del nombre divino *Dios*; Πατρὸς, caso genitivo masculino singular del nombre divino *Padre*; ἡμῶν, caso genitivo de la primera persona plural del pronombre personal declinado *de nosotros*; καὶ, conjunción copulativa *y*; Κυρίου, caso genitivo masculino singular del nombre divino *Señor*; Ἰησοῦ, caso genitivo masculino singular del nombre propio *Jesús*; Χριστοῦ, caso genitivo masculino singular del nombre propio *Cristo*.

Crítica Textual. Lecturas alternativas.

[1] Πατρὸς ἡμῶν καὶ Κυρίου, lectura atestiguada en ℵ. A. F. G. I. K. L. 075. 0150. 0278. 6. 81. 104. 256. 263. 365. 424. 436. 459. 630. 1175. 1241. 1319. 1573.1852. 1962. 2127. 2200. 2464. 𝔐. *Lect.* it$^{\text{ar. f. g. o}}$. vg. sir$^{\text{p, h}}$. Cop$^{\text{sa/mss}}$. arm. geo^{2}. esl. Orígenes^{lat}. Crisóstomo. Teodoro^{lat}. Ambrosiaster.

Πατρὸς καὶ Κυρίου, *Padre y Señor*, como aparece en B. D. P. 0111^{vid}. 33. 1739. 1881. 1912. It$^{\text{d, mon}}$.

Πατρὸς καὶ Κυρίου ἡμῶν, *Padre y Señor de nosotros*, según sir^{pal}. Cop$^{\text{sa/ms. bot/pt}}$. eti.

χάρις ὑμῖν. La bendición se establece sobre los dos grandes elementos de la provisión divina. Primeramente la gracia, que es el favor inmerecido que Dios concede al pecador para su salvación. (Ef. 2:8, 9). Pero, también es la esfera de poder para vivir una vida cristiana eficaz, el apóstol decía que cuanto había hecho en la proclamación del evangelio y en la fundación de iglesias no era atribuible a él sino a la gracia de Dios que operaba en él (1 Co. 15:10). El creyente ya no vive una vida en su poder personal, sino una vida que, por medio de la fe, descansa en la gracia (Ro. 1:17; Gá. 3:11; He. 10:38).

καὶ εἰρήνη. Unida a la gracia está el don perfecto de la *paz*. Experiencia que se alcanza en el estado de reconciliación con Dios (Ro. 5:1). La obra de reconciliación es una operación de salvación de Dios en Cristo, por la que se alcanza un estado de paz con Dios, en una relación nueva en Cristo Jesús (2 Co. 5:18, 19). A todo aquel que cree se le otorga el don supremo del Espíritu, que produce Su fruto en el cristiano, una de cuyas manifestaciones es la paz (Gá. 5:22). Paz es la plenitud de las bendiciones de Dios en la vida del creyente, por su posición en Cristo (Ef. 1:3). Tanto la gracia como la paz están orientadas a *todos* los creyentes, como se aprecia en el uso plural del pronombre personal *a vosotros*.

ἀπὸ θεοῦ πατρὸς [ἡμῶν] καὶ κυρίου Ἰησοῦ Χριστοῦ. La fuente de las bendiciones es siempre celestial. Primeramente se menciona a Dios el Padre, de quien procede toda buena dádiva y todo don perfecto (Stg. 1:17). Luego en el mismo plano, el *Señor Jesucristo*, el único Mediador entre Dios y los hombres, por cuya mediación son posibles las bendiciones de Dios y la experiencia dinámica de ellas (1 Ti. 2:5). Ambos, Padre e Hijo están unidos en la concesión de la gracia y de la paz. La conjunción copulativa *y* que vincula los dos nombres hace necesario que se entienda como una unidad en dos Personas. Esta bendición viene *de parte* de Dios. Las Personas Divinas aparecen en el texto unidas en una misma fuente de bendición (Ro. 15:33; 16:20, 24).

II. El creyente en la tribulación.

El modo de afrontarla (1:3-4).

3. Debemos siempre dar gracias a Dios por vosotros, hermanos, como es digno, por cuanto vuestra fe va creciendo, y el amor de todos y cada uno de vosotros abunda para con los demás.

Εὐχαριστεῖν ὀφείλομεν τῷ Θεῷ πάντοτε περὶ ὑμῶν, ἀδελφοί,
Dar gracias debemos - a Dios siempre acerca de vosotros, hermanos,
καθὼς ἄξιον ἐστιν, ὅτι ὑπεραυξάνει ἡ πίστις ὑμῶν καὶ
como digno es, pues crece abundantemente la fe de vosotros y
πλεονάζει ἡ ἀγάπη ἑνὸς ἑκάστου πάντων ὑμῶν εἰς ἀλλήλους,
aumenta el amor de uno a cada uno de todos vosotros de unos a otros.

Notas y análisis del texto griego.

Dando los motivos de gratitud, escribe: Εὐχαριστεῖν, presente de infinitivo en voz activa del verbo εὐραχιστέω, *agradecer, dar gracias*; ὀφείλομεν, primera persona plural del presente de indicativo en voz activa del verbo ὀφείλω, *tener obligación, deber*, aquí *debemos*; τῷ, caso dativo masculino singular del artículo determinado *el*; Θεῷ, caso dativo masculino singular del nombre divino *Dios*; πάντοτε, adverbio de tiempo *siempre*; περὶ, preposición propia de genitivo *acerca de*; ὑμῶν, caso genitivo de la segunda persona plural del pronombre personal *vosotros*; ἀδελφοί, caso vocativo masculino plural del nombre común *hermanos*; καθὼς, conjunción *como*; ἄξιον, caso nominativo neutro singular del nombre común *justo*; ἐστιν, tercera persona singular del presente de indicativo en voz activa del verbo εἰμί, *ser*, aquí *es*; ὅτι, conjunción causal *pues*; ὑπεραυξάνει, tercera persona singular del presente de indicativo en voz activa del verbo ὑπεραυξάνω, *hacer grandes progresos, sobreabundar, crecer abundantemente*, aquí *crece abundantemente*; ἡ, caso nominativo femenino singular del artículo determinado *la*; πίστις, caso nominativo femenino singular del nombre común *fe*; ὑμῶν, caso genitivo de la segunda persona plural del pronombre personal declinado *de vosotros*; καὶ, conjunción copulativa *y*; πλεονάζει, tercera persona singular del presente de indicativo en voz activa del verbo πλεονάζω, *crecer, aumentar*, aquí *aumenta*; ἡ, caso nominativo femenino singular del artículo determinado *la*; ἀγάπη, caso nominativo femenino singular del nombre común *amor*; ἑνὸς, caso genitivo masculino singular del adjetivo numeral cardinal *de uno*; ἑκάστου, caso genitivo masculino singular del adjetivo indefinido *con otro, a cada uno*; πάντων, caso genitivo masculino plural del adjetivo indefinido declinado *de todos*; ὑμῶν, caso genitivo de la segunda persona plural del pronombe personal *vosotros*; εἰς, preposición propia de acusativo *de*; ἀλλήλους, caso acusativo plural del pronombre recíproco *unos a otros*.

Εὐχαριστεῖν ὀφείλομεν τῷ Θεῷ πάντοτε περὶ ὑμῶν, ἀδελφοί, καθὼς ἄξιον ἐστιν, En una expresión semejante a la de la *Primera Epístola*, Pablo siente el deber de dar gracias a Dios por la vida de los creyentes. Es interesante el uso del verbo ὀφείλω, que expresa la idea de *tener la obligación* de hacer algo. Como si dijese, no nos queda más que dar gracias a Dios. Pablo y sus colaboradores estaban involucrados continuamente en oración de intercesión por los creyentes. La iglesia que estaba creciendo en Tesalónica era el resultado de la obra de Dios que había salvado a muchos. De modo que tanto Pablo como Silvano y Timoteo dedicaban tiempo continuamente, es decir, cada día, en cada ocasión para dar gracias a Dios por el desarrollo y crecimiento de aquella iglesia. Esa acción de gracias corresponde a la realidad de lo que Él había hecho con los tesalonicenses, de ahí que la oración de gratitud se producía καθὼς ἄξιον ἐστιν, *como es digno*. Lo que ellos habían visto y las noticias que llegaban hacían necesaria la oración y el tema digno delante de Dios.

La oración era περὶ ὑμῶν, *acerca de vosotros*, en sentido de que todos los creyentes quedaban incluidos en la oración. Pablo consideraba a toda la iglesia como motivo de gratitud delante del Señor. No cabe duda que entre ellos había algunos vacilantes en doctrina (2:2); un grupo, tal vez muy pequeño, eran desordenados en cuanto a la práctica de la vida cristiana (3:6); algunos incluso eran un tanto desobedientes (3:14); pero, ninguno de ellos quedaba excluido de la intercesión del apóstol y de sus colaboradores.

ὅτι ὑπεραυξάνει ἡ πίστις ὑμῶν. Una de las razones por las que daban gracias por todos los creyentes era al observar el *crecimiento en la fe*. Aquí *fe* tiene un sentido dinámico que conducía a una actuación conforme a ella. Santiago escribiría más tarde en su carta que *"la fe, si no tiene obras, es muerta en sí misma"* (Stg. 2:17). La fe mental es una fe vacía de contenido que se disfraza para que aparente una verdadera fe. La fe no es un asunto mental sino vivencial. Por medio de ella el hombre entra en contacto con el Salvador y se produce el nuevo nacimiento que transforma al pecador en una nueva creación de Dios, orientándolo hacia Cristo y haciendo que Cristo se manifieste por la acción del Espíritu Santo en la vida del creyente. En la *Epístola* anterior había dado gracias por la fe, el amor y la esperanza unida a la paciencia, aquí da gracias por el aumento de esas virtudes. El que vive una vida de fe manifiesta un incremento de las virtudes cristianas que la adornan. Pablo utiliza aquí el verbo ὑπεραυξάνω, que expresa la idea de *hacer grandes progresos*, *sobreabundar*, *crecer abundantemente*, por tanto el crecimiento de la fe no era relativo sino notoriamente visible.

καὶ πλεονάζει ἡ ἀγάπη ἑνὸς ἑκάστου πάντων ὑμῶν εἰς ἀλλήλους, Además del crecimiento en la fe lo había también en el *amor fraterno*. La prueba es que se amaban todos, unos a otros. El amor aumentaba tanto en intensidad como en extensión. Ese incremento del *afecto fraternal*, ponía de manifiesto la realidad de una vida que se desarrollaba en dependencia y sujeción al Espíritu Santo, cuyo fruto se hacía visible en el amor que reinaba en la congregación. No cabe duda que las dos virtudes van siempre unidas, es decir, cuanto más la fe afirme la vida del creyente en Cristo, tanto más manifestará el fruto del Espíritu.

4. Tanto, que nosotros mismos nos gloriamos de vosotros en las iglesias de Dios, por vuestra paciencia y fe en todas vuestras persecuciones y tribulaciones que soportáis.

ὥστε	αὐτοὺς	ἡμᾶς	ἐν	ὑμῖν	ἐγκαυχᾶσθαι	ἐν	ταῖς
De modo que	a ellos	nosotros	en	vosotros	jactamos	en	las

ἐκκλησίαις τοῦ Θεοῦ ὑπὲρ τῆς ὑπομονῆς ὑμῶν καὶ πίστεως
iglesias - de Dios por la paciencia de vosotros y fe
ἐν πᾶσιν τοῖς διωγμοῖς ὑμῶν καὶ ταῖς θλίψεσιν αἷς ἀνέχεσθε,
en todas las persecuciones de vosotros y las aflicciones que soportáis.

Notas y análisis del texto griego.

Expresando un sano orgullo por los tesalonicenses dice la causa: ὥστε, conjunción *de modo que*; αὐτοὺς, caso acusativo masculino de la tercera persona plural del pronombre personal declinado *a ellos*; ἡμᾶς, caso acusativo de la segunda persona plural del pronombre personal *nosotros*; ἐν, preposición propia de dativo *en*; ὑμῖν, caso dativo de la segunda persona plural del pronombre personal *vosotros*; ἐγκαυχᾶσθαι, presente de infinitivo en voz media del verbo ἐγκαύχαομαι, *ufanarse, jactarse, gloriarse*; ἐν, preposición propia de dativo *en*; ταῖς, caso dativo femenino plural del artículo determinado *las*; ἐκκλησίαις, caso dativo femenino plural del nombre común *iglesias*; τοῦ, caso genitivo masculino singular del artículo determinado *el*; Θεοῦ, caso genitivo masculino singular del nombre divino declinado *de Dios*; ὑπὲρ, preposición propia de genitivo *de, acerca de*; τῆς, caso genitivo femenino singular del artículo determinado *la*; ὑπομονῆς, caso genitivo femenino singular del nombre común *paciencia*; ὑμῶν, caso genitivo de la segunda persona plural del pronombre personal declinado *de vosotros*; καὶ, conjunción copulativa *y*; πίστεως, caso genitivo femenino singular del nombre común *fe*; ἐν, preposición propia de dativo *en*; πᾶσιν, caso dativo masculino plural del adjetivo indefinido *todos*; τοῖς, caso dativo masculino plural del artículo determinado *los*; διωγμοῖς, caso dativo masculino plural del nombre común *persecuciones*; ὑμῶν, caso genitivo de la segunda persona plural del pronombre personal declinado *de vosotros*; καὶ, conjunción copulativa *y*; ταῖς, caso dativo femenino plural del artículo determinado *las*; θλίψεσιν, caso dativo femenino plural del nombre común *aflicciones*; αἷς, caso dativo femenino plural del pronombre relativo *las que, que, las cuales*; ἀνέχεσθε, segunda persona plural del presente de indicativo en voz media del verbo ἀνέχομαι, *soportar*, aquí *soportáis*.

ὥστε αὐτοὺς ἡμᾶς ἐν ὑμῖν ἐγκαυχᾶσθαι ἐν ταῖς ἐκκλησίαις τοῦ Θεοῦ. Además de la fe y el amor, también había crecido la paciencia que se fortalecía y solidificaba en medio de las dificultades. Los tesalonicenses eran motivo de sano orgullo para el apóstol, de ellos se ufanaba en las iglesias, poniéndolos como ejemplo de firmeza, amor y paciencia. El apóstol ponía las virtudes de aquellos hermanos como estímulo y ejemplo a imitar. Ante los corintios citó a las iglesias de Macedonia como ejemplo a reproducir en cuanto a ser generosos con los que estaban en necesidad (2 Co. 8:1-6). Los tesalonicenses son puestos como ejemplo en las persecuciones, es decir, en el modo de afrontarlas. Quiere decir esto que el tiempo de persecución y dificultades que se había manifestado primero contra

Pablo y sus compañeros en los días de la fundación de la iglesia, no había cesado, es más, con toda seguridad se había incrementado. Los enemigos humanos el evangelio, impulsados por los demonios, lucharon, luchan y lucharán permanentemente contra la verdadera fe y la expresión genuina de amor fraterno. Aquellos hermanos nacidos en medio de la confrontación se habían convertido en ejemplo para todas las iglesias de Dios. Nótese una vez más esta expresión. La iglesia no es una organización religiosa, sino una propiedad divina. Es la iglesia de Dios y es la iglesia de Cristo, puesto que tanto el Padre como el Hijo son Personas Divinas.

ὑπὲρ τῆς ὑπομονῆς ὑμῶν. El primer motivo de orgullo del apóstol en relación con los tesalonicenses era la paciencia en medio de las pruebas. Esta paciencia había sido destacada en el anterior escrito (1 Ts. 1:3). Como se ha considerado antes, en el comentario al texto citado, el término *paciencia* tiene que ver con *ánimo largo*, esto es, no solo se aplica a la capacidad de aguantar en medio de una prueba, sino de hacerlo positivamente, viviendo a la luz de la vida del Señor que nos da ejemplo de cómo cumplir el ministerio encomendado a pesar de los obstáculos que puedan presentarse. No se trata de detenerse ante la persecución y esconderse hasta que la prueba pase, sino en seguir caminando con *paciencia* puestos los ojos en Jesús (He. 12:1). No se trataba de una paciencia teórica, sino demostrada en la tribulación. La manifestación era en la esfera de la fe, que producía obras visibles. La vida de fe comprende el área de la tribulación (Stg. 1:2).

καὶ πίστεως ἐν πᾶσιν τοῖς διωγμοῖς ὑμῶν. Los creyentes enfrentaban las dificultades contra ellos y el testimonio bajo dos formas. La primera de ellas se define como διωγμοῖς, *persecuciones*, que es un aspecto concreto de las tribulaciones. El término en griego no tiene otro sentido. La persecución debe entenderse como la acción de los enemigos del cristiano y, por tanto, contra Cristo mismo, en contra de la fe y del testimonio. El perseguido es llamado *bienaventurado* (Mt. 5:11). La persecución no es justa, sino injusta, no es por causa de maldades cometidas por los creyentes, sino por su justicia. Sufre persecución injustamente, padeciendo por causa de su santidad y testimonio delante del Señor (1 P. 2:19).

καὶ ταῖς θλίψεσιν αἷς ἀνέχεσθε. El segundo elemento que los atribulaba eran las *aflicciones* que tenían que soportar. El sustantivo θλῖψισ, literalmente *tribulación*, es un término que denota *presión, comprensión, opresión*, y que tiene la misma raíz de *apretar, afligir*. Puede adquirir diversas formas, como la tribulación de los pobres, especialmente de viudas y huérfanos (2 Co. 8:13; 1 Ti. 5:10; Stg. 1:27); la gran calamidad del hambre (Hch. 7:10); comparable con los dolores de parto (Jn. 16:21). Todas estas aflicciones que están en la mente del apóstol son consecuencia de ser cristiano, en diferentes formas y circunstancias, todas ellas por causa de la fe (Mt. 13:21; Jn. 16:33; 1 Ts. 1:6). En las más severas circunstancias de aflicción, el Señor está al lado de los suyos, presente incluso cuando se alcance el nivel de la angustia (Sal. 91:15). El cristiano debe entender que el amor de Cristo está presente en la aflicción, que ésta no es el resultado de haber dejado de ser amado por Él, sino todo lo contrario. En ellas debe gloriarse el creyente (Ro. 5:3) porque la aflicción es concesión divina para formarnos en la paciencia, que permite ser sufridos en ella y añade constancia a la oración (Ro. 12:12), además la aflicciones son los elementos que Dios utiliza para consolidar y fortalecer la fe (1 P. 1:7). Ningún cristiano piense que la aflicción es elemento que verifica la separación del amor de Cristo, sino todo lo contrario, es el instrumento que la gracia usa en concesión para nuestro bien.

Las aflicciones eran elementos que los creyentes ἀνέχεσθε, *soportaban*. Soportar significa sostener o llevar sobre sí una carga. Jesús anunció que esto correspondería a la verdadera vida en Cristo (Jn. 16:33). Porque es algo natural no debe causar sorpresa al creyente. Como se dice antes son una concesión de la gracia (Fil. 1:29).

El tiempo de la tribulación (1:5-10).

5. Esto es demostración del justo juicio de Dios, para que seáis tenidos por dignos del reino de Dios, por el cual asimismo padecéis.

ἔνδειγμα τῆς δικαίας κρίσεως τοῦ Θεοῦ εἰς τὸ καταξιωθῆναι
Señal cierta del justo juicio - de Dios para - ser considerados dignos
ὑμᾶς τῆς βασιλείας τοῦ Θεοῦ, ὑπὲρ ἧς καὶ πάσχετε,
a vosotros del reino - de Dios, por el cual también padecéis.

Notas y análisis del texto griego.

Siguiendo con el tema de las aflicciones, escribe: ἔνδειγμα, caso nominativo neutro singular del nombre común *señal cierta, prueba*; τῆς, caso genitivo femenino singular del artículo determinado declinado *de la*; δικαίας, caso genitivo femenino singular del adjetivo *justa*; κρίσεως, caso genitivo femenino singular del nombre común *juicio, sentencia*; τοῦ, caso genitivo masculino singular del artículo determinado *el*; Θεοῦ, caso genitivo masculino singular del nombre divino *Dios*; εἰς, preposición propia de acusativo *para*; τὸ, caso acusativo neutro singular del artículo determinado *el*; καταξιωθῆναι, aoristo primero de infinitivo en voz pasiva del verbo κἀταξιόω, *considerar digno, hacer digno*, aquí *ser considerados dignos*; ὑμᾶς, caso acusativo de la segunda persona plural del pronombre pesonal declinado *a vosotros*; τῆς, caso genitivo femenino singular del artículo determinado declinado *de la*; βασιλείας, caso genitivo femenino singular del nombre común *reino*; τοῦ, caso genitivo masculino singular del artículo determinado *el*; Θεοῦ, caso genitivo masculino singular del nombre divino declinado *de Dios*; ὑπὲρ, preposición propia de genitivo *por*; ἧς, caso genitivo femenino singular del pronombre relativo *la que, que, la cual*; καὶ, adverbio de modo *también*; πάσχετε, segunda persona plural del presente de indicativo en voz activa del verbo πάσχω, *sufrir, padecer*, aquí *padecéis*.

ἔνδειγμα La tribulación de los creyentes es una *señal, prueba, evidencia, señal cierta, indicio seguro* que son algunas de las acepciones de ἔνδειγμα, una *hapax legómenon*, única vez que aparece la palabra en todo el Nuevo Testamento. Los padres de la iglesia la traducen de varias formas: Tertuliano como *ostentamen*, poner delante; la Vulgata traduce por *exemplum*, ejemplo; Teodoro de Mopsuestia, *demostratio*, demostración; Estío, *argumentum et indicium*, argumento e indicio. Sin duda es necesario proceder a determinar el sujeto que corresponde a *señal cierta*, que no puede ser otro que *vuestras persecuciones y tribulaciones*, del versículo anterior. Estas circunstancias adversas son la *señal cierta* de lo que sigue.

τῆς δικαίας κρίσεως τοῦ Θεοῦ. Indudablemente lo que sigue tiene también alguna dificultad interpretativa, si la evidencia cierta está relacionada con las aflicciones por las que están pasando, debe determinarse el sentido de la frase *el justo juicio de Dios*. Hay distintas posiciones interpretativas. Así escribe el profesor Juan Leal:

"El hecho de que haya justos perseguidos y perseguidores indemnes en este mundo es prueba cierta de un futuro juicio justo de Dios. Da mucha luz lo que sigue: justo juicio. En este mundo no existe juicio justo, pues los buenos sufren y los malos persiguen. Este hecho que viven los tesalonicenses les prueba con certeza que el juicio justo de Dios vendrá. Justo juicio de Dios: es la acción remuneradora de Dios a favor de los buenos y en contra de los malos, pública y solemne en el día de la revelación gloriosa de Jesús (v. 7) [2]*"*.

Para L. Morris, *"es la parte del justo juicio de Dios usar las tribulaciones para llevar a su pueblo a la perfección"*[3].

---

[2] Juan Leal. S.I. *Sagrada Escritura. N.T. II*. BAC, Madrid 1965. Pag. 930.
[3] L. Morris, citado por F. Lacueva, o.c., pág. 322.

Ambas posiciones concuerdan con el texto bíblico, sin embargo es más segura la primera, puesto que el siguiente versículo abunda en la acción divina contra los perseguidores de los creyentes (v. 6), por lo que se abre un hilo conductor del párrafo. Los creyentes deben ser pacientes en las tribulaciones porque Dios actuará en su momento con un juicio justo contra quienes producen estas aflicciones sin causa.

εἰς τὸ καταξιωθῆναι ὑμᾶς τῆς βασιλείας τοῦ Θεοῦ, No hay duda tampoco de que Dios lleva a la perfección a los suyos mediante la prueba (Stg. 1:3, 4). El creyente no alcanza el reino por las tribulaciones, pero manifiesta la realidad de estar en él porque es atribulado. Dios dará recompensa a los suyos, que son ahora perseguidos y atribulados porque Él es justo. La vida en el reino lleva aparejada la persecución en el mundo. No durarán mucho tiempo las tribulaciones, tan sólo el necesario para alcanzar el propósito divino (1 P. 1:6, 7). Jesús mismo dijo: *"Bienaventurados los que padecen persecución por causa de la justicia, porque de ellos es el reino de los cielos"* (Mt. 5:10). El cristiano no es *distinto* al mundo, sino *contrario*, por principio de vida. Son dos modos de existencia opuestos el uno al otro. Tan diferentes como la luz y las tinieblas, el bien y el mal, la bondad y la perversidad, el amor y el odio. De ahí el conflicto porque *"si fuerais del mundo, el mundo amaría lo suyo; pero porque no sois del mundo, antes yo los elegí del mundo, por eso el mundo os aborrece"* (Jn. 15:19). El Señor advirtió a los suyos del rechazo y aborrecimiento de que serían objeto por parte de las gentes y del sistema del mundo. El espíritu del mundo es de tal aborrecimiento contra los hijos de Dios, que su odio les lleva incluso a darles muerte. La conclusión no puede ser otra: *"Hermanos míos, no os extrañéis si el mundo os aborrece"* (1 Jn. 3:13). La identificación con Cristo producirá el rechazo y la persecución como el Señor anunció a los suyos (Jn. 15:20). La evidencia de que son del reino se manifiesta por medio de la persecución de que son objeto. Ninguno de los súbditos del mundo es perseguido por vivir como el mundo, sólo los hijos de Dios, que no son del mundo, padecen persecución por causa de la justicia. El Señor que anduvo haciendo bienes (Hch. 10:38), fue perseguido hasta la muerte. El ejemplo del apóstol es también elocuente para los lectores de este versículo. El resumen de Hebreos hace comprensible esta verdad, ante la persecución que es contraria a toda justicia, cuando hablando de creyentes comprometidos con la vida de fe escribe: *"Otros experimentaron vituperios y azotes, y a más de esto prisiones y cárceles. Fueron apedreados, aserrados, puestos a prueba, muertos a filo de espada; anduvieron de acá para allá cubiertos de pieles de ovejas y cabras, pobres, angustiados, maltratados; de los cuales el mundo no era digno;*

errando por los desiertos, por los montes, por las cuevas y por las cavernas de la tierra" (He. 11:36-38). Estos que no son del mundo lo hacen visible mediante las persecuciones de que son objeto. Los sufrimientos son expresión real de ser dignos del reino, no por dignidad propia, sino por la dignidad que corresponde a la identificación con Cristo, a causa de la cual son perseguidos. Sin embargo, estas tribulaciones no durarán mucho tiempo, tan sólo el necesario para alcanzar el propósito divino para la que son permitidas (1 P. 1:6, 7). Las tribulaciones son expresión visible del compromiso de fe, por cuyo ejercicio han sido justificados y tenidos por dignos del reino de Dios.

ὑπὲρ ἧς καὶ πάσχετε, Los padecimientos que estaban experimentando los creyentes en Tesalónica, no se producían por su mala conducta, sino por vivir la vida que corresponde al *reino de Dios.* No quiere decir que sufran para *ganar* el reino, sino que sufren por causa del reino, esto es, porque son súbditos del reino de Dios por el nuevo nacimiento. Quiere decir que al padecimiento común de todos los santos en el mundo, seguirá también la bendición de una vida en la proyección perpetua del reino de Dios.

6. Porque es justo delante de Dios pagar con tribulación a los que os atribulan.

εἴπερ	δίκαιον	παρὰ	Θεῷ	ἀνταποδοῦναι	τοῖς	θλίβουσιν
Puesto que	justo	delante	de Dios	retribuir	a los	que afligen

ὑμᾶς	θλῖψιν
os	aflicción.

Notas y análisis del texto griego.

Siguiendo con la misma línea de pensamiento, añade: εἴπερ, conjunción condicional *puesto que*; δίκαιον, caso nominativo neutro singular del adjetivo *justo*; παρὰ, preposición propia de dativo *delante de*; Θεῷ, caso dativo masculino singular del nombre divino *Dios*; ἀνταποδοῦναι, segundo aoristo de infinitivo en voz activa del verbo ἀνταποδίδωμι, *devolver, dar lo merecido, dar la recompensa, retribuir*; τοῖς, caso dativo masculino plural del artículo determinado declinado *a los*; θλίβουσιν, caso dativo masculino plural del participio de presente en voz activa del verbo θλίβω, *atribular, afligir, apretar, estrechar*, aquí *que afligen*; ὑμᾶς, caso acusativo de la segunda persona plural del pronombre personal declinado *a vosotros, os*; θλῖψιν, caso acusativo femenino singular del nombre común *aflicción.*

εἴπερ δίκαιον παρὰ Θεῷ ἀνταποδοῦναι τοῖς θλίβουσιν ὑμᾶς θλῖψιν. El texto comienza con una conjunción condicional εἴπερ, que pudiera dar la impresión de una posibilidad. Sin embargo se trata de una afirmación. No es como de quien duda, sino estableciendo la verdad de que quienes se levanten en injusticia contra los creyentes, serán retribuidos por Dios conforme a lo que han hecho, especialmente marcado en el siguiente versículo, de modo que el que prometió descanso para quienes sufren por Su nombre, así también prometió irrefutablemente tribulación para quienes los atribularon.

La justicia divina establece una retribución también justa para las acciones de los hombres. Los tesalonicenses estaban siendo perseguidos y atribulados por los hombres. La ley de la siega y de la siembra se cumplirá una vez más. Como Pablo dirá a los gálatas, *"Dios no puede ser burlado"*, es decir, de Él nadie se mofa sin recibir las consecuencias de su acto impío. Su gracia y misericordia no evitan el justo castigo contra las acciones perversas de los hombres. Las acciones de los hombres producen consecuencias, no sólo temporales, sino perpetuas. Así decía Elifaz: *"como yo he visto, los que aran iniquidad y siembran injuria, la siegan"* (Job 4:8). De la misma manera dice Oseas: *"Porque sembraron viento, y torbellino segarán"* (Os. 8:7). También Salomón enseña la misma verdad: *"El que sembrare iniquidad, iniquidad segará"* (Pr. 22:8). El desprecio contra el pueblo de Dios, la persecución sin razón contra los suyos, se volverá contra el hombre mismo, de modo que recogerá aquello que ha sembrado. Dios no coacciona al hombre, lo deja en libertad para que escoja el terreno y siembre en él lo que le parezca mejor, pero debe saber que recogerá lo que ha sembrado, es decir, lo que quiso recoger.

7. Y a vosotros que sois atribulados, daros reposo con nosotros, cuando se manifieste el Señor Jesús desde el cielo con los ángeles de su poder.

καὶ ὑμῖν τοῖς θλιβομένοις ἄνεσιν μεθ' ἡμῶν, ἐν τῇ
Y a vosotros los que sois atribulados reposo con nosotros, en la
ἀποκαλύψει τοῦ Κυρίου Ἰησοῦ ἀπ' οὐρανοῦ μετ' ἀγγέλων
revelación del Señor Jesús desde cielo con angeles
δυνάμεως αὐτοῦ
de poder de Él.

Notas y análisis del texto griego.

Progresando en la enseñanza, dice: καὶ, conjunción copulativa *y*; ὑμῖν, caso dativo de la segunda persona plural del pronombre personal declinado *a vosotros*; τοῖς, caso dativo masculino plural del artículo determinado *los*; θλιβομένοις, caso dativo masculino plural del participio de presente en voz pasiva del verbo θλίβω, *afligir, atribular*, aquí *que sois atribulados*; ἄνεσιν, caso acusativo femenino singular del nombre común *reposo*; μεθ' forma escrita de la preposición de genitivo μετά, *con*, ante vocal aspirada; ἡμῶν, caso genitivo de la primera persona plural del pronombre personal *nosotros*; ἐν, preposición propia de dativo *en*; τῇ, caso dativo femenino singular del artículo determinado *la*; ἀποκαλύψει, caso dativo femenino singular del nombre común *revelación*; τοῦ, caso genitivo masculino singular del artículo determinado declinado *del*; Κυρίου, caso genitivo masculino singular del nombre divino *Señor*; Ἰησοῦ, caso genitivo masculino singular del nombre propio *Jesús*; ἀπ', preposición propia de genitivo ἀπό, con el grafismo que adopta por elisión de la o final ante vocal o diptongo sin aspiración, que equivale a *de, desde, procedente de, por medio de, con, por*; οὐρανοῦ, caso genitivo masculino singular del nombre común *cielo*; μετ', forma escrita de la preposición de genitivo μετά, *con*, por elisión ante vocal con espíritu suave; ἀγγέλων, caso genitivo masculino plural de nombre común *ángeles*; δυνάμεως, caso genitivo femenino singular del nombre común *poder*; αὐτοῦ, caso genitivo masculino de la tercera persona singular del pronombre personal declinado *de Él.*

καὶ ὑμῖν τοῖς θλιβομένοις ἄνεσιν μεθ' ἡμῶν, ἐν τῇ ἀποκαλύψει τοῦ κυρίου Ἰησοῦ. Los afligidos hoy tendrán reposo en un tiempo futuro, cuando el Señor sea *manifestado*, o en la *revelación* del Señor, como el término ἀποκαλύψει, literalmente *apocalipsis*, lo expresa. Es interesante apreciar los dos pronombres personales de la oración *vosotros... con nosotros*. Ambos, Pablo, Silas y Timoteo, y los tesalonicenses sabían por experiencia propia lo que era estar bajo tribulación y aflicciones (1 Ts. 1:6; 2:14-18). De manera que la tribulación les producía *inquietud* a todos los que pasaban por ella. A estos que estaban inquietos como consecuencia de sufrir por Cristo el encuentro con Él les dará *reposo*, porque ya toda la tribulación cesa definitivamente.

El momento del reposo es la *revelación* o *manifestación* del Señor. Pablo habla de la revelación de Cristo. Con toda claridad apunta a lo que les había recordado en su *Primera Epístola*, el encuentro con el Señor, descendiendo desde el cielo (1 Ts. 1:10; 2:19; 3:13; 4:14, 17). Otra vez aquí sigue con la misma enseñanza, El que ha sido recibido arriba en el cielo, vendrá desde allí otra vez (Hch. 1:11).

ἀπ' οὐρανοῦ μετ' ἀγγέλων δυνάμεως αὐτοῦ. Nuevamente la referencia al encuentro con el Señor está rodeada de la grandeza del Rey de reyes y Señor de señores, que se manifestará desde el cielo con los ángeles de Su poder. No vendrá ya como el *siervo sufriente*, el *varón de dolores*, sino el glorioso Juez, que vendrá para establecer su reino y juzgar a los que han causado aflicción a los suyos. Durante el tránsito por la tierra, los creyentes sufren, los impíos hacen sufrir. Pero el Dios de la justicia se manifestará en todo poder para dar la correspondiente retribución en justicia a quienes afligieron, de modo que los afligidos tendrán reposo y los que afligieron serán perpetuamente afligidos. Nadie podrá escapar de Su justicia, nadie esconderse de su presencia, nadie encontrar una forma de evitar el encuentro con el Juez. Ninguna fuerza humana ni infernal evitará que se siente en Su trono de juicio y juzgue a los perversos e impíos que afligiendo a los creyentes le afligían a Él. Esta es la gran lección que el apóstol recibió en el día del encuentro con Jesús en el camino a Damasco. El perseguidor entendió claramente que persiguiendo a los cristianos estaba persiguiendo a Jesús (Hch. 9:4-5). Derribado en tierra era enseñado por el Señor que los cristianos y Él formaban una unidad inseparable. Años más tarde escribirá la *Epístola a los Efesios* en donde desarrolla y puntualiza la verdad aprendida en aquella ocasión. Cuanto había hecho persiguiendo y maltratando a los cristianos, lo había hecho también contra Jesús, de otra manera, Saulo estaba persiguiendo a Dios. Esta vinculación alcanza límites absolutos, cuando el profeta dice: *"porque el que os toca, toca a la niña de su ojo"* (Zac. 2:8). Cuanto se haga a un creyente se hace a Cristo. Esta es la gran lección de este versículo. Dios intervendrá para resolver la inquietud de las pruebas y la angustia de las tribulaciones, juzgando a quienes han maltratado a los creyentes.

Esta lección debe ser recordada por cada uno de nosotros en nuestras relaciones con los hermanos. Todo desprecio hecho a un miembro del cuerpo es un desprecio a la Cabeza; cualquier desprestigio a uno de los santos, es una acción directamente realizada contra el Señor en quien está.

8. En llama de fuego, para dar retribución a los que no conocieron a Dios, ni obedecen al evangelio de nuestro Señor Jesucristo.

[1]ἐν πυρὶ φλογός[2], διδόντος ἐκδίκησιν τοῖς μὴ εἰδόσιν Θεὸν
En fuego de llama, dando retribución a los que no han conocido a Dios
καὶ τοῖς μὴ ὑπακούουσιν τῷ εὐαγγελίῳ τοῦ Κυρίου ἡμῶν
y los que no obedecen al evangelio del Señor de nosotros
'Ιησοῦ,
Jesús.

Notas y análisis del texto griego.

Añadiendo un complemento al versículo anterior, escribe: ἐν, preposición propia de dativo *en*; πυρὶ, caso dativo neutro singular del nombre común *fuego*; φλογός, caso genitivo femenino singular del nombre común *llama*; διδόντος, caso genitivo masculino singular del participio de presente en voz activa del verbo δίδωμι, *dar*, aquí *dando*; ἐκδίκησιν, caso acusativo femenino singular del nombre común *retribución, venganza*; τοῖς, caso dativo masculino plural del artículo determinado declinado *a los*; μὴ, partícula que hace funciones de adverbio de negación *no*; εἰδόσιν, caso dativo masculino plural del participio de perfecto en voz activa del verbo οἶδα, *conocer*, aquí *que no han conocido*; Θεὸν, caso acusativo masculino singular del nombre divino declinado *a Dios*; καὶ, conjunción copulativa *y*; τοῖς, caso dativo masculino plural del artículo determinado *los*; μὴ, partícula que hace funciones de adverbio de negación *no*; ὑπακούουσιν, caso dativo masculino plural del participio de presente en voz activa del verbo ὑπακούω, *obedecer*, aquí *que obedecen*; τῷ, caso dativo neutro singular del artículo determinado declinado *al*; εὐαγγελίῳ caso dativo neutro singular del nombre común *evangelio*; τοῦ, caso genitivo masculino singular del artículo determinado declinado *del*; Κυρίου, caso genitivo masculino singular del nombre divino *Señor*; ἡμῶν, caso genitivo de la primera persona plural del pronombre personal declinado *de nosotros*; Ἰησοῦ, caso genitivo masculino singular del nombre propio *Jesús*.

Crítica Textual. Lecturas alternativas.

[1] Se añade καὶ, *y*, como se lee en F. G. b. d. Ireneo[lat]. Tertuliano.

[2] ἐν πυρὶ φλογός, *en llama de fuego*, lectura atestiguada en ℵ. A. K. L. P. 0111. 0278. 33. 81. 104. 365. 630. 1175. 1241. 1739. 1881. 𝔐. d. m. sir. Ambrosiaster.

ἐν φλογὶ πυρὸς, *en llama de fuego*, según se lee en B. D. F. G. Ψ. 1505. 2464. lat. sir. co. Ireneo. Tertuliano.

ἐν πυρὶ φλογός, La presencia del Señor en Su venida se aprecia majestuosa. En ella, la presencia gloriosa de Jesucristo se manifestará *en llama de fuego*. Es Dios bendito que se muestra rodeado de gloria y fulgor como corresponde a Su deidad. Así se presentó a Moisés el Ángel de Jehová, en llama de fuego (Ex. 3:2). De esta manera se manifiesta en las teofanías del Antiguo Testamento. Proféticamente se anuncia la manifestación divina para juicio en este mismo aspecto: *"Porque he aquí que Jehová vendrá con fuego, y sus carros como torbellino para descargar su ira con furor, y su reprensión con llama de fuego"* (Is. 66:15). Al expresar el apóstol la manifestación del Señor en este versículo en *llama de fuego*, está expresando la deidad de Jesucristo si se contrasta con las teofanías del Antiguo Testamento. Cuando Juan describe la gloria que vio del Señor resucitado, habla también de llama de fuego (Ap. 1:13 ss.). Esta gloria que acompaña al Señor pone de manifiesto, principalmente, la admirable majestad del Hijo de Dios.

διδόντος ἐκδίκησιν τοῖς μὴ εἰδόσιν Θεὸν. El Señor que aparece para dar reposo a los afligidos, actuará judicialmente contra los impíos, a quienes define el texto, en primer lugar como los que *no han conocido a Dios*. Se trata de un *conocimiento vivencial* y no *intelectual*. La salvación del pecador perdido con la recepción de la vida eterna, está íntimamente relacionada con el *conocimiento* de Dios: *"Y esta es la vida eterna: que te conozcan a ti, el único Dios verdadero, y a Jesucristo, a quien has enviado"* (Jn. 17:3). Nadie más que Dios tiene en sí vida eterna. Esta se otorga por gracia a quien es puesto en Cristo, que tiene vida en sí mismo (Jn. 1:4). La identificación con Él conlleva necesariamente por relación trinitaria, la identificación con el Padre. La salvación que es *comunión* con el Hijo, lo es también con el Padre (1 Jn. 1:3). El conocimiento personal e íntimo con Dios se alcanza por medio de la fe en Jesús. Quiere decir que todos estos de quienes dice que *no conocieron a Dios*, fueron rebeldes al evangelio de la gracia y a la misma elemental revelación divina en la naturaleza, de modo que, como dice el apóstol Pablo, *"no tienen excusa"* (Ro. 1:20). La situación de quien no tiene vida eterna, es la de muerte espiritual, que por medio de la muerte física, pasa a la *muerte segunda*, o muerte perpetua, estando para siempre separados de Dios, y siendo reos de la condenación por el pecado, ya que la paga del pecado es la muerte.

καὶ τοῖς μὴ ὑπακούουσιν τῷ εὐαγγελίῳ τοῦ κυρίου ἡμῶν Ἰησοῦ, Añade otro elemento más de identificación para este grupo de personas, al decir que *no obedecieron al evangelio*. Es decir, son personas endurecidas ante el mensaje de salvación (Ro. 10:16). Al no recibir el mensaje, no pueden conocer a Dios. Es necesario entender claramente que rechazar el mensaje del evangelio no supone un acto de desprecio o de rebeldía, sino de desobediencia, ya que Dios que salva *"ahora manda a todos los hombres en todo lugar, que se arrepientan"* (Hch. 17:30). El Creador, que es también el único Salvador, establece un mandato en la predicación del evangelio, consistente en el arrepentimiento, sinónimo al de la expresión natural de la fe que, descansando en Dios y aceptando Su mensaje de salvación, se vuelve a Él aceptándolo como el único Salvador en su vida. La demanda del evangelio no es una opción, sino que se establece a modo de mandamiento. La invitación del evangelio no es una súplica divina, como el mundo humanista pretende y que, de algún modo, se ha introducido en la forma de muchos predicadores del evangelio. No es súplica, es mandamiento divino, por lo que el hombre se pierde por desobedecer el mandato de Dios, al haber quebrantado su mandamiento (Jn. 3:36). No recibir el mensaje del evangelio es despreciar el amor de Dios y la obra de Cristo. Es el rechazo abierto al Salvador despreciando su invitación personal (Mt. 11:28).

Identificados los que se mencionan en el versículo como desconocedores de Dios y rebeldes a su llamamiento, volvemos al texto para entender que la Segunda Venida del Señor traerá con Él la *retribución* a las acciones de los pecadores, que el apóstol considera en el versículo siguiente.

9. Los cuales sufrirán pena de eterna perdición, excluidos de la presencia del Señor y de la gloria de su poder.

οἵτινες	δίκην	τίσουσιν	ὄλεθρον	αἰώνιον	ἀπὸ	προσώπου	τοῦ
Los cuales	pena	sufrirán	perdición	eterna	lejos	de presencia	del

Κυρίου	καὶ	ἀπὸ	τῆς	δόξης	τῆς	ἰσχύος	αὐτοῦ,
Señor	y	lejos de	la	gloria	del	poder	de Él.

Notas y análisis del texto griego.

Refiriéndose al destino de los réprobos, dice: οἵτινες, caso nominativo masculino plural del pronombre relativo *los que, los cuales*; δίκην, caso acusativo femenino singular del nombre común *castigo, pena*; τίσουσιν, tercera persona plural del futuro de indicativo en voz activa del verbo τίνω, *sufrir* (castigo), aquí *sufrirán*; ὄλεθρον, caso acusativo masculino singular del nombre común *perdición, desastre, ruina*; αἰώνιον, caso acusativo masculino singular del adjetivo *eterno*; ἀπὸ, preposición propia de genitivo *lejos de*; προσώπου, caso genitivo neutro singular del nombre común *presencia*; τοῦ, caso genitivo masculino singular del artículo determinado declinado *del*; Κυρίου, caso genitivo masculino singular del nombre divino *Señor*; καὶ, conjunción copulativa *y*; ἀπὸ, preposición propia de genitivo *lejos de*; τῆς, caso genitivo femenino singular del artículo determinado *la*; δόξης, caso genitivo femenino singular del nombre común *gloria*; τῆς, caso genitivo femenino singular del artículo determinado *la*; ἰσχύος, caso genitivo femenino singular del nombre común *fuerza, poder*; αὐτοῦ, caso genitivo masculino singular del pronombre personal declinado *de Él*.

οἵτινες δίκην τίσουσιν. La primera enseñanza es que los que no conocen a Dios y no obedecieron al evangelio, sufrirán pena. Es la consecuencia de lo que dijo en el versículo anterior refiriéndose al retorno de Cristo. Él vendrá con toda la autoridad gloria y poder que le corresponden para dar retribución a los desobedientes y rebeldes a Dios. No es tanto, aunque sin duda lo comprende también, la retribución por el daño y las aflicciones hechas a los cristianos, sino por lo que corresponde a su situación de pecadores perdidos, sin salvación. Rechazar al Salvador, es continuar con la responsabilidad penal del pecado. La paga del pecado es muerte (Ro. 6:23). Es la justa retribución a lo que corresponde por vivir sin *conocer a Dios*, es decir sin haber llegado a un contacto personal con Él en el ejercicio de la fe salvadora. El resultado es el salario del pecado que es la muerte, como se dice antes, inicialmente la muerte espiritual, luego la física y, finalmente, la segunda (Ap. 20:14). No pueden esperar otra cosa puesto que la vida eterna, que produce la resurrección espiritual que levanta al pecador de los muertos espirituales (Ef. 2:6), no les ha sido otorgada por incredulidad. Esta vida eterna obedece a una posición en Cristo. Por unión vital con Él se recibe la vida de Dios que fluye de Cristo y alcanza a quien viene a ser uno en Él. Sólo es posible recibir esta vida en unión con el Señor. La vida eterna es el resultado de creer en el Hijo (Jn. 3:36). La conclusión de esta primera verdad es sencilla: La salvación es un don de Dios en su gracia, la perdición es la consecuencia de mérito personal por causa del pecado.

ὄλεθρον αἰώνιον ἀπὸ προσώπου τοῦ Κυρίου. En segundo lugar lo que *sufrirán* consiste en la *perdición eterna.* El apóstol vuelve a usar aquí el mismo término que utilizó en la *Primera Epístola* (1 Ts. 5:3). Allí se enseñó que los creyentes *nosotros* seremos recogidos para Cristo (1 Ts. 4:17). Los incrédulos entrarán entonces en un tiempo de juicio divino sobre el mundo, de tal intensidad como no se ha conocido antes. Las características de ese tiempo es *destrucción y dolores*. Será un tiempo en el que Dios mismo castigará al mundo por su pecado (Ap. 3:10); describiéndose como tiempo de *ira divina* (Ap 6:15-17); de *tribulación* (Mt. 24:21; Ap. 8:6-12); de *angustia y dolor* (Ap. 9:5, 6; Jer. 30:7); de *juicio* (Ap. 14:7; 15:4; 16:5-7; 19:2); de *indignación* (Is. 26:20, 21; 34:1-3); de *castigo* (Is. 24:20, 21); de *tinieblas* (Jl. 2:2; Sof. 1:14-18; Am. 5:18). Pero aquí se traslada esa manifestación de la ira de Dios, a una experiencia definitiva en donde el apóstol afirma que sufrirán *eterna perdición*. No se trata, como algunos pretenden enseñar, que será la *aniquilación* de los perdidos, ya que el versículo afirma que esa *eterna perdición* consistirá en estar separados eternamente de la presencia del Señor, literalmente, del *rostro* de Dios. El concepto *eterno* aquí tiene que ver con un tiempo indefinido y continuo. La idea no es tanto de tiempo, sino de una duración completa. Un profundo contraste se manifiesta en el texto. Éstos afligieron a los creyentes por un tiempo, luego pagarán *completamente*, no por lo hecho a los cristianos, sino por rechazar al Salvador. Separados de la presencia de Él significa, ajenos eternamente a la vida, en una permanencia en la muerte espiritual, sin Dios y sin esperanza. Ningún perdido será aniquilado de modo que se extinga y simplemente no esté con los creyentes en la presencia del Señor, sino que será trasladado a la forma de vida que él mismo eligió al rechazar la vida de Dios y desear la muerte espiritual en que se encontraba a causa del pecado. Hablar del rostro de Dios, o de la presencia del Señor, es hablar de ser excluidos eternamente de sus bendiciones. Eligieron la muerte en lugar de la vida, y son confirmados en esa determinación, alejados de Dios, en una muerte eterna. Viviendo eternamente en las tinieblas, la miseria, la corrupción, la angustia, las aflicciones, en otras palabras, viviendo la experiencia eterna del infierno, al que la Biblia compara, para darnos idea de la angustiosa situación con el *lago de fuego*. A este lugar irán todos aquellos cuyos nombres no figuren en el libro de la vida del Cordero (Ap. 20:15). Los no salvos serán puestos en esta dimensión de vida, lanzados al lago de fuego para hacer eterna compañía a Satanás y sus demonios, al Anticristo y al falso profeta. Es la compañía elegida voluntariamente durante la vida, cuya decisión se expresa al no aceptar el don de Dios y no someterse a su voluntad. La eternidad sin Dios es una angustia sin límite, un infierno sin término.

καὶ ἀπὸ τῆς δόξης τῆς ἰσχύος αὐτοῦ,Un segundo aspecto de esa eterna situación del incrédulo será la de no participar en el poder divino que llena la vida de los creyentes. La gloria de Su presencia y el poder de Su omnipotencia, serán la luz en la que los afligidos de este tiempo disfruten de la eterna comunión con Él en Su presencia. Es una trágica referencia a lo que significará vivir eternamente alejados de Dios y de la luz de Su presencia. Eligieron las tinieblas y vivirán de este modo eternamente. Dejando a un lado el poder de Dios, especialmente en lo que se refiere al poder salvador, por tanto ya no disfrutarán de él para siempre. La gloria donde se manifiesta la presencia del Señor, será algo eternamente ajeno para ellos (Ap. 21:3). Pareciera en la experiencia de estos, que el poder suyo fue grande hasta el punto de perseguir con saña y matar a muchos de los cristianos, pero era una mera ilusión, el poder era tan temporal y aparente como lo eran también las aflicciones con que angustiaban a los creyentes. Entonces se darán cuenta de que el verdadero poder es el poder de Dios, que ellos despreciaron. Ese poder condenará eternamente a los tales y no sólo dictará la sentencia sobre ellos, sino que con ese mismo poder la ejecutará, arrojándolos eternamente a las tinieblas de afuera donde será el lloro y el crujir de dientes.

Sobre estas últimas consecuencias, escribía Juan Crisóstomo, un padre de la iglesia:

"Pero, ¿en qué lugar –pregunta- estará el infierno? Según creo, lejos de todo este mundo. De la misma forma que prisiones y minas han sido ubicadas lejos de las residencias reales, así también el infierno estará lejos de este mundo. No indaguemos dónde está, sino de qué manera podemos escapar de él. Puesto que Dios no castiga a todos aquí, no pongas en duda lo que haya de suceder: Dios, en efecto, es misericordioso y paciente. Es por ello por lo que nos advierte y no nos

arrija al punto al infierno. 'No quiero -dice- la muerte del pecador'. Son palabras vanas si no existe muerte para el pecador. Sé que para vosotros no hay nada más desagradable que estas afirmaciones, pero para mí no hay nada más agradable... Dirijamos constantemente nuestras palabras a este asunto, ya que recordar el infierno impide que caigamos en él ¿No oyes a Pablo cuando dice: 'Estos sufrirán castigo eterno lejos del rostro del Señor? [4]".

Todavía una cita más de otro padre de la iglesia, Teodoro de Mopsuestia:

"*Que implica eterna. Manifiesta que los tormentos son graves por su misma naturaleza, porque son muerte de exterminio que consuman la perdición con una duración que no es por un cierto tiempo, sino por toda la eternidad*"[5].

Las decisiones, aparentemente temporales de los hombres, producen resultados sempiternos.

10. Cuando venga en aquel día para ser glorificado en sus santos y ser admirado en todos los que creyeron (por cuanto nuestro testimonio ha sido creído entre vosotros).

ὅταν ἔλθῃ ἐνδοξασθῆναι ἐν τοῖς ἁγίοις αὐτοῦ καὶ
Cuando venga a ser glorificado en los santos de Él y
θαυμασθῆναι ἐν πᾶσιν τοῖς πιστεύσασιν, ὅτι ἐπιστεύθη τὸ
ser admirado en todos los que creyeron, porque fue creído el
μαρτύριον ἡμῶν ἐφ' ὑμᾶς, ἐν τῇ ἡμέρᾳ ἐκείνῃ.
testimonio de nosotros a vosotros, en el día aquel.

Notas y análisis del texto griego.

Añadiendo una puntualización temporal, escribe: ὅταν, conjunción temporal *cuando*; ἔλθῃ, tercera persona singular del aoriso segundo de subjuntivo en voz activa del verbo ἔρχομαι, *llegar, venir,* aquí *venga*; ἐνδοξασθῆναι, aoristo primero de infinitivo en voz pasiva del verbo ἐνδοξάζομαι, *ser glorificado*; ἐν, preposición propia de dativo *en*; τοῖς, caso dativo masculino plural del artículo determinado *los*; ἁγίοις, caso dativo masculino plural del adjetivo *santos*; αὐτοῦ, caso genitivo masculino de la tercera persona singular del pronombre personal declinado *de él*; καὶ, conjunción copulativa *y*; θαυμασθῆναι, aoristo primero de infinitivo en voz pasiva del verbo

[4] Juan Crisóstomo. *Homilías sobre la carta a los Romanos.* PG 60, 673-674.
[5] Teodoro de Mopsuestia. *Comentario a la segunda Carta a los Tesalonicenses.* TEM 2, 45-46.

θαυμάζω, *maravillar, admirar*, aquí *ser admirado*; ἐν, preposición propia de dativo *en*; πᾶσιν, caso dativo masculino plural del adjetivo indefinido *todos*; τοῖς, caso dativo masculino plural del artículo determinado *los*; πιστεύσασιν, caso dativo masculino plural del participio aoristo primero en voz activa del verbo πιστεύω, *creer*, aquí *que creyeron*; ὅτι, conjunción causal *porque*; ἐπιστεύθη, tercera persona singular del aoristo primero de indicativo en voz pasiva del verbo πιστεύω, *creer*, aquí *fue creído*; τὸ, caso nominativo neutro singular del artículo determinado *el*; μαρτύριον, caso nominativo neutro singular del nombre común *testimonio*; ἡμῶν, caso genitivo de la primera persona plural del pronombre personal declinado *de nosotros*; ἐφ', forma escrita de la preposición propia de acusativo ἐπί por elisión de la ι final y asimilación de la π ante vocal o diptongo con aspiración, y que significa *sobre, a, en, junto a, ante, con base en, referente a, durante, además de, de, para, por, contra*; ὑμᾶς, caso acusativo de la segunda persona plural del pronombre personal *vosotros*; ἐν, preposición propia de dativo *en*; τῇ, caso dativo femenino singular del artículo determinado *la*; ἡμέρᾳ, caso dativo femenino singular del nombre común *día*; ἐκείνῃ, caso dativo femenino singular del pronombre demostrativo *aquel*.

ὅταν ἔλθῃ ἐνδοξασθῆναι ἐν τοῖς ἁγίοις αὐτοῦ. De una forma un tanto abrupta se inicia este versículo, cuya construcción presenta alguna dificultad para traducirlo de modo que sea comprensible. El texto contiene dos expresiones que han de unirse para darle sentido pleno, estas son la primera frase: *"cuando venga"* y la última *"en aquel día"*.

Es necesario apreciar también en la construcción que el verbo ἐνδοξάζομαι, *ser glorificado*, es modificado por la preposición *en*, que sirve de prefijo, de modo que debe entenderse que el Señor será glorificado *en sus santos*, cuando venga. Quiere decir que los creyentes llevaremos definitivamente la imagen del Hijo, para lo que hemos sido predestinados (Ro. 8:29), por tanto, se cumplirá entonces lo que el apóstol Juan enseña cuando dice: *"Amados, ahora somos hijos de Dios, y aún no se ha manifestado lo que hemos de ser; pero sabemos que cuando él se manifieste, seremos semejantes a él, porque le veremos tal como él es"* (1 Jn. 3:2). Los creyentes glorificarán a Cristo de un modo objetivo, como vasos donde el Señor derramará su gloria, que será comunicada a todos sus santos. El que es la imagen de Dios, el glorioso Señor, por vinculación con los salvos pondrá su gloria en ellos, de modo que la iglesia en el día de la venida será un instrumento de gloria revelando la misma del Señor.

καὶ θαυμασθῆναι ἐν πᾶσιν τοῖς πιστεύσασιν, También será admirado en todos los que creyeron. La glorificación es mutua, Cristo es glorificado en los cristianos y estos en Él. El verbo θαυμάζω, *admirar*, tiene un sentido muy fuerte, equivaliendo también a *maravillar, asombrar*. El verbo la misma raíz de θεάομαι, *contemplar*, y designa, por tanto, el asombro que se origina por la contemplación de algo. Este verbo ha de matizarse en cada ocasión en que aparece para darle el sentido que el autor quería darle. En este versículo tiene también la connotación de reverencia y veneración. Aquí el Señor es admirado en su *revelación*, en su *manifestación*, en su *venida*. La gloria que hemos atisbado por la revelación que de ella hace la Palabra, dará paso a la contemplación de la maravillosa gloria y grandeza del Señor, que llenará de asombro admirable a todos los santos. Será algo semejante a lo que ocurrió con el apóstol Juan cuando tuvo, en Patmos, la visión del glorioso Señor (Ap. 1:13-16). Aquella gloria impactó de tal forma al apóstol que le llevó a postrarse inmediatamente a Sus pies. Sólo esa es la posición propia de quien está delante de Dios. Todo cuanto conozcamos y vislumbremos de la gloria que el Señor manifestará en su venida, es mínima ante la realidad que apreciaremos entonces. Cada uno de nosotros debiéramos tener una conciencia clara de que este mismo glorioso Señor, está presente ya en nosotros y en la iglesia. La vida del cristiano y de la iglesia se desarrolla en Su presencia. Tal convicción debe producir un profundo respeto ante quien siendo nuestro Salvador, no deja de ser también Dios glorioso y soberano. El respeto que no es miedo, llenará el corazón de todos los que en Su venida podamos contemplar cara a cara Su gloria y majestad. Esto que producirá un impacto entonces, debiera acompañar nuestras relaciones actuales con Él. No es uno de nosotros, ni un ser excelso como pudiera ser un gran ángel, es el Todopoderoso Dios revestido de gloria. Tal apreciación producirá inevitablemente un profundo respeto en el comportamiento cotidiano y en la reunión de creyentes.

ὅτι ἐπιστεύθη τὸ μαρτύριον ἡμῶν ἐφ' ὑμᾶς, ἐν τῇ ἡμέρᾳ ἐκείνῃ. La oración final, que se traslada en algunas versiones dentro de un paréntesis, es la lógica consecuencia de lo que la precede. El hilo conductor es fácil de descubrir. Anteriormente habló de un grupo de personas que por su condición de rebeldía e incredulidad, serán juzgados y condenados eternamente, excluidos de la presencia del Señor y de la gloria de Su poder (vv. 8-9). Por otro lado está este otro grupo en quienes la gloria de Dios resplandecerá entonces, y que admirarán al Señor que aparece majestuoso, para estar para siempre con Él (1 Ts. 4:17). Entre estos estarán los tesalonicenses que creyeron el mensaje del evangelio traído a ellos por Pablo y sus colaboradores. La diferencia que marca el destino eterno de unos y otros tiene una línea divisoria que es la fe de los creyentes y la incredulidad de los perdidos.

El resultado de la tribulación (1:11-12).

11. Por lo cual asimismo oramos siempre por vosotros, para que nuestro Dios os tenga por dignos de su llamamiento, y cumpla todo propósito de bondad y toda obra de fe con su poder.

Εἰς ὃ καὶ προσευχόμεθα πάντοτε περὶ ὑμῶν,
En relación con lo cual también oramos siempre por vosotros,
ἵνα ὑμᾶς ἀξιώσῃ τῆς κλήσεως ὁ Θεὸς ἡμῶν καὶ
para que os tenga por dignos del llamamiento el Dios de vosotros y
πληρώσῃ[1] πᾶσαν εὐδοκίαν ἀγαθωσύνης καὶ ἔργον πίστεως ἐν
cumpla todo deseo de bondad y obra de fe con
δυνάμει,
poder.

Notas y análisis del texto griego.

Entrando en el último párrafo del capítulo, escribe: Εἰς, preposición propia de acusativo *a, hacia, para, en relación con*; ὃ, caso acusativo neutro singular del pronombre relativo *lo que, lo cual*; καὶ, adverbio de modo *también*; προσευχόμεθα, primera persona plural del presente de indicativo en voz media del verbo προσεύχομαι, *hacer oración, orar*, aquí *oramos*; πάντοτε, adverbio de tiempo *siempre*; περὶ, preposición propia de genitivo, *por*; ὑμῶν, caso genitivo de la segunda persona plural del pronombre personal *vosotros*; ἵνα, conjunción causal *para que*; ὑμᾶς, caso acusativo de la segunda persona plural del pronombre personal declinado *a vosotros, os*; ἀξιώσῃ, tercera persona singular del aoristo primero de subjuntivo en voz activa del verbo ἀξιόω, *considerar digno, tener por digno,* aqui *tenga por dignos*; τῆς, caso genitivo femenino singular del artículo determinado declinado *de la*; κλήσεως, caso genitivo femenino singular del nombre común *llamamiento*; ὁ, caso nominativo masculino singular del artículo determinado *el*; Θεὸς, caso nominativo masculino singular del nombre divino *Dios*; ἡμῶν, caso genitivo de la segunda persona plural del pronombre personal *de vosotros*; καὶ, conjunción copulativa *y*; πληρώσῃ, tercera persona singular del aoristo primero de subjuntivo en voz activa del verbo πληρόω, *cumplir, llenar, completar*, aquí *cumpla*; πᾶσαν, caso acusativo femenino singular del adjetivo indefinido *toda*; εὐδοκίαν, caso acusativo femenino singular del nombre común *agrado, deseo, beneplácito*; ἀγαθωσύνης, caso genitivo femenino singular del nombre común declinado *de bondad*; καὶ, conjunción copulativa *y*; ἔργον, caso acusativo neutro singular del nombre común *trabajo, obra*; πίστεως, caso genitivo femenino singular del nombre común declinado *de fe*; ἐν, preposición propia de dativo *en, con*; δυνάμει, caso dativo femenino singular del nombre común *fuerza, poder*.

Crítica Textual. Lecturas alternativas.

[1] πληρώσει, *cumplira*, en lugar de πληρώση *cumpla*, según se lee en A. K. P. Ψ. 0278. 6. 326. 1241. 2464.

Εἰς ὃ καὶ προσευχόμεθα πάντοτε περὶ ὑμῶν. Todo cuanto ha sido considerado por Pablo, especialmente en lo relativo a las dificultades y problemas que el testimonio causa en el creyente, genera nuevamente la oración de intercesión por los tesalonicenses. Esta súplica interrumpe el desarrollo de lo que estaba diciendo, o tal vez mejor, concluye lo que antecede. Es muy propio en Pablo que corte la exposición de algo con una oración. El deseo que expresa en ella constituye un excelente desarrollo de *antropología del cristiano*, en donde toda su existencia depende de la vocación divina, pero, también toda realización en la esfera de la fe, se sustenta en la acción de Dios para logar las aspiraciones propias de la vida de fe. El destino del cristiano en su vida es el de glorificar al Señor y, ser glorificado en Él.

ἵνα ὑμᾶς ἀξιώσῃ τῆς κλήσεως ὁ Θεὸς ἡμῶν. La primera petición es para que Dios los tenga por *dignos* de su llamamiento. Esto implica la paciencia necesaria para soportar la tribulación (vv. 4-5). De otro modo, la terminología *dignos del reino*, es equivalente a *dignos de la salvación*, a la que llegaron como respuesta al llamamiento de Dios (Ro. 8:28, 30; Ef. 4:1; etc.). No se trata de que sean dignos por condición o por esfuerzo personal, son dignos porque habiendo recibido el mensaje del evangelio que proclama justificación a todo aquel cree, lo aceptaron entregando sus vidas al Salvador. En Él, en unidad con Él, en vinculación a Él, se han hecho uno en Él por la operación del Espíritu. Ahora, Dios los ve, no por lo que son sino por el lugar que ocupan. En Cristo tienen perdón de pecados y vida eterna, por tanto, son dignos, por cuanto así fueron hechos, del llamamiento celestial. Debe notarse aquí el término *vocación,* κλῆσις, palabra usada en el cristianismo primitivo para designar el acto de Dios por el cual ha llamado a salvación a los hombres, después de una decisión (προορίζω) y una determinación (πρόθεσις), de Su voluntad. De esta manera la *vocación* es la consecuencia y forma propia de vida de la *elección* (ἐκλογή). Esta vocación, además de ser un acto libre y de gracia por parte de Dios, implica también una orientación y destino en donde se realiza, que es la incorporación a Cristo y la vida conforme a Él, única vida a la que Dios puede considerar *digna* de la vocación a que el cristiano es llamado. Toda esta operación desde la acción divina, va unida a la gracia (2 Ti. 1:9). De manera que Aquel que llama y escoge eternamente en Cristo (Ef. 1:4), es el que da valor, unidad y orientación a la vida cristiana, de ahí que el apóstol interceda en oración para los creyentes vivan en conformidad con el acto vocacional de Dios.

Así escribía Agustín de Hipona:

"Lo que dije: 'La salvación de esta religión, única verdadera, por la cual se promete la salvación verdadera verazmente, a ninguno que ha sido indigno le ha faltado jamás; y a quien le ha faltado, no ha sido digno, no lo dije como si cualquiera fuese digno por sus propios méritos, sino del modo que dice el apóstol: 'No por obras, sino por El que llama', se dijo: 'El mayor servirá al menor', vocación que afirma que pertenece al propósito de Dios. Por lo cual dice: 'No según nuestras obras, sino según su propósito y gracia'; y continúa aún: 'Sabemos que a los que aman a Dios todo les sirve para bien, a aquellos que según su propósito son llamados santos'. Sobre esta vocación dice: 'Que os encuentre dignos de su vocación santa"[6]

καὶ πληρώσῃ πᾶσαν εὐδοκίαν ἀγαθωσύνης, En tercer lugar el apóstol intercede ante Dios para que los deseos de bondad y las obras de fe que surjan de ellos, sean posibles por el poder de Dios que actúa en ellos. Habla de *propósitos de bondad*, lo que supone ya una manifestación milagrosa de la gracia, puesto que el corazón del hombre es continuo *el mal* (Gn. 6:5). Aquí se habla de *propósito de bondad* que sale del corazón de los tesalonicenses, lo que indudablemente presenta un cambio personal. Estos propósitos, son realmente *deseos* y el propio apóstol enseña que *"Dios es el que en vosotros produce así el querer como el hacer, por su buena voluntad"* (Fil. 2:13). De modo que la resolución y la ejecución proceden de Dios. Pablo ora para que *todo buen deseo*, literalmente *propósito de bondad*, que nace en el cristiano al impulso del Espíritu tenga cumplimiento, de otro modo, Dios cumplirá en los suyos Su propósito de bondad.

καὶ ἔργον πίστεως ἐν δυνάμει. Además del propósito sigue la acción: *toda obra de fe*. Esto es, las manifestaciones operativas que exhiben la realidad de la fe. El que comenzó la obra la concluye definitivamente (Fil. 1:6). Esas obras que corresponden al propósito de Dios, no pueden ser hechas en el poder del hombre, sino en el divino. En otro de sus escritos se refiere a esto cuando dice: *"Y Aquel que es poder para hacer todas las cosas mucho más abundantemente de lo que pedimos o entendemos, según el poder que actúa en nosotros"* (Ef. 3:20). El propósito puede ser bueno, también las obras que lo

---

[6] Agustín. *Las revisiones,* 2, 31.

manifiestan, pero todo resultará estéril sin el *poder* de Dios actuando para llevarlo a cabo. La omnipotencia divina supera a todo cuanto entendamos, deseemos y hagamos. Por tanto toda la gloria le corresponde. Esto todo es posible por medio de Jesucristo en quien reside la autoridad y el poder en relación con las obras del creyente (Fil. 2:9-11), que se activan por el Espíritu que no sólo las hace posibles en cuanto a poder para llevarlas a cabo, sino que potencializa al creyente actuando en él. El poder supremo del Resucitado, no sólo está para hacer posible nuestras decisiones nacidas al impulso del Espíritu, sino que está en nosotros mismos ya que Él ha sido implantado en el creyente, en la regeneración. De ahí que podamos decir con el apóstol: *"Todo lo puedo en Cristo que me fortalece"* (Fil. 4:13). No habrá deseo bueno y obra de fe que no tenga recursos suficientes para llevarlo a cabo más allá de lo que cabría esperar. Dios es capaz de hacer cuanto pedimos y aún cuanto imaginamos sin atrevernos a pedir.

12. Para que el nombre de nuestro Señor Jesucristo sea glorificado en vosotros, y vosotros en él, por la gracia de nuestro Dios y del Señor Jesucristo.

ὅπως ἐνδοξασθῇ τὸ ὄνομα τοῦ Κυρίου ἡμῶν ᾿Ιησοῦ ἐν
Para que sea glorificado el nombre del Señor de nosotros Jesús en
ὑμῖν, καὶ ὑμεῖς ἐν αὐτῷ, κατὰ τὴν χάριν τοῦ Θεοῦ ἡμῶν
vosotros, y vosotros en Él, por la gracia del Dios de nosotros
καὶ Κυρίου ᾿Ιησοῦ Χριστοῦ.
y de Señor Jesucristo.

Notas y análisis del texto griego.

Concluyendo el deseo expresado en oración, escribe: ὅπως, conjunción causal *para que*; ἐνδοξασθῇ, tercera persona singular del aoristo primero de subjuntivo en voz pasiva del verbo ἐνδοξάζομαι, *ser glorificado*, aquí *sea glorificado*; τὸ, caso nominativo neutro singular del artículo determinado *el*; ὄνομα, caso nominativo neutro singular del nombre común *nombre*; τοῦ, caso genitivo masculino singular del artículo determinado declinado *del*; Κυρίου, caso genitivo masculino singular del nombre divino *Señor*; ἡμῶν, caso genitivo de la primera persona plural del pronombre personal declinado *de nosotros*; ᾿Ιησοῦ, caso genitivo masculino singular del nombre propio *Jesús*; ἐν, preposición propia de dativo *en*; ὑμῖν, caso dativo de la segunda persona plural del pronombre personal *vosotros*; καὶ, conjunción copulativa *y*; ὑμεῖς, caso nominativo de la segunda persona plural del pronombre personal *vosotros*; ἐν, preposición propia de dativo *en*; αὐτῷ, caso dativo masculino de la tercera persona singular del pronombre personal *él*; κατὰ, preposición propia de acusativo *por*; τὴν, caso acusativo femenino singular del artículo determinado *la*; χάριν, caso acusativo femenino singular del nombre común *gracia*; τοῦ, caso gentivo masculino singular del artículo determinado declinado *del*; Θεοῦ, caso genitivo masculino singular del nombre divino *Dios*; ἡμῶν, caso genitivo de la primera persona plural del pronombre personal declinado *de nosotros*; καὶ, conjunción copulativa *y*; Κυρίου, caso genitivo masculino singular del nombre divino *Señor*; Ἰησοῦ, caso genitivo masculino singular del nombre propio *Jesús*; Χριστοῦ, caso genitivo masculino singular del nombre propio *Cristo*.

ὅπως ἐνδοξασθῇ τὸ ὄνομα τοῦ Κυρίου ἡμῶν Ἰησοῦ ἐν ὑμῖν, El propósito final de todo aquello por lo que el apóstol ora y que tiene que ver con el proceso de vida cristiana, que incluye también las aflicciones y la glorificación, tienen como principal propósito que Dios sea glorificado. Según la forma de pensamiento semita, el nombre va ligado siempre a la persona, de modo que cuando se habla de nombre se está haciendo alusión a la persona de quien es el nombre. De ahí que el sentido de la primera oración es que *nuestro Señor Jesucristo sea glorificado en vosotros*. Cristo es glorificado en la vida santa de los cristianos que es motivo de glorificación para Él. Por tanto el Señor es glorificado *en* los creyentes que viven de acuerdo o en conformidad con la vocación del llamamiento celestial. La alabanza a Dios no puede separarse del testimonio de vida del creyente. Es decir, las buenas obras que Dios mismo impulsa y permite en el cristiano, son motivo de gloria para Él, como el Señor dijo en el *Sermón del Monte*: *"Así alumbre vuestra luz delante de los hombres, para que vean vuestras buenas obras, y glorifiquen a vuestro Padre que está en los cielos"* (Mt. 5:16). El testimonio silencioso, que es también una forma de proclamar el evangelio, se expresa con acciones y no con palabras. En el versículo anterior el apóstol habló de la acción de Dios que cumple el propósito de bondad y las obras de fe con su poder. Esta forma de vida no conduce a que el creyente sea alabado por quienes observan su vida, sino que ellas sean un elemento para glorificar a Dios. Las buenas obras, como se ha considerado antes, son evidencias visibles de la fe verdadera, instrumento de justificación. El creyente no se salva por obras, pero se salva para obras. De este modo, la fe que no obra, que no opera en una manifestación de vida transformada, no es verdadera fe, sino expresión, en el mejor de los casos, de religiosidad y piedad aparente. La vida transformada de los cristianos que se manifiesta en una forma especial de obrar, no es para ser santos, sino por serlo. Si las buenas obras no son resultado del esfuerzo personal del creyente sino del poder de Dios (v. 11), entonces la gloria de Él se manifiesta en el cristiano. Pablo ruega para que el *nombre de nuestro Señor Jesucristo* sea glorificado por la conducta y testimonio de sus hijos. El creyente puesto para glorificar a Dios, tiene eso como motivo principal que motive toda acción: *"Si, pues, coméis o bebés, o hacéis otra cosa, hacedlo todo para la gloria de Dios"* (1 Co. 10:31). Pablo pide al Señor que esto sea una realidad en la vida de los tesalonicenses. Es necesario entender que la *glorificación* de Dios en los creyentes no es un asunto de religión, de piedad, o de cualquier manifestación de espiritualidad. La glorificación del Señor Jesucristo en nosotros no es una actividad que se pide sino una actitud.

καὶ ὑμεῖς ἐν αὐτῷ, La expresión final del deseo del apóstol es que no sólo el Señor sea glorificado en ellos, sino que ellos lo sean en el Señor. Es una forma de expresión muy parecida a la que Jesús usó en su ministerio (Jn. 17:1, 10, 21). No se trata de que los creyentes sean glorificados con Cristo, sino *en* Él. Esto es en la participación de la vida del Señor en cada uno de los cristianos. La gloriosa vida del Señor se manifiesta en la de cada uno de los que están en Él.

κατὰ τὴν χάριν τοῦ Θεοῦ ἡμῶν καὶ κυρίου Ἰησοῦ Χριστοῦ. La manifestación de todo cuanto ha dicho en estos dos últimos versículos corresponde a una operación de la gracia de Dios y del Señor Jesucristo. La gracia de Dios y su poder capacita para la actuación y resuelve el problema de una forma de vida totalmente imposible para el hombre natural, por cuanto es una experiencia sobrenatural la que se manifiesta. Ambas cosas, tanto el poder como la gracia proceden de Dios y del Señor Jesucristo. La Persona del Padre y la del Hijo aparecen aquí como fuente de gracia. En la bendición final de la *Epístola* anterior, la gracia que bendice procedía del Señor Jesucristo, pero todo don perfecto viene del Padre (Stg. 1:17), pero llega al hombre por el único Mediador, que es el Señor Jesucristo.

Concluido el comentario al capítulo, será conveniente seleccionar alguna de las lecciones destacables que surgen de él.

Es notable que en la introducción de la *Epístola* el apóstol se dirige a *la iglesia* de los tesalonicenses. El creyente ha de tener en alta estima la iglesia local que es un cuerpo de propiedad divina (Mt. 16:18). Es necesario tener un concepto claro de la importancia de la iglesia para tratar en todo lo relativo a ella en forma reverente (1 Ti. 3:15). La iglesia es la unidad espiritual de todos los creyentes en Cristo, por tanto, debemos tener sumo cuidado para no dividir aquello que el Espíritu ha unido (Ef. 4:3). Las divisiones en la iglesia local son señal de inmadurez (1 Co. 3:14). Las actuaciones contra la unidad de la iglesia son directamente contra el testimonio ante el mundo (Jn. 17:21). Dios puede disciplinar duramente a quien fomente la división en la iglesia (1 Co. 11:30, 31).

Los creyentes están llamados a mantener comunión unos con otros (vv. 3-4). Una manifestación de comunión corresponde con la asistencia a las reuniones de la iglesia (Hch. 2:46). La Escritura señala como una mala costumbre la ausencia voluntaria a las mismas (He. 10:25). Las reuniones han de conducir a la edificación mutua (He. 10:24). Los creyentes son llamados a expresar su comunión en relaciones hermanables los unos con los otros (Hch. 2:46b). La comunión entre los creyentes no es un asunto horizontal sino vertical, es decir, es el resultado de la comunión entre el creyente y Dios (1 Jn. 1:3). Si no hay comunión con Dios no puede haberla con los hermanos; si no la hay entre hermanos es que no la hay con Dios.

El gozo debe manifestarse siempre, incluso en medio de las tribulaciones (v. 5-7). Es necesario considerar que son elementos de bendición (Stg. 1:2). También son un privilegio en la experiencia de vida cristiana (Fil. 1:29). El creyente en la aflicción nunca está solo, sino que a su disposición están todos los recursos de la gracia y poder de Dios (v. 11). Las tribulaciones despiertan a la esperanza. Todas ellas son transitorias, pasajeras, pero producen en nosotros un cada vez más excelente y eterno peso de gloria (2 Co. 4:17). La gloria es la meta y el término de toda aflicción. Allí habrá una reunión eterna de todos los creyentes con el Señor (v. 10).

El cristiano debe mantenerse alejado de los impíos. La forma de vida de ellos es contaminante y su actuación mala (v. 6). El fin de ellos es malo, alejados de Dios en una situación de eterna condenación (vv. 8-9). El cristiano debe tener sumo cuidado para no ser instrumento de tribulación para otros hermanos.

CAPÍTULO II

EL TIEMPO DE LA VENIDA DEL SEÑOR.

Introducción.

Los creyentes en Tesalónica estaban siendo afligidos. La persecución por causa del evangelio era una tónica cotidiana. Algunos cristianos incluso habían sido encarcelados y otros perdían sus bienes como consecuencia de serlo. Pablo había enseñado la doctrina bíblica en general, deteniéndose lo necesario para enseñarles la *Escatología*. Les habló del traslado de la iglesia como algo que podía producirse en cualquier momento, y también de los tiempos que antecederían a la Segunda Venida del Señor.

En esa exposición les instruyó sobre acontecimientos que se producirían antes de la manifestación gloriosa del Señor, viniendo del cielo con poder y gloria, para establecer otro tiempo de manifestación del *Reino de Dios*, o *Reino de los cielos*. Les enseñó que vendría a reinar rodeado de sus santos, glorioso y vencedor, donde toda oposición habría sido anulada por Su presencia y por Su poder, para dar al mundo un tiempo de bendición, como nunca antes hubo, durante mil años. En la enseñanza sobre los eventos previos a la manifestación del Señor les instruyó sobre el tiempo de tribulación, sobre la manifestación de la *apostasía*, y sobre la presencia en el mundo del *hombre de pecado, el hijo de perdición*, títulos dados a lo que en otros lugares se llama el Anticristo. Pablo les enseñó que su pecaminosidad sería tal que se sentaría en el *templo de Dios, haciéndose pasar por Dios*.

La firmeza en esta doctrina no era grande, por lo menos para algunos, de modo que ante la situación que vivían de persecuciones, consideraban que ya estaban en lo que les habían enseñado como el tiempo de *tribulación*. Por otro lado, como se ha recordado antes, el hecho de que el emperador de Roma recibiera trato divino y fuese adorado, siendo el gran promotor de las persecuciones contra los cristianos, les hacía suponer que bien podía ser el Anticristo. Estas imprecisiones doctrinales traían una consecuencia: creer que ya estaban en *el día del Señor* (2:2).

Bien pudiera ocurrir que además de no recordar con precisión la enseñanza del apóstol, estaba la presencia de algunos que visitaban las iglesias y enseñaban doctrina diferente, como si fuesen enviados y comisionados por los apóstoles. Es posible que incluso llevasen con ellos un escrito pseudo-epígrafo como si fuese del apóstol (2:2). Todo esto producía la consecuente inquietud, a la vez, que alteraba la doctrina enseñada en los días de la fundación de la iglesia. No debe olvidarse que la enseñanza era de *tradición*, es decir, de transmisión oral, ya que los escritos del Nuevo Testamento comenzaban a producirse y circular.

Por esta razón el apóstol sale a precisar lo que aquellos tenían poco claro o equivocado. Primeramente les habla del tiempo presente (vv. 1-2); luego de la apostasía que precederá a la Segunda Venida (v. 3a); sigue la enseñanza sobre el hombre de pecado (vv. 3b-5); habla también de el control que Dios ejerce sobre el proyecto diabólico (vv. 6-9); sigue con la situación de los incrédulos (vv. 10-12); y termina con palabras alentadoras sobre la situación del creyente (vv. 13-17).

El bosquejo analítico para el estudio del pasaje, se ha incluido en el *Bosquejo de la Epístola*, en el la introducción, como sigue:

III. El día del Señor (2:1-17)
1. El tiempo presente (2:1-2).
2. La apostasía precedente (2:3a).
3. El hombre de pecado (2:3b-5).
4. El control divino (2:6-9).
5. La situación de los incrédulos (2:10-12).
6. La seguridad del creyente (2:13-17).

III. El día del Señor (2:1-17).

El tiempo presente (2:1-2).

1. Pero con respecto a la venida de nuestro Señor Jesucristo, y nuestra reunión con él, os rogamos, hermanos.

'Ερωτῶμεν δὲ ὑμᾶς, ἀδελφοί, ὑπὲρ τῆς παρουσίας τοῦ
Y rogamos os, hermanos, respecto de la venida del
Κυρίου ἡμῶν[1] 'Ιησοῦ Χριστοῦ καὶ ἡμῶν ἐπισυναγωγῆς
Señor de nosotros Jesucristo y de nosotros reunión
ἐπ' αὐτὸν.
con Él.

Notas y análisis del texto griego.

Introduciendo un nuevo tema, dice: 'Ερωτῶμεν, primera persona plural del presente de indicativo en voz activa del verbo ἐροτάω, *rogar, pedir*, aquí *rogamos*; δὲ, partícula conjuntiva que hace las veces de conjunción coordinante, con sentido de *pero, más bien, y, y por cierto, antes bien*; ὑμᾶς, caso acusativo de la segunda persona plural del pronombre personal declinado *a vosotros, os*; ἀδελφοί, caso vocativo masculino plural del nombre común *hermanos*; ὑπὲρ, preposición propia de genitivo *por, para bien de, a favor de*, aquí en sentido de *respecto a*; τῆς, caso genitivo femenino singular del artículo determinado *la*; παρουσίας, caso genitivo femenino singular del nombre común *manifestación, presencia, venida*; τοῦ, caso genitivo masculino singular del artículo determinado declinado *del*; Κυρίου, caso genitivo masculino singular del nombre divino *Señor*; ἡμῶν, caso genitivo de la primera persona plural del pronombre personal declinado *de nosotros*; Ἰησοῦ, caso dativo masculino singular del nombre propio *Jesús*; Χριστοῦ, caso dativo masculino singular del nombre propio *Cristo*; καὶ, conjunción copulativa *y*; ἡμῶν, caso genitivo de la primera persona plural del pronombre personal declinado *de nosotros*; ἐπισυναγωγῆς, caso genitivo femenino singular del nombre común *reunión, reunión conjunta*; ἐπ', forma que adopta la preposición de acusativo ἐπί, con el grafismo por elisión de lá ι final ante vocal o diptongo sin aspiración, que equivale a *con*; αὐτὸν, caso acusativo masculino de la tercera persona singular del pronombre personal *él*.

Crítica Textual. Lecturas alternativas.

[1] ἡμῶν, se omite en B. Ψ. vg^{vg}. sir^{h}.

Ἐρωτῶμεν δὲ ὑμᾶς, ἀδελφοί, Nuevamente la autoridad del apóstol se expresa en una frase afectuosa en la que en lugar de establecerla como mandamiento lo hace como un ruego personal: *ruego, hermanos*. Es una forma típica de las dos epístolas (cf. 1 Ts. 4:1; 5:12). La claúsula se introduce en forma transitiva, como debe tomarse la partícula δὲ, *y*, produciendo con ella el pase del último versículo del capítulo anterior, al tema que se trata en la primera parte de este. El uso del sustantivo *hermanos*, no solo es una forma afectuosa de relación con los lectores, sino un modo de llamar su atención. A la acción de gracias del último párrafo del capítulo anterior, sigue ahora una advertencia a la que los creyentes deben estar atentos.

ὑπὲρ τῆς παρουσίας τοῦ Κυρίου ἡμῶν Ἰησοῦ Χριστοῦ. El tema de la advertencia se relaciona con algo que ocurrirá. El uso de la preposición ὑπὲρ, tiene aquí el sentido de *acerca de, por lo que toca, por lo que se refiere, respecto de*. El primer tema al que debe prestársele atención es la *parusía*, la *manifestación*, la *venida del Señor*. Sobre esto escribió ya en la *Primera Epístola*, (1 Ts. 4:15 ss.). Sin duda se trata del momento en que va a producirse el traslado de la iglesia a la presencia del Señor. El término παρουσία, *venida, manifestación*, se ha usado antes en este sentido. El enlace inicial del versículo contacta con los temas anteriores, entre los que están la venida a la tierra del Señor para dar retribución a los perseguidores (1:5 ss.). Este término aparece veinticuatro veces en el Nuevo Testamento. El sentido es *estar cerca*, o *al lado de*, indicando el acto por el cual se hace presente quien no lo estaba. Se usa para referirse al *traslado* o *arrebatamiento* de la Iglesia (1 Co. 15:23; 1 Ts. 2:19; 4:15; 5:23; Stg. 5:7, 8; 1 Jn. 2:28); también se usa para aplicarlo a la Segunda Venida (Mt. 24:3, 27, 37, 39; 1 Ts. 3:13; 2 Ts. 2:8; 2 P. 1:16). Es interesante apreciar los tres títulos que se dan al que viene: *Señor, Jesús, Cristo*. El primero de ellos es usado para traducir el nombre sagrado de Dios en el Antiguo Testamento, lo que revela que la teología del Nuevo Testamento y la fe de la Iglesia creían en la deidad de Jesús.

καὶ ἡμῶν ἐπισυναγωγῆς ἐπ' αὐτὸν. El segundo aspecto tiene que ver con la reunión de los creyentes con el Señor. El término ἐπισυναγωγῆ, conlleva la idea de *reunir en un lugar*, aunque habitualmente se traduce por *reunión*. La reunión de los creyentes con el Señor tendrá lugar en el aire, y se producirá en el *arrebatamiento* de la Iglesia (1 Ts. 4:13-18).

2. Que no os dejéis mover fácilmente de vuestro modo de pensar, ni os conturbéis, ni por espíritu, ni por palabra, ni por carta como si fuera nuestra en el sentido de que el día del Señor está cerca.

εἰς τὸ μὴ ταχέως σαλευθῆναι ὑμᾶς ἀπὸ τοῦ νοὸς μηδὲ[1]
\- - no prontamente ser movidos vosotros de la mente ni
θροεῖσθαι, μήτε διὰ πνεύματος μήτε διὰ λόγου μήτε δι'
seaís alarmados, ni por espíritu ni por palabra ni por medio de
ἐπιστολῆς ὡς δι' ἡμῶν, ὡς ὅτι ἐνέστηκεν ἡ ἡμέρα
carta como de nosotros, como que ha llegado el día
τοῦ Κυρίου[2]·
del Señor.

Notas y análisis del texto griego.

Continuando con la advertencia, añade: εἰς, preposición propia de acusativo, *a, hacia, para, dentro de, en relación con*; τὸ, caso acusativo neutro singular del artículo determinado *lo*; μὴ, partícula que hace funciones de adverbio de negación *no*; ταχέως, adverbio de tiempo, *prontamente, prestamente*; σαλευθῆναι, aoristo primero de infinitivo en voz pasiva del verbo σαλεύω, *sacudir, hacer temblar, mover*, aquí *ser movidos*; ὑμᾶς, caso acusativo de la segunda persona plural del pronombre personal declinado *a vosotros, os*; ἀπὸ, preposición propia de genitivo *de*; τοῦ, caso genitivo masculino singular del artículo determinado *el*; νοὸς, caso genitivo masculino singular del nombre común *mente*; μηδὲ, partícula de negación *ni*; θροεῖσθαι, presente de infinitivo en voz pasiva del verbo θροέομαι, *alarmarse*, aquí *ser alarmados, seáis alarmados*; μήτε, conjunción copulativa de negación *y no, ni*; διὰ, preposición propia de genitivo *por*; πνεύματος, caso genitivo neutro singular del nombre común *espíritu*; μήτε, conjunción copulativa de negación *y no, ni*; διά, preposición propia de genitivo *por*; λόγου, caso genitivo masculino singular del nombre común *palabra, discurso*; μήτε, conjunción copulativa de negación *y no, ni*; δι', forma contracta de la preposición de genitivo διά, *por medio de, a causa de, por*; ἐπιστολῆς, caso genitivo femenino singular del nombre común *carta, epístola*; ὡς, adverbio de modo *como*; δι', forma contracta de la preposición de genitivo διά, *por medio de, a causa de, por*; ἡμῶν, caso genitivo de la primera persona plural del pronombre personal *nosotros*; ὡς, conjunción condicional *como*; ὅτι, conjunción subordinada *que*; ἐνέστηκεν, tercera persona singular del perfecto de indicativo en voz activa del verbo ἐνίστηεμι, *estar presente, hacerse presente, llegar*, aquí *ha llegado*; ἡ, caso nominativo femenino singular del artículo determinado *la*; ἡμέρα, caso nominativo femenino singular del nombre común *día*; τοῦ, caso genitivo masculino singular del artículo determinado declinado *del*; Κυρίου, caso genitivo masculino singular del nombre divino *Señor*.

Crítica Textual. Lecturas alternativas.

[1] μηδὲ, *ni*, lectura atestiguada en ℵ, A. B. D*, c. F. G. Ψ. 0278. 365. 1505. 1739. 1881.

μήτε, *y no, ni*, lectura en D2. K. L. P. 81. 104. 630. 1175. 1241. 2464. 𝔐. Orígenes.

μηποτε, *no sea que, para que no*, lectura en 33.

[2] ἡμέρα τοῦ Κυρίου, *día del Señor*, lectura atestiguada en ℵ, A. B. D*. F. G. L. P. Ψ. 0278. 6. 81. 104. 365. 1241. 1505. 1739. 1881. 2464 lat. sir. co. Orígenes. Epifanio.

ἡμέρα τοῦ Χριστοῦ, *día de Cristo*, como ocurre en D2. K. 630. 1175. 𝔐.

ἡμέρα τοῦ Κυρίου 'Ιησοῦ, *día del Señor Jesús*, lectura en 33.

εἰς τὸ μὴ ταχέως σαλευθῆναι ὑμᾶς ἀπὸ τοῦ νοὸς. El versículo comienza con una de formas paulinas típicas, consistente en el uso de εἰς τὸ, con infinitivo; esta forma de formar la frase no siempre puede traducirse palabra a palabra, como es este caso, en donde la idea es clara, que los creyentes no se dejen mover, literalmente *de la mente*, es decir, de la forma de pensar. Está advirtiendo a los creyentes que tengan estabilidad, no se *dejen mover* fácilmente de la enseñanza recibida. Es posible que algunos no tuviesen muy claros los conceptos y pudiesen determinar los tiempos de la profecía, pero eso no supone que pudieran moverse en cuanto a los principios doctrinales que les habían sido enseñados. El verbo σαλεύω, es usado para referirse en sentido literal al movimiento de las aguas agitadas por el viento. Pablo se refiere en la *Epístola a los Efesios*, a creyentes que son fácilmente arrastrados de un lado a otro por todo viento de doctrina (Ef. 4:14), comparándolos con niños espirituales. En ambos casos se refiere a una forma de inestabilidad e inmadurez que se elimina o corrige mediante el crecimiento en la fe. Los niños son incapaces de distinguir correctamente el valor de las cosas y no disciernen aquello que pueda hacerles daño. Aquí advierte a los tesalonicenses del peligro de ir a la deriva, como un juguete del viento de doctrina insana, que agita al creyente en las aguas de la vida religiosa. No cabe duda, por lo que sigue, que no está pensando en una incorrecta precisión doctrinal, sino en doctrinas introducidas por engañadores, falsos maestros, procedentes y nacidas de los hombres (Col. 2:22). En el pensamiento del apóstol está el mundo del que surgen vientos continuos de doctrinas fundamentadas en enseñanzas de hombres, que soplan sobre la iglesia, agitando la paz que debiera ser su expresión visible y mueve a quienes tienen poca solidez en la fe, porque no están firmemente anclados en la Palabra. La única defensa a este acosar continuo desde el mundo está en la maduración firme en la común fe, de modo que se pueda resistir el espíritu de falsa enseñanza que como vientos soplan contra la Iglesia.

μηδὲ θροεῖσθαι, A la advertencia de no ser movidos, añade el complemento de *ni ser alarmados*. El verbo θροέω, traducido como *alarmar*, procede de θροος, que denota *ruido de voces, ruido confuso, susurro*, de modo que el verbo expresa la idea de estar en un estado de excitación nerviosa. El apóstol sale al paso de la inquietud que la enseñanza incorrecta estaba produciendo, o podía producir, en la congregación. No cabe duda que posiciones encontradas en doctrina terminan con la paz en cualquier congregación, generando un estado de nerviosismo que impide una correcta manifestación de la vida congregacional y la comunión entre cristianos.

μήτε διὰ πνεύματος. El origen de esta doctrina incorrecta procedía de tres fuentes. La primera de ellas dice que es *por espíritu*. Usando la metonimia de *causa por efecto*, es una referencia a mensajes proféticos, que al pronunciar profecías mentirosas, no procedentes de revelación divina, sino de pensamiento humano o, lo que sería más probable, diabólico. Estas pretendidas revelaciones de profetas, cambiaban la doctrina que había enseñado el apóstol y generaba inquietud en la congregación. Los creyentes tenían que desechar tales supuestas revelaciones porque eran enseñanzas mentirosas. El problema no ha sido eliminado de la iglesia. Hoy ocurre también que personas que se llaman *profetas* y que afirman tener el *don de profecía*, enseñan doctrinas contrarias a las recogidas en la Palabra. A esas supuestas revelaciones, los impostores, le dan categoría de palabra divina. Son aquellos que ante un auditorio se atreven a decir que han recibido palabra de Dios, enseñando por medio de esa mentira valores doctrinales que contradicen lo que la Biblia enseña. Abusan del mensaje profético haciendo creer al auditorio que las señales que precederán a la Segunda Venida se están cumpliendo. Niegan la seguridad de salvación. Enseñan que todos los dones, incluidos el de apóstoles y profetas como correspondían a los tiempos apostólicos están operativos hoy. Hablan de *visiones* y *revelaciones* nuevas, generando en el auditorio lo que el término usado por Pablo indica *vocerío y confusión*, produciendo un estado de excitación emocional que no procede del Espíritu de Dios.

μήτε διὰ λόγου. La segunda fuente de donde mana agua corrompida, la llama *palabra*. Se refiere a discursos propios de los falsos maestros. Muy bien pudiera tratarse de hacer entender a los creyentes que lo que transmitían procedía de conversaciones personales con el apóstol, que les encomendaba rectificar o ampliar algunas de las enseñanzas que personalmente había dado en la iglesia. Pero, también podía tratarse aquí de un mensaje propio de quien enseñaba erróneamente la doctrina. No debe olvidarse que la transmisión doctrinal se hacía por palabra, ya que los escritos bíblicos todavía se estaban escribiendo. De ahí la advertencia de Pablo a su colaborador Timoteo de que enseñara sólo lo que había oído continuamente delante de muchos testigos (2 Ti. 2:2).

μήτε δι' ἐπιστολῆς ὡς δι' ἡμῶν, En tercer lugar alude a *carta como nuestra*. Pablo había enseñado la doctrina del *traslado* de la Iglesia y había precisado como y cuando ocurriría el tiempo final que antecedería a la Segunda Venida. Pero, los falsos maestros podían sustentar delante de los creyentes que el *día del Señor* había llegado, presentando como defensa una carta que atribuían a Pablo. Cualquier cosa vale para los perversos con el fin de distorsionar la doctrina bíblica.

ὡς ὅτι ἐνέστηκεν ἡ ἡμέρα τοῦ Κυρίου· El problema se generaba por una enseñanza contraria a la que el apóstol había dado, diciendo que *el día del Señor*, esto es, el tiempo de la tribulación *había llegado*. La construcción gramatical de la frase en el texto griego y el uso del verbo no permite otra traducción. El verbo ἐνέστηκεν, es la tercera persona singular del perfecto de indicativo en voz activa del verbo ἐνίστηεμι, *estar presente, hacerse presente, llegar*, aquí *ha llegado*. No se trata de *inminencia* de llegada, o de proximidad de algo que viene, sino de la realidad concluida de la manifestación de presencia. Sorprende que la posición teológica contraria a la distinción de la venida del Señor a recoger a la Iglesia y la Segunda Venida a la tierra, obliguen a los traductores de algunas versiones para traducir esta frase con expresiones como *"que os haga suponer que está inminente el Día del Señor"*[1]; *"como que el día del Señor estuviera encima"*[2]. Sin embargo, las versiones que se ajustan al texto griego hacen la traducción como *"si estuviera ya aquí el día del Señor"*[3]. Los falsos maestros no estaban enseñando que el día del Señor estaba a punto de llegar, sino que ya había llegado.

Se ha considerado antes sobre el concepto de *día del Señor*[4], por tanto, es suficiente aquí con una breve síntesis. Este tiempo que durará siete años, espacio correspondiente a la última de las setenta semanas de la profecía de Daniel, recibe en el Antiguo Testamento el calificativo de *día de Jehová* (heb. *Yom Yahwé*). Este tiempo, como se ha dicho antes comienza con el tiempo de la tribulación y sigue con la Segunda Venida y el reino milenial, hasta los cielos nuevos y la tierra nueva. El *día del Señor* aparece tanto en el Antiguo como en el Nuevo Testamento (Is. 2:12; 13:6,9; Ez. 13:5; 30:3; Jl. 1:15; 2:1, 11, 31; 3:14; Am. 5:18, 20; Abd. 15; Sof. 1:7, 14; Zac. 14:1; Mal. 4:5; Hch. 2:20; 1 Ts. 5:2; 2 Ts. 2:2; 2 P. 3:10). Este tiempo incluye el pacto del Anticristo con Israel (Dn. 9:27; Ap. 13:1-10); el funcionamiento del sistema religioso impío (Ap. 13:11-18); los juicios de Dios sobre el mundo (Ap. 6:8-11, 16); la persecución del remanente fiel de Israel (Ap. 12); la guerra del Armagedón y su batalla final (Ez. 38-39; Ap. 16:16; 19:17-21); el regreso del Señor a la tierra (Mt. 24:29, 30); el programa de resurrecciones de los santos del Antiguo Testamento y de la tribulación (Is. 26:19; Ap. 20;4); el juicio de las naciones (Mt. 25:31-46); el juicio de Israel (Ez. 20:33-38); el milenio (Ap. 20:1 ss.); la purificación de la creación la aparición de cielos nuevos y tierra nueva (2 P. 3:10-13; Ap. 21:1).

El problema que causaba inquietud a los creyentes, o por lo menos a algunos de ellos, en Tesalónica era la equivocación doctrinal de que el *día del Señor*, en cuya primera parte está como elemento destacable la *tribulación*, ya había llegado. Supondría también que el Anticristo y su sistema se habría instalado en la tierra.

---

[1] Biblia de Jerusalén.
[2] Sagrada Biblia. Versión oficial de la Conferencia Episcopal Española.
[3] Sagrada Biblia. Cantera-Iglesias.
[4] Ver 1 Ts. 5:2.

La apostasía precedente (2:3a).

3. Nadie os engañe en ninguna manera; porque no vendrá sin que antes venga la apostasía, y se manifieste el hombre de pecado, el hijo de perdición.

Μή τις ὑμᾶς ἐξαπατήσῃ κατὰ μηδένα τρόπον. ὅτι ἐὰν μὴ
No nadie os engañe de ninguna manera; porque si no
ἔλθῃ ἡ ἀποστασία πρῶτον καὶ ἀποκαλυφθῇ ὁ ἄνθρωπος τῆς
viniera la apostasía primero y fuese revelado el hombre -
ἀνομίας[1], ὁ υἱὸς τῆς ἀπωλείας,
de iniquidad, el hijo - de perdición.

Notas y análisis del texto griego.

Ante la incorrecta apreciación doctrinal, especifica: Μή, partícula que hace funciones de adverbio de negación, *no*; τις, caso nominativo masculino singular del pronombre indefinido *nadie*; ὑμᾶς, caso acusativo de la segunda persona plural del pronombre personal declinado *a vosotros, os*; ἐξαπατήσῃ, tercera persona singular del aoristo primero de subjuntivo en voz activa del verbo ἐξαπατάω, *engañar*, aquí *engañe*; κατὰ, preposición propia de genitivo *de*; μηδένα, caso acusativo masculino singular del pronombre indefinido *ninguna, nadie, nada*; τρόπον, caso acusativo masculino singular del nombre común *manera*; ὅτι, conjunción causal *porque*; ἐὰν, conjunciòn afirmativa *si*; μὴ, partícula que hace funciones de adverbio de negación, *no*; ἔλθῃ, tercera persona singular del aoristo segundo de subjuntivo en voz activa del verbo ἔρχομαι, *venir*, *llegar*, aquí *viniera*; ἡ, caso nominativo femenino singular del artículo determinado *la*; ἀποστασία, caso nominativo femenino singular del nombre común *apostasía*; πρῶτον, adverbio de tiempo o adjetivo numeral ordinal *primero*; καὶ, conjunción copulativa *y*; ἀποκαλυφθῇ, tercera persona singular del aoristo primero de subjuntivo en voz pasiva del verbo ἀποκαλύπτω, *revelar*, aquí *fuese revelado*; ὁ, caso nominativo masculino singular del artículo determinado *el*; ἄνθρωπος, caso nominativo masculino singular del nombre común *hombre*; τῆς, caso genitivo femenino singular del artículo determinado *la*; ἀνομίας, caso genitivo femenino singular del nombre común declinado *de iniquidad, de maldad*; ὁ, caso nominativo masculino singular del artículo determinado *el*; υἱὸς, caso nominativo masculino singular del nombre común *hijo*; τῆς, caso genitivo femenino singular del artículo determinado *la*; ἀπωλείας, caso genitivo femenino singular del nombre común declinado *de perdición*.

Crítica Textual. Lecturas alternativas.
[1] ἀνομίας, *de iniquidad*, lectura atestiguada en א, 0278. 6. 81. 104. 326. 365. 1739. 1881. 2464. m. co.

ἁμαρτίας, *de pecados*, según A. D. F. G. K. L. P. Ψ. 630. 1175. 1241. 1505. 𝔐. lat. sir. Ireneo[lat]. Eusebio

Μή τις ὑμᾶς ἐξαπατήσῃ κατὰ μηδένα τρόπον. El apóstol hace una advertencia firme. Los creyentes debían tener sumo cuidado para no ser engañados. No sólo debían evitar los sistemas de engaño indicados antes (v. 2), sino cualquier otro. El engaño venía de la mano de doctrinas diferentes o de la distorsión de las que les habían sido enseñadas. Escribiendo a los efesios les dice que: *"no seamos niños fluctuantes, llevados por doquiera de todo viento de doctrina, por estratagemas de hombres que para engañar emplean con astucia las artimañas de error"* (Ef. 4:14). Quienes no han crecido, no han asimilado y no están bien asentados en la doctrina son semejantes a niños inexpertos, calificativo que les da el escritor de la *Carta a los Hebreos*. Estos son imperfectos e incapaces de distinguir correctamente el valor de las cosas, por tanto, no disciernen aquello que espiritualmente puede hacerles daño. Su debilidad hace que sean llevados por doquiera de todo viento de doctrina, como barcos a la deriva sacudidos por un vendaval. Esa inestabilidad se expresa gráficamente cuando dice que son *"llevados de aquí para allá"*, por los vientos doctrinales y las enseñanzas procedentes y nacidas de los hombres (Col. 2:22). La enseñanza errónea a la que deben estar atentos es un instrumento en manos de aquellos que transmiten *astucia y engaño* en ella. De manera que los creyentes estaban siendo engañados por quienes traían distintas formas de enseñanzas con el propósito de producir engaño en la mente de ellos. Es preciso entender que esta enseñanza es una *artimaña* del error, es decir, un plan debidamente preparado para inducir al error. Lógica forma de actuar de quienes son hijos del demonio, en cuya primera actuación con el hombre indujo al error y les condujo a la caída. Los falsos maestros progresan en medio de *niños espirituales*. Los creyentes inmaduros están siempre entusiasmados con *voces nuevas*, que les comunican generalmente doctrina incorrectamente enseñada, cuando no falsa. Los falsos maestros tienen un plan definido para ello que el apóstol califica como *estratagemas*, es decir, poner trampas con su enseñanza. Estos se sirven de *artimañas* y predican *error*. El apóstol les advierte con toda firmeza que estén vigilantes para no ser engañados.

El hombre de pecado (2:3b-5).

ὅτι ἐὰν μὴ ἔλθῃ ἡ ἀποστασία πρῶτον. Algunos de ellos habían sido inducidos a creer que estaban ya en el *día del Señor*, el tiempo de la *tribulación* que antecederá a la Segunda Venida. Para evitar este mal entendido doctrinal, Pablo va a recordarles lo que ya les había enseñando. Que el *día del Señor*, no vendrá sin que se manifieste ἡ ἀποστασία, *la apostasía*. Es muy interesante notar en el texto que inmediatamente sigue el adverbio de tiempo o el adjetivo numeral ordinal –como se prefiera- *primero*, es decir, que el *día del Señor* no vendrá sin que *primero* se manifieste la *apostasía.* Esta palabra expresa una *salida de*, o la *dejación de algo*. En la antigüedad la *apostasía* se identificó con el gobernante impío de los últimos tiempos, como consideraban Ireneo[5], Crisóstomo[6] y Tertuliano[7]. Con todo muchos de los antiguos identificaban la apostasía como la *obra* del Anticristo, como conjunto de herejías[8], o también la perversión moral en ese tiempo[9]. La gran mayoría de los comentaristas entienden que el término se refiere al abandono y rechazo de la fe.

Como escribe el Dr. Lacueva:

"Al llevar artículo se da a entender que consistirá en algo único, como no se ha dado en el curso de la historia. Un enfriamiento tal de la fe que la gran mayoría de las gentes vivirán no sólo en forma prácticamente atea, sino que atacarán violentamente a toda forma de religión teísta".

Del mismo parecer es también el Dr. Ryrie. Sin embargo, debe hacerse notar la explicación que algunos pocos exégetas dan a la palabra *apostasía*, como *salida* de la Iglesia, esto es, lo que ocurrirá cuando salga del mundo en el arrebatamiento, para encontrarse con el Señor[10]. Sin embargo, respetando profundamente este sentido, exige forzar el texto a esta conclusión, siendo la única vez que una doctrina tan claramente expuesta se oscurece de este modo en el Nuevo Testamento.

Este *salirse de la fe* conducirá a la manifestación del hombre de pecado y su sistema religioso (1 Ti. 4:1-4; 2 Ti. 3:1-5). La *apostasía* se producirá antes del retorno de Cristo a la tierra. Esta es también la opinión del Dr. Pentecost, que hace notar ocho manifestaciones de negación en aquel tiempo, concordando con la *apostasía* espiritual de las gentes del mundo: Habrá una negación de Dios (Lc. 17:26; 2 Ti. 3:4, 5); 2) una negación de Cristo (1 Jn. 2:18; 4:3); de la fe (1 Ti. 4:1, 2; Jud 3); de la doctrina (2 Ti. 4:3, 4); de la vida consagrada (2 Ti. 3:1-7); de la

---

[5] *Adv. Aher.* V. 25.
[6] *In 2 Tes. Homilía.* 3: MG 62.830.
[7] *De resurrectione carnis.* XXIV. ML 2.830.
[8] Cirilo de Jerusalén. *Cateq.* 2: MG 33.
[9] Entre otros: Teodoro De Mopsuestia, Agustín, Tomás, Nicolás, Eutimio, Zigabeno, Pelagio, A Lápide.
[10] Entre otro el Dr. Evis L. Carballosa.

libertad cristiana (1 Ti. 4:3, 4); de la moral (2 Ti. 3:1-8; Jud. 18); y de la autoridad (2 Ti. 3:4).

Un aspecto de la manifestación de la apostasía espiritual podrá afectar parcialmente a la iglesia, por supuesto, antes de la Segunda Venida, como es el ejemplo de la de Laodicea, que mantiene a Cristo al margen ignorándolo y desplazándolo del lugar que debe ocupar en la congregación (Ap. 3:14-22).

καὶ ἀποκαλυφθῇ ὁ ἄνθρωπος τῆς ἀνομίας, ὁ υἱὸς τῆς ἀπωλείας. Otra señal que debe manifestarse antes de la llegada del *Día del Señor*, será la aparición del *hombre de pecado, el hijo de perdición.* Por los detalles del versículo siguiente, no cabe duda que el apóstol se refiere a la presencia del Anticristo (Dn. 7:25; 8:25; 11:36; Ap. 11:7; 13:1-10). El título que le da el apóstol es en muchos manuscritos[11] *hombre de iniquidad*, un hombre que vive sumergido en el pecado y la rebeldía contra Dios, de tal manera que está siempre y actúa continuamente al margen de la ley divina.

Identificar al personaje del que habla el apóstol es importante. Los *preteristas*, opuestos siempre a todo lo que tiene que ver con la aceptación de que la manifestación de este *hombre de pecado, hijo de perdición*, debe ser considerada escatológicamente y vinculada con el tiempo inmediatamente anterior a la Segunda Venida, procuran identificarlo con alguno de los emperadores romanos. El Dr. Hendriksen citando a uno de estos intérpretes escribe:

"Por esta vez no puedo estar de acuerdo con el Dr. B. B. Warfield, recio defensor de la fe, cuyos puntos de vista sobre temas teológicos merecen el mayor respeto. Su opinión era que el hombre de desafuero[12] debe ser identificado con la línea de emperadores romanos tales como Calígula, Nerón, Vespasiano, Tito, y Domiciano (véase su Biblical and Theological Studies, editado por S. C. Craig, Filadelphia, 1952, p. 472)". Pero, como ya se ha hecho ver, todo el contexto aquí en 2 Tesalonicenses 2 es escatológico. Tiene que ver con el fin de la dispensación presente. El hombre de desafuero es quien precede inmediatamente a la segunda venida de Cristo (versículo 3), y será matado por el aliento de la boca de Cristo cuando el Señor regrese

---

[11] Ver Crítica Textual en el análisis del texto griego.

[12] Término que Hendriksen usa para referirse al *hombre de pecado.*

gloriosamente (versículo 8). Este hecho es un obstáculo insuperable en el desarrollo de la teoría del emperador romano"[13].

Deben asentarse algunas evidencias que permitirán hacer la identificación de aquel de quién se refiere Pablo. El tiempo de la apostasía, considerado en el versículo anterior, tendrá enseguida un líder que se llama *hombre de pecado* e *hijo de perdición.* Como quiera que la *apostasía* no será un tiempo de pasividad contra la verdad divina y contra Dios mismo, sino la expresión cada vez más intensa de los hombres contra Él, el *hombre de pecado* que gobernará en el mundo de entonces, será un activo transgresor de la voluntad de Dios y un impío oponente al Señor. Algunos sistemas teológicos alegoristas proponen entender estos dos calificativos no como de un individuo, una persona escatológica, sino como un concepto colectivo. Sin embargo toda la descripción del pasaje tiene, en una correcta exégesis, que entenderse como referente a una persona. Se hace evidente, en una aproximación desprejuiciada, que éste se identifica plenamente con el que el apóstol Juan llama en sus escritos el *Anticristo.* Por pura lógica si Cristo es una Persona, el anticristo que se le opone, tiene que serlo también. Las evidencias del pasaje son poderosas. El *hombre de pecado* se revela –de ahí el término *apocalipsis* en el texto- inmediatamente antes de la venida del Señor. De este han recibido ya enseñanza previa por parte del apóstol Pablo (v. 8). Este *inicuo* aparecerá en el tiempo futuro por la operación de Satanás (v.9). Hay sin duda otras interpretaciones contrarias que más que exegéticas son filosóficas o especulativas.

Cuando se acude a los títulos *hombre de pecado* e *hijo de perdición*, se aprecia que son tomados de los que Daniel da al que estará en el gobierno de las naciones en el final del último tramo de la historia correspondiente a la septuagésima semana que Dios le reveló y que escribió en su profecía. En la profecía se habla de un reino que tendrá diez reyes y de entre ellos surge uno que tendrá el control sobre ellos (Dn. 7:8, 24). Cuando se traslada esto a la escatología del Nuevo Testamento, se aprecia una notoria identificación con la bestia que sube del mar (Ap. 13:1-10; 17:13). En Apocalipsis se presenta como alguien admirable (Ap. 13:3). Ese hombre ejercerá el poder absoluto en el gobierno mundial (Ap. 17:13). Se distingue de los demás reyes en que se le llama el *octavo rey* (Ap. 17:10-11). Cinco reyes y cinco reinos pasaron: Egipto, Asiria, Babilonia, Medo-persa; Greco-macedónico. El actual (en el pasaje de Apocalipsis) era el Imperio Romano. Juan habla de uno que vendrá y que se refiere al Imperio Romano reconstruido. El

---

[13] G. Hendriksen. o.c., pág. 198 s.

octavo rey es, el *hijo de perdición*, Juan lo dice de otro modo *va a la perdición* (Ap. 17:11). La Biblia enseña que aparecerá en escena al final de la historia de Israel (Dn. 8:23) y no se manifestará hasta que comience el *día del Señor*. Su manifestación está impedida hoy *por lo que lo detiene*, es decir, hay un impedimento para que sea posible. La aparición está precedida por la apostasía, por tanto, mientras no venga ésta, no podrá manifestarse aquél. Este hombre será un gentil, ya que sale *del mar*, modo en la profecía para referirse a las naciones (Ap. 13:1; 17:15). Surgirá del Imperio Romano, por cuanto es el gobernante de un pueblo que destruyó Jerusalén (Dn. 9:26). La referencia profética es a un tiempo posterior al de Daniel, por lo que el único imperio que destruyó Jerusalén luego del babilónico, fue el romano. Será la forma final del dominio gentil (Ap. 13:2), cabeza de un poder confederado de naciones (Ap. 13:1; 17:12). Simbólicamente reúne las características de todos los imperios anteriores. Su influencia será mundial sobre las naciones (Ap. 13:8), procedente de una alianza con ellas (Dn. 8:24; Ap. 17:12-13). En su encumbramiento eliminará del reino futuro a tres *reyes*, es decir, a quienes ocupan áreas de liderazgo en él (Dn. 7:8, 24), en donde se aprecia un reino con diez reyes. El asentamiento de este *hombre de pecado* será por medio de un programa de paz (Dn. 8:25). Será un hombre brillante, inteligente y persuasivo (Dn. 7:20; 8:23). Sutil y astuto (Dn. 8:25a). Cambiará con su autoritarismo, leyes y costumbres (Dn. 7:25). Este personaje establecerá un pacto con el Israel apóstata, que romperá a la mitad de la última semana, es decir, a los tres años y medio después de haberse establecido (Dn. 9:27b). Esta rotura abre el tiempo profético para el inicio de la última semana. Su interés principal estará en el poder y en la fuerza (Dn. 11:37-39). Su poder personal proviene de Satanás (Ap. 13:4). Recibirá la autoridad del diablo y será controlado por el orgullo ciego de él (Dn. 8:25). Gobernará durante siete años, pero su actividad más perversa y diabólica tendrá lugar en la segunda mitad de ese tiempo (Dn. 7:25, 9.27; Ap. 13:5). Además de los dos títulos que le da el apóstol en este capítulo: *hombre de pecado, hijo de perdición*, en la Palabra aparecen otros: Anticristo (1 Jn. 2:18; 4:3; 2 Jn. 7); devastador (Is. 16:4); cuerno pequeño (Dn. 7:8); príncipe que ha de venir (Dn. 9:26); hombre despreciable (Dn. 11:21); rey voluntarioso (Dn. 11:36); pastor inicuo (Zac. 11:16); la primera bestia (Ap. 13:1; 17:7)

El apóstol le califica de *hombre inicuo, hombre de pecado*, y también de *hijo de perdición*. Este último título es un hebraísmo que hace referencia al destino final que le espera, abocado a la perdición. Un calificativo idéntico se da también a Judas (Jn. 17:12), para que, como dice el apóstol Pedro, *cayó para irse a su lugar* (Hch. 1:25).

4. El cual se opone y se levanta contra todo lo que se llama Dios o es objeto de culto; tanto que se sienta en el templo de Dios como Dios, haciéndose pasar por Dios.

ὁ ἀντικείμενος καὶ ὑπεραιρόμενος ἐπὶ πάντα λεγόμενον Θεὸν
El que se opone y se levanta contra todo que se llama Dios
ἢ σέβασμα, ὥστε αὐτὸν εἰς τὸν ναὸν τοῦ Θεοῦ
u objeto de culto, de modo que él en el santuario - de Dios
καθίσαι[1] ἀποδεικνύντα ἑαυτὸν ὅτι ἔστιν Θεός.
se sienta acreditando a sí mismo que es Dios.

Notas y análisis del texto griego.

Añadiendo algún aspecto más, escribe: ὁ, caso nominativo masculino singular del artículo determinado *el*; ἀντικείμενος, caso noinativo masculino singular del participio de presente en voz media del verbo ἀντίκειμαι, *oponerse, ser enemigo*, aquí *que se opone*; καὶ, conjunción copulativa *y*; ὑπεραιρόμενος, caso nominativo masculino singular del participio de presente en voz media del verbo ὑπεραίρομαι, *llenarse de orgullo, levantarse sobre, enaltecerse*, aquí *que se enaltece*; ἐπὶ, preposición propia de acusativo *sobre*; πάντα, caso acusativo masculino singular del adjetivo indefinido *todo*; λεγόμενον, caso acusativo masculino singular del participio de presente en voz pasiva del verbo λέγω, *hablar, decir, llamar*, aquí *que se llama*; Θεὸν, caso acusativo masculino singular del nombre divino *Dios*; ἢ, conjunción disyuntiva *u*; σέβασμα, caso acusativo neutro singular del nombre común *objeto de culto*; ὥστε, conjunción *de modo que*; αὐτὸν, caso acusativo masculino de la tercera persona singular del pronombre personal *él*; εἰς, preposición propia de acusativo *en*; τὸν, caso acusativo neutro singular del artículo determinado *el*; ναὸν, caso acusativo neutro singular del nombre común *santuario*; τοῦ, caso genitivo masculino singular del artículo determinado *el*; Θεοῦ, caso genitivo masculino singular del nombre divino declinado *de Dios*; καθίσαι, aoristo primero de infinitivo en voz activa el verbo καθίζω, *sentarse*, aquí *se sienta*; ἀποδεικνύντα, caso acusativo masculino singular del participio de presente en voz activa del verbo ἀποδείκνυμι, *probar, acreditar, colocar, proclamar*, aquí *acreditando*; ἑαυτὸν, caso acusativo masculino singular del pronombre reflexivo *a sí mismo, a él mismo*; ὅτι, conjunción *que*; ἔστιν, tercera persona singular del presente de indicativo en voz activa del verbo εἰμί, *ser*, aquí *es*; Θεός, caso nominativo masculino singular del nombre divino *Dios*.

Crítica Textual. Lecturas alternativas.

[1] καθίσαι, *se sienta*, lectura atestiguada en ℵ, A. B. D*. P. Ψ. 6. 33. 81. 104. 256. 263. 323. 365. 436. 459. 629. 1505. 1573. 1739. 1881. 1912. 1962. 2127. 2464. *l* 596. *l* 1441. it[ar, b, d, f, mon, o]. vg. Cop[sa, bo]. arm. eti. geo. esl[ms]. Ireneo. Marcion[según Tertuliano]. Hipólito. Orígenes[gr, lat]. Eusebio. Basilio de Aneyra. Cirilo de Jerusalén. Cirilo[1/2]. Tertuliano. Ps-Cipriano. Ambrosiaster. Ticonio. Ambrosio. Jerónimo, Rufino. Pelagio. Agustin. Quodvultdeus.

ὡς Θεόν καθίσαι, *como Dios se sienta*, según lectura en D[2]. G[c]. K. L. 075. 0150. 0278. 424. 630. 1175. 1241. 1852. 2200. *Lect.* it[g/c]. sir[p, h. wit*]. 𝔐. Ireneo. Crisóstomo. Cirilo[1/2]. Juan Damasceno.

ἵνα Θεὸν καθίσαι, *que Dios se sienta*, lectura en F, it[g*].

ὁ ἀντικείμενος καὶ ὑπεραιρόμενος ἐπὶ πάντα λεγόμενον Θεὸν ἢ σέβασμα. El Anticristo se caracterizará también por su abierta oposición a Dios. Pablo dice que *se opone y se levanta contra todo lo que se llama Dios o es objeto de culto.* El participio de presente ἀντικείμενος, *que se opone*, indica una actitud constante, sustantivándolo significaría que es el *opositor*, traducido en alguna ocasión como *adversario* (1 Ti. 5:14), de modo que será el gobernador puesto por quien es el *adversario* pleno que es Satanás. El segundo participio también de presente ὑπεραιρόμενος, expresa el carácter arrogante a que el Anticristo llegará, elevándose sobre todo, incluyendo la tentativa de ser *más alto* que Dios.

La oposición y el engreimiento, dice el apóstol que es contra todo lo que lleva el nombre de Dios o es objeto de culto. Sin duda el gran desafío del Anticristo será contra el Dios bendito y contra su Hijo, pero el texto griego permite interpretar que se levantará contra todo lo que tiene que ver con deidad y religión. Sin embargo, puesto que las religiones idolátricas de los hombres son promovidas por los demonios ocultos tras los ídolos (1 Co. 10:20), y como si Satanás se levantase contra los demonios se levantaría contra su reino, debe entenderse que es un acto de rebeldía directamente contra el verdadero Dios. La acción diabólica alcanza a *todo* lo que tiene que ver con Dios y su culto. El adjetivo πάντα, *todo* se refiere a la manifestación de la extensión divina, esto es, contra Dios y todo cuanto se relacione con Él. En cierta medida contra cuanto suponga un ser superior a él mismo. Esto lo identifica plenamente con el Anticristo de la profecía de Daniel, en donde el profeta escribe de él: *"Y hablará palabras contra el Altísimo, y a los santos del Altísimo quebrantará, y pensará en cambiar los tiempos y la ley; y serán entregados en su mano hasta tiempo, y tiempos, y medio tiempo"* (Dn. 7:25). Es importante apreciar que se habla de tres años y medio, por tanto se está refiriendo a la actuación que el Anticristo manifestará contra Dios en la segunda mitad de la última semana de la profecía de Daniel. La religión sincretista servirá al propósito del Anticristo en la primera mitad de la semana donde en la figura profética está *sobre la bestia* llena de nombres blasfemos (Ap. 17:1-7). Ese sistema religioso será destruido por el Anticristo a la mitad de la última semana, cuando estorba a los planes y propósito del *hombre de pecado, el hijo de perdición* (Ap. 17:16).

ὥστε αὐτὸν εἰς τὸν ναὸν τοῦ θεοῦ καθίσαι ἀποδεικνύντα ἑαυτὸν ὅτι ἔστιν Θεός. Una segunda manifestación de tremendo pecado se presenta en la segunda mitad del versículo, donde el apóstol enseña que se acreditará a sí mismo como Dios, sentándose en el santuario de Dios, haciéndose pasar por Dios. Daniel habla de la una abominable idolatría, presentando el panorama de las dos partes de la última semana que Dios le reveló para el cómputo del tiempo relativo al pueblo del profetas (Dn. 9:27). El Anticristo establecerá un pacto con Israel en la primera parte de la última semana, que romperá en la mitad de ella. Ese engreimiento del que Pablo habla a los tesalonicenses también está profetizado pormenorizadamente en la profecía de Daniel (Dn. 11:36-37). El apóstol enseña que en el colmo de su arrogancia y pecaminosidad contra Dios, se sentará en el lugar que corresponde a Dios en Su santuario. Quiere decir esto que un santuario estará levantado en la tierra como lugar de culto al Dios verdadero. Nótese que no se trata de una imagen asentada en el santuario, sino de una persona. En el lugar destinado a la adoración a Dios se sentará el Anticristo para ser adorado, proclamándose blasfemamente como Dios, como el texto griego indica, *exhibiéndose a sí mismo como Dios*.

5. ¿No os acordáis que cuando yo estaba todavía con vosotros, os decía esto?

Οὐ	μνημονεύετε	ὅτι	ἔτι	ὢν	πρὸς	ὑμᾶς	ταῦτα	ἔλεγον	ὑμῖν
¿No	recordáis	que	aún	estando	con	vosotros	estas cosas	decía	os?

Notas y análisis del texto griego.

Pablo llama al recuerdo con esta pregunta: Οὐ, adverbio de negación *no*; μνημονεύετε, segunda persona plural del presente de indicativo en voz activa del verbo μνημονεύω, *recordar, acordarse, hacer memoria*, aquí *recordáis*; ὅτι, conjunción *que*; ἔτι, adverbio de tiempo *aún, todavía*; ὢν, caso nominativo masculino singular del participio de presente en voz activa del verbo εἰμί, *ser, estar*, aquí *estando*; πρὸς, preposición propia de acusativo *con*; ὑμᾶς, caso acusativo de la segunda persona plural del pronombre personal *vosotros*; ταῦτα, caso acusativo neutro plural del pronombre demostrativo *estos*, en sentido de *estas cosas*; ἔλεγον, primera persona singular del imperfecto de indicativo en voz activa del verbo λέγω, *hablar, decir*, aquí *decía*; ὑμῖν, caso dativo de la segunda persona plural del pronombre personal declinado *a vosotros, os*.

Οὐ μνημονεύετε ὅτι ἔτι ὢν πρὸς ὑμᾶς ταῦτα ἔλεγον ὑμῖν. Los tesalonicenses estaban olvidándose de algunas de las enseñanzas que habían recibido. De ahí la advertencia de recordar, con la pregunta reflexiva que formula y que requiere una respuesta afirmativa por parte del lector. Lo que acaba de decir en los versículos precedentes no es una novedad de este lugar, sino una síntesis de la enseñanza que había dado en Tesalónica. Pablo solía enseñarles estas cosas. La doctrina sobre la venida del Señor es fundamental y, por tanto, estaba en la enseñanza del apóstol como era norma de los cristianos (Hch. 2:42a). El desconocimiento o descuido de la doctrina sobre los acontecimientos futuros trae tristeza (1 Ts. 4:13), e inquietud (2:2).

El control divino (2:6-9).

6. Y ahora vosotros sabéis lo que lo detiene, a fin de que a su debido tiempo se manifieste.

καὶ νῦν τὸ κατέχον οἴδατε εἰς τὸ ἀποκαλυφθῆναι αὐτὸν ἐν τῷ
Y ahora lo que detiene sabéis, para - ser revelado él en el
ἑαυτοῦ καιρῷ.
de él tiempo.

Notas y análisis del texto griego.

Puntualizado otro aspecto de la enseñanza, dice: καὶ, conjunción copulativa *y*; νῦν, adverbio de tiempo *ahora*; τὸ, caso acusativo neutro singular del artículo determinado *lo*; κατέχον, caso acusativo neutro singular del participio de presente en voz activa del verbo κατέχω, *retener, conservar, detener*, aquí *que detiene*; οἴδατε, segunda persona plural del perfecto de indicativo en voz activa del verbo οἶδα, *saber, conocer*, aquí *sabéis, habéis sabido*; εἰς, preposición propia de acusativo *para*; τὸ, caso acusativo neutro singular del artículo determinado *lo*; ἀποκαλυφθῆναι, aoristo primero de infintivo en voz pasiva del verbo ἀποκαλύπτω, *revelar*, aquí *ser revelado*; αὐτὸν, caso acusativo masculino de la tercera persona singular del pronombre personal *él*; ἐν, preposición propia de dativo *en*; τῷ, caso dativo masculino singular del artículo determinado *el*; ἑαυτοῦ, caso genitivo masculino de la tercera persona singular del pronombre reflexivo declinado *de él mismo*; καιρῷ, caso dativo masculino singular del nombre común *tiempo*.

καὶ νῦν τὸ κατέχον οἴδατε. El programa satánico tiene como propósito colocar un hombre en el trono de Dios y hacerlo pasar por Dios. Esto no es algo nuevo, sino un propósito diabólico que está en el pensamiento e intención del maligno desde la caída del hombre en Edén. En relación con la escatología, este proyecto se expresa con claridad en los escritos del Nuevo Testamento, recordando ese programa de maldad. Ese propósito está siendo detenido de modo que no puede ejecutarlo como sería su intención. Tal revelación era conocida por los tesalonicenses como se aprecia por el verbo *sabéis*. Los creyentes sabían que era lo que estaba deteniendo la ejecución del propósito satánico.

El artículo determinado neutro *lo* que detiene hace necesario comprender que tiene que ser un poder mayor que el que dispone Satanás para llevar a cabo su propósito. No queda otro recurso idiomático que admitir el sentido temporal de la cláusula, de modo que puede construirse de dos maneras: Vosotros *sabéis ahora*, o también, vosotros sabéis el impedimento que *retiene ahora*. Pablo estaba diciéndoles que sabían bien por qué causa no se podía llevar a cabo el propósito de Satanás en relación con el *hombre de pecado*, en el *tiempo actual*, *ahora*. Se discute si el *conocéis ahora*, es un presente ingresivo, de modo que Pablo les estaría diciendo *vosotros conocéis ahora* lo que impide para que se lleve a cabo el propósito de Satanás, sin embargo, es mejor construir la oración como algo general, lo que supondría que les estaba recordando lo que ya conocían antes en cuanto a lo que impedía llevarlo a cabo. El impedimento con artículo y en participio neutro, tiene que considerarse como complemento del verbo *sabéis*. De otro modo, sabéis que existe un impedimento.

εἰς τὸ ἀποκαλυφθῆναι αὐτὸν. Es claro que el impedimento no permite que *él sea revelado*. Ese impedimento no deja que ahora, en el tiempo de los tesalonicenses y, por extensión, hasta el tiempo actual, se manifieste. El sujeto del verbo *manifestarse* no puede ser otro que el *inicuo, el hombre de pecado, el hijo de perdición* (vv. 3, 4, 8). Por tanto el impedimento actúa ahora con el fin de impedir que se manifieste, que se revele. Es decir, si no existiera el impedimento podía revelarse ahora.

ἐν τῷ ἑαυτοῦ καιρῷ. Esa actividad poderosa que no permite que se *revele* el *impío* no puede ser más que un poder superior procedente de Dios. El propósito diabólico está detenido y los creyentes en Tesalónica sabían que era lo que lo impedía. La razón de ese impedimento tiene que ver con el *tiempo de Dios*, esto es, el tiempo que Dios tiene dispuesto en Su soberanía para que se manifieste el *hombre de pecado*. No será cuando las fuerzas de maldad o los hombres lo deseen sino cuando Dios lo autorice. Él tiene establecido y determinado el tiempo, referencia que sólo Él conoce, puesto que ese tiempo ocurrirá siete años antes de la Segunda Venida, que sólo el Padre conoce (Mr. 13:32). En todo el ámbito de la enseñanza se manifiesta claramente la soberanía de Dios. Nada escapa de Su control, nada se produce sin Su consentimiento. Hombres, ángeles y demonios, no pueden hacer lo que desean si esto se opone o entra en conflicto con el programa de Dios. Esta manifestación de iniquidad no ocurrirá hasta que se cumpla el tiempo que Dios tiene en Su conocimiento. De la misma manera que la primera venida del Mesías tuvo lugar cuando llegó el cumplimiento del tiempo (Gá. 4:4), así también Su Segunda Venida, ocurrirá cuando se alcance el tiempo establecido para ella.

7. Porque ya está en acción el misterio de la iniquidad; sólo que hay quien al presente lo detiene, hasta que él su vez sea quitado de en medio.

τὸ γὰρ	μυστήριον	ἤδη	ἐνεργεῖται	τῆς	ἀνομίας·	μόνον	ὁ
Porque el	misterio	ya	actúa	de la	iniquidad;	sólo	el

κατέχων	ἄρτι	ἕως	ἐκ	μέσου	γένηται.
que detiene	ahora	hasta que	de	en medio	sea quitado.

Notas y análisis del texto griego.

Ampliando la enseñanza, escribe: τὸ, caso nominativo neutro singular del artículo determinado *el*; γὰρ, conjunción causal *porque*; μυστήριον, caso nominativo neutro singular del nombre común *misterio*; ἤδη, adverbio de tiempo *ya*; ἐνεργεῖται, tercera persona singular del presente de indicativo en voz media del verbo ἐνεργέω, *obrar, actuar, ejercer actividad,* aquí *actúa*; τῆς, caso genitivo femenino singular del artículo determinado declinado *de la*; ἀνομίας, caso genitivo femenino singular del nombre común *iniquidad*; μόνον, adverbio de modo *solamente*; ὁ, caso nominativo masculino singular del artículo determinado *el*; κατέχων, caso nominativo masculino singular del participio de presente en voz activa del verbo κατέχω, *retener, conservar, mantener, detener*, aquí *que detiente*; ἄρτι, adverbio de tiempo *ahora*; ἕως, conjunción *hasta que*; ἐκ, preposición propia de genitivo *de*; μέσου, caso genitivo neutro singular del adjetivo *en medio*; γένηται, tercera persona singular del aoristo segundo de subjuntivo en voz media del verbo γίνομαι, *hacerse, ser hecho, suceder, venir,* aquí *se haga.*

τὸ γὰρ μυστήριον ἤδη ἐνεργεῖται τῆς ἀνομίας· En el tiempo presente el *misterio*, esto es, el *poder secreto*, el poder que no se ve con los ojos físicos, está actuando. No cabe duda que este poder es el los demonios que buscan cumplir el propósito de Satanás. Son seres espirituales, por tanto, no los vemos con nuestros ojos, y su presencia está en las regiones aéreas, donde la Biblia sitúa a las *huestes espirituales de maldad* (Ef. 6:12). La actuación contra Dios no es algo novedoso que tiene que ver con el futuro, sino que en los días del apóstol se estaba manifestando. En cada tiempo esta manifestación de la iniquidad se lleva a cabo en distintas formas. Cuando se escribía la

Epístola, el misterio de iniquidad actuaba contra el plan divino en la evangelización del mundo, oponiéndose a los trabajos de extensión del mensaje, con la rudeza de las persecuciones e incluso de la muerte de cristianos. El apóstol Juan dice la misma verdad expresada de otro modo, cuando, refiriéndose al *espíritu del anticristo*, cuando dice: *"Y todo espíritu que no confiesa que Jesucristo ha venido en carne, no es de Dios; y este es el espíritu del anticristo, el cual vosotros habéis oído que viene, y que ahora ya está en el mundo"* (1 Jn. 4:3). Anteriormente dice que estamos en los *tiempos postreros* y los creyentes sabían que el anticristo venía, pero mientras el anticristo, *hombre de pecado*, aparecerá, muchos *anticristos* han surgido (1 Jn. 2:18). En su esencia y propósito el programa diabólico está funcionando, aun cuando limitado en su manifestación. El *misterio de iniquidad que está actuando*, se hace realidad en los malos que orientados y dirigidos por las huestes de maldad, se oponen al programa divino. Los dirigentes religiosos del judaísmo, tan apegados a las tradiciones y formas de cumplimiento legal, se oponían a Cristo intensamente y Él los relacionaba con Satanás llamándoles hijos del diablo (Jn. 8:41-44).

μόνον ὁ κατέχων ἄρτι. El impedimento para que el *misterio de iniquidad* se manifieste en toda la dimensión, colocando al anticristo en el lugar de adoración que corresponde a Dios, presentándole como Dios, está actuando también ahora. De otro modo, si no existiera el *impedimento*, tendría lugar la *revelación* del impío. Surge, indudablemente la pregunta, *¿Qué detiene la ejecución del misterio de iniquidad?* Antes se dijo que sólo puede ser un poder superior al poder de las huestes de maldad y que tan sólo Dios podía actuar en ese sentido. Sin embargo, en el versículo se aprecia no tanto una fuerza que actúa deteniéndolo, sino una Persona. Pablo utiliza el artículo masculino y no el neutro, no dice *lo,* sino *el que al presente lo detiene*. Debe tenerse en cuenta que los tesalonicenses tenían el problema de pensar, inducidos por alguien o por algunos, que estaban viviendo ya en el *día del Señor*. Pablo les recordó que no era posible tal cosa porque ese tiempo no llegaría hasta que el *hombre de pecado* se manifestara. Esa manifestación estaba siendo impedida por la obra poderosa de *el que lo detiene*. Determinar quien restringe ha generado diversas proposiciones: Algunos sostienen que se trataba del *emperador romano* del tiempo en que Pablo vivía y luego el resto de ellos que impedía la manifestación de otro gobernante en la tierra. Otra proposición es que se trata de los *gobiernos y leyes humanas*. El Dr. Pentecost traslada la respuesta del Dr. Walwoord a esta proposición:

"El gobierno humano, sin embargo, continuará durante el período de la tribulación en el cual se manifiesta el hombre de pecado. Aunque todas las fuerzas de la ley y el orden tienden a impedir el pecado, ése no es su carácter propio, sino que hacen eso en la medida en que Dios las use y capacite para alcanzar este fin. Parecería una interpretación preferible la de ver todo impedimento al pecado, sin tener en cuenta los medios, como procedente de Dios y como un ministerio del Espíritu Santo. Como escribe Thiessen: '¿Pero quién es el que impide? Denney, Findlay, Alford, Moffatt, sostienen que esto se refiere a la ley y al orden, especialmente como estaban incorporados en el imperio romano. Pero, aunque los gobiernos humanos pueden ser agentes en la obra del Espíritu para impedir, nosotros creemos que la Iglesia influye en ellos a la vez. Y también, detrás del gobierno humano está Dios que lo instituyó (Gn. 9:5-6; Ro. 13:1-7) y lo dirige (Sal. 75:5-7). Así que es Dios por su Espíritu el que impide el desarrollo de la iniquidad'"[14].

Otra propuesta en relación con determinar *quien impide*, sitúa a la Iglesia. No cabe duda que los cristianos son comparados con la sal, que en cierto modo, evita la corrupción, y también con la luz que actúa disipando las tinieblas. Más bien debiera considerarse que la Iglesia es un medio por el cual se hace sensible el impedimento, pero lo que es instrumento no puede ser agente que ejecuta la acción. A lo largo de la historia la Iglesia no ha sido siempre sal y luz, es más, muchas veces ha sido culpable de acciones contrarias totalmente al propósito divino. No cabe duda que tanto el gobierno humano, como la Iglesia, son instrumentos en manos de Dios para impedir que las acciones del maligno sobre los hombres se manifiesten en toda la humanidad, pero realmente quien impide que la corrupción se muestre en plenitud en el mundo no son los creyentes, sino el Espíritu Santo que mora en ellos.

Dejando otras propuestas, la mayor concordancia bíblica exige considerar que quien impide es el Espíritu Santo, puesto que cualquier proposición no completa las exigencias necesarias para ser considerada como firme. Para mantener a Satanás refrenado de modo que no pueda ejercer su propósito, siendo éste un espíritu, no puede ser menos que el Espíritu infinito el que pueda hacer esa operación. Quien puede sujetar a las fuerzas de maldad y, especialmente al jefe de ellas, Satanás, sólo puede ser una Persona Divina, ya que ha de ser más poderoso que el diablo. Además, debe notarse que el apóstol habla de un *misterio de iniquidad que está presente* en sus días y que sigue a lo largo de los

[14] D. Pentecost. *Eventos del Porvernir*. Pág. 202.

siglos hasta alcanzar el tiempo que Dios ha determinado para que el programa satánico se realice, quiere decir que sólo una Persona Eterna, puede estar presente en todo el tiempo de la historia humana realizando la labor de impedir. También la Persona que realiza esta limitación tiene que ser *omnipresente*, puesto que ha de hacerlo en todo lugar donde el diablo pudiera llevar a cabo su plan.

ἕως ἐκ μέσου γένηται. Quien impide, que sin duda es el Espíritu Santo, dejará de hacerlo cuando el tiempo determinado por Dios para que el *hombre de pecado* se revele haya llegado. Sin embargo la frase referida a esto es un tanto difícil: *"Hasta que él a su vez sea quitado de en medio"*. La traducción es muy limitada, puesto que no quiere decir que quien impide sea quitado, sino más bien que se apartará de en medio. No es tanto la retirada de quien impide, sino el cese de la acción que impide. En ese sentido escribe el profesor Leal:

"Sea quitado de en medio: no tiene sentido peyorativo ni supone muerte, derrota o eliminación real o personal del impedimento. Baste el cese de su actividad contra le misterio de la iniquidad"[15].

¿Qué implica, pues, ser quitado lo que impide? El Espíritu Santo tiene actividades o ministerios en el tiempo presente. Uno de ellos es el bautismo, necesario para la formación de un cuerpo en Cristo (1 Co. 12:12, 13). Otro es el de *morada*, esto es, el Espíritu está residente en todo aquel que ha creído en Cristo (1 Co. 6:19, 20). También *sella* a cada creyente como propiedad divina (Ef. 1:13; 4:30), garantizando la seguridad y la esperanza de gloria. El Espíritu se manifiesta en *plenitud*, necesaria para la vida victoriosa del creyente, la conducción, el testimonio y el servicio cristiano (Ef. 5:18). Estas actividades *cesarán* al ser *arrebatada* la Iglesia, por ser específicas para esta dispensación. El hecho de que cesen no significa que el Espíritu Santo *sea quitado* o *retirado*, simplemente no tendrán lugar ya. Cuando el apóstol dice que en relación con el impedimento *sea quitado de en medio*, significa que el Espíritu Santo se retirará o se hará a un lado para dejar libre el camino que ahora tiene cerrado a fin de que Satanás lleve a cabo su propósito impío. La idea de que el Espíritu Santo no estará presente en el mundo luego del traslado de la Iglesia es un error contrario a la enseñanza de la Palabra. En primer lugar no existe nada en todo el universo donde no se manifieste la omnipresencia de Dios. En segundo lugar la sustentación y renovación de la vida biológica del planeta Tierra, está en manos del Espíritu Santo (Sal. 104:29). En tercer lugar,

---

[15] J. Leal. o.c., pág. 941.

la Biblia enseña una gran salvación de personas durante el tiempo de la *tribulación*, siendo para ello necesaria la actividad soteriológica del Espíritu Santo. Simplemente el apóstol enseña que llegado el tiempo marcado por Dios, el Espíritu que actúa hoy impidiendo el programa diabólico, se hará a un lado y permitirá que se ejecute conforme al propósito impío que lo anima.

8. Y entonces se manifestará aquel inicuo, a quien el Señor matará con el espíritu de su boca, y destruirá con el resplandor de su venida.

καὶ τότε ἀποκαλυφθήσεται ὁ ἄνομος, ὃν ὁ Κύριος
Y entonces será revelado el inicuo, a quien el Señor
[᾽Ιησοῦς][1] ἀνελεῖ[2] τῷ πνεύματι τοῦ στόματος αὐτοῦ καὶ
Jesús aniquilará con el espíritu de la boca de Él y
καταργήσει τῇ ἐπιφανείᾳ τῆς παρουσίας αὐτοῦ,
reducirá a impotencia con la aparición de la presencia de Él.

Notas y análisis del texto griego.

Siguiendo la misma enseñanza, añade: καὶ, conjunción copulativa *y*; τότε, adverbio de tiempo *entonces*; ἀποκαλυφθήσεται, tercera persona singular del futuro de indicativo en voz pasiva del verbo ἀποκαλύπτω, *revelarse, manifestarse*, aquí *será revelado*; ὁ, caso nominativo masculino singular del artículo determinado *el*; ἄνομος, caso nominativo masculino singular del nombre común *inicuo*; ὃν, caso acusativo masculino singular del pronombre relativo declinado *a quien*; ὁ, caso nominativo masculino singular del artículo determinado *el*; Κύριος, caso nominativo masculino singular del nombre divino *Señor*; ᾽Ιησοῦς, caso nominativo masculino singular del nombre propio *Jesús*; ἀνελεῖ, tercera pesona singular del futuro de indicativo en voz activa del verbo ἀναιρέω, *matar, ajusticiar, aniquilar, dejar sin valor*, aquí *aniquilará*; τῷ, caso dativo neutro singular del artículo determinado declinado *con el*; πνεύματι, caso dativo neutro singular del nombre común *espíritu*; τοῦ, caso genitivo neutro singular del artículo determinado declinado *del*; στόματος, caso genitivo neutro singular del nombre común *boca*; αὐτοῦ, caso genitivo masculino de la tercera persona singular del pronombre personal declinado *de él*; καὶ, conjunción copulativa *y*; καταργήσει, tercera persona singular del futuro de indicativo en voz activa del verbo καταργέω, *invalidar, dejar sin valor, dejar a un lado, reducir a impotencia*, aquí *reducirá a impotencia*; τῇ, caso dativo femenino singular del artículo determinado declinado *con la*; ἐπιφανείᾳ, caso dativo femenino singular del nombre común *aparición, manifestación*; τῆς, caso genitio femenino singular del artículo determinado declinado *de la*; παρουσίας, caso genitivo femenino singular del nombre común *venida*; αὐτοῦ, caso genitivo masculino de la tercera presona singular del pronombre personal declinado *de Él*.

Crítica Textual. Lecturas alternativas.

[1] Ἰησοῦς, *Jesús*, lectura atestiguada en ℵ. A. D*. F. G. L^{c}. P. Ψ. 075. 0278. 0150. 33. 81. 104. 256. 365. 436. 459. 1241. 1573. 1912.1962. 2127. 2464. *l* 1298. l 1365. *l* 1441. It$^{b, d, f, g, mon, o}$. vg. sir$^{p, h}$. cop$^{sa.bo}$. eti. esl. Ireneo^{lat}. Hipólito. Orígenes$^{gr/3/4}$. Atanasio. Constituciones Apostólicas. Cirilo de Jerusalén. Dídimo. Crisóstomo, Teodoro^{lat}. Teodoreto$^{1/2}$. Tertuliano. Ps-Cripriano. Hilario, Ambrosiaster. Ambrosio. Niceta. Rufino. Pelagio. Agustín. Quodvultdeos.

Se suprime en, B. D^{2vid}. K. L*. 6. 263. 424. 630. 1175. 1319. 1505. 1739. 1852. 1881. 2200. 𝔐. cop$^{bo/ms}$. geo. Ireneo^{gr}. Josippus. Constituciones Apostólicas^{ms}. Macario/Simeón. Teodoreto$^{1/2}$. Victorino de Pettau. Ticonio. Varimadum.

[2] ἀνελεῖ, lectura atestiguada en ℵ. A. B. P. 0278. 81. 104. 365. 2464 latt. Ireneo.

ἀναλώσει, lectura en D. K. L. Ψ. 630. 1175. 1241. 1505. 1881. 𝔐. co.

καὶ τότε ἀποκαλυφθήσεται ὁ ἄνομος, Una vez que el Espíritu se haga a un lado, entonces sin el impedimento que detiene hoy la acción satánica, se manifestará el inicuo. Dos momentos se destacan en el pasaje y que están en contraposición: el *ahora* (v. 6), que habla del impedimento que detiene la manifestación, y el *entonces*, que abre el tiempo para que lo haga. No pudo manifestarse antes, lo hará entonces. Pablo habla de una *revelación* (ἀποκαλυφθήσεται) del inicuo; el velo que impedía hacerlo visible se descorre y aparece ante el mundo. Se manifestará por el poder de Satanás (Ap. 13:1, 2). La utilización del artículo determinado delimita al único de esa condición. Muchos inicuos se manifestaron en la historia pero sólo uno lo hará en el tiempo que Dios haya determinado para que pueda hacerlo. La descripción de su actuación se hace en lo que sigue (vv. 9-12). Este revelarse a sí mismo supone el triunfo de quien aparece, que será breve, por la acción directa del Señor contra él.

ὃν ὁ Κύριος Ἰησοῦς ἀνελεῖ. Pero, a la revelación y al breve tiempo de victoria, sucede el final del inicuo bajo la acción omnipotente del *Señor Jesús*. El texto afirma que *lo matará* (ἀνελεῖ). El verbo usado tiene varias acepciones como *matar, eliminar, retirar*, pero también *reducir a impotencia*, más que *hacer morir*, también se traduce como *le recogió* (Hch. 7:21), es decir, será reducido a impotencia y recogido para ser lanzado al lugar de perdición que le corresponde (Ap. 19:20). El significado tiene que ver también con que será castigado con muerte eterna. No será aniquilado en el sentido de algo que desaparece y deja de existir, sino que, reducido a impotencia será apresado por el Señor para enviarlo al lago de fuego. La acción escatológica de Dios actuará sobre las dos personas inicuas que estarán actuando entonces, el anticristo y el falso profeta. Ambos se manifestarán unidos en la acción impía de luchar contra Dios y ambos recibirán idéntico trato, como corresponde.

τῷ πνεύματι τοῦ στόματος αὐτοῦ καὶ καταργήσει τῇ ἐπιφανείᾳ. El modo de actuación divina contra el anticristo, será *"con el espíritu de su boca y el resplandor de su venida"*. El *espíritu de su boca*, es una expresión para referirse al modo de actuación del juicio de Dios (Job. 4:9; Is. 11:4; Os. 6:5; Ap. 2:16; 19:15, 20, 21). El apóstol Juan dice que de la boca del Señor sale una espada aguda y Él pisará el lagar de la ira del Dios todopoderoso. Es la expresión del poder y de la justicia divina. Es, pues, una visión de una acción definitiva del carácter judicial de Dios. El Señor actuará con la omnipotencia de Su poder contra las fuerzas levantadas por el anticristo contra Dios, pero la actuación que destruirá sus enemigos apresará también al anticristo. Esa acción será rápida y fulminante, de manera que no podrá escapar a ella. Esto estaba ya profetizado: *"juzgará con justicia a los pobres, y argüirá con equidad por los mansos de la tierra; y herirá la tierra con la vara de su boca, y con el espíritu de sus labios matará al impío"* (Is. 11:4). La acción del espíritu de Su boca, es manifestación de la omnipotencia divina del Señor. En la creación las cosas que no existían vinieron a la existencia por la palabra de Su boca, quien simplemente habló y fue hecho. Esta creación fue posible por la palabra viviente que es Cristo (Jn. 1:3; He. 1:2). El juicio sobre los ejércitos agrupados, producto del sistema del anticristo, y contra él mismo, se llevará a cabo por la acción de la omnipotencia divina del Señor Jesucristo, presentada aquí en el simbolismo del *espíritu de su boca.*

La expresión *el resplandor de su venida*, complementa el detalle de omnipotencia divina que se aprecia en el versículo e indica la manifestación de la gloria del Señor. Esa impronta divina rodeó a Saulo en el camino a Damasco y lo derribó a tierra (Hch. 9:3, 4). Es la gloria propia del entronizado Señor, que se manifiesta desde el cielo de donde viene. No habrá por tanto un conflicto de fuerzas en el que finalmente será vencedor Jesucristo, simplemente se enseña que la gloria majestuosa del Rey de reyes apareciendo desde el cielo será suficiente para destruir la coalición de fuerzas del impío y apresar a éste, en un instante. No es que hubiera podido resistir si continuase teniendo las fuerzas que fueron destruidas, sino que se produce todo al mismo tiempo, la destrucción de ellas y el apresamiento de él. El que había ofrecido un programa de paz al margen de Dios, quien había presentado una propuesta de riqueza por medio de su sistema, el que había congregado los ejércitos de la tierra para luchar contra el Señor, es apresado por el Señor y enviado a su destino perpetuo, que el apóstol Juan precisa cuando dice: *"Estos dos fueron lanzados vivos dentro de un lago de fuego que arde con azufre"* (Ap. 19:20). En el texto griego adquieren un énfasis especial tanto las primeras palabras como las últimas en una oración, en este caso la primera palabra que aparece es la de *vivos*, ya que literalmente se lee: *"vivos fueron lanzados los dos"*. Confirma la interpretación que debe darse a la expresión *"matará con el espíritu de su boca"*. No había sido muerto, sino simplemente apresado y en esa dimensión personal, arrojado *"al lago de fuego"*. El lugar a donde fue lanzado no estaba preparado por Dios para los hombres, sino para los ángeles caídos, como Jesús enseñó en su ministerio: *"Entonces dirá también a los de la izquierda: Aparaos de mí, malditos, al fuego eterno preparado para el diablo y sus ángeles"* (Mt. 25:41). Quien se proclamaba invencible y al que la humanidad consideraba de ese modo, es apresado por Cristo y lanzado por Él al lago de fuego. Si el lago de fuego es de azufre ardiente, expresa la realidad inimaginable de un lugar de tormentos indescriptibles. De ahí que, al ser arrojado vivo, se enfatiza el tremendo tormento, comparable con un fuego inextinguible, que se extenderá perpetuamente, sin posible solución (Ap. 20:9-11).

τῆς παρουσίας αὐτου La acción contra el anticristo tendrá lugar en el tiempo de la venida del Señor. Esto es, cuando Cristo se haga presente. Ni la aparición del inicuo se producirá en cualquier momento, puesto que sólo ocurrirá cuando llegue el cumplimiento del tiempo que Dios ha establecido, ni tampoco terminará en otro momento que no sea el de la venida del Señor Jesús. La soberanía de Dios se manifiesta una vez más en la acción contra el inicuo.

9. Inicuo cuyo advenimiento es por obra de Satanás, con gran poder y señales y prodigios mentirosos.

οὗ	ἐστιν	ἡ	παρουσία	κατ'	ἐνέργειαν	τοῦ	σατανᾶ	ἐν	πάσῃ
del cual	es	la	presencia	por	actividad	-	de Satanás	con	todo

δυνάμει	καὶ	σημείοις	καὶ	τέρασιν	ψεύδους
poder	y	señales	y	prodigios	de mentira.

Notas y análisis del texto griego.

Refiriéndose a las características espirituales del inicuo, dice: οὗ, caso genitivo masculino singular del pronombre relativo declinado *del cual, del que*; ἐστιν, tercera persona singular del presente de indicativo en voz activa del verbo εἰμί, *ser, estar*, aquí *es*; ἡ, caso nominativo femenino singular del artículo determinado *la*; παρουσία, caso nominativo femenino singular del nombre común *presencia*; κατ', forma escrita de la preposición propia de acusativo κατά, por elisión ante vocal con espíritu suave, con significado de *en, por, según*; ἐνέργειαν, caso acusativo femenino singular del nombre común *poder, fuerza, actividad*; τοῦ, caso genitivo masculino singular del artículo determinado *el*; σατανᾶ, caso genitivo masculino singular del nombre propio declinado *Satanás*; ἐν, preposición propia de dativo *en, con*; πάσῃ, caso dativo femenino singular del adjetivo indefinido *toda*; δυνάμει, caso dativo femenino singular del nombre común *poder, fuerza*; καὶ, conjunción copulativa *y*; σημείοις, caso dativo neutro plural del nombre común *señales*; καὶ, conjunción copulativa *y*; τέρασιν, caso dativo neutro plural del nombre común *prodigios*; ψεύδους, caso genitivo neutro singular del nombre común declinado *de mentira*.

οὗ ἐστιν ἡ παρουσία κατ' ἐνέργειαν τοῦ σατανᾶ. La manifestación del inicuo será el resultado de una obra satánica, o tal vez mejor, por el poder de Satanás. En la revelación del apóstol Juan, se lee: *"El dragón le dio su poder y su trono, y grande autoridad... y adoraron al dragón que había dado autoridad a la bestia..."* (Ap. 13:2, 4). El poder que tendrá el inicuo procede de Satanás que lo establecerá. Con ello se manifestará la imitación diabólica de Dios por el perverso imitador, el diablo. La Biblia enseña que El padre dio a su Hijo las mismas cosas que el dragón da a la primera bestia, que es el Anticristo. Jesucristo recibió de su Padre el poder (Hch. 10:38). Sin duda, el poder que Satanás da al Anticristo es limitado, mientras que el poder que el Resucitado recibió del Padre es infinito: *"todo poder me es dado en el cielo y en la tierra"* (Mt. 28:18). Jesucristo recibió también del Padre, el trono para que gobierne sobre todos como Rey de reyes y Señor de señores (Ap. 3:21). El reino ha sido preestablecido y el rey ordenado eternamente y puesto, en una acción potencial como la profecía revela, sobre Sión el monte santo de Dios (Sal. 2:6). El reino del Anticristo será muy efímero, con una duración de siete años desde su primera manifestación y de menos de tres y medio en su plenitud, mientras que el reino del Hijo de Dios será perpetuo (Lc. 1:32-33). Nuestro Señor recibió autoridad suprema (Jn. 17:2). El Padre le dio el nombre que es sobre todo nombre, para que ejerza autoridad suprema universal, sobre todo y sobre todos (Fil. 2:9-11). De la misma manera, la autoridad que recibe la primera bestia procedente del dragón, será limitada. Como mucho le permitirá controlar en un momento muy breve todos los reinos del mundo, sin embargo, la autoridad que el Padre dio a Cristo excede a cualquier nivel humanamente posible, para alcanzar la supremacía universal. Juan afirma que el dragón *dio* estas cosas a la primera bestia, expresando la acción mediante un verbo que equivale a *conceder, dar, constituir,* etc. Quiere decir, pues, que el dragón comienza a operar y actuar por medio y a través de la persona del Anticristo.

Cuando Satanás tentó a Jesús, le ofreció los reinos del mundo, porque eran suyos, a cambio de que le adorase (Mt. 4:8). En el tiempo futuro, puesto de manifiesto en la visión de Juan, le concede su *poder*, esto es, la capacidad dinámica de obrar que es propia de Satanás; su *trono*, que le capacita para ejercer el dominio que Satanás puede ejercer, constituyéndole como *su rey*, para ejercer el gobierno en el mundo; y *autoridad grande*, que lo convierte en el agente de Satanás. La acción diabólica es más que la imitación maligna que hace de Dios, es el desafío abierto al Omnipotente. Daniel enseña que *"el Altísimo gobierna el reino de los hombres, y que a quien él quiere lo da, y constituye sobre él al mas bajo de los hombres"* (Dn. 4:17). El Soberano estableció, al principio de la creación, que el hombre gobernaría la tierra en Su nombre, capacitándolo para ello y estableciéndolo en un trono de autoridad sobre el mundo (Gn. 1:27-28). Luego de la caída del hombre en la tentación diabólica, el control de los reinos del mundo pasó a manos de Satanás que ejerció ese señorío en la tierra, salvo en las ocasiones en que Dios determinó el curso de la historia conforme a su determinación, estableciendo o quitando reyes. El problema que produjo esto es la acción de los ángeles en el ámbito del gobierno del mundo, que quedó sujeto a ellos, bien sea a los caídos que Satanás controla, bien sea a los ángeles de Dios que Él utiliza para sus propósitos en la tierra. Sin embargo, Dios no desiste de su determinación, y el reino futuro no estará sujeto a ángeles, sino al hombre, en la Persona de su Hijo Jesucristo (He. 2:5). Satanás propuso a Jesús que ese reino fuese recibido de Él, en lugar de serle dado por Dios, con lo que el proyecto satánico de establecer un hombre en el trono de la tierra, de distinto modo al que Dios había determinado, se llevara a cabo. Imposibilitado en su propósito, se opone abierta y totalmente al decreto divino, procurando por todos los medios a su alcance que no sea el Hombre que Dios determinó quien reine, sino que sea *su hombre*, es decir, el hombre de pecado que el proyecta al reino y gobierno sobre la tierra. En el tiempo final de historia de la plenitud de los gentiles, Satanás pondrá sobre el trono de la tierra al Anticristo, actuando como dios de este siglo y príncipe de este mundo, en pleno desafío pecaminoso contra Dios (2 Co. 4:4; Jn. 12:31).

ἐν πάσῃ δυνάμει καὶ σημείοις καὶ τέρασιν ψεύδους. El engaño tendrá una apariencia de verdad puesto que el anticristo hará milagros mentirosos con lo que engañará a muchos. El apóstol utiliza tres términos para referirse a esas obras: δυνάμει, *poder*; σημείοις, *señales*; τέρασιν, *prodigios*. Esas misma palabras se usan para referirse a las obras sobrenaturales hechas por Dios como respaldo al testimonio de la proclamación del evangelio (He. 2:4). El ministerio del

Señor estuvo también rodeado de prodigios y señales que Él hacía (Hch. 2:22). En la imitación diabólica el anticristo se rodeará de estas manifestaciones, pero, como el apóstol señala, será *de mentira*, es decir, procedente del ambiente propio de quien es mentiroso padre de mentira. El versículo presenta un notable contraste entre el anticristo y el Señor. Las manifestaciones de poder, las señales y los prodigios del anticristo son hechos para engañar, como anunció Jesús: *"Porque se levantarán falsos Cristos, y falsos profetas, y harán grandes señales y prodigios, de tal manera que engañarán, si fuere posible, aun a los escogidos"* (Mt. 24:24). Así ocurrirá con el tiempo de presencia *del hombre de pecado, el hijo de perdición*. En ese tiempo la segunda bestia, el *falso profeta*, será el que opere las grandes señales anunciadas. Los hechos asombrosos no siempre proceden de Dios, porque los hechiceros de Egipto también hicieron algunos, como convertir sus varas en culebras (Ex. 7:11); convertir el agua del río en sangre (Ex. 7:22); o hacer aparecer ranas (Ex. 8:7). Todos esos milagros, no es que no fuesen reales, pero sí eran mentirosos, porque procuraban apartar de la mente del Faraón la realidad de Dios y que no obedeciese a su palabra dejando salir al pueblo de Israel de la esclavitud en que estaba sujeto. Una señal especial que hará el falso profeta consistirá en hacer *descender fuego del cielo*. Sin duda esa señal recordará a muchos el ministerio del profeta Elías, quien hizo descender fuego del cielo en el Carmelo delante de los profetas de Baal y de todo el pueblo (1 R. 18:38); y más adelante, cuando aniquiló a los enemigos de Dios (2 R. 1:10, 12). Esta señal será especialmente importante para afirmar el engaño a que había conducido al pueblo de Israel que no pertenecerá al remanente fiel. Los judíos fueron enseñados que Elías vendría a la tierra para preparar el camino del reino al Mesías (Mal. 4:5). En ese tiempo final, *el falso profeta*, hará acciones semejantes a las operadas por el profeta Elías, que consolidará entre las gentes de la tierra la idea de que el Anticristo es realmente el Mesías anunciado y que el mundo necesita como gobernante puesto por Dios. Además, en una gran medida recordará a todos los hombres de aquel tiempo, el ministerio de los dos testigos que habían ministrado durante dos años y medio en Jerusalén y que también hacían descender fuego del cielo (Ap. 11:5). El engaño prosperará de tal manera que confundirá a todos, si es que alguno aún no estuviese firmemente convencido. Todo esto llamará la atención de las gentes hacia el anticristo.

La situación de los incrédulos (2:10-12).

10. Y con todo engaño de iniquidad para los que se pierden, por cuanto no recibieron el amor de la verdad para ser salvos.

καὶ ἐν πάσῃ ἀπάτῃ[1] ἀδικίας[2] τοῖς ἀπολλυμένοις, ἀνθ’ ὧν τὴν
Y con toda seducción de injusticia a los que se pierden por cuanto el
ἀγάπην[3] τῆς ἀληθείας[4] οὐκ ἐδέξαντο εἰς τὸ σωθῆναι αὐτούς.
amor de la verdad no acogieron para - ser salvados ellos.

Notas y análisis del texto griego.

Pasando a describir la situación de los incrédulos, dice: καὶ, conjunción copulativa *y*; ἐν, preposición propia de dativo *con*; πάσῃ, caso dativo femenino singular del adjetivo indefindo *toda*; ἀπάτῃ, caso dativo femenino singular del nombre común *seducción*; ἀδικίας, caso genitivo femenino singular del nombre común declinado *de injusticia*; τοῖς, caso dativo masculino del artículo determinado declinado *a los*; ἀπολλυμένοις, caso dativo masculino plural del participio de presente en voz media o pasiva del verbo ἀπολλύμι, *perecer, perderse, morir*, aquí *que se pierden*; ἀνθ’ preposición propia de genitivo ἀντί, con grafismo que adopta por la elisión de la i final ante vocal o diptongo con aspiración, y que significa *en vez de, por, a causa de*; ὧν, caso genitivo neutro plural del pronombre relativo *cuanto*; τὴν, caso acusativo femenino singular del artículo determinado *la*; ἀγάπην, caso acusativo femenino singular del nombre común *amor*; τῆς, caso genitivo femenino singular del artículo determinado declinado *de la*; ἀληθείας, caso genitivo femenino singular del nombre común *verdad*; οὐκ, forma escrita del adverbio de negación *no*, con el grafismo propio ante una vocal con espíritu suave o una enclítica; ἐδέξαντο, tercera persona plural del aoristo primero de indicativo en voz media del verbo δέχομαι, *recibir, aceptar, acoger*, aquí *acogieron*; εἰς, preposición propia de acusativo *para*; τὸ, caso acusativo neutro singular del artículo determinado *lo*; σωθῆναι, caso acusativo neutro singular del aoristo de infinitivo en voz pasiva del verbo σῴζω, *salvar*, aquí *ser salvados*; αὐτούς, caso acusativo masculino de la tercera persona plural del pronombre personal *ellos*.

Crítica Textual. Lecturas alternativas.

[1] ἀπάτῃ, *seducción*, lectura atestiguada en ℵ*. A. B. F. G. 0278. 6. 33. 81. 104. 1739. 1881. 2464. Orígenes.

ἀπάτῃ τῆς, *seducción de la*, según ℵ^2, D. K. L. P. Ψ. 365. 630. 1175. 1241. 1505. 𝔐.

[2] ἀδικίας, *de injusticia*, lectura atestiguada en A. B. D. F. G. 0278. 33. 81. 1739. 2464. lat. Ireneo.

ἀδικίας ἐν, *de injusticia a*, como se lee en ℵ^2. D^2. K. L. P. Ψ. 104. 365. 630. 1175. 1241. 1505. 1881. 𝔐. sir.

3 ἀγάπην, se añade seguidamente τοῦ Θεοῦ, *de Dios*, según se lee en Ireneo$^{gr, lat, pt}$.

4 τῆς ἀληθείας Χριστοῦ, *de la verdad de Cristo*, lectura en D*.

καὶ ἐν πάσῃ ἀπάτῃ ἀδικίας τοῖς ἀπολλυμένοις, Pablo está hablando de *los que se pierden*. Como en otros lugares el verbo está en participio de presente, que indica una acción continua, esto es, *los que se están perdiendo*. Los que están en el camino de la perdición y permanecen en él. (cf. 1 Co. 1:18; 2 Co. 2:15). Para estos el engaño es algo natural porque no son de la verdad (1 Jn. 3:19). En estas palabras se aprecia el efecto del poder y milagros del impío.

ἀνθ᾽ ὧν τὴν ἀγάπην τῆς ἀληθείας οὐκ ἐδέξαντο εἰς τὸ σωθῆναι αὐτούς. La soberanía de Dios se pone de manifiesto al permitir la condenación de los que libremente rechazan la verdad. Sobre estos es eficaz la acción seductora del anticristo. El amor de la verdad o a la verdad les hubiera salvado, en el sentido de que hubieran aceptado el mensaje proclamado en *la verdad* que es sinónimo del evangelio de la gracia. Despreciar el mensaje es perderse, puesto que el evangelio es poder de Dios para salvación a todo aquel que cree (Ro. 1:16). La causa por la que se pierden no está en Dios, sino en ellos mismos que no aceptan el mensaje de amor para ser salvos. Es preciso afirmar continuamente que todo lo que es de salvación es de Dios y todo lo que es de condenación es responsabilidad del hombre.

11. Por esto Dios les envía un poder engañoso, para que crean la mentira.

καὶ διὰ τοῦτο πέμπει[1] αὐτοῖς ὁ Θεὸς ἐνέργειαν πλάνηςεἰς τὸ
Y por esto, envía les - Dios poder de error para -
πιστεῦσαι αὐτοὺς τῷ ψεύδει,
que crean ellos la mentira.

Notas y análisis del texto griego.

Sin variación en el tema, añade: καὶ, conjunción copulativa *y*; διὰ, preposición propia de acusativo *por*; τοῦτο, caso acusativo neutro singular del pronombre demostrativo *esto*; πέμπει, tercera persona singular del presente de indicativo en voz activa del verbo πέμπω, *enviar, mandar*, aquí *envía*; αὐτοῖς, caso acusativo de la tercera persona plural del pronombre personal declinado *a ellos, les*; ὁ, caso nominativo masculino singular del artículo determinado *el*;

Θεὸς, caso nominativo masculino singular del nombre divino *Dios*; ἐνέργειαν, caso acusativo femenino singular del nombre común *poder, fuerza*; πλάνης, caso genitivo femenino singular del nombre común declinado *de error*; εἰς, preposición propia de acusativo *para*; τὸ, caso acusativo neutro singular del artículo determinado *lo*; πιστεῦσαι, aoristo primero de infinitivo en voz activa del verbo πιστεύω, *creer*; αὐτοὺς, caso acusativo masculino de la tercera persona plural del pronombre personal *ellos*; τῷ, caso dativo neutro singular del artículo determinado *lo*; ψεύδει, caso dativo neutro singular del nombre común *mentira*.

Crítica Textual. Lecturas alternativas.

[1] πέμπει, *envía*, lectura atestiguada en א*. A. B. D. F. G. 6. 33. 1739. 1881. b. vg$^{st, ww}$. sa^{sa}; Ireneo$^{gr, lat, pt, arm}$.

πέμψει, *enviará*, según א^{2}, D^{2}. K. L. P. Ψ. 0278. 81. 104. 365. 630. 1175. 1241. 1505. 2464. 𝔐. it. vg^{cl}. sa^{mss}. bo. Ireneo$^{lat, pt}$. Ambrosiaster.

καὶ διὰ τοῦτο πέμπει αὐτοῖς ὁ Θεὸς ἐνέργειαν πλάνης. La acción judicial de Dios se establece con los que han sido rebeldes y no creyeron a la verdad. No se trata de una acción de reprobación que Dios mismos establece por soberanía, sino la confirmación divina a la rebeldía humana. La acción divina está atestiguada en otros lugares (cf. Ex. 4:21; Jos. 11:20; 1 R. 22:19-23; 1 Cr. 21:1, a la vista de 2 S. 24:1). En necesario tener en cuenta la forma en que se introduce el versículo: *por esto*, que establece la consecuencia de la actuación divina. Dios envía o consiente en que un espíritu de mentira les sea enviado por no haber acogido ellos el amor de la verdad. No puede pensarse en que Dios induce a alguien al mal (Stg. 1:13). Acusar a Dios como promotor de una acción maléfica es blasfemia. Santiago dice que *nadie diga que de Dios es tentado*. Dios no es el origen y razón del envío del espíritu o de la fuerza de mentira a la que el apóstol se refiere en el versículo. Es imposible que Dios, que es bondad y santidad absolutas pueda inducir a alguien a cometer el mal. El envío de este espíritu de mentira, es por permisión divina per la acción ha de ser imputada a Satanás, que es el padre de la mentira (Jn. 8:44). Dios confirma lo que aquellos antes habían elegido. De modo semejante ocurrió con Faraón a quien, después de seis negaciones a obedecer lo que Él determinaba y *endurecer el corazón*, Dios confirmó esa rebeldía endureciéndolo finalmente (Ro. 9:17, 18)[16]. Así también operó en el caso de los judíos en tiempos de

[16] Es necesario observar que Dios confirmó la dureza de Faraón después de que él mismo endureciese su corazón. Se dice seis veces que Faraón *endureció su corazón* (Ex. 7:13, 22; 8:15, 19, 32; 9:7). Sólo después de eso Dios confirmó la dureza de su corazón (Ex. 9:12).

Cristo, a quienes Dios confirmó la dureza de corazón que antes habían ellos mismos determinado (Jn. 12:37-40).

εἰς τὸ πιστεῦσαι αὐτοὺς τῷ ψεύδει, El resultado de esta acción judicial de Dios contra los rebeldes a su llamamiento no podía ser otro: *"creerán a la mentira"*.

Como resumen se traslada aquí lo que escribía Hendriksen:

"Dios es amor. No es un monstruo cruel que deliberadamente y con íntimo deleite prepara personas para eterna condenación. Al contrario, seriamente advierte, proclama el evangelio, y declara lo que sucederá si personas creen, pero también lo que les vendrá si no creen. Aún más, les urge a aceptar el amor por la verdad. Pero cuando las personas de por sí y después de repetidas amenazas y promesas le rechazan y desprecian sus mensajes, entonces –y solamente entonces- les endurece a fin de que los que no quisieron arrepentirse queden incapacitados para arrepentirse pero aptos para creer la mentira que el hombre de desafuero es Dios, el único Dios, y que todo el mundo debe obedecerle"[17].

Rebeldes para creer la verdad de salvación, creerán la mentira que les conduce a condenación. No es Dios quien lo determina y ordena, sino que es el resultado de la confirmación divina a la dureza del corazón humano, mucho más condenable porque tuvieron oportunidad de oír el evangelio de salvación, al que rechazaron.

12. A fin de que sean condenados todos los que no creyeron a la verdad, sino que se complacieron en la injusticia.

ἵνα	κριθῶσιν	πάντες	οἱ	μὴ πιστεύσαντες	τῇ	ἀληθείᾳ	ἀλλὰ
Para que	sean juzgados	todos	los	que no creyeron	a la	verdad	sino

εὐδοκήσαντες	τῇ	ἀδικίᾳ.
que se complacieron	en la	injusticia.

Notas y análisis del texto griego.

Cerrando el párrafo, escribe: ἵνα, conjunción causal *para que*; κριθῶσιν, tercera pesona plural del aoristo primero de subjuntivo en voz pasiva del verbo κρίνω, *juzgar, condenar*, aquí *sean juzgados, sean condenados*; πάντες, caso nominativo masculino plural del adjetivo indefinido *todos*; οἱ, caso nominativo masculino plural del artículo determinado *los*; μὴ, partícula que

[17] G. Hendriksen. o.c., pág. 215.

hace funciones de adverbio de negación *no*; πιστεύσαντες, caso nominativo masculino plural del participio de aoristo primero en voz activa del verbo πιστεύω, *creer*; τῇ, caso dativo femenino singular del artículo determinado declinado *a la*; ἀληθείᾳ, caso dativo femenino singular del nombre común *verdad*; ἀλλὰ, conjunción adversativa *sino*; εὐδοκήσαντες, caso nominativo masculino plural del participio de aoristo primero en voz activa del verbo εὐδοκέω, *complacerse, tener su complacencia, encontrar agrado, querer*, aquí *que se complacieron*; τῇ, caso dativo femenino singular del artículo determinado declinado *en la*; ἀδικίᾳ, caso dativo femenino singular del nombre común *injusticia*.

ἵνα κριθῶσιν πάντες οἱ μὴ πιστεύσαντες τῇ ἀληθείᾳ Los engañados serán juzgados. Pablo afirma que no serán juzgados algunos, sino todos los que no creyeron. El verbo κρίνω, significa tanto *juzgar* como *condenar*. Quiere decir que todos serán juzgados y como no han creído a la verdad del evangelio, serán condenados. Se pierden por haber rechazado antes la verdad que les fue predicada (Jn. 3:17-21). La condenación no es algo que Dios determinó anticipadamente para ellos, sino que ellos mismos la eligieron con su rebeldía. Cabe preguntarse a que juicio se está refiriendo aquí. Sin duda comprenderá por lo menos dos: uno cuando Jesucristo venga a la tierra para reinar, donde serán juzgadas todas las naciones e Israel, determinando quienes son salvos y quienes no, produciéndose la selección entre los que entrarán en el reino y quienes serán echados a las tinieblas de afuera. Pero una segunda comparecencia tendrá lugar ante el *trono blanco* (Ap. 20:11-15), donde se confirmará la sentencia perpetua de condenación a todos los que no han creído.

ἀλλὰ εὐδοκήσαντες τῇ ἀδικίᾳ. La sentencia condenatoria será absolutamente justa y totalmente imparcial, puesto que todos estos en lugar de aceptar el evangelio, se entregaron voluntariamente hallando *deleite* en la injusticia. La persona íntegramente es acreedora del juicio y de la condenación puesto que tanto su intelecto, su voluntad y sus emociones actuaron conjuntamente rechazando la verdad y aceptando la injusticia. Quien acepta la verdad de Dios se goza en la justicia; quien la rechaza se deleita en la injusticia. De ahí que se aprecie que la condenación de estos que no prestan atención a lo que Dios determina y rechazan el mensaje del evangelio que les fue presentado son condenados. Pero, esta condenación no fue lo que Dios había determinado por ellos, sino el resultado de su perversa y rebelde actuación. El entorno temporal del pasaje tiene que ver con la presencia del anticristo y de su reino, de modo que se trata de una anticipación retorica de algo que ocurrirá entonces.

La seguridad del creyente (2:13-17).

13. Pero nosotros debemos dar siempre gracias a Dios respecto a vosotros, hermanos amados por el Señor, de que Dios os haya escogido desde el principio para salvación, mediante la santificación por el Espíritu y la fe en la verdad.

ἡμεῖς δὲ ὀφείλομεν εὐχαριστεῖν τῷ Θεῷ πάντοτε περὶ
Pero nosotros debemos dar gracias - a Dios siempre acerca de
ὑμῶν, ἀδελφοὶ ἠγαπημένοι ὑπὸ Κυρίου, ὅτι εἵλατο
vosotros, hermanos que habéis sido amados por Señor, que escogió
ὑμᾶς ὁ Θεὸς ἀπαρχὴν[1] εἰς σωτηρίαν ἐν ἁγιασμῷ Πνεύματος
a vosotros - Dios primicias para salvación en santificación de Espíritu
καὶ πίστει ἀληθείας,
y fe de verdad.

Notas y análisis del texto griego.

Iniciando otro párrafo, escribe: ἡμεῖς, caso nominativo de la primera persona plural del pronombre personal *nosotros*; δὲ, partícula conjuntiva que hace las veces de conjunción coordinante, con sentido de *pero, más bien, y, y por cierto, antes bien*; ὀφείλομεν, primera persona plural del presente de indicativo en voz activa del verbo ὀφείλω, *deber, tener obligación*, aquí *debemos*; εὐχαριστεῖν, presente de infinitivo en voz activa del verbo εὐχαριστέω *agradecer, dar gracias*; τῷ, caso dativo masculino singular del artículo determinado *el*; Θεῷ, caso dativo masculino singular del nombre divino declinado *a Dios*; πάντοτε, adverbio de tiempo *siempre*; περὶ, preposición propia de genitivo *acerca de*; ὑμῶν, caso genitivo de la segunda persona plural del pronombre personal *vosotros*; ἀδελφοὶ, caso vocativo de la segunda persona plural del nombre común *hermanos*; ἠγαπημένοι, caso vocativo masculino plural del participio perfecto en voz pasiva del verbo ἀγαπάω, *amar*, aquí *que habéis sido amados*; ὑπὸ, preposición propia de genitivo *por*; Κυρίου, caso genitivo masculino del nombre divino *Señor*; ὅτι, conjunción *que*; εἵλατο, tercera persona singular del aoristo segundo de indicativo en voz media del verbo αἱρέομαι, *escoger*, aquí *escogió*; ὑμᾶς, caso acusativo de la segunda persona plural del pronombre personal declinado *a vosotros*; ὁ, caso nominativo masculino singular del artículo determinado *el*; Θεὸς, caso nominativo masculino del nombre divino *Dios*; ἀπαρχὴν, caso acusativo femenino singular del nombre común *primicias*; εἰς, preposición propia de acusativo *para*; σωτηρίαν, caso acusativo femenino singular del nombre común *salvación*; ἐν, preposición propia de dativo *en*; ἁγιασμῷ, caso dativo masculino singular del nombre común *santificación*; Πνεύματος, caso genitivo neutro singular del nombre divino *Espíritu*; καὶ, conjunción copulativa *y*; πίστει, caso dativo femenino singular del nombre común *fe*; ἀληθείας, caso genitivo femenino singular del nombre común declinado *de verdad*.

Crítica Textual. Lecturas alternativas.

[1] ἀπαρχὴν, *primicias*, lectura atestiguada en B. F. G. P. 075. 0278. 33. 81. 256. 323. 326. 365. 1505. 1573. 1739. 1881. 1912. 2127. 2464. it^{f}. vg. sir^{h}. cop^{bo}. Teodoro$^{lat\ ½}$. Ambrosio$^{1/2}$. Pelagio.

ἀπ᾽ ἀρχῆς, *desde principio*, según lectura en א, D. K. L. Ψ. 0150. 6. 104. 263. 424. 436. 459. 630. 1175. 1241. 1319. 1852. 1962. 2200. 𝔐. *Lect.* it$^{ar,\ b,\ d,\ g,\ mon,\ o}$. vg^{ms}. sir^{p}. cop^{sa}. Ambrosiaster. Crisóstomo. Teodoro$^{lat\ ½}$. Ambrosio$^{1/2}$. Varimadum.

ἡμεῖς δὲ ὀφείλομεν εὐχαριστεῖν τῷ Θεῷ πάντοτε περὶ ὑμῶν, ἀδελφοὶ. De la condenación de los impíos, pasa Pablo a la seguridad de salvación de los creyentes. Nuevamente expresa su gratitud a Dios por la obra que Él hizo en los hermanos en Tesalónica. La gratitud no es una expresión puntual sino continua. Siempre debe agradecer a Dios la obra hecha con aquellos a quienes llama *hermanos*. Las razones de la gratitud siguen luego, por tanto, el reconocimiento es fundamentado. Da gracias por las bendiciones que se deben a la gracia de Dios para los salvos. Por esta razón debe ser glorificado.

ἠγαπημένοι ὑπὸ Κυρίου, La primera bendición de los salvos es el *haber sido amados* por el Señor. Es una expresión equivalente a *haber sido amados por Dios*. El amor de Dios hacia ellos ha sido algo definitivamente hecho, como lo expresa el participio perfecto en que aparece la forma verbal ἠγαπημένοι. El amor de Dios se manifestó hacia los salvos desde la eternidad. La elección que sigue y que se determina desde la eternidad, va acompañada o, si se prefiere mejor, generada por el amor, de manera que a una elección eterna, corresponde también un amor eterno. Pablo descubre la motivación divina para elegir a los salvos. Dios es amor (1 Jn. 4:8), y todos los actos divinos están relacionados con ese amor. Tanto la elección para salvación, como la predestinación de los salvos ocurren en el infinito amor de Dios. La elección, que como todo el proceso de la salvación ocurre en Cristo, fue un acto de amor. La elección es hecha como un acto sustentado e impulsado en el amor de Dios. Porque Dios es amor, adopta todas sus decisiones eternas en amor, de modo que la salvación no solo se planifica sino que se ejecuta en amor (Ef. 2:4-7). Es en ese mismo amor que elige que el Salvador se entregue a Sí mismo para salvarnos (Ef. 5:2). El sacrificio exigió una absoluta entrega que descansa en el amor (Ef. 5:25). El amor de Dios se manifiesta en esa acción salvadora, determinada ya en la eternidad (Ro. 5:8). Si el amor determinó la elección, determina también la comunión eterna entre los creyentes y

Dios en esa misma esfera, de la cual nada ni nadie podrá separarnos (Ro. 8:39). La elección eterna es el amor en anticipación a todo en relación con los salvos. Lo que somos y seremos está absolutamente definido y establecido por el amor de Dios.

ὅτι εἵλατο ὑμᾶς ὁ Θεὸς. Otro motivo de acción de gracias es la *elección de los creyentes*. Pablo dice aquí que todos ellos fueron elegidos por Dios. Este tema se ha tratado ya en el comentario a la *Primera Epístola*, a donde se remite al lector[18]. Baste aquí la actividad de Dios, mediante la elección de los salvos. Junto con su amor, la elección eterna en Cristo (Ef. 1:4). La doctrina de la elección se extiende ampliamente por el Nuevo Testamento. Es soberana e incondicional (1 Co. 1:27, 28; 4:7); forma parte del plan de salvación (Ro. 8:28-30; 2 Ti. 2:19); a los creyentes se les llama elegidos de Dios (Ro. 8:33; 16:13; 1 Co. 1:27, 28; Ef. 1:4-6; 2 Ti. 2:10; Tit. 1:1). Teniendo siempre en cuenta que no existe a la luz del Nuevo Testamento elección de reprobación para condenación eterna, y manteniendo la verdad de la responsabilidad humana en todo lo que tiene que ver con condenación.

ἀπαρχὴν εἰς σωτηρίαν ἐν ἁγιασμῷ Πνεύματος. El modo de hacer efectiva la salvación está vinculado a la *santificación por el Espíritu*. La tercera Persona Divina es quien hace posible la salvación del pecador santificándolo, es decir, *separándolo* para Dios. La operación del Espíritu comienza por la convicción de pecado (Jn. 16:7-11). Luego abre el corazón despertando el interés por el mensaje del evangelio y haciéndolo comprensivo no tanto como entendimiento intelectual de la mente, sino como mensaje de salvación, ya que el hombre natural no percibe las cosas que son del Espíritu de Dios, porque para él son locura, y no las puede entender, porque se han de discernir espiritualmente (Hch. 16:14; 1 Co. 2:14). El mensaje de la Cruz es locura para los que se pierden (1 Co. 1:18). Además de esto, los incrédulos están cegados por una operación satánica, teniendo un velo de oscuridad espiritual que les impide ver el resplandor de la luz del evangelio (2 Co. 4:3-4). Debe añadirse también la condición de *muerte espiritual* en el no regenerado. El estado de muerte espiritual es común a todo hombre (Ro. 3:22, 23). La expresión de la muerte espiritual, consiste en un *andar* en delitos y pecados. En ese estado espiritual, el hombre no regenerado, no puede hacer un reconocimiento de Cristo para vida. La acción santificadora del Espíritu Santo, es indispensable para salvación (1 P. 1:2). El texto del apóstol Pedro tiene un marcado

[18] Ver comentario a 1 Ts. 1:4.

carácter trinitario. La obra del Padre en la elección de los creyentes, llevándola a cabo en Cristo desde la eternidad (Ef. 1:4). Esta elección no excluye, en modo alguno, la responsabilidad del hombre (Jn. 3:36). La obra del Espíritu conduce a la obediencia del pecador. El Espíritu actúa capacitando a los que son llamados para que puedan responder al llamamiento celestial. Comienza su operación antes de la conversión (Jn. 16:7-9). Abre el corazón para que pueda ser recibido el mensaje con fe salvífica (Hch. 16:14). Regenera al que cree (Jn. 3:5). Ese es el pensamiento del apóstol Pablo en el texto que se está considerando. El resultado de la operación divina del Espíritu conduce a la obediencia del pecador. Lo que era imposible al hombre no regenerado lo hace posible la acción del Espíritu (Ef. 2:1-3). El Espíritu Santo es el agente del nuevo nacimiento (Jn. 3:3, 5, 6). Separa al creyente, sellándolo como propiedad personal de Dios (Ef. 1:13). Habita luego en el corazón del salvo haciéndolo templo de Dios (1 Co. 3:16; 6:19).

καὶ πίστει ἀληθείας, Junto con toda la operación divina para salvación, solamente posible para Dios, está también la responsabilidad humana: *"la fe en la verdad"*. La fe que salva no procede ni nace por voluntad humana, siempre contraria a la de Dios, e incapaz de entender, sin ayuda del Espíritu el mensaje de salvación para aceptarlo sin condiciones. La fe es un don de Dios, pero se convierte en una actividad humana cuando se ejerce, depositándola en el salvador. Es necesario remarcar la fe como don divino (Ef. 2:8. 9). Sin embargo, esto no anula la responsabilidad humana. La salvación se da por gracia a quien cree, y a esto sigue la regeneración. Algunos sostienen y enseñan que la fe para salvación no es posible sin que se produzca primero la regeneración del Espíritu. Esto contradice abierta y totalmente la enseñanza bíblica sobre como se alcanza la salvación que es por gracia, mediante la instrumentalización de la fe. Sólo al creer el pecador recibe el perdón de pecados y la vida eterna, que lleva aparejado el arrepentimiento y la regeneración. Sin embargo, es necesario entender que el ejercicio de la fe no es un mero asunto intelectual, sino la entrega incondicional a Dios en un acto de obediencia ya que, según enseña el apóstol, para salvación se cree con el corazón (Ro. 10:10). La fe que salva es de entrega y no de intelecto. El creer mentalmente que Jesús es el Señor y en su resurrección, no salva a nadie. Los mismos demonios creen eso pero no alcanzan la salvación (Stg. 2:19). El apóstol afirma que *"con el corazón se cree para justicia"*, esto es, se cree para justicia porque mediante la fe que se entrega a la obra del Crucificado, recibe la justicia de Dios por la que como pecador es justificado, abandonando toda obra humana. Con el corazón se expresa aquí la contingencia de todo ser humano en materia de salvación. Expresa el carácter existencial del hombre que, con toda decisión depone lo que es su *ser-ahí* y *ser-así*, para aceptar el *ser-ahí* y *ser-así* de Dios. De otro modo, depone su *yo*, para aceptar como *yo* el Tú de Dios, que es Cristo. Al hacerlo así, alcanza la justicia de Dios en ese acto de fe que es entrega personal.

14. A lo cual os llamó mediante nuestro evangelio, para alcanzar la gloria de nuestro Señor Jesucristo.

εἰς ὃ [καὶ][1] ἐκάλεσεν ὑμᾶς διὰ τοῦ εὐαγγελίου ἡμῶν
A lo cual también llamó os mediante el evangelio de nosotros
εἰς περιποίησιν δόξης τοῦ Κυρίου ἡμῶν[2] ’Ιησοῦ Χριστοῦ.
para posesión de gloria del Señor de nosotros Jesucristo.

Notas y análisis del texto griego.

Sin interrupción en el tema, sigue: εἰς, preposición propia de acusativo *a*; ὃ, caso acusativo neutro singular del pronombre relativo *lo que, lo cual*; καὶ, adverbio de modo *también*; ἐκάλεσεν, tercera persona singular del aoristo primero de indicativo en voz activa del verbo καλέω, *llamar*, aquí *llamó*; ὑμᾶς, caso acusativo de la segunda persona plural del pronombre personal declinado *a vosotros, os*; διὰ, preposición propia de genitivo *por, mediante*; τοῦ, caso genitivo neutro singular del artículo determinado *el*; εὐαγγελίου, caso genitivo neutro singular del nombre común *evangelio*; ἡμῶν, caso genitivo de la primera persona plural del pronombre personal declinado *de nosotros*; εἰς, preposición propia de acusativo *para*; περιποίησιν, caso acusativo femenino singular del nombre común *propiedad, posesión, salvación*; δόξης, caso genitivo femenino singular del nombre común declinado *de gloria*; τοῦ, caso genitivo masculino singular del artículo determinado declinado *del*; Κυρίου, caso genitivo masculino singular del nombre divino *Señor*; ἡμῶν, caso genitivo de la primera perosna plural del pronombre personal declinado *de nosotros*; ’Ιησοῦ, caso genitivo masculino singular del nombre propio *Jesús*; Χριστοῦ, caso genitivo masculino singular del nombre propio *Cristo*.

Crítica Textual. Lecturas alternativas.

[1] καὶ, *también*, lectura atestiguada en ℵ. F. G. P. 0278. 81. 365. 1505. 2464. lat. sir^{h}.

Se omite en A. B. D. K. L. Ψ. 33. 104. 630. 1175. 1241. 1739. 1881. 𝔐. arm. b. m. vg. sir. Ambrosiaster.

[2] ἡμῶν, *de nosotros*, lectura en ℵ. F. G. P. 0278. 81. 365. 1505. 2464. lat. sir^{h}.
ἡμάς, con el mismo significado pero en acusativo, como se lee en A. B. D*. 1881. b. f. vg^{ms}.

εἰς ὃ [καὶ] ἐκάλεσεν ὑμᾶς διὰ τοῦ εὐαγγελίου ἡμῶν El vehículo del mensaje de la fe es el *evangelio*. Este mensaje es *poder de Dios para salvación* (Ro. 1:16, 17). El llamamiento de Dios a la salvación se produce por la predicación del evangelio (2 Co. 5:20). El evangelio no es un sistema filosófico o religioso, sino la manifestación de la fuerza divina para salvación. Porque se trata de un mensaje procedente de Dios mismo es eficaz, es decir, Dios mismo habla en el mensaje, por tanto, tiene poder para salvar. El evangelio es poder de Dios, en la medida en que es también la *"palabra de la Cruz"* (1 Co. 1:18), que no es otra cosa que la proclamación del Crucificado como expresión suprema del poder y de la sabiduría de Dios (1 Co. 1:24), que opera la salvación de todo aquel que cree (1 Co. 1:28, 31). Es un mensaje que proclama la obra de Cristo como único medio de salvación. Esa salvación procede y es únicamente de Dios (Sal. 3:8; Jon. 2:9). En Él nace el propósito y la eterna determinación de salvar (2 Ti. 1:9). Es también de Él la ejecución en el tiempo que había determinado (Gá. 4:4). Así de Él procede el llamado a salvación (Ro. 8:30). Es de Dios la garantía de la eterna seguridad de salvación para todo aquel que cree (Ro. 8:32-39). Es en el evangelio que se revela la fuerza divina que salva al pecador. Por esa causa aunque la *palabra de la Cruz* es locura a los que se están perdiendo, es potencia de Dios para quienes se salvan (1 Co. 1:18). El evangelio es la fuerza creadora de Dios, que resucita a los muertos y llama a ser a quienes no son (Ro. 4:17). Es el mensaje que anuncia a Quien es en sí mismo *"espíritu vivificante"*, que puede y comunica vida eterna al creyente (1 Co. 15:45). Es un mensaje que manifiesta la esperanza que está guardada en los cielos (Col. 1:5). El evangelio no llegaba a las gentes en palabras, sino rodeado del poder del Espíritu Santo (1 Ts. 1:5). Además, el poder del evangelio tiene un propósito determinado: *"para salvación"*. No es un poder *reformador*, sino un poder *salvador*. Salvación es un proceso divino que libera al pecador de las consecuencias y poder del pecado. En el pasado la salvación liberaba al creyente de la responsabilidad penal del pecado (Ro. 8:1). En el presente lo libera del *poder* del pecado para que pueda vivir conforme a las demandas de Dios, en plena libertad (Ro. 6:6, 17, 22). En el futuro lo librará de la *presencia* del pecado, en la glorificación, de modo que ya nunca más pueda afectar ningún aspecto de la vida del salvo. Este es el poder salvador que el perdido necesita.

εἰς περιποίησιν δόξης τοῦ κυρίου ἡμῶν Ἰησοῦ Χριστοῦ. El resultado final del propósito final de Dios para los salvos es que alcancen *"la gloria de nuestro Señor Jesucristo"*. Esto afirma la certeza de la seguridad de salvación, ya que el propósito de Dios, indefectiblemente se cumplirá. Jesús lo enseñó claramente (Jn. 6:39;

10:27-29), La glorificación de los creyentes es la voluntad divina (Jn. 14:1-3; 17:24). De igual modo y por los mismos pasos enseña el apóstol Pedro la salvación y la glorificación (1 P. 1:2-5). La seguridad de salvación es un hecho inamovible, puesto que Dios mismo está comprometido en este propósito (Jud. 24-25)[19].

15. Así que, hermanos, estad firmes, y retened la doctrina que habéis aprendido, sea por palabra, o por carta nuestra.

῎Αρα οὖν, ἀδελφοί, στήκετε καὶ κρατεῖτε τὰς παραδόσεις
Así, pues, hermanos, permaneced firmes y retened las tradiciones
ἃς ἐδιδάχθητε εἴτε διὰ λόγου εἴτε δι᾽
con las cuales fuisteis enseñados ya mediante palabra ya mediante
ἐπιστολῆς ἡμῶν.
carta de nosotros.

Notas y análisis del texto griego.

Alcanzando una conclusión a lo que antecede, dice: ῎Αρα, conjunción consecutiva *así*; οὖν, conjunción causal *pues*; ἀδελφοί, caso vocativo masculino plural del nombre común *hermanos*; στήκετε, segunda persona plural del presente de imperativo en voz activa del verbo στήκω, *estar de pie, permanecer firmes*, aquí *permaneced firmes*; καὶ, conjunción copulativa *y*; κρατεῖτε, segunda persona plural del presente de imperativo en voz activa del verbo κρατέω, *agarrar, apresar, tomar, retener, mantener*, aquí *retened*; τὰς, caso acusativo femenino plural del artículo determinado *las*; παραδόσεις, caso acusativo femenino plural del nombre común *tradiciones*; ἃς, caso acusativo femenino plural del pronombre relativo declinado *con las cuales*; ἐδιδάχθητε, segunda persona plural del aoristo primero de indicativo en voz pasiva del verbo διδάσκω, *enseñar*, aquí *fuisteis enseñados*; εἴτε, conjunción distributiva *ya, bien*; διὰ, preposición propia de genitivo *por, por medio de, mediante*; λόγου, caso genitivo masculino singular del nombre común *palabra*; εἴτε, conjunción distributiva *ya, bien*; δι᾽, forma contracta de la preposición de genitivo διά, *por medio de, por, mediante*; ἐπιστολῆς, caso genitivo femenino singular del nombre común *carta*; ἡμῶν, caso genitivo de la primera persona plural del pronombre personal declinado *de nosotros*.

῎Αρα οὖν, ἀδελφοί, στήκετε. La primera consecuencia que debe producir en el creyente cuanto antecede es la de generar en él *firmeza en la fe*. Quiere decir una estabilidad en la doctrina que no permita ningún movimiento fuera de ella. La firmeza es propia de los *hombres maduros*, lo que se opone al infantilismo espiritual que lleva a fluctuar en la fe a los *niños en Cristo* (Ef. 4:14). El apóstol en esta conclusión está llevando a los tesalonicenses a la determinación de

[19] Como complemento al comentario del versículo, véase 1 Ts. 5:9.

abandonar su dudas y temores y permanecer firmes en la fe (Ro. 14:4; 1 Co. 16:13: Fil. 1:27; 4:1). Aunque el apóstol establece esto como un mandato para los lectores, y que la firmeza en la fe es demandada al creyente, es necesario entender que esta firmeza la da el Señor que es poderoso para mantenerla. Para los hombres puede ser que los fracasos en la vida en la fe sean visibles y se puedan constatar, pero esto no supone nada en cuanto a su salvación, porque *"poderoso es el Señor para hacerle estar firme"*, en relación con la gracia. De Dios es la operación que da firmeza al cristiano: *"Y Aquel que es poderoso para guardaros sin caída, y presentaros sin mancha delante de su gloria con gran alegría, al único y sabio Dios, nuestro Salvador, sea gloria y majestad, imperio y potencia, ahora y por todos los siglos. Amén"* (Jud. 24-25). Dios se ha comprometido para presentarnos delante de su gloria y lo hará pese a la situación personal de cada creyente. El mismo Señor ha dado la fuerza espiritual para una vida victoriosa en Él (Fil 4:13). Esta vida victoriosa comprende también la permanencia en la inalterable verdad que hemos recibido por medio de la Palabra. El cristiano está llamado a permanecer firme en la fe que le ha sido entregada por Dios mismo, a través de los escritos bíblicos.

καὶ κρατεῖτε τὰς παραδόσεις ἃς ἐδιδάχθητε εἴτε διὰ λόγου εἴτε δι' ἐπιστολῆς ἡμῶν. La segunda demanda, complementaria de la anterior, es que lo que han de retener son *las tradiciones*, o si se prefiere a causa de la confusión que pudiera generar la palabra, *las enseñanzas* recibidas, de otro modo, retener la doctrina. Para los tesalonicenses la doctrina llegó a ellos tanto por medio de la palabra, es decir, la enseñanza oral del apóstol y de sus colaboradores, como por medio del escrito bíblico, fuese suyo o, más adelante, de los otros apóstoles en las cartas del Nuevo Testamento. Es interesante apreciar que el canon aún no estaba cerrado, por consiguiente, la enseñanza de los creyentes seguía siendo, muchas veces, por medio de palabra de los apóstoles (2 Ti. 2:2), y en alguna ocasión, como ocurre ya con los tesalonicenses, por medio de las *cartas*, literalmente *epístolas* de los apóstoles. La exhortación es a *aferrarse con firmeza*, *conservar con fuerza*, el contenido de la enseñanza recibida, sobre todo, cuando los enemigos procuraban que claudicasen en la fe. Es necesario entender que este mandamiento dado a los tesalonicenses, es extensivo para cada creyente en cualquier tiempo. La fe cristiana no es negociable, esto es, no puede sino mantenerse con firmeza. La misma lucha de los tiempos apostólicos es también la nuestra hoy en día. Los enemigos del evangelio pugnan porque el cristiano no se mantenga firme en la fe, pero, la realidad espiritual de una vida victoriosa demanda perseverar en ella, para lo que es necesario conocerla, por medio de la lectura y el estudio de la Palabra, y asirse con firmeza de ella.

16. Y el mismo Jesucristo Señor nuestro, y Dios nuestro Padre, el cual nos amó y nos dio consolación eterna y buena esperanza por gracia.

Αὐτὸς δὲ ὁ Κύριος ἡμῶν ᾿Ιησοῦς Χριστὸς καὶ [ὁ][1] Θεὸς ὁ
Y el mismo - Señor de nosotros Jesucristo y - Dios el
Πατὴρ[2] ἡμῶν ὁ ἀγαπήσας ἡμᾶς καὶ δοὺς παράκλησιν
Padre de nosotros el que amó nos y que dio consolación
αἰωνίαν καὶ ἐλπίδα ἀγαθὴν ἐν χάριτι,
eterna y esperanza buena por gracia.

Notas y análisis del texto griego.

Expresando una oración por los tesalonicenses, dice: Αὐτὸς, caso nominativo masculino singular del pronombre intensivo *el mismo*; δὲ, partícula conjuntiva que hace las veces de conjunción coordinante, con sentido de *pero, más bien, y, y por cierto, antes bien*; ὁ, caso nominativo masculino singular del artículo determinado *el*; Κύριος, caso nominativo masculino singular del nombre divino *Señor*; ἡμῶν, caso genitivo de la primera persona plural del pronombre personal declinado *de nosotros*; ᾿Ιησοῦς, caso nominativo masculino singular del nombre propio *Jesús*; Χριστὸς, caso nominativo masculino singular del nombre propio *Cristo*; καὶ, conjunción copulativa *y*; ὁ, caso nominativo masculino singular del artículo determinado *el*; Θεὸς, caso nominativo masculino singular del nombre divino *Dios*; ὁ, caso nominativo masculino singular del artículo determinado *el*; Πατὴρ, caso nominativo masculino singular del nombre divino *Padre*; ἡμῶν, caso genitivo de la primera persona plural del pronombre personal *de nosotros*; ὁ, caso nominativo masculino singular del artículo determinado *el*; ἀγαπήσας, caso nominativo masculino singular del participio de aoristo primero en voz activa del verbo ἀγαπάω, *amar*, aquí *que amó*; ἡμᾶς, caso acusativo de la primera persona plural del pronombre personal declinado *a nosotros, nos*; καὶ, conjunción copulativa *y*; δοὺς, caso nominativo masculino singular del partición del aoristo segundo de indicativo en voz activa del verbo δίδωμι, *dar*, aquí *que dio*; παράκλησιν, caso acusativo femenino singular del nombre común *consolación*; αἰωνίαν, caso acusativo femenino singular del adjetivo *eterna*; καὶ, conjunción copulativa *y*; ἐλπίδα, caso acusativo femenino singular del nombre común *esperanza*; ἀγαθὴν, caso acusativo femenino singular del adjetivo *buena*; ἐν, preposición propia de dativo *en, por*; χάριτι, caso dativo femenino singular del nombre común *gracia*.

Crítica Textual. Lecturas alternativas.

[1] ὁ, *el*, lectura atestiguada en ℵ$^{*, 2b}$. A. D^{1}. F. G. I. L. P. Ψ. 0278. 81. 104. 365. 630. 1241. 1505. 2464. 𝔐.

No figura en ℵ[2a]. B. D*. K. 33. 1175. 1739. 1881.

[2] Θεὸς ὁ Πατὴρ, *Dios el Padre*, lectura en ℵ*. B. D. F. G. 33. 1739. 1881. arm. vg[ms]. sir[p]. co. Ambrosiaster.

Θεὸς ὁ καὶ Πατὴρ, *Dios y el Padre*, según A. D. I. K. L. P. Ψ. 81. 104. 365. 630. 1175. 1241. 1505. 2464. 𝔐. lat. sir.

Αὐτὸς δὲ ὁ Κύριος ἡμῶν 'Ιησοῦς Χριστὸς. Esta es una de las cuatro oraciones que el apóstol eleva al Señor por los tesalonicenses y que aparecen en la *Epístola*. Primeramente rogó por una vida que glorifique a Dios (1:11, 12); luego pidió por el consuelo y la firmeza (2:16, 17); en tercer lugar lo hizo por su amor y paciencia (3:5); finalmente por su paz (3:16). La fuente de las bendiciones que Pablo pide es el Señor Jesucristo. Utiliza aquí los tres títulos: *Señor, Jesús y Cristo*. El pronombre intensivo αὐτὸς, hace resaltar que es el mismo Señor de todos los cristianos, de ahí que incluyéndose él diga: *Señor nuestro*. Es quien tiene todo el poder en el cielo y en la tierra (Mt. 28:18; Fil. 2:9-11). Cristo es la fuente de poder para hacer posible la firmeza del creyente (Jn. 15:5). Así lo reconocía el apóstol cuando escribía: *"Todo lo puedo en Cristo que me fortalece"* (Fil. 4:13).

καὶ [ὁ] Θεὸς ὁ Πατὴρ ἡμῶν ὁ ἀγαπήσας ἡμᾶς. Unido a Él, como aparece en muchas ocasiones, está el *Padre*, que con el pronombre intensivo antes citado, implica que también es el *Padre* de todos los creyentes, de ahí que diga *Dios nuestro Padre*. Es de Él de quien procede todo don perfecto y toda buena dádiva (Stg. 1:17). También es la fuente de las bendiciones sin límites que los suyos reciben, porque son amados por Él, como lo ha manifestado (1 Jn. 4:10). No es necesario extenderse aquí buscando evidencias bíblicas de cómo Dios nos amó en la infinita dimensión de Su gracia: *"Mas Dios muestra su amor para con nosotros, en que siendo aún pecadores Cristo murió por nosotros"* (Ro. 5:8). La muerte del Salvador es una manifestación concreta de la gracia. Era necesaria para la justificación del pecador y se produjo como expresión del amor de Dios, que se autodona al hombre para salvación. Es preciso resaltar que el amor divino no puede situarse en ningún parámetro del amor humano. La obra de Dios es la obra de Cristo y la obra de Cristo es la obra de Dios. El Padre entregó a su Hijo haciéndolo propiciación por nosotros. Esta es la acción de amor más admirable y a la vez incomprensible, de Dios mismo. De otro modo, después de la obra de la Cruz, ya no se puede hablar del amor de Dios desligándolo de ella. Nadie puede ya hablar de amor, sin hablar de Cruz: *"Dios muestra su amor para con nosotros, en que siendo aún pecadores, Cristo murió por nosotros"*. Entendámoslo aún mejor de este modo: *"Dios muestra su amor para con nosotros, en que mientras nosotros seguíamos pecando, Cristo moría por nosotros"*. Ningún amor nuestro hacia Él, ningún acercamiento, ningún reconocimiento, solo pecado, desobediencia, rebeldía, oposición, desprecio e ignorancia. Y fue en esa condición cuando Dios levantó la Cruz y sobre ella entregó a su Hijo, quien voluntariamente, en una admirable manifestación de la gracia, murió ocupando nuestro lugar. Todo lo que se refiere al Padre, está Cristo también en la misma línea.

καὶ δοὺς παράκλησιν αἰωνίαν Junto con el amor está la bendición de la consolación eterna. Dios se hace próximo. El apóstol utiliza παράκλησιν, *consolación*, que conlleva la proximidad, venir al lado de uno para alentarle. Quienes están desconsolados a causa del pecado, recibieron la consolación eterna de Dios mismo. La palabra *consuelo* tiene el sentido de aliento, y poder en y para cualquier situación. Es un consuelo espiritual y racional.

καὶ ἐλπίδα ἀγαθὴν. Pero también recibimos la *esperanza*. Esta es una esperanza segura porque es ἀγαθὴν, *buena*. La esperanza cristiana no es sólo una gran bendición, sino la gloriosa realidad de la presencia de Dios en el cristiano (Col. 1:27). Esta esperanza es buena porque procede de Dios y como tal no falla. Por esa razón quien no tiene a Cristo no tiene a Dios y no tiene esperanza (Ef. 2:12).

ἐν χάριτι, La causa de la bendición es *la gracia*. Nuevamente una de las expresiones favoritas del apóstol aparece en el texto. La gracia es la causa de la salvación y de todas las bendiciones que procediendo de Dios llegan al cristiano (Ef. 2:8-9). La referencia a la gracia en la última frase acentúa el concepto bíblico de la benevolencia y afecto divino. Tanto el amor que se menciona antes, como el don que otorga son totalmente gratuitos y sin mérito alguno para quienes los reciben, procediendo del obrar de Dios. La oración del apóstol ocupa el lugar adecuado, puesto que los tesalonicenses no podrían mantenerse en la firmeza de fe necesaria, a menos que Dios en Cristo fortalezca sus corazones, de ahí la presencia, como se dice antes, del Padre y de Jesucristo en el inicio de la oración.

17. Conforte vuestros corazones, y os confirme en toda buena palabra y obra.

παρακαλέσαι ὑμῶν τὰς καρδίας καὶ στηρίξαι ἐν παντὶ ἔργῳ
conforte de vosotros los corazones y fortalezca en toda obra
καὶ λόγῳ ἀγαθῷ.
y palabra buena.

Notas y análisis del texto griego.

Cerrando el párrafo, escribe: παρακαλέσαι, tercera persona singular del aorisrto primero de optativo en voz activa del verbo παρακαλέω, *consolar, animar, confortar*, aquí *conforte*; ὑμῶν caso genitivo de la segunda persona plural del pronombre personal declinado *de vosotros*; τὰς, caso acusativo femenino plural del artículo determinado *las*; καρδίας, caso acusativo femenino plural del nombre común *corazones*; καὶ, conjunción copulativa *y*; στηρίξαι, tercera persona singular del aoristo primero optativo en voz activa del verbo στηρίζω, *afianzar, establecer, dar firmeza, fortalecer,* aquí *fortalezca*; ἐν, preposición propia de dativo *en*; παντὶ, caso dativo neutro singular del adjetivo *todo*; ἔργῳ, caso dativo neutro singular del nombre común *trabajo, obra*; καὶ, conjunción copulativa *y*; λόγῳ, caso dativo masculino singular del nombre común *palabra, dicho*; ἀγαθῷ, caso dativo masculino singular del adjetivo *bueno*.

παρακαλέσαι ὑμῶν τὰς καρδίας. En medio de las dificultades, pruebas y conflictos propios del ser cristiano, que estaban afectando a los tesalonicenses, el apóstol pide a Dios que en su gracia *conforte*, esto es, *de firmeza*, a los corazones de los creyentes. El verbo παρακαλέω, expresa la idea de *consolar*. La vida en la fe, en la gracia, es gozosa pero encierra persecuciones y dificultades (2 Ti. 3:12), por tanto, el creyente necesita el consuelo en lo más íntimo. El consuelo se dirige al *corazón*, lugar de la centralidad de la persona humana, de donde parten las intenciones y se genera la conducta externa del individuo. Pablo pide por la provisión de gracia para un corazón confortado, consolado y firme en medio de las dificultades.

καὶ στηρίξαι ἐν παντὶ ἔργῳ Un segundo aspecto de la petición está orientada a que de un corazón firme, surjan acciones conforme a la voluntad de Dios. Pablo pide que Dios confirme el modo de obrar del creyente. Esto significa que cada uno de ellos debe caminar en la senda de las obras que Dios preparó de antemano para nosotros (Ef. 2:10). De otro modo, que cada creyente se conduzca siguiendo las pisadas de Jesús, que pasó por el mundo *haciendo bienes* (Hch. 10:38). Es preciso entender aquí que Dios no nos salva por obras, pero, nos salva *para* obras. La fe produce obras que ponen de manifiesto la realidad de la vida en ella. Una fe teórica que no produce efectos es una fe muerta (Stg. 2:17). De modo que como salvos por gracia, mediante la instrumentalizad de la fe, el creyente está en el camino de la vinculación con Cristo, por tanto, en el camino de la ejecución del buen obrar, equivalente a las buenas obras. El buen obrar es una forma visible de manifestar la santidad del llamamiento celestial a que los cristianos son llamados, propia de quienes Dios eligió desde la eternidad (Ef. 1:4). Si la Iglesia vive conforme al propósito de Dios, el buen obrar hace visible la grandeza de esa gracia que transforma al hombre y cuya transformación solo puede compararse a un nuevo nacimiento.

καὶ λόγῳ ἀγαθῷ. La tercera petición complementa y sigue a la realidad de la primera. La idea de firmeza pedida para el corazón, se manifiesta necesariamente en la firmeza externa. Especialmente en el modo de hablar, para que sea conforme a la condición de salvos (Ef. 4:29; 5:3; Col. 3:8, 9; 4:6). Esta forma de expresarse comprende tanto la edificación de los hermanos, como la limpieza y santidad de los motivos de conversación. Las palabras *corrompidas*, son las que *envenenan*, las que tienen en sí mismas el germen corruptor del pecado. No son las palabras ociosas o deshonestas que se considerarán más adelante, sino el hablar con mala intención. Sin duda una expresión típica de palabras corrompidas tiene que ver con la murmuración (Stg. 4:11). Santiago afirma que la lengua puede ser utilizada como instrumento en manos del maligno, comparándola con un *"fuego, un mundo de maldad"*. La lengua está *"puesta entre nuestros miembros, y contamina todo el cuerpo, e inflama la rueda de la creación, y ella misma es inflamada por el infierno"* (Stg. 3:6). La lengua se presenta como un fuego que devora y destruye, en un orden conectado a la maldad, propio de quienes no han sido regenerados, o incluso del creyente que no se ha despojado del viejo hombre. El grave problema es que la murmuración está orientada a creyentes y de quien se murmura es de un hermano, miembro del cuerpo. El poder corruptor de la palabra alcanza tanto al que la pronuncia como al que la escucha. Toda palabra *corrompida* es impulsada por la vieja naturaleza y utilizada por el maligno. De otro modo, el que habla mal está siendo instrumento del maligno. Esta forma de hablar corrupta utiliza palabras maliciosas contra el hermano, especialmente cobarde cuando aquel de quien se habla desprestigiándolo, no está presente. El creyente que habla mal de su hermano está actuando bajo la influencia del maligno que es el *"acusador de los hermanos"* (Ap. 12:10). Junto con la murmuración están también los chismes y las críticas, asunto prohibido ya en la Ley moral (Lv. 19:16). La Biblia de las Américas traduce este texto de este modo: *"No andarás de calumniador en medio de tu pueblo"*. La maledicencia es hablar de los males de los hermanos con ánimo de desprestigiarlos. Es notorio que el maledicente consuetudinario no debe estar en la comunión de la iglesia local (1 Co. 5:11).

La firmeza en la fe producirá obras y palabras concordantes con ella. De Dios provienen los recursos para una vida santa (Fil. 2:13), por esa causa la oración de Pablo se dirige a Él para que sea esa la experiencia de la vida de los tesalonicenses y, por extensión, la de cada creyente en el transcurso del tiempo.

Concluido este capítulo resaltamos algunas de las muchas enseñanzas personales que están contenidas en el escrito. La enseñanza bíblica es fundamental para la iglesia. El desarrollo del creyente está en razón del conocimiento de la Palabra y de su aplicación a la vida cotidiana (He. 5:13, 14). La progresión en la vida espiritual se basa en la profundización en la Palabra (He. 6:14). La iglesia primitiva daba prioridad a la enseñanza bíblica. Ese es el ejemplo de la iglesia en Jerusalén (Hch. 2:42), y también la de Antioquía (Hch. 11:25, 26). El creyente ha de persistir en el aprendizaje personal y la enseñanza de la Palabra. Así instruye Pablo a su colaborador Timoteo (2 Ti. 4:1, 2). Del mismo modo advierte del desinterés que se producirá en los tiempos finales por el estudio de la Escritura (2 Ti. 4:3). La palabra es *eficiente*, por tanto, es el único instrumento válido par la corrección y edificación (2 Ti. 3:16, 17; He. 4:12). La doctrina ha de ser constantemente recordada (Fil. 3:1). La ausencia de conocimiento de la Palabra produce infantilismo espiritual abriendo el camino para que los creyentes en esa condición sean fácilmente arrastrados por todo viento de doctrina.

Otra interesante lección se desprende de que el misterio de iniquidad está ya en acción. Satanás y sus huestes están actuando en el mundo procurando separar a los hombres de Dios y hacer caer al cristiano de su firmeza (1 P. 5:8). Por esa razón cada uno de nosotros hemos de *resistir al diablo* (1 P. 5:9). Dios proveyó de todo lo necesario para que tengamos una vida victoriosa, poniendo al alcance de cada uno la armadura defensiva que nos permita estar firmes (Ef. 6:11-18). El creyente debe ser consciente de que la victoria no es posible en sus propias fuerzas (Ef. 6:12). Dios demanda de nosotros una vida de comunión con Él, viviendo en el poder del Espíritu de modo que podamos ir de *triunfo en triunfo* (2 Co. 2:14).

El cristiano debe esforzarse por llevar el evangelio a los perdidos. El tiempo que la iglesia tiene por delante para llevar a cabo la *Gran Comisión* es poco. El énfasis evangelístico es natural en la vida del cristiano, como resultado de la obediencia a su Señor (Mr. 16:15-16). Debemos ser conscientes de la situación a que llegarán aquellos que habiendo oído el evangelio lo rechazan (2:10, 12). Esto debiera conducirnos a un denodado interés por llevar el evangelio y a un continuo espíritu de oración en intercesión por la salvación de los perdidos.

Dios debe ser alabado por las bendiciones que ha otorgado a los suyos (2:13). Cada uno debe tener delante la obra hecha por Él a su favor, como motivo de gratitud personal. La gratitud conducirá al servicio (Ro. 12:1). El creyente debe gozarse en la seguridad de su eterna salvación.

Finalmente, el cristiano debe tener conversaciones edificantes y obras correspondientes a la realidad de su fe. El cristiano no es salvo por obras, pero se salva para obras. El testimonio del creyente comprende un modo de hablar honesto y limpio. Todo aquel que ha sido salvo, debe ser instrumento de edificación para los demás. La voluntad de Dios es la santificación de cada uno de los que hemos creído en Cristo (1 Ts. 4:3).

CAPÍTULO III

LA CONDUCTA CRISTIANA.

Introducción.

El apóstol está a punto de concluir la epístola. Tal vez reflexiona sobre lo que debe añadir a lo escrito. Los posibles mal entendidos, o tal vez olvidos sobre aspectos doctrinales, ya fueron tratados. Ahora debe aprovechar lo que resta para recordar cuestiones prácticas de la vida cristiana que manifestarán al mundo la realidad de la fe.

En su situación personal necesita el apoyo en oración de los hermanos en Tesalónica, a fin de que la lucha contra los enemigos del evangelio no le impida seguir adelante con la predicación, de ahí el ruego que aparece en los primeros versículos del pasaje (vv. 1-2).

En su mente se agolpan dos pensamientos respecto a los tesalonicenses: de un lado, la seguridad de que la mayoría de los creyentes de aquella iglesia eran consecuentes con su fe y vivían como corresponde a verdaderos cristianos (1:3-4). Sin embargo, había algunos que andaban desordenadamente (v. 11). A estos ya había amonestado en la *Epístola* anterior, pero persistían en ello. Es decir, entre los mismos creyentes había gente inquieta y perezosa, que son dos males que habitualmente van unidos. El apóstol es firme en relación con los tales. Para ello les recuerda su propio ejemplo. Él, como apóstol de Cristo, pudo haber vivido de las ofrendas y recursos de los tesalonicenses, pero prefirió trabajar por sí mismo para su sostenimiento personal (vv. 6-10). Este mal debía ser atajado con firmeza, por lo que incluye instrucciones concretas, mandando que cada uno trabaje en lo suyo, y a quienes persistan en su forma de vida y no obedezcan al mandato que como apóstol establece, debían ser aislados de alguna manera, para que les sirva de reflexión y cambien de conducta. Sin embargo, estos desordenados debían ser tratados como lo que eran, hermanos en Cristo.

Luego de estas reflexiones pasa a los saludos finales, con el deseo de que la paz de Dios se manifieste con cada uno de los creyentes. Como es habitual en sus escritos, se despide de los destinatarios con unas líneas de su propia mano (v. 17). La *Epístola* concluye deseando a todos la bendición de la gracia del Señor.

El bosquejo analítico para el comentario del capítulo es el que se presentó en la introducción, como sigue:

IV. Las amonestaciones prácticas (3:1-15).
1. Confianza respecto a los tesalonicenses (3:1-5).
2. Instrucciones para con los desordenados (3:6-13).
3. Instrucciones para con los desobedientes (3:14-15).

V. Bendición y despedida (3:16-18).
1. Bendición (3:16).
2. Despedida (3:17-18).

IV. Las amonestaciones prácticas (3:1-15).

Confianza respecto a los tesalonicenses (3:1-5).

1. Por lo demás, hermanos, orad por nosotros, para que la palabra del Señor corra y sea glorificada, así como lo fue entre vosotros.

Τὸ λοιπὸν προσεύχεσθε, ἀδελφοί, περὶ ἡμῶν, ἵνα ὁ λόγος
Por lo demás orad, hermanos, por nosotros, para que la palabra
τοῦ Κυρίου τρέχῃ καὶ δοξάζηται καθὼς καὶ πρὸς ὑμᾶς,
del Señor corra y sea glorificada como también con vosotros.

Notas y análisis del texto griego.

Iniciando un nuevo párrafo, dice: Τὸ, caso acusativo neutro singular del artículo determinado declinado *por lo*; λοιπὸν, caso acusativo neutro singular del adjetivo *demás*; προσεύχεσθε, segunda persona plural del presente de imperativo en voz media del verbo προσεύχομαι, *orar, hacer oración*, aquí *orad*; ἀδελφοί, caso vocativo masculino plural del nombre común *hermanos*; περὶ, preposición propia de genitivo *acerca de, por*; ἡμῶν, caso genitivo de la primera persona plural del pronombre personal *nosotros*; ἵνα, conjunción causal *para que*; ὁ, caso nominativo masculino singular del artículo determinado *el*; λόγος, caso nominativo masculino singular del nombre común *palabra, dicho*; τοῦ, caso genitivo masculino singular del artículo determinado declinado *del*; Κυρίου, caso genitivo masculino singular del nombre divino *Señor*; τρέχῃ, tercera persona singular del presente de subjuntivo en voz activa del verbo τρέχω, *correr*, aquí *corra*; καὶ, conjunción copulativa *y*; δοξάζηται, tercera persona singular del presente de subjuntivo en voz pasiva del verbo δοξάζω, *alabar, glorificar*, aquí *sea glorificada*; καθὼς, conjunción condicional *como*; καὶ, adverbio de modo *también*; πρὸς, preposición propia de acusativo *con*; ὑμᾶς, caso acusativo de la segunda persona plural del pronombre personal *vosotros*.

Τὸ λοιπὸν. Usando un modo muy típico en sus escritos (cf. 1 Ts. 4:1; 2 Co. 13:11; Fil. 4:8), el apóstol inicia la conclusión de la *Epístola*, con una expresión que equivale a *finalmente*. Ya ha dicho todo lo que deseaba decir a los tesalonicenses e inicia la andadura final, que consistirá, no tanto en precisiones doctrinales, sino en aplicaciones consecuentes o derivadas de ella.

προσεύχεσθε, ἀδελφοί, περὶ ἡμῶν, Primeramente solicita la intercesión de los creyentes en oración. El uso del presente de imperativo προσεύχεσθε, *orad*, implica, además de un mandamiento, una acción continuada, persistente, como si dijese *seguid orando*. El ruego es por una oración intercesora a favor de él y de quienes estaban a su lado colaborando en la extensión del evangelio, el establecimiento de iglesias y la consolidación de las mismas. El apóstol tiene en alta estima la oración por él y sus compañeros (Ro. 15:30-32; Fil. 1:19; Col. 4:2; 1 Ts. 5:25; Flm. 22).

ἵνα ὁ λόγος τοῦ κυρίου τρέχῃ καὶ δοξάζηται καθὼς καὶ πρὸς ὑμᾶς, Sin embargo, aunque la oración deba hacerse intercediendo por ellos, no pide bendiciones y favores personales, ni otro tipo de ayuda orientada a su provecho, sino que la intercesión está vinculada con el ministerio que llevaban a cabo: que la *Palabra del Señor corra*. Esta expresión, aunque puede considerarse como una *hendíadis*[1] con lo que sigue, lo que resultaría como decir *corra gloriosamente*, más bien debe considerarse como dos cosas independientes. La primera que el evangelio se extienda y la segunda que produzca efecto en quienes son alcanzados con el mensaje. No se trataba de la *palabra de Pablo*, sino de la *palabra del Señor*. El apóstol considera el evangelio como un mensaje procedente de Cristo mismo (Gá. 1:11, 12). Quiere decir que lo que pide es que el mensaje al que denomina como *la palabra de Cruz*, o de otro modo *la doctrina de la Cruz* (1 Co. 1:18), se extienda y alcance a muchos. Su deseo es que no haya obstáculos de los enemigos que impidan que el evangelio llegue a otros muchos. No cabe duda que el poder de Dios y el propósito Suyo de salvar a los pecadores, no puede ser impedido o estorbado por nadie, pero puede resultar en mayores dificultades y conflictos, como era, en gran medida, la experiencia de los tesalonicenses. El enemigo de Dios y del mensaje de su gracia, pondrá siempre los mayores impedimentos para que no alcance a otros. No puede olvidarse que Satanás es homicida y no quiere que nadie se salve.

Pero, al mismo tiempo que el mensaje corre, sea también *glorificado*. Esta es una clara referencia a lo que produce entre las personas que lo reciben, como relata Lucas, cuando dice que *"los gentiles, oyendo esto, se regocijaban y glorificaban la palabra del*

---

[1] Figura del lenguaje por la cual se expresa un solo concepto con dos nombres coordinados.

Señor" (Hch. 13:48). Mientras los enemigos del evangelio levantan contra el evangelio poniendo dificultades y procurando que los mensajeros sean estorbados de tal modo que no proclamen el mensaje, los que son alcanzados por el mensaje y lo aceptan, se llenan de gozo, alabando la palabra del Señor. Es el contraste habitual en cada ocasión que se predica el evangelio; para unos el mensaje es rechazado y atacado, mientras que para otros, es recibido como la palabra de aliento y esperanza que necesitaban y la aceptan, alabando a Dios por la salvación que otorga en Cristo a todo aquel que cree. En tiempos de Pablo, los gentiles glorificaban la palabra del Señor al aceptarla con gozo. Como se dice en el párrafo anterior, podría considerarse las dos partes de la petición, no como cosas separadas sino vinculadas, esto es, una hendíadis, que equivaldría a *corra gloriosamente*. El mensaje del evangelio se identifica por Pablo como la *palabra del Señor*, por consiguiente, se identifica con Él y participa de su gloria. Este correr glorioso se produce cuando el evangelio es aceptado por los perdidos y alcanza, por fe en Cristo, la salvación.

En eso el ejemplo de los tesalonicenses es evidente: *"...lo fue entre vosotros"*. El evangelio había tenido éxito en Tesalónica, y había cambiado las vidas de aquellos a quienes está dirigiendo el escrito. No es posible dejar de apreciar, a la luz de estas palabras, que el *evangelio es poder de Dios para salvación a todo aquel que cree*. Esto debiera servirnos de advertencia solemne en cuanto al mensaje que ha de predicarse. No se trata de convencer a los hombres por las palabras de los hombres, sino de alcanzarlos para salvación por las de Dios. El evangelio que no descansa íntegramente en la Palabra, no es un verdadero evangelio. Dios no honra las palabras del predicador, sino sólo las suyas. En un mundo en que la predicación del evangelio se considera por muchos un mensaje que debe cautivar la atención de las gentes orientándolas a un cambio de vida en la que ellos mismos participan, Dios nos llama a predicar el mensaje de salvación expresado en la Palabra.

2. Y para que seamos librados de hombres perversos y malos; porque no es de todos la fe.

καὶ ἵνα ῥυσθῶμεν ἀπὸ τῶν ἀτόπων καὶ πονηρῶν ἀνθρώπων·
Y para que seamos librados de los perversos y malos hombres;
οὐ γὰρ πάντων ἡ πίστις.
Porque no de todos la fe.

Notas y análisis del texto griego.

Sin interrupción en la petición, añade: καὶ, conjunción copulativa *y*; ἵνα, conjunción causal *para que*; ῥυσθῶμεν, primera persona plural del aoristo de subjuntivo en voz pasiva del verbo, ῥύομαι, *salvar, rescatar, librar*, aquí *seamos librados*; ἀπὸ, preposición propia de genitivo *de*; τῶν, caso genitivo masculino plural del artículo determinado *los*; ἀτόπων, caso genitivo masculino plural del adjetivo *malos, criminales*, literalmente *anormales*, en el sentido de *culpables, nocivos*; καὶ, conjunción copulativa *y*; πονηρῶν, caso genitivo masculino plural del adjetivo *malignos, malos*; ἀνθρώπων, caso genitivo masculino plural del nombre común *hombres*; οὐ, adverbio de negación *no*; γὰρ, conjunción causal *porque*; πάντων, caso genitivo masculino plural del adjetivo indefinido *todos*; ἡ, caso nominativo femenino singular del artículo determinado *la*; πίστις, caso nominativo femenino singular del nombre común *fe*.

καὶ ἵνα ῥυσθῶμεν ἀπὸ τῶν ἀτόπων καὶ πονηρῶν ἀνθρώπων·. La segunda razón para pedir las oraciones de los tesalonicenses era que alrededor de Pablo había hombres que se oponían al evangelio y perseguían a los mensajeros. Los califica como ἀτόπων, *perversos*, de α privativa y τόπως, *lugar*, literalmente *fuera de lugar*, que equivale a *injuriosos, improcedentes, injustos*; y también eran πονηρῶν, *malos* o *malignos*, calificativo dado al diablo (1 Jn. 5:19), quiere decir, que conforme al propósito diabólico, estos, hijos espirituales del maligno, se oponían y trabajaban para impedir el progreso del evangelio. Pablo se había encontrado con este tipo de personas en la evangelización de Tesalónica y, en general en casi todos los lugares donde predicaba el evangelio. Muy probablemente esté refiriéndose a circunstancias recientes en Corinto. Por eso pide *ser librado* de ellos. El verbo ῥύομαι, usado en el pasaje tiene connotación de *rescate*, como si dijese: *que seamos rescatados de los perversos*.

οὐ γὰρ πάντων ἡ πίστις. La petición se cierra con una observación: *no es de todos la fe.* Quiere decir que los que se comportaban de esta manera y se les calificaba de *perversos y malignos*, no eran creyentes (Hch.28:24). Es evidente que no eran de la familia de la fe. La predicación del evangelio alcanzaba a algunos para salvación pero otros permanecían, o ignorantes, o rebeldes, como el apóstol dice a los romanos: *"Mas no todos obedecieron al evangelio"* (Ro. 10:16). Esa falta de fe, unido al odio especialmente de los líderes religiosos, los interesados en la idolatría y, lo que era más triste, los judíos fanatizados con su judaísmo, producían los problemas y generaban los conflictos que afectaban a los que llevaban el mensaje de salvación.

3. Pero fiel es el Señor, que os afirmará y guardará del mal.

Πιστὸς δέ ἐστιν ὁ Κύριος[1], ὃς στηρίξει ὑμᾶς καὶ φυλάξει
Pero fiel es el Señor, el cual afianzará os y guardará
ἀπὸ τοῦ πονηροῦ.
del maligno.

Notas y análisis del texto griego.

Sin interrupción en el tema, dice: Πιστὸς, caso nominativo masculino singular del adjetivo *fiel*; δέ, partícula conjuntiva que hace las veces de conjunción coordinante, con sentido de *pero, más bien, y, y por cierto, antes bien*; ἐστιν, tercera persona singular del presente de indicativo en voz activa del verbo εἰμί, *ser*, aquí *es*; ὁ, caso nominativo masculino singular del artículo determinado *el*; Κύριος, caso nominativo masculino singular del nombre divino *Señor*; ὃς, caso nominativo masculino singular del pronombre relativo *el que, el cual*; στηρίξει, tercera persona singular del futuro de indicativo en voz activa del verbo στερίζω, *establecer, afirmar, afianzar*, aquí *afianzará*; ὑμᾶς, caso acusativo de la segunda persona plural del pronombre personal declinado *a vosotros, os*; καὶ, conjunción copulativa *y*; φυλάξει, tercera persona singular del futuro de indicativo en voz activa del verbo φυλάσσω, *guardar*, aquí *guardará*; ἀπὸ, preposición propia de genitivo *de*; τοῦ, caso genitivo masculino singular o neutro singular, del artículo determinado, *el*; πονηροῦ, caso genitivo masculino singular o neutro singular del nombre común *malo* o *maligno*.

Crítica Textual. Lecturas alternativas.

[1] ὁ Κύριος, *el Señor*, lectura atestiguada en א[2]. B. D[2]. K. L. P. Ψ. 0278. 33. 81. 104. 365. 630. 1175. 1241. 1505. 1739. 1881. 𝔐. vg. sir. co.

ὁ Θεός, *Dios*, según A. D*[,c]. F. G. 2464. it. vg. bo. Ambrosiaster.

Πιστὸς δέ ἐστιν ὁ Κύριος, La fidelidad de Dios se manifiesta en el conflicto de la fe. Los que se oponen son *infieles*, pero Dios es fiel para defender al creyente. La fidelidad de Dios es una de sus perfecciones divinas, es decir, es fiel en todas las cosas y en todos los tiempos; así lo afirma Moisés: *"Conoce, pues, que Jehová tu Dios es Dios, Dios fiel"* (Dt. 7:9). Cualquier cosa contraria o diferente a la fidelidad sería obrar en contra de Su naturaleza. Nada le altera, nadie le mueve en la expresión de ese atributo porque *"si fuéremos infieles, Él permanece fiel; no se puede negar a sí mismo"* (2 Ti. 2:13). La fidelidad de Dios está por encima de cualquier comprensión humana. La perspectiva divina para el tiempo está vinculada a la fidelidad: *"Y será la justicia cinto de sus lomos, y la fidelidad ceñidor de su cinturón"* (Is. 11:5). Un simple ejemplo de la fidelidad está en el cumplimiento de lo que dijo a Noé: *"Mientras la tierra permanezca, no cesará la sementera y la siega, el frío y el calor, el verano y el invierno, y el día y la noche"* (Gn. 8:22). Del mismo modo las relaciones con los creyentes es de fidelidad, dándonos *"preciosas y grandísimas promesas"* (1 P. 1:4), que llenan de profunda paz porque sabemos que *"es fiel el que prometió"* (He. 10:23). Concretamente en el entorno textual de la *Epístola*, donde pide oración para ser librado de los hombres perversos, Dios es fiel para librar a su pueblo, de modo que no permitirá que nadie de Su familia espiritual sea destruido o impedido de llevar adelante el ministerio que le encomendó. Por la fidelidad de Dios, el término del camino cristiano es la glorificación, de ahí que podemos estar seguros de que todos seremos presentados sin mancha en la venida de nuestro Señor Jesucristo (Jud. 24). Si Dios permite la tribulación, si la aflicción llena alguna página de nuestra vida, si la persecución nos hace huir de un lugar a otro y si incluso la muerte por el testimonio sea el término de nuestra carrera, debemos entender que padecemos *"según la voluntad de Dios"* en cuya circunstancia quienes estén en esta experiencia *"encomienden sus almas al fiel Creador, y hagan el bien"* (1 P. 4:19). Debemos concluir que Dios es fiel para proteger a los suyos conforme a su promesa (Mt. 28:20b). Es el mismo compromiso que manifestó para otras dispensaciones (Sal. 34:7). La Biblia afirma que Dios es fiel (1 Co. 1:9). Él fue fiel en el llamamiento y lo es en el cuidado (1 Ts. 5:24).

ὃς στηρίξει ὑμᾶς καὶ φυλάξει ἀπὸ τοῦ πονηροῦ. El apóstol desvía la atención de las dificultades suyas y de sus colaboradores, para fijarla en los tesalonicenses que pasaban por conflictos y persecuciones lo mismo que ellos. La seguridad de que Dios es fiel trae como consecuencia que en medio de las adversidades estarán firmes y protegidos del mal. Dios los *confirmaría*, dándoles los recursos para estar firmes en la lucha. Él provee de lo necesario para que, al término del conflicto permanezcan firmes.

Hay aquí una dificultad de seleccionar en el texto griego, si el artículo y el nombre, τοῦ πονηροῦ, deben ser considerados como masculinos o como neutros. Ambas cosas son idénticas en la forma de escribirlas. Si se toma como un *neutro*, entonces la protección, sería sobre *el mal*, si se considera masculino entonces se trata *del maligno*. Ayudarán otros pasajes a decantarse por uno u otra forma; el apóstol Juan escribe: *"Sabemos que todo aquel que ha nacido de Dios, no practica el pecado, pues aquel que fue engendrado por Dios le guarda, y el maligno no le toca"* (1 Jn. 5:18), esto concordaría con la petición que el Señor hizo al Padre a favor de los creyentes (Jn. 17:15). Además en la *Epístola a los Efesios*, el apóstol Pablo escribe sobre los recursos protectores contra el maligno (Ef. 6:16). En el versículo que se comenta debemos decantarnos por la forma masculina, por tanto, entender que se trataba del *maligno*. Sin embargo, tanto el mal o el malo, como el maligno están vinculados el uno al otro, por otro lado *el malo* por antonomasia es Satanás. La lucha es contra fuerzas superiores a las del creyente, de modo que sólo el recurso divino puede dar firmeza. Además Dios *guardará*, lo que equivale a protección completa. El cristiano puede confiar, ya que esa fue una petición de Cristo al Padre a favor de los suyos.

4. Y tenemos confianza respecto a vosotros en el Señor, en que hacéis y haréis lo que os hemos mandado.

πεποίθαμεν δὲ ἐν Κυρίῳ ἐφ' ὑμᾶς, ὅτι ἃ παραγγέλλομεν[1]
Y estamos seguros en Señor sobre vosotros, que lo que encargamos
[καὶ] ποιεῖτε καὶ ποιήσετε[2].
y hacéis y haréis.

Notas y análisis del texto griego.

Seguro de la obediencia de los lectores, escribe: πεποίθαμεν, primera persona plural del perfecto de indicativo en voz activa del verbo πείθω, *persuadir, convencer*, en perfecto *estar confiado, estar seguro*, aquí *estamos seguros*; δὲ, partícula conjuntiva que hace las veces de conjunción coordinante, con sentido de *pero, más bien, y, y por cierto, antes bien*; ἐν, preposición propia de dativo *en*; Κυρίῳ, caso dativo masculino singular del nombre divino *Señor*; ἐφ' forma que adopta la preposición propia de acusativo ἐπί por elisión de la ι final y asimilación de la π ante vocal o diptongo con aspiración, y que significa *sobre, a, en, junto a, ante, con base en, referente a, durante, además de, de, para, por, contra*; ὑμᾶς, caso acusativo de la segunda persona plural del pronombre personal *vosotros*; ὅτι, conjunción *que*; ἃ, caso acusativo neutro plural del pronombre relativo *los que, los cuales*; παραγγέλλομεν, primera persona plural del presente de indicativo en voz activa del verbo παραγγέλλω, *ordenar, mandar, dar instrucciones*; [καὶ], conjunción copulativa *y*; ποιεῖτε, tercera presona plural del presente de indicativo en voz activa del verbo ποιέω, *hacer, realizar*, aquí *hacéis*; καὶ, conjunción copulativa *y*; ποιήσετε, segunda persona plural del futuro de indicativo en voz activa del verbo ποιέω, *hacer, realizar*, aquí *haréis*.

Crítica Textual. Lecturas alternativas.

[1] παραγγέλλομεν, *encargamos*, lectura atestiguada en ℵ. B. D*. Ψ. 6. 33. 1739. b. vg. bo[bo]; Ambrosiaster.

παραγγέλλομεν ὑμῖν, *os encargamos*, lectura en A. D[2]. F. G. K. L. P. 0278. 81. 104. 365. 630. 1175. 1241. 1505. 1881. 2464. 𝔐. it. sir.

[2] καὶ ποιεῖτε καὶ ποιήσετε, *y hacéis y haréis*, lectura en א². D². K. L. P. Ψ. 0278. 33. 81. 104. 365. 630. 1175. 1241. 1505. 2464. 𝔐. f. vg. sir. Ambrosiaster.

ποιεῖτε καὶ ποιήσετε, *hacéis y haréis*, según א*. A. D². 6. 29. 1739. 1881. b. d. m. vg^ms^.

καὶ εποιήσατε καὶ ποιεῖτε, *e hicisteis y hacéis*, lectura en F. G.

καὶ εποιήσατε καὶ ποιεῖτε καὶ ποιήσετε, *e hicisteis, y haceis y haréis*, según B. ar. sa.

πεποίθαμεν δὲ ἐν Κυρίῳ ἐφ' ὑμᾶς, La vida cristiana se caracteriza por la obediencia. Para esto son llamados a la fe (1 P. 1:2). Por el contrario el incrédulo es desobediente por condición (Ef. 2:2). El cristiano comienza obedeciendo al llamamiento del Dios y progresa en obediencia al Señor (Fil. 2:2). Por tanto el creyente que desobedece a las demandas divinas está bajo la influencia del maligno. Pablo estaba seguro de la protección de Dios sobre los salvos y, por tanto, sobre los tesalonicenses, por tanto no hay motivo para dudar de la obediencia de aquellos.

ὅτι ἃ παραγγέλλομεν [καὶ] ποιεῖτε καὶ ποιήσετε. La seguridad de una obediencia plena es la expresión de esta segunda frase de la claúsula. No se traba de obedecer algún mandamiento dejando otros, sino de una obediencia a todo lo establecido. Tampoco es algo ocasional o puntual, sino permanente. Los tesalonicenses perseveraban en obedecer cuanto les había sido enseñado. Posiblemente el apóstol se está refiriendo a lo establecido en esta *Epístola* y en la anterior. Los mandamientos establecidos por los apóstoles en sus escritos, revisten la autoridad del Señor que los ha llamado al apostolado (1 Co. 14:37). El verdadero amor a Cristo se expresa en obediencia a sus mandamientos (Jn. 14:15, 21, 23, 24).

ἐν Κυρίω. La razón de esa confianza estaba en la posición que los creyentes ocupan: *"en el Señor"*. No era confianza en ellos como hombres, sino como cristianos. La identificación con Cristo provee de poder para la obediencia y hace que los cristianos sean dignos de confianza (Gá. 2:20). El apóstol estaba seguro del comportamiento obediente de los creyentes en Tesalónica porque antes se refirió a la fidelidad del Señor en relación con la tarea de *afianzarlos y hacerlos perseverar* (v. 3). Por tanto, haciendo Él la obra, no hay duda en que ellos seguirán fieles guardando las enseñanzas que han recibido.

5. Y el Señor encamine vuestros corazones al amor de Dios, y a la paciencia de Cristo.

Ὁ δὲ Κύριος κατευθύναι ὑμῶν τὰς καρδίας εἰς τὴν ἀγάπην
Y el Señor dirija de vosotros los corazones al amor
τοῦ Θεοῦ καὶ εἰς τὴν ὑπομονὴν τοῦ Χριστοῦ.
- a Dios y a la paciencia - de Cristo.

Notas y análisis del texto griego.

Concluyendo el párrafo, dice: Ὁ, caso nominativo masculino singular del artículo determinado *el*; δὲ, partícula conjuntiva que hace las veces de conjunción coordinante, con sentido de *pero, más bien, y, y por cierto, antes bien*; Κύριος, caso nominativo masculino singular del nombre propio *Señor*; κατευθύναι, tercera persona singular del aoristo primero de optativo en voz activa del verbo κατευθύνω, *enderezar, dirigir, guiar*, aquí *dirija*; ὑμῶν, caso genitivo de la segunda persona polural del pronombre personal declinado *de vosotros*; τὰς, caso acusativo femenino plural del artículo determinado *las*; καρδίας, caso acusativo femenino plural del nombre común *corazones*; εἰς, preposición propia de acusativo *a*; τὴν, caso acusativo femenino singular del artículo determinado *la*; ἀγάπην, caso acusativo femenino singular del nombre común *amor*; τοῦ, caso genitivo masculino singular del artículo determinado *el*; Θεοῦ, caso genitivo masculino singular del nombre divino declinado *de Dios*; καὶ, conjunción copulativa *y*; εἰς, preposición propia de acusativo *a*; τὴν, caso acusativo femenino singular del artículo determinado *la*; ὑπομονὴν, caso acusativo femenino singular del nombre común *paciencia*; τοῦ, caso genitivo masculino singular del artículo determinado *el*; Χριστοῦ, caso genitivo masculino singular del nombre propio *Cristo*.

Ὁ δὲ Κύριος κατευθύναι ὑμῶν τὰς καρδίας. Los recursos de la gracia están a disposición de los creyentes. El Señor actúa *encaminando*, es decir, conduciendo a cada uno para alcanzar la victoria. El verbo κατευθύνω, expresa la idea de *dirigir enderezando el camino*, es decir, quitando los obstáculos para hacerlo practicable. Pero, este camino que se abre no es para los pies sino para el corazón. Es un camino abierto a la voluntad de Dios, que el creyente ha de seguir.

εἰς τὴν ἀγάπην τοῦ Θεοῦ. El camino se orienta al *amor de Dios*. Puede referirse al amor de ellos hacia Dios. El amor se había derramado en sus corazones por la acción del Espíritu (Ro.5:5). Como quiera que la obediencia va vinculada al amor, Pablo se refiere a una senda libre de obstáculos para amar a Dios en toda la dimensión necesaria para obedecer a sus mandamientos. Sin embargo, pudiera ser que el apóstol esté hablando también de un camino sin obstáculos para que ellos comprendan y experimenten en plenitud el amor de Dios (Ef.

2:14-19). El resultado es el mismo, el amor de Dios en el creyente conduce a éste a la obediencia.

καὶ εἰς τὴν ὑπομονὴν τοῦ Χριστοῦ. La senda que se orienta en el amor, lleva consigo la *paciencia de Cristo*. El término ὑπομονη, *paciencia*, es la capacidad para soportar en medio del conflicto. El mismo doble sentido de la frase anterior. La paciencia de Cristo puede referirse a la *longanimidad* que Cristo mostró para soportar en medio de las aflicciones. Sin embargo, el apóstol estuvo hablando del *día del Señor* y de Su *venida*, de modo que bien podía estar pensando en la paciencia que el creyente experimenta y en la que vive mientras espera la venida del Señor. Como escribe Hendriksen:

"La paciencia de Cristo no debe ser interpretada como aquella maravillosa longanimidad que Jesús mostró hacia sus amigos, por ejemplo, hacia Pedro. Paciencia (ὑπομονὴ) *es la gracia para soportar. Equivale a firmeza, sin importar cual sea el precio. En casi todos los casos en que el apóstol emplea este término usa también una palabra que da a entender la hostilidad en contra de Cristo y sus seguidores, o bien las pruebas y penalidades que ellos han de soportar. Obsérvense los siguientes ejemplos:*

Romanos 5:3, 4: paciencia en medio de la tribulación.

Romanos 15:4, 5: paciencia en medio de los vituperios (cf. v.3).

2 Corintios 1:6: paciencia en medio del sufrimiento.

2 Corintios 6:4: paciencia en medio de la aflicción.

2 Corintios 12:12: paciencia en medio de la persecución, angustia.

2 Tesalonicenses 1:4: paciencia en medio de la buena batalla de la fe (véase versículo 12).

2 Timoteo 3:10: paciencia en medio de la persecución, sufrimiento (véase versículo 11)"[2].

A pesar del reconocimiento que hace de los creyentes en Tesalónica, había algunos que no seguían el camino recto de la obediencia y producían dificultades en la congregación. De ahí los mandamientos que el apóstol establece en relación con los desordenados y los desobedientes, en lo que sigue ahora. Instrucciones que debían ser obedecidas puesto que la autoridad del apóstol está involucrada. Los creyentes habían de seguir una actuación concreta con quienes no estaban dispuestos a la senda de la obediencia y al compromiso del testimonio.

---

[2] G. Hendriksen. o.c., pág. 228.

Instrucciones para con los desordenados (3:6-13).

6. Pero os ordenamos, hermanos, en el nombre de nuestro Señor Jesucristo, que os apartéis de todo hermano que ande desordenadamente, y no según la enseñanza que recibisteis de nosotros.

Παραγγέλλομεν δὲ ὑμῖν, ἀδελφοί, ἐν ὀνόματι τοῦ Κυρίου
Pero, ordenamos os, hermanos, en nombre del Señor
[ἡμῶν][1] Ἰησοῦ Χριστοῦ στέλλεσθαι ὑμᾶς ἀπὸ παντὸς ἀδελφοῦ
de nosotros Jesucristo que apartéis os de todo hermano
ἀτάκτως περιπατοῦντος καὶ μὴ κατὰ τὴν παράδοσιν ἣν
que desordenadamente anda y no según la doctrina que
παρελάβοσαν[2] παρ' ἡμῶν.
recibisteis de parte de nosotros.

Notas y análisis del texto griego.

Iniciando un párrafo exhortativo, escribe: Παραγγέλλομεν, primera persona plural del presente de indicativo en voz activa del verbo παραγγέλλω, *mandar, ordenar*, aquí *ordenamos*; δὲ, partícula conjuntiva que hace las veces de conjunción coordinante, con sentido de *pero, más bien, y, y por cierto, antes bien*; ὑμῖν, caso dativo de la segunda persona plural del pronombre personal declinado *a vosotros, os*; ἀδελφοί, caso vocativo masculino plural del nombre común *hermanos*; ἐν, preposición propia de dativo *en*; ὀνόματι, caso dativo neutro singular del substantivo *nombre*; τοῦ, caso dativo masculino singular del artículo determinado declinado *del*; Κυρίου, caso dativo masculino singular del nombre divino *Señor*; ἡμῶν, caso genitivo de la primera persona plural del pronombre personal declinado *de nosotros*; Ἰησοῦ, caso genitivo masculino singular del nombre propio *Jesús*; Χριστοῦ, caso genitivo masculino singular del nombre propio *Cristo*; στέλλεσθαι, presente de infinitivo en voz media del verbo στέλλομαι, en voz media *evitar, mantenerse apartado, apartarse*; ὑμᾶς, caso acusativo de la segunda persona plural del pronombre personal *os*; ἀπὸ, preposición propia de genitivo *de*; παντὸς, caso genitivo masculino singular del adjetivo indeterminado *todo*; ἀδελφοῦ, caso genitivo masculino singular del nombre común *hermano*; ἀτάκτως, adverbio de modo *desordenadamente*; περιπατοῦντος, caso genitivo masculino del participio de presente en voz activa del verbo περιπατέω, *andar*, aquí *que anda*; καὶ, conjunción copulativa *y*; μὴ, partícula que hace funciones de adverbio de negación *no*; κατὰ, preposición propia de acusativo *según*; τὴν, caso acusativo femenino singular del artículo determinado *la*; παράδοσιν, caso acusativo femenino singular del nombre común *doctrina, enseñanza*; ἣν, caso acusativo femenino singular del pronombre relativo *que*; παρελάβοσαν, tercera persona plural del aoristo segundo de indicativo en voz activa del verbo παραλαμβάνω, *recibir*, aquí *recibisteis*; παρ' preposición propia de en la forma que adopta la preposición de genitivo παρά, por elisión de la α final cuando precede a una palabra que comienza con vocal, equivale a *de*; ἡμῶν, caso genitivo de la primera persona plural del pronombre personal *nosotros*.

Crítica Textual. Lecturas alternativas.

[1] ἡμῶν, *de nosotros*, lectura atestiguada en ℵ, A. D^2. F. G. K. L. P. Ψ. 0278. 33. 81. 104. 365. 630. 1175. 1241. 1505. 1739. 1881. 2464. 𝔐. lat. sir.

No figura en B. D*.

[2] παρελάβοσαν, *reibisteis*, atestiguada en esta forma en ℵ, A, 33, $Basilio^{mss}$.

παρέλαβον, *recibieron*, según se lee en $ℵ^2$. D^2. K. L. P. Ψ. 075. 1. 5. 6. 81. 104. 256.263. 365. 424. 459. 1175. 1241. 1319. 1573. 1739. 1852. 1881. 2127. 2200. *Lect.* Basilio. Crisóstomo. Ambrosiaster. Lucifer, Pelagio. Agustín.

παρελάβετε, *recibisteis*, lectura en B. F. G. 436. 1912. 2454. *l* 596. l^{AD}. $it^{g/txt}$. vg^{ms}. sir^{h}. $cop^{sa/mss}$. arm. $Basilio^{ms}$. Ps-Cipriano.

Παραγγέλλομεν δὲ ὑμῖν, ἀδελφοί, ἐν ὀνόματι τοῦ κυρίου [ἡμῶν] Ἰησοῦ Χριστοῦ. En la iglesia había algunos hermanos que andaban desordenadamente. A estos se refirió ya en el anterior *Epístola*. Sin embargo, a pesar de las instrucciones anteriores, persistían en su forma incorrecta de vida. Sobre estos va a establecer un mandato más directo y firme. De ahí que llame a una obediencia sin reserva. No se trata ya de un ruego como lo expresó en su escrito anterior (1 Ts. 5:14), aquí lo establece con la firmeza de un mandamiento que siendo apostólico es del Señor, esto es, se establece en el nombre de *"nuestro Señor Jesucristo"*, que es el Señor de todos y a quien se debe obediencia, no sólo de los que caminan bien, sino de los desordenados. Pablo procura que todos se den cuenta de la responsabilidad que tienen de obedecer a lo que sigue. Es claro que no todos habían atendido a lo que mandara anteriormente.

στέλλεσθαι ὑμᾶς ἀπὸ παντὸς ἀδελφοῦ ἀτάκτως περιπατοῦντος La obediencia exige apartarse de todo aquel que sea un desordenado en la iglesia. *Apartarse* indica claramente establecer una separación con los tales, que equivale a no tener comunión con ellos, como se aprecia en una expresión semejante (1 Co. 5:11). Sobre el versículo escribe el *padre de la iglesia* Juan Casiano:

"Como los lenitivos no habían surtido efecto, intenta en su segunda misiva curar a los tesalonicenses con remedios más fuertes, más cáusticos. Prescinde de mimos y agasajos. No es ya la voz que hemos oído antes de ahora, oficiosa y llena de ternura: 'Os exhortamos, hermanos'. Sino: 'En nombre de nuestro Señor Jesucristo, os mandamos apartaros de todo hermano que vive desordenadamente y no

sigue las enseñanzas que de nosotros habéis recibido'. Allí rogaba; aquí ordena. Entonces fue la afección que halaga, ahora la severidad que fulmina y amenaza. 'Os mandamos, hermanos'- Nos habéis menospreciado no escuchando nuestras plegarias; obedeced al menos a nuestras intimaciones. Por otra parte, no se limita a expresar su mandato con palabras huecas, vacías de contenido, sino que les conjura en nombre de nuestro Señor Jesucristo, dando así a su acento una fuerza terrible e insoslayable. Un simple mandamiento personal podría ser acogido con desdén. Carecería de valor y no se le daría cumplimiento alguno. Luego, como hábil cirujano, intenta cortar con el cuchillo de la amputación los miembros gangrenados sobre los cuales no tuvo efecto el tratamiento más suave... Manda que se separen de aquellos que rehúsan el trabajo. Que se les rechace como miembros inficionados por la podredumbre de la ociosidad. Con ello se evitará que el contagio pestilencial del ocio y la pereza tome mayores proporciones y cunda progresivamente hasta corromper las partes sanas"[3].

καὶ μὴ κατὰ τὴν παράδοσιν ἣν παρελάβοσαν παρ' ἡμῶν. Los que debían separarse eran aquellos que andaban desordenadamente. Eran creyentes que vivían fuera de orden, por cuanto no prestaban obediencia a la enseñanza apostólica. Comprendía a los *haraganes*, que se entrometían en asuntos ajenos (v. 11). También a los que esparcían comentarios inquietantes en la congregación, y a los que querían ser sustentados por la iglesia en lugar de ganarse *"su propio pan"*.

7. Porque vosotros mismos sabéis de qué manera debéis imitarnos; pues nosotros no anduvimos desordenadamente entre vosotros.

Αὐτοὶ γὰρ	οἴδατε	πῶς	δεῖ	μιμεῖσθαι	ἡμᾶς,	ὅτι
Porque vosotros mismos	habéis sabido	como	es necesario	imitar	nos,	pues

οὐκ	ἠτακτήσαμεν	ἐν	ὑμῖν
no	estuvimos ociosos	entre	vosotros.

Notas y análisis del texto griego.

Continúa: Αὐτοὶ, caso nominativo masculino plural del pronombre intensivo *vosotros*; γὰρ, conjunción causal *porque*; οἴδατε, segunda persona plural del perfecto de indicativo en voz activa del verbo οἶδα, *saber, conocer, entender*, aquí *habéis sabido*; πῶς, conjunción condicional *como*; δεῖ, tercera persona singular del presente de indicativo en voz activa del verbo δεῖ, *ser necesario, tener necesidad*, aquí *es necesario*; μιμεῖσθαι, presente de infinitivo en voz media del verbo μιμέομαι, *imitar*; ἡμᾶς, caso acusativo de la primera persona plural del pronombre personal declinado *a nosotros, nos*; ὅτι,

[3] Juan Casiano. *Sobre las instituciones de los cenobitas, 10, 7.*

conjunción causal *pues*; οὐκ, forma escrita del adverbio de negación *no*, con el grafismo propio ante una vocal con espíritu suave o una enclítica; ἠτακτήσαμεν, primera persona plural del aoristo primero de indicativo en voz activa del verbo ἀτακτέω, *estar ociosos*, aquí *estuvimos ociosos*; ἐν, preposición propia de dativo *en, con, entre*; ὑμῖν, caso dativo de la segunda persona plural del pronombre personal *vosotros*.

Αὐτοὶ γὰρ οἴδατε πῶς δεῖ μιμεῖσθαι ἡμᾶς, ὅτι οὐκ ἠτακτήσαμεν ἐν ὑμῖν. Lo que Pablo establece como un mandamiento había sido antes el comportamiento, tanto suyo como de sus colaboradores, delante de los creyentes en Tesalónica. Por tanto, servían de ejemplo a imitar por todos los creyentes. Todo el grupo de Pablo y, por supuesto, el mismo apóstol, no anduvieron desordenadamente, literalmente *no anduvieron ociosos*. El que enseña a otros ha de ser ejemplo personal en cuanto a aquello que enseña. Aunque la frase del apóstol pudiera parecer una expresión un tanto jactanciosa, no proviene de un corazón orgulloso, sino del ejemplo puesto delante de todos los que llama a una vida consecuente con la verdad.

8. Ni comimos de balde el pan de nadie, sino que trabajos con afán y fatiga día y noche, para no ser gravosos a ninguno de vosotros.

οὐδὲ δωρεὰν ἄρτον ἐφάγομεν παρά τινος, ἀλλ' ἐν κόπῳ
Ni de balde pan comimos de alguien, sino con trabajo duro
καὶ μόχθῳ νυκτὸς καὶ ἡμέρας ἐργαζόμενοι πρὸς τὸ μὴ
y fatiga de noche y de día trabajando para - no
ἐπιβαρῆσαι τινα ὑμῶν·
ser gravosos a alguien de vosotros.

Notas y análisis del texto griego.

Continuando con el tema, añade: οὐδὲ, conjunción copulativa *ni*; δωρεὰν, adverbio de modo, *gratuitamente, como regalo, de balde*; ἄρτον, caso acusativo masculino singular del nombre común *pan*; ἐφάγομεν, primera persona plural del aoristo segundo de indicativo en voz activa del verbo φάγω, segundo aoristo de ἐσθίω, *comer*, aquí *comimos*; παρά, preposición propia de genitivo *de*; τινος, caso genitivo masculino singular del adjetivo indefinido *alguno*; ἀλλ' forma escrita ante vocal de la conjunción adversativa ἀλλά que significa *pero, sino*; ἐν, preposición propia de dativo *en, con*; κόπῳ, caso dativo masculino singular del nombre común *trabajo, trabajo duro*; καὶ, conjunción copulativa *y*; μόχθῳ, caso dativo masculino singular del nombre común *fatiga*; νυκτὸς, caso genitivo femenino singular del nombre común declinado *de noche*; καὶ, conjunción copulativa *y*; ἡμέρας, caso genitivo femenino singular del nombre común declinado *de día*; ἐργαζόμενοι, caso nominativo masculino plural del participio de presente en voz media del verbo ἐργάζομαι, *trabajar, obrar, ocuparse*, aquí *trabajando*; πρὸς, preposición propia de acusativo *para*; τὸ, caso acusativo neutro singular del artículo determinado *lo*; μὴ, partícula negativa que hace las funciones de adverbio de negación condicional, *no*; ἐπιβαρῆσαι, aoristo primero de infinitivo en voz activa del verbo ἐπιβαρέω, *ser gravoso*; τινα, caso acusativo masculino singular del pronombre indefinico declinado *a alguien, a alguno*; ὑμῶν, caso genitivo de la segunda persona plural del pronombre personal declinado *de vosotros*.

οὐδὲ δωρεὰν ἄρτον ἐφάγομεν παρά τινος, El *desordenado* a quienes exhorta y de los que pide a los hermanos que se separen de ellos, son personas que se negaban a trabajar. Es posible que lo hicieran en base a que consideraban inminente del regreso de Jesús, por tanto, no hacía falta trabajar ya, según su entendimiento, y se conformaban en visitar a los hermanos y comer en las casas que visitaban, con el pretexto de animarlos y recordarles la esperanza. Sin embargo, su aparente espiritualidad estaba en oposición, no sólo a las enseñanzas y ejemplo del apóstol, sino a lo que Dios mismo había establecido. Nada de lo que Dios determinó para el hombre puede ser nocivo, sino todo lo contrario, es una bendición. El Creador estableció para la criatura, por mandamiento divino, que trabajase (Gn. 2:15). Por tanto, el que es reticente al trabajo es un *desordenado*, por vivir fuera del orden establecido por Dios. Esto desordenados causaban en la iglesia dos problemas: un mal ejemplo de desidia y un abuso del esfuerzo y orden ajenos. Contrariamente el apóstol y sus colaboradores no comieron a costa de los hermanos, esto es, gratuitamente, o como puede traducirse, usando la locución adverbial *de balde*.

ἀλλ' ἐν κόπῳ καὶ μόχθῳ νυκτὸς καὶ ἡμέρας ἐργαζόμενοι πρὸς τὸ μὴ ἐπιβαρῆσαι τινα ὑμῶν· Pablo se presenta como ejemplo de comportamiento. Dice que trabajaron con afán, esto es, se ocuparon en un trabajo duro (1 Ts. 2:9). Lo hicieron con *fatiga.* Cuando acababan la jornada laboral se sentían profundamente cansados. Además el trabajo era extenso *de día y de noche*, o como se solía decir en el castellano antiguo *de sol a sol*, esto es, desde el comienzo hasta el final del día. Por el día trabajaban en actividades seculares, a la noche se dedicaban a la obra del Señor, evangelizando y enseñando a los convertidos (Hch. 20:31). La razón para ese modo de comportamiento era no ser gravosos a ningún hermano. No cabe duda que la ética del apóstol y sus colaboradores, era ejemplar y debía ser seguida por todos los creyentes.

9. No porque no tuviésemos derecho, sino por daros nosotros mismos un ejemplo para que nos imitaseis.

οὐχ ὅτι οὐκ ἔχομεν ἐξουσίαν, ἀλλ' ἵνα ἑαυτοὺς τύπον
No que no tenemos autoridad, sino para que nosotros mismos ejemplo
δῶμεν ὑμῖν εἰς τὸ μιμεῖσθαι ἡμᾶς.
dando os para - imitar nos.

Notas y análisis del texto griego.

Siguiendo en el mismo tema, dice: οὐχ, forma escrita del adverbio de negación *no*, con el grafismo propio ante una vocal con espíritu suave o una enclítica; ὅτι, conjunción *que*; οὐκ, forma escrita del adverbio de negación *no*, con el grafismo propio ante una vocal con espíritu suave o una enclítica; ἔχομεν, primera persona plural del presente de indicativo en voz activa del verbo ἔχω, *tener, poseer, tener necesidad*, aquí *tenemos*; ἐξουσίαν, caso acusativo femenino singular del nombre común *autoridad, poder, derecho*; ἀλλ' forma escrita ante vocal de la conjunción adversativa ἀλλά que significa *pero, sino*; ἵνα, conjunción causal *para que*; ἑαυτοὺς, caso acusativo masculino plural del pronombre reflexivo *nosotros mismos*; τύπον, caso acusativo masculino singular del nombre común *ejemplo, modelo, tipo*; δῶμεν, primera persona plural del aoristo segundo de subjuntivo en voz activa del verbo δίδωμι, *dar*, aquí *dando*; ὑμῖν, caso dativo de la segunda persona plural del pronombre personal declinado *a vosotros, os*; εἰς, preposición propia de acusativo *para*; τὸ, caso acusativo neutro singular del artículo determinado *lo*; μιμεῖσθαι, presente de infinitivo en voz media del verbo μιμέομαι, *imitar*; ἡμᾶς, caso acusativo de la primera persona plural del pronombre personal *a nosotros, nos*.

El apóstol da a los lectores un ejemplo de generosidad y renuncia. Él tenía derecho a vivir del evangelio. Nadie ponía en duda su condición de apóstol de Cristo; la comisión al apostolado la recibió del Señor en presencia de testigos (Hch. 9:15-16), además entre ellos habían sido hechas las señales de apóstol, como era la fundación de la iglesia. Como tal tenía derecho, como dice escribiendo a los corintios: *"¿Acaso no tenemos derecho de comer y beber?"* (1 Co. 9:4). El mandamiento del Señor sobre esto es claro *"los que anuncian el evangelio, que vivan del evangelio"* (1 Co. 9:14). Sólo algunos a quienes Dios separa para su obra, deben vivir del evangelio. Los ministros no buscan su sostenimiento en ocupaciones seculares, sino que dedican todo su esfuerzo y tiempo al servicio del Señor y deben vivir del evangelio. Ese es el mandamiento del Señor (Mt. 10:10; Lc. 10:7-8). El apóstol lo recordaría tiempo después a su compañero Timoteo (1 Ti. 5:18). Por tanto, la iglesia debe procurar lo necesario para el sostenimiento de quienes sirven en la obra del Señor, de modo que nadie debe considerar excesivo lo que reciben (1 Ti. 5:17).

ἀλλ᾽ ἵνα ἑαυτοὺς τύπον δῶμεν ὑμῖν εἰς τὸ μιμεῖσθαι ἡμᾶς. Sin embargo, aun teniendo derechos, el apóstol renuncia a ellos. La generosidad es amplia: renuncia al derecho de recompensa establecida para su trabajo; renuncia al derecho de compensación por los beneficios dados (1 Co. 9:11); renuncia al derecho de ser como los otros apóstoles. Ahora bien, cabe preguntarse cuál era la razón para esta renuncia. Sin duda lo hacía para no abusar de su derecho en el evangelio. Para él era suficiente recompensa ver a los tesalonicenses alcanzados por el evangelio gratuitamente de modo que nadie le acusara de predicar por retribución. Con cuya actitud evitaba que sus enemigos le acusaran de buscar beneficios con la predicación y el establecimiento de las iglesias. Ese desinterés venía a ser un ejemplo admirable para los creyentes que conocían su comportamiento. No quería ser carga a nadie, por tanto, trabajaba a fin de obtener sustento para sus necesidades.

10. Porque también cuando estábamos con vosotros, os ordenábamos esto: Si alguno no quiere trabajar, tampoco coma.

καὶ γὰρ	ὅτε	ἦμεν	πρὸς	ὑμᾶς,	τοῦτο	παρηγγέλλομεν
Porque también	cuando	estábamos	con	vosotros,	esto	ordenábamos

ὑμῖν,	ὅτι	εἴ	τις	οὐ	θέλει	ἐργάζεσθαι	μηδὲ	ἐσθιέτω.
os,	que	si	alguien	no	quiere	trabajar	ni siquiera	coma.

Notas y análisis del texto griego.

Recordándoles las instrucciones primeras, escribe: καὶ, adverbio de modo *también*; γὰρ, conjunción causal *porque*; ὅτε, conjunción temporal *cuando*; ἦμεν, primera persona plural del imperfecto de indicativo en voz activa del verbo εἰμί, *ser, estar*, aquí *estábamos*; πρὸς, preposición propia de acusativo *con*; ὑμᾶς, caso acusativo de la segunda persona plural del pronombre personal *vosotros*; τοῦτο, caso acusativo neutro singular del pronombre demostrativo *esto*; παρηγγέλλομεν, primera persona plural del imperfecto de indicativo en voz activa del verbo παραγγέλω, *ordenar, mandar*, aquí *ordenábamos*; ὑμῖν, caso dativo de la segunda persona plural del pronombre personal declinado *a vosotros, os*; ὅτι, conjunción *que*; εἴ, conjunción afirmativa *si*; τις, caso nominativo masculino singular del pronombre indefinido *alguien, alguno*; οὐ, adverbio de negación *no*; θέλει, tercera persona singular del presente de indicativo en voz activa del verbo θέλω, *querer, desear, encontrar gusto*, aquí *quiere*; ἐργάζεσθαι, presente de infinitivo en voz media del verbo ἐργάζομαυ, *trabajar*; μηδὲ, adverbio *ni siquiera*; ἐσθιέτω, tercera persona singular del presente de imperativo en voz activa del verbo ἐσθίω, *comer*, aquí *coma*.

καὶ γὰρ ὅτε ἦμεν πρὸς ὑμᾶς, τοῦτο παρηγγέλλομεν ὑμῖν, El mandamiento que acababa de recordarles era un mandato reiterado. La conducta desordenada no tenía disculpa alguna porque la instrucción a la laboriosidad, había sido dada en los días de la fundación de la iglesia (v. 10a).

ὅτι εἴ τις οὐ θέλει ἐργάζεσθαι μηδὲ ἐσθιέτω. Pablo establece un precepto apostólico: *"no se alimente al haragán"*. El mandato es firme, no se provea al vago de ninguna comida, lo que incluye al holgazán que tiene apariencia de piedad. La lección es sencilla: no debe proveerse para las necesidades más elementales a quien se niega al trabajo; el que no quiere trabajar, que pase hambre. Esto nada tiene que ver con quien deseando trabajar no lo consigue. El problema perdura en el tiempo, de modo que se lee en la *Didaché:*

"Todo el que venga en el nombre del Señor sea recibido. Después, poniéndolo a prueba, lo conoceréis, pues tenéis el conocimiento (para distinguir) la derecha y la izquierda. Si el que viene está de paso, ayudadle cuanto podáis, pero que no permanezca más de dos días o tres si fuese necesario. Pero si quiere establecerse entre vosotros y tiene un oficio, que trabaje y coma. Si no tuviera oficio, atendedle según vuestra conciencia, de manera que un cristiano no viva ocioso entre vosotros. Si no quiere obrar así, es un comerciante de Cristo. Guardaos de éstos"[4].

El holgazán no debe encontrar apoyo alguno en la iglesia. No sólo si es creyente, sino también si no lo es. El mandamiento es amplio y extensivo a todo aquel que no quiere trabajar, tal persona no debe encontrar fácilmente el sostenimiento que necesita. Esto ocurre, lamentablemente, en nuestra sociedad en muchas ocasiones. Algunas personas viven a costa de los recursos sociales de la nación y sin embargo no dan ningún beneficio social, simplemente viven holgazaneando, pero exigen el derecho que, aparentemente tienen de no pasar hambre en una sociedad avanzada. Debe tenerse en cuenta que la Biblia, especialmente en el *Proverbios*, dedica un largo espacio para advertir sobre el perezoso, presentándolo como un problema social y espiritual. La Iglesia no puede apoyar una situación semejante, porque es condenable como opuesta al mandamiento de Dios.

---

[4] *Didaché*, 12, 1-5.

11. Porque oímos que algunos de entre vosotros andan desordenadamente, no trabajando en nada, sino entremetiéndose en lo ajeno.

Ἀκούομεν γάρ	τινας	περιπατοῦντας	ἐν ὑμῖν	ἀτάκτως
Porque oímos	algunos	que andan	entre vosotros	desordenadamente

μηδὲν	ἐργαζομένους	ἀλλὰ	περιεργαζομένους·
nada	trabajando	sino	entremetiéndose en lo ajeno.

Notas y análisis del texto griego.

Denunciando la situación de algunos, escribe: Ἀκούομεν, primera persona plural del presente de indicativo en voz activa del verbo ἀκούω, *oír, escuchar*, aquí *oímos*; γάρ, conjunción causal *porque*; τινας, caso acusativo masculino plural del pronombre indefinido *algunos*; περιπατοῦντας, caso acusativo masculino plural del participio de presente en voz activa del verbo περιπατέω, *andar*, aquí *que andan*; ἐν, preposición propia de dativo *en, entre*; ὑμῖν, caso dativo de la segunda persona plural del pronombre personal *vosotros*; ἀτάκτως, adverbio de modo *desordenadamente*; μηδὲν, caso acusativo neutro singular del pronombre indefinido *nada*; ἐργαζομένους, caso acusativo masculino plural del participio de presente en voz media del verbo ἐργάζομαι, *trabajar*, aquí *trabajando*; ἀλλὰ, conjunción adversativa *sino*; περιεργαζομένους, caso acusativo masculino plural del participio de presente en voz media del verbo περιεργάζομαι, *hacer cosas inútiles, aparentar actividad, hacer más de lo que es menester, meterse en asuntos ajenos,* literalmente *haciendo alrededor*, de ahí la traducción *entremetiéndose en lo ajeno.*

Ἀκούομεν γάρ τινας περιπατοῦντας ἐν ὑμῖν ἀτάκτως. Pablo tiene la certeza de que entre los tesalonicenses hay algunos que andan desordenadamente. Este concepto en todo el contexto tiene que ver con el desorden de no trabajar. Las noticias que llegaron a Pablo, posiblemente proceden del informe que Timoteo trajo de su visita a Tesalónica (1 Ts. 3:2), tal vez confirmadas luego por algunos que conocían la situación. Eran noticias recién llegadas cuando escribió la *Epístola*, posiblemente como había ocurrido con los informes que le llegaron en el caso de la iglesia en Corinto (1 Co. 11:18). El uso del participio de presente del verbo περιπατέω, *andando*, expresa la idea de lo que los desordenados hacían, andar de un lado a otro, caminar sin otro objetivo que evitar el trabajo.

μηδὲν ἐργαζομένους· La segunda evidencia se expresa también por medio de un participio de presente que indica una acción continuada de los desordenados. No hacían nada. El trabajo para los tales era asunto terminado. No les interesaba. Estos no tenían en cuenta el ejemplo que les había sido dado por Pablo y sus colaboradores. En cierta medida se sentían más importantes que ellos, puesto que mientras el apóstol trabajaba para sustentarse, ellos no tenían necesidad de hacerlo, buscando la provisión en casa de los hermanos. Para los tales el mandamiento bíblico de trabajar no era respetado ni obedecido.

Una tercera evidencia era que quienes no trabajaban, se entremetían en asuntos ajenos. La traducción de la frase reviste cierta dificultad por el significado del verbo, que literalmente expresa la acción de *hacer algo dando vueltas*, de ahí que se podría traducir literalmente *no trabajando en nada, sino haciendo alrededor*. Aquellos, como dice Archibald Thomas Robertson, *no ocupándose en nada pero ocupándose en lo ajeno*[5]. Eran personas que se habían acostumbrado a sustentarse sin trabajar. Estos ociosos y haraganes, producen siempre conflictos y problemas en la iglesia por su falta de ocupación. Dejaban la que les correspondía y se entremetían en la de otros. Como dice el Dr. Lacueva:

"Es curioso el contraste que Pablo establece aquí entre el verbo ergazoménous (participio de presente) y su compuesto, también en participio de presente, periergazoménous que, literalmente significa trabajando alrededor, con lo que se indica claramente la salida de la propia esfera de trabajo, en la que el desordenado debería estar ocupado, para ir dando vueltas hacia otros lugares que no son el suyo. Pablo retrata aquí a muchas personas que todos conocemos: sabedoras de todo lo que se cuece en el vecindario, que van de casa en casa, de corrillo en corrillo, dando y recibiendo las últimas noticias"[6].

Es muy probable que estos fuesen de casa en casa hablando a los creyentes de la inminente venida del Señor, sin duda con afirmaciones incorrectas por desconocimiento de la doctrina, para beneficiarse de lo que podía recibir en casa de aquellos a quienes visitaban. Tal vez pondrían *evidencias* de que el día del Señor había llegado, asunto que el apóstol corrige en esta *Epístola*. Al tiempo que se recibían los beneficios de la caridad de sus hermanos, también se entremeterían en temas personales relacionados con asuntos familiares, laborales, sociales, etc. de aquellos a quienes visitaban. Los desordenados no eran muchos, tan sólo *algunos*, pero, a pesar de ser pocos eran notorios.

---

[5] Archibald Thomas Robertson. *Imágenes Verbales en el Nuevo Testamento.* Clie. Terrassa, 1989. Tomo 4. Pág. 99.

[6] F. Lacueva. o.c., pág. 337.

12. A los tales mandamos y exhortamos por nuestro Señor Jesucristo, que trabajando sosegadamente, coman su propio pan.

τοῖς δὲ τοιούτοις παραγγέλλομεν καὶ παρακαλοῦμεν ἐν Κυρίῳ
Y a los tales mandamos y exhortamos en Señor
'Ιησοῦ Χριστῷ[1], ἵνα μετὰ ἡσυχίας ἐργαζόμενοι τὸν ἑαυτῶν
Jesucristo, que con sosiego trabajando, el de sí mismos
ἄρτον ἐσθίωσιν.
pan coman.

Notas y análisis del texto griego.

El apóstol establece un mandato: τοῖς, caso dativo masculino plural del artículo determinado declinado *a los*; δὲ, partícula conjuntiva que hace las veces de conjunción coordinante, con sentido de *pero, más bien, y, y por cierto, antes bien*; τοιούτοις, caso dativo masculino plural del adjetivo indefinido *tales*; παραγγέλλομεν, primera persona plural del presente de indicativo en voz activa del verbo παραγγέλλω, *mandar, ordenar*, aquí *mandamos*; καὶ, conjunción copulativa *y*; παρακαλοῦμεν, primera persona plural del presente de indicativo en voz activa del verbo παρακαλέω, *exhortar*, aquí *exhortamos*; ἐν, preposición propia de dativo *en*; Κυρίῳ caso dativo masculino singular del nombre divino *Señor*;'Ιησοῦ, caso dativo masculino singular del nombre propio *Jesús*; Χριστῷ, caso dativo masculino singular del nombre propio *Cristo*; ἵνα, conjunción *que*; μετὰ, preposición propia de genitivo *con*; ἡσυχίας, caso genitivo femenino singular del nombre común *sosiego, silencio, calma*; ἐργαζόμενοι, caso nominativo masculino plural del participio de presente en voz media del verbo ἐργάζομαι, *trabajar*, aquí *trabajando*; τὸν, caso acusativo masculino singular del artículo determinado *el*; ἑαυτῶν, caso genitivo masculino plural del pronombre reflexivo declinado *de él mismo*; ἄρτον, caso acusativo masculino singular del nombre común *pan*; ἐσθίωσιν, tercera persona plural del presente de subjuntivo en voz activa del verbo ἐσθίω, *comer*, aquí *coma*.

Crítica Textual. Lecturas alternativas.

[1] ἐν Κυρίῳ'Ιησοῦ Χριστω, *en Señor Jesucristo*, lectura atestiguada en ℵ*. A. B. F. G. 0278. 33. 81. 104. 365. 1739. 1881. 2464. lat.

διά τοῦ Κυριοῦ ἡμῶν 'Ιησοῦ Χριστοῦ, *por el Señor de nosotros Jesucristo*, según se lee en ℵ[2]. D. K. L. Ψ. 630. 1175. 1241. 1505. 𝔐. sir[h].

τοῖς δὲ τοιούτοις παραγγέλλομεν καὶ παρακαλοῦμεν ἐν Κυρίῳ'Ιησοῦ Χριστῷ, El apóstol enfrenta el problema que había en la iglesia con los desordenados, usando de su autoridad apostólica mediante un mandato dirigido a los tales. No sólo establece un mandato, sino que también formula una exhortación. En él concurría tanto el don de apóstol, como el de pastor, por consiguiente como apóstol manda y como pastor exhorta. No es un mandamiento de un líder de la iglesia, sino del mismo Señor Jesucristo, en cuyo nombre y autoridad ministra el apóstol. Desobedecer este mandato no es desobedecer a un hombre sino al Señor mismo.

ἵνα μετὰ ἡσυχίας ἐργαζόμενοι τὸν ἑαυτῶν ἄρτον ἐσθίωσιν. Con la autoridad de Jesucristo demanda un cambio de conducta. Primeramente un trabajo sosegado, el propio del creyente, que no se inquieta ni inquieta a otros. Aquellos habían dejado sus actividades laborales y se dedicaban a entrometerse en las vidas de otros, con lo que seguramente inquietaban a los creyentes, por tanto les ordena un cambio total de comportamiento en un trabajo sosegado y en una vida tranquila. No debemos olvidar que la primera persecución en Tesalónica fue promovida por gente ociosa (Hch. 17:5). En segundo lugar debían *comer su propio pan*, es decir, sustentarse con el producto de su trabajo.

13. Y vosotros, hermanos, no os canséis de hacer bien.

ὑμεῖς δέ,	ἀδελφοί,	μὴ	ἐγκακήσητε	καλοποιοῦντες.
Y vosotros,	hermanos,	no	os canséis	haciendo el bien.

Notas y análisis del texto griego.

Concluyendo el tema tratado, dice: ὑμεῖς, caso nominativo de la segunda persona plural del pronombre *vosotros*; δέ, partícula conjuntiva que hace las veces de conjunción coordinante, con sentido de *pero, más bien, y, y por cierto, antes bien*; ἀδελφοί, caso vocativo masculino plural del nombre común *hermanos*; μὴ, partícula negativa que hace las funciones de adverbio de negación condicional, *no*; ἐγκακήσητε, segunda persona plural del verbo ἐγκακέω, *desfallecer, desanimarse, cansarse*, aquí *os canséis*; καλοποιοῦντες, caso nominativo masculino plural del participio de presente en voz activa del verbo καλοποιέω, *hacer el bien*, aquí *haciendo el bien.*

ὑμεῖς δέ, ἀδελφοί, μὴ ἐγκακήσητε καλοποιοῦντες. En medio de los conflictos afuera y los desordenados dentro, existe la propensión a desanimarse en hacer el bien, dejando de hacer lo correcto como corresponde a la vida cristiana. Esto implica generosidad. Algunos entre ellos vivían desordenadamente buscando su propio provecho y siendo, en cierta medida, un ejemplo nocivo para los demás hermanos. Este mal proceder podría estar cansando a algunos en la iglesia que estaría dejando de buscar el bien de otros para dedicarse a sus propios compromisos personales. El malo no se cansa de obrar el mal, pero el creyente no puede cansarse de hacer el bien. Esta forma de obrar comprende todo cuanto concuerde con la voluntad de Dios. No sólo dar de comer a los pobres, sino en todo cuanto contraste con la forma de actuar de los *desordenados*. El cristiano ha de vivir *ordenadamente*, como enseña la Escritura: *"Pero hágase todo decentemente y con orden"* (1 Co. 14:40). Decoro y orden van inseparablemente unidas en la vida cristiana. El Dios de la Iglesia es un Dios de orden. La confusión no es un testimonio consecuente con quienes son Sus hijos. El creyente debe vivir en esta forma de comportamiento, como enseña el apóstol Juan: *"El que dice que permanece en él, debe andar como él anduvo"* (1 Jn. 2:6).

Instrucciones para con los desobedientes (3:14-15).

14. Si alguno no obedece a lo que decimos por medio de esta carta, a ése señaladlo, y no os juntéis con él, para que se avergüence.

Εἰ δέ	τις	οὐχ	ὑπακούει	τῷ	λόγῳ	ἡμῶν	διὰ	τῆς
Y si	alguno	no	obedece	a la	palabra	de nosotros	mediante	la

ἐπιστολῆς,	τοῦτον	σημειοῦσθε	μὴ	συναναμίγνυσθαι[1]	αὐτῷ,
epístola,	a ese	señaladlo,	no	juntaros	con él,

ἵνα	ἐντραπῇ·
para que	se avergüence.

Notas y análisis del texto griego.

Otra instrucción apostólica se expresa así: Εἰ, conjunción *si*; δέ, partícula conjuntiva que hace las veces de conjunción coordinante, con sentido de *pero, más bien, y, y por cierto, antes bien*; τις, caso nominativo masculino singular del pronombre indefinido *alguno*; οὐχ, forma del adverbio de negación *no*, con el grafismo propio ante vocal con espíritu áspero; ὑπακούει, tercera persona singular del presente de indicativo en voz activa del verbo ὑπακούω, *obedecer*, aquí *obedece*; τῷ, caso dativo masculino singular del artículo determinado declinado *a la*; λόγῳ, caso dativo masculino singular del nombre común *palabra, dicho*; ἡμῶν, caso genitivo de la primera persona plural del pronombre personal declinado *de nosotros*; διὰ, preposición propia de genitivo *por, mediante*; τῆς, caso genitivo femenino singular del artículo determinado *la*; ἐπιστολῆς, caso genitivo femenino singular del nombre común *carta, epístola*; τοῦτον, caso acusativo masculino singular del pronombre demostrativo declinado *a ese*; σημειοῦσθε, segunda persona plural del presente de imperativo en voz media del verbo σεμειόομαι, *señalar, tener en cuenta*, aquí *señaladlo*; μὴ, partícula que hace funciones de adverbio de negación *no*; συναναμίγνυσθαι, presente de infinitivo en voz media o en voz pasiva del verbo συναναμίγνυμι, *mezclar, juntar con*, aquí *juntaros*; αὐτῷ, caso dativo masculino singular del pronombre personal declinado *con él*; ἵνα, conjunción causal *para que*; ἐντραπῇ, segunda persona singular del aoristo segundo de subjuntivo en voz pasiva del verbo ἐντρέπω, en pasivo *avergonzarse*, aquí *se avergüence*.

Crítica Textual. Lecturas alternativas.

[1] μὴ συναναμίγνυσθαι, *no juntaros*, en presente de infinitivo, lectura en ℵ. A. B. Ψ. 33. bo. Basilio^{pt}.

μὴ συναναμίγνυσθε, *no os juntéis*, en presente de imperativo, según lectura en D$^{2, c}$. K. L. P. 104. 630. 1175. 1241. 1505. 1739. 1881. 𝔐. sir. vg. Ambrosiaster. Basilio. Teodoreto.

Εἰ δέ τις οὐχ ὑπακούει τῷ λόγῳ ἡμῶν διὰ τῆς ἐπιστολῆς, Los desobedientes no suelen rectificar fácilmente para obedecer. El apóstol va a establecer lo que debe seguirse con los tales. No se trataba de desobedecer a otros mandatos sino a los que el apóstol establecía en esta *Epístola*. Esa actitud es una manifestación de soberbia. El verbo ὑπακούω, *obedecer*, expresa literalmente la idea de *oír desde abajo*, lo que comprende mostrar deferencia al que habla. El desobediente no es, por tanto, un creyente humilde que se somete al mandato apostólico. Alguno tal vez se rebelase contra lo que el apóstol escribía en esta carta, no prestando orgullosamente atención a lo establecido con su autoridad en el nombre del Señor. Era, por tanto, una desobediencia a Jesucristo que había establecido al apóstol confiriéndole la delegación de Su propia autoridad en materia de fe y conducta.

τοῦτον σημειοῦσθε. El procedimiento a seguir con el desobediente comenzaba por *señalarlo* como tal, literalmente *etiquetarlo*. No hay modo de entender como se procedería en la práctica, pero, lo que no hay duda es que el que no quería obedecer a la Palabra, debía ser señalado de alguna manera. ¿Se trataría de hacerlo en una reunión pública? Aquí entramos de lleno dentro del asunto de la disciplina eclesial. El apóstol manda identificar en la iglesia a los que son abiertamente desobedientes y no quieren sujetarse a las disposiciones apostólicas. De algún modo tenían que ser reconocidos como desobedientes, esto marcaría una distinción clara entre los que eran obedientes y los manifiestamente desobedientes, o contrarios a la obediencia. No se trata de señalar en la iglesia a quien puntual u ocasionalmente desobedece y luego se arrepiente, restaurándose a la senda correcta, sino a quienes persistían consciente y voluntariamente en rebeldía contra lo que la Escritura determina. No establece el apóstol la *caza* de los que en algún momento desobedecen, para señalarlos públicamente y tenerlos como malvados, sino señalar a quienes determinan no obedecer.

μὴ συναναμίγνυσθαι αὐτῷ. El segundo paso en la disciplina del desobediente era *no juntarse con él.* Nuevamente es difícil establecer el principio de disciplina que comprende la instrucción. El término demanda que no haya íntima asociación con el desobediente. ¿Se trataría de la excomunión, esto es, ponerle fuera de la comunión de la iglesia? El verbo συναναμίγνυμι, aparece en el pasaje de la *Epístola a los Corintios*, cuando el apóstol regula la excomunión del incestuoso de aquella iglesia (1 Co. 5:9, 11), en donde manda a los creyentes que con quien llamándose hermano viva en la práctica voluntaria y consciente el pecado, *"con el tal ni aún comáis"*. Sin embargo, pudiera tratarse de otro tipo de disciplina ya que la gravedad que reviste este pecado aquí, no es como la que alcanzaba el de Corinto. La disciplina de excomunión es el último eslabón en la aplicación de la disciplina y sólo puede ser aplicada cuando Cristo mismo ha roto la comunión con un miembro de la iglesia por pecado manifiesto sin confesar. Se ha abusado mucho de la excomunión, cuando para llegar a ella es preciso agotar todas las otras vías de disciplina restauradora. Aquí Pablo ordena señalar al desobediente y separarse de él con el propósito que indica seguidamente.

ἵνα ἐντραπῇ· El objetivo es que con la separación de los hermanos se sienta avergonzado. Es la vergüenza que conduce al arrepentimiento y permite rectificar el rumbo errado que llevaba, entristeciéndolo y haciéndole recapacitar, como había ocurrido con los corintios (2 Co. 7:10). La disciplina no es un *castigo* que se impone a un creyente, sino la acción de corrección afectuosa que reorienta al camino correcto de la vida cristiana. Obsérvese que no se establece la corrección por cualquier cosa, sino por desobediencia *a la Palabra.* Hay muchas ocasiones en que líderes de la iglesia actúan disciplinando a hermanos porque no se ajustan al sistema de la historia y de la tradición, restringiéndoles la libertad que cada creyente tiene por estar en Cristo. En otras ocasiones se buscan textos bíblicos para condenar a un hermano conforme al pensamiento del liderazgo, sacando textos del contexto y convirtiéndolos en un pretexto. Cuando se establece una disciplina contra un hermano es preciso que concurran: a) un pecado evidente; b) una rebeldía concreta; c) una ofensa a la Palabra. Sin estas condiciones la disciplina se convierte en castigo y la labor pastoral en autoritarismo contrario a la Escritura, en cuyo caso los que deben ser disciplinados son los líderes que quebrantan la Palabra.

15. Mas no lo tengáis por enemigo, sino amonestadle como a hermano.

καὶ μὴ ὡς ἐχθρὸν ἡγεῖσθε, ἀλλὰ νουθετεῖτε ὡς ἀδελφόν.
Y no como a enemigo consideréis, sino amonestad como a hermano.

Notas y análisis del texto griego.

Concluyendo lo establecido para los desobendientes, escribe: καὶ, conjunción copulativa *y*; μὴ, partícula que hace funciones de adverbio de negación *no*; ὡς, conjunción comparativa *como*; ἐχθρὸν, caso acusativo masculino singular del adjetivo declinado *a enemigo*; ἡγεῖσθε, segunda persona plural del presente de imperativo en voz media del verbo ἡγέομαι, *considerar, pensar, juzgar*, aquí *consideréis*; ἀλλὰ, conjunción adversativa *sino*; νουθετεῖτε, segunda persona plural del presente de imperativo en voz activa del verbo νουθετέω, *dar buenos consejos, amonestar*, aquí *amonestad*; ὡς, conjunción comparativa *como*; ἀδελφόν, caso acusativo masculino singular del nombre común declinado *a hermano*.

καὶ μὴ ὡς ἐχθρὸν ἡγεῖσθε, ἀλλὰ νουθετεῖτε ὡς ἀδελφόν. Un hermano puede caer en la desobediencia, puede ser rebelde por un tiempo, pero no es un apestado al que hay que marginar, sino un hermano al que hay que restaurar. La espiritualidad de un creyente no se mide por la capacidad de reprender sino por la de restaurar (Gá. 6:1). Es posible que algunos consideren que la falta cometida por un hermano requiere una drástica reprensión de forma inmediata. No importa cual sea la falta que un hermano cometa, ya que no hay pecados grandes o importantes y pecados pequeños o secundarios; cualquier hecho contra la voluntad de Dios es pecado. Pero, los creyentes espirituales buscan al hermano no para reprenderle y gozarse en su vergüenza, sino para restaurarle *amonestándole*, cuyo sentido es poner delante una advertencia para que se considere y evite. No es una reprensión, sino la ayuda personal para que el hermano rectifique su forma de andar. Nadie debe considerar a un hermano como *enemigo*, sino como lo que es *hermano*, hijo del mismo Padre celestial. Lamentablemente, el legalismo, raíz y base de la destrucción de la libertad en Cristo, considera como enemigo a todo aquel que no concuerde en cuanto el que juzga considera como verdad. El mandamiento del apóstol se ha seleccionado por muchos para justificar la separación de todo aquel que no vive conforme a los reglamentos religiosos y a las normas eclesiásticas determinadas por la historia, la tradición, y el sistema. Para los que *adoran la doctrina*, quien no viva conforme a lo que ellos consideran como tal, es un enemigo al que no sólo debe marginarse, sino que hay que luchar contra él. Esto contradice abiertamente, no sólo la enseñanza de Pablo, sino el amor de Cristo.

Será bueno considerar aquí algunos aspectos sobre la disciplina bíblica, comenzando por entender que la palabra παιδεία, es literalmente *pedagogía*, que es aplicada a la educación del niño. Esta palabra aparece seis veces en el Nuevo Testamento, traducida como *instruir en justicia* (2 Ti. 3:16), o como *disciplina* (He. 12:5-8). No se refiere nunca a una acción expiatoria por un pecado o una falta, que esto tuvo lugar en Cristo para los creyentes (Ro. 8:1; Jn. 6:51; 1 Ts. 1:10). La disciplina es el fundamento de un trabajo divino (He. 12:5, 6). No hay auténtico creyente que no experimente la disciplina, que es establecida por Dios para *obediencia, provecho y participación en la santidad divina* (He. 12:9-10). La disciplina es el medio divino para custodiar el testimonio. En la iglesia local la disciplina se establece para no profanar la iglesia, es decir, para que los que llevan una vida desordenada o escandalosa no se cuenten entre el número de cristianos, con la consiguiente afrenta a la santidad de ese cuerpo cuya cabeza es Cristo (Mt. 5:48). Al mismo tiempo evita profanar el testimonio de la ordenanza de la Cena del Señor (1 Co. 11:27). La disciplina conduce a evitar la corrupción de los santos (1 Co. 5:6, 11), y a producir temor reverente entre los creyentes (1 Ti. 5:20), si bien debe entenderse esta persistencia relativa a los líderes o ancianos de la congregación, que por ella deben ser reprendidos delante de todos. Otro objetivo de la disciplina es producir vidas sanas espiritualmente (Tit. 1:13). Finalmente suscita el arrepentimiento, como es el caso del texto que se considera (3:14).

Cristo es el único Señor en la iglesia (Ef. 1:22; Fil. 2:9). La Palabra de Dios la única norma de fe y conducta, con todas sus ordenanzas, preceptos y mandamientos (Lc. 1:6). Hay otros consejos no obligatorios, como es, por ejemplo, no comer sangre (Hch. 15:29); o el celibato (1 Co. 7). La diferencia entre consejo y mandamiento es que cuando es consejo se indica claramente (1 Co. 7:25, 36; 11:13), si no se indica es mandamiento. Una sabia observación a la hora de la disciplina es considerar *doctrina principal y secundaria*, sin duda hay doctrina *fundamental* y *general*, pero todo cuanto hay en la Palabra es doctrina, puesto que es Palabra de Dios. A la luz de la Biblia pueden distinguirse dos tipos de disciplina, la pública y la privada.

La disciplina es ejercida por la iglesia, en el nombre de Cristo, en obediencia a su Palabra y con el poder del Espíritu (1 Co. 5:4). La disciplina se ejerce sobre la base de la Palabra en asuntos que están regulados bíblicamente. Cualquier disciplina que no esté sustentada en base bíblica no es verdadera disciplina y la iglesia no debe aceptarla. El espíritu de aplicación de la disciplina es *amor y autoridad* (1 Ts. 4:14; 2

Ts. 3:14,15), buscando siempre la restauración del disciplinado (2 Co. 7:8-11), pero nunca pensando en su castigo. El procedimiento general para la aplicación de la disciplina es muy concreto, distinguiendo algunas formas: a) Privada (Mt. 18:15); es preciso tener evidencia cierta del pecado, no meras suposiciones o informes no comprobados, siendo una falta no pública, debe buscarse en privado la rectificación de la conducta, por tanto, esa falta no trasciende a nadie más. b) Pública. Cuando el hermano reprendido persiste en pecar, y cuando el pecado es notorio y público. En este supuesto, la disciplina pública puede comprender la reprensión entre los líderes (Tit. 1:13); si el caso lo requiere la reprensión puede ser ante la congregación, especialmente cuando se trata de ancianos o líderes que por algún comportamiento impropio han de ser disciplinados (1 Ti. 5:20). Otro aspecto de la disciplina tiene que ver con la suspensión de actividades, pero no de la mesa del Señor, en el que puede estar el caso que Pablo menciona de los desordenados en Tesalónica. Finalmente, la máxima disciplina tiene que ver con la excomunión, para cuya aplicación debe darse alguno de los siguientes casos: a) Desacato abierto a la doctrina (Ro. 16:17), entendiendo que *doctrina* es lo que descansa en la Biblia y no en las opiniones o sistemas humanos; b) Divisiones en la iglesia (Tit. 3:10); c) Varios pecados notorios (1 Co. 5:11).

Los hermanos espirituales buscarán la restauración del creyente disciplinado. Los carnales, que tienen generalmente apariencia de piedad, son aquellos que conducidos por la carne no manifiestan amor hacia el que ha caído. Son también aquellos que vinculados al legalismo sólo buscan el castigo punitivo para el transgresor, en general, aquellos en quienes la misericordia no está presente. Estos se consideran como perfectos y consideran al resto de los hermanos como poco espirituales. Juzgan al hermano contrastándolo con ellos mismos y no con la medida de Jesús (Lc. 18:11). El legalista mira la vida de su hermano escudriñadoramente para buscar sus faltas, olvidándose de las virtudes y, lo que es más grave, olvidándose de sus propias faltas. Son aquellos que ven la mota en el ojo del hermano, pero no ven la viga en el suyo propio (Mt. 7:3). Estos son los que siempre reprenden duramente, pero jamás alientan. Por otro lado están los creyentes espirituales, que viven en el Espíritu y manifiestan en sus vidas el fruto que produce en ellos. La diferencia entre ambos es sencilla, los primeros son movidos por la carne, los segundos por el Espíritu. Estos aman al hermano y procuran su restauración. Actúan como Cristo, porque el Espíritu reproduce en ellos el carácter del Señor. No disculpan el pecado del hermano pasándolo por alto, lo que se opone a la voluntad de Dios. Sufren en sí mismos la caída del hermano, orando por él e intercediendo delante de

Dios para su restauración espiritual. Buscan como el Buen Pastor a la oveja extraviada no cejando en el esfuerzo hasta encontrarla y, cuando la encuentran, la abrazan como el padre del pródigo, poniéndola sobre sus hombros y restaurándola a la comunión del redil.

Esta es la advertencia que el apóstol hace en el texto, indicando a los creyentes en Tesalónica que el hermano que anda desordenadamente no es un enemigo sino un hermano que es necesario amar y ayudar.

V. Bendición y despedida (3:16-18).

Bendición (3:16).

16. Y el mismo Señor de paz os dé siempre paz en toda manera. El Señor sea con todos vosotros.

Αὐτὸς δὲ ὁ Κύριος τῆς εἰρήνης δῴη ὑμῖν τὴν εἰρήνην διὰ
Y el mismo - Señor - de paz dé os la paz en
παντὸς ἐν παντὶ τρόπῳ[1]. ὁ Κύριος μετὰ πάντων ὑμῶν.
todo en toda manera. El Señor con todos vosotros.

Notas y análisis del texto griego.

Concluye el escrito con la bendición: Αὐτὸς, caso nominativo masculino singular del pronombre intensivo *el mismo*; δὲ, partícula conjuntiva que hace las veces de conjunción coordinante, con sentido de *pero, más bien, y, y por cierto, antes bien*; ὁ, caso nominativo masculino singular del artículo determinado *el*; Κύριος, caso nominativo masculino singular del nombre divino *Señor*; τῆς, caso genitivo femenino singular del artículo determinado *la*; εἰρήνης, caso genitivo femenino singular del nombre común *paz*; δῴη, tercera persona singular del aoristo segundo de optativo en voz activa del verbo δίδωμι, *dar*, aquí *de*; ὑμῖν, caso dativo de la segunda persona plural del pronombre personal declinado *a vosotros, os*; τὴν, caso acusativo femenino singular del artículo determinado *la*; εἰρήνην, caso acusativo femenino singular del nombre común *paz*; διὰ, preposición propia de genitivo *en*; παντὸς, caso genitivo neutro singular del adjetivo indefinido *todo*, relativo a *toda ocasión*; ἐν, preposición propia de dativo *en*; παντὶ, caso dativo masculino singular del adjetivo indefinido *todo*; τρόπῳ, caso dativo masculino singular del nombre común *manera*; ὁ, caso nominativo masculino singular del artículo determinado *el*; Κύριος, caso nominativo masculino singular del nombre divino *Señor*; μετὰ, preposición propia de genitivo *con*; πάντων, caso genitivo masculino plural del adjetivo indefinido *todos*; ὑμῶν, caso genitivo de la segunda persona plural del pronombre personal *vosotros*.

Crítica Textual. Lecturas alternativas.

[1] τρόπῳ, *manera*, lectura atestiguada en ℵ. A[c]. B. D[2]. K. L. P. Ψ. 075. 0150.0278. 6. 81. 104. 256. 263. 365. 424. 436. 459. 630. 1175. 1241. 1319. 1505. 1573. 1739. 1881. 1912. 2127. 2200. 2464. 𝔐. *Lect.* sir[p, h]. co[sa, bo]. eti. geo. esl[ms]. Crisóstomo. Teodoro[lat]. Agustín.

τόπῳ, *lugar*, según lectura en A*. D*. F. G. 33. it[ar, b, d, f, g, mon, o]. vg. esl[ms]. Ambrosiaster. Pelagio.

Αὐτὸς δὲ ὁ Κύριος τῆς εἰρήνης. La oración de Pablo está presente en toda la *Epístola.* Aquí, en la despedida, aparece nuevamente, es la cuarta oración recogida en el escrito. Oró primeramente para que las vidas de los tesalonicenses glorificasen al Señor (1:11, 12); luego por el consuelo y la firmeza de aquellos (2:16, 17). También por su amor y paciencia (3:5); finalmente lo hace por su paz. La oración se dirige al *Señor de paz*, en contraste con la despedida de la carta anterior en que dice *Dios de paz* (5:23). La paz de Dios es también la de Cristo, ya que no hay nada en Dios que no esté en Cristo, ni nada en Cristo que no sea de Dios. El Señor vino con paz, realizando la paz con Dios y regalando la suya propia (Jn. 14:27). No es posible desvincular la paz de Jesucristo. En otro escrito dice que *"El es nuestra paz"* (Ef. 2:14). Esto concuerda con la expresión profética de Isaías que lo presenta como *"Príncipe de paz"* (Is. 9:6). Esta paz con Dios se alcanza por medio de la fe (Ro. 5:1), de modo que el camino al lugar santísimo, de donde proceden los recursos de gracia y todas las bendiciones, está abierto para el creyente (He. 10:20). Dios hace la paz en Cristo y por medio de su obra. De ahí que Él *sea nuestra paz.* La paz está entronizada en los cielos a modo del propiciatorio (Ro. 3:25), ya que a Jesús le llama la *propiciación*, pero también *el propiciatorio.* Cristo vino a la tierra para rehacer y establecer definitivamente la paz entre el pecador y Dios (Jn. 14:27). En la Cruz se realiza la obra necesaria que hace posible esa paz de relación y de comunión. Cristo es el que hace vivir al creyente en esa paz, por la obra del Espíritu (Gá. 5:22). Cristo es el autor de paz, que permite la vinculación y comunión con Dios, esa es la razón por la que el apóstol habla aquí de Jesucristo llamándole *El Señor de paz.*

ὁ κύριος μετὰ πάντων ὑμῶν. La paz que desea para todos es de una doble provisión. Es paz en cualquier circunstancia y paz en cualquier lugar. Así lo experimentaba el profeta: *"Tú guardarás en completa paz a aquel cuyo pensamiento en ti persevera; porque en ti ha confiado"* (Is. 26:3). De la misma manera dice también: *"Y el efecto de la justicia será paz; y la labor de la justicia, reposo y seguridad para siempre"* (Is. 32:17). La razón de la paz es la presencia del Señor en toda ocasión. Así es su promesa: *"...y he aquí yo estoy con vosotros todos los días, hasta el fin del mundo"* (Mt. 28:20). La paz se disfruta al saberse protegido por el Señor mismo, ya que *"el ángel de Jehová acampa alrededor de los que le temen, y los defiende"* (Sal. 34:7). Esto produce una gran seguridad al saber que no hay nada ni nadie que pueda separarnos de Él (Ro. 8:31-39). Esto está íntimamente ligado a la comunión con el Señor, sin cuya experiencia es imposible disfrutar de la bendición de la paz.

Despedida (3:17-18).

17. La salutación de mi propia mano, de Pablo, que es el signo en toda carta mía; así escribo.

Ὁ ἀσπασμὸς τῇ ἐμῇ χειρὶ Παύλου, ὅ ἐστιν σημεῖον ἐν πάσῃ
El saludo - de mí mano, de Pablo, que es señal en toda
ἐπιστολῇ· οὕτως γράφω.
carta; así escribo.

Notas y análisis del texto griego.

Ratificando el escribo, dice: Ὁ, caso nominativo masculino singular del artículo determinado *el*; ἀσπασμὸς, caso nominativo masculino singular del nombre común *saludo*; τῇ, caso dativo femenino singular del artículo determinado *la*; ἐμῇ, caso dativo femenino singular del pronombre posesivo declinado *de mí*; χειρὶ, caso dativo femenino singular del nombre común *mano*; Παύλου, caso genitivo masculino singular del nombre común declinado *de Pablo*; ὅ, caso nominativo neutro singular del pronombre relativo *el que, el cual, que*; ἐστιν, tercera persona singular del presente de indicativo en voz activa del verbo εἰμί, *ser,* aquí *es*; σημεῖον, caso nominativo neutro singular del nombre común *señal, signo*; ἐν, preposición propia de dativo *en*; πάσῃ, caso dativo femenino singular del adjetivo indefinido *toda*; ἐπιστολῇ, caso dativo femenino singular del nombre común *carta, epístola*; οὕτως, adverbio de modo *así*; γράφω, primera persona singular del presente de indicativo en voz activa del verbo γράφω, *escribir*, aquí *escribo.*

Ὁ ἀσπασμὸς τῇ ἐμῇ χειρὶ Παύλου, ὅ ἐστιν σημεῖον ἐν πάσῃ ἐπιστολῇ· οὕτως γράφω. Los escritos del apóstol llevaban la autentificación suya. Al final pone de su puño y letra una frase que identifica lo anterior como *carta* o *epístola* suya. Esto era necesario por el peligro que existía de que otros escribiesen en su nombre para causar inquietud (2:2). Pablo había dictado la carta pero al final escribía el mismo un pequeño párrafo. Esto da también autoridad apostólica al escrito y las iglesias podían saber que procedía del apóstol. Algunos estaban usando el nombre de Pablo para enseñar, como si procediera de él, doctrina que no era correcta; en el caso concreto de esta *Epístola*, todo lo que era erróneo sobre el *día del Señor* y la *tribulación*. Por esa razón la firma de Pablo, puesta al final del escrito, da carácter a todo cuanto antecede de manera que nadie podía enseñar en su nombre otra cosa sobre los temas escritos.

18. La gracia de nuestro Señor Jesucristo sea con todos vosotros. Amén.

Ἡ χάρις τοῦ Κυρίου ἡμῶν Ἰησοῦ Χριστοῦ μετὰ πάντων ὑμῶν[1].
La gracia del Señor de nosotros Jesucristo con todos vosotros.

Notas y análisis del texto griego.

Con esta frase concluye la *Epístola*: Ἡ, caso nominativo femenino singular del artículo determinado *la*; χάρις, caso nominativo femenino singular del nombre común *gracia*; τοῦ, caso genitivo femenino singular del artículo determinado declinado *del*; Κυρίου, caso genitivo masculino singular del nombre divino *Señor*; ἡμῶν, caso genitivo de la primera persona plural del pronombre personal declinado *de nosotros*; Ἰησοῦ, caso genitivo masculino singular del nombre propio *Jesús*; Χριστοῦ, caso genitivo masculino singular del nombre propio *Cristo*; μετὰ, preposición propia de genitivo *con*; πάντων, caso genitivo masculino plural del adjetivo indefinido *todos*; ὑμῶν, caso genitivo de la segunda persona plural del pronombre personal *vosotros*.

Crítica Textual. Lecturas alternativas.

[1] ὑμῶν, *vosotros*, lectura atestiguada en א*. B. 0278. 6. 33. 424[c]. 1739. 1881. 2464, it[o]. vg[mss]. sa. bo. Atanasio. Ambrosiaster. Jerónimo. Pelagio.

ὑμῶν. ἀμήν. *vosotros. amén.* lectura en א[2]. A. D. F. G. K. L. P. Ψ. 0150. 81. 104. 256. 263. 365. 424*. 436. 459. 630. 1175. 1241. 1319. 1505. 1573. 1852. 1881[c]. 1912.1962. 2127. 2200. 𝔐. it[ar, g, d, f, g, mon, o]. sir[p, h]. vg. bo. arm. eti. geo. esl. Crisóstomo.

Ἡ χάρις τοῦ κυρίου ἡμῶν Ἰησοῦ Χριστοῦ μετὰ πάντων ὑμῶν. Esta es la despedida habitual en los escritos de Pablo, idéntica a la de la *Primera Epístola*, con la adición aquí de πάντων, *todos*. Una bendición que comprende también a los que andaban desordenadamente pero que eran hermanos.

Pablo sabía que la gracia era necesaria en todo momento y en toda circunstancia de la vida cristiana. No sólo para el buen testimonio, sino también para la restauración de los desobedientes y desordenados.

La gracia como don de Dios se comunica al creyente por Cristo, de ahí que en otros lugares se llama *"la gracia de nuestro Señor Jesucristo* (Ro. 16:24; 1 Co. 16:23; Gá. 6:18; 1 Ts. 5:28; 2 Ts. 3:18). La gracia, como expresión de amor divino y provisión para salvación determinada en la eternidad, cuando se estableció el Plan de Redención (2 Ti. 1:9), viene con Cristo y en Cristo (Jn. 1:17). Esta gracia se otorga al hombre por el único Mediador que es también Jesucristo (1 Ti. 2:5). Es la razón, causa y fundamento de la salvación y, por tanto, de su seguridad. Cristo Jesús, nuestro Señor, expresó plenamente la gracia, hasta el punto de cautivar a quienes estuvieron con Él (Jn. 1:14). La gracia comunica el poder para la vida cristiana victoriosa. El trabajo eficaz sólo es posible en ella (1 Co. 15:10).

Concluido el comentario, no hace falta buscar alguna aplicación personal. Nada mejor que ponerse en oración delante del Señor y procurar ver en qué modo nuestra vida personal se ajusta a las demandas establecidas en esta *Epístola.* De forma especial en cuanto al testimonio, la obediencia y el servicio. Procurando, en la presencia del Señor y mediante el poder de su Espíritu, que en adelante, cada uno reflejemos más a Jesús, hasta alcanzar la realidad expresada por Pablo: *"Ya no vivo yo, mas vive Cristo en mí"* (Gá. 2:20).

SOLO A DIOS LA GLORIA.

BIBLIOGRAFÍA

Auer, Johann. *Jesucristo Salvador del Mundo*. Editorial Herder, Barcelona1990*.

Balthasar von, H. U. *La conciencia de Cristo*. Madrid, 1980*.

Barnes, A. *Notes on the New Testament, Explanatory and Practical*. Grand Rapids, 1951.

Berkhof, L. *Teología Sistemática*. Editorial T.E.L.L. Mexico D. F. Grand Rapids, 1949.

Caballero Yoccou, Raúl. *Tengo un gran Maestro*. Editorial Certeza, Buenos Aires 1982.

Calvino, Juan. *Institución de la Religión Cristiana*. Fundación Editorial de Literatura Reformada. Rijswijk. Países Bajos. 1968

Cordovilla, Ángel. *El misterio de Dios trinitario*. BAC, Madrid, 2012.

Chafer, Lewis Sperry. *Teología Sistemática*. Publicaciones Españolas. Georgia. 1974.

Eusebio. *Historia Eclesiástica.*

Farrar. F. W. *History of Interpretation*. Nueva York, 1870.

Fountain, Thomas. *Claves de interpretación bíblica*. Casa Bautista, 1977.

Forte, Bruno. *Jesús de Nazaret, historia de Dios, Dios de la historia*. Ediciones Paulinas, Madrid, 1981.

Gnilka, Joachim. *Pablo de Tarso*. Herder. Barcelona, 1998,

González de Cardedal, Olegario. *Dios*. Editorial Sígueme, Salamanca, 2004*.

González de Cardedal, Olegario. *Cristología*. Edit. BAC. Madrid, 2001.

González de Cardedal, Olegario. *El Rostro de Cristo*. Ediciones Encuentro. Madrid, 2012.

Finney, Charles. *Teología Sistemática*. Bethany House Publishers. Grand Rapids, 2010.

Fountain, Thomas. *Claves de Interpretación Bíblica*. Casa Bautista de Publicaciones, 1961.

Hamilton, Gavin. *El discurso del Monte de los Olivos*. Editorial Clie. Terrassa, 1974.

Harrison, Everet. *Introducción al Nuevo Testamento*. Subcomisión de Literatura Cristiana.Grand Rapids, Michigan, 1980.

Hendriksen, Guillermo. *1 y 2 Tesalonicenses*. Subcomisión de Literatura Cristiana. Grand Rapids, Michigan, 1980.

Hilario de Poitiers. *La Trinidad*. BAC. Madrid, 1986.

Holzner, Josef. *San Pablo, heraldo de Cristo*, Herder. Barcelona, 1955.

Kesting, J. J. *St. Paul's to the Church* (Londres 1921).

Knabenbauer, J. CSS, 1913.

Lacueva, Francisco. *Comentario Bíblico Matthew Henry. 2 Corintios - Hebreos*. Clie. Terrassa. 1980.

Lacueva, Francisco. *La Persona y la Obra de Jesucristo.* Clie. Terrasa. 1979.
Lacueva, Francisco. *La Iglesia, cuerpo de Cristo.* Editorial Clie. Terrassa, 1978
Ladd. G. *Teología del Nuevo Testamento*. Editorial Clie. Terrassa, 2002.
Leal, Juan. *Sagrada Escritura, 1 y 2 Tesalonicenses*. BAC. Madrid 1965*
Latourette, Kenneth Scott. *Historia del Cristianismo*. Casa Bautista de Publicaciones. 1979.
Lightfoot, J. B. *Los padres apostólicos*. Editorial Clie. Terrassa, 1990.
MacArthur, John. *El Ministerio Pastoral.* Edit. Grupo Nelson. Nashville, 2009.
MacDonald, William. *Comentario al Nuevo Testamento*. Editorial Cle. Terrassa, 1995.
Mahan, Henry T. *Comentario Breve a las Epístolas 1, 2 Tesalonicenses.* Edit. Peregrino. Alcazar de San Juan, 1988.
Martínez, José María. *Hermenéutica Bíblica*. Edit. Clie. Terrassa, 1984.
Millard, J. Erickson. *Teología Sistemática*. Edit. Clie. Terrassa, 2008.
Moltmann, Jüngen. *El Dios crucificado.* Editorial Cristiandad. Salamanca, 1977*
Morris, León. *Las Cartas a los Tesalonicenses*. Edic. Certeza. Buenos Aires, 1976.
Núñez, Emilio Antonio. *Constantes en la Esperanza.* Seminario Teológico Centro Americano 1976.
Padres de la Iglesia. *La Biblia comentada por los Padres de la Iglesia.* Ciudad Nueva. Madrid 2002.
Pentecost, J. Dwight. *Vuestro adversario el Diablo.* Logoi. Miami, 1974.
Pentecost, J. Dwight. *El Sermón del Monte*. Portavoz Evangélico. Barcelona. 1981.
Pentecost, J. Dwight, *Vuestro adversario el Diablo.* Logoi Inc. Miami, 1974.
Pentecost, J. Dwight. *Eventos del Porvenir*. Editorial Libertador. Maracaibo 1958.
Pérez Millos, Samuel. *Primera Epístola a los Tesalonicenses.* Edit. Clie. Terrassa, 1995.
Pérez Millos, Samuel. *Segunda Epístola a los Tesalonicenses*. Edit. Clie. Terrassa, 1995.
Pérez Millos, Samuel. *La Iglesia*. Edit. Clie. Terrassa, 1994.
Pérez Millos, Samuel. *Escatología*. Edit. Clie. Terrassa, 1997.
Pérez Millos, Samuel. *Síntesis de nuestra Fe*. Edt. Clie. Terrassa, 1995.
Randall, Price. *Las Piedras Claman*. Edit. Unilit. Miami, 1997.
Robertson, Archibald Thomas. *Imágenes verbales en el Nuevo Testamento*. Clie. Terrassa, 1985.

Roloff, J. *Neues Testament*. Neukirchen, 1977 *
Saphir, Adolph. *Christ Crucified*. Editorial James Nisbet. Londres, 1973.
Scofield, C. I. *Biblia Anotada*. Spanish Publications, Inc. Miami, 1966.
Schenke, L. *Die Urgemeinde. Geschichtliche un theologische Entwicklung*. Stuttgart, 1990. *
Seeberg, Reinhold. *Historia de las Doctrinas*. Casa Bautista de Publicaciones, 1968.
Strong, Augustus H. *Systematic Theology*. Editorial Pickering. Londres.
Tellería, Juan María. *La Interpretación del Nuevo Testamento a lo largo de la historia*. Edit. Mundo Bíblico. Las Palmas de Gran Canaria, 2014.
Tenney, Merrill C. *Nuestro Nuevo Testamento*. Portavoz Evangélico. Grand Rapids, 1984.
Turrado, Lorenzo. *Biblia Comentada*. BAC. Madrid, 1975*.
Tuya de, Manuel. *Biblia Comentada, Evangelios 1º*, BAC, Madrid, 1978.
Wuest, Kenneth S. West's Word Studies. Editorial Eerdmans. Grad Rapid, 1994.
Yamauchi, Edwin. *Las Excavaciones y las Escrituras*. Casa Bautista de Publicaciones, 1977.

DICCIONARIOS Y MANUALES TÉCNICOS

Analytical Concordance to theHoly Bible. Robert Young, LL.D. United Society for Christian Literature, London, 1977.
Concordancia Analítica Greco-Española del N. T. J.Stegenca, A. E. Tuggy. Editorial Libertador, Marcaibo, 1975.
Diccionario Bíblico Arqueológico. Editorial Mundo Hispano, 1982.
Diccionario de la Biblia. Editorial Herder, Barcelona, 1981.
Diccionario Exegético del Nuevo Testamento. Horst Balz-Gerhard Schneider.
Diccionario Expositivo de Palabras del Nuevo Testamento. Vine, W. E. Editorial Clie. Terrassa, 1984.
Diccionario Griego Español. Editorial Ramón Sopena, S.A. Barcelona, 1972.
Diccionario de Teología. Everett F. Harrison. Editorial T.E.L.L. Grand Rapids, 1985.
**Catecismo de la Iglesia Católica*. Versión oficial de la Santa Sede, 1992. Editorial Sígueme. Salamanca, 1996.
Nuevo Diccionario Bíblico. Editorial Certeza, 1991.

TEXTOS BÍBLICOS

A Biblia. Editorial SEPT. Vigo, 1992.
Biblia Anotada. Charles Ryrie. Editorial Portavoz. Grand Rapids, 1996.
Bíblia de Jerusalén. Editorial Desclee de Brouwer. Bilbao, 1975.

Biblia de las Américas. Editorial Fundación. Anaheim.
Nuevo Testamento Interlineal. Francisco Lacueva. Editorial Clie. Terrassa, 1984.
Nuevo Testamento. Biblia Textual. Sociedad Bíblica Iberoamericana. 1999.
Sagrada Biblia. Juan Straubinger. Libros Básicos S.A., 1958.
Sagrada Biblia. Cantera-Iglesias. Editorial BAC. Madrid, 1975.

TEXTOS GRIEGOS.

The Greek New Testament. Deutsche Biblelgesellschaft. Stuttgart, 2012.
Nuevo Testamento Trilingüe. Bover-O'Callaghan. Editorial BAC. Madrid, 1977.
A Reader's Greek New Testament. Richard J. Goodrich, Albert L. Lukaszewki. Editorial Zondervan. Grand Rapids, 2003.
Septuaginta. Deustche Biblgesellschaft Stuttgart. Stuttgart, 1979.